Más allá de la ciudad letrada:
crónicas y espacios urbanos

Boris Muñoz
Silvia Spitta
Editores

ISBN: 1-930744-17-X

© Biblioteca de América, 2003
Instituto Internacional de Literatura Iberoamericana
Universidad de Pittsburgh
1312 Cathedral of Learning
Pittsburgh, PA 15260
(412) 624-5246 • (412) 624-0829 FAX
iili@pitt.edu

Tapa y contratapa: "Fluctúa navesierpe por la extensión y su cornake" (1922). Xul Solar (Alejandro Schultz Solari)

Colaboraron en la preparación de este libro:

Composición y diseño gráfico: Erika Braga
Correctores: Cornelio Delgado y Theresa Tardio

Más allá de la ciudad letrada: crónicas y espacios urbanos

Boris Muñoz
Silvia Spitta
Editores

MÁS ALLÁ DE LA CIUDAD LETRADA:
CRÓNICAS Y ESPACIOS URBANOS

Silvia Spitta, Prefacio. Más allá de la ciudad letrada............... 7

I. Crónicas urbanas

Carlos Monsiváis, El vigor de la agonía. (La ciudad de México en los albores del siglo XXI).................... 27
Juan Villoro, El vértigo horizontal. La ciudad de México como texto.................... 45
Rubén Ríos Ávila, Los espejismos del desarrollo.................... 59
Boris Muñoz, La ciudad de México en la imaginación apocalíptica.................... 75
Luis E. Cárcamo-Huechante, Hacia una trama *localizada* del mercado. Crónica urbana y economía barrial en Pedro Lemebel.................... 99
Juan Poblete, La crónica, el espacio urbano y la representación de la violencia en la obra de Pedro Lemebel.................... 117

II. Miedos urbanos y la redención de las masas

Juan Gelpí, Cultura urbana y género expositivo: *El perfil del hombre y la cultura en México* de Samuel Ramos.................... 141
Rossana Reguillo, Las derivas del miedo. Intersticios y pliegues en la ciudad contemporánea.................... 161
Anadeli Bencomo, La rebelión de la multitud: nuevas fuerzas urbanas.................... 185
Celeste Olalquiaga, Las ruinas del futuro: arquitectura modernista y *kitsch*.................... 207
Margarita Sánchez y Gustavo Arango, Los territorios del guapo.................... 221
Silvia Alvarez Curbelo, Que te coge el holandés: miedos y conjuros en la ciudad de San Juan.................... 239

III. Fronteras históricas / fronteras discursivas

Luis Millones, Los Santos patronos. De la ciudad indígena a la ciudad indiana............ 267

Lucía Guerra, Género y cartografías significantes en los imaginarios urbanos de la novela latinoamericana............ 287

Lois Parkinson Zamora, Ciudades sin dimensiones. Las urbes filosóficas de Jorge Luis Borges y Xul Solar............ 307

Marcy Schwartz, Del extrañamiento al exilio: el "no-lugar" urbano en la ficción hispanoamericana de fin de siglo xx............ 333

Flora Süssekind, Desterritorialização e forma poética. Poesia brasileira contemporânea e experiência urbana............ 353

David Spener, Narrativas del mal: El coyote mexicano en el drama del cruce fornterizo............ 379

María Socorro Tabuenca Córdoba, *Baile de fantasmas* en Ciudad Juárez al final/principio del milenio............ 411

Debra Castillo, Los "nuevos" latinos y la globalización de los estudios literarios............ 439

Annabel Martín, Andamios para una nueva ciudad: el efecto Guggenheim y la reescritura posnacional............ 461

PREFACIO: Más allá de la ciudad letrada[1]

Silvia Spitta
Dartmouth College

La ciudad ocupa hoy un lugar estratégico en el cruce de los debates teóricos con los proyectos políticos, de las experimentaciones estéticas y las utopías comunitarias. Lo cual nos está exigiendo un pensamiento nómada, capaz de burlar los compartimentos de las disciplinas y convocar los diversos lenguajes de las ciencias y las artes, confrontar la índole de los diferentes *instrumentos* teóricos, descriptivos, interpretativos, e integrar saberes y prácticas: la comunicación con el drama urbano, la música con el ambiente y el paisaje, la arquitectura con los trayectos y los relatos, el diseño con la memoria de la ciudad.

Jesús Martín-Barbero

The discourse of space is one which we enter as we enter ideology. [Al discurso del espacio se entra como se entra a la ideología].

Bill Ashcroft

La gran obsesión del siglo diecinueve, como lo sabemos todos, fue la historia ... Nuestra época será quizás más que nada la época del espacio [....] El espacio fue tratado como lo muerto, lo fijo, lo no dialéctico, lo inmóvil. El tiempo, por el contrario, era visto como lo rico, lo fecundo, la vida, la dialéctica.

Michel Foucault

A diferencia de Europa y Estados Unidos donde —como lo señala Foucault en el epígrafe— se ha constituido la identidad occidental al privilegiar al tiempo y la historia (entendidos como lo vivo, lo fluido, lo ontológico) por sobre el espacio (lo muerto, lo inerte), América Latina ha seguido un proceso diametralmente opuesto. La ciudad, lo urbano, la división campo/ciudad, ha dominado el pensamiento latinoamericano desde la Conquista hasta nuestros días. Conjugadas alrededor de lo urbano tanto o más que en la Europa medieval, las grandes civilizaciones prehispánicas forzaron a los conquistadores a entender la conquista y la evangelización en términos de lo que llegaría a ser un inmenso proceso de urbanización. No hay más que ver el plano de la gran Tenochtitlán que acompaña la segunda carta de relación de Cortés[2] y el deslumbramiento de Bernal Díaz ante el ordenamiento y la grandeza de la ciudad azteca, para entender esto. A un orden urbano, entonces, le siguió otro, a veces, como en los casos del Distrito Federal y del Cuzco, *exactamente en* y *sobre* los centros de poder del orden antiguo y en otros casos *cerca de* o *al lado* de antiguos asentamientos precolombinos. Este proceso urbanístico, claramente entendido como instrumento de control, creó un palimpsesto entre el orden antiguo y el que se imponía de manera que, paradójicamente y muy a pesar suyo, las nuevas ciudades operaban como índices del orden suplantado. Según Carlos Monsiváis un "hacerse entre ruinas" caracteriza ontológicamente a las ciudades latinoamericanas y al Distrito Federal en particular. "Instalada sobre la destrucción de un imperio," escribe

> la Ciudad de México encontró en ese hecho —un hacerse entre ruinas— su primera y última definición. Desde entonces, y a lo largo de los siglos, la ciudad ha crecido hasta perder la conciencia de sus límites, ha canjeado los cantores por los gestores, se ha dejado ceñir por lemas donde la adulación vence la mala fe ("La Ciudad de los Palacios", "La región más transparente"), y ha vuelto siempre al principio: la relación entre los arrasamientos de toda índole y el proyecto inacabable de construcción (Monsiváis 10).

Señal de que lo nuevo acaba invariablemente apuntando a un orden anterior que se trata de erradicar la ambivalencia geográfico-histórica de nuestras ciudades es una de las características que más asombra y choca al visitante.

Sin embargo, a pesar de este "hacerse entre ruinas", aún hoy, la vertiginosa fundación de ciudades llevada a cabo por los españoles no deja de sorprender. Ya en 1580 se habían fundado 225 ciudades y en 1630 habían 331. En efecto, hacia finales del siglo diecisiete ya se habían fundado casi todos los centros urbanos latinoamericanos en existencia hoy (Socolow 3). Las ordenanzas de Descubrimiento y Población de Felipe II de 1573 sólo codificaron tardíamente lo que había sido establecido en la práctica desde muy temprano. Los conquistadores habían entendido desde el principio que su conquista sería ante todo una conquista del espacio y una urbanización de la historia.

El énfasis en el espacio tuvo como consecuencia la espacialización concomitante de la otredad, así como el hecho de que las culturas prehispánicas fueran concebidas como culturas "sin historia" como el título del libro de Eric Wolf —*Europe and the People Without History* [*Europa y la gente sin historia*]— lo expresa tan acertadamente. Esta ideología donde el imperio se constituye a sí mismo en sujeto y telos de la historia al transformar al otro colonizado en mapa, es decir, en espacio para ser observado, cartografiado, estudiado —no sólo acompañó sino que justificó los procesos de colonización de la mayor parte del mundo. La creación renacentista de la "perspectiva" artística, la mirada científica del cosmógrafo, seguidos por la invención del telescopio y microscopio, entre otros elementos, coincide con esta nueva subjetividad imperial que crea un mundo-objeto o un mundo carente de toda subjetividad que puede ser aprehendido por una mirada única, privilegiada, globalizadora. El desarrollo de la perspectiva artística está entonces, íntimamente ligado a la separación entre el espacio y el tiempo característica de la modernidad. Esta separación ha tenido como resultado que los teóricos renacentistas crearan "un espacio homogéneo, uniforme y absoluto" (Ashcroft 137) que nos recuerda la crítica de Walter Benjamin a los historicistas por haber creado un tiempo homogéneo y vacío. Las fundaciones de las ciudades latinoamericanas entonces son cristalizaciones del impulso europeo de "codificar" o darle un orden matemático a la urbe en su totalidad, equiparando colonización con conquista del espacio, y haciendo de la geografía un instrumento del imperio paralelo al de la lengua (Ashcroft 142).

Es importante destacar la trascendencia que tuvo la *coincidencia* de la Conquista de América con los nuevos descubrimientos científicos que tuvieron lugar dándose impulso mutuamente. Por ejemplo: paralelamente a la fundación vertiginosa de ciudades (ordenadas, cuadriculadas), se habían inventado las líneas de latitud que continuaban la organización matemática de lo urbano a nivel mundial, dividiendo el mundo en secciones (Norte/Sur; Este/Oeste). A pesar de que el problema de medir la longitud no se resolvería hasta mucho más tarde (Sobel), el famoso *Atlas* que Mercator diseñó entre 1538 y 1595 indica que los mares se habían vuelto navegables. Reinscribe el espacio con nombres europeos que erradicaron nombres indígenas y, como otros mapas, trata de borrar el conocimiento indígena del espacio para crear un espacio imaginado por Occidente como un ente objetivo que podía ser conocido y controlado desde un punto de vista superior y exterior a él. Enrique Dussel elabora este mismo punto de otra manera cuando fecha el origen de la modernidad occidental en 1492 — año que le permitió a Europa (después de haber sido la periferia del

Islam durante siglos) finalmente situarse en el centro del mundo a través de la periferialización de las Américas, acontecimiento que transforma a España en la nación que impulsa la modernidad (Dussel 88).

A este énfasis en el control del espacio, sin embargo, hay que agregar otro importante elemento que es el de la supervivencia (aunque sumergida) de cosmogonías amerindias en las que el espacio, el tiempo y el movimiento forman un conjunto inextricable. No hay mejor ejemplo de interpenetración de estos tres elementos que los códices mesoamericanos donde los días del año tienen una dirección. Dentro de los códices, hay cuadrículos iconográficos que se llaman *tonalámatl*, concepto que Eduard Seler traduce como "libros de los días y su influencia en el destino de la gente". El *tonalámatl* es una suerte de calendario que, según Lois Zamora, "proyecta el movimiento de los dioses en el espacio de la experiencia humana". Así, "cada día tiene un número, una dirección, un símbolo jeroglífico que representa un animal o un objeto y una deidad que reina sobre él.... el tiempo es visualizado y espacializado y la historia es materializada" (Zamora s/n). No hay mejor ejemplo de la continuidad de este pensamiento en el presente que el hecho de que en tantas ciudades latinoamericanas las calles tengan nombres de fechas históricas (28 de julio, 5 de mayo, etc.). Otro ejemplo de la modulación del impulso colonizador por el impacto del otro es el hecho de que la creación de mapas dependía de *relaciones* geográficas recopiladas por los cosmógrafos reales. Basadas en series diferentes de minuciosos cuestionarios contestados por indígenas y administradores coloniales, estas *relaciones* son relatos que subyacen en los mapas, creando lo que Walter Mignolo llama una "semiósis colonial" (Mignolo, *The Darker*, 7). Estos procesos crean una "textualización híbrida" donde dos sistemas, uno discursivo y escriturario y el otro semiológico, co-existen en diferentes relaciones de poder.

Fundamental a este proceso de dominación del espacio y de la historia a través de la urbanización se encuentra la transformación casi instantánea del soldado en vecino (y miembro del cabildo que administraba la ciudad) que acompañó la urbanización-como-conquista. Además de esta "domesticación" del soldado, la ciudad funcionaba ideológicamente como un baluarte en contra del "salvajismo" reinante en sus afueras. Así, según Richard Kagan, la palabra *policía* incorporó la noción aristoteliana de *politía* o agrupación de personas en una *res publica* ordenada y gobernada por leyes. Los que se hallaban extra muros eran considerados rústicos o salvajes

(Kagan 132-3). Las ciudades se constituyeron ideológicamente no sólo en centros sino en evidencias de civilización. Esta división del espacio latinoamericano en *espacio urbano civilizado* versus *espacio no urbano salvaje* desmonta más que cualquier otra cosa la problemática dicotomía que se viene manteniendo entre la colonización de Estados Unidos entendida como una colonización llevada a cabo por "pioneros" (vistos como individuos y no puntas de lanza de un imperio) que llegaron, según este mito, para *asentarse* en el nuevo continente mientras que la colonización de Latinoamérica es entendida como mero proceso de *enriquecimiento* de conquistadores que fueron a las Américas con el único y exclusivo fin de volver ricos a España. A lo que el estereotipo sí apunta, sin embargo, es al hecho de que al no toparse con grandes ciudades indígenas, los pioneros pudieron imaginar el espacio norteamericano como una frontera mientras que los españoles claramente entendieron que se enfrentaban, en mayor o menor medida, a civilizaciones urbanas.

El énfasis latinoamericano en el espacio se ve reflejado más que elocuentemente en el número de estudios que se enfocan en él: ya en 1975 Francisco de Solano había reunido más de 2,000 títulos sobre el proceso urbanístico en su *Estudios sobre la ciudad iberoamericana*. "Pensar el espacio" está a la orden del día gracias a esta larga y rica tradición de conceptualizar el problema. Sin embargo, más recientemente, la reflexión urbana en América Latina le debe mucho a dos textos fundamentales: *La ciudad sumergida. Aristocracia y plebe en Lima, 1760-1830*, de Alberto Flores Galindo —tesis doctoral presentada en francés en la Universidad de Nanterre en 1983 y publicada en el Perú en 1984, y la importante obra de Ángel Rama *La ciudad letrada*.

Además de ser dos textos hermanados por haber sido publicados no sólo póstumamente sino también en el mismo año, ambos textos se centran en lo urbano para teorizar la relación entre la realidad latinoamericana y el espacio. Sin embargo, y a pesar de estas convergencias, son dos textos diametralmente opuestos que —como si para señalar esta diferencia— han seguido trayectorias muy distintas: *La ciudad sumergida* injustamente ha corrido la suerte de su título a pesar de que cada vez más estudiosos cumplen su propuesta, mientras que *La ciudad letrada* ha tenido una brillante trayectoria y es citado puntualmente por todo letrado —aunque hasta hace poco (en particular la publicación de *Ángel Rama y los estudios latinoamericanos*) pocos parecen realmente haber bregado con él y no se ha establecido un verdadero diálogo entre ellos. Sospecho que la densidad hiperletrada del texto (con citas en por lo menos cuatro idiomas) y sus contradicciones internas han obstruido su recepción mientras que el neologismo creado por Rama lo ha vuelto demasiado fácilmente citable. Leídos juntos sin embargo, *La ciudad letrada* y *La ciudad sumergida* conjugan espacios que se rozan, encuentran, chocan y discriminan cada día y en cada interacción política o privada en el continente. Juntos crean un diálogo que explica más que la suma de sus partes y que nos ofrece una imagen mucho más completa y compleja de las transformaciones urbanas de las ciudades latinoamericanas desde la época colonial hasta nuestros días. Como si para rendirles el homenaje que se merecen, todos los textos aquí reunidos se encuentran situados a lo largo de un continuo que podría fácilmente ser enmarcado por, o tener como límites, *La ciudad sumergida* de un lado y *La ciudad letrada* del otro. Mientras que unos, en el espíritu de Flores Galindo, son trabajos que se enfocan en diferentes problemáticas *espaciales* y así nos ofrecen lecturas no centradas exclusivamente en la letra y la escritura, otros se aproximan a Rama subrayando los procesos semiótico-literarios que dominan y delimitan nuestro conocimiento de la ciudad. Muchos de los ensayos aquí incluidos se acercan a los espacios urbanos a través de la literatura y el arte, mientras que otros, como Flores Galindo, se centran en una tradición no letrada para hablarnos de la ciudad sumergida en toda teorización sobre la ciudad.[3]

DE LA CIUDAD LETRADA A LA CIUDAD SUMERGIDA

No hay mejor imagen/aleph para lo que propone *La ciudad letrada* que el famoso requerimiento. Documentos de lectura requerida por el conquistador en el momento fundacional, eran texto-actos (llamados "performative speech-acts" en la retórica) donde el acto en sí de leer el documento *era* el acto fundacional. Paradójicamente, sin referirse al requerimiento más que tangencialmente, es precisamente ese entretejimiento de la letra y la ciudad la que domina el espacio de *La ciudad letrada*. Este proceso de encubrimiento del espacio urbano por los signos ya se ve en la progresión que determina el orden de *La ciudad letrada* y que lleva al lector de la ciudad ordenada a la letrada; y de allí a la escrituraria y a la modernizada, para acabar en la polis que se politiza (los ideólogos de la nación) y la ciudad revolucionada en México y Uruguay. Los capítulos que organizan el libro describen las sucesivas transformaciones que sufre la ciudad letrada en su afán por aferrarse a —y simultáneamente constituirse en— el poder hasta desaparecer finalmente en el siglo XX con la cultura de masas y una red de editoriales que se vuelven "el principal reducto de los intelectuales independientes al margen del estado, en comunicación directa con el público" (Rama 160). Como tal, *La ciudad letrada* es la *performance* de la ciudad-signo que describió Italo Calvino en "Tamara" y que le sirve a Rama para demostrar cómo "la espesa urdimbre de los signos impone su presencia" en la ciudad. Según Calvino, Marco Polo le describe la ciudad de Tamara a Kublai Kan de la siguiente manera:

> Finalmente il viaggio conduce alla città di Tamara. Ci si addentra per vie fitte d'insegne che sporgono dai muri. L'occhio non vede cose ma figure di cose che significano altre cose: la tenaglia indica la casa del cavadenti, il boccale la taverna, le alabarde il corpo di guardia, la stadera l'erbivendola. ... Anche le mercanzie che i venditori mettono in mostra sui banchi valgono non per se stesse ma come segni d'altre cose... Come veramente sia la città sotto questo fitto involucro di segni, cosa contenga o nasconda, l'uomo esce da Tamara senza averlo saputo. (Calvino, *Le città invisibili* 21-22)

> Finalmente el viaje conduce a la ciudad de Tamara. Uno se adentra en ella por calles llenas de enseñas que sobresalen de las paredes. El ojo no ve cosas sino figuras de cosas que significan otras cosas: las tenazas indican la casa del sacamuelas, el jarro la taverna, las alabardas el cuerpo de guardia, la balanza el herborista. ... Incluso las mercancías que los comerciantes exhiben en los mostradores valen no por sí mismas sino como signo de otras cosas . . . . Cómo es verdaderamente la ciudad bajo esta apretada envoltura de signos, qué contiene o esconde, el hombre sale de Tamar sin haberlo sabido. (Calvino, *Las ciudades invisibles* 28-9)

Lo que Calvino subraya en su descripción de la ciudad de Tamara es el encubrimiento del espacio urbano por la proliferación de signos. Así, dejamos la ciudad sin realmente haberla conocido y recordamos de ella sólo el hecho de que un signo apunta a otro signo y así sucesivamente. A su vez, lo que Rama describe en *La ciudad letrada* es la construcción de una ciudad ideal (cubierta *de dorados*) (72) donde el ordenamiento de los signos ha encubierto exitosamente lo que él llama "la ciudad real". Marginando a la lengua popular y creando una diglosia entre escritura concebida como una suerte de lenguaje secreto, de "latín" y habla popular, la ciudad letrada se amuralla y, en su afán por controlar los signos, parece crear un vacío por donde se filtra el desorden que va a ser la característica fundamental de nuestras ciudades (72). El orden de la cuadrícula, ese sueño utópico, esa "palingenesia de la inteligencia" como la llama Rama, es decir, ese afán de estatuir el orden "antes de que la ciudad exista, para así impedir todo futuro desorden" (8), no es nada más, a mi modo de ver, que el afán no sólo de los signos mismos, sino también el de encubrir el desorden de la conquista con la apariencia de un orden urbano.

Como lo demuestra Flores Galindo, quien pareciera estar implícitamente criticando la visión de Rama, la ciudad letrada no es nada más que la vana ilusión de pensar que se puede tapar el sol con un dedo. El desorden de la ciudad "real" o sumergida descrita por Flores Galindo contrasta radicalmente con el orden de la ciudad letrada descrito por Rama. En los ensayos de estos dos teóricos de lo urbano se enfrentan dos conceptos de ciudad opuestos: uno absolutamente desordenado y el otro absolutamente ordenado. Sin embargo ambos coinciden inesperadamente cuando Rama acaba con la ciudad revolucionada y así demuestra que el deseo de la ciudad letrada de imponer el orden de los signos ha fracasado irremediablemente, mientras que Flores Galindo, quien ha subrayado inequívocamente el desorden imperante desde siempre en las ciudades latinoamericanas, acaba apuntando a modelos literarios que tratan de bregar con la ausencia de orden. Aunque no lo articulan así en ningún momento, coinciden en el hecho de que la urbanización fue usada como instrumento por excelencia de colonización, pero difieren en el grado de éxito que le atribuyen.

El progresivo encubrimiento de la ciudad por parte de la élite letrada que se reproduce a sí misma desde la colonia y que se defiende por medio de gramáticas y leyes es embatido, según Rama, una y otra vez por letrados recién llegados a la escritura tales como Lizardi en cuyo *Periquillo* "irrumpe el habla de la calle con un repertorio lexical que hasta ese momento no había llegado a la escritura pública" (58-9); Simón Rodríguez (y su proyecto de una "educación social" como práctica de la democracia de corte rousseauiano y de valoración presaussuriana y anti-derridiana del habla) (66); los independentistas durante la modernización, y finalmente el desarrollo de discursos de izquierda (de los "campesinos-obreros-y-estudiantes" que equivalen a una "disidencia dentro de la *ciudad letrada* que configuró un pensamiento crítico") (78). Todos estos discursos críticos — al tener que pasar por las universidades para ser valorizados y oídos — acaban sirviendo nada más que de "puente por el cual se transitaba a la *ciudad letrada*" (81).

Dentro de este estudio sobre la reproducción del poder llama la atención que Rama haya dejado de lado casi por completo su concepto de "transculturación". No es empleado con respecto a los escritores innovadores mencionados arriba, ni tampoco como él lo usó antes. Si

Prefacio: Más allá de la ciudad letrada • 15

Arguedas figuraba en *Transculturación narrativa* como el Eneas americano que transporta a sus padres de un universo (sierra, oralidad, cultura quechua) a otro (costa, megalópolis, escritura) efectuando una labor creativa y performativa de su doble identidad, en *La ciudad letrada* el acto creativo se constituye meramente en la creación de un *archivo* de una tradición oral que está o ya perdida o por perderse. Esto se debe en parte a que el poder aplastante de la ciudad letrada sobre la riqueza de la oralidad que él propone en *La ciudad letrada* es, en efecto, una relectura y crítica tercermundista a la gramatología derridiana. Si Derrida trató de valorar la escritura, según él entendida tradicionalmente en Occidente como el peligroso suplemento a una oralidad vital, Rama hace lo mismo, pero demuestra que en Latinoamérica, desde la Conquista, se ha valorado más la escritura que la oralidad. Su reivindicación de la escritura y su énfasis en el afán organizador y totalizador de la ciudad letrada hace que en este texto la transculturación se vuelva sinónimo —las dos veces que es usado— de evangelización. "A las ciudades competía dominar y civilizar su contorno, lo que se llamó primero 'evangelizar' y después 'educar'. Aunque el primer verbo fue conjugado por el espíritu religioso y el segundo por el laico y agnóstico, se trataba del mismo esfuerzo de transculturación a partir de la lección europea", escribe la primera vez que usa el término (17-8). La segunda vez que se menciona aparece como simple sinónimo: "las exigencias de una vasta administración colonial que con puntillismo llevó a cabo la Monarquía, duplicando controles y salvaguardias para restringir, en vano, el constante fraude con que se la burlaba, y las exigencias de la evangelización (transculturación) de una población indígena" (27). En estas dos citas, la transculturación ya no es un proceso efectuado por escritores como Arguedas "desde abajo" o "desde adentro" por así decirlo, sino más bien es una política de forzar la asimilación del indígena a la cultura occidental a través de la evangelización. Es decir, el movimiento transculturador ahora es entendido como proceso aculturador impuesto "desde afuera" y "desde arriba."

Como si esto fuera poco, a dos años de haber publicado *Transculturación narrativa en América Latina* Rama escribe en *La ciudad letrada*:

> la *escritura* con que se maneja, aparece cuando declina el esplendor de la *oralidad* de las comunidades rurales, cuando la memoria viva de las canciones y narraciones del área rural está siendo destruida

por las pautas educativas que las ciudades imponen, por los productos sustitutivos que ponen en circulación.

Y concluye, como si hubiera olvidado la obra de Arguedas y como si se volviera del lado de Derridá: "En este sentido la *escritura* de los letrados es una sepultura donde es inmovilizada, fijada y detenida para siempre la producción oral" (87). La oralidad y lo rural entonces desaparecen en el "diorama" de la ciudad (83). El *Martín Fierro* para Rama, es un ejemplo de lo que James Clifford hubiera llamado "etnografía de salvación" refiriéndose al hecho de que la llegada de los antropólogos puede ser leída como señal de la desaparición inminente de la cultura a la que llegan (Clifford 45); el *Martín Fierro* entonces, acude a "recoger" al gaucho "en el momento de su desaparición" (Rama 86). Similarmente, la obra de Arguedas recoge a una cultura indígena en el momento en que ésta deja sus comunidades y empieza a migrar en masa a la ciudad. Al contrario de lo propuesto en su *Transculturación narrativa*, aquí Rama subraya el hecho escritural y su transformación inmediata en archivo o museo de la oralidad y de mundos al borde de la extinción. La escritura es el documento, la muerte. En efecto, Rama traza los procesos por medio de los cuales todo el conjunto de leguleyos, jueces, escribanos, escritores, periodistas, historiadores, literatos y demás textualizan el espacio urbano hasta — como plantea Bill Ashcroft en el epígrafe— el sujeto sólo puede entrar en la ciudad al igual como entra en la ideología. De lo que Rama llama la "ciudad real" queda poco o casi nada y de la transculturación aún menos.

Mientras que Rama, partiendo del ordenamiento del espacio como modelo de dominación colonial, se centra en la minoría sacerdotal que domina los espacios urbanos latinoamericanos, Alberto Flores Galindo se centra en un espacio real, Lima, para presentarnos con observaciones y llegar a conclusiones muy diferentes de las de Rama y así, aún sin mencionar el concepto, hablar más de la transculturación que él. Aunque al principio sigue el mismo recorrido, en su *Ciudad sumergida* demuestra cómo Lima "se convirtió en sinónimo de la oprobiosa dominación colonial: 'del despotismo asiento'" (Flores Galindo s/n) acaba siguiendo una trayectoria diametralmente opuesta a la de Rama al poner su punto de mira no en las élites sino en los de abajo. Basándose en estadísticas sobre las diferentes olas inmigratorias y diversos censos concluye que Lima es *la* ciudad colonial por excelencia por ser Callao el único puerto mayor en la Mar del Sur en la primera mitad del siglo XVIII. Después, entre 1787-1814, debido al gran número de inmigrantes españoles (70% de ellos predominantemente vascos), es también la ciudad donde se enfrentan más sistemas culturales que en cualquier otra parte. El hecho de que había 18.000 españoles (predominando peninsulares sobre criollos), más de 13.000 esclavos de origen africano y sólo 10.000 castas, lo lleva a concluir que, al contrario de lo que se ha venido dictaminando hasta ahora y a pesar de que Lima era la capital del mundo andino (aún estando situada en la costa), el mestizaje en Lima fue entre blancos y negros y, en menor medida, entre españoles e indígenas. Llega a esta sorprendente conclusión al encontrar que en 1636 había 13.620 negros en Lima y sólo 10.758 españoles y, mientras que a principios del siglo XVII habían 900 castas (uniones interraciales), hacia fines del siglo XVIII había más de 10,000. El dato, también sorprendente, que encuentra en los censos, de que la mayoría de los indígenas en los alrededores de la ciudad eran pescadores que vivían en las playas y *no* en la ciudad (con la excepción de los del barrio del Cercado) confirma su observación que el mestizaje en Lima fue predominantemente entre españoles y negros. Así, la demografía demuestra "el proceso de integración del negro a la cultura urbana" (83). Esta conclusión por sí sola bien podría explicar la marginación de su libro.

Además de esto, la Lima que se vislumbra en *La ciudad sumergida* ha sido un caos desde siempre. Ya en la época colonial una aristocracia endogámica aterrorizada de los esclavos de los que dependía se amuralla conformando una ciudad de rejas rodeada por "la plebe" —una masa de gente de razas y culturas heterogéneas— que domina los espacios públicos. Esta ciudad se encuentra casi sitiada, se podría decir, por numerosos asentamientos de cimarrones. Los caminos están asediados por bandas de bandidos, muchos de ellos negros, (Flores Galindo no encuentra ni a un solo indio ajusticiado por bandolerismo) y que llevan a enfrentamientos entre negros e indios, mientras que las calles de Lima son dominadas por diversas bandas urbanas de mestizos y un alto porcentaje de vagabundos (65, 119). Algunos datos indican que en 1770 había 19.232 vagos, lo cual equivaldría a 38% de la población mientras que otros estudiosos calculan que eso es exagerado y que "sólo" un 14% de la población era vagabunda (124). En todo caso, de esto desprende que "la plebe" fue desde siempre un grupo extremadamente heterogéneo que conformaba la mayor parte de la población. Tanto es así que "plebe y limeño" eran casi sinónimos.

En *La ciudad sumergida*, Flores Galindo nos devela un mundo caótico, peligroso, dominado por bandas urbanas, una ciudad donde rige el miedo en general y el miedo al otro en particular. Leer este texto, truncado por la muerte temprana del autor, nos lleva a reconocer a nuestras ciudades de hoy y a darnos cuenta de que poco ha cambiado; en fin, a darnos cuenta de que la crítica que Salazar Bondy hizo de la "arcadia colonial" es más acertada que nunca. Como concluye Flores Galindo, la violencia era generalizada en la colonia. No hay mejor símbolo de esto que el hecho de que el pan de cada día era producido en las panaderías por numerosos prisioneros encadenados al trabajo. La violencia no sólo entra en el pan de cada día sino que llega a infiltrar la vida familiar, "otro terreno de confrontación" donde numerosos divorcios son solicitados en las cortes por mujeres de todo tipo (137). La descripción de esta ciudad sumergida y violenta ayuda no sólo a contextualizar, sino también a historizar los ensayos sobre los miedos y la violencia urbanos incluidos en esta edición. De esta manera vemos que el proceso de lo que algunos están llamando, con cierta nostalgia, la "pérdida" del letrado de la ciudad, o la "toma" de la ciudad por los migrantes, es más bien una dinámica que data desde la colonia. Pues mientras los unos se afanan en aferrarse a la letra como modelo ordenador, los otros, desde siempre, han contestado ese poder no sólo a través de la letra misma sino también desplegando una multitud de estrategias diferentes.

El contraste entre los espacios descritos en *La ciudad letrada* y *La ciudad sumergida* es asombroso, como lo es el hecho de que Rama y Flores Galindo independientemente el uno del otro llegan a escribir dos textos que en efecto se conforman como el negativo del otro. Mientras Rama lee los diarios y la narrativa de la época, Flores Galindo lee las actas legales en las cortes, muchas de ellas compuestas por cientos y miles de demandas con las que, desde los primeros años de la colonia, paradójicamente, los iletrados usan la ley en contra de sí misma para reivindicar sus derechos. Según Flores Galindo:

> los juicios ante el Cabildo y la Audiencia (causas civiles y criminales), ante el Superior Gobierno, el Arzobispado (causas de negros, inmunidades, divorcios), juzgados particulares como el Tribunal del Consulado o el Juzgado de Secuestros [permiten] observar el comportamiento de las partes y los intereses en juego, *siempre y cuando desechemos imágenes simplistas que piensan al derecho sólo como una imposición de la clase dominante*; se trata más bien de un terreno de confrontación, donde por eso mismo tienen que salir a relucir los intereses y propósitos de los sectores populares: aunque sean más frecuentes los fallos en contra, el funcionamiento del sistema exige que ellos puedan observar algunas victorias y alcanzar ciertas reivindicaciones, a pesar de ser negros y esclavos. (21, énfasis mío)

"Aunque la ley es importante" —conlcuye— "las ocasiones de infrigirla son múltiples, en una sociedad donde coexisten varios sistemas culturales y se enfrentan diversas reglas de comportamiento. *Hecha la ley, hecha la trampa...*", sería desde siempre la única ley que ha regido el Perú (21). Además de estudiar estos registros legales, Flores Galindo estudia los datos de sucesivos censos. Y mientras que Rama ve la escritura como el silenciamiento de la oralidad, Flores Galindo hace que las actas cuenten sus historias como si a través de ellas pudiera oír el barullo de las calles de Lima, los interminables chismes, y el abigarramiento espacial y verbal que constituye la ciudad y la masa desde siempre.

Consecuente con su postura, la posición teórica de Flores Galindo sobre la ciudad lo lleva a re-leer textos literarios de una manera muy diferente a la tradicional. Reivindica la obra de Ricardo Palma, tachada por muchos críticos de costumbrista y retrógrada, y lo celebra como el segundo fundador de Lima después de Pizarro. Palma, más que ningún otro, según Flores Galindo, escribe sobre la plebe. Constata, habiendo hecho un recuento de los temas, que en la mayoría de las tradiciones casi no aparecen las clases altas ni tampoco los indios y sólo uno que otro esclavo. El hecho de que la plebe que domina las tradiciones "no llegó a constituir una clase social, sino un conjunto tan heterogéneo como disgregado" fuerza a Palma a inventar un nuevo género para bregar con esa diversidad. Además de Palma, llevó a otros intérpretes de su realidad a adoptar formas artísticas que "tuvieron un carácter similar: décimas de Castillo, pinturas de Lozano, acuarelas de Fierro". Es decir, lo que se creó fue "un conjunto fragmentario y disperso de relatos, donde se confundieron recuerdos, imaginación y documentos" (144). A fin de cuentas entonces, la ciudad que Palma dibujó a modo de crónica *avant la lettre*, esa "ciudad sin indios" es la misma ciudad que Flores Galindo encontró y verificó en los censos (145).

El estudio de esta plebe heterogénea, incapaz de conformarse en una clase social y que forzó a que diferentes escritores y artistas se le aproximaran a través de medios muy diferentes que reflejaban, en cierta medida, su fragmentariedad, le permite a Flores Galindo explicar por qué en Lima nunca hubo una verdadera revolución a pesar de que la extrema segregación del espacio urbano (los blancos y la plebe casi nunca coincidían en los mismos espacios más que en ciertas ocasiones como la corrida de toros o la procesión del Señor de los Milagros) y la extrema discriminación hubieran sido campos fértiles para mil revoluciones en cualquier otro lugar. En Lima no puede surgir "un movimiento social que articule esos intereses múltiples, no porque exista una subordinación a la aristocracia, sino porque los conflictos en el interior de esas 'clases populares' son demasiado intensos: los esclavos divididos entre bozales y criollos,[4] enfrentados ambos sectores a los indios, y todos disputando con la plebe la escasa oferta de trabajo. Era imposible recurrir a una solución nacional que articulase a todos ellos contra el colonialismo" (181). Por decirlo de otra manera, Lima siguió siendo una sociedad colonial aún después de la Independencia. No alcanzó ni ha alcanzado nunca superar las dos fases de la lucha anticolonial que delineó Fanon —la violencia contra los suyos, pasando por una conscientización gradual, se va transformando en violencia contra el orden colonial. Esto explicaría la observación de Henri Lefebvre quien en su *Production de l'espace* escribe que a pesar de que la urbanización latinoamericana en cuadrícula es muy parecida a la urbanización de ciudades norteamericanas como Nueva York la misma cuadrícula puede ser usada para fines y políticas absolutamente diferentes. Mientras que la famosa cuadrícula ordenada y "utópica" de las ciudades norteamericanas sirvió para enriquecerlas *in situ*, la de las ciudades latinoamericanas sirvió como una estructura de despojo y extracción de riqueza en beneficio de España "como si la riqueza se escapara por los huecos en la cuadrícula" (Lefebvre 151). Flores Galindo, al resaltar que en Lima la violencia interna ha estado a la orden del día y ha dominado todos los espacios, nos da la respuesta a la interrogante implícita en la observación de Lefebvre. La violencia es lo que ha permitido que las clases hegemónicas se enriquecieran sin la posibilidad de que se creara ninguna resistencia unida. La Lima que Flores Galindo describe es una ciudad donde se ha venido manteniendo desde la conquista un "brutal equilibrio". Y es con la postulación de esta paradójica violencia estable o estabilidad violenta con la que concluye *La ciudad sumergida* (183).

Me he detenido, quizás demasiado, en las dos "ciudades" de Rama y de Flores Galindo para demostrar que los ensayos incluidos en este volumen —de una manera u otra, consciente o inconscientemente— entran en diálogo con ellos. Lo cual no es de sorprender ya que son textos multifacéticos que tratan una variedad de temas como si el abigarramiento de las ciudades latinoamericanas les forzara a desbordar su campo y su especialización. La impresionante gama de temas elaborados en torno al espacio y a la ciudad y los radicalmente diferentes tipos de aproximaciones que se juntan en esta edición sirven para corroborar lo que asevera Jesús Martín-Barbero en el epígrafe. Pensar el espacio latinoamericano es pensarlo desde más allá de las fronteras establecidas por las disciplinas y lo que es más, es pensarlo mucho más allá de la limitada noción de espacio que ha manejado Occidente hasta hace poco. Así, en este volumen se juntan historiadores, sociólogos, escritores, periodistas, cronistas y críticos literarios que escriben sobre ciudades tan distintas y distantes como lo son San Juan, Buenos Aires, Cuzco, Lima, el Defe, Santiago, Caracas, Bilbao, las ciudades fronterizas entre EE.UU. y México, etc., y que tratan temas tan variados como el caos, el miedo y el desorden urbanos, la transformación de estos espacios caóticos en espacios legibles a través de la creación de diferentes monumentos nacionales, museos, y paseos; la relación entre las artes como la pintura y la fotografía y la narrativa urbana, la diferencia entre la concepción pre y pos colombina del espacio, el *kitsch* y la megalópolis, etc. Además, representando algunos de los géneros escriturarios creados en Latinoamérica, hemos puesto, —al igual como lo hizo Susana Rotker en su edición *Ciudadanías del miedo*— estudios críticos lado a lado con crónicas urbanas. La crónica, como lo demuestra Boris ("Narrar el caso") es un híbrido sui géneris creado a partir de, y para bregar con, la complejidad social y espacial latinoamericanas. Más que cualquier otra forma incorpora simultáneamente varios géneros (periodismo, cuento, reportaje, ensayo, etc.) y pone en práctica la erradicación de barreras disciplinarias. A la vez, está llegando a influenciar la ensayística latinoamericana con el resultado de que algunos de los ensayos aquí incluidos se leen como crónicas.

El hecho de que *La ciudad letrada* y *La ciudad sumergida* hayan sido escritos por un crítico literario y por un sociólogo/historiador respectivamente, prefigura en los años 80 la variedad de metodologías disciplinarias reunidas aquí y que cada vez más componen el gran cambio que se está dando en nuestro modo de delimitar las disciplinas. Si nuestras ciudades son tan abigarradas, nuestros modelos de pensarlas no pueden ser menos complejos ni menos nómadas.

NOTAS

[1] Agradezco a Boris Muñoz, Lois Zamora, y Gerd Gemunden su cuidadosa lectura de este ensayo.

[2] Este mapa aparece en la edición en latín de la segunda carta de Cortés. Le agradezco a Michael Schluesser este dato. Es reproducido en Hernán Cortés, *Cartas de Relación*, Angel Delgado Gómez, ed. (Madrid: Clásicos Castalia, 1993) entre otros.

[3] Lois Zamora se centra en una crítica de la imposición del orden letrado a un mundo al que éste le era ajeno. Así, como Pal Keleman, Serge Gruzinski y otros, Zamora reivindica modos de conocimiento no letrados. En su *The Inordinate Eye* escribe: "A pesar del admirable estudio sobre la sociedad colonial latinoamericana en *La ciudad letrada*, de Ángel Rama, hubo y siguen habiendo inmensas regiones, incluyendo ciudades, donde la cultura impresa no es una realidad contundente. Este hecho sin embargo, no significa que la gente no sepa leer [...] Rama no se enfoca más que en el texto impreso. No explora la relación que hay entre medios expresivos o la producción de textos culturales no letrados y alfabéticos. La dicotomía colonial implícita entre ciudades de españoles y pueblos de indios simplemente no se sostiene" ["Despite Angel Rama's admirable study of *La cuidad letrada* (the literate city) in colonial Spanish America, there were, and are, vast regions, including cities, where print culture is not deeply rooted —a fact does not necessarily imply that people do not know how to read... Rama's focus never leaves the printed text. He does not explore the relations of expressive media, or the production of cultural texts other than alphabetic, and the implied dichotomy between colonial *ciudades de españoles* and *pueblos de indios* simply doesn't bear close examination"] (la traducción es mía).

[4] Aquí Flores Galindo emplea el término para referirse al descendiente de negros y metropolitanos tal como es usado en el Caribe. Según los censos que estudia, en el Perú no existió la categoría de "criollo" como peninsular nacido en América. Los censos indican sólo las siguientes divisiones: españoles, indios, mestizos, gente de color libre y esclavos (80).

Bibliografía

Ashcroft, Bill. *Post-Colonial Transformation*. London: Routledge, 2001.
Barbero, Jesús Martín. "De la ciudad mediada a la ciudad virtual", material de trabajo para la Segunda Conferencia Internacional de Estudios Culturales *Espacio Urbano, comunicación y violencia en América Latina*. University of Pittsburgh, Abril 2000.
Calvino, Italo. *Le città invisibili*. Torino: Einaudi, 1972.
_____ *Las ciudades invisibles* [1972]. Aurora Bernárdez, trad. Madrid: Ediciones Siruela, 1994.
Clifford, James. *Writing Culture: The Poetics and Politics of Ethnography*. Berkeley: University of California Press, 1986.
Dussel, Enrique. *The Invention of the Americas: Eclipse of "the Other" and the Myth of Modernity*. Michael D. Barber, trad. New York: Continuum, 1995.
Flores Galindo, Alberto. *La ciudad sumergida: Aristocracia y plebe en Lima, 1760-1830*. Lima: Editorial Horizonte, 1991.

Foucault, Michel. "Of Other Spaces". *Diacritics* 16/1 (Spring 1986): 22-27.

———"Questions on Geography". *Power/Knowledge: Selected Interviews and Other Writings, 1972-1977*. [1972]. Colin Gordon, ed. New York: Pantheon, 1980.

Kagan, Richard. "A World Without Walls: City and Town in Colonial Spanish America". *City Walls: The Urban Enceinte in Global Perspective*. James D. Tracy, ed. Cambridge: Cambridge University Press, 2000.

Lefebvre, Henri. *The Production of Space*. [1974]. Donald Nicholson-Smith trad. Oxford: Blackwell, 1984.

Mignolo, Walter. *The darker Side of the Renaissance: Literacy, Territoriality, and Colonization*. Ann Arbor: Michigan University Press, 1995.

Moraña, Mabel, ed. *Ángel Rama y los estudios latinoamericanos*. Pittsburgh: IILI-Serie *Críticas*, 1997.

Monsiváis, Carlos. "La ciudad de México: un hacerse entre ruinas". *El paseante* (1990): 10-19.

Rabasa, José. *Inventing America: Spanish Historiography and the Formation of Eurocentrism*. Norman: University of Oklahoma Press, 1993.

Rama, Ángel. *La ciudad letrada*. Hanover: Ediciones del Norte, 1984.

Rotker, Susana. *Ciudadanías del miedo*. Caracas: Editorial Nueva Sociedad, 2000.

Sobel, Dava. *Longitude: The True Story of a Genius Who Solved the Greatest Scientific Problem of His Time*. New York: Walker, 1995.

Socolow, Susan M. y Louisa Schell Hoberman (Eds.). *Cities and Society in Colonial Latin America*. Albuquerque: University of New Mexico Press, 1986.

Solano, Francisco de. *Ciudades hispanoamericanas y pueblos de indios*. Madrid: Consejo de Investigaciones Científicas, 1990.

——— *Estudio sobre la ciudad iberoamericana*. Madrid: Consejo Superior de Investigaciones Científicas, Instituto Gonzalo Fernández de Oviedo, 1975.

Wolf, Eric. *Europe and the People Without History*. Berkeley: University of California Press, 1982.

Zamora, Lois Parkinson. *The Inordinate Eye: Baroque Designs in Contemporary Latin American Fiction* (borrador).

I. Crónicas urbanas

El vigor de la agonía
(La ciudad de México en los albores del siglo XXI)

Carlos Monsiváis

Coro de frases hechas que se consideran vivencias

— Es la ciudad más grande del mundo.
— Esta ciudad ya tocó su techo histórico.
— Aquí ni siquiera dan ganas de rezar. Ni El Señor distingue entre tanta gente.
— Soñé que iba solo en un vagón de Metro y nadie empujaba, ni me vendían nada, ni contaban estupideces. Desperté angustiadísimo de la pesadilla.
— La ciudad crece en dirección opuesta a la autoestima de sus habitantes.
— Dos horas en ir del trabajo a mi casa y no fue el peor embotellamiento que me ha tocado. Con razón ya perdimos el hábito de la prisa.
— Hay tanta gente que ya se acabaron los rostros familiares.

Identificación a manera de pórtico

En los últimos veinte años, para poner una fecha, las transformaciones de la Ciudad de México han sido tantas y tan extraordinarias que muchas incluso pasan inadvertidas. Así, con y sin paradojas, proceden las costumbres en épocas sin movilidad social. Sitiada por las novedades, la ciudad adopta ritmos distintos de libertades, de aperturas, de madurez crítica, y por eso promueve los cambios a través de la persistencia, adelantándose a los gobiernos y los partidos políticos.

¿Es acaso posible fijar el vértigo? La verbalización adecuada de los cambios va siempre a la zaga. Esto parecería inexacto si se observa el discurso de la sexología, la franqueza antes inconcebible en el cine, el teatro, y las publicaciones, las novedades en televisión (cable), etcétera. Sin embargo, persiste la contradicción entre lo que se vive y la valoración pública de lo que se vive. En tanto armazón declarativo, la sociedad va detrás de su propio desarrollo, y esto explica en las encuestas a la mayoría que se declara "virtuoso a la antigua" y a los que se ofenden por "la falta de respeto a la tradición", sin reconocer lo obvio: si se observa la suma de sus acciones, la Ciudad de México es ya pos-tradicional. No en todo, sí en muchísimo. Por sociedad pos-tradicional entiendo la que no ajusta sus procedimientos cotidianos a lo que se espera en obediencia a su trayectoria, sino a lo que determinan las exigencias duales, las de la modernidad crítica y las de la sobrevivencia.

I. La Ciudad del Centro Histórico: El pasado remodelado es el porvenir turístico

En el primero de sus días, la Nación estaba desordenada y todavía disponía de espacio, pero —continúa la fábula o el acta notarial— el Centro de la Ciudad de México ya era y ya existía, y en su honor se crearon los Alrededores y se diseñaron los Sitios Lejanos (Si hay un Centro, agréguese a la Periferia y a la lontananza), y todos convinieron en un punto: el Centro lo era no por su ubicación sino por su dogma orgánico: lo central no depende de la existencia de lo secundario, es autónomo o no es nada. Y ni siquiera la globalización afecta este dogma de los orígenes.

Antes del adjetivo *Histórico*, al Centro lo determinó la conjunción de poderes: allí se hallaban el Palacio Nacional, el recinto del mando y la fuente de la identidad civil; la Catedral Metropolitana, el recinto de las creencias y la fuente primera de la identidad religiosa y del arte virreinal; la alcaldía o el Departamento Central, la sede del gobierno capitalino y de la burocracia que aspiraba a disolverse en la eternidad... y, presidiéndolo todo, la Plaza Mayor, la Plaza de la Constitución o el Zócalo, el ágora de los paseos y las concentraciones políticas, el espacio simbólico y muy real de donde las multitudes han salido regularmente a fundar el resto de la ciudad y del valle del Anáhuac, con sus colonias, unidades habitacionales y ciudades-dormitorio.

Las formas y los contenidos del Centro Histórico: religiosos, ancestrales, culturales, emotivos y a fin de cuentas democráticos o comunitarios, son, junto a las leyes y una selección crítica de la historia, las tradiciones y las costumbres, el patrimonio nacional por excelencia. Al país lo ha definido la zona, a fin de cuentas, minúscula donde hasta cierto año casi todo ha sucedido o casi todo se ha bosquejado, la entronización de la fe, la creación de obras maestras, las rebeliones, las apoteosis de caudillos y los líderes, el desfile de los revolucionarios con fusiles y cananas, las tomas de posesión de los Presidentes, el desenvolvimiento del comercio, la floración de los escenarios libidinosos (el sexo antes y después de los sermones), los Te-Déums, las reuniones literarias, la convivencia de la Respetabilidad y de la Ausencia de Respetabilidad, las marchas del infinito de las causas y protestas, las insurrecciones y resurrecciones del pueblo. Si algo ha caracterizado históricamente a la capital ha sido el Centro, eje conspicuo del desmadre y el orden, de las tradiciones y las innovaciones, de la metamorfosis de lo viejo y lo nuevo en un microcosmos sin edad.

A eso se añaden instituciones mayores o menores, notorias o inadvertidas, el Monte de Piedad o casa de empeños, los juzgados, las librerías. A lo largo de casi todo el siglo, durante el día el Centro se colmaba de funcionarios y abogados, y en la noche de prostitutas y de los mismos próceres del derecho que festejaban en las cantinas victorias o derrotas en el manejo de los expedientes. El Centro no se rigió por proyectos específicos; fue, por naturaleza, el territorio donde lo moderno arraigaba como podía, entre el tumulto de cantinas, puestos de periódicos, tacos de canasta, policías insomnes, vendedores tan polvosos como sus mercancías, empleados que apresuraban la comida porque no tenían ganas de regresar al trabajo.

Nadie puede inspirar lo que tú inspiras... Durante las siete primeras décadas del siglo XX, la capital dispone de *El Centro*, así nomás. Y ni la deserción de los ambiciosos (que inauguran las zonas privilegiadas o se incrustan en ellas), ni la proletarización extrema de los alrededores del Zócalo, despojan al Centro de su cualidad básica: representar lo conocido hasta hace poco como *México*, la acumulación de épocas históricas, el territorio libre de la diversidad visible o reprimida. Y esta definición de México es muy parcial pero no es inexacta, porque en la historia cultural y social de la ciudad y hasta cierto momento, resonante solía ocurrir en el "perímetro jovial" de escuelas universitarias, oficinas públicas, cafés de chinos, mercados, tiendas de ropa, tiendas al mayoreo y al menudeo, restaurantes, fondas, templos coloniales, palacios, academias, provincianos que ni a sí mismos se confesaban su carencia de sueños políticos, prostitutas que se asomaban a la calle y dejaban que la calle se prolongase en ellas, rentas congeladas, cabarets organizados como archivos generales del melodrama, librerías de primera y de segunda, comercios a la antigua, vecindades donde se vislumbraba la tragedia a través del cúmulo de desgracias, calles que eran en sí mismas museografías, consultorios de enfermedades venéreas *y de las otras*, edificios tan lúgubres que prestigiaban por contraste el aspecto de sus inquilinos... El Centro, definición voluntaria e involuntaria de lo capitalino, almacén de las nostalgias prematuras y póstumas, depósito vivencial del país centralista.

"ME DI CUENTA QUE HABÍA ENVEJECIDO CUANDO NO PUDE ELEGIR ENTRE LOS MOTIVOS DEL LLANTO"

En el Centro las costumbres han persistido porque sus practicantes todavía no desocupan el cuarto, y la así llamada *sordidez* suele explicarse por los vínculos entre naturaleza humana y presupuesto familiar. En el Centro nada ha sido suficientemente viejo ni convincentemente nuevo, y la noción de aventura depende de lo que pasó la noche anterior en el antro, del ir y venir de las migraciones, del deterioro habitacional que es en sí mismo proyecto de fuga, del canje del nacionalismo por el folclore urbano. En el Centro, la densidad histórica es tan extrema que, cosa rara en la ciudad cuyo principio regenerativo es el arrasamiento, son demasiados los sitios y las edificaciones que se conservan y remiten a su origen, no por manía evocativa, sino porque cada casa vieja es la memoria de todas las ruinas habitadas, cada edificio colonial es la suma de la belleza preservada y las calles desbordan fantasmas (a ellos también los asaltan).

En el Centro, los obispos bendijeron y maldijeron simultáneamente a su grey; allí, en 1830, el liberal Ignacio Ramírez declaró "Dios no existe", y en 1873 el poeta Manuel Acuña se suicidó a los 24 años con cianuro, y a fines del siglo XIX los *flaneurs* ajenos a Baudelaire y Walter Benjamin exhibieron la energía de su indolencia, y en 1930 o 1940 los poetas de vanguardia, tras alabar el surrealismo y Eliot, se fueron a bailar danzón. Allí padecieron los personajes de las novelas, y allí se escribieron o leyeron por vez primera los grandes poemas, y en el Centro han coincidido inexorablemente la piedad y la blasfemia, el poder y la falta de poder. Allí, las situaciones, las personas y las tendencias sociales anochecieron realidad y amanecieron símbolo, y a la inversa. ¿Para qué seguir? Más que país de una sola ciudad, México fue hasta hace muy poco el país de un solo Centro.

¿En qué momento el Centro dejó de serlo de manera axiomática? Muy probablemente al percibir el presidente Miguel Alemán (1946-1952) que la universidad moderna del país moderno requiere de campus, de árboles, de estudiantes redefinidos por el espacio, de edificios nuevos como debuts del conocimiento, y de explanadas de aspecto progresivamente norteamericano, es decir, según los criterios de la época, de aspecto cosmopolita. Y más que las colonias residenciales y los enclaves de la voluntad de ascenso, la Ciudad Universitaria de la Universidad Nacional Autónoma de México negó con petulancia el significado del Centro, y éste al no albergar todos los símbolos, se fue congelando. Algunos dirán que el proceso empezó cuando don Lázaro

Cárdenas instaló la residencia presidencial en Los Pinos (1934), o al extenderse por doquier la ciudad, pero eso apenas repercute, porque la sede del poder seguía siendo el Palacio Nacional, y, en cambio, la emigración a Ciudad Universitaria cortó de tajo la educación primordial de las generaciones a cargo del Centro. De allí en adelante, en el territorio del Pedregal, los estudiantes se olvidarían del peso físico de la tradición para asumirla, si tal es el caso, selectivamente.

En la década de 1970 se introducen dos grandes novedades: el Metro, que masifica el Centro sin modernizarlo, y el adjetivo *Histórico*, que legaliza el prestigio inmóvil de la zona (ya no el eje de la energía sino de la recordación), presiona por iglesias y plazas remodeladas, fomenta de manera creciente el turismo interno, cambia el recuerdo lírico de las tradiciones por las tesis de grado, y cede el paso a la saludable variedad de recuperaciones, rescates y defensas que se enfrentan a la prisa especulativa, tan indiferente a la belleza. Y ya con la aureola de la victoria frente al tiempo, el Centro Histórico contempla, ampliado, el paisaje de siempre: los vendedores ambulantes, los desempleados, la procesión burocrática que ni empieza ni termina, y los espectáculos de la fe y la militancia. Los sociólogos y los antropólogos colonizan las vecindades, los arqueólogos descubren los tesoros del Templo Mayor, y al cabo de contrastes y desbordamientos, el Centro Histórico es tal vez el modelo clásico de los alcances y las limitaciones de la nación.

¡Ah, el avizoramiento de la estética oculta en lo ruinoso! Nunca agotaremos la belleza de templos, edificios virreinales y neoclásicos, paisajes inesperados, casas que nunca habíamos contemplado por más que por allí pasáramos, variedades de la luz en el atardecer. ¿Y cómo impedir la sentencia que a la letra dice: el peor castigo de quienes abandonan, desconocen y desprecian las hazañas de otras generaciones es habitar sin tregua en una casa o un departamento que parecen arreglados por escenógrafos de telenovelas?

Desaparecen la credulidad y la vocación de asombro, premisas del goce de las ciudades. Al cabo de hazañas y demoliciones, el Centro o Centro Histórico ni se deja modernizar ni admite el envejecimiento. Desde sus contrastes y en su desbordamiento, desde la inseguridad y la falta de mantenimiento, sigue siendo el sentido de orientación de la nación que, para muchísimos, ya perdió la brújula.

II. La ciudad tolerante: "Nomás me di cuenta de lo que se trataba, me dije: o le partes la madre a ese pervertido o te resignas a la amplitud de criterio"

Hasta 1970, aproximadamente, la Ciudad de México (autoridades y gente de pro) desconoce la tolerancia y actúa represivamente contra prostitutas, sodomitas, mendigos, disidentes políticos, libertinos, seres ansiosos de divertirse, mujeres solas; para ser breve, la Ciudad no soporta los mínimos intentos libertarios. Así, el 17 de noviembre de 1901 la policía detiene a 41 ó 42 asistentes a una fiesta gay, la mitad de ellos vestidos de mujer, y esto origina "la fama perniciosa" que gozó en México el número 41. Y desde ese momento, la Ciudad (léase autoridades civiles y eclesiásticas en pacto no tan secreto, al que confirma el aplauso de la ciudadanía) reprime sin conciencia alguna de culpa: redadas de homosexuales, redadas de limosneros y prostitutas antes de la llegada de Visitantes Ilustres, atropellos policíacos interminables so pretexto de "ofensas a la moral y las buenas costumbres", aplicación férrea de la censura en los espectáculos (teatro de variedades, teatro, cine). En suma, el respeto a los códigos de comportamiento del siglo xix y la vigilancia de los eternos menores de edad, queda a cargo de los "asaltantes a nombre de la Ley" y los criterios parroquiales.

De manera paulatina se organiza la resistencia a la visión patriarcal de las libertades ciudadanas. Una vanguardia de intelectuales y artistas protesta contra la censura, ya en retirada en la década de 1970. Lo más relevante de estas movilizaciones es la utilización de las leyes, para empezar de la Constitución de la República que, por increíble que parezca, es "el Caballo de Troya" en materia de liberalización de las costumbres. Y la causa principal del éxito contra el conservadurismo es la demografía en ascenso, cuyo impulso deshace casi todos los prejuicios.

En materia de vida cotidiana, hasta 1920 la derecha controla la ciudad y las parroquias realizan el inventario de las tradiciones y su acatamiento. Luego, la secularización se vigoriza y, además, es imposible fiscalizar a la sociedad que se diversifica. ¿Cómo evitar, por ejemplo, la indiferencia en el Metro ante los atavíos, los ligues y el frotadero de cuerpos? La demanda de libertades revela el carpe diem, la gana de apoderarse del instante, que no suele ser casto. Los controles antiguos se desvanecen al no existir la policía o el registro confesional que vigilen el comportamiento de tantos.

En su pecado, la derecha confesional lleva la penitencia. Durante siglos reprimió laboriosamente las vidas a su encomienda, y al menos en la apariencia, logró la interiorización colectiva de los dogmas. "Soy, por falta de alternativas, lo que digo ser. Obedezco porque no puedo hacer otra cosa. La hipocresía es el espacio de tolerancia que me concedo a mí mismo". De pronto, ya cada uno ignora la conducta de los vecinos, y no influyen las condenas de los adulterios o de los "actos equívocos". Sin todo el público a su favor, el moralismo extremo va muriendo de soledad. La minoría a cargo de la censura y el hostigamiento a los pecadores, desiste de su afán de rectificar las conductas erróneas, y quiere establecer su ventaja moral (o social más bien) sobre los "pobres de espíritu". (Su lema: "En el lecho abierto, le toca a los justos imponer la castidad")

Al comprobar su fuerza poblacional —tal vez en 1970, o cerca de esa fecha— la Ciudad de México no renuncia al sentido moral (tan escaso siempre), sino a las ceremonias de la hipocresía. Si algo es propio de las metrópolis, y de la que se ufana de ser la más poblada del mundo, son las transformaciones en serie. En rigor, el debate actual no es sobre moral sino sobre la hipocresía que busca representarla y que lanza su catálogo de prohibiciones: *no* al divorcio, *no* al condón, *no* al acto sexual sin fines reproductivos, *no* al habla sexual explícita, *no* al adulterio, *no* a la homosexualidad, *no* a los desnudos en teatro y cine, *no* al travestismo en televisión, *no* a las "audacias temáticas" en cine y teatro; en síntesis, *no* a la modernidad.

¿Y qué es lo que verdaderamente sucede? El gran control del comportamiento no es el criterio moral sino el miedo a la violencia delincuencial, que a la hora de los espectáculos nocturnos retiene en su casa a la mayoría. Pero sin competir con Amsterdam o con Nueva York, la Ciudad de México ya abunda en libertades impensables todavía en 1970. Hay una vida gay floreciente, con discotecas, restaurantes, teatros, una librería, una zona de la Ciudad (la colonia Condesa) como polo de desarrollo, veladas por los muertos de sida y la celebración anual de la Marcha del Orgullo, de la Semana Cultural Lésbico-Gay. El desnudo en teatro y cine es un derecho irrefutable, y, no sin dificultades acrecentadas por el temor al sida, los shows de "sexo en vivo" continúan. Y la diversidad es la señal de las libertades legales y legítimas antes prohibidas por los prejuicios.

III. ¿A QUE SUENA LA CIUDAD? "¿QUÉ LE VAMOS A TOCAR, MI JEFE?"

Un organillo toca *Amor perdido* y la nostalgia se instala, la de quienes gozaron en mejores épocas de la canción del puertorriqueño Pedro Flores y la de quienes, al oírla, vislumbran a sus ancestros, esa pareja que se vuelve la comunidad entera. Y el organillo —especie en extinción— emblematiza la época abolida por la alta tecnología.

El conjunto veracruzano insiste en su repertorio de sones y los oyentes se acuerdan de la tierra natal o de la ausencia de tierra natal, porque si uno es de la Ciudad de México, en lo que a pertenencias entrañables toca, nació en ningún lado. Por más esfuerzos que se hagan, una colonia capitalina no es un pueblo, así se escuche allí a los músicos de los viejos instrumentos, más apreciados con el tiempo porque son menos las personas que comparten los recuerdos. El dúo entona: "Qué dicha es tenerte a ti, mi cielo", y en un segundo estamos ya en 1951 y el actor Pedrito Infante lleva serenata y si los asistentes no disfrutaron de aquella época, de cualquier manera se apropian de su anacronismo, de otra manera no estarían aquí, ante la estampa costumbrista concentrada en el dúo que, de ser objeto, sería una consola de 1940. Hay voces que son el dibujo afantasmado de las antiguas potencias del volumen.

Que no haya reposo para el oído. La ciudad desborda trampas acústicas, fosos de complicidades románticas o regionales o posmodernas. La marimba se celebra a sí misma interpretando una canción de Agustín Lara: "Oye la marimba/ cómo se cimbra/ cuanto canta para ti". De un *ghetto blaster* se desprende la avalancha del *technorock* y el que no brinque es maricón. Pasan a un lado dos motocicletas de repartidores de *pizza* y el microbús se adueña de tres carriles al mismo tiempo, y los que victiman a las canciones queriendo interpretarlas, demandan esos primeros auxilios que son los oídos atentos. Curiosa o típicamente, la oferta de la calle insiste en el repertorio viejo y al oyente al inmovilizarse en la acera, se afilia la memoria de la especie, *la juventud se va, se va, es una y nada más*.

En las calles céntricas, el acordeón presagia la onda grupera, ese híbrido del Norte del país. El conjunto de cuerdas desafina con tal de acompañar a sus escuchas en el viaje desafinado por la vida, y en las esquinas se improvisan los *malls* del tráfico, *qué se va a llevar patroncito, lléveselo barato antes de que se lo regalen, qué buen chiste ¿no?, que no le digan y que no le cuenten*. En el restaurante, el flautista, impertérrito, acomete "Perfidia", y el chantaje funciona: si la canción te gusta no te fijes en cómo la interpreto.

El trío se divide en fracciones irreconciliables a lo largo de la melodía, y el saxo y la batería sumergen al borrachito en el danzón. Rumbo a la oficina, los burócratas se dejan hechizar por el grupo guapachoso, luego apresuran el paso porque bailar entre semana es ofender al Eterno. La orquestita quiere dar idea del colorido de la fiesta taurina ("Arte es que las bestias sufran"), el ciego o el minusválido entonan el corrido que describe la tragedia lejana y contigua, ella se fue con otro, él se fue tras ella y en eso estaban cuando a todos los tomó por sorpresa el asalto de Pancho Villa a Zacatecas. En las tardes de verano, el corrido es la historia dolorosa del héroe que murió por dormir la siesta.

"SI EL TRÁFICO ESTÁ MUY PESADO, NI SIQUIERA ESCUCHO MIS PROPIOS PENSAMIENTOS"

Remozada por el alborozo de los niños, la calle se colma de sonidos que se entremezclan, se oponen, se extravían, se integran. Inevitable recordar el diálogo de Juan Rulfo: "¿Y qué es ese ruido?/ Es el silencio". A ciertas horas, digamos de las seis de la mañana a las nueve de la noche, arde en las calles la música involuntaria, la propia de los cláxons y los frenazos y los arrancones y las exclamaciones que integran una sola gigantesca mentada de madre.

Canija capital cabrona cábula y calamitosa, si puedes tú con Dios hablar persuádelo de que tu propósito no es ensordecerlo a las horas pico. El chavo con el *walk-man* es Ulises con los tapones de cera que rehúsa el canto de las sirenas de la nostalgia. Las campanas suenan con fúnebre son y la ciudad elige la gravedad a su alcance, deshecha y rehecha por el paso del gentío, por la insistencia de los voceadores ("¡Extra! ¡Ayer hubo más muertos que antier!"), por el trepidar motorizado, por los ritmos de una ciudad capital que alberga o redistribuye a diario veinte millones de seres, o más, si la fertilidad no falla.

"¡Taxi!/ Échele ojo, marchante/ ¡Pásele, pásele!/ Órale, no empuje/ Una güerita para esta noche, mucha carne y luego luego/ Oríllese a la orilla/ Viene, viene, viene". Los pregones son legendarios, y usan de los ecos para informarnos: todavía vivimos en la misma ciudad que retumba o gime. Y la armónica y los violines y las guitarras y el saxo y las maracas y la flauta y el violín huasteco y la marimba y el salterio y el arpa jarocha y el serrucho (si aún queda), animan el desaliento: cómo saber a qué suena la ciudad de México, si se parece a un estallido nuclear o si materializa el ruidajo de todos los estómagos vacíos, o si musicaliza los deseos obscenos, o se resume en gritos la lucha por la existencia. En última instancia, en el paisaje acústico la excitación triunfa sobre los nervios destrozados.

¿Existe la conspiración del silencio? ¿Alguien conoce sitios alejados de las montañas decibélicas, refugios de paredes de corcho, condominios de lujo que resulten las celdas monacales del derroche?

SI LE SIGUES DICIENDO "ESTRÉPITO" TE VAS A DEPRIMIR, MEJOR DILE "ACÚSTICA INEVITABLE"

A la sinfonía deliberada responde la alharaca cósmica, aquí ningún sonido se pospone, y las veinticuatro horas del día la ciudad es un río de motores al lado de los conductos auditivos. Los vendedores de camotes ahogan los atardeceres, la orquestita revive por aproximación la tarde maravillosa en que todas cumplieron quince años, y el jovenazo de la trompeta (sexagenario o septuagenario) se ciñe a la emoción de atraer una clientela cachonda. La ciudad se oye vieja y se oye nueva, al día en la Internet y milenaria como la canción "El Faisán", del maestro Miguel Lerdo de Tejada (1900). El cantante callejero es un murmullo delator de las épocas anteriores al *Hip Hop*, el *ska*, el *fudge*, el *Rai*, el *New Age*. Y el mariachi vierte esa convocatoria a la Mexicanidad, el "Son de la Negra" que excita a la comunidad imaginaria que de pronto da el salto gutural, localiza en las emociones la fuente de la juventud de la nación, ve agitarse en su garganta al México que no se fue, se lo llevaron. *Ojos de papel volando*, canta el mariachi, y en la Plaza Garibaldi o en el restaurante de políticos y burócratas menores, o en la velada cívica que celebra el cumpleaños del héroe muerto apenas hace 150 años, o en esa fantasía terminal que es el centro nocturno sin clientela, el mariachi nos devuelve lo arrebatado por la modernidad: la ilusión de fiesta sin tecnología.

La capital también suena a piedad, a fieles arrodillados en la penumbra, a gemidos de reconciliación. El murmullo devocional, si ya no el más frecuente, sí es uno de los más disciplinados, porque viene del alma que es leal y no de las gargantas, tan traicioneras. Si nos estás oyendo, Diosito o Virgencita, no te fijes en nuestras voces sino en la buena disposición del rostro contrito, en la aflicción de nuestro júbilo, en la hermosura de un coro donde nada más se escuchan las intenciones (esto no es un nuevo concepto de la música sino el antiguo rito de la compensación. Las intenciones nunca desafinan). Y el sonido religioso se defiende de la sirena de las patrullas, del voceo desde los automóviles de mercancías milagrosas, del vendaval de rezongos de cinco millones de usuarios del Metro, de un popurrí de Agustín Lara o de José Alfredo

Jiménez, de "El Mariachi Loco" que bailan en el Eje Central músicos que son también acróbatas suicidas. Mientras eso pasa, los paseantes se someten a la melodía de los pleitos familiares y los rezos para que el empleo se aparezca.

"¿Que no oyó a la señora? ¡Quítele la mano!... ¿Y que no oyó al señor? ¡Déjele la mano!"

En el Mundial de Futbol juega la Selección Nacional y todos los aparatos de televisión están encendidos, los taxistas traen prendida su minitele y el alarido idéntico da fe de la garganta única. El 15 de septiembre en el Zócalo colmado se escenifica el Grito de Independencia. En la Basílica de Guadalupe los cantantes nos recuerdan el dolor inconcebible de los nacidos cuando la gente se distraía en las noches sólo con cuentos y canciones. Y aparte de estas fechas, la ciudad suena a lo que sea su voluntad patrona, al desamparo de los músicos nómadas, al reconocimiento de que el Juicio Final se pospone por miedo al embotellamiento de las conciencias, a la canción ranchera irreconocible en ese Metro donde ya no cabe ni un alma (¡Qué diferencia con el cielo y el infierno donde siempre hay cupo, y qué terror ante las estadísticas donde todos los ya muertos en la gloria de su intimidad, pierden la batalla numérica ante todos los que hoy respiran como pueden!) Y sólo en los inacabables segundos de un terremoto —ese mambo telúrico— la ciudad se distrae en serio con el ruido.

Los millones, los millones, los millones, aquí están los millones, y el vendedor de billetes de lotería parece contrariado por distribuir la buena suerte en vez de quedársela. En las esquinas grupos de alboroto, el Metro y la Calle son lo mismo, El Periférico a vuelta de rueda y el Zócalo el 15 de septiembre son lo mismo, a la altura de cualquier piso 23 el desastre armónico del conjunto y la ambulancia que se dirige al lugar de la contingencia son lo mismo, el enmudecimiento ante el asalto a mano armada y el primer llanto del niño que nace en el taxi son lo mismo. A la salida de los teatros, las ofertas ensordecen al posible comprador, temeroso de estar defraudando las expectativas de la calle. "¡Lléveselo, agárrelo, no se quede sin...¡" Así son las cosas y la polca del grupo norteño convierte a los oyentes en dioses mercurios de la banqueta con alas en sus pies, mientras el bronce de las campanas se apena de que no las oiga el Papa.

¿Qué se oye en la ciudad? En este mismo instante "La Diana" y "La Marcha de Zacatecas" y "El Danubio Azul" y "Sobre las olas", y la pesadilla marcial de las bandas escolares a las siete de la mañana, y los automóviles que flagelan las colonias populares con publicidad comercial, y la maquinaria pesada que publicita a la desfalleciente industria de la construcción, y "Let it Be" y "Save the Last Dance" y un *reggae* y la vibración de los aviones y los helicópteros, y la irritación ante los congestionamientos del tráfico, y el fragor de los nacimientos múltiples, eso sobre todo, lo más parecido al sonido de la capital es el torrente demográfico, la precipitación de llantos de recién nacidos que traspasa la quietud más diáfana. A eso sí suena la ciudad, a la amplia victoria de las cunas sobre las mortajas.

Y la ciudad suena en las inauguraciones y en las postrimerías al *Huapango* de José Pablo Moncayo, al coro infantil que desorienta a los autores del Himno Nacional, Jaime Nunó y Francisco González Bocanegra, que si lo oyen no sabrían qué compusieron, al danzón que revienta como inaugurando el himen colectivo, al ensayo de la fiesta de pobres con "El Sueño Imposible" y "Caballo viejo" y "La Macarena", bailados con ciencia coreográfica por los presentes y los ausentes. Orden y concierto.

Ignoro si lo posmoderno es la mezcla rumbera de tiempos históricos, no sé si el pasado quedó atrás o adelante, pero de algo estoy seguro: sí hay un *disc-jockey* del fin del mundo, éste ensayará en la ciudad de México.

IV. LA CIUDAD FÍLMICA: "TE QUIERO PORQUE PARECES UNA SOMBRA EN LA PANTALLA"

No se ha reconocido lo suficiente que, en gran medida, la Ciudad de México es un hecho cinematográfico de primer orden. No me refiero únicamente al gran número de veces que la Ciudad ha sido filmada, ni a su condición de verdadero protagonista de numerosas películas, sino a un hecho psíquico, no por ignorado menos tajante: sus habitantes, lo admitamos o no, nos sentimos dentro de una película, sofocante, ardua, divertida, áspera, violenta, cariñosa, solidaria, mezquina. Una película, por otra parte, que se duplica, es mexicana y es norteamericana con subtítulos.

La fe en la Ciudad como filme que nos incluye surge con el deslumbramiento provocado por Hollywood y por la "Época de oro del Cine Mexicano" (1935-1955, aproximadamente), que hace del público el otro gran protagonista de las películas. Las meras imágenes del Centro (las avenidas, los cabarets, el Zócalo) ahorran explicaciones y hacen prescindible parte de la trama, y, en rigor, psicológica y culturalmente, no hay espectadores sino actores de reparto que no alcanzaron crédito, multitudes dispersas a los que cada secuencia reagrupa. El Centro es el castillo fuerte del llanto, la risa y el aluvión de lugares comunes que, curiosamente, vuelven inteligible la realidad, esa acumulación de clichés.

En los albores del despegue de la modernidad, *Nosotros los pobres* (1947) y *Ustedes los ricos* (1948), de Ismael Rodríguez son, por la intercesión doble del melodrama sin barreras y de su gran protagonista, Pedro Infante, la declaración mitológica: la Ciudad es una película, regida las más de las veces por "la cultura de la pobreza", la utopía de la solidaridad. Si se revisa *Los hijos de Sánchez* de Oscar Lewis, se hallarán coincidencias muy notables entre la vecindad inventada por Ismael Rodríguez (Pedro Infante) y la Casa Blanca, la vecindad de los Sánchez, algo nada fortuito ya que los personajes de Lewis son fanáticos de ese cine y se identifican con la pareja de Pedro Infante y Blanca Estela Pavón. En la película que es una ciudad, en la ciudad que es una película, los actores en las sillas o en las butacas identifican a la ciudad con la pobreza, a la pobreza con la desdicha y a la desdicha con la redención.

En el territorio del chantaje sentimental ("Si no sufres congoja y no te divierte la aflicción, no sabes ver este cine"), los amores son desgarramientos, la comicidad es "blanca" y a las truculencias se las evoca con ternura. (El tremendismo de hoy es el humor familiar de mañana). "Adecentada" por la censura y el sufrimiento, en ese orden, la Ciudad-Filme se petrifica en la división entre héroes y pícaros o villanos sin nombre, entre heroínas y mujeres de la mala vida, entre el descenso a los cuartuchos o el ascenso coral a la sonrisa del que contempla sin envidia la riqueza ajena. Entonces, la Ciudad es en gran medida la suma de reacciones de las butacas.

A lo largo de "la Época de Oro del Cine Mexicano", la Ciudad es, casi literalmente, el filme que revisa a diario las limitaciones de sus protagonistas menores. El cine aporta el sueño: ser rico con mentalidad popular, y la realidad lo apoya. Si nadie desea confinarse en la falta de recursos, muy pocos quisieran perder los elementos entrañables de la cultura popular, renunciar a la calidez de las canciones y la cercanía de todos con todos. Y de Cantinflas a los films de rumberas, la Ciudad-Filme se establece y arraiga.

DE LA PANTALLA COMO RETRATO DE FAMILIA

Los olvidados (1950), de Luis Buñuel, es el primer gran intento desmitificador. Los jóvenes de "la ciudad prohibida", víctimas de su temperamento y de la forja brutal de su actitud, son también crueles, codiciosos, criminales. No son los seres patológicos excepcionales del cine de la pobreza, el portero mariguano o el asesino de la prestamista en *Nosotros los pobres*, sino aquellos que podrían ser de otra manera, preservándose por ejemplo de la muerte en plena juventud. En *Los olvidados* se da el rechazo de la condición fílmica de la ciudad, pero ya es demasiado tarde.

La vecindad idílica es noción tan absurda como *la provincia feliz*, concluyen los productores. Si se desmitifica hasta el hartazgo (en teatro sobre todo) a la provincia, que ha sido, y por antonomasia, la Patria, ¿por qué no sacar a flote la sordidez que es la pinche pobreza? Se sacralizan las reglas del gueto, y a los que nada tienen se les exige divertirse con las infinitas carencias económicas, culturales, mentales, de quienes, físicamente al menos, son sus semejantes.

"¿Quién es el mexicano típico (pobre)?" A la pregunta, los productores contestan de inmediato; un simple de entendederas, un hambriento sexual, un cínico sentimental, un ganoso de fregarse al prójimo, un ingenuo en pos del vivo que le venda la Catedral. El impacto de los cientos de películas orientadas por este criterio, nulifica las excepciones, las encierra en los círculos especializados. A difamar a los pobres para retenerlos en los asientos.

Y la "cultura de la pobreza" (la indefensión como salvación) es la fuente temática de donde surge, por ejemplo, la lumperización de la Ciudad-Filme y de su disfrute de la vida pintoresca. Los pobres, ahora, son drogadictos, fornicones, transas, mal hechos, de inocencia conmovedora. El mundo los devasta pero en la ciudad fílmica que habitan, el depauperado no abandona sus orígenes, y a cambio recibe "gran premio de consolación" la psicología triunfalmente resignada. Los barrios pobres: infiernos poblados por ángeles a pesar suyo. El mensaje explícito "la capital es invivible, no hay espacio, lo más sabio es regresarse al terruño, allí siempre algo habrá" apenas oculta la verdad ideológica y visual: tú, que llegaste al DF ilusionado, deslumbrado con tu propia audacia, mírate ahora, derrotado y expoliado, Nadie en tierra de Ninguno. Si quieres identidad devuélvete al terruño, que allí por lo menos conocen de nombre a los fracasados. Olvídalo. No naciste para actor de cine.

V. La ciudad de la política y de la sociedad civil

La Ciudad es también la política, el modo en que la vivifican o la inmovilizan los vuelcos del poder. En las décadas recientes, en medio del tumulto constante, se han producido grandes acontecimientos.

— 1968. Del 26 de julio al 9 o 10 de octubre se vive lo que quizás sea el hecho civil más importante de la Ciudad de México en la segunda mitad del siglo XX. En vísperas de los Juegos Olímpicos con sede en la capital, el gobierno del presidente Gustavo Díaz Ordaz aguarda un gran estallido subversivo y, para prevenirlo, reprime. La respuesta al salvajismo de distintos cuerpos policíacos es la emergencia de un gran Movimiento estudiantil que convoca a trescientas o cuatrocientas mil personas en sus grandes marchas, y que vivifica la Ciudad con las brigadas estudiantiles que recorren las plazas, los mercados, los autobuses, las escuelas. Es la primera reclamación masiva de respeto a los derechos civiles y humanos, y es el mayor enfrentamiento al autoritarismo. El 2 de octubre el Movimiento convoca a un mitin en la Plaza de las Tres Culturas, en Tlatelolco, hay una provocación y el Ejército tira sobre la multitud desarmada. Se ignora el número de muertos (entre 300 y 500 según cálculos inciertos), hay muchísimos heridos y miles de presos. Al fin, ingresan a la cárcel cerca de cien dirigentes del Movimiento, y el gobierno controla la situación, pero ya su prestigio se ha derrumbado. La tragedia del 2 octubre es la fecha simbólica de la ciudad en la segunda mitad del siglo XX.

— 1985. El terremoto del 19 de septiembre, por razones vinculadas a la solidaridad y el deseo de participar de modo autónomo, moviliza durante diez o quince días a un millón de personas (aproximadamente) en labores de aprovisionamiento de víveres, rescate, alojamiento de damnificados, etcétera. El gobierno del presidente Miguel de la Madrid reacciona con lentitud y torpeza primero, y luego con la manipulación y el poder de compra del priísmo. Se eliminan los brotes de organización independiente, pero las distintas comunidades de la capital se han dado cuenta de su capacidad organizativa.

— 1988. El entusiasmo en torno a las campañas presidenciales del izquierdista Cuauhtémoc Cárdenas y el derechista Manuel Clouthier, le confiere a las elecciones el entusiasmo y la tensión de conciencia que contrastan agudamente con el sopor burocrático de la campaña del priísta Carlos Salinas de Gortari. Las marcha al Zócalo y la acción política en distintas zonas de la ciudad, son parte de la necesidad de sacudirse al régimen del PRI. Luego, el magno fraude electoral deprime considerablemente el ánimo cívico.

— 1994-1997. El levantamiento del Ejército Zapatista de Liberación Nacional provoca en la Ciudad de México y en muchos otros sitios las movilizaciones de izquierda que ya no se avizoraban. La causa de la paz digna en Chiapas es también el rechazo del racismo hipócrita y monstruoso en el país, y las bienvenidas tumultuosas a las delegaciones zapatistas trascienden la "moda revolucionaria" y avisan de la fuerza potencial de movimientos genuinamente democráticos que buscan la inclusión de la mayoría en los proyectos nacionales y en la idea misma de Nación, tan reducida.

— 1997. Cuauhtémoc Cárdenas, primer gobernante electo del Distrito Federal, le gana desahogadamente al candidato del PRI Alfredo del Mazo. Hay entusiasmo y esperanzas y la Ciudad de México estrena una voluntad política con resultados inmediatos. Luego, el desempeño de Cárdenas decepciona. El régimen presidencial del inefable Ernesto Zedillo presiona contra el gobierno de Cárdenas desde el acoso de los grupos porriles y la mezquindad presupuestal. En primera y última instancia, el resultado de la experiencia democrática si no totalmente fallido sí es desalentador.

— 2 de julio de 2000. La victoria del candidato del Partido Acción Nacional, Vicente Fox, se vive como el gran respiro nacional, así Fox sea un derechista y en momentos un derechista extremo. La salida del PRI de la Presidencia le es indispensable al avance democrático y al avance social a secas. Gana el gobierno de la Ciudad un candidato del centro-izquierda, Andrés Manuel López Obrador.

— Marzo de 2001. La llegada a la Ciudad de la caravana zapatista con el subcomandante Marcos es un acontecimiento que, el día del gran mitin en el Zócalo, moviliza a lo largo del recorrido a cerca de un millón de personas. La Ciudad, por lo menos, inicia la relación nueva con lo indígena.

Sin articulación visible, sin canales de participación sistemática, los interesados en promover los derechos y deberes arman su discurso en lo privado y lo público. Una ciudadanía muy crítica jerarquiza los hechos nacionales a partir de los derechos y la justicia social, y si la marginalidad social y económica es muy ardua de vencer o disminuir, vienen a menos el rezongo y la queja. No desaparecen pero ya no son el vínculo preferencial de los ciudadanos con las autoridades. Si se vota, es justo interpretar a fondo y sin cortesías lo que ocurre. La conciencia ciudadana desea marginar al autoritarismo y la autocomplacencia.

BIBLIOGRAFÍA

Buñuel, Luis, dir. *Los olvidados* (Filme). México: Closa Film-Connoisseur, 1950.

Lewis, Oscar. *Los hijos de Sánchez: autobiografía de una familia mexicana*. México: Grijalbo, 1982.

Rodríguez, Ismael, dir. *Nosotros los pobres*. (Filme). México: Hermanos Rodríguez, 1947.

_____ *Ustedes los ricos* (Filme). México: Hermanos Rodríguez, 1948.

El vértigo horizontal.
La ciudad de México como texto

Juan Villoro

En "Historia del guerrero y de la cautiva" Borges se ocupa del confuso heroísmo de Droctulft, el bárbaro que llegó a destruir Ravena pero se sorprendió tanto con los edificios de la civilización enemiga que decidió cambiar de bando y morir en defensa de la ciudad.

De acuerdo con Borges, Droctulft no es un traidor sino un converso. El rudo habitante de las ciénagas donde abreva el jabalí, reconoció en las plazas y los monumentos un designio que lo superaba de modo imprecisable. Sería exagerado decir que *comprendió* la ciudad. Droctulft intuyó con extrema vaguedad los propósitos de esa arquitectura, pero fue capaz de un atrevimiento: se supo inferior a ellos.

La cita que resume esta iluminación es larga, pero es de Borges: Droctulft

> ve un conjunto que es múltiple sin desorden; ve una ciudad, un organismo hecho de estatuas, de templos, de jardines, de habitaciones, de gradas, de jarrones, de capiteles, de espacios regulares y abiertos. Ninguna de esas fábricas (lo sé) lo impresiona por bella; lo tocan como ahora nos tocaría una maquinaria compleja, cuyo fin ignoráramos, pero en cuyo diseño se adivinara una inteligencia inmortal. Quizá le basta ver un solo arco, con una incomprensible inscripción en eternas letras romanas. Bruscamente lo ciega y lo renueva esta revelación, la Ciudad. Sabe que en ella será un perro, o un niño, y que no empezará siquiera a entenderla, pero sabe también que ella vale más que sus dioses.

Borges supone que el legendario Droctulft vivió en el siglo VI, un tiempo donde la ciudad brindaba un paisaje edificante. El bárbaro acepta recorrerla como un perro, le rinde sus cuchillos, defiende un prodigio que lo excede.

Es obvio que Ravena no tenía entonces problemas de estacionamiento ni ruidosas motonetas. Sin embargo, Borges no construye un espacio idílico sino una idea; por ello, la revelación llega con mayúscula: el bárbaro se entrega a "la Ciudad".

La "Historia del guerrero y de la cautiva" fue escrita en la década del cuarenta, cuando Buenos Aires ya no calificaba como "un conjunto que es múltiple sin desorden", pero aún tenía un contorno precisable.

Aunque Viena fue bautizada como el "laboratorio para el fin de los tiempos" por Karl Kraus y Londres como "un laberinto roto" por el propio Borges, las metrópolis de mediados de siglo se extendían como un sueño interpretable. Confuso y desmesurado, pero interpretable.

La Ravena del siglo VI representa un sueño pervertido, el croquis de la razón distorsionado por las aglomeraciones posteriores. Imaginarla significa volver a las primeras calles, al espacio organizado que adiestra a sus moradores y convierte a los bárbaros. La Ciudad como bastión de la esperanza, un artefacto aliado al porvenir, donde las cosas serán mejores.

No es casual que un habitante de la Tenochtitlan de fin de siglo haya escrito un relato que revierte el destino de Droctluft. En "*Grenzgänger*" (incluido en la antología *Una ciudad mejor que ésta*), Javier García-Galiano narra la historia de un cartero en Berlín, a fines de la Segunda Guerra Mundial, cuando los edificios de la avenida Unter den Linden arden con las bombas de los aliados. A pesar de la metralla y de los vecinos, que escriben cada vez menos cartas, el protagonista hace su recorrido de siempre; de modo sigiloso, sus pasos articulan una ciudad que se derrumba. En este transitable apocalipsis ofrece asilo a un soldado soviético, un tártaro que fue reclutado en las estepas. Cuando el Ejército Rojo toma Berlín, el cartero es traicionado por su huésped. Hasta aquí, la historia revela la pasión de un hombre por el barrio que le tocó en suerte y la ingratitud del enemigo. Pero falta una pieza en el tablero: la ruta del tártaro en Europa. Aquel campesino no conoce otra cosa de Occidente que ciudades en llamas. A diferencia de Droctulft, no encuentra las avenidas de una "inteligencia inmortal" sino un caos degradante. Ante el resplandor cárdeno de las llamas, supone que ahí no cabe otra conducta que el vejamen. Si Ravena convierte a un destructor en ciudadano, Berlín convierte a un refugiado en traidor. Las lecciones urbanas han modificado su temario.

Hoy en día, México, Tokio, Calcuta, El Cairo o São Paulo carecen de confines. Sólo dentro de sus museos conservan el orden que una vez tuvo Ravena. Su informe vastedad se resiste a ser conocida por entero; sugiere que todo eso existe por azar o error, no por un empeño voluntario. Imposible entender las mentes que crearon esos abigarrados escenarios que sólo se detendrán cuando asfalten el horizonte.

México, Distrito Federal, no necesita las tempestades de acero de Berlín para aniquilar su territorio; sus decorados, que durante épocas imitaron un sueño extravagante, ahora son los de una pesadilla. Y sin embargo, este teatro del delirio aún cautiva a las hordas que vienen de lejos. No tenemos escalinatas ni capiteles ni plazas de pulidas piedras;

formamos una aglomeración turbia e incalcublabe. Pero la gente no deja de llegar.

El verdadero espanto no proviene del entorno sino de la certeza de que hay sitios peores. No sabemos con exactitud dónde se ecuentran; sólo sabemos que existen.

Mientras escribo esta línea la ciudad sigue creciendo. La esperanza de morir aquí es distinta a la que decidió la suerte del guerrero Droctulft, pero igual de cierta y estremecedora: ofrecemos un horror preferible.

La ciudad y su representación

La forma de ver la ciudad desde la literatura ha cambiado tanto como el paisaje urbano. ¿Qué puede decir la ficción de urbes como México, D. F., que en 1950 tenía 2.9 millones de habitantes; en 1970, 11.8 millones, y en el año 2000 se acerca a un número que parece una llamada de emergencia ante el apocalipsis: 20 000 000?

En *Las ciudades invisibles* Italo Calvino discute las posibilidades del dibujo urbano: "el catálogo de las formas es inmenso: hasta que cada forma haya encontrado su ciudad, nuevas ciudades seguirán naciendo" (19). Este repertorio incluye, por supuesto, a la ciudad sin forma, que los topógrafos aéreos llaman "mancha urbana" y que existe bajo los nombres de Tokio, Los Ángeles, Sao Paulo o México DF.

Las macrópolis han perdido su centro, el núcleo lógico del que una vez salieron. En Tokio, Roland Barthes experimentó la fascinación del vacío central: la ciudad como constante orilla. Los habitantes del Distrito Federal conocemos este asombro; el paisaje nos excede en tal medida que la única manera de cohesionarlo, de darle sentido, consiste en ir de un lado a otro: funciona *porque* es atravesado.

La fama de ciertas ciudades favorecidas por el mito o la historia puede depender de los caminos que llevaban a sus puertas. Los atajos de la cristiandad conducen a Roma; la Atlántida fascina, entre otras cosas, porque su vía de acceso se ha perdido; después de cruzar el vasto desierto, el viajero se rinde ante Samarkanda; el auténtico prodigio es haber llegado.

La ciudad de México cautiva del modo opuesto; el reto no es entrar sino salir. Las macrópolis están hechas para la travesía interna, un mar donde el puerto ha quedado fuera.

En *Die Unwirklichkeit der Städte* (La irrealidad de las ciudades), Klaus R. Scherpe sostiene que la ciudad moderna depende de la construcción y la posmoderna de sus funciones (más que un espacio edificable, es un escenario de desplazamientos). La ciudad moderna tiene un apetito devorador de huecos, la posmoderna se interesa menos en la realidad física; es una complicada región de tránsito, un acarreo de gente que sigue flechas, de informaciones que palpitan en pantallas cibernéticas.

Estos cambios en la representación urbana han tenido un correlato en la literatura. La novela del siglo XIX tendió a ver el territorio urbano como un todo difícil de abarcar pero a fin de cuentas articulado. En *Nuestra Señora de París* Victor Hugo enfrenta la ciudad como el libro de piedra que debe descifrar.

En las primeras décadas del siglo XX, Alfred Döblin, Leopoldo Marechal, Andrei Biely y John Dos Passos escriben novelas cuyo protagonista es la urbe entera. Un populoso *casting*, una galería de voces simultáneas, pronuncia los nombres de Berlín, Buenos Aires, San Petersburgo y Manhattan. El retrato final es necesariamente fragmentario porque aspira a reproducir el caos. La gran ciudad carece de lenguaje estructurado; la energía con la que avanza, su exuberante desorden, requiere de un mosaico roto. Perdido en el laberinto de Brandenburgo, Döblin declara: "Berlín es en gran medida invisible".

Una imagen unifica a estas novelas: la jungla de concreto. Ciudad, lugar para perder la brújula de las calles y de uno mismo. "Babilonia", "Sodoma", "Babel" son los humillantes apodos que reciben estos parajes de extravío. La selva de hierro y argamasa significa un reto moral y recibe las invectivas de "monstruo", "hidra", "puta". En sus arrabales sin término, el ciudadano se expone a cautivadoras amenazas; los muros lo aíslan, las maquinarias lo desviven, la muchedumbre borra su rostro, el trabajo lo enajena. En 1931, en su novela *Los lanzallamas*, Roberto Arlt logró un intenso pasaje de la deshumanización citadina: "En complicidad con ingenieros y médicos, han dicho: el hombre duerme ocho horas. Para respirar, necesita tantos metros cúbicos de aire. Para no pudrirse y pudrirnos a nosotros, que sería lo grave, son indispensables tantos metros cuadrados de sol, y con este criterio fabricaron las ciudades. En tanto, el cuerpo sufre".

La capital que devora y nulifica ha merecido numerosos bautizos literarios, del escatológico "Cacania" de Musil a la triple D de Joyce (*Dear Dirty Dublin*).

La selva urbana obedece a un insaciable crecimiento físico y a la savia corruptora que la irriga. A partir de la segunda mitad del siglo pasado, predomina una metáfora horizontal: la ciudad como océano, como infinita zona de traslado. Las metrópolis de hoy enfrentan problemas superiores a los incipientes laberintos en los que Walter

Benjamin buscaba perderse en forma propositiva (la desorientación aún no era la norma en las ciudades). Por ello, su mayor misterio es que funcionen. Los estragos que causan son tantos, y su modo de operación tan misterioso, que resulta inútil denostarla como un todo corruptor. Conocemos, fatalmente, las posibilidades babilónicas de cualquier barrio e ignoramos el dibujo de conjunto (en el año 2000 Tokio o México son en tal medida inabarcables que descalifican los afanes totalizadores).

Entre los estrategas para captar estos espacios que exceden a la experiencia humana, Elio Vittorini figura como un señalado precursor. Desde el título, su novela capital aceptó la penitencia de quedar inconclusa: *Las ciudades del mundo*. El otro título que Vittorini tomó en cuenta fue *Los derechos del hombre*. Ambos aluden a una visión universal; sin embargo, la originalidad del novelista dependió de una paradoja: restringir al máximo su inagotable escenario. Todas las "ciudades del mundo" están en Sicilia. Cada pueblo brinda la fórmula de otro posible. Entender el mecanismo de ciertas plazas y el patrón lógico que reunió a sus habitantes significa descubrir que en Módica está Jerusalén. Vittorini explota la traza virtual de la vida urbana. Su título es exacto: en una isla se halla el mapa del mundo.

Si el método del novelista siciliano consiste en exceder la mirada, en generalizar al máximo un alfabeto muy reducido, el de su discípulo Italo Calvino es el opuesto; describe lo que no se ha visto. Puesto que todo paisaje artificial responde a un diseño, basta encontrar su *modo operativo* para derivar sus calles y sus costumbres. Éste es el principio rector de *Las ciudades invisibles*.

En su novela *La ciudad ausente*, Ricardo Piglia ahonda el procedimiento; la trama y los personajes sugieren un paisaje que no se describe, un conjunto que determina las historias, pero que sólo se conoce por rigurosa inferencia. Este territorio omnipresente e intangible simboliza a las macrópolis que nos definen y nos exceden.

¿Qué mensajes entrega la ciudad de México? ¿Cuál es el dibujo oculto, el motor de sombra que determina su insaciable crecimiento?

Arriesgar una respuesta implica aventurarse en su paisaje real, pero sobre todo tratar de comprender un territorio paralelo, la forma en que la ciudad más poblada del mundo se representa en la mente de sus habitantes.

México, capital del sincretismo

El sereno Nostradamus vaticinó que para agosto de 1999 el mundo habría dejado de existir. Los mexicanos, tan afectos a la tragedia como espectáculo, nos pusimos nuestros mejores lentes para buscar apocalipsis con figuras. ¿Qué signos terminales hallamos en el verano de nuestro descontento? El 20 de agosto un auto recorrió a toda velocidad la Plaza de la Constitución y quiso seguir por un hueco entre la Catedral y el Templo Mayor. El piloto aceleró hasta advertir que no había calle y que su coche volaba rumbo a una pirámide azteca. Por un milagro quizá atribuible a Tezcatlipoca, dios de la fatalidad, el coche aterrizó sin daños y quedó como una rara ofrenda a los ancestros. El conductor que ensayó esta versión milenarista del sacrificio humano estaba ebrio, y trabaja de policía.

A los pocos días, un oficial del ejército atravesó en su coche la Plaza de la Constitución rumbo a las escaleras que conducen al metro, como si el subsuelo primigenio, custodio de las cosmogonías prehispánicas, tuviera un programa de autoservicio nocturno.

En el agosto de Nostradamus las fuerzas del orden se estrellaron contra la tradición. A primera vista, se trata de accidentes comunes en un país donde una botella de tequila no basta para inquietar la mente de un conductor. Analizados en detalle, los choques brindan ejemplos rotundos de nuestra aniquiladora, y quizá fecunda, forma de mezcla de culturas. La impunidad del siglo XX cayó sobre las piedras donde los fundadores de la ciudad hacían sus ritos sanguinarios. Con toda razón, las autoridades de Antropología condenaron el atropello al patrimonio. La paradoja del asunto es que el bólido arrollador es un símbolo tan típico de la época como las pirámides que mancilló.

Para dar cuenta de su naturaleza híbrida, la Nueva España escogió como uno de sus emblemas el Pegaso, animal criollo que comunica la tierra con el cielo. Es de esperar que un policía incapaz de encontrar el freno, preste poca atención a la mitología; sin embargo, su coche voló como una versión moderna y averiada del Pegaso y recordó que el Templo Mayor emergió a la luz del siglo XX por un gesto tan prepotente e irresponsable como el de conducir a 150 km/h frente al Palacio Nacional.

En su extraña vindicación del caos llamada *Mis tiempos*, el ex presidente José López Portillo afirma que comprobó el poder omnímodo del Ejecutivo cuando ordenó la aniquilación de una manzana de edificios coloniales para liberar los basamentos del Templo Mayor. Gracias a un mandatario dispuesto a confundir su investidura con los caprichos de su testosterona, el centro de la ciudad tiene una zona devastada, el hueco que dejaron las casas del virreinato y que ahora ocupa un pedregal azteca, expuesto a la lluvia ácida. La solución lógica hubiera sido practicar una restauración subterránea, como la del museo del Louvre, sin destruir la superficie. Pero el presidente necesitaba dinamitar suficientes bienes raíces para equipararse a un virrey español o a un emperador azteca y exclamar, como el protagonista del poema de Jorge Hernández Campos:

> Yo soy el Excelentísimo Señor Presidente
> de la República General y Licenciado Don Fulano de Tal.
> Y cuando la tierra trepida
> y la muchedumbre muge agolpada en el Zócalo
> y grito ¡Viva México!
> por gritar ¡Viva yo!
> y pongo la mano sobre mis testículos
> siento un torrente beodo
> de vida

También el conductor que se incrustó en el templo de los sacrificios gritaba "¡viva yo!" y sentía un torrente beodo de vida. La Plaza de la Constitución es el sitio donde todos los tiempos se incriminan. El subsuelo recuerda que ahí hubo una laguna; la Catedral se inclina como un barco escorado y los expertos luchan porque el ábside se hunda al mismo ritmo que la nave. Junto a los barandales del Templo Mayor, tecnoindígenas danzan al compás de las chirimías y la música que sale de un *ghetto-blaster*. Algunos llevan *pants* y zapatos tenis. En la banqueta de la Catedral, los plomeros y carpinteros desempleados ofrecen sus herramientas en espera de que alguien les dé trabajo. El México azteca, español y criollo se funden en un solo desastre.

Seis días antes del aerolito automotriz, el músico cubano Compay Segundo se presentó en el Teatro Metropolitan. A sus 92 años, el decano del son habló como un Tiresias caribeño y pidió al público que no olvidara sus tradiciones (expresadas por dos objetos básicos: el sarape y el sombrero). Una multitud que jamás usará traje regional aplaudió a rabiar.

La verdad sea dicha, lo más típico del México contemporáneo es el criollismo *trash-metal*, el sincretismo que garantiza la aniquilación de todos sus componentes. ¿Puede haber algo más lógico, a fin de cuentas, que en la ciudad más cogestionada del mundo los autos se estacionen en pirámides?

LA CIUDAD Y SUS MECANISMOS: EL CIELO ARTIFICIAL

¿Qué distingue al D.F. de otros océanos? Nada lo define mejor que la noción de postapocalipsis, a la que se ha referido Carlos Monsiváis.

Entre el vapor de los tamales y los gritos de los vendedores ambulantes se cierne la certeza de que ningún daño es para nosotros. Nuestra mejor forma de combatir el drama consiste en replegarlo a un pasado en el que *ya ocurrió*. Este peculiar engaño colectivo permite pensar que estamos más allá del apocalipsis: somos el resultado y no la causa de los males. Los signos de peligro nos rodean pero no son para nosotros porque ya sobrevivimos de milagro. Imposible rastrear la radiación nuclear, el sismo de diez grados o la epidemia que nos dejó así. Lo decisivo es que estamos del otro lado de la desgracia. Diferir la tragedia hacia un impreciso pasado es nuestra habitual terapia. De ahí la vitalidad de un sitio amenzado, que desafía a la razón y a la ecología.

Vistos desde el presente, los elogiosos comentarios del conquistador Bernal Díaz del Castillo (Tenochtitlan como nueva Venecia) y de Alexander von Humboldt ("la ciudad de los palacios") parecen burlas amargas (por no hablar del exaltado *kitsch* de Bernardo de Balbuena en su *Grandeza mexicana*: "Roma del Nuevo Mundo, el Siglo de Oro... En ciencia, Atenas; Tebas en tesoro").

El capitalino milenarista sabe que su ciudad es un desastre. Los helicópteros amarillos de Radio Red informan que otra vez el aire llegó a los 300 puntos de ozono y los especialistas divulgan los procesos catastróficos que podrían dejarnos su trajeta de visita. En *La superficie de la Tierra*, José Lugo Hubp cataloga amenazas que van de inundaciones a terremotos, pasando por corrientes de lodo y erupciones o el deshielo de los volcanes.

Como si un álgebra fabulosa anulara la suma de valores negativos, los capitalinos somos expertos en el deterioro; comparamos nuestras ronchas, hablamos de bebés con plomo en la sangre y embarazadas con placenta previa. No es la ignorancia lo que nos retiene aquí. La ciudad nos gusta, para qué más que la verdad. Como el don Juan de *Rake's Progress*, la ópera de Stravinski, nos hemos enamorado de la mujer barbuda del circo. Amamos un terrible escenario, cuyos defectos atribuimos a un tiempo pretérito: en la cultura urbana, los desastres existen ante todo como *flashback*, son la herida mítica que hemos podido superar. El resultado puede ser monstruoso, pero resulta entrañablemente nuestro. Un aforismo de Monsiváis resume esta tensa manera de amar la ciudad: "no hay peor pesadilla que la que nos excluye". Podemos seguir aquí.

Aunque toda metrópoli se erige contra la naturaleza, pocas han tenido la furia destructora de México D.F. La lucha contra los elementos se ha cumplido con fanática literalidad. El flotante imperio de los aztecas, que los cartógrafos renacentistas equipararon a Utopía y sus círculos de agua, fue reducido a los agónicos canales de Xochimilco. Una vez anulada el agua, el horizonte de destrucción fue el cielo. El paisaje urbano está determinado por dos pérdidas fundamentales; los semáforos se encienden sobre un lago implícito y los aviones desaparecen en una brumosa nata. Hace poco, al visitar una exposición de dibujos infantiles, comprobé que ningún niño usaba el azul para el cielo; sus crayones escogían otro matiz para la realidad: el café celeste.

No es casual que la literatura mexicana ofrezca testimonio de la destrucción del aire. En 1869, Ignacio Manuel Altamirano visita la Candelaria de los Patos y habla de la "atmósfera deletérea" que amenaza la ciudad; en 1904, Amado Nervo exclama: "¡nos han robado nuestro cielo azul!"; en 1940, pregunta Alfonso Reyes: "¿Es ésta la región más transparente del aire? ¿Qué habéis hecho, entonces, de mi alto valle metafísico?" Tres décadas más tarde, responde Octavio Paz:

>   el sol no se bebió el lago
>   no lo sorbió la tierra
>   el agua no regresó al aire
>   los nombres fueron los ejecutores del polvo.

En 1957, el año de uno de nuestros temblores más severos, Jaime Torres Bodet escribe "Estatua", un poema que finalmente descarta de su libro *Sin tregua*:

>   Fuiste, ciudad. No eres. Te aplastaron
>   tranvías, autos, noches al magnesio.
>   Para verte el paisaje
>   ahora necesito un aparato
>   preciso, lento, de radiografía.
>   ¡Qué enfermedad, tus árboles! ¡Qué ruina
>   tu cielo!

La literatura ha sido, precisamente, el aparato que Torres Bodet pide para registrar la ciudad sumergida bajo sus muchas transformaciones. En aquel año sísmico de 1957, el Ángel de la Independencia cayó a tierra. Fue un momento simbólico en la vida de la ciudad: el cielo había dejado de estar arriba. Ése era el mensaje que el ángel ofrecía en su desorientación. Pero tardamos mucho en comprenderlo.

"El único problema de irse al Cielo —escribe Augusto Monterroso— es que allí el cielo no se ve". Vivimos en el imperfecto paraíso que no puede verse a sí mismo.

Por las noches, la ciudad se enciende como una constelación. ¿Qué designio superior explica esta inversión celeste?

Volvamos a Italo Calvino y a su estrategia para describir "ciudades invisibles". Una de sus parábolas se aplica cabalmente a México D. F. Durante años, legiones de albañiles levantan muros y terraplenes que parecen seguir los caprichos de un Dios demente. La ciudad es un delirio de la edificación. Llega un día en que los hombres temen a la arena y al cemento. Construir se ha vuelto una desmesura. ¿Puede haber un propósito en ese empeño sin concierto?

Entre las hordas de constructores aparece alguien que equivale a un Arquitecto, alguien capaz de desentrañar un dibujo nítido en el caos. Los inconformes lo interrogan. ¿Hay un plan que explique sus tareas, un sentido en las calles y edificios que se multiplican sin fin?

—Esperen a que oscurezca y apaguen todas las luces —dice el Arquitecto.

Cuando la última lámpara se extingue, los constructores contemplan la bóveda celeste. Entonces entienden el proyecto.

En lo alto, brilla el mapa de la ciudad.

LA TIERRA BAJO EL CIELO

Quien aterriza de noche en la ciudad de México siente que llega a una galaxia desordenada y luminosa. La urbe ha imitado las cartografías celestes. Sin embargo, esa marea encendida, que ocupa el valle entero, debe seguir creciendo. Su lógica es la de la expansión continua. ¿Hacia dónde puede proseguir? Todas las flechas apuntan hacia abajo. Las principales obras de ingeniería del México moderno son subterráneas: el metro y el drenaje profundo. El subsuelo es nuestra última frontera. Más allá de los imperativos geológicos, el fenómeno tiene una fuerta carga simbólica. En México, la obra negra de un edificio es siempre una forma accidental de la arqueología; los pilotes, las líneas telefónicas, el drenaje, tienen que sortear la sumergida ciudad azteca. Pero construir hacia abajo no sólo implica el hallazgo fortuito de los escalones de una pirámide, sino el contacto con un orden simbólico. En su ensayo "Mitos prehispánicos", Enrique Florescano escribe: "La idea de que el interior de la tierra contenía una cueva donde se acumulaban los alimentos esenciales y se regeneraba la vida es la concepción dominante de los mitos de creación mesoamericanos". Bajo la tierra están los muertos y el origen; por eso, las principales leyendas del mundo indígena (las sagas de Quetzalcóatl o de los gemelos prodigiosos del *Popol-Vuh*) narran viajes al inframundo.

En el año 2000 los descendientes de la tribu que, en forma emblemática, provino de un sitio llamado Las Siete Cuevas, vivimos en un paisaje marcado por los desplazamientos. Según Paul Virilio, el pulso de una ciudad posmoderna se mide por la manera en que el tiempo derrota al espacio; el mayor desafío no es la edificación sino la velocidad. En una ciudad que creció contra el agua y el cielo, cuyos mecanismos rectores son el crecimiento y el traslado, y cuyo último horizonte es el subsuelo —el futuro hacia el origen—, no hay mejor zona de definición que el metro.

En su ensayo "U-Bahn als Utopie" (El metro como utopía), el filósofo ruso-alemán Boris Groys reflexiona sobre el metro de Moscú, que en el imaginario soviético cumplió un papel bastante similar al que el Sistema de Transporte Colectivo cumple en la ciudad de México.

El estalinismo, incapaz de construir la utopía igualitaria, puso en funcionamiento una extensa industria de la simulación. Uno de sus mecanismos compensatorios más eficaces fue el metro de Moscú: la aurora revolucionaria era eléctrica y quedaba bajo tierra.

"Utopía" significa "no hay tal lugar"; por fuerza, sus diseñadores deben buscar soluciones de compromiso, zonas intermedias, heterotopías. "La estrategia adecuada en la construcción de utopías —escribe Groys— consiste en hallar un sitio deshabitado, y de preferencia inhabitable, en un entorno habitado". Los proyectos de los *desurbanistas* rusos de principios del siglo XX fracasaron por su radical irrealidad. A la ciudad selvática oponían una imposible ciudad del espacio exterior, con casas móviles y albercas que se desplazaban al ritmo de la natación.

En cambio, el metro cumple en plena tierra numerosos requisitos utópicos: su avance es ilimitado, depende por completo de un orden superior, es un espacio regulado, donde el pasajero ve fragmentos de realidad y el paisaje de conjunto queda en tinieblas. "Aunque el metro pertenece a la realidad de la metrópoli, sigue siendo fantástico; su totalidad puede ser concebida pero nunca experimentada".

Estos rasgos son comunes a todos los metros; lo que distinguió al de Moscú fue su capacidad de confundir el tiempo. En sus galerías, los retratos del realismo socialista y el austero futurismo de los vagones convivían con el esplendor palaciego de los mármoles y los candiles, una arquitectura de ningún lugar definido, con fachadas islámicas, romanas, renacentistas.

Las utopías cinematográficas suelen concebir el tiempo como una progresión lineal. Sus paisajes no siempre convencen porque parecen demasiado nuevos. La verdadera utopía escapa a los tiempos conocidos.

Éste el mayor mérito de la película *Brazil*, cuyas locaciones sugieren un futuro envejecido; las máquinas de escribir y las ropas son más viejas que las nuestras y esto les otorga una extraña verosimilitud; el porvenir es más creíble si está usado.

Al mezclar épocas y estilos, el metro de Moscú refuerza su condición utópica; sin embargo, se acerca más a la fantasía de Orwell que a la de Moro; su eficiente alteridad espacio-temporal es represiva. "La masa parece no disfrutar el lujo que le brinda el metro. No quiere ni puede disfrutar el arte, apreciar correctamente los finos materiales, descifrar la simbología ideológica. Sorda, ciega e indiferente atraviesa las incontables cámaras del tesoro. El metro no es el paraíso de la contemplación quieta sino el infierno del movimiento perpetuo", comenta Groys.

El metro de México y el de Moscú guardan curiosas semejanzas. Están llenos de símbolos de revoluciones fracasadas y tienen una clara función compensatoria de "cielo subterráneo". Quizá no sea casual que ambos se hayan inaugurado un año después de erradicar movimientos críticos (en 1934 fueron disueltas las organizaciones de artistas e intelectuales de la Unión Soviética para ser agrupadas en un solo organismo estatal, y el metro se estrenó en 1935; en cuanto a México, el metro fue la principal obra pública posterior a la matanza de Tlatelolco de 1968).

Pero lo que unifica con mayor fuerza a los dos metros es el uso del pasado. El principal rasgo distintivo del metro mexicano es su sistema de señales. En 1969 los emblemas de la línea 1 —con un retórico fondo color "rosa mexicano"— se presentaron como un códice de orientaciones, la doble prueba de que la cultura prehispánica sobrevive y de que muchos de sus usuarios son analfabetos. El nivel de representación aspira a ser "típico", aunque varía en complejidad (el cañón representa la ciudadela cercana a la estación Balderas y, probablemente, la Decena Trágica, mientras que el chabacano sólo representa un chabacano).

La apropiación del pasado se acentúa con los motivos aztecas en frisos y bajorrelieves, la presencia de piezas prehispánicas (incluida una pirámide en la estación Pino Suárez) y los nombres de las estaciones (Tacuba, Mixcoac, Tezozomoc, Mixihuca, Iztapalapa). En Panteones, junto a una escultura azteca, una cédula recuerda que la tierra es "matriz y tumba", la cueva húmeda del origen y Mictlán, el reino de los muertos.

Bastión de la economía informal, sede de exposiciones, conciertos y ferias del libro, territorio del suicidio o el nacimiento, el metro es una ciudad que se desplaza. Como en *Brazil* o en los túneles de Moscú, el escenario ofrece una confusión temporal. Los trenes son una acabada muestra de la tecnología francesa y el diseño de algunas estaciones es tan futurista que ha servido de escenario para apocalipsis de la ciencia ficción. La película *Total Recall* (*El vengador del futuro*) se filmó en Insurgentes y Chabacano (donde el techo aún conserva huellas de "sangre" como un insólito recuerdo del futuro). En lo que toca al pasado, ahí están las grecas de cemento, los nombres, la escritura pictográfica. Estamos en la inconcebible modernidad prehispánica.

Pero el efecto decisivo no viene de la arquitectura sino de los hombres que viajan con rostros inexpresivos, como si los hubieran sobornado para trasladarse. Todos los días el Sistema de Transporte Colectivo desplaza a cerca de cinco millones de pasajeros. Aunque son muchos, han sido seleccionados. Bajar las escaleras eléctricas significa ser testigo de una precisa segregación racial. Los que pueblan la ciudad subterránea son ... —escoja su ultraje favorito— los morenos, los indios, los mexicanos.

Para los dueños de la superficie el metro es algo que se toma en París. Abajo, la raza circula a velocidades posmodernas. Sería paranoico, y en cierta forma demasiado generoso, suponer que la utopía negativa —el control operativo de la historia, la rotación de mitos a 80 km/h— responde a una estrategia deliberada. Las iniciativas del gobierno no dan para tanto.

¿Por qué nadie jala la manija de emergencia? ¿La resignación a un *habitat* adverso crea otras formas de conformismo? Desplazar la tragedia, suponer que la hecatombe ya pasó, ¿deja sin energías para quejarse de otras cosas? ¿El ecosistema posapocalíptico nos convierte en blandos pasajeros?

Lo cierto es que bajo tierra se cruzan dos ejes de la vida mexicana: la importancia retórica del pasado y el racismo funcional. El metro como veloz modelo de la injusticia no es algo que le quite el sueño a los capitalinos acostumbrados a las niñas otomíes que venden Chiclet's Adams en los altos de los coches. La indiferencia de arriba es superior a la resignación mineral de abajo, al menos lo será mientras los cruces temporales no traigan un cruce de lugares: la estación Chiapas, D. F.

El paisaje, los signos, la idea de posmodernidad viajan en la ciudad en expansión. "Lo único que sabemos del futuro es que difiere del presente", escribió Borges. ¿Adónde van los tiempos del metro, adónde su masa semidormida, robótica, silenciosa? Acaso la única compensación del mundo subterráneo consista en imaginar la superficie y la lección de los túneles sea darle otro valor a las calles, demostrar, secretamente, que la ciudad es el cielo del metro.

"¡Al cielo por asalto!", gritó un desmedido aterrizador de utopías. Las hordas avanzan en el falso día de los vagones. Afuera, virtual y poderosa, las aguarda la ciudad.

Bibliografía

Arlt, Roberto. *Los lanzallamas*. Buenos Aires: Compañía General Fabril Editora, 1968.
Balbuena, Bernardo de. *Grandeza mexicana, y fragmentos del Siglo de oro*. México: UNAM, 1941.
Borges, Jorge Luis. *Historia del guerrero y de la cautiva*. Buenos Aires: Sur, 1949.
Brazil. Terry Gilliam, dir. EE.UU., Reino Unido: MCA, 1985.
Calvino, Italo. *Las ciudades invisibles*. Madrid: Ediciones Siruela, 1998.
Florescano, Enrique. "Memoria mexicana". *Estudios Interdisciplinarios de América Latina y El Caribe*. Joaquín Mortíz, ed. México, 1987. 216.
García-Galeano, Javier. "Grenzgänger". *Una ciudad mejor que esta: antología de nuevos narradores mexicanos*. David Miklos y Mario Bellatin, eds. Polanco, México: Tusquets, 1999.
Groys, Boris. "U-Bahn als Utopieig". *Kursbuch* 112 (Rusia, 1993): 1-9
Hugo, Victor. *Nuestra Señora de Paris*. Barcelona: Editorial Bruguera, 1964.
López Portillo, José. *Mis tiempos: biografía y testimonio político*. México, D.F.: Fernández, 1988.
Lugo Hubp, José. *La superficie de la tierra: un vistazo a un mundo cambiante*. México, D.F.: Fondo de Cultura Ecónomica, 1988.
Piglia, Ricardo. *La ciudad ausente*. Buenos Aires: Editorial Sudamericana, 1992.
Scherpe, Klaus R. *Die Unwirklichkeit der Städte: Grossstadtdarstellungen zwischen Moderne und Postmoderne*. Reinbek bei Hamburg: Rowohlt Taschenbuch Verlag, 1988.
Torres Bodet, Jaime. *Sin tregua*. México: Tezontle, 1957.
Total Recall. Paul Verhoeven, dir. Van Nuys, CA: TriStar Pictures, 1990.
Vittorini, Elio. *Las ciudades del mundo*. Madrid: Debate, 1991.

Los espejismos del desarrollo

Rubén Ríos Ávila

> Fue gracias al relato que Marco Polo le hacía, que Kubla Khan pudo discernir, a través de las torres y paredes condenadas a la ruina, el trazado de un tejido tan elusivo, que escapaba la mordida de las hormigas.
>
> Italo Calvino, *Las ciudades invisibles*

I. Ciudad

Las ciudades no tienen alma, sólo cuerpo. No hay en ellas una sustancia o centro inamovible que las defienda de las sucesivas capas de tiempo que el cambio impone a sus superficies. Venecia es, para el ojo sensual que la desea, inútilmente medular y primigenia, tanto la Venecia de los arcos de Bizancio, como la de las columnas neoclásicas de Paladio o la de los canales de Canaletto. En la plaza del zócalo en México compiten simétricamente el Palacio Presidencial, la Catedral *hundida* y el Templo Mayor *excavado* como los ángulos de un triángulo furioso que nunca puede ocupar, desde ninguna de sus esquinas, el centro vacío de la plaza, un rectángulo solitario y yermo desde donde la ciudad sueña su orden imposible. El sueño de eternidad de Roma acaso no sea más que la pugna permanentemente irresuelta entre la Roma pagana y la cristiana, y acaso la luz que irradia París, tan aparentemente cartesiana y haussmaniana, tan racional y clara y distinta, acaso esa luz no sea otra que la luz negra — "je vois une lumiére noire" — que dicen que vio Hugo en el lecho de su muerte. Toda ciudad es siempre también el reverso de sus sueños y de sus proyectos, porque es así, como su propio fantasma, que se mantiene viva la energía sensual que la hace apetecer y delirar.

Una ciudad es un cuerpo transitado por los cuerpos de sus transeúntes, que lo recorren por sus venas y por sus arterias. Ese cuerpo hecho de cuerpos nunca habla la lengua luminosa de los ángeles, la del alma, porque sólo es suya la lengua legión de Babel. Como el gorila nocturno que se desplaza por la ciudad del cuento de Poe *Murders on the rue Morgue*, dejando atónitos a los agentes del orden que tratan de descifrar el origen de una serie de crímenes cruentos y bestiales, por cada ciudad transita una bestia innombrable que despedaza por las noches los sueños de orden y de razón con que tratamos de armar la ciudad durante el día. Porque una ciudad es, como diría Auguste Dupin, un texto que no se deja leer.

La construcción del Paseo de la Princesa y la Plaza del Quinto Centenario, así como la restauración del Cuartel de Ballajá, fueron el intento de la última administración del entonces gobernador Rafael Hernández Colón de proponer una lectura para San Juan. Por primera vez el Estado intenta leer a San Juan, la ciudad amurada, la noble y leal, a la que le creció una Perla barroca por el norte, la que se llena de neveritas con cerveza los fines de semana, la San Juan laberíntica y medieval de la San Sebastián, tan homoerótica y sadomasoquista como el mártir flechado, y la San Juan recta y ascética de la San Francisco, tan austera y tan abnegada.

La lectura se arma *como un paseo*, que comienza en el puerto a lo largo de La Princesa, sube por los jardines de Casa Blanca y llega hasta el cuartel de Ballajá para de allí culminar en la Plaza del Quinto Centenario, que mira al Atlántico. Desde allí se llega a la San Sebastián, por la plaza San José, y estamos de lleno en la ciudad, como si al bordearla tratáramos de comprender, desde su costa, lo que encierra su interior. El paseo le confiere una fluidez y una legibilidad a San Juan que sencillamente no existían antes. La lectura que se propone es previsible, pero no por ello menos impactante: San Juan da testimonio de un pueblo hecho, con un legado hispánico recio, que se demuestra sobre todo en los conjuntos escultóricos de corte alegórico, y mayormente españoles, que componen el paseo: las estatuas de Buscaglia y las alegorías de la raza y de Ballajá desde La Princesa hasta el cuartel. El cuartel mismo, con su escala hiperbólica e imperial, se estira frente al Morro como para declarar una continuidad cultural entre los dos cuarteles que la discontinuidad histórica, con la llegada de los norteamericanos, se empeña en empañar.

La Plaza del Quinto Centenario es la cifra de la alegoría hispánica del Estado. En su base una fuente redonda dispara cien chorros hacia el cielo inaugurando el primer siglo de la colonización. Desde ahí tres series de diez escalones ascienden a la otra base de la plaza, marcando los otros tres siglos de consolidación cultural. Y desde la segunda base, el tótem telúrico de Jaime Suárez se yergue desafiante, como una propuesta o reconsideración, desde el quinto siglo, de lo que ha sucedido desde el primero. Justo a mitad de camino, y flanqueando a cada lado el tótem, como figuras protectoras, se apostan dos corderos, uno sentado, a la derecha, como el cordero fiel y leal del escudo de la ciudad, y otro enhiesto, erecto, a la izquierda. mostrando inclusive su genitalia, como testimonio de que, ante la reconsideración totémica, ha ocurrido un cambio notable: la ciudad enarbola la bandera de la cruz hispánica con un gesto propio y con verticalidad.

La verticalidad del tótem que se yergue austero sobre una rosa de los vientos que apunta al norte, es más problemática. Está claro que hay un nexo entre el agua de la fuente y la tierra del barro del tótem. De hecho, la fuente baja en cascada desde el tótem, llega a la fuente, y ésta a su vez nutre el tótem desde la base. El diálogo es, por supuesto, el de la inseminación: el centro fálico impregna la vagina acuosa, y tierra y agua, mar y plaza, se mezclan para darle vida a la ciudad. La alegoría es la del Estado como falo impregnador de sentido para la ciudad. La función del Estado es cristalizar el sentido proveyendo un discurso fuerte que articule el cuerpo fluido y dúctil de la ciudad, o del pueblo, y le provea un organismo, un esqueleto, un sistema, un lenguaje, que no es otro que el lenguaje del legado hispánico.

Pero el tótem no se deja leer tan fácilmente, porque no mira al pasado, como el resto de la Plaza, sino hacia el futuro. Para empezar, el centro antiguo de la ciudad, que era indudablemente la iglesia San José, ha quedado relegado y disminuido. La galería (espantosa) del estacionamiento, obstruye la vista de la iglesia. La estructura blanca de la iglesia y el convento dominico desaparecen ante el cromatismo violento del púrpura de la galería nueva. El tótem, a su vez, le roba autoridad a la austera construcción de mediados del siglo dieciséis. El tótem es el nuevo eje de San Juan, pero no sabemos a ciencia cierta qué nos quiere decir.

Un día paseaba con Nick Quijano, el pintor, por la plaza, y me dijo algo sorprendente: el monumento de Jaime Suárez es interesante, pero no aspira a nada. Es cilíndrico y chato, no se estira hacia el cielo, como todos los deseos nobles, sino que se yergue parejamente, y en su cima no hay nada. Por supuesto, nos respondió el fotógrafo Victor Vázquez (quien también nos acompañaba): qué puede haber. A lo mejor sólo pudo ser de esa forma chata y pareja, porque lo que se cristaliza es eso, la falta de aspiración del pueblo y de la ciudad. Entonces les dije a ambos, quizás para defender al tótem de la mirada impugnadora y develadora de la plástica y la fotografía, que el tótem era móvil, era dúctil, que era el cigarro de nuestro pasado tabacalero, y la chimenea de nuestro pasado azucarero, y, por supuesto, el falo del Estado Libre Asociado. Además, esas orejas de cerámica que le crecen por el costado al cilindro evocan la alfarería humilde de los pobres que vivieron en

Ballajá en los siglos XVIII y XIX, los que se mudaron allí para trabajar en la construcción del cuartel.

Mientras hablaba, me daba cuenta de cuán frágiles eran mis argumentos. Hoy no queda nada de la impronta del tabaco y el azúcar. El falo del Estado Libre Asociado fue puesto en entredicho por el triunfo de Roselló (o de cualquier otra administración de turno), y ni una sola de las piezas de cerámica que se adosan a la columna del tótem provino de Ballajá. Todas fueron hechas por Jaime Suárez. Entonces se me ocurrió un último argumento para mi querido pintor y mi querido fotógrafo, y en el fondo, para calmar mi propia ansiedad. ¿Ustedes no han subido a la azotea de Ballajá? Pues sepan que en la cima del tótem, Jaime Suárez puso una de sus ciudades en miniatura, pedazos de cerámica que se alzan desde la cúspide simulando una ciudad perdida, una especie de Atlántida sumergida en el fondo del cielo. Está ahí. Pero no se ve, me dijo rápidamente Victor. Pero está ahí, insistí.

Por esa ciudad escondida caminamos hoy. Una ciudad que ni es hispana ni es americana. Una ciudad que no es india, ni española, ni africana. Una ciudad que se resiste a ser una cifra armónica de sus partes, y que tampoco llega a ser más que su suma. Una ciudad sobre un tótem de tierra, invisible e indetectable, que no se deja pasear.

II. Campo

La década de los cincuenta puede verse como el tiempo de los grandes viajes en Puerto Rico. La *Operación Manos a la Obra*, que el gobierno de Luis Muñoz Marín introduce desde 1947, embarca al país en una transformación de su modelo económico que lo lleva de ser una sociedad agrícola, dependiente en gran medida de las temporadas de cultivo, a una sociedad industrializada con una economía de servicio, dependiente a su vez del recurso de la exención contributiva. En los cincuenta Puerto Rico parece, por fin, llevar a cabo el viaje del campo a la ciudad.

El crecimiento económico que se consigue en esos años, que aumenta significativamente el producto nacional, sólo puede equipararse con el número de personas que abandona la isla en ese mismo período. Entre 1950 y 1960 los censos registran una emigración de cerca de medio millón de personas, un veinte por ciento de la población de entonces, lo que según los demógrafos constituye uno de los desplazamientos de la población de origen más altos de la era moderna. El modelo de la exención, aunque aumentaba el capital, aumentaba también el desempleo, obligando a un sector de la población a autoseleccionarse como emigrante.

Aunque hubo emigración antes y la sigue habiendo, si bien es cierto que en menor proporción, y ahora repartida entre distintos sectores de la población y diseminada por un gran número de estados, desde Nueva York hasta Hawaii, la emigración de los cincuenta es paradigmática. Debido a ella Puerto Rico no es hoy una isla, sino un archipiélago imaginario diseminado a lo largo y a lo ancho de los Estados Unidos, conformado por una población viajera, en perpetuo proceso de reubicación. El viaje del desarrollo produce en gran medida, a su vez, el viaje migratorio. La migración es el excedente, el equipaje en exceso de la industrialización. Un viaje es la deuda impagable del otro.

Entre 1950 y 1953 ocurre otra movilización significativa: la guerra de Corea, en la que luchan miles de soldados puertorriqueños, la mayoría de ellos segregados racialmente en una división, la 65 de infantería, que participa en nueve campañas y obtiene numerosas condecoraciones, entre ellas más de mil corazones púrpura. Tres mil quinientos soldados puertorriqueños mueren en esa guerra, 743 de ellos en acción. Puerto Rico tuvo, proporcionalmente, más muertes que 36 estados continentales. La pérdida desproporcionada de soldados lleva a varios a resistirse a luchar un mes más. El resultado: 96 juicios marciales y 92 sentencias. Podría decirse que Corea es otro escenario de la deuda de la sobrepoblación, del sobrante incontrolable del desarrollo.

¿Cuántos viajes caben dentro del viaje? ¿Cuál es, a fin de cuentas, el verdadero viaje? ¿El de la promesa del Estado, que se propone como una metamorfosis utópica del país, el del migrante, movilizado masivamente por el mandato de esa promesa, o el del soldado, dispuesto o condenado a morir por ella? Más que la geografía de los desplazamientos, o la fijación más o menos certera de un itinerario de salidas y llegadas, puertos y trayectos, acaso importe sobre todo en el viaje el trazo de las marcas del cambio y su saldo, la deuda a que nos obliga ese cambio, cierto desenfoque de la mirada, cierto equipaje indescargable, excesivo, que acompaña a todo el que se mueve, voluntaria o involuntariamente, a otra parte. Quisiera que nuestra reflexión se dirija a esas deudas, a esos excesos indescargables que el viaje de la modernidad puertorriqueña, tan dramáticamente cristalizado en esta década del cincuenta, arrastra de un lado a otro, como una maleta que nunca se acaba de empacar.

Entre 1951 y 1952 aparecen, en la revista *Asomante* de Nilita Vientós Gastón, como una "trilogia boricua de estampas", los tres actos de *La carreta* de René Marqués, una obra sobre el viaje de los puertorriqueños del campo a la ciudad y de la ciudad a la urbe neoyorquina, que se encarga de mostrar la otra cara del proyecto desarrollista del muñocismo. A través de la épica del viaje de una familia campesina, de sus traslados, provocados en parte por las ilusiones del mejoramiento familiar y en parte por la tiranía del desempleo, Marqués pone en jaque la ética del desarrollo y su soporte más medular: la tecno-ciencia o la máquina como el instrumento eficaz del progreso.

La carreta, como usualmente sucede en las obras de René Marqués, está concebida programáticamente, como una alegoría política. Los tres actos: el campo, el arrabal, la metrópolis, organizan, quizás demasiado nítidamente, tres escenarios operativos de la sociedad puertorriqueña. La obra se desenvuelve claramente a partir de un *etos* rural: la ciudad traiciona al campo, intentando sustituir la tierra por la máquina, la tecnología por la naturaleza. Luis, el hijo mayor de doña Gabriela, en su afán por alcanzar el progreso, desarraiga a la familia de su entorno natural y desencadena de esta forma la serie de desgracias que culmina con la suya propia: una vez en Nueva York, muere en un accidente de trabajo, víctima de una de las calderas con las que trabajaba. El destino de Luis no es, en el fondo, sino una versión patética de la famosa escena de *Modern Times*, cuando Chaplin es literalmente atrapado por las correas de una línea de ensamblaje.

No es particularmente sorprendente que Luis, al final de la obra, resulte no ser hijo ni de doña Gabriela ni de su marido, como si se tratara de un elemento extraño, ajeno a la estructura filial legítima de la familia puertorriqueña. *La carreta* es, entre otras cosas, un melodrama en torno a la legitimidad del hijo y su derecho de desear a la madre y de llevar el nombre del padre. Al final de la obra, son las mujeres las que deciden regresar al campo a cultivar la tierra, en un gesto de soberbia contra los tiempos que obviamente no ha sido confirmado por la historia.

El *etos* rural de René Marqués no goza de buena salud. No es demasiado difícil desenmascarar los resabios machistas y paternalistas de su telurismo conservador. Aunque fue, desde los cincuenta hasta principios de los setenta, probablemente el escritor más celebrado de Puerto Rico, su obra no ha parecido sobrevivir a toda la crítica que ve en este autor un portavoz de los valores de una burguesía hacendada latifundista que fracasó en su intento de consolidarse como clase dirigente, ya desde principios de siglo, desde la época de Llorens y Canales. De cierto modo Marqués fue anacrónico para su propia época.

Pero su anacronismo no invalida ni disminuye la fuerza que su obra, quizás particularmente *La carreta*, deriva de su franca oposición al modelo desarrollista de Muñoz. Arcadio Díaz Quiñones propone una lectura sugerente del texto:

> La obra de Marqués, con su vindicación de otro orden, proyectaba una curiosa luz ulterior sobre la utopía dominante. Invertía el proyecto y se dedicaba a investigar su fracaso: el fin de los tiempos modernos sería la vuelta al origen, como se dramatiza en *La carreta*. (43)

Me gustaría perseguir las posibilidades de esta propuesta de lectura. No se trata, entonces, necesariamente, de leer en el regreso a la tierra el referente privilegiado de un mandato de clase, sino precisamente de no poder leer en ese deseo de regreso a la tierra un referente lo suficientemente legible. Sólo los principios, yuxtapuestos metonímicamente, se dejan leer. Los Orígenes, anteriores a la linealidad temporal de la enunciación, son inefables. No es cuestión de regresar a la tierra de los hacendados, sino de regresar a la tierra del origen, que no es exactamente la misma.

La carreta es una propuesta de amor a la tierra. Un amor imposible, inenarrable, que la tierra no puede devolver, y por ello precisamente absoluto, porque no hay demostración que lo articule, ni acción que lo cumpla. La tierra está hipotecada desde el principio de la obra. Tiene dueño y su dueño siempre es Otro. Acaso, de lo que se trata en sí es de que no hay, a pesar de las intenciones ideológicas de la obra, un momento anterior a la hipoteca. La tierra, el origen, es esa misma demanda imposible de un amor irrepresentable hacia un Otro que no se deja querer. La deuda de amor que contrae el que se enferma con la pasión del deseo del origen es infinita.

Don Chago, el abuelo, es el amante insobornable de la tierra. Luis, su contrapartida, es el amante insobornable de la máquina. El abuelo va a morir en el seno de la tierra, arropado voluntariamente por la cueva que él ritualiza y transforma en sepulcro. Luis muere en el seno de la máquina, accidental pero certeramente abocado a su destino trágico. Su amor por la máquina es tan ingenuo, tan misterioso y absoluto como el amor del abuelo por la tierra: la máquina y la tierra son las caras siempre opuestas y siempre reflejantes de Narciso y de su imagen, de la cultura y la naturaleza, de la ciudad y el campo: grandes, misteriosas, vivas, portadoras, una de un cuerpo y la otra de un alma ilegibles.

¿De qué forma puede ser un regreso al origen la inversión de la utopía del progreso? De lo que se trata es de poner en evidencia, detrás del proyecto teleológico de las tecnologías del desarrollo, que piensa que todo principio sustenta una finalidad inherente a su movimiento, la instancia compulsivamente repetida del fin, anterior a toda finalidad, de la pulsión de muerte, que es el nombre que Freud acuña para denotar la insistencia que mueve al deseo más allá del principio del placer. Por su muerte, eco reberverante de la del abuelo, Luis accede al nombre del Padre, entra en el círculo filial que la ley del parentesco le había negado. Es por su muerte que la familia puede constituirse y regresar al origen.

El regreso que importa es, por supuesto, el simbólico, el que sólo se puede instituir como deseo a través del apalabramiento. La carreta de *La carreta* no es, en última instancia, la que funciona como medio de transportación, sino la que talla Miguel, el novio de Juanita y que permanece exhibida como obra de arte en la sala de las casas por las que la familia se desplaza. *La carreta* también tiene su promesa. Es la promesa del movimiento, del viaje. Pero no hablamos aquí del viaje de la aceleración, que es la fantasía suprema del progreso, cuyo síntoma más problemático es el desarrollo.

En *La carreta* reaparece la promesa del viaje como ritmo, de cierto movimiento acompasado, no traslaticio, que augura la posibilidad del consuelo. De ese movimiento tenemos sólo sus señales fugaces. Aparece en el santo de palo de Doña Gabriela, el que le vende Chaguito a los turistas. La talla de palo guarda el secreto de la modulación rítmica de la tierra. También lo guarda el trompo de Lito, que se encabulla en medio de la sala del arrabal para producir el espectáculo mínimo de la giración. Se encuentra, por supuesto, en el sillón de Doña Gabriela, único objeto aurático, iluminado mágicamente, en la sala del arrabal. Y se encuentra en la carreta tosca y elemental de la talla de Miguel como si fuera la representación hierática del movimiento.

Si el arte es político, lo es en la medida en que desenmascara el rostro hueco del desarrollo, su falta de rumbo verdadero. Es en este sentido que *La carreta* triunfa como alegoría política. El origen del origen es ninguna parte y sólo en esa dirección se mueve el deseo. La ética del desarrollo es, de cierta forma, insoportable, pero la del deseo lo es también. Una marca los excesos de la otra. Freud nos alerta, en *El malestar de la cultura*, sobre la discrepancia insondable que se abre, para el hombre moderno, entre la felicidad y el deseo:

El hombre se ha convertido en una suerte de dios-prótesis, por así decir, verdaderamente grandioso cuando se colocan todos sus órganos auxiliares; pero éstos no se han integrado con él, y en ocasiones le dan todavía mucho trabajo. Es cierto que tiene derecho a consolarse pensando que ese desarrollo no ha concluído en el año 1930 D.C. Epocas futuras traerán consigo nuevos progresos, acaso de magnitud inimaginable, en este ámbito de la cultura, y no harán sino aumentar la semejanza con un dios. Ahora bien, en interés de nuestra indagación no debemos olvidar que el ser humano de nuestros días no se siente feliz en su semejanza con un dios. (54)

Por eso es importante el rescate de la inutilidad del viaje, o del viaje como ejercicio peripatético, rítmico, acaso terapéutico, al margen del bullicio del Agora, del mercado. Es el viaje que permite observar cómo los objetos insisten en regresar al mismo lugar. No al lugar que ocupan, sino a ese lugar inocupable que ningún objeto puede colmar. Los objetos sólo regresan al lugar que no pueden ocupar.

La fantasía suprema del desarrollo, es, por el contrario, la direccionalidad. Pero el desarrollo, a diferencia del progreso, cuya ética procede de las utopías iluministas de la razón suficiente, no es, en realidad movido por un sujeto pensante, un sujeto cartesiano que duda y decide. El desarrollo sólo parece obedecer la ley ciega de su demanda de movimiento, motivado por la fuerza de su propia aceleración. Por eso su modelo de representación ya no es la ciudad, que todavía se organiza alrededor de las plazas o al margen de los cementerios. Sobrevive hoy, por el contrario, en las megalópolis, en las interminables secuencias suburbanas que encadenan los nexos, a su vez interminables, de la energía del consumo.

En Puerto Rico conocemos sus señales. El tren urbano, que recién comienza a construirse, es un signo más del mandato de la aceleración y de la comunicabilidad que prometen el acceso absoluto. De hecho, en un viaje en helicóptero que hice hace unos meses por los tupidos mogotes entre Humacao y Arecibo, me impresionaron los postes de luz, serpenteando casi imposiblemente por los vericuetos más remotos del monte para llevar energía a todas partes.

A casi medio siglo de la *Operación Manos a la Obra*, es innegable que el proyecto de modernización del Partido Popular creó un país *de cierta manera* desarrollado: la luz, la energía y la mobilidad son los signos verificadores del progreso *que se ve*. También es cierto (quién lo dudaría) que los racionamientos innecesarios del agua y otras calamidades nos recuerdan los pies de barro de una infraestructura inadecuada, pero en este caso podría decirse que el deterioro de tal o cual servicio es una señal de la mediocridad de las burocracias gubernamentales de turno, más que de alguna tara fatal que condena a los paises "primitivos" al azar del clima y los cataclismos. Puerto Rico forma parte de un mundo "en desarrollo". El sueño primitivista del Paraiso Tropical (tan rentable para la Oficina de Turismo) convive cotidianamente con las pesadillas de la modernidad. De hecho, ese sueño primitivista (playa, folclore, color local) no es otra cosa que otra vía de acceso, otro nexo que nos *conecta*.

En un país cuya población completa no cabe en su territorio, pero sí cómodamente en sus automóviles, donde casi cada casa tiene un teléfono y un televisor (y un número considerable una computadora personal, una videograbadora y un horno de microondas) se hace difícil aceptar que seamos así, sin contemplaciones, del tercer mundo. El acceso parece borrar el borde tradicional campo-ciudad. Todo parece indicar que el campo desapareció, o se convirtió en un espacio híper-real, que aparece intermitentemente por el televisor.

¿Quién puede hoy separar la nostalgia, la tierra o el pasado mismo de las imágenes que los producen y los consumen? El valle de Collores, mi viejo San Juan, Loisaida y la tierra del Edén compiten con *The Shining Star of the Caribbean, lo mejor de dos mundos, la nación en marcha* o aún *la guagua aérea*, como escenarios posibles, todos ellos igualmente fantasmagóricos, para tratar de localizar un espacio que cobra fuerza, precisamente, como esa *otra* isla real que no se deja nombrar.

Porque detrás de la isla del Encanto, la que promete el gozo de su nombre, tan Rico, se esconde siempre la isla del Espanto, la que pospone el goce de nombrarla. ¿A qué distancia se encuentra, entre su pasado colonial español y su presente neocolonial norteamericano, entre el primer y el tercer mundo, este pulpo de intersecciones que se llama Puerto Rico? Disipemos un lugar común: ¿quién se siente tercermundista? La pregunta es del mismo orden que: ¿quién quiere ser *pueblo*, o *jíbaro*, o *nativo*? ¿Quién postula su subjetividad inicialmente como un otro, o desde tal o cual autenticidad a/signada? O quizás haya que reformular la pregunta básica (que parece que no se disipa tan facilmente) desde este ángulo más insidioso: ¿quién quiere, voluntariamente, hacer de *materia prima* para ese Sujeto enrarecido de la metafísica de "el nuevo orden mundial", y su fantasía recurrente de que el mundo ya va perdiendo lastre y se acerca, por fin, al *primun mobile*: el Primer Mundo Europeo-Norteamericano, la Solución Final: la superación de la guerra de las naciones y el comienzo de La Guerra de las Galaxias?

Con la desaparición del bloque soviético —el supuesto *segundo mundo*— parece haberse intensificado la ilusión de la polaridad absoluta entre el primero y el tercero. Una cosa es segura: Puerto Rico no se inserta dócilmente en la serie de binarismos duros con que se suele armar mucha de la discusión de los últimos años en torno a las llamadas culturas poscoloniales: primer-tercer mundo, centro-periferia, subdesarrollo-desarrollo, imperio-colonia. Puerto Rico es hoy la serie infinita de un significante innombrable: colonia "originaria" del imperialismo español en el Caribe, espacio, a su vez, fundacional, del expansionismo europeo, teatro de las guerra de los imperios; neocolonia de los Estados Unidos de América, territorio, gracias al Acta Foraker, eventualmente traducido a Estado Libre Asociado, *botín* de la Guerra Hispanoamericana, Vitrina de América, el último de los West Side Stories.

Pero volvamos a los espejismos del desarrollo, a las redes del acceso a toda hora. No podemos olvidar que una isla relativamente próspera del Caribe lo es gracias a una economía dependiente, de consumo, fundamentada hasta hace poco y con riesgos, en la exención contributiva de las multinacionales. Por otro lado, es más determinante el hecho de que la participación relativa de la riqueza del mundo actual (basada más en la fluidez del capital virtual que en la tenencia de la tierra o en la fijeza del valor) ha hecho posible por un lado el imaginario del consumo conspicuo (Plaza las Américas es, por supuesto, su templo mayor) y por otro, el acceso al universo de la información por los medios (tenemos la mayor concentración de estaciones de radio en el mundo, por ejemplo) que se suele tener en cualquier país del supuesto primer mundo. La *imagen* de la riqueza seduce, independientemente de que se tenga o no, es cierto, pero sobre todo porque se sabe que en el mundo globalizado la riqueza es, precisamente eso: imagen.

Esto no es necesariamente ni una virtud ni un bien. Por todas partes se dice que el progreso no ha cumplido (ni cumplirá) sus promesas, sobre todo la que se proyecta desde el siglo dieciocho, la aliada de la razón y la tecno-ciencia, la promesa de una sociedad liberada de la tutela de los magisterios autoritarios y comprometida con el desarrollo del potencial de cada individuo. La tecno-ciencia es una fábula del desarrollo y el desarrollo una fuerza que se muerde la cola, sin dirección clara, desvinculada del telos de la moral del progreso. No es necesario (pero lo vamos a hacer, por supuesto) anunciar una vez más el nuevo cliché de moda: la utopía ha muerto. Quizás, pero en todo caso, ha sido sustituida por otra seducción ordenadora, probablemente más perniciosa: la transparencia del acceso absoluto.

La utopía habrá muerto, pero las micro-utopías proliferan y todavía proliferan más las imágenes que las publicitan. Es probable que una utopía no haya sido nunca otra cosa que un espejismo de la ideología que se la inventa, pero aún así (o precisamente por esa razón) no hay que dudar de sus poderes de convocatoria y mucho menos de la marca de lo real en sus espejismos. Las utopías siguen prosperando aquí, aunque sea nada más (o nada menos) que como espectáculo.

A mitad de camino en la ruta de la autopista Luis A. Ferré, justo entre San Juan y Ponce (la ciudad bastión militar y la ciudad burguesa, si nos apegamos a los símbolos de la colonia española) se encuentra el Monumento al Jíbaro, una enorme escultura de un hombre sencillo de la tierra que parece mirarnos, dándole la espalda a la cordillera de su origen, orientada su mirada pétrea hacia el hormigueo de vehículos transitando en ambas direcciones. El telurismo sigue vivo, sobre todo en su reencarnación *kitsch*, pero su *mirada* se dirige ahora al consumo rápido de la población en tránsito, no a la fijeza de lo que Arcadio Días Quiñones llama el origen. El Banco Popular produce ya casi todos los años un vídeo de música (*popular*, of course) que titula "Somos un pueblo que canta" o "Somos un solo pueblo". Si el estado reactiva, entre otras, la mitología romántica de la tierra, la banca reactiva la mitología populista a través de la música, proyectando en la forma de su deseo (porque la música es una de las formas más seductoras del deseo) el fantasma de la coherencia, la certeza del consenso.

Pero más importante que la certeza del consenso es la transparencia del acceso. Para la ideología del desarrollo el acceso hace posible, precisamente, el manejo continuo de los consensos. La garantía del acceso es la última reencarnación del proyecto de la modernidad, o su mutación más seductora. Y el acceso narra o fabula su éxito precisamente en la medida en que se proyecta como una narración perfecta, como el tejido de los tejidos, como el entramado donde cada nexo encuentra su conexión, su *plug-in*, como la red de redes, el hipertexto donde convergen las autopistas de este a oeste y de norte a sur, el Paseo de La Princesa, el shuttle de San Juan a Nueva York, las máquinas de transacciones bancarias a toda hora, el cable y la Internet. El acceso existe para que todo se conecte, para que nada, ni nadie, cometa la imprudencia de perderse. Pero lo cierto es que, a cincuenta años de la *Operación Manos a la Obra* y a cien de la Invasión del 98, Puerto Rico no acaba de poderse desprender de su atávico equipaje rural, como quien no puede desprenderse de su pasado. Sigue siendo esa la maleta que no se deja empacar.

Un ejemplo. La intelectual uruguaya Marta Traba provocó un escándalo minúsculo, pero sintomático, cuando vino a Puerto Rico prácticamente a fundar la crítica de arte a principios de lo setenta y declaró, sin que se le quedara nada por dentro, que Puerto Rico era una sociedad fundamentalmente rural y que no de otra parte procedía la grandeza de uno de sus mejores pintores, Francisco Rodón. Su descripción de los conocidos retratos de mujeres de Rodón precisa su definición de lo rural:

> La mayoría de los retratos de Rodón son figuras de mujeres. No son realmente mujeres, sino más bien sacerdotisas [...] anudadas, trágicas, abstraídas, en espacios vacíos sin argumento, frontales, avanzando desde un lienzo solitario atravesado por colores brutales y autoatmosféricos, impelidas hacia adelante, cortadas a hachazos cromáticos, envejecidas, trituradas por el peso de reconducir a los demás seres hacia el misterio. Se parecen a los caballos etruscos que se deslizaban en silencio, espléndidos y omniscientes, de la vida a la muerte; parecen siempre saber algo más que el común de los mortales, quizás oír aquel sonido de la moneda cayendo a un pozo, donde el artista reconoce el debilitamiento de una realidad arastrada por la muerte. (135)[1]

Podría afirmarse que hay, en todo intento de descalabrar las coartadas del desarrollo, un viaje de regreso al *etos* rural. Pero no se trata de regresar al campo, de llegar a la tierra, de *aterrizar* la guagua aérea. Se trata de observar el tránsito, de insistir en el transcurso de ese periplo como la sustancia misma de todo viaje.

Evoco algunos versos de "Valle de Collores", las décimas con que Llorens, en 1916, apenas comenzado el siglo pasado, propone el viaje del puertorriqueño como el intento de regresar, por el recuerdo, a ese valle perdido en la memoria de la ciudad:

> No recuerdo cómo fue
> (aquí la memoria pierdo).
> mas en mi oro de recuerdos,
> recuerdo que al fin llegué:
> la urbe, el teatro, el café,
> la plaza, el parque, la acera...

El lugar de la nostalgia no puede ser atravesado por la memoria. El trauma, la hiancia desde donde se inician y hacia donde convergen todos los viajes, es material, pero no es materia para la memoria. Por eso el poeta no recuerda cómo fue, sólo recuerda que llegó. La nostalgia, el dolor del regreso a la casa de la tierra perdida del origen, sólo se adivina desde el espacio, igualmente fantasmagórico, de la ciudad. Es ese el goce supremo que promete todo viaje: el dolor de la nostalgia y la fuerza de su mortificación, que proviene de la intuición de que transitamos desde y hacia un punto inmemorial, el punto real, y por ello inarticulable, donde el valle de colores se transforma en las aceras de la urbe, donde el campo y la ciudad se profetizan.

El trauma no se articula, ni se interpreta. Acaso se analiza infinitamente, a través de la cura de la palabra. Por eso quizás de lo que se trata es de respetar la incertidumbre de ese punto ciego. Quizás no haya peor colonialismo que el que se empeña en *decir* la "verdadera" identidad del sujeto, negando, de este modo, el colonialismo inescapable en el que se acuña todo sujeto. Por eso no hay peor colonialismo que el que condena a algunos países al yugo insoportable del desarrollo. No hay esclavitud más ingrata que la de la autenticidad, ni condena más onerosa que la de la identidad.

Todo sujeto, como tan bien lo intima Derrida en su ensayo autobiográfico, *El monolingüismo del otro*, es inherentemente colonial, porque está colonizado de antemano por el lenguaje que lo nombra. Por eso el malestar de la cultura es la única democracia verdaderamente universal. Todos hablamos la lengua madre del Otro, pero cuando tratamos de alcanzarla se diluye, para citar de nuevo los versos de Llorens en "Valle de Collores", como *humo, esfumándose en el cielo*. Por eso no hay liberación del yugo colonial que no pase a través de la certeza del caracter inherentemente subordinado de toda expresión. La verdadera pedagogía de la liberación es la que nos permite reconciliarnos con el trayecto melancólico de todos nuestros viajes.

NOTA

[1] En *Hombre americano a todo color*. El ensayo sobre Rodón comienza de la siguiente forma: "Librado al desencadenamiento de sus propias fuerzas, Francisco Rodón es el pintor máximo de la cultura rural puertorriqueña".

BIBLIOGRAFÍA

Derrida, Jacques. *El monolingüismo del otro: o la píotesis de origen*. Buenos Aires: Manantial, 1997.
Díaz Quiñones, Arcadio. *La memoria rota*. Río Piedras: Ediciones Huracán, 1993.
Freud, Sigmund. *El malestar en la cultura*. Nestor Braumstein, coord. Barcelona: Siglo XXI, 1981.
Llorens Torres, Luis. *Antología: verso y prosa*. Arcadio Díaz Quiñones, ed. Río Piedras: Ediciones Huracán, 1986.
Marqués René. *La carreta: drama en tres actos*. Río Piedras, Editorial Cultural, 1963.
Traba, Marta. *Hombre americano o a todo color*. Bogotá: Editorial Univrsitaria Nacional, 1995.

La ciudad de México en la imaginación apocalíptica

Boris Muñoz
Rutgers University

> Pronto será el fin de todo y habrá un
> nuevo cielo y una nueva tierra.
> El libro del Apocalípsis.

Decir que la ciudad de México es "la capital del caos" se ha vuelto una ambigua fórmula colectiva para mitificarla. El mejor repertorio para extraer pruebas de esa visión es sin duda la tradición de la crónica urbana contemporánea de México, ese espacio discursivo donde el desorden real de la ciudad se articula en una apoteosis imaginaria. Los cronistas representan a la ciudad como un purgatorio de ángeles caídos (Poniatowska), el basurero del sistema capitalista global (Blanco), la Nueva Calcuta y el laboratorio de extinción de las especies (Monsiváis), una mancha urbana que carece de confines y cuya identidad es constantemente redefinida en un vértigo de sincretismo (Villoro). A partir de la relación entre la crónica y las vicisitudes de la vida urbana, convendría estudiar estas imágenes como manifestaciones de un modo de hablar sobre la ciudad profundamente influido por ideas asociadas al caos, tales como degradación, catástrofe y Apocalipsis. Vista desde la crónica, la explosión demográfica, la contaminación ambiental, la represión política y la ausencia de una planificación racional, son los factores que transforman a la ciudad en un espacio hostil:

> La ciudad también se sirve de nosotros como si fuéramos fieles excrecencias suyas... y nos envuelve en conflictos que son suyos, y creemos equivocadamente nuestros, a tal grado que si (llevados por la moral tradicional que nos invita a resolver lo individual de nuestras vidas) quisiéramos ser y vivir cada cual de otro modo, no sabríamos cómo ni por dónde comenzar. (Blanco, *Función de medianoche*, "La ciudad enemiga" 57)

Para Blanco, la ciudad es un espacio vivo, es decir, un medio ambiente con una lógica propia que organiza y dirige los destinos de los citadinos. La ciudad se expresa como una entidad "prepotente, autosuficiente y autónoma". Aún más, es ella la que, a despecho de quienes moran en sus entrañas, impone las reglas de juego de acuerdo con un interés desconocido para los citadinos, "porque es ella quien conoce las cosas por nosotros" (59). La ciudad es de este modo un modelo perfecto al que los habitantes no saben adaptarse. Es un modelo en el que lo urbano se ha emancipado de su tradicional función como espacio de intercambio social y cuya expansión desborda la escala humana y convierte violentamente a los citadinos en seres anónimos. La ciudad cobra así una dimensión destructora, es un espacio que aliena a los ciudadanos de sí mismos, volviéndolos literalmente desechos.

> La supersticiosa vida del citadino se congela entre las cosas en las que confía con una fe más ciega que la de los hombres prehistóricos; puedo ignorar en qué consiste el refrigerador, el coche, por qué el edificio no se derrumba o en una ciudad con tan espantosa miseria se puede andar, incluso con relojes lujosos, por muchas avenidas con relativa impunidad. (58)

Pocas representaciones como "La ciudad enemiga" evocan con tanto poder la estrecha relación entre la ciudad y la subjetividad colectiva. Sin embargo, por su calidad fantasmagórica, y casi "totalitaria", pocas resultan menos realistas. Lo que el cronista recrea no es solamente una descripción del tejido urbano, sino también una lectura del imaginario de la ciudad.

En "La ciudad enemiga", Blanco adelanta una premisa que perfila gran parte de la crónica urbana contemporánea de la ciudad de México. Si la ciudad encarna la forma más lograda del dominio humano sobre la naturaleza, es también el espacio donde el estado de colapso de la modernidad capitalista, bajo el signo de la ausencia de poder para el ciudadano y la multitud, se muestra de modo más claro.

Se diría que en la ciudad de México —la ciudad enemiga— no hay posibilidad de redención. Por el contrario, en gran parte de las crónicas urbanas en el último medio siglo mexicano, lo urbano como el espacio privilegiado en el cual los vínculos colectivos podrían, en teoría, prosperar, se desintegra con gran rapidez. Pero ¿de dónde proviene esta formulación distópica? ¿Es esta imagen el reflejo de la realidad o el producto de una desbordada fantasía literaria? ¿En qué punto se intersectan las percepciones y las concepciones? ¿Qué eventos en el tiempo y en el espacio producen cambios en el imaginario? ¿Cuándo se transforma la ciudad en el sinónimo de pesadilla, y lo urbano en melodrama sin fin? ¿Vislumbran las crónicas un más allá del colapso?

Este trabajo examina el proceso mediante el cual, en un primer momento, las crónicas urbanas de la ciudad de México asumen el apremio de la modernidad desde una perspectiva escatológica y cómo, más tarde, ésta se transforma en un imaginario del pos-Apocalipsis. Las raíces de esta escatología son múltiples y están ancladas tanto en la tradición bíblica apocalíptica como en los mitos de la religión azteca. El judaísmo y el cristianismo conciben el fin del mundo como una sucesión de eventos que expresan la lucha cósmica entre las fuerzas del bien y el mal. Para estos sistemas religiosos, la historia es una trayectoria hacia adelante hasta alcanzar el fin de los tiempos, momento en que el destino humano se decidirá, tras una devastación de enormes proporciones. En un sentido similar, según el mito Azteca del Quinto Sol, después de cuatro edades que terminaron debido a una catástrofe, la nuestra, la quinta, llegará a su final con un terremoto.[1] El epicentro de ese cataclismo, cabe conjeturar, sería la magnífica Tenochtitlán (el D.F.), asiento del imperio Azteca. A pesar de las obvias diferencias culturales, la crónica se sirve de estas creencias en la elaboración de una visión escatológica del futuro de la ciudad. La escatología, que es consustancial al género de la revelación lo mismo en la tradición religiosa que en la secular, suele presentarse con mayor profusión y fuerza en periodos de peligro o crisis social. Como lo recuerda Paul Boyer en *When Time Shall Be No More*, su erudito estudio sobre el pensamiento profético, casi invariablemente el género apocalíptico funciona como un discurso narrativo para elaborar los presagios de un futuro amenazador y siniestro a partir de los trastornos de la actualidad.[2] Esto es evidente si se recuerda que los cronistas conciben la ciudad como un espacio condenado. De este modo, la escatología es un tema central en la crónica mexicana del fin de siglo XX. Sin embargo, es necesario avanzar que ésta tiene el propósito muy preciso de extraer de la alegoría apocalíptica no tanto una metáfora del fin del mundo como un conjunto de claves para interpretar el presente e imaginar el futuro.[3] La consecuencia es un agudo y doloroso despertar al sueño de la modernidad, en el que la denuncia de sus efectos negativos está lado a lado con la conciencia de su necesidad. Y es por eso que a medida que se desarrolla este proceso literario se manifiesta una ambigua relación entre el drama urbano y la historia: un movimiento que transita entre el catastrofismo y la esperanza de renovación, es decir, del Apocalipsis al pos-Apocalipsis.[4]

Aunque en los años treinta del siglo XX al recorrer la ciudad es todavía posible tener una visión de conjunto, ya en esa remota fecha, a través del advenimiento de la multitud, se escenifica un proceso amenazante para la sociedad y el individuo: la modernización. Después de un viaje a la playa, Salvador Novo, el cronista más importante de la primera mitad del siglo XX, comenta con ironía la degradación de la calidad de vida en la sociedad de masas: "La gente estorba al individuo. ¡Cuántas veces he buscado, sin hallarlo, un paraje desierto en mi vida!" (A ustedes les consta, "De *Return ticket*" 187). Ya en 1940, la ciudad de México es la ilustración viviente del temor que sentía Novo una década antes. El transterrado pintor español José Moreno y Villa escribe en su *Cornucopia de México*: "La ciudad se ensancha y crece de manera alarmante. Si sigue así será una ciudad sola en un inmenso país desolado".

Para Novo el mundo anterior a la masificación está siendo devorado por la multiplicación que amenaza con sumergir el equilibrio social en el desorden. Para Moreno y Villa el estallido demográfico arroja como resultado una ciudad que, por causa de su gigantismo, es de todos y de nadie. Ambos, desde perspectivas diferentes, llegan a una conclusión poco prometedora sobre el futuro: la modernidad comienza a ser considerada como un proceso demasiado imprevisible.

Aunque estas sagaces observaciones no pueden considerarse exactamente clarinadas del Apocalipsis, sirven para definir el tenor con que las explosiones demográfico-geográficas serán consideradas signos que orientan la experiencia urbana. Una vez que se vislumbran las consecuencias de la relación modernización-migración, no pasará mucho tiempo antes que la ciudad de México sea definida como una megalópolis, ese ejemplo por excelencia de ciudad hipertrófica que, a partir de los años sesenta, servirá como una fuente inagotable de inspiración para la crónica urbana.

El clímax inequívoco de la masificación como un molde retórico para representar la ciudad de México aparece registrado en la crónica "Ángeles de la ciudad" de Elena Poniatowska. La cronista se sitúa en un punto crítico para observar los efectos de la modernización acelerada: la migración del campo a la ciudad.

> Hace meses que Estela y su hermana Epifania y Dominga su prima y Domitila que trabaja en la otra cuadra, y Lupe, que acaba de entrar con la señora del 8, dejaron atrás las faldas como corolas que trajeron del pueblo. Ahora andan de mini, guiadas por Ariel el abonero, quien sigue los dictados de la moda y trae, entre sus tesoros, pantimedias y pantiblusas. Ariel apunta, suma, resta, multiplica y se despide:
> —Paso la semana que entra, chula. (*Fuerte es el silencio* " Angeles de la ciudad", 16)

En el pasaje la ciudad atrae a los migrantes como la miel a las abejas. A la adopción de nuevas relaciones económicas corresponden nuevos estilos de vida modernizados. Por eso, aunque el boleto a la urbe significa un viaje a la marginalidad social y económica, para muchos migrantes la ciudad es también la arena donde es posible superar la condición provinciana y liberarse de las tradiciones opresivas y el aislamiento premoderno para integrarse a lo que realmente les importa: ser modernos, ser urbanos.

Lentamente, el "pueblo" — los ángeles — reclama participación en el sistema de beneficios y padecimientos que ofrece la vida urbana. La ciudad de México — ahora popular y modernamente llamada por las siglas D.F., *el defe* — personifica no sólo el centro del poder, sino también el lugar de las decisiones y las referencias culturales, las oportunidades de trabajo y la promesa de la realización personal. De esta manera, se reconoce el dinamismo de la urbe como un factor de reorientación de la subjetividad a través de la incorporación a las prácticas de la vida urbana y, a fin de cuentas, a una modernidad vivida desde su nivel más cotidiano.

Pero irónicamente, al salir a la calle se presenta el dramático reverso de la moneda: el proceso de marginalización. Por eso cabría señalar que, de acuerdo con la cronista, la adherencia a la modernidad urbana descansa sobre una ilusión que se resuelve con frecuencia en la degradación de la calidad de vida.

> (D)esde 1957, los ángeles se han opacado en México. El smog, siguiendo al pie de la letra los dictados de la canción, nos pinta angelitos negros. Allí los vemos alicaídos, tratando de pasar entre los coches, golpeándose en contra de las salpicaderas, atorándose en las portezuelas, magullando sus músculos delicados, azuleando su piel dispuesta de por sí a los moretones... Hoy por hoy los ángeles de la ciudad son todos aquellos que no saben que lo son. Cada año llegan en parvadas y se aposentan en las calles, en los camellones, en las cornisas, en los aleros, debajo de algún portón. (14-15)

La ciudad reimaginada a través de la inmigración tiene el rostro del desamparo. Según Poniatowska, del proceso migratorio resulta una exclusión que crece en círculos concéntricos. La cronista plantea que no se trata de un proceso reversible, sino que la migración tendrá efectos permanentes en la experiencia urbana del futuro. La dimensión política de esta crónica plantea problemas relacionados con la oculta — reprimida — realidad de las desigualdades sociales, aceleradas por el modelo de modernización desarrollista. En respuesta a estas evoluciones, la ciudad representada también cambia drásticamente. Poniatowska, como Novo y Moreno Villa, elabora el cambio de la ciudad a través del fenómeno demográfico y la expansión territorial. Pero éstos difícilmente pudieron prever el grado de entropía que alcanzaría la urbe. Como en "La ciudad enemiga" de Blanco, también en "Angeles de la ciudad" lo urbano es el escenario de un sistema de relaciones sociales alienadas. Lo urbano está marcado por un brutal proceso de selección y descarte naturalista en el que los olvidados del desarrollismo son primero utilizados por éste para luego degenerar en 'sobrantes' y "rémoras adheridas al cuerpo de la gran ballena" (25).

> Pero ningún arcángel más temible que los pepenadores. Esta ciudad avienta siete mil toneladas de basura diaria que se tira a lo largo de la calzada Ermita Iztapalapa y le reditúa al arcángel tres millones de pesos mensuales... Ningún gremio es más avorazado que el de los pepenadores cuyo plumaje se eriza a la vista del primer visitante. Sus montones de basura suben al cielo en círculos concéntricos de pestilencia y ellos vigilan con sus alas bien extendidas de zopilotes come-muerte. (25)

Con descripciones que aspiran a ser fotografías instantáneas, esta cita captura vívidamente el grado de deterioro de la ciudad. Es posible imaginar cómo el torrente migratorio ha transformado el optimismo desarrollista que reinaba hasta principios de los sesenta en un mundo oscuro. No cabe duda de que en la figura de la ciudad como vasto muladar de ángeles caídos se proyecta la pérdida de fe en el progreso. Sólo unos pocos elegidos podrán gozar de los beneficios de la modernización. El momento que describe Poniatowska carece de destellos de optimismo; el pesimismo apocalíptico se apodera del imaginario urbano. Por eso, cuando la cronista ve hacia el futuro de la nación únicamente puede encontrar un inventario de males:

> Si ahora somos 60.5 millones de mexicanos en la República (al calcule), y nacen dos millones de niños al año (también al calcule), en el año 2000 seremos 120 millones y nuestros problemas de transporte, tránsito, abastecimiento de agua y de energía eléctrica, contaminación, desalojo de aguas negras, nos convertirán en seres que espantarán de todas todas a los ángeles marcianos que seguramente bajarán de su planeta para examinarnos de cerca. Por eso nunca veo la teleserie "El planeta de los simios", no vaya a ser la merita verdad. (26)

Llama la atención el uso frecuente de cifras de estadísticas poblacionales. La nueva experiencia urbana está definida por el intento de visualización de números que desbordan lo imaginable y que por esa razón producen desasosiego. En las crónicas de Poniatowska, como en las de Monsiváis, Blanco y Villoro, las cifras subrayan el desbordamiento del orden y la razón y, en general, señalan la crisis del modelo desarrollista mexicano. En México, el desarrollismo fue una fase histórica de modernización industrial y técnica impuesta por el gobierno nacional y la burguesía comercial e industrial durante los años sesenta y cuyos efectos indeseados eran ya inocultables a mediados de los setenta.[5] Ciertamente, para estos cronistas, la pérdida de una imagen inteligible de la comunidad urbana implicaba también la transformación de las certidumbres metafísicas del positivismo, que dominó al país por casi un siglo en una expectativa milenarista de tipo distópico.

No es extraño que "Angelópolis", como es llamada la ciudad al finalizar la crónica, sea comparada con "El planeta de los simios", la teleserie de los años setenta situada en una hipotética Nueva York después de la tiniebla nuclear. La visión de lo urbano que atraviesa esta crónica es singularmente adecuada para alegorizar un tema que los cronistas de la segunda mitad del siglo XX elaboran con especial hincapié: la ciudad como espacio escatológico.

¿Qué es lo escatológico? Acudiré aquí a la doble acepción de la palabra para sugerir una tercera posibilidad que ponen de relieve las crónicas. La primera acepción de escatología se refiere al conjunto de expresiones o imágenes relacionadas con el excremento. La segunda alude al estudio de las creencias relativas a los Últimos Días desde la perspectiva religiosa del fin de los tiempos. Estos dos sentidos de lo escatológico más que agotar el término lo amplían. Por eso combinarlos en un tercero que conjugue a ambos, puede ayudar a aclarar cómo el discurso sobre los desechos se articula con símbolos apocalípticos que aluden a la realidad como una instancia amenazada por un inminente y múltiple colapso económico, social y ambiental.[6] Por lo tanto, en el contexto de este trabajo, utilizaré la palabra escatología como una síntesis de sus dos significados y entendiéndola como la manifestación de la modernización capitalista —considerada por los cronistas como un proceso excremental— en la evolución del imaginario urbano apocalíptico en la ciudad de México.

Ya es tradicional sostener que el deterioro del ambiente pone en tela de juicio la idea que se hace el capitalismo de sí mismo como crecimiento infinito. Sin embargo, el argumento de que el estado presente de la ciudad es la consecuencia de un desarrollo urbano desbocado y anárquico, ignora otro aspecto que las crónicas, tal vez sin advertirlo, también señalan: la ciudad ya no puede ser concebida como un espacio estable, sino como una dinámica de permanente cambio y, en consecuencia, de desequilibrio.[7] Que el devenir de la ciudad sea proyectado con imágenes crepusculares se debe tanto a la fatiga de la capacidad operativa de la ciudad misma como a la resistencia al alto grado de inestabilidad. Esta resistencia a menudo se despliega en un vasto repertorio de imágenes que trata de integrar la fantasía con los datos empíricos de la realidad, como si en la obstinada repetición de las cifras pudiera hacer imaginable la desmesura del caos.

Una de las muestras más significativas de esta mirada que busca ordenar el desconcierto al que se abre la ciudad se puede encontrar en *Amor perdido* de Carlos Monsiváis, publicado en 1971. En el texto "Salvador Novo. Los que tenemos unas manos que no nos pertenecen", Monsiváis, en una elaboración poética que perfila su obra posterior hasta *Los rituales del caos*, calibra el impacto que los abruptos cambios de la ciudad entre los años 20 y 70 han tenido en las prácticas urbanas:

> Hoy ya no puede comprenderse este proceso único y simultáneo: la ciudad se ha vuelto el paisaje inadvertido y opresivo que carece de personalidad... El idioma común ya no se forja en calles y sitios públicos o a través de acontecimientos políticos: ahora lo estipulan los medios masivos de comunicación. Mas en el período que va del afianzamiento de la estabilidad al primer gozo del desarrollismo, la ciudad de México poseyó y distribuyó señas de identidad, y alineó psicologías con el mero transcurrir de sus barrios o de sus centros ceremoniales, donde el neófito se iniciaba en la educación, en el coito, en la observación de tipos y costumbres, en el orgullo de pertenecer a la médula ardiente de un país nuevo y recio. (*Amor perdido* 268)

La paradoja que encierran estas palabras es iluminadora: contrapunto entre la nostalgia y la ironía. Nostalgia porque ellas son testimonio de que el antiguo modo de vida con sus seguridades ha sido destruido, lo cual origina sufrimiento. Ironía porque ya no será posible recuperar el edén que fue la ciudad de la primera modernización, pues los efectos creados a largo plazo por el desarrollismo son irredimibles.

En Poniatowska y Monsiváis la idea de una comunidad ordenada jerárquicamente según el modelo de la ciudad letrada, se debilita en extremo y en su lugar aparece una multitud relacionada por valores y circunstancias. La consumación de un período en el que la ciudad era entendida como un proceso único de identidad colectiva es la señal que alerta sobre la llegada de un tiempo en el que todos los factores del caos se muestran desencadenados.

El paisaje urbano crece, se fragmenta y, al fragmentarse se torna más permeable. Pero al mismo tiempo la pérdida de unidad y referencialidad acecha la conservación de la memoria y de las retóricas espaciales que constituyen "el idioma común" que, a fin de cuentas, simboliza la personalidad del espacio.

Pero estos vuelcos en la manera de imaginar y hablar de la ciudad están profundamente anclados en hitos históricos de gran envergadura. En cuanto a la crónica mexicana, el más importante de estos hitos es, sin duda, la masacre del 2 de octubre de 1968 en la Plaza de las Tres Culturas o Plaza de Tlatelolco. No sorprende que Poniatowska consagre el libro *La noche de Tlatelolco* a reconstruir el hecho a través de un mosaico de testimonios. Por su parte, tras el evento, Monsiváis documenta lo que él llamó "el fin de la inocencia".

> Obviedades para el mejor manejo del pesimismo: en gran número de casos, en la superficie de esa vasta erosión melancólica que hemos dado en llamar la vida nacional, el oportunismo suple a la esperanza y la esperanza personal resuelve y dirime todos los problemas ideológicos. A partir de 1968 los caminos posibles parecen ser la asimilación sin condiciones al régimen o el marginamiento con sus consecuencias previsibles. Los días de la ciudad se alargan y se contaminan, se impregnan de la torpeza y la densidad de los sueños irrecuperables. (*Días de guardar*, "La inauguración formal" 17)

Tlatelolco es uno de los puntos de referencia de un ciclo de representaciones en la crónica que se extiende al menos por dos décadas. El sentimiento de decadencia que se apodera de buena parte de la característica común de los textos que narran y describen la metrópoli mexicana en el fin de siglo es el sentimiento de decadencia. De un modo aún más radical y poderoso que Poniatowska, Monsiváis acusa la pérdida del sentido de urbanidad forjado en la común educación sentimental que transforma al espacio en un lugar dotado de significación gracias a una memoria común. Por ello, no resulta extraño que los cambios susciten desasosiego, ante lo que ahora parece incompleto, y confusión por la dificultad de juntar las piezas de un paisaje que resulta cada vez más ajeno, insensible, abstracto. El individuo no puede encontrarle sentido al lugar y aunque las jerarquías sociales no se disuelven, no es posible tampoco establecer la estructura de diferencias de clase y niveles sociales que gobernaban la ciudad anterior. Dado que el orden urbano ha escapado a la posibilidad de ser imaginado, visto y descrito, las representaciones de la crónica se disparan en dos direcciones contradictorias y complementarias.

Por una parte, la ciudad comienza a ser representada como un ente que se entrega a la confusión para abrirle paso a una caótica diversidad. Es decir, los modelos políticos y económicos que le brindaron cohesión a la ciudad pero desde la implantación del modelo modernizador desarrollista pierden validez como relatos de identidad. La organización de la sociedad ya no responde sólo a la ideología pos-revolucionaria, sino también a las complejas pautas culturales dictadas por la industria cultural y los medios masivos de comunicación. En consecuencia, la ciudad se erige como el centro de mediación de los sujetos con la cultura de masas, ese nuevo proceso que poco a poco sustituye los mecanismos tradicionales de control de la clase política y económica, por otros como las redes del consumo y la cultura del espectáculo.[8] Pero esta dinámica desordena sin tregua a la ciudad del desarrollismo. Este es uno de los factores principales que impulsa a asumir la ciudad desde una hiperbólica ilusión de caos —y no de orden— como un dictado elemento de unidad estética. Por otra parte, los problemas operativos de la ciudad —tráfico automotor permanente, contaminación ambiental, escasez de vivienda, marginamiento secularizado, ausencia de planificación, etcétera— cobran un marcado interés, como si se tratara de los presagios del colapso que se acerca. En las crónicas, esta doble articulación avanza hacia una escritura que, con entonación profética, intenta determinar el futuro de la ciudad. Teorizando sobre el punto de referencia del presente inmediato, los cronistas comienzan a visualizar la megalópolis como un lugar condenado y los lectores son convertidos en testigos de una hecatombe en pleno desarrollo.

Aunque Monsiváis es el profeta arquetípico de la ciudad de México, no es el único en desarrollar una visión escatológica. A su lado, otros, como José Joaquín Blanco y Juan Villoro, han tomado la senda de la escatología para expresar sus visiones de un fin de siglo atribulado y decrépito. Sin embargo, a pesar de que existen abundantes analogías entre sus visiones de la ciudad, estos cronistas ofrecen versiones bastante diferentes de las ideas del presente y el futuro. De los tres, Blanco es sin duda el más radical en su pesimismo. Si para Monsiváis el determinismo sujeto-ciudad-catástrofe acepta la mediación y los matices de una cultura popular a través de la cual la ciudadanía escapa de las redes de dominación del poder político y resiste los modelos de modernización y socialización impuestos desde arriba, para Blanco tal posibilidad de reconciliación es imposible.

En contraste, la lectura del fin de siglo en la megalópolis se resuelve en una escatología secular. La ciudad de Blanco es como un "basurero espiritual en el que pepenamos cuentos rosa para solitarios tristes" (*Un chavo bien helado*, "Cuentos rosas para una ciudad triste" 68). La insistencia en establecer una correspondencia entre la basura como símbolo físico y la decrepitud espiritual es el síntoma del alto grado de ansiedad con respecto a las implicaciones no sólo ambientales sino también sociales del progreso. Como recuerda Mike Davis en *City of Quartz* y *Ecology of Fear*, a contracorriente de lo sostenido por la sociología urbana tradicional, la ansiedad social no es sólo un desajuste al cambio. La imaginación del desastre no se dispara únicamente por un evento de baja frecuencia y alta intensidad, como un terremoto o una inundación, sino también en gran medida por estrategias de modernización y desarrollo antiecológicas o corruptas, o, agregaría yo, por un acto represivo como Tlatelolco en el cual la desproporción de la violencia se transforma en frustración e impotencia, en trauma.

Según la perspectiva de Blanco, esta ansiedad deriva de la convicción de que la modernización frenética es análoga al fracaso histórico del desarrollismo. Podría considerarse la postura de Blanco como un alegato contra la arrogante suposición de que el progreso es ilimitado y democrático, pero el cronista va incluso más allá: el futuro mismo es un fracaso.

En "La plaza del metro", por ejemplo, la mirada se ubica en la intersección de la ciudad futurista, soñada por los arquitectos del progreso, y la ciudad vivida. El cronista observa los contrastes entre la plaza proyectada sobre un modelo a escala del paisaje urbano y la obra finalizada. El texto captura las relaciones particulares que existen entre las edificaciones y el uso que las sociedades hacen de ellas. Estas expresiones son también elaboraciones en torno a cómo los imaginarios reflejan dinámicas socio-históricas en un momento dado.

> Los memoriosos recuerdan la propaganda que precedió a la construcción de la plaza del Metro, estación Insurgentes. Estaba de moda el geometrismo: los pósters de la olimpíada, la ruta de la amistad, palabras como abstracto, cinético y computación; composiciones en alucine electrónico. El deseo de una capital lujosa y modernísima a niveles de ciencia ficción; rascacielos, vidrios enormes, metales y plástico; la desnudez masiva del concreto, una arquitectura austera de rectas y curvas monumentales. En la publicitada maqueta, la plaza del Metro no se asociaba a los vetustos edificios que hoy la rodean, sino a escenografías de otros planetas, como las ciudades de las historietas de Superman y de los marcianos:

circuitos, niveles, superficies amplias... La ciudad (su miseria, sus masas, el modo de vida de sus barrios, su violencia) convirtió la escenografía de la glorieta del Metro en una plaza más, de esas en día de feria: sucia, abigarrada, multicolor. (68-9)

Una forma de acercarse a la visión de Blanco sobre lo urbano consiste en entender sus representaciones de la ciudad como síntesis pre-científicas de la realidad. Para comprender el impacto de la modernidad —definida por Marshall Berman como una vertiginosa combinación de fuerzas de atracción-repulsión— el cronista se apoya una vez más en la experiencia. La maqueta textualiza un discurso: es el doble miniaturizado de una ciudad que jamás ha existido. A partir de esa brecha, el cronista dibuja la ciudad desde la ambigua mirada de quien es simultáneamente habitante y extraño. La memoria funciona entonces como un aparato transhistórico; para crear el presente real reproduce el pasado y el futuro imaginados. Si el espacio planificado por los urbanistas prometía una urbe de ciencia ficción ordenada por una lógica abstracta, la ciudad de carne y hueso abandona esa posibilidad negándola en un carnaval cuyos rasgos son lo sucio, abigarrado y multicolor. La ciudad del presente es un espejo que refleja la imagen deformada y esperpéntica del modelo ideal. El texto es, a su vez, un mundo donde lo alto y lo bajo se han invertido. Al considerar al espacio como un vacío desprovisto de contexto, la planificación desarrollista se impone con tal poder que oblitera la dimensión de la experiencia, es decir, la vida. Así, la imagen del progreso se transforma en la metáfora de su decadencia. Pero este entramado de la memoria individual y la práctica colectiva del espacio es también la expresión de un punto de vista político. No es casual que el deseo de una capital lujosa y modernísima haya coincidido con la Olimpíada del 68, acaso el último momento en la historia del siglo XX en que la ciudad fue pensada en su totalidad a través del discurso desarrollista. La plaza y las olimpiadas son emblemas de la inscripción de México en la modernidad. Y sin embargo, la masacre de Tlatelolco demuestra que la ciudad avanza en sentido contrario al diseño establecido ideológicamente.

Una de las claves para comprender esta negación de la racionalidad ordenadora del poder se encuentra en la desilusión con la renovación cultural del 68. En los diez años que separan *La noche de Tlatelolco* de Poniatowska y *Días de guardar* de Monsiváis de *Función de medianoche*, la oportunidad de establecer una sociedad civil y democrática se convierte en humo. Desencantado, Blanco ve en la bonanza económica del *boom* petrolero de los años setenta la reconstitución del viejo orden. "México es la euforia aplastante de sus dueños... la capital destruye y remodela el país entero para dejarlo perfectamente a su medida" ("¡MÉXICO! ¡MÉXICO!" 11-12), escribe en el pórtico de *Función de medianoche* de 1981. Obviamente, el individuo ha perdido su condición de ciudadano para metamorfosearse en una suerte de sujeto sin control sobre su destino histórico. Bajo el determinismo de una socialización impuesta verticalmente por el poder económico y político y basada en el sostenimiento de las marginaciones y disparidades, el contrato social, en su calidad de espacio de producción y negociación del proyecto nacional, no puede menos que colapsar. En términos históricos puede ser instructivo recordar que en los años ochenta a la frustración posterior a la masacre de Tlatelolco se suman la profunda crisis económica, el evidente impacto urbano de la explosión demográfica-geográfica y el deterioro ambiental. De ahí que la ciudad se convierta en un campo minado por el escepticismo.

> Los "tristes y vulgarísimos burgueses", las "chicas de aire, caramelos y filmes americanos", las "juventudes ice cream rellenas de basura" del poema de Efraín Huerta ya no están en San Juan de Letrán, y sólo por milagro se aparecen en el centro. Viven ahora en suburbios elegantes, con sus plazas comerciales, discotheques, restaurancillos exclusivos. El centro, que fuera ombligo del Nuevo Mundo alguna vez, del país, de la ciudad, ahora resulta –poco a poco abandonado por los ricos y los poderosos– una abigarrada mezcla de nacos desesperados y burócratas enmarcados por una escenografía de polvo, smog concentrado, atroz calor seco (reverberante en densas y largas costras de carrocerías automovilísticas). Los dueños del poder y de la riqueza huyen del centro, el comercio de lujo ya no está ahí, muchas dependencias oficiales y centrales financieras van emigrando a zonas mejores; quien puede se cambia a otra parte; los hoteles, las agencias turísticas, los grandes espectáculos se van a otros lugares. Esta gradual fuga del centro durará muchos años todavía: no es tan fácil –quizás sea imposible– abandonar el principal trono del poder, del dinero y del status; pero la miseria, la basura y el rencor social ya lo dominan. (*Función de medianoche*, "Calle de San Juan de Letrán" 93)

No hay en Blanco el tono elegíaco que suspira porque todo tiempo pasado fue mejor. Tampoco la nostalgia por una modernización vertical, pero contenida, como alternativa al desarrollismo. Lo que en principio es notable en esta descripción, es la representación del centro mediante imágenes propiamente escatológicas, casi agónicas, así como la de sus moradores como seres atrapados en una ruina. Heredero de los aspectos más desalentadores de la tradición escatológica, el tópico de la ciudad como máquina productora de detritus es para Blanco un hilo conductor que conecta la mayoría de sus crónicas urbanas. Como ya hemos dicho anteriormente, la urbe es imaginada como un organismo viviente, un medio ambiente autosuficiente cuyos habitantes son excrecencias. Esta clase de representaciones intensifica la impresión de que no se trata de una decadencia embrionaria sino de un mal, extremo y terminal, una metástasis.

Pero también es perturbador que la imagen de la ciudad se desarrolle como un campo de interacciones predeterminado por quienes controlan el poder. Por eso, no es posible entender la insistencia excremental separada de la noción del avance del progreso y del consumismo de la sociedad capitalista contemporánea como agentes degradantes. Si la ciudad es un espacio enfermo, mísero, deleznable es precisamente a causa del progreso y el capitalismo.

> Somos los desechados envases de Pepsi. Somos las desoladas unidades habitacionales prefabricadas, erizadas de antenas de televisión. Somos los transistores, los champúes y los desodorantes; la pizza y la hamburguesa. Somos la música disco, las videocasseteras y las películas que lo mismo triunfan en México que en Nairobi y el Cairo. Somos los aviones, los volkswagens, la Kodak, las computadoras, las microondas. Somos Xerox, General Motors, IBM, ITT, Mobil Oil, Dupont, Chase Manhattan Bank. Somos la comida industrial, la higiene industrial, la cultura industrial. (*Cuando todas las chamacas se pusieron medias de nylon* 12-13)

De alguna manera, estas palabras son el testimonio de quien se resiste a rendir homenaje a su tiempo. ¿Qué ataca Blanco con tanta rabia? Al analizar esta misma cita Anadeli Bencomo comentaba que para Blanco, la llegada del capitalismo multinacional a México representaba la muerte de lo propiamente nacional.[9] En efecto, mientras la primera cita apunta a la expropiación del escenario urbano por los poderosos mexicanos, en la segunda, el espacio ha pasado de manos nacionales al capitalismo transnacional. No se menciona la confrontación de lo local con lo extranjero, pero se muestran sus consecuencias. La sobresaturación de marcas comerciales parece haber desplazado por completo todas las referencias a la cultura local. Mientras la cultura nacional se desterritorializa, la reproducción serial enfatiza el efecto determinista del consumismo sobre el colectivo "somos". El vacío que relata el cronista es el de la obliteración de un sujeto colectivo (las clases populares y los marginados) del desarrollismo. Es esta ausencia de dialéctica lo que llevará a la crisis de la idea de progreso. Pero este pasaje es también una impugnación explícita del capitalismo como dinámica contaminante.

En su espléndido libro, *Writing for an Endangered World*, Lawrence Buell sostiene que las representaciones literarias toman forma en relación con el ambiente humano y natural como terreno de la identidad personal y social (2001). Como observa atinadamente Buell: el ethos comunitario y los rituales sociales se forman a partir del recuerdo y/o la anticipación de desastres ambientales. No es sorprendente entonces encontrar en buena parte de la literatura contemporánea una manera de imaginar claramente basada en el temor hacia el envenenamiento del ambiente. Buell ha denominado "discurso tóxico" a la narrativa marcada por el énfasis acerca del deterioro ambiental y sus ulteriores efectos sociales.

En búsqueda de los nexos concretos entre este discurso tóxico y la crónica es conveniente recordar que la proposición central de Buell es la hipótesis de que la ansiedad con que se manifiesta el discurso tóxico deriva de la imposibilidad de calcular, lo mismo para colectividades que para individuos, las consecuencias de la exposición al deterioro medioambiental —entendiendo medioambiente como las dimensiones naturales y humanas del mundo palpable— ni siquiera con ayuda de la ciencia (*Writing for an Endangered World* 33).

Esto pone de manifiesto la naturaleza dual de la escatología urbana. Por una parte, aparece un profundo desacuerdo con las jerarquías que dominan el tiempo presente y por esa vía se alerta sobre los peligros que entraña un modelo de modernización entregado a la inercia; por el otro y debido a lo anterior, se acumulan evidencias del agotamiento del imaginario urbano, la sensación de que los conspicuos errores del presente desembocarán fatalmente en una crisis sin fin.

Leyendo "El *yuppie* salvaje" de Juan Villoro es posible encontrar diáfanas manifestaciones de esta dualidad. La crónica no es sólo una cruel parodia del estilo de vida de los yupitecas (versión azteca del *yuppie* neoyorquino), sino también, entre líneas, una lectura perspicaz de las poco visibles conexiones entre el modelo capitalista y la destrucción medioambiental.

Al principio se hace referencia a la presencia habitual del plomo en la vida de los capitalinos. "El elemento de la tabla periódica que más veces se menciona en el español de México es el plomo. La fuerza de gravedad no siempre es benévola [...] y en el invierno capitalino las partículas de plomo se vienen a pique con insospechado amor por la corteza terrestre" (83). Más adelante la crónica se refiere al deseo de muchos *defeños* de abandonar la ciudad movidos por las cada vez peores condiciones de vida hasta que finalmente aparece la figura del *yuppie* salvaje como el ridículo y extravagante arquetipo finisecular de renuncia a la modernidad.

Un laberinto de video-bares parece ser la forma lógica para la megalópolis más contaminada del planeta, donde el aire sabe a plomo y las especies en extinción sólo sobreviven preservadas en las ilustraciones de las cajas de cereal.

> El afán de abandonar la ciudad es tan intenso que el principal bastión de la economía informal ya es la caseta de cobro de Cuernavaca. Ahí se vende todo lo que uno *no* necesita para el viaje — signo indiscutible de progreso —, incluidas las vajillas de porcelana china que rechazaron en Estados Unidos porque ¡¡¡soltaban plomo al entrar en contacto con líquidos calientes!!! (85)

El *yuppie* salvaje sufre un momento de "vacío y hartazgo, de angustia en la abundancia: el yupiteca ya cumplió todos sus cometidos, es decir, su casa es idéntica a un *set* de *Miami Vice*" (89-90). Este momento de angustia equivale a una revelación: el yupiteca comprende que debe escapar de la megalópolis que lo envenena. A ello dedica su tiempo libre. Sin embargo, paradójicamente, ve con horror el atraso de su país y siente verdadera repulsión ante la posibilidad de sacrificarse por una causa. En síntesis: el yupiteca es capaz de renunciar a la existencia pero no al confort y los bienes materiales propios de la clase capitalista global.

En la nostalgia del *yuppie* salvaje reverbera todavía el eco del edén traicionado, pero es evidente que cualquier fantasía escapista está subordinada al contradictorio compromiso con la modernidad técnico-cultural y el progreso económico, dos signos característicos de las burguesías de la era pos-industrial. Si bien el vicario intento de escapar a la megalópolis hipertrofiada revela obvios problemas en la dimensión del medio ambiente, la crónica también pone de relieve imágenes que expresan el efecto devastador de la actividad económica. La dinámica entre estos dos elementos motiva un escenario escatológico hasta tal punto integrado a la narración que no es necesario enunciarlo para sentir su presencia en el texto.

Otra variante que demuestra lo anterior: "La obsesión por el oxígeno de muchos capitalinos compite con el desfogue estilo ruleta rusa de los nuevos directivos de la economía" (91). Pero el espacio apocalíptico que Villoro traza resulta muy distinto al de Blanco. Entre uno y otro cronista, el transcurrir de los años ha producido un vuelco de la dimensión política de la escatología, y esa nueva valoración busca una definición más concreta y actual de la relación entre la urbe y la modernidad. Villoro encarna una nueva manera de mirar a la ciudad asumiendo un nuevo episodio en el ciclo del progreso con sus típicas intersecciones entre lo local, lo nacional y lo global, pero dejando atrás la querella contra el desarrollismo y la frustración del movimiento estudiantil. En la visión de Villoro se yuxtaponen inesperadamente la tradición apocalíptica y milenarista en la que se inscriben Poniatowska, Monsiváis y Blanco, con el pensamiento crítico de la globalización, como se ve especialmente en sus crónicas dedicadas a las movilizaciones civiles en apoyo a la rebelión zapatista y el subcomandante Marcos.

A través de la yuxtaposición entre la visión histórica de la ciudad y el poderoso discurso escatológico se arriba finalmente a una paradoja: ¿Es posible que el momento en que el colapso físico de la ciudad aparece nítido e irrefutable coincida con una suerte de reconciliación con aquello que la hace caótica y, por tanto, con una renovación de la imaginación de su futuro? Esta paradoja puede ser aún más radical si se piensa que el acontecimiento que propicia este giro es el devastador terremoto que sacudió a la ciudad de México el 19 de septiembre de 1985. A diferencia de Tlatelolco, en vez de acentuar el estado de postración, el evento impulsa un sustancial giro en la relación entre el ciudadano y la ciudad. La gran movilización ciudadana en los días siguientes al terremoto prueba la endemoniada —y hasta entonces sumergida— habilidad de la sociedad para organizarse al margen del control del gobierno y desconfiando de la vigilancia de los medios de comunicación.

Al mostrarse indefenso, el *defe* deja de ser "la ciudad enemiga" —esa *matrix* "prepotente, autosuficiente y autónoma". La solidaridad expresada por la espontánea organización de grupos civiles trae como resultado lo que podríamos llamar, sin sombra de duda, una afirmación del poder ciudadano. Como subraya Silvia Spitta en el "Prefacio" a esta edición, una peculiaridad importante de la crónica urbana latinoamericana es su capacidad de articular un diálogo entre "la ciudad sumergida" y "la ciudad letrada" mediante narrativas que privilegian la función del espacio tanto como la del tiempo. Dentro del proceso del imaginario urbano del que las crónicas forman parte, el terremoto actúa entonces como un referente que, al poner en contacto a la ciudad letrada con la ciudad sumergida, produce un inconmensurable cambio en el modo de hablar sobre la ciudad de los tiempos contemporáneos.[10]

Esta transfiguración de la mirada urbana se transparenta en el caso de Monsiváis: me refiero a la idea de pos-Apocalipsis. Aunque ya en los tempranos años setenta, la prosa de Monsiváis está cuajada de luces estroboscópicas y alarmas que anuncian que muy pronto —¿quién puede dudarlo?— la ciudad de México será un *set* cinematográfico para el rodaje de una hechizante pesadilla de bajo presupuesto —cuyo título hipotético podría ser *Escape del D.F.*, secuela de la saga *Escape de Nueva York* y *Escape de Los Ángeles*— sobre los efectos de toda índole que acarreará "ese futuro" que ya casi está aquí, en sus crónicas de los noventa la escatología es al mismo tiempo motivo de glorificación y parodia.

Monsiváis ve a la metrópoli de México como una ruina circular, una ciudad que se renueva en su incesante proceso de destrucción. De este modo, Monsiváis hace suya la idea del fin como principio, lo que le permitirá proponer más adelante la metáfora de lo pos-apocalíptico como estrategia narrativa para totalizar la experiencia urbana del *defe*. El ejemplo más importante de la crónica apocalíptica a fines del siglo XX es *Los rituales del caos* (1995), conjunto de textos donde Monsiváis injerta la imaginación del discurso tóxico con la tradición apocalíptica. Pero lo hace desde una postura diametralmente opuesta a la de Blanco. Pues si para éste el envenenamiento de la ciudad implicaba también la decadencia de su futuro, la preocupación central de *Los rituales del caos* es superar el melancólico fatalismo para analizar la ciudad más allá de las relaciones de causa efecto que plantea la modernidad global sobre el espacio urbano. Para comprobarlo, no hace falta más que contrastar la representación del centro de la ciudad de Blanco con la que Monsiváis hace veinte años después en su ensayo "El vigor de la agonía", recogido en este volumen. Mientras para Blanco el histórico Zócalo capitalino era el basural del desarrollismo y la burguesía, para Monsiváis es el *locus* donde se verifica la madurez de la ciudadanía y expresa el nacimiento de una nueva relación con lo indígena.

Este cambio de punto de vista equivale al fin del largo proceso literario del ciclo pos-Tlatelolco. Mientras en crónicas tempranas de Monsiváis como la dedicada a Salvador Novo, el crecimiento urbano desmesurado implicaba que la tradición se vaciaba de contenido, ahora insiste en asumir el caos como un punto de partida para explicar la relación entre la megaciudad y la modernización posterior al desarrollismo. El caos es una fuerza de fragmentación y desorden, pero también es una forma conveniente a la tolerancia de la diversidad y la diferencia. De allí que la suma de la feroz y amorosa crítica a la megaciudad, pese a estar impregnada de un espíritu distópico, no sea una distopía —modo tan característico de los relatos milenaristas y de ciencia ficción—, sino una exégesis:

> Y éste es el resultado: *México, ciudad post-apocalíptica*. Lo peor ya ocurrió (y lo peor es la población monstruosa cuyo crecimiento nada detiene), y sin embargo la ciudad funciona de modo que a la mayoría le parece inexplicable, y cada quien extrae del caos las recompensas que en algo equilibran las sensaciones de vida invisible. El odio y el amor a la ciudad se integran en la fascinación, y la energía citadina crea sobre la marcha espectáculos únicos, el "teatro callejero" de los diez millones de personas que a diario se movilizan en el Metro, en autobuses, en camiones, en camionetas, en motocicletas, en bicicletas, en autos ("La hora de la identidad acumulativa. ¿Qué fotos tomaría usted en la ciudad interminable?" 21)

Que esta imagen permanezca dentro de los límites del presente —la existencia terrenal— es lo que hace de ella pos-apocalíptica y no simplemente apocalíptica. Monsiváis crea una metáfora desmesurada —el pos-Apocalipsis— para describir una situación igualmente desproporcionada —ciudad de México, "la megaciudad". La superposición temporal del futuro en el presente crea la poderosa impresión de que el Juicio Final ha quedado en el pasado. La megalópolis pos-apocalíptica de Monsiváis es una extrapolación razonada de las aterradoras estadísticas sobre el crecimiento poblacional, el agotamiento de los recursos naturales, la criminalidad, el deterioro ambiental, la hipertrofia arquitectónica, la congestión automotriz, la mediocridad y corrupción de los gobernantes, pero asimismo de las vivencias personales y los eventos colectivos que definen el temperamento y la fisonomía de la ciudad y de las ceremonias de supervivencia que adoptan individuos y colectividades. Pero el atractivo del caos como entidad totalizante radica también en ser la alegoría para expresar la ritualización de prácticas culturales que han llevado a ese estado de cosas que llamamos tiempo presente. Una vez estimados los elementos que yacen en el punto de origen, los resultados raras veces coinciden con las previsiones. Nada de esto apunta hacia el fin de la Historia anunciado, paralelamente, por algunos teóricos posmodernos de la economía de mercado y escatólogos milenaristas, sino, por el contrario, hacia una rica paradoja. La ritualización del caos es la contraparte del nacimiento de una sociedad que se adapta lentamente a nuevas formas de convivencia.

No es necesario seguir andando por la trillada senda del futuro como mera pesadilla, porque ese futuro ya forma parte del pasado. La compasión y el desencanto alimentan la siguiente ambigüedad: el pos-Apocalipsis y la ética del superviviente se presentan simultáneamente como una dialéctica que impulsa la salida al círculo melancólico de la escatología. Tal vez el aspecto más central de esta metáfora totalizante sea recuperar la posibilidad de imaginar —hacer consciente y legible— el conjunto de relaciones que hacen de la ciudad un drama urbano, sin ocultar las interacciones con la historia y el poder. Así, el pos-apocalipsis es, a fin de cuentas, una nueva propuesta para interpretar y articular los saberes de la experiencia urbana a partir de la utopía de una modernidad desencantada.

NOTAS

[1] En *Sombras de obras*, Octavio Paz ofrece una breve descripción del mito del Quinto Sol (277).

[2] En su estudio *When Time Shall Be No More* Paul Boyer traza una genealogía de la tradición apocalíptica para mostrar cómo la escatología, ya sea en su forma religiosa o secular, va invadiendo la visión del mundo de las sociedades, singularmente la moderna cultura popular de los Estados Unidos. De especial importancia son sus observaciones de las relaciones entre los acontecimientos históricos y un cierto estado de ansiedad cultural en el que las creencias apocalípticas suelen florecer.

[3] En su libro sobre el modo mítico del Apocalipsis en la novela contemporánea de América Latina y los Estados Unidos, *Writing the Apocalypse*, Lois Parkinson Zamora ofrece una descripción del uso y la función de las metáforas apocalípticas sin duda esclarecedora para este ensayo: "The apocalytist describes the broad strokes of history by which human beings are moved. Novelists who employ the images and narrative perspectives of apocalypse are likely, therefore, to focus less on the psychological interaction of their characters than on the complex historical and/or cosmic forces in whose cross-current those characters are caught. Their awareness of the historical forces conditioning and constraining individual existence suggest a dissenting perspective: Novelists who use apocalyptic elements, like the biblical apocalyptists, are often critical of present political, social, spiritual practices, and their fictions entertains the means to oppose and overcome them. There are also concerned to create comprehensive fictions of historical order and they will often address, in their own narrative structures, the means by which to narrate history, a question as essential to apocalypse as the nature of history itself" (4).

[4] Empleo el término drama urbano según la definición de Lewis Mumford en su clásico ensayo "What is a City?": "The city in its complete sense, then, is

a geographic plexus, an economic organization, an institutional process, a theater of social action, and an aesthetic symbol of collective unity" (155)

[5] En *América Latina. Introducción al extremo occidente*, Alain Rouquié describe el desarrollismo como una corriente política diferenciada del populismo. El desarrollismo, que tuvo su apogeo entre las décadas del cincuenta y sesenta, se caracterizó por la sacralización del crecimiento industrial asociado con la idea de progreso. Según Rouquié, al incorporarse al nacionalismo populista que imperaba en las naciones industrialmente más avanzadas de América Latina, el desarrollismo sentó las bases de una industrialización acelerada. El "agresivo optimismo" que tipificó a este modelo fue la base de un culto al progreso bendecido por la alianza de clases que, al cabo, excluyó la reforma de las estructuras sociales y de las políticas redistributivas. En México, la ideología desarrollista fue el centro de la actividad económica durante la década de los sesenta. Rouquié concluye que de acuerdo con la lógica desarrollista: "todo capital es bueno si contribuye al 'progreso'" (286-7).

[6] Malcom Bull, uno de los estudiosos más prestigiosos de las teorías del Apocalipsis, observa que en muchos casos el pensamiento catastrofista tiene como finalidad política no sólo conmocionar o atemorizar a la opinión pública, sino también hacerla favorecer objetivos de gran escala como regulaciones ambientales, control de armamento nuclear y otros.

[7] *La noche de Tlatelolco* ilustra cambios de gran envergadura no sólo política y cultural sino también urbana. El libro, que ha gozado casi exclusivamente de una lectura desde la teoría del testimonio, merece ahora ser estudiado como una de las primeras crónicas que ilustran el estallido demográfico-geográfico de la ciudad. La plaza sigue actuando como un centro gravitatorio del espacio público, pero la muchedumbre de voces que integra el relato expresan la multiplicidad de visiones del drama urbano.

[8] En *The Society of Spectacle*, Guy Debord ahonda en el tema del control social a través de los medios masivos de comunicación. No tan implícitamente los cronistas estudiados en este trabajo siguen la idea de las pautas del movimiento situacionista en su lectura de los modos en que la ideología capitalista, a través de la industria cultural y el poder político, tiende a ocultar el mundo empírico tras un velo de imágenes, cuyo propósito es la sustitución lo concreto por un modelo regulado de lo real.

[9] Ver las "Representaciones de lo popular urbano en la crónica mexicana contemporánea", de Anadeli Bencomo.

[10] Así como la masacre de Tlatelolco originó a *La noche de Tlatelolco* y algunos de los textos más conmovedores de *Días de guardar*, el terremoto del 19 de septiembre produjo *Nada, nadie. Las voces del temblor* y muchas de las crónicas de *Entrada libre. Crónicas de una sociedad que se organiza*, de Poniatowska y Monsiváis respectivamente. Más allá del compromiso de los cronistas con la elaboración de un relato del acontecimiento a contracorriente de la versión oficial, estas coincidencias también plantean que determinados acontecimientos son hitos capaces de reorientar la historia. En el proceso literario de la crónica, es evidente que la masacre y el terremoto tienen secuelas contrarias desde el

punto de vista del drama urbano. Con importantes matices en cada caso, mientras por la descomunal represión Tlatelolco aparece en la memoria colectiva como un trauma grabado en piedra, el terremoto, en cambio, es el momento en que, en virtud de la solidaridad multitudinaria y el desafío productivo de la autoridad, el llamado derecho de ciudad, de un modo u otro, se renueva.

Bibliografía

Agustín, José. *Tragicomedia mexicana 1: La vida en México de 1940 a 1970*. Ciudad de México: Planeta, 1990.

Bencomo, Anadeli. "Monsiváis: lo popular urbano y su representación". *Territorios intelectuales*. Javier Lasarte Valcárcel, coord. Caracas: Fondo Editorial La Nave Va, 2001.

_____ "Representaciones de lo popular urbano en la crónica mexicana contemporánea". *Estudios: revista de investigaciones literarias y culturales* 6/11 (1998): 191-201.

Berman, Marshall. *Todo lo sólido se desvanece en el aire*. México y Madrid: Siglo XXI Editores, 1988.

Blanco, José Joaquín. *Ciudad de México. Espejos del siglo xx*. Ciudad de México: Era/INAH, 1998.

_____ *Cuando todas las chamacas se pusieron medias de nylon*. Ciudad de México: Enjambre, 1989.

_____ *Función de medianoche*. Ciudad de México: Era, 1997.

_____ *Un chavo bien helado. Crónicas de los años 80*. Ciudad de México: Era, 1990.

Boyer, Paul. *When Time Shall Be No More*. Cambridge, MA/London: The Bleknap Press of Harvard University Press, 1992.

Buell, Lawrence. *Writing For an Endangered World: Literature, Culture, and Environment in the US and Beyond*. Cambridge, MA/London: Bellznap Press of Harvard University Press, 2001.

Bull, Malcom. "Introducción: Para que los extremos se toquen". *La teoría del Apocalipsis y los fines del mundo*. Malcom Bull, comp. Ciudad de México: Fondo de Cultura Económica, 1998.

Canetti, Elías. *Masa y poder*. Horst Vogel, trad. Madrid: Alianza/Muchnik, 1995.

Davis, Mike. *The Ecology of Fear. Los Angeles and the Imagination of Disaster*. Nueva York y Toronto: Vintage, 1999.

_____ *City of Quartz*. New York: Vintage, 1992.

Debord, Guy. *The Society of Spectacle*. Donald Nicholson-Smith, trad. Nueva York: Zone Books, 1995.

Egan, Linda. *Carlos Monsiváis. Culture and Chronicle in Contemporary Mexico*. Tucson, AZ, 2001.
Ferman, Claudia. "México en la posmodernidad: Textualización de la cultura popular urbana". *Nuevo Texto Crítico* 4/7 (1991): 157-67.
Flores Galindo, Alberto. *La ciudad sumergida*. Lima: Editorial Horizonte, 1991.
Gelpí, Juan. "Paseo por la crónica urbana de México: Carlos Monsiváis y José Joaquín Blanco". *Nómada: Creación, Teoría, Crítica* 3 (1997): 83-88.
Gleick, James. *Chaos*. Londres: Abacus, 1988.
Moreno Villa, José. *Cornucopia de México*. Ciudad de México: Sep/Setentas, 1976.
Monsiváis, Carlos. *Días de guardar*. Ciudad de México: Era, 1998.
____ *Entrada libre; crónicas de una sociedad que se organiza*. Ciudad de México: Era, 1998.
____ *Los rituales del caos*. Ciudad de México: Era, 1995.
____ *Amor perdido*. Ciudad de México: Era, 1990.
____ *Escenas de pudor y liviandad*. Ciudad de México: Grijalbo, 1988.
____ "La ciudad de México: un hacerse entre ruinas". *El paseante* (1990): 10-19.
____ y Salvador Novo. *Lo marginal en el centro*. Ciudad de México: Era, 2001.
Mumford, Lewis. "What is a City?". *The City Reader*. Richard T. LeGates y Frederick Stout, eds. Londres y Nueva York: Routledge, 1998. 184-88.
Novo, Salvador. "De return ticket". *A ustedes les consta*. Carlos Monsiváis, comp. Ciudad de México: Era, 1980. 187-88.
Parkinson Zamora, Lois. *Writing the Apocalypse*. Cambridge and New York: Cambridge University Press, 1989.
Paz, Octavio. "El Quinto Sol". *Sombras de obras*. Barcelona: Seix Barral, 1983. 277-78.
____ "México y los poetas del exilio español". *Hombres en su siglo*. Buenos Aires: Sudamericana/Planeta, 1984. 47-66.
Prigogine, Ilya. *Las leyes del caos*. Barcelona: Biblioteca de bolsillo, 1999.
Poniatowska, Elena. *Nada, nadie. Las voces del temblor*. Ciudad de México: Era, 1999.
____ *La noche de Tlatelolco*. Ciudad de México: Era, 1996.
____ *Fuerte es el silencio*. Ciudad de México: Era, 1980.
Pons, María Cristina. "Monsi-Carlos: la política, la poética o la caótica de las crónicas de Carlos Monsiváis". *Revista de crítica literaria latinoamericana* 26/51 (2000). Lima-Hanover: 125-139.

Rouquié, Alain. *América Latina. Introducción al extremo occidente*. Ciudad de México y Madrid: Siglo XXI editores, 1997.

Steele, Cynthia. "Elena Poniatowska". *Hispamérica* 18/53-54 (1989): 89-105.

Villoro, Juan. *Los once de la tribu*. Ciudad de México: Aguilar, 1998.

Hacia una trama *localizada* del mercado: Crónica urbana y economía barrial en Pedro Lemebel

Luis E. Cárcamo-Huechante
Harvard University

Tras la experiencia de los denominados "ajustes estructurales" y la liberalización económica en las sociedades latinoamericanas del último cuarto del siglo XX, las ciudades parecen imposibles de imaginar fuera de lo que ha llegado a constituirse en una intensificada cultura de mercado.[1] En el caso chileno, particularmente durante los años ochenta, los discursos económicos dominantes promovían la legitimación ciudadana de la idea misma de Mercado.[2] Este es el proceso que, en términos técnicos, algunos denominaran la "mercadización" de la sociedad o, simplemente, designaran bajo el nombre de "capitalismo popular".[3] Lo que se puede advertir en los noventa es que esta nueva economía se ha vuelto completamente ubicua en los registros simbólicos de la imaginación social y cultural. La Nación-Estado, en su doble forma mayúscula, ha dado paso a la *nación-mercado*, signada por ciudadanías que se traman a partir de las economías simbólicas del intercambio y el consumo.

Si se tiene en cuenta esta articulación ubicuamente hegemónica del modelo de mercado, ¿cómo situar los textos literarios en este escenario donde lo económico se ha vuelto omnipresente en la imaginación social y cultural? Cabría preguntarse si acaso quedaría algo por imaginar a la literatura o si lisa y llanamente se torna mero suplemento de la red globalizadora del mercado. En el presente artículo, me propongo analizar y discutir la manera en que un texto literario del Chile de los noventa registra e imagina la figura del mercado en su tramado espacial. En específico, me interesa poner en discusión el texto que cierra *De perlas y cicatrices*, conjunto de crónicas de Pedro Lemebel, el cual, al cierre del siglo XX, permite reflexionar sobre cierta manera de llevar a cabo e imaginar los intercambios económico-simbólicos: el mercado como lugar. Subsecuentemente, este mismo hecho implica una dislocación de la figura hegemónica del Mercado y abre la posibilidad de instalar dispares narrativas de mercado(s). En el vértigo de esta disyunción, la escritura de Lemebel pasa por las reconfiguraciones de espacio/lugar que marcan a la misma literatura en la sociedad del *marketing* y el consumo intensificado. Sus textos contienen acentuados signos de hibridación, constituyendo, en sus propios despliegues, complejas dinámicas de transacción entre los dominios de la literatura y el periodismo, la oralidad y la escritura, el testimonio personal y el discurso público. Intentar conceptualizar la economía de intercambios que emerge en la crónica urbana de Lemebel trae a colación no sólo la relevancia que pudieran tener en sí sino, sobre todo, la de su específica intervención en un campo de simbolización más amplio, aquél que se produce en torno al tropo del Mercado en el Chile post-ajuste.

La constatación del impacto cultural de las transformaciones de mercado y el dramático giro hacia una economía abierta resultan evidentes en los estudios del período realizados bajo los más diversos signos ideológicos. Por ejemplo, en su libro *La revolución empresarial chilena*, la socióloga Cecilia Montero, exponente de un enfoque liberal y modernizante, plantea que, ya hacia fines de los 80, "la sociedad entera ha sido impregnada de una cierta lógica de mercado" (342). A su vez, en *Chile Actual: Anatomía de un mito*, el científico político Tomás Moulián, desde una crítica próxima a Marx y Foucault, arriba a una similar constatación, señalando que "la cultura cotidiana del Chile actual está penetrada por la simbólica del consumo" (106); más adelante, en su libro, vuelve a remarcar este punto en un lenguaje más clásicamente anti-capitalista, sosteniendo que el país, "producto de la 'gran transformación' dictatorial, es una sociedad plenamente mercantilizada y plenamente penetrada por el espíritu mercantil" (115). En otro registro, y reflexionando sobre la noción de "transición" en el Chile posdictatorial en conexión con la escena transnacional de fines del siglo XX, Willy Thayer sostiene que, en esta nueva coyuntura, "ningún valor (cualidad) trasciende el juego económico. Toda sustantividad sería efecto en/de la economía de mercado. No hay un más allá del capitalismo. El capitalismo no tiene exterioridad" (171-2). Por sobre las divergentes localizaciones ideológicas y disciplinarias de Montero, Moulián y Thayer, en sus respectivos diagnósticos se hacen más que evidente la centralidad de la figura del mercado en el contexto chileno de los ochenta y los noventa.

Después de todo, lo que subyace en este panorama es el hecho que, tal como lo apunta Fredric Jameson, lo económico y lo simbólico se entrecruzan en una abstractiva constelación de signos. Para Jameson, lo que aquí se pone en juego es una dinámica de desterritorialización, característica de las nuevas dimensiones no sólo económicas sino culturales del capital financiero y posindustrial (Jameson, *The Cultural Turn* 136-161). Frente a este panorama, la discusión de la cuestiones de espacio y lugar se ha vuelto relevante, dado el vertiginoso impulso desterritorializador de un mercado globalizado y transnacional. En el contexto latinoamericano, el giro del modelo industrializador sustitutivo de importaciones, de tutelaje estatal proteccionista, a la economía abierta de mercado, ha implicado precisamente la crisis de toda una cultura del territorio que marcara la imaginación social, la economía y la cultura de los treinta a los setenta. La economía abierta es la abrumadora apertura al capital, donde el mercado, minando todo vínculo estable a un territorio y a un referente, se constituye hegemónicamente a través de una semiosis ilimitada de signos.[4]

No menos que en los capitalismos avanzados, en el caso de una sociedad capitalista tardía periférica como la chilena, se hace notorio el hecho de que el mercado ya no es tanto un fenómeno de base material sino, sobre todo, simbólica. Es, entonces, en este marco, donde uno se puede preguntar por las posibilidades de la literatura, poniendo en discusión la manera en que un texto literario —en su dominio específico— interviene dentro de la complejidad simbólica de la nueva economía. Esto hace necesario, por tanto, reflexionar sobre los modos en que se configura lo que Marc Shell denomina "economía de la literatura," en las particulares condiciones de una intensificada cultura de mercado.[5] En este escenario, me interesa abordar la manera en la cual el registro cronístico de Lemebel trama su propia economía, inscribiendo la particularidad de su espacio/lugar en la producción e intercambio general de los signos.

En *De perlas y cicatrices*, publicado en 1998, Pedro Lemebel reúne más de medio centenar de crónicas, dadas a conocer previamente a través del semanario de izquierda *Punto Final*, así como también difundidas en su microprograma en Radio Tierra, estación vinculada con la Casa de la Mujer La Morada en Santiago. Las "crónicas urbanas" de Lemebel constituyen en sí un espacio de intercambio y circulación de diferentes registros discursivos, tales como la oralidad (radial), discurso periodístico y literatura: espacio de voceo/escritura. En términos temáticos, sus textos sacan a relucir los vínculos de variados personajes públicos con los círculos de la dictadura militar (1973-1990) y, en su contraparte, aborda otras figuras que fueran víctimas de la represión y censura de este período, aunque lo hace sin excluir aquellas contradicciones que fracturan sus imágenes históricas. A su vez, en el libro, se incorpora un conjunto de fotografías (en blanco y negro) que evocan tanto el período del gobierno de Salvador Allende (1970-73) como el período del General Pinochet.

Frente a este Chile emblemático en sus dramas y resistencias, *De perlas y cicatrices*, particularmente en sus dos últimas secciones ("Relamido frenesí" y "Soberbia calamidad, verde perejil"), registra la otra faz de Chile, la del *glamour* de la neomodernización, el *boom* del pos-ajuste, la cultura del *marketing*, la *fast food* y los McDonalds, la televisión y la ciudad de fin de siglo; simultáneamente, fractura estas imágenes de esplendor modernizante con la incorporación de sus figuras diferidas, aquellas que contienen historias de marginalidad social y económica, o, emancipatoriamente, las "perlas" de una economía simbólica de carácter popular. Así, en dicha trayectoria, uno de sus textos, "Las floristas de La Pérgola", centra su atención en la feria de coronas y flores localizada en una de las rutas que, desde el centro de Santiago, conduce hacia los principales cementerios de la ciudad, ubicados en la zona norte de la misma. La crónica de Lemebel, a partir de la particularidad de La Pérgola, interrumpe la narrativa mayúscula del Mercado, ofreciendo la posibilidad de imaginar su contraparte: el mercado como lugar. Al mismo tiempo, en el contexto de la urbe chilena de fines del siglo XX, la crónica lemebeliana da cuenta también de la condición residual de esta dinámica tradicional y territorializada de intercambio: a la manera de una nota cronológica, este texto registra la dimensión mortuoria de una economía artesanal y local. En la era del capital global, el mercado como lugar, y más enfáticamente en el caso de La Pérgola, no es sino signo de lo que perece.

El capitalismo globalizado, como lo ha sostenido el historiador Arif Dirlik, ha puesto en entredicho el estatus de los lugares, aunque, paradójicamente, éstos se vuelven relevantes "en el momento de su extinción," de su "destrucción vía la desindustrialización" o, por ejemplo, "mediante el despojo de identidades a partir de la transformación de villas en villas 'genéricas'" (172). Para Dirlik, "el capitalismo global *off-ground* puede estar sujeto a consideraciones y contingencias fundadas a un lugar, teniendo en cuenta que la mayoría de las corporaciones transnacionales son de hecho operadas en lugares" (158) y, a la vez, en muchos casos requieren "pasar por lo local para transformarlo en una mercancía disponible a nivel de la circulación global" (160). Por tanto, en este orden simbólico y material, las problemáticas de "la localidad de lo global y la globalidad de lo local" se vuelven centrales: "la producción de lugares bajo el Capitalismo Global (sea como su creación o su destrucción) se constituye en una condición de vida" y, en dicho proceso, se hace más cuestionable pensar en "conceptos divorciados de lugares" (Dirlik, 165). Es aquí donde me parece importante traer a colación la manera en que otro tipo de registro, el de la "crónica urbana" de Pedro Lemebel, también producida en medio de este intenso flujo atópico de la economía de mercado, lidia con las dinámicas de espacio y lugar.

Hacia una trama *localizada* del mercado • 103

Figura 1

Varias crónicas incluidas en *De perlas y cicatrices* ofrecen la posibilidad de imaginar la localidad del mercado y, en ese sentido, vehiculan una economía política que puede coincidir estratégicamente con defensas teóricas de la cuestión del lugar, como la planteada por Dirlik. De hecho, la crónica que cierra este libro, bajo el título "Las floristas de La Pérgola", sugiere una provocativa manera de imaginar el mercado como lugar y, en ese nivel, interrumpe sus trayectorias económico-simbólicas de homogeneización.

Localizada en la ruta desde el centro de Santiago hacia los cementerios ubicados en la zona norte del mismo (Cementerio General, Cementerio Judío, Parque del Recuerdo), La Pérgola constituye una tradicional feria de coronas y flores, dividiéndose en Pérgola Santa María y Pérgola San Francisco (ver fig. 1). El paso frente a ella ha constituido un ritual histórico, particularmente en el caso de figuras de la vida pública del país. En su diario funcionamiento, lo primero que se observa en este mercado es la constante actividad de hombres y mujeres, muchas veces incluyendo hijas o hijos, que laboran manualmente en la confección de coronas pero, sobre todo, destaca la visibilidad de quienes llevan el liderazgo de estas tareas: las floristas. En torno a ellas, Lemebel fabula una singular economía de intercambio:

> Casi por oler el perfume ácido del florerío, sólo por pasar tan seguido por esa esquina de avenida La Paz y Mapocho... Las mujeres que trabajan el jacinto, la rosa y el alhelí, en un murmullo de colores y ramas verdes y pétalos que cubren el piso mojado de los galpones. Los dos antiguos edificios redondos de San Francisco y Santa María, donde ellas hacen circular la pena de los deudos que acuden diariamente por una corona de rosas blancas, por favor, para el angelito que se encumbró al cielo, tan chiquito, en forma de cruz para la abuela que era tan beata, de claveles rojos si el finado es caballero y comunista, o rosados si el dolor es mujer o mariquilla de sida injertado. También las hay de siempre vivas para el cliente amarrete que espera que el adorno dure un año, *para todos los gustos, sexos y clases sociales el mercado florero tiene una oferta.* (213, énfasis mío)

El texto de Lemebel invita a contradecir la gran narrativa del Mercado, imaginando su descapitalización. Este movimiento discursivo implica, por un lado, el desbancamiento de aquella abstracción mayúscula —el Mercado— instalada por la economía política dominante del ajuste y pos-ajuste y, a su vez, plantea su resignificación a partir de la localidad minúscula de un mercado. Por otro lado, la crónica de Lemebel fabula la sobrevivencia simbólica de un mercado cuyos intercambios simbólicos hacen posibles sentidos resistentes de comunidad, memoria e historia, sugiriendo la eventualidad de la economía simbólica y material de ciertos lugares que, sin constituir un afuera, fracturan la homogeneidad ideológica del emblemático Mercado del capital financiero.

En esta crónica de Lemebel, el intercambio ya no acontece en el horizonte abstracto de la economía transnacionalizada, sino en la localidad del "mercado florero," con su esquina, sus antiguos edificios, en otras palabras, la estética y la economía barrial del mercado. Más aun, la "lugaridad" del mercado se radicaliza al revestirse del entorno familiar de los olores ("el perfume ácido del florerío") y las sensaciones de ciertos colores y superficies ("un murmullo de colores y ramas verdes y pétalos que cubren el piso mojado de los galpones"). Este modo de figurar el mercado sin duda puede asociarse a la ya clásica fascinación braudeliana por aquellas economías primarias, generalmente mantenidas en pueblos pequeños, escenario de "intercambios transparentes," es decir, "un mercado colectivo" o comunitario, en el cual se mantendría el contacto humano cara a cara, propio de un estadio no-capitalista de las economías de mercado, durante la modernidad temprana (Braudel, *Afterthoughts* 50-3).

Para Braudel, la irrupción del comercio a distancia y las especulaciones financieras instalarían la arbitrariedad de los arreglos capitalistas y, de este modo, el capitalismo advendría como un sistema de manipulación de los mercados, interponiendo largas cadenas de especuladores entre los estadios de producción y consumo de mercancías. La recuperación de este sentido primario de la economía puede objetarse en las condiciones del capitalismo tardío, debido a la evidente generalización de lo que el mismo Braudel denominara la abstracción de la "vida económica" y que hoy, bajo el signo de un capital transnacionalizado, hace inviable por completo los "intercambios transparentes" de los mercados lugareños.[6] Pero, aún así, teóricamente, no deja de ser legítimo y provocativo pensar el mercado como lugar en función de dislocar las narrativas del capitalismo global de mercado; a este respecto, en el contexto de los debates de fines del siglo XX, un crítico cultural como John Beverley sostiene que "es crucial distinguir el mercado como lugar [*marketplace*] — es decir, una institución *liminal* — del mercado en tanto algo que bajo el capitalismo, como Hegel argumentaba, se vuelve coextensivo con la sociedad como tal" (159-60).[7]

Sin duda, ya no es aquella economía monumental y autonomista del territorio, tan ubicua en la era de la economía cerrada del Estado industrializador y proteccionista —cuyo ícono mayor se condensara en la imagen de la fábrica—, como también presente en la memoria histórica del movimiento de masas de dicho período (los cordones industriales) y, más tarde, en su reconstitución reactiva ante los "costos" del ajuste estructural (la lucha barrial de los ochenta). El territorio era visto en relación a la construcción de regímenes autónomos y plenos de sentido, homólogos al funcionamiento estable del vínculo territorio/nación/capital en el escenario de una economía cerrada. En Lemebel, la escena de las floristas, más bien se imagina en la condición híbrida del lugar, zona de tránsito y cruces que, de este modo, se espejea con la movilidad de una Ciudad-Capital transnacionalizada dentro de la sintaxis de una economía abierta. Pero, en dicho espejeo, no hay simple repetición de la hibridez hegemónica del capital dominante, sino torsión de ésta.

En este aspecto, hay que tener en cuenta que, en el imaginario de las crónicas de Lemebel, el tropo de la esquina juega un papel clave en sus modos de simbolizar la cultura del barrio propia del Santiago periférico. El título de su primer libro resulta, en esta línea, bastante decidor: *La esquina de mi corazón*. Por tanto, en la escena de las floristas, lo que se activa es, una vez más, dicho lenguaje, sugiriendo los signos de una economía barrial que se dibuja en los contornos de la Ciudad-Capital, o, en otras palabras, en sus márgenes. El mercado de las floristas se hace parte del universo de referencias característico de las periferias pobres de la ciudad. En este punto, precisamente, no puede soslayarse el hecho que La Pérgola se localiza en conlindancia con el centro de la ciudad, a un costado del río Mapocho, al inicio de la zona norte de Santiago, sector populoso con grandes franjas de pobreza o clase media depauperizada. Por tanto, este mercado no deja de cohabitar con el centro, constituyendo un punto fronterizo, situándose en un "entre," de contacto y diferencia.

Las floristas ocupan un lugar que al mismo tiempo conlleva centro y margen en la cartografía urbana del Gran Santiago, deviniendo periféricas respecto del centro y centro en relación a la periferia norte de la ciudad, contexto en el que también las metáforas de Norte y Sur resultan dislocadas, ya no como locus de una macroeconomía continental sino más bien dentro de la cartografía dislocante de la urbe sudamericana. Así, desde este lugar híbrido, las floristas establecen transacciones abiertas con las múltiples economías de interés y deseo dentro de los flujos simbólicos de la metrópoli chilena. Frente al discurso de la economía política dominante de signo neoclásico, la crónica de Lemebel interrumpe la universalidad del Mercado, haciendo irrumpir otro modo de imaginar las dinámicas de consumo e intercambio, a partir de la figuración de un mercado que comporta *una economía plural*, como se registra al final del párrafo ya citado:

> para el angelito que se encumbró al cielo, tan chiquito, en forma de cruz para la abuela que era tan beata, de claveles rojos si el finado es caballero y comunista, o rosados si el dolor es mujer o mariquilla de sida injertado. También las hay de siempre vivas para el cliente amarrete que espera que el adorno dure un año, para todos los gustos, sexos y clases sociales el mercado florero tiene una oferta. (213)

¿Se insinúa aquí entonces otra economía de mercado, o un mercado más allá de la Economía de Mercado? La economía política dominante en el Chile del ajuste y pos-ajuste ha puesto reificadamente en circulación la figura del "mercado libre" o "libre mercado," para enfatizar el engarzamiento "ideológico" de Economía de Mercado y Libertad, tan caro a la economía política desde Smith hasta Friedman. La construcción "mercado libre" es, por cierto, una figura fallida en un país donde el ajuste estructural hacia la Economía de Mercado se instala en un clima de autoritarismo y represión. Es interesante que las primeras secciones del libro de Lemebel se concentren en los contornos represivos del período de Pinochet (los setenta y los ochenta) y, luego, las últimas dos secciones —que aluden a escenas de la etapa pos-dictadura— aborden más directamente los signos de una intensificada cultura de mercado.

En este nivel, las crónicas sobre el autoritarismo, la represión, exclusión y censura de todo tipo en el Chile de Pinochet pueden leerse no como una manera de no escribir/hablar del advenimiento del capitalismo de mercado en dicho período, sino de, precisamente, dar lugar a su recordatorio —de sus "costos" más que de sus "logros". La economía del recordatorio no implica, en este aspecto, la memorización de un suceso, un advenimiento, sino su antípoda: un deceso. En el texto "Las floristas de La Pérgola," la economía del recordatorio registra los límites de la figura del "mercado libre" al hallarse inmerso en una cierta historia: violencia política y autoritarismo en el período del régimen militar; desigualdad social y discriminación sexual en el trayecto general de la sociedad chilena. La figura del "mercado libre" ya no parece posible en dicho trayecto hegemónico, volviéndose fallida en su propio juego de reificación. En contrapunto, la crónica de Lemebel sugiere su *localización*, a partir de un juego plural y contingente de expectativas: "para todos los gustos, sexos y clases sociales el mercado florero tiene una oferta".

Por tanto, esta economía de *localización* no sólo implica una conexión de las dinámicas de intercambio a un lugar —la localidad de La Pérgola— sino que, también, producto de ello, la explosión de su pluralidad a nivel social: las figuras del "angelito," "la abuela" con su religiosidad, el "caballero y comunista" la "mujer" o el "mariquilla de sida injertado". Polis y pluralidad (social, genérica, subjetiva): la polisemia de una comunidad de productores/consumidores que, en un contexto de represiones y exclusiones acumuladas, deviene disruptiva.

En este nivel, no se puede dejar de subrayar la inflexión de género que hace posible esta particular manera de torcer la escena del Mercado, en la cual la *localización* de la figura del "mercado libre" implica aquella economía simbólica híbrida y transgresora de *la loca*, sujeto enunciante presente a lo largo de las crónicas de Lemebel. La irrupción del loquerío en el universo cronístico de Lemebel emerge en radical contraste con los ordenamientos hegemónicos de lo masculino/femenino en el Chile pos-ajuste, en el cual la impronta patriarcal y heterosexual de la economía neoclásica signa el espacio público de los *policymakers* y el mundo empresarial. La figura pionera de los *Chicago Boys* resulta emblemática en este aspecto, en cuanto demarca la economía de género del ajuste estructural, sellando la impronta masculinista de su régimen económico-simbólico. Ante ello, la escena de las floristas permite a Lemebel poner en escena una red feminizada de intercambio y producción, como lo enfatizan las siguientes líneas:

> Y las señoras doñas de este jardín, van surtiendo la demanda con sus manos ágiles que trenzan, anudan y tejen las ramas de pino. Las armazones de las coronas que después florean y decoran con su estética de último homenaje. Y este oficio de engalanar la muerte como una novia, las reúne por años en el sindicato que armaron para su protección laboral, como una heredad de mujeres que brota desde la abuela, la hija, la nieta y que continúa esta larga tradición de nevar de pétalos los cortejos ilustres. (213)

La hipermovilidad y abstracción del capital se ha vuelto central en la configuración de las sociedades de fines del siglo veinte, intensificándose con el modelo de las economías abiertas—que, en el caso chileno y latinoamericano en general, se pone en funcionamiento a partir de la coyuntura del ajuste estructural. El nuevo orden económico global, con sus grandes corporaciones transnacionales, sus centros financieros interconectados y sus mercados abiertos, vuelve periféricos los cuerpos del trabajo localizado. De allí que, en la crónica de Lemebel, la invocación de las floristas y "sus manos ágiles que trenzan, anudan y tejen" simboliza una revinculación de los flujos del intercambio al dominio de aquello que se subsume y disemina en el horizonte abstractivo del capitalismo tardío: el trabajo y el proceso de producción. Se puede sostener que, en la economía política del texto de Lemebel, la laboriosidad primordial de las manos insinúa la temporalidad lenta de cierta cultura residual, aquella de una economía manufacturera, artesanal, que, a su vez, evoca, en un sentido braudeliano, los estadios pre-modernos y pre-capitalistas de las economías de mercado (ver fig. 2).[8] Pero, además, esta economía comporta las huellas de una historia de resistencia en la *longue durée* del capitalismo, registrada en la agrupación trabajadora del sindicato, el cual, en medio de la oleada socialmente diseminante de la Economía de Mercado, se ha tornado un referente en crisis en el mundo laboral chileno de fin de siglo. Por tanto, el sindicato—con su economía simbólica de solidaridad—funciona, en el registro de Lemebel, como otro signo residual que emplaza el advenimiento de una cultura dominante de la individualidad.

Figura 2

Lo llamativo es que en este flujo de signos se acoplan mercado (como lugar), trabajo (materialidad de la producción) y un sentido de comunidad (el residuo de la filiación sindical) a partir de una economía fuertemente feminizada. De este modo, se hace posible transgredir el masculinismo no sólo característico en la articulación patriarcal de la escena del ajuste sino también en la cultura obrerista (masculina) de izquierda. Por un lado, si se analiza la configuración del espacio público del monetarismo y sus variantes posteriores en el Chile de Pinochet, éste se trama alrededor de figuras exclusivamente masculinas (Sergio de Castro, Miguel Kast, José Piñera, Hernán Buchi). Este elemento de género que marca el "ajuste estructural" en Chile no hace sino dar cuenta del predominio masculino en la disciplina económica y, a la vez, connota un fenómeno más global: la derivación del signo mujer a la esfera de la economía doméstica (lo privado), para asignarle una posición subordinada o pasiva en el terreno del mercado y la producción.[9] En la etapa de la transición democrática, este régimen representacional de la economía —como disciplina y como actividad— no sufre variaciones drásticas. En este aspecto, la economía simbólica de la crónica de Lemebel ofrece un contrapunto que desafía una cultura económica de género dominante en la sociedad chilena. Por otro lado, al tramar una complicidad marcadamente femenina, su texto "Las floristas de La Pérgola" plantea un corte con el colectivismo masculinista y patriarcal que ha presidido el universo de la clase trabajadora, el sindicalismo y la cultura de izquierda en Chile, sugiriendo, en su contraparte, una economía de solidaridad en tensión de género con dicho régimen representacional de lo popular. En este giro, en torno a la feminizada escena de La Pérgola, Lemebel imagina una alteración del vínculo de mujer y reproducción (espacio doméstico, privado), en función de hacerla protagonista privilegiada de un ámbito público de trabajo, producción e intercambio, que ya no es sólo económico, sino también social y estético.

El movimiento desde el valor económico de la actividad manufacturera de las floristas hacia su valor social pasa por la red de solidaridad que ellas mismas "tejen" a través de su "heredad de mujeres". De una manera u otra, en los párrafos previos, he abordado las implicaciones de esta sociabilidad de signo femenino en la crónica de Lemebel. De allí que resulte necesario desplazar la presente discusión hacia otro nivel: la sugestiva manera en la cual, en el texto "Las floristas de La Pérgola", se *produce* el tránsito desde el valor económico y social hacia el valor estético. Para Lemebel, la producción artesanal de las mujeres de La Pérgola comporta una estética — "su estética del último homenaje" — urdida en la confección y tramado de sus coronas. Los verbos trenzar, anudar, tejer, florear, decorar, resultan clave para registrar una producción manufacturera que, en el texto de Lemebel, deviene enfáticamente creativa, artística. Lo interesante es que estos giros verbales se constituyen en significantes de la propia economía de escritura en Lemebel y, de este modo, la actividad de las floristas y la del cronista operan en términos homólogos.

Considerando este paralelo, ¿se puede plantear un cruce posible entre economía manufacturera y escritura desde el punto de vista de género? La crítica Tamara Kamenszain, en su libro *El texto silencioso*, designa el dominio de la letra escrita como "tradición artesanal y milenaria", sugiriendo, implícitamente, asociaciones entre cierto régimen manufacturero de producción y la actividad de la escritura. La crítica sostiene:

> Esta posibilidad femenina de espiar en las costuras para ver las construcciones por su reverso abre a la mujer, en su relación con la escritura, el camino de la vanguardia. Vanguardia vieja y nueva en la que los textos dejan jugar al lector con la artificialidad de la hechura. Y es en la milenaria escuela de las tareas domésticas donde se aprenden las reglas de esa modernidad. (Kamenszain 81)

Si hay algo en común entre la actividad de las floristas y el registro escrito del cronista es el juego con esa "artificialidad de la hechura". El cronista, desde su particular *localidad*, se feminiza en su cruce homológico con la actividad de las floristas. Las coronas y las crónicas pasan a funcionar como textos, artesanía y artificio de signos. A través del *injerto* de una serie de giros barrocos —a la manera del detalle decorativo de la corona—, en la escritura de Lemebel se puede advertir una constante alteración del régimen periodístico de producción y circulación de la crónica. La (dis)continua irrupción de frases o palabras de acentuada factura poético-barroca ponen en crisis la economía comunicativa de la modalidad periodística de la crónica, poniendo de relieve la laboriosidad significante de las formas. A pesar de que los textos de Lemebel, antes de su publicación en formato libro, acontecen en el voceo de la emision radial (Radio Tierra) y en la superficie del semanario político contingente (Revista Punto Final), su crónica resiste el abaratamiento de costo significante que demanda la economía de rendimiento comunicativo del lenguaje periodístico dominante. En este sentido, como ocurre con el trabajo de las floristas, la crónica urbana opera de manera ambivalente, negociando su valor económico y social de circulación con el *injerto* del detalle que le permite resaltar su valor estético. A la manera del arreglo floral, la crónica ofrece un estetizado ensamblaje de códigos, tanto literarios como periodísticos. Por tanto, las economías simbólicas de las floristas y del cronista urbano, por medio de una excacerbación estética de "la artificialidad de la hechura", complican el economicismo de la transacción y, en plena era de la abstracción del Mercado de Capitales, devuelven la mirada hacia la figura material del trabajo (en este caso, floral y textual) y sus dinámicas localizadas de intercambio.

En otro nivel, la escena del mercado público de las floristas deviene un lugar donde se cruzan historia política y testimonio íntimo. Así, en "Las floristas de la Pérgola" se inserta la narrativa oral de una florista, Adriana Cáceres López, quien establece cruces horizontales entre historia, política y autobiografía, a contrapelo del propio cronista. De hecho, Lemebel intenta enmarcar la narrativa de la florista en la gran narrativa histórico-política, como lo hace en las siguientes líneas de preámbulo: "Ellas tienen que seguir la tradición que ha hecho famosa la pérgola, desde los tiempos de Jorge Alessandri, Frei el padre, y Salvador Allende" (213). Haciendo fracasar esta articulación icónica de la historia chilena, la florista traza otra narrativa, desafiando la compulsión "política" de Lemebel para subrayar su (in) diferencia popular:

> ... hemos despedido tanto presidente que ha pasado por aquí. ¿Sólo presidentes?
> No, otros son artistas, o autoridades que el pueblo ha querido...
> ¿Tienen preferencias? A veces, depende, pero siempre es un personaje recordado por la gente como la Sinforosa de "Hogar Dulce Hogar", o Clotario Blest, o Laurita Rodríguez, del partido Humanista. Pero no somos políticas. Total no cuesta nada juntar pétalos huachos y tirárselos cuando pasa el funeral. (214)

En las líneas siguientes, el cronista, a partir del poder de la pregunta, insiste en las obsesiones de la gran política al inquirir sobre Pinochet, pero la florista, tal como lo hace en el párrafo anterior, le baja el perfil a dicha figura y, por esa vía, a las fijaciones "políticas" con el poder. En la escena de La Pérgola, no hay lugar para la economía icónica de "la historia" sino que se juegan historias localizadas en el trayecto afectivo de lo popular. Desde ese punto de vista, se desbordan las líneas divisorias de lo personal y lo público, como se hace explícito en las siguientes líneas:

> ¿Cuál es el funeral más importante para usted? El de mi madre, Zunilda López, ella era querida por todos aquí, fíjese que fue el cortejo más emocionante, le hicimos una alfombra de pétalos blancos y rojos con su nombre. (214)

De esta manera, la economía familiar no se reifica sino que se mezcla con la vida urbana y pública. Esta mixtura se hace posible en las condiciones del mercado como lugar, en tanto, para volver a los términos de John Beverley, constituye una "institución liminal". Cuando el mercado "se vuelve coextensivo con la sociedad" —como ha ocurrido en el sistema capitalista global—, se reifica en la misma; en cambio, al localizarse, acontece en el dominio de la comunidad, donde se producen las mezclas de lo público y lo privado. Sin embargo, es evidente que, a fines del siglo XX, no se podría imaginar un retorno a la articulación de mercado, lugar y comunidad, *fuera de* la economía simbólica y material del capitalismo globalizado, el que, por lo demás, ha sobrepasado la misma noción de sociedad. Lo interesante es que la manera en que la crónica de Lemebel imagina el espacio de La Pérgola sugiere una posibilidad de desarreglo de las fronteras de lo personal y lo social, desfamiliarizando lo familiar y familiarizando lo público, articulando el mercado-lugar como zona de hibridaciones localizadas y contingentes.

En este nivel, la crónica misma se puede entender como espacio mixto, en el cual acontecen las hibridaciones no sólo de los contenidos sino de las formas, mezclándose escritura (registro impreso en el semanario y libro) y oralidad (*injerto* de la entrevista e historia oral de la florista, dentro de una crónica escrita que, a su vez, devendrá en emisión radial). Subsecuentemente, no se produce la dicotomía literatura, como lugar de refugio individual, versus el tráfago dislocante del mercado y los medios. Tampoco la crónica instituye la economía liberal del intelectual neoiluminista habermasiano, con su *ratio* letrada y representacional de Estado y sociedad, fundante de una esfera pública ideal.[10] Si hay una posible respuesta al Mercado como ideología en Lemebel no es tanto paradigmática sino sintagmática, travestizando los signos (públicos/privados) de la sociedad de mercado desde su propio adentro, a partir de una economía de localización (espacial, textual, oral), signada por el *loquerío* de múltiples voces, la mezcolanza de producciones manuales/intelectuales y el flujo heterogéneo de intercambios localizados.

No obstante, la crónica lemebeliana no incurre en el juego de lo reverso: a la abstracción mayúscula del Mercado no opone la articulación mayúscula del Lugar. Más bien, en el texto "Las floristas de La Pérgola," se dramatiza la eventualidad de las economías materiales e inmateriales tanto de la crónica urbana como del mercado-lugar. Para Lemebel, el "mercado florero" deviene en "teatro fúnebre," metaforizando el signo transitivo, funerario, no sólo de la figura local del mercado sino de todo mercado: la mutabilidad de sus tráficos, el flujo mortuorio de la mercancías, análogo a la coyunturalidad de la crónica misma y la finitud del mercado como lugar, como espacios residuales y contingentes, *inscritos* dentro de la economía general de una urbe cada vez más sujeta al paroxístico "cambio perpetuo" del capital transnacionalizado y global.

NOTAS

[1] Bajo el término "ajustes estructurales", los economistas políticos designan el giro radical desde el modelo industrializador sustitutivo de importaciones (vigente entre los treinta y los setenta) hacia la economía de mercado, acontecimiento que altera el escenario de gran parte de los países latinoamericanos entre mediados de los setenta y fines de los ochenta. El libro *Experimentos neoliberales en América Latina* de Alejandro Foxley, más allá de su encuadre ideológico, ofrece una perspectiva general sobre los alcances de este proceso.

[2] A lo largo de mi trabajo, hago un uso intencionado de la mayúscula para resaltar la figura del Mercado en tanto narrativa totalizante, ideología, *grand récit* del discurso monetarista de fines del siglo veinte.

[3] Me refiero a aquellos que siguen la escuela económica de Virginia y su doctrina de la *collective choice*. Alfred Stepan, en un artículo de inicios de los 80, señala que la idea de "mercadización" de la sociedad es recurrente en este enfoque (véase Stepan 322-33). Una de las versiones locales de esta perspectiva la expresa el economista José Piñera, quien, especialmente durante la década de los ochenta, hará uso frecuente de la noción de "capitalismo popular" en su discurso público.

[4] En palabras de José Joaquín Brunner, se ha producido "una mayor fragilidad, intercambiabilidad y flexibilidad adaptativa" conveniente a "una sociedad con una alta tasa de cambio y a la incesante circulación de opciones que ofrece el entorno cultural"; esto pondría en crisis la fundamentación weberiana del capitalismo, desde el momento que su propio desenvolvimiento tendería a "erosionar los estratos protectores, las estructuras soportantes y los vínculos culturalmente anclados" (*Globalización cultural* 77-8).

[5] Aludo aquí a la categoría general de "economía de la literatura" desarrollada por Marc Shell en su libro *The Economy of Literature*. Para efectos de referencia, la introducción del mismo provee una provocativa entrada a la posibilidad de pensar los cruces de lo económico y lo literario (Shell 1-10).

[6] En las páginas introductorias de su monumental trabajo *Civilisation matérielle et capitalisme, XVe-XVIIIe siecle*, Fernand Braudel advierte la creciente diferenciación entre "vida económica" y "vida material" en el capitalismo moderno (9-12).

[7] En este punto, Beverley tiene como punto de referencia las elaboraciones del historiador Jean-Christopher Agnew sobre el mercado como lugar. Los sugerentes planteamientos de Agnew han sido también de enorme utilidad para mi propia reflexión sobre la problemática, particularmente en su libro *Worlds Apart: The Market and the Theater in Anglo-American Thought 1550-1750* (17-56).

[8] Uso la categoría de cultura residual en el sentido desarrollado por Raymond Williams en *Marxism and Literature* (121-7).

[9] Para un enfoque económico feminista de estos aspectos, tengo en consideración los argumentos expuestos por la economista política australiana Gillian J. Hewitson en su libro *Feminist Economics: Interrogating the Masculinity of Rational Economic Man*.

[10] Sobre la noción de esfera pública y el dominio de la razón ilustrada, véase *Structural Transformation of the Public Sphere: An Inquiry Into a Category of Bourgeois Society* de Jürgen Habermas.

Bibliografía

Agnew, Jean-Christopher. *Worlds Apart: The Market and the Theater in Anglo-American Thought, 1550-1750*. Nueva York: Cambridge University Press, 1998.

Braudel, Fernand. *Civilisation matérielle et capitalisme (XVe-XVIIIe siècle)*. Tomo 1. Paris: Librairie Armand Colin, 1967.

_____ *Afterthoughts on Material Civilization and Capitalism*. Traducido al inglés por Patricia Ranun. Baltimore: John Hopkins University Press, 1977.

Brunner, José Joaquín. *Globalización cultural y posmodernidad*. Santiago: Fondo de Cultura Económica, 1998.

Dirlik, Arif. "Place-based Imagination: Globalism and the Politics of Place". *Review* XXII/2 (1999): 151-87.

Foxley, Alejandro. *Experimentos neoliberales en América Latina*. México: Fondo de Cultura Económica, 1988.

Habermas, Jürgen. *Structural Transformation of the Public Sphere: An Inquiry Into a Category of Bourgeois Society*. Traducción al inglés de Thomas Burger. Cambridge, Massachusetts: MIT Press, 1991.

Hewitson, Gillian. *Feminist Economics: Interrogating the Masculinity of Rational Economic Man*. Cheltenham, Inglaterra: Edward Elgar Publishing Limited, 1999.

Jameson, Fredric. *The Cultural Turn: Selected Writings on the Posmodern, 1983-1998*. Londres: Verso, 1998.

Kamenszain, Tamara. *El texto silencioso: tradición y vanguardia en la poesía sudamericana*. México, DF: UNAM, 1983.

Lemebel, Pedro. *De perlas y cicatrices*. Santiago: LOM Ediciones, 1998.

_____ *La esquina es mi corazón*. Santiago: Editorial Cuarto Propio, 1995.

Montero, Cecilia. *La revolución empresarial chilena*. Santiago: Dolmen Ediciones, 1997.

Moulián, Tomás. *Chile Actual: Anatomía de un mito*. Santiago: ARCIS Universidad/LOM Ediciones, 1997.

Shell, Marc. *The Economy of Literature*. Baltimore: Johns Hopkins University Press, 1993.

Stepan, Alfred. "State Power and the Strength of Civil Society in the Southern Cone of Latin America". *Bringing the State Back In*. Peter Evans et al. eds. Cambridge: Cambridge University Press, 1985.

Thayer, Willy. *La crisis no moderna de la universidad moderna (Epílogo del conflicto de las facultades)*. Santiago: Editorial Cuarto Propio, 1996.

Williams, Raymond. *Marxism and Literature*. Oxford: Oxford University Press, 1977.

La crónica, el espacio urbano y la representación de la violencia en la obra de Pedro Lemebel

Juan Poblete
University of California-Santa Cruz

> Como una pequeña victoria de ángeles marchitos que siguen entonando la fiesta más allá de los límites permitidos, rompiendo el tímpano oficial con el canto tizonado que regresa a su borde, que se va apagando tragado por las sirenas policiales que encauzan el tránsito juvenil en las púas blindadas del ordenamiento.
>
> Pedro Lemebel

Introducción

La relación entre la vida social y el discurso escrito (en sus varios géneros y formatos) es una relación histórica y fluctuante en donde las formas de la representación adquieren, pierden o recuperan su capacidad de expresar y dar cuenta de una realidad específica, según varían las demandas sociales y las posibilidades tecnológicas que vehiculan tal visión. La crónica nació tanto como mediación entre Europa y América en el llamado editor de tijeras cuya labor era simplemente elegir, recortar y pegotear los materiales que venían ya preparados del exterior, cuanto como lugar de entrada de una sensibilidad popular centrada en el caso sensacional o espectacular que permitía una sociabilidad amplia y popular basada en un conocimiento y una sensibilidad compartidas que no pasaban, además, por las vías de distribución desigual del capital cultural que la escuela nacional empezaba a instaurar y promover. De este modo, el espacio textual de la crónica cumplió funciones de intermediación cultural entre una narrativa popular, lo que Jesús Martín-Barbero llama una matriz cultural popular, y el imaginario tendencialmente masivo e industrializado de la naciente prensa de masas.[1]

Por otro lado, en otra de sus versiones, la crónica es el género a través del cual se especializa el gran escritor latinoamericano adquiriendo por vez primera una independencia respecto al patrocinio estatal o eclesiástico. Como lo demuestran Ángel Rama y Julio Ramos, la crónica es además el vehículo textual con el cual el escritor modernista construye su especificidad discursiva en la crítica a la modernidad y a la modernización positivista de la sociedad latinoamericana. La crónica funciona aquí como un espacio que permite la articulación del escritor con el mercado y a la vez como la superficie que registra el programa de crítica negativa de dicho mercado y su modernidad que —como definición de sí mismo— el nuevo escritor se autoconfiere.[2] Dados estos orígenes múltiples, no debería extrañarnos que hoy —en una nueva encrucijada de transformaciones culturales profundas con el consiguiente desafío a las jerarquías culturales existentes— la crónica (re)aparezca, al menos en mi hipótesis, como el espacio para contemporáneos fenómenos de mediación entre la nueva organización de la producción intelectual y nuevas formas de discursividad pública, entre nuevas prácticas y demandas de consumo lector y los géneros escriturarios dominantes, entre los imaginarios nacionales y urbanos y las formas de discursividad globales.

En este contexto resulta sugerente la hipótesis de José Joaquín Brunner acerca del carácter épico de la sociología y de su ya secular lucha con la novela por el derecho a autoconcebirse como la representación más ajustada y comprensiva de las complejidades de lo social. Ocupada de los grandes procesos, de los macrorrelatos y las macrovisiones de la modernización, dice Brunner, la gran sociología —que propugnó, por ejemplo, las grandes épicas del desarrollo— podría estar "en vías de desaparición, ahora que los 'grandes relatos' parecen haberse desacreditado y las micro-representaciones de la vida cotidiana se hallan mejor servidas por los medios de comunicación" y la novela.[3] Brunner continúa:

> Ni las grandes categorías sistémicas del lenguaje de la sociología, ni sus pequeños conceptos de interpretación de la vida cotidiana, parecen sostenerse en pie frente al doble embate del Banco Mundial y la novela contemporánea. Aquel describe y analiza más fehacientemente los sistemas y proporciona además manuales para actuar sobre ellos. Y ésta representa más ricamente los elementos de la vida interior y colectiva. (Brunner, "Sobre el crepúsculo de la sociología y el comienzo de otras narrativas", 28)

El sociólogo chileno atribuye además a la novela el mérito de proporcionar "un punto de vista, desde la actualidad, sobre la contemporaneidad". Por mi parte, yo quisiera sostener que dicha capacidad ha (re)encontrado en la crónica un 'nuevo' vehículo de larga data en la historia de las interfaces entre oralidad y escritura, vida cotidiana y sistemas de representación y circulación discursiva en

América Latina. Hay en ella eso que Pedro Lemebel —al análisis de cuya obra se dedica el resto de este ensayo— ha llamado el "hacer graffiti en el diario" o "panfleteo en la radio"[4] y que otros han denominado 'narrativas de urgencia" o visto como característica de géneros alternativos como el testimonio que supuestamente señalarían también, el fin de la literatura de ficción y el comienzo de una era post-literaria.[5]

Como la novela para Brunner, la crónica tiene en mi hipótesis la cualidad de proponer una articulación diferente entre temporalidad, representación y recepción, al mismo tiempo que se instituye como una alternativa en la producción de esos manuales para vivir la cotidianidad. Alain Touraine por su parte, ha señalado que el objetivo de los movimientos sociales, que se multiplican en las urbes latinoamericanas y mucho más allá de ellas, es "el control de la historicidad" definida ésta como "el conjunto de modelos culturales que rigen las prácticas sociales".[6] En la confluencia de ambas propuestas, podemos postular que la crónica ofrece la posibilidad diaria de articular los significados de la vida cotidiana en la lectura o escucha de un texto transmitido por medios modernos de comunicación masiva. O, como señala Susana Rotker hablando de la experiencia de la violencia urbana en América Latina, que allí donde "el idioma de las cifras" pierde efectividad para comunicar dicha experiencia, ya sea porque se repite interminablemente o porque se encierra en el lenguaje especializado de los expertos, surgen los relatos orales y las crónicas que los acogen como "saberes originales" para narrar lo inexplicable.[7] Desde este punto de vista entonces, la crónica funciona recogiendo —en tanto sucedáneo contemporaneo— la versión posmoderna de los roles históricamente adjudicados a la novela de costumbres cuyas pautas debían funcionar simultáneamente como manuales de socialización y de nacionalización de los ciudadanos.

En otra parte he sugerido que la novela de costumbres nacionales desarrollada en el siglo XIX por autores como Alberto Blest Gana y Ignacio Manuel Altamirano en Chile y México, respectivamente, se unía a un proyecto de nacionalización de la cultura desarrollado desde la reorganización del estado. En este esfuerzo, el texto nacional se encargaba de ligar la cotidianidad vital y lingüística de los nuevos y emergentes públicos mesocráticos con los nuevos formatos (como la novela y el folletín) que la industria editorial europea ponía a su alcance. Clave allí eran la explicación y constitución de *un orden* en el cual el público, los autores y el estado tenían su rol asignado.[8]

En la crónica contemporánea, en cambio, podemos apreciar procesos todavía parcialmente similares y, en parte, ya radicalmente diferentes. La crónica de Monsiváis o Lemebel intenta aún conectar la vida diaria y sus lenguajes con el texto escrito como una forma de alcanzar a un público amplio con un mensaje vehiculado masivamente por medios modernos de comunicación. Sin embargo, en un momento epocal en que el estado se retira y jibariza —abandonando muchos de los compromisos históricos que se había autoasignado en el largo siglo de la modernización— la crónica contemporánea ya no tiene las pretensiones estratégicas de largo aliento ni los afanes de totalización de lo social que animaron la novela decimonónica y su institucionalización canónica. Mas que constituir ciudadanías modélicas dentro de lo nacional-estatal o explicar un orden, las crónicas despliegan hoy la resignación (pero también las múltiples posibilidades) del panfleto mediático que busca explicar provisoria y contingentemente un *desorden* de lo social. Instaladas en el aquí y en el ahora, buscan así intervenir en el cotidiano cultural de públicos diversamente heterogenizados, desplegando las destrezas y los recursos de lo táctico.

Por otro lado, y para terminar con estas consideraciones sobre el género, más que entender esencial o ahistóricamente la crónica como un constante desafío a las formaciones discursivas imperantes y a las formaciones lectoras correspondientes, me interesa reiterar su emplazamiento históricamente definido en la articulación entre una matriz cultural popular (a la cual responden muchas de sus temáticas así como parte de su estructura y duración), un imaginario masivo (vehiculado por medios de comunicación modernos) y un horizonte escritural (que busca explotar, en el doble sentido de usar y expandir, los límites de lo que la escritura literaria y periodística autorizan).

La modernidad chilena y sus relatos

Si como ha dicho Fredric Jameson, la Modernidad es menos un concepto que una narrativa, resulta lógico que una de las cosas que más haya producido sean relatos, algunos legitimadores, críticos otros, irrelevantes los más.

En el caso chileno la modernidad neoliberal del pinochetismo y el pospinochetismo ha generado al menos tres tipos de discursos a los cuales me gustaría referirme aquí.

Por un lado las respuestas intelectuales neoconservadoras al economicismo y pragmatismo neoliberales que han propuesto modernidades alternativas a los grados indeseados de secularización que el crecimiento del "tigrecito" de América Latina ha implicado. Me refiero al trabajo de sociólogos como Pedro Morandé y Carlos Cousiño que intenta rehistorizar y resacralizar el espacio neutro y supuestamente ahistórico que el neoliberalismo chileno ha instalado con el nombre de mercado

En Morandé y Cousiño, como ha destacado recientemente Jorge Larraín, se pueden trazar líneas de contacto con previos Hispanismos basados en nociones esencializantes de raza y mestizaje. Común también es el énfasis en el catolicismo, lo ritual y la teatralidad como raíz de una cultura moderna latinoamericana y mestiza cuyas bases habrían sido sentadas en la modernidad barroca de la colonia.[9]

Lo que resulta extraordinariamente atractivo en este tipo de teorización, es su capacidad de articular una visión específica e históricamente fundada de al menos parte de la cultura popular latinoamericana con un proyecto político cuando no autoritario casi siempre conservador. Igualmente importante es el cuidado por entender los mecanismos de codificación/decodificación y producción/recepción que animan a esa cultura popular de origen mestizo. Un aspecto central al menos en la teorización de Pedro Morandé es el maridaje ideológico de oralidad y escritura bajo el manto del catolicismo colonial, la forma en que la letra católica y española genera una escritura del cuerpo mestizo hispanoamericano basada en la participación colectiva en ritos fundadores de comunidad e identidad. Creo, y ahora sólo puedo sugerirlo, que esta conexión escritura-oralidad en el cuerpo subalterno describe bien las ceremonias atravesadas por poderes desiguales y violentos, en los ritos de comunicación y comunión truncados, que caracterizan muchas crónicas de Pedro Lemebel.

Los otros tipos de respuestas a la modernidad chilena neoliberal pueden clasificarse así: por un lado, los transitólogos, es decir aquellos que en un intento de renarrativizar el mercado como desarrollo histórico y político lo inscriben en un largo proceso de democratización pautado por sucesivas y necesarias transiciones. Finalmente, una tercera posición es la de los intelectuales de vanguardia, algunos de los cuales Jon Beasley Murray engloba bajo la rúbrica de "the Chilean culturalist left"[10] entre los que cabría citar el trabajo de autoras como Nelly Richard o Diamela Eltit, el grupo de críticos de ARCIS y yo agregaría en un lugar especial y diferente, la labor discursiva de Pedro Lemebel. Es esta última la que quiero visitar aquí.

Lemebel ha publicado: *Incontables* (cuentos), 1986; *La Esquina es mi corazón* (crónicas), 1995; *Loco Afán. Crónicas de sidario*, 1996 y *De Perlas y cicatrices. Crónicas radiales*, 1998.[11] Lo que Lemebel escribe, entonces, son sobre todo crónicas. Crónicas extraordinarias sobre la marginalidad social y sexual en el espacio urbano de Santiago de Chile. Crónicas sobre el placer y la violencia, el deseo, la fiesta, los espacios alternativos, la colonización de la vida, la saturación de la experiencia o su negación en los límites constrictores del mercado y el consumo o la falta de consumo.

Como ya señalamos, Ángel Rama, Susana Rotker y Julio Ramos han propuesto que el lugar de la crónica en la historia literaria latinoamericana tiene que ver simultáneamente con la profesionalización del escritor moderno que la crónica hace posible y con la experimentación de nuevas formas de lenguaje y de experiencias que la urbanización y masificación de la vida generó en el continente a fines del siglo xix y comienzos del xx.[12] Carlos Monsiváis se ha referido a la crónica como un tipo de género mestizo, en el cual el texto responde a su condición social sin vergüenzas o complejos estéticos pero a la vez sin restricciones utilitarias o programáticas. Un territorio ni puramente culto ni puramente popular, a caballo entre el periodismo y la democratización de la cultura y del proyecto de nación.[13] En palabras de Monsiváis: "Todo está por escribirse, grabarse, registrarse. Entender, desplegar, reportear este nuevo país es primordial (...) ¿Qué pueden informarnos crónica y reportaje de la situación actual? Por lo pronto, para citar a Valle Inclán, que el presente aún no es la Historia y tiene caminos más realistas" (Egan, "Lo marginal en el centro" 99). La crónica decide entonces intervenir en ese espacio liminar entre las narrativas consolidadas y osificadas de la Historia Nacional y la evanescencia de la historia de la vida nacional cotidiana. O para decirlo en los términos, ya citados, de la teorización de los movimientos sociales en Touraine, la crónica interviene al nivel de la lucha por la 'historicidad', es decir, allí donde se disputa y produce culturalmente el sentido de la vida social a través de la codificación discursiva de la experiencia.[14]

Lemebel, por su parte, define su crónica en algún momento como "la tentación de iluminar el suceso crudo y apagarle la luz a la verdad ontológica." (Blanco y Gelpí, "El desliz que desafía otros recorridos. Entrevista con Pedro Lemebel" 94). Este gay saber o saber del gay se opone en tonos foucaltianos a otras formas más institucionalizadas: "Siempre odié a los profesores de filosofía, en realidad a todos los profesores. Me cargaba su postura doctrinaria sobre el saber, sobre los rotos, los indios, los pobres, las locas. Un tráfico [de discursos] del que éramos ajenos. Esa es la razón por la que mis escritos pasan siempre por medios masivos antes de transformarse en libros. Es una costumbre heredada de la dictadura. Algo así como 'hacer grafitti en el diario'" (93-4).

La crónica entonces como una alternativa a dos formas de saber: el periodismo cotidiano y limitado y el saber académico sobre el otro y sus problemas.[15] La crónica asimismo como alternativa a un cierto saber literario: "Tal vez la crónica sea el gesto escritural que adopté porque no tenía la hipocresía ficcional de la literatura que se estaba haciendo en ese momento." La crónica entonces como desconfianza de la representación literaria y, como dice Lemebel, de "todos esos montajes estéticos de la burguesía", es "un pasaporte para cruzar una frontera", el excedente de un recorrido, los desperdicios iletrados de una teoría (93-7).

La crónica finalmente como alternativa al saber-poder del pinochetismo —la dictadura revolucionaria chilena como lo ha llamado Moulián— y al de sus secuelas, un saber otro que se opone a la mezcla de saber-poder dictatorial que concentró el monopolio jurídico, el del saber y el despligue del terror (96).

Hipótesis

Antes de pasar a examinar algunas crónicas en mayor detalle, me gustaría adelantar cinco hipótesis de trabajo:

Primera: aunque en un cierto sentido el mundo de Lemebel ha sido o está siempre en proceso de ser colonizado completamente por la lógica del mercado neoliberal, lo que él busca son los márgenes o bolsones de sentido que escaparían al menos parcial y provisoriamente al dominio de esa lógica.

Lemebel resacraliza espacios que han sido no sólo desacralizados por el capitalismo neoliberal sino de hecho, y al menos en parte, separados de la producción capitalista del valor de la propiedad y el espacio. Allí donde el discurso neoliberal preferiría no entrar, allí donde pareciera que no hay valor posible de ser producido, en ese borde o frontera externa de los verdaderos lugares valorizados por el capitalismo se instala la prosa generativa de Lemebel y explora la producción de experiencias, el activo habitar de aquellos que viven en los márgenes.

Hipótesis segunda: paradójicamente Lemebel hace ingresar estos actores y estos lugares a una economía del valor, introduce una nueva mediación que los recupera y apropia como valores literarios y estéticos. Esto no es una acusación que denuncie esta mediación como una nueva fuente de alienación o plusvalía sino más bien la constatación de que la actividad literaria y más generalmente la producción de discursos participan del proceso general de la producción histórica del sentido.

En parte la falta relativa de interés por definir el género al cual pertenecen sus escritos tiene que ver en Lemebel con una cierta resistencia a incorporar los actores y mundos que representa en ellos a esas economías conocidas de la discursividad literaria, a esas formas internalizadas e incorporadas que constituyen y limitan nuestras formas de percepción de la experiencia propia y de los otros en la forma de pactos narrativos que establecen claros límites entre la ficción y lo real.

Hipótesis tercera: La literatura, entonces, como la droga o el consumo de aparatos electrónicos irrumpe en estos espacios marginales y los reincorpora por otra vía al espacio general de la producción y circulación. Al hacerlo, sin embargo, incorpora dichos espacios a una narrativa (breve) de la historia que exige y produce respuestas, sentidos y reacciones. En su concisión horizontal y en su intensidad vertical, en sus cuatro páginas y veinte minutos, la crónica es capaz de producir una reflexión que dinamiza el cotidiano cultural de capas más amplias que aquellas élites que han tradicionalmente accedido a lo literario. En este sentido, los fugaces y poderosos encuentros de cuerpos marginales que caracterizan una parte importante de la poética de Lemebel reproducen al nivel del enunciado el encuentro discursivo de formas escriturales de origen diverso y a menudo opuesto que definen el lugar genérico de la crónica al nivel de la enunciación (oralidad cotidiana, periodismo, historia, literatura, antropología, etc.) De esta forma, la crónica de Lemebel se postula como *el otro narrativo* de cierta novela, de la misma manera en que, como vimos, José Joaquín Brunner describía a la novela como *el otro discursivo* de la gran sociología clásica "épica" o "sinfónica." Entre la literatura y la historia, entre la ficción por un lado y la sociología y la antropología por el otro, la crónica se propone dar cuenta discursiva de la emergencia de esos otros actores y experiencias cotidianas descuidados por los grandes relatos disciplinarios (sociológicos, antropológicos o literarios) sin caer en las formas épicas del distanciamiento ni en las codificaciones de lo cotidiano de la etnometodología o el relato etnográfico.[16]

Cuarta hipótesis: El lenguaje de Lemebel, aunque estetizado como le corresponde a la definición genérica de la crónica contemporánea, guarda una estrecha relación con la localización vernácula del español chileno de clase media baja y baja. Esta modalización de su discurso por el chileno 'roto', actúa como una resistencia a la presión homogeneizadora del lector literario que busca siempre leer el texto como una manifestación más de lo ya visto, lo ya leído en tantas otras descripciones de los marginales urbanos en otras grandes ciudades. Este lenguaje marcado y localizado resiste entonces la pulsión de la percepción débil del otro, el otro siempre asimilable a lo ya conocido; defiende un sentido fuerte de Otredad localizada. Al mismo tiempo ese lenguaje chilenizado y popular local se halla en tensión creativa y productiva con el lenguaje estetizado más global o universal que lo envuelve, le da legibilidad y lo hace comunicable.

Quinta hipótesis: lo que distancia a Lemebel de otros esfuerzos por representar el espacio de lo local y marginal (en su caso, lo local-popular y marginal) es la fuerte insistencia de su prosa en la conexión sintomática que esas representaciones tienen con procesos de base económica y social. Lejos de dibujar un sistema formal y autónomo de estrategias retóricas, su discurso de la representación marginal se liga siempre a las condiciones históricas y materiales que hacen posible ese discurso y esa práctica de vida cotidiana marginal. Sintomático es en este sentido que ante la pregunta: "¿Hay algún fondo de ojo permanente en tus crónicas?" Lemebel responda inmediatamente:

> El golpe militar y sus golpecitos. Es un fantasma tenebroso que me ojea desde el pasado. Esa pupila sigue vigilante, amnistiando, perdonando, reconciliando el dolor tatuado en la memoria. Pero creo que te refieres al ojo descriptivo que paisajea mis crónicas, tal vez el ojo que recorta fragmentos de esta realidad consumada y consumida en la fragua visual de la TV. No sé (Blanco y Gelpí, "El desliz" 95)

Lo que me interesa es la certeza en adscribir el lugar central al Golpe militar de 1973 y a sus secuelas como ojo estructurador de sus crónicas y a la vez una cierta resistencia o desgano a la hora de subsumir su trabajo bajo el tópico del *flâneur* moderno que repasa la ciudad en su paseo interminable en busca de la sensación y la experiencia. Es como si, simultáneamente a la resistencia al cliché vanguardista que intenta describir un proceso supuestamente global de la modernización, toda experiencia que la crónica de Lemebel recuperase tuviese su fundamento material firmemente asentado en el suelo histórico local que el 11 de septiembre marca en la historia chilena.[17]

La prosa de Lemebel, es de este modo, más compleja que este simple describir los márgenes como espacios rescatables al menos para la experiencia literaria del valor. Ella nos habla también e intensamente de la alienación, la injusticia y la violencia en espacios concretos. Por ello en uno de sus pocos intentos por definir la crónica señala: "metaforizo no sólo para adornar, más bien para complejizar el paisaje y el escenario del crimen. En este sentido mis crónicas podrían ser el boceto de tiza que marca un cuerpo en la vereda" (Blanco y Gelpí, "El desliz" 95)

La Esquina es mi corazón

> La esquina de la 'pobla' es un corazón donde apoyar la oreja, escuchando la música timbalera que convoca al viernes o al sábado, da lo mismo (...) Un marcapasos en el pecho para no deprimirse con la risa del teclado presidencial hablando de los jóvenes y su futuro.
> (Pedro Lemebel, *La esquina es mi corazón* 16)

Quisiera concentrarme ahora en el libro *La Esquina es mi corazón*, publicado en 1997. Lleva por subtítulo, a pesar de los veinte textos que lo componen, el de crónica urbana, así en singular, como marcando una voluntad de sentido global y unitario. En este libro la esquina aparece como el lugar de afectos, identificaciones y desidentificaciones. Como espacio y coyuntura, como acción en el tiempo y en el espacio en la que se cruzan y enfrentan trayectorias. La esquina entonces como encrucijada y sorpresa. Lugar en que se manifiestan pasiones, escenario de la expresión. Pero también como espacio de comunión y comunicación social, espacio generador de discursos y contradiscursos que buscan en sus formas de publicidad pobre de barrio, en el sentido posthabermasiano de publicidad y de esferas públicas alternativas, una forma de hacer política con el cuerpo, con las ganas y las frustraciones.[18]

La esquina entonces, también como residuo y resto en donde los discursos chocan y se dan vuelta, como accidentes que interrumpen el tráfico normal de la palabra oficial y la dejan en el chispazo de la colisión, invertida o trastocada. La esquina por último como colisión y colusión del lector que choca en su recorrido plácido por la ficción literaria con estas barricadas textuales que Lemebel levanta precaria y magistralmente para recordarle que hay otros actores ciudadanos, otros cuerpos y deseos, otras frustraciones. Estas crónicas se transforman así en pequeñas violencias armónicas de la retórica, si se me permite la expresión, que buscan siempre desnudar las grandes violencias de la represión de la sexualidad, la opresión ideológica y económica, las clases y la política en la "modernización bárbara" de la polis chilena (Moulián 130).

Quiero analizar tres de estas crónicas. Sin ningún ánimo de exhaustividad espero poder sugerir de qué formas, procesos o con qué estrategias reconstruye Lemebel algunos de sus espacios de comunidad, alienación y violencia en el medio de la megalópolis chilena neoliberal. Debería empezar apuntando que las crónicas de Lemebel se escriben con una serie limitada pero inspirada de instrumentos. Si tuviera que nombrarlos diría que son: la voz, el ojo y el falo. Entre los tres dibujan las dinámicas sociales que pueblan el mundo urbano del cronista. A los instrumentos habría que añadir las dinámicas que privilegian. Entre ellas destaco una: cuando termina la descripción, cuando el discurso pasa de la referencialidad descriptiva a la ficcionalización, ésta, o sea la literatura, irrumpe siempre como violencia que interrumpe. Violencia que pone fin a las comunidades y comuniones, a los espacios utópicos y a las dinámicas de pluralización del mundo. Violencia que recuerda siempre que el mundo representado reconoce en la injusticia y la desigualdad su forma de estructuración primaria.

Primera crónica: "Coleópteros en el parabrisas"

Para empezar me gustaría señalar claramente con esta crónica el límite expresivo e ideológico que acecha el proyecto de Lemebel o la forma que ese límite toma cuando de hecho se enfrasca en la utopización de los espacios residuales de la premodernidad en la modernidad neoliberal. Como los circos, las fiestas populares y los estadios de fútbol, que describe en otras de sus crónicas, las micros, los buses viejos y destartalados que hasta hace poco poblaban las calles de Santiago y ensucian ahora los aires de provincia, son aquí los protagonistas o más bien la ocasión espacial de esta historia urbana:

> Así, las micros se exilian en su desguañangada senectud. Buses aerodinámicos borran su carnaval ceniciento, trazan nuevas rutas sin riesgo y numeraciones codificadas que reemplazan la poética de los antiguos recorridos. (Lemebel, *La esquina* 104)

Esta crónica sobre el viaje en esos viejos y destartalados buses santiaguinos es ideológicamente algo diferente a las mejores de Lemebel. Se tocan aquí esos límites en la forma de un cierto costumbrismo posmoderno que se solaza en el detalle pintoresco de aquel mundo que se extingue, como las crónicas que se multiplicaron en el cambio de siglo a comienzos del veinte, en todas las grandes ciudades latinoamericanas, a lamentar la desaparición del mundo de antaño frente a la irrupción de la barbarie popular y masiva. En este texto, aunque la simpatía y apertura hacia el mundo popular urbano estén como en todo Lemebel presentes, se hallan subordinadas al cronista-costumbrista que hace de los antiguos recorridos su propia poética de nuevos recorridos cargados de nostalgia y color local. Pero incluso aquí, preciso es notarlo, siempre por la vía de la ficcionalización de la violencia, el costumbrismo y la evocación del "brillo de la fiesta micrera" se interrumpen cuando irrumpe el accidente: "Todo es charco en la violencia del impacto. Todo es chispazo y ardor de huesos astillados" (102-103). Las canciones de la radio, la *performance* de los cantores populares, el sexo afiebrado del escolar que se deja sobar por el homosexual encandilado, la fiesta entera de la comunión popular llega así a su fin. Como en la crónica del mercado persa de las pulgas, la entrevisión de un espacio popular plural en donde una cierta comunidad o coexistencia de elementos residuales y dominantes que escapa a la lógica excluyente del mercado neoliberal pareciera posible, ("Entonces de compra y venta, el mercado popular traza su propia historia en la mezcla de retazos paleolíticos con la producción en serie de mercancías taiwanesas"[106][19]) se desgrana, se desarma como visión en la violencia que regresa en la forma del robo en el mercado o el choque en la calle para recordarle al cronista y al lector que este espacio urbano está sobredeterminado por una ubicación histórica opresiva. El momento utópico termina así a menudo en Lemebel, en y con la violencia pautada desde el Golpe por sus golpecitos de violencia cotidiana.

SEGUNDA CRÓNICA:

Se trata de una crónica titulada "Barbarella Clip" sobre los videoclips. Comienza, como muchos textos de Lemebel, constatando la degradación en el espacio del mercado de una experiencia supuestamente originaria y auténtica: la sexualidad.

> Quizás en la multiplicación tecnológica que estalló en las últimas décadas, la política de la líbido impulsada por la revolución sexual de los sesenta perdió el rumbo, desfigurándose en el traspaso del cuerpo por la pantalla de las comunicaciones. Tal vez allí fue donde una modernidad del consumo hizo de la erótica un producto más del mercado (Lemebel, *La esquina* 57)

A partir de esta constatación de la sobrecodificación de la imagen sexualizada, de su neutralización publicitaria ("La Empresa publicitaria exhibe el cuerpo como una sábana donde se puede escribir cualquier slogan o tatuar códigos de precios según el hambre consumista" dice con precisión [60]), Lemebel puede postular su política de la resistencia del cuerpo marginal al embate neoliberal. No se trata tanto de cuerpos que se hallen siempre fuera del espacio de circulación del mercado, sino más bien de cuerpos y deseos que ocupan un lugar marginal, un lugar suplementario y descentrado: "Quizás en las plazas espinudas de la periferia (...) es allí donde todavía sobreviven jirones de sexo en las espinillas del pendex" marginal. La modulación adverbial, el quizás, advierte de la incertidumbre de lo utópico, de este hipotético 'afuera' de un mercado aparentemente omnipresente y saturador de lo real. Tal vez allí, en esos cuerpos indóciles animados por el hambre, la droga, la falta de oportunidades, las ganas de venganza y de justicia, la apatía, se encuentren esos bolsones de resistencia popular con que han soñado los teóricos desde Foucault a Michel de Certau pasando por Josefina Ludmer.

Cuando la crónica avanza, el quizás se pierde en la certeza de la colonización del mundo de la vida por los aparatos publicitarios e imaginativos del mercado. El videoclip ensambla estereotipos de sexo y acción: "Pasando la película del recital, los pendex, solitarios en el living de sus casas, resultan inofensivos frente al aparato. Neutralizada su transgresión de cuerpos deseantes, por la secuencia video" (60). Pero este escamoteo del cuerpo, encuentra, tal vez y a veces, su límite en el cuerpo popular, masivo y multitudinario del joven poblador de la marginalidad santiaguina. Hay pues todavía una última vuelta posible de la tuerca: el pendex ('pendejo', o sea joven) entonces "despegándose de la oscuridad, pide fuego para prender un pito y contesta algunas preguntas"(63). Si la oscuridad del cine apareció antes como el ambiente que hacía posible una cierta comunión de clases y sujetos heterogéneos bajo el manto del secreto y la pantalla, en una crónica genial ("Baba de caracol en terciopelo negro") en que un atónito Bruce Lee mira desde la pantalla el sexo oral de los supuestos espectadores para quienes el cine trasnacional deviene la ocasión de prácticas locales. Aquí, en "Barbarella Clip," la oscuridad es el trampolín desde el que salta el marginal con una llamarada que enciende la flama de una interacción diferente. Veámosla en esta larga cita:

— ¿Ves televisión?
— A veces, cuando no hay ná que hacer y gueá.
— ¿Qué ves?
— Video Clips, recitales y esa onda. ¿Querís una fumá?
— Ya. ¿Te calienta la tele?
— (Aspiración profunda) ¿Qué onda?
— Los videos porno, por ejemplo.
— Chiss, pero pa' eso tenís que tener un pasapelículas y una mina, y una casa, porque en los hoteles tampoco te dejan entrar por menor de edad.
— ¿Y cómo lo haces?
— ¿Qué?
— Eso.
— Cuando estoy muy verde, me encierro en el cuarto (...)
— ¿Te masturbas frente al espejo?
— ¿Qué onda?
— ¿Te ves?
— Claro. (...)
— ¿Te gusta mirarte?
— Bueno, igual paso con la pierna tiesa. Me dicen el pate palo.
— ¿Te gusta Madonna?
— (Chupada) Super rica la loca, si la tuviera aquí...
— Pero está en la tele.
— Sí, pero no se lo voy a poner a la tele.
— ¿Entonces?
— (Conteniendo el humo) sabís que de tanto hablar...
— ¿Qué?
— Se me paró el ñato, estoy duro. Mira toca.
— ...
— Apaga la grabadora y gueá.
(Corte) [59-60].

Entre otras cosas, como el contraste ideológicamente construido entre experiencia mediada por la televisión y experiencia directa, la cita dramatiza en forma humorística y sobrecodificada —véanse sino las pausas que sexualizan y socializan el diálogo: "aspiración profunda, chupada, conteniendo el humo" — la posición de Lemebel respecto a la relación literatura-deseo. Si en el nivel más global, el otro interrumpe aquí el discurso literario de la crónica que aparece incorporando su propia insuficiencia como sucedáneo del sexo y lo real corporal, al nivel microantropológico de este alter ego del cronista, el discurso se interrumpe cuando este nuevo etnógrafo/actor urbano de la marginalidad santiaguina, rompe la distancia con el objeto y acepta su llamada.[20] Cuando el ojo y la voz, los ojos y las voces logran reunirse en un cuerpo o unos cuerpos localizados en la conjunción sexual. Aquí reside el potencial performativo de los cuerpos y el deseo presente en algunos y sólo algunos de los textos de Lemebel. En su prefiguración de una forma de comunión posible fundada en una cierta comunidad de identificación que va más allá de las estratificaciones y las desigualdades sin por ello negarlas.[21]

La crónica de/ en Lemebel funciona así como una reterritorialización, como un espacio de crítica y encuentro conflictivo en al menos dos niveles. De una parte, el discurso escrito es intervenido por una práctica que rearticula las distinciones (sujeto/objeto, etnógrafo/pendex) que fundan aquel. De otra, la crónica puede así en sus momentos más intensos generar la entrevisión de una sociedad más justa y menos escindida en donde los jóvenes populares de la gran ciudad latinoamericana puedan aspirar a algo más que a neoprén y pegamentos industriales.

TERCERA CRÓNICA:

Esa es, sin embargo, la utópica historia del futuro posible. Para la historia del presente hay que pasar a la crónica que cierra el libro y este ensayo. Se titula "Las Amapolas también tienen espinas". En ella desarrolla Lemebel simultáneamente una metafísica del deseo homosexual en el anonimato de la gran ciudad y una suerte de elaborada poética de la escritura de la violencia urbana:

> La ciudad en fin de semana transforma sus calles en flujos que rebasan la líbido, embriagando los cuerpos jóvenes con el deseo de turno; lo que sea, depende la hora, el money o el feroz aburrimiento que los hace invertir a veces la selva rizada de una doncella por el túnel mojado de la pasión ciudad-anal. (123)

Esta pasión ciudad-anal nos habla del ojo desde el cual observa y vive Lemebel la ciudad. Creo no equivocarme al decir que le gustaría que nos refiriésemos a esa pasión, como una pasión ocular, aunque él la nombre también "ojo coliza" y "flor homófaga".

Para decirlo brevemente: lo que esta crónica pone en escena es la necesaria e inevitable, y por ello poética, violencia que separa a dos marginales en un crimen luego de unirlos en el coito. Como si se tratase de dos ceremonias complementarias que una lógica inexorable de la textualidad en Lemebel requiriese. La poética se completa sin embargo cuando esa lógica del discurso literario comparte su dominio con otra lógica social en la cual los actores no son más que peones secundarios y marginales, el desecho de todas las clases aquí sexuales y sociales que constituían el lumpenproletariado de Marx.

Para que la tensión nazca de la inevitabilidad social del destino trágico y no de la sorpresa efectista, Lemebel comienza anunciando el final: "La loca sabe el fin de estas aventuras, presiente que el después deviene fatal... Algo en el aire la previene pero también la excita ..." (123, 124).

En este ambiente el "ojo coliza" deambula "por calles mirando la fruta prohibida" "hiriendo la entrepierna, donde el jean es un oasis (...) su pupila aguja pincha ese lugar" (*La Esquina* 124).

El motor que propele y estructura es el deseo de aventura, el deseo como aventura:

> ...pareciera que el homosexual asume cierta valentía en esta capacidad infinita de riesgo (...) algo así como desafiar los roles y contaminar sus fronteras (...) conquistarse uno de esos chicos duros que al primer trago dicen nunca, al segundo probablemente y al tercero, si hay un pito, se funden en felpa del escampado. (124)

Tras el coito y la iluminación viene la melancólica constatación de la ausencia, la comprobación de que esta historia no tendrá, cómo podría, un final feliz y satisfecho:

> ...pasado el festín, su cáliz vacío la rehueca postparto. Iluminado por ausencia, el esfínter marchito es una pupila ciega que parpadea entre las nalgas. Así fuera un desperdicio, (...) un molusco concheperla que perdió su joya en la mitad de la fiesta. Y sólo le queda la huella de la perla, como un boquerón que irradia la memoria del nácar sobre la basura. (126)

La poetización del espacio vacío, el del ano y el del sitio urbano eriazo "lleno de basuras y perros muertos" en que toda la acción acontece, termina no con el discurso melancólico de la falta sino con la instalación de la violencia que rige al mundo y estructura la ciudad. El homosexual atacado por este joven decepcionado y pobre que intenta robarle el reloj, cae víctima del falo convertido en puñal:

> ...se chupa el puñal como un pene pidiendo más (...) Como si el estoque fuera una picana eléctrica (...) calada en el riñón la marica en pie hace de aguante, posando Monroe al flashazo de los cortes, quebrándose Marilyn a la navaja Polaroid que abre la gamuza del

lomo (...) La marica maniquí luciendo el look siempre viva en la pasarela del charco... (127)

En esta escena de una inusitada y grotesca belleza, se juntan en la crónica de la violencia las violencias crónicas de la sociedad chilena, la tortura política post 73, su mercado de la fetichización y de las modas, su culto acrítico y banal de la imagen-país que Nelly Richard, Moulián y otros han analizado tan bien.[22] La lógica, repito, viene de afuera, la violencia no es aquí anecdótica sino estructural. Es la Historia chilena con mayúscula la que obliga al joven a "linchar al maricón hasta el infinito. Por todos lados, por el culo, por los fracasos, por los pacos [policías] y sus patadas (...) carnicerías del resentimiento social que se cobran en el pellejo más débil, el más expuesto"(128-9). Esta es la iluminación descarnada que la crónica de Lemebel alumbra cada vez que hace grafito en el diario o en la radio o mira la televisión con gafas oscuras para que nosotros podamos ver la realidad más real. Situada entre la realidad y la ficción, entre la necesidad y la contingencia (necesidad de otro sentido y resistencia a las lógicas únicas de la racionalidad de los transformistas o transitólogos y a la del mercado neoliberal; contingencia que quiere ser más que la pura evasión-transgresión), la crónica de Lemebel forja un nuevo relato de la vida urbana cotidiana. Un relato para el cual la diferencia entre literatura y vida se diluye en el mismo momento en que ilumina la violencia que las constituye. Como Moulián, Lemebel nos recuerda que la agenda pública de la comunicación dominante sobre la delincuencia exije un reenfoque que la desplace del núcleo burgués de su discurso. Discurso que percibe esa violencia simplemente como amenaza a la seguridad de los privilegiados y que castiga a los pobres con el estigma de "la delincuencia virtual".[23]

NOTAS

[1] Véanse Jesús Martín-Barbero, *De los medios a las mediaciones* y la obra pionera de Guillermo Sunkel, *Razón y pasión en la prensa popular: un estudio sobre cultura popular, cultura de masas y cultura política.*
[2] Véanse: Ramos, Julio. *Desencuentros de la modernidad en América Latina* y Rama, Ángel. *Rubén Darío y el Modernismo: circunstancias socio-económicas de un arte americano.*
[3] Véase José Joaquín Brunner. "Sobre el crepúsculo de la sociología y el comienzo de otras narrativas".
[4] En "Entrevista con Pedro Lemebel, géneros bastardos" de Marcelo Mellado, dice Lemebel: "me he sentido cómodo en la radio [en donde lee sus crónicas],

me he sentido mas prolífico en tanto mis escritos los retorno a la oralidad desde donde salieron, y los reinstalo en la oralidad ciudadana. Me gusta ese especie de panfleteo de mis textos antes de transformarlos en libro".
[5] Véase John Beverley. *Against Literature*.
[6] Citado por Arturo Escobar en "Culture, Economics and Politics in Latin American Social Movements Theory and Research" (71).
[7] Susana Rotker. "Ciudades escritas por la violencia (a modo de introducción)"(8).
[8] Poblete, Juan. "De la lectura como práctica histórica en América Latina: de la época colonial al siglo XIX".
[9] Jorge Larraín Ibañez. *Modernidad, Razón e Identidad en América Latina* (169-183). Las obras relevantes aquí son: Pedro Morandé. *Cultura y modernización en América Latina* y Carlos Cousiño. *Razón y Ofrenda. Ensayo en torno a los límites y perspectivas de la sociología en América Latina*.
[10] Jon Beasley-Murray. "El Arte de la fuga: Cultural Critique, Metaphor and History".
[11] Pedro Lemebel: "nace a mediados de la década del cincuenta [en Chile], escritor y artista visual. En 1987 con Francisco Casas crea el colectivo de arte 'Yeguas del Apocalipsis', que desarrolla un extenso trabajo plástico en fotografía, video, *performance* e instalación. Su trabajo literario va desde el cuento al manifiesto político, la autobiografía y la crónica. Y es especialmente como cronista que su obra se ha difundido masivamente.", según reza la solapa de *Loco Afán*. Ha publicado: *Incontables*, 1986; *La Esquina es mi corazón*, 1995; *Loco Afán. Crónicas de sidario*, 1996 y *De Perlas y cicatrices. Crónicas radiales*, 1998. Estos dos últimos proyectos contaron con el apoyo de becas del Fondo Nacional de la Cultura y las Artes en Chile.
[12] Véanse Julio Ramos, *Desencuentros de la modernidad*; Ángel Rama, *Rubén Darío* y Susana Rotker, *La invención de la crónica*. Ramos enfatiza, por ejemplo, que en el contexto periodístico en que la crónica aparece, ésta funciona como el campo de encuentro de la literatura –hecha aquí voluntad de estilo, es decir marcada como "especificación del sujeto literario a fin de siglo"–, con otros espacios no literarios, que permiten, por oposición, demarcar y comprender el interior de lo literario. Ese estilo literario fuerte que caracteriza a muchas crónicas novecentistas delimita así el adentro del campo de lo literario y es la marca que los separa de otros estilos y campos no-literarios. (111)
[13] Véase la discusión del concepto de crónica y su evolución en Monsiváis en Linda D. Egan, *Lo Marginal en el centro. Las Crónicas de Carlos Monsiváis*.
[14] Véase Arturo Escobar, "Culture, Economics and Politics"(71).
[15] "…temas como la pobreza, la homosexualidad, el sida y otros, fetichizados por el tráfico intelectual o reducidos a temas de especulación periodística", dice Lemebel. En Blanco y Gelpí, "El desliz" (97).
[16] Dice Brunner: "Por su origen epopéyico y su insalvable sesgo épico, el sistema ideológico de nuestra disciplina [la sociología] se queda paralizado ante la falta de seriedad de lo contemporáneo; ante los juegos del poder; ante la ironía propia de todo lo descentrado, pluralista y diverso que hay en nuestra época y conciencias. A la sociología no le viene bien un mundo en que

predominan los estilos de vida, las formas de consumo y no de producción, los travestismos y las parodias..." (31). Innecesario agregar que éste es precisamente el espacio en que se despliegan las crónicas de Pedro Lemebel.

[17] Lo que no quiere decir que este ethos/estereotipo homosexual de la aventura urbana a la caza de la experiencia única no se encuentre fuertemente presente en Lemebel. Se halla, sin embargo, subordinado a ese otro contexto y a esa otra visión.

[18] Véanse los ensayos de Dana Polan, "The Public's Fear; or, Media as Monster in Habermas, Negt and Kluge", y de Fredric Jameson, "On Negt and Kluge" en *The Phantom Public Sphere*, Bruce Robbins, editor.

[19] Lemebel continúa: "bajo esta poética contorsionista del contrabando y la coima, se atenúa el impacto neoliberal en los pobres. Se permea cierta justicia social..." y "Como si esta arqueología del desecho, reflotara por un momento los ecos de la utopía en el avalúo de sus escorias" (108-9).

[20] Beatriz Sarlo me sugirió una lectura diferente del diálogo que para ella recordaba en su formato más los interrogatorios policiales que la etnografía moderna.

[21] Como en su sagaz descripción de las Fiestas patrióticas, conviven allí las grandes determinaciones estructurales "Como si el estado tratara inutilmente de reflotar en estos carnavales patrios, la voz de una identidad perdida entre las caseteras Aiwa" (Lemebel, "La esquina" 69) con los deseos a ratos y solo a ratos menos mediados del mundo popular: "Estas fiestas son así, un marasmo efervescente que colectiviza el deseo de pertenencia al territorio" (Lemebel, *La Esquina* 68).

[22] Véanse: Nelly Richard, "El Modelaje gráfico de una identidad publicitaria", en *Residuos y Metáforas. Ensayos de crítica cultural sobre el Chile de la Transición* y Moulián, *Chile actual*.

[23] Moulián (134).

BIBLIOGRAFÍA

Beasley-Murray, Jon. "El Arte de la fuga: Cultural Critique, Metaphor and History". Trabajo inédito presentado en LASA, 2000, Miami.

Beverley, John. *Against Literature*. Minneapolis: University of Minnesota Press, 1993.

Brunner, José Joaquín. "Sobre el crepúsculo de la sociología y el comienzo de otras narrativas". *Revista de Crítica Cultural* 15 (Santiago de Chile, 1997): 28-31.

Cousiño, Carlos. *Razón y Ofrenda. Ensayo en torno a los límites y perspectivas de la sociología en América Latina*. Santiago de Chile: Universidad Católica de Chile, 1990.

Egan, Linda D. "Lo marginal en el centro. Las Crónicas de Carlos Monsiváis". Tesis doctoral 3 vols. University of California: Santa Bárbara, 1993. Número de pedido: 9335096.

Escobar, Arturo. "Culture, Economics and Politics in Latin American Social Movements Theory and Research". *The Making of Social Movements in Latin America*. Arturo Escobar y Sonia Álvarez, eds. Boulder: Westview Press, 1992. 62-85.

Jameson, Fredric. "On Negt and Kluge". *The Phantom Public Sphere*. Bruce Robbins, ed. Minneapolis: University of Minnesota Press, 1993. 42-74.

Larraín Ibañez, Jorge. *Modernidad, Razón e Identidad en América Latina*. Santiago de Chile: Andrés Bello, 1996.

Lemebel, Pedro. *De Perlas y cicatrices. Crónicas radiales*. Santiago de Chile: Lom 1998.

―――― *Loco Afán. Crónicas de sidario*. Santiago de Chile: Lom, 1996.

―――― *La Esquina es mi corazón*. Santiago de Chile: Cuarto Propio, 1995.

―――― *Incontables*. Santiago de Chile: Ergo Sum, 1986.

―――― "El desliz que desafía otros recorridos. Entrevista con Pedro Lemebel". Entrevista con Fernando Blano y Juan G. Gelpí. *Nomada* 3 (1997).

―――― "Entrevista con Pedro Lemebel, géneros bastardos". Entrevista con Marcelo Mellado. *Textos profanos* 1, noviembre de 1997.

Martín-Barbero, Jesús. *De los medios a las mediaciones*. Ciudad de México: Gustavo Gilli, 1987.

Morandé, Pedro. *Cultura y modernización en América Latina*. Santiago: Universidad Católica de Chile, 1984.

Moulián, Tomás. *Chile actual. Anatomía de un mito*. Santiago de Chile: Arcis-Lom, 1997.

Poblete, Juan. "De la lectura como práctica histórica en América Latina: de la época colonial al siglo XIX". *Latin American Literary Cultures: A Comparative History of Cultural Formations*. Mario J. Valdés y Djelal Kadir, eds. Oxford: Oxford University Press, vol. I, por aparecer.

Polan, Dana. "The Public's Fear; or, Media as Monster in Habermas, Negt and Kluge". *The Phantom Public Sphere*. Bruce Robbins, ed. Minneapolis: University of Minnesota Press, 1993. 33-41.

Rama, Ángel. *Rubén Darío y el Modernismo: circunstancias socio-económicas de un arte americano*. Caracas: Ediciones de la Universidad Central de Venezuela, 1970.

Ramos Julio. *Desencuentros de la modernidad en América Latina*. México: Fondo de Cultura Económica, 1989.

Richard, Nelly. *Residuos y Metáforas. Ensayos de crítica cultural sobre el Chile de la Transición*. Santiago de Chile: Cuarto Propio, 1998.

Robbins, Bruce, editor. *The Phantom Public Sphere*. Minneapolis: University of Minnesota Press, 1993.
Rotker, Susana. *La invención de la crónica*. Buenos Aires: Ediciones Letra Buena, 1992.
_____ "Ciudades escritas por la violencia (a modo de introducción)". *Ciudadanías del miedo*. Susana Rotker, ed. Caracas: Nueva Sociedad, 2000.
Sunkel, Guillermo. *Razón y pasión en la prensa popular: un estudio sobre cultura popular, cultura de masas y cultura política*. Santiago de Chile: Ilet, 1985.

II. Miedos urbanos y la redención de las masas

Cultura urbana y género expositivo: *El perfil del hombre y la cultura en México* de Samuel Ramos

Juan G. Gelpí
Universidad de Puerto Rico, Río Piedras

Al igual que sucede con los otros ensayos culturalistas de los años treinta que proliferaron en América Latina, *El perfil del hombre y la cultura en México*, publicado en 1934 por el mexicano Samuel Ramos, ha generado un buen número de interpretaciones y reescrituras. En ese proceso, algo que ayudó a la difusión del libro es el hecho de que varios ensayistas y pensadores —a lo largo de las décadas del cuarenta y cincuenta y desde el ensayo y la filosofía— se interesaran por el estudio de "lo mexicano" o el "carácter nacional".

Estudiante de medicina que más tarde se desvía hacia la filosofía y se dedica a la enseñanza de la lógica y la estética en la Universidad Nacional de México, Samuel Ramos (1897-1959) desencadena en su país una producción ensayística sobre la "cultura" y el "hombre" nacionales. Esta tendencia de la prosa expositiva, que podría colindar sólo hasta cierto punto con la reflexión filosófica, adquiere su expresión más cabal y sin duda literaria con la escritura de los ensayos que componen *El laberinto de la soledad* de Octavio Paz a fines de los años cuarenta y con su publicación en forma de libro en 1950. Algunos críticos, entre los cuales se encuentra Henry C. Schmidt, ven en la ensayística de Ramos la culminación de un pensamiento mexicano que ya se venía fraguando en las obras de José Vasconcelos, Antonio Caso, Alfonso Reyes y Cosío Villegas (Schmidt 139).

Lo cierto es que el libro de Ramos alienta las lecturas que de él se han llevado a cabo. Se trata, en efecto, de una colección de textos expositivos acerca del "hombre" y la "cultura" de México. Para algunos lectores —por ejemplo, Dessau[1]— en *El perfil del hombre y la cultura en México* se manifiesta un pensamiento filosófico mexicano. Otra lectura que se realiza desde la filosofía de la cultura o el pensamiento social latinoamericano es la de Schutte, quien lee la identidad cultural como si fuera primordialmente un elemento de la filosofía latinoamericana. Se sabe, sin embargo, que ese aspecto "filosófico" constituye de igual modo uno de los ejes del ensayo en Latinoamérica. Para varios lectores y sin duda para el propio Ramos, la dimensión filosófica vendría a adquirir más solvencia con la ayuda de las "nuevas" teorías científicas del psicoanálisis que están muy presentes en el libro

—en particular, las del psiquiatra austríaco Alfred Adler— y que tratan sobre el complejo de inferioridad.

Prefiero leer el texto de Ramos como una obra fundamental en el desarrollo de un género literario, en el cual —desde sus inicios con Miguel de Montaigne— se han expuesto ideas y opiniones sin brindarles el carácter más sistemático que pueden tener los tratados filosóficos o científicos. Opto, además, por explorar un ángulo de este clásico mexicano que no se ha desarrollado en otras lecturas: el vínculo entre el género expositivo al cual pertenece y el contexto cultural y político en el que se produjo. Porque en lugar de constituir una reflexión "desinteresada" o "distanciada" sobre la cultura mexicana, *El perfil* supone una respuesta a y una intervención en varios procesos y polémicas que se produjeron en México en la década del veinte y los primeros años de la década del treinta.

Este libro que se ha querido leer como una reflexión acerca de "lo mexicano", constituye una reacción muy concreta a un proceso histórico: a las etapas iniciales de la modernización de la Ciudad de México. No se ha reparado lo suficiente en el hecho de que la cultura a la que remiten estos ensayos es exclusivamente la de la capital mexicana y, más concretamente, a las nuevas relaciones entre sujetos que se producen en el espacio de la ciudad moderna. Como se sabe, el crecimiento poblacional que habría de multiplicarse vertiginosamente a lo largo de las décadas del cuarenta, cincuenta y sesenta en esa ciudad, ya se deja sentir desde 1925, año en que la Ciudad de México —enfrascada en un complejo proceso de reconstrucción de estructuras e instituciones después de la fase armada de la Revolución— se acerca al primer millón de habitantes. Igualmente habría que recordar que el crecimiento económico se manifiesta particularmente en la Ciudad de México a partir de los años treinta porque el Estado concentró la producción industrial en la capital (Ward 47).

El perfil del hombre y la cultura en México es un espacio privilegiado para leer las manifestaciones iniciales de una cultura urbana en el México moderno; en particular, la manera en que un sujeto, que se construye como intelectual, *percibe* esa cultura del espacio urbano. El género expositivo del ensayo constituye un modo de representar el espacio de la ciudad que difiere del que emplea, por ejemplo, la novela; género este último que, en particular en los últimos dos siglos, se ha encargado de producir múltiples representaciones de las urbes modernas y posmodernas. La posibilidad que ofrece la novela de convocar, según lo ha visto Mikhail M. Bakhtin, una multiplicidad de voces sociales, es sólo uno de los medios que tiene a su disposición ese género para reconstruir artísticamente la ciudad y el conjunto de sujetos y fuerzas que en ella actúan.[2] Algo semejante puede afirmarse sobre el modo en que la novela trabaja el plano espacial. Por ejemplo, se ha planteado que el texto novelístico realista está íntimamente ligado al principio metonímico (Jakobson 167). La prosa realista se desarrolla multiplicando o desencadenando metonimias; es decir, generando la ilusión de una serie de contigüidades. De ese modo, un espacio representado en un texto novelesco convoca a otros.

En su proceso de representación de la cultura y el espacio de la ciudad, el ensayo —género expositivo y argumentativo— parecería recurrir a otras estrategias. Si, como ya señaló Benjamin, haciéndose eco de los planteamientos de G. Simmel, la mirada marca las relaciones interpersonales en las grandes ciudades modernas, se podría afirmar que la ensayística cultural mexicana —en particular sus dos textos axiales: *El perfil del hombre y la cultura en México* y *El laberinto de la soledad*— destacan ese indicio (la mirada) a la hora de construir al sujeto intelectual que los organiza (Benjamin 191). Cuando se leen estos ensayos, entonces, hay que detenerse en las opiniones o ideas, pero también en las *percepciones* del sujeto: qué percibe y cómo lo hace quien enuncia en el texto. A pesar de sus diferencias, los textos de Ramos y Paz comparten una misma filiación orteguiana. En el caso de Ramos, Medin ha marcado la presencia clara del circunstancialismo orteguiano (Medin 61). La ensayística de José Ortega y Gasset no es modélica en el plano meramente temático o contenidista; lo es, en gran medida, porque en ella se inscribe un sujeto ensayístico intelectual cuya mirada se subraya y le "confiere" una percepción privilegiada.[3]

Ambos ensayos mexicanos reciben además un fuerte estímulo de la línea o tradición de la cual provienen: los ensayos de defensa de la alta cultura que tienen en el *Ariel* de José Enrique Rodó su modelo inicial y texto fundador. Desde sus inicios, este tipo de ensayo encara a los fenómenos de la modernización y el crecimiento poblacional de las ciudades, y lo hace en buena medida a partir de la fobia. La reconstitución simbólica que se da en estos textos delata una tendencia a retraerse del ajetreo y la multiplicidad urbana para explorar y construir espacios literales o metafóricos que remiten a interiores. Desde la sala de estudio o el reino interior del *Ariel*, pasando por el inconsciente del mexicano al cual pretende lograr acceso el sujeto en *El perfil del hombre y la cultura en México*, hasta la exploración del presunto hermetismo del mexicano que hay en el *El laberinto de la soledad*, la ensayística de defensa de la alta cultura en México se construye a partir de interiores.[4]

A propósito de *Ariel*, tal vez no se haya subrayado lo suficiente el juego de espacios que en él se produce: el hecho de que, además de presentar un cuerpo o centro, también posee un marco peculiar.[5] En el cuerpo del texto, Próspero, la figura magisterial, plantea una serie de problemas que han afiliado este texto indisolublemente al género del ensayo hispanoamericano: el futuro de la juventud latinoamericana, la necesidad de una educación integral, no especializada, y el enfrentamiento cultural y político entre Estados Unidos y América Latina. En el marco del texto, una voz "narradora" caracteriza tanto al maestro como a sus estudiantes. Este sujeto textual también hace observaciones sobre los dos espacios fundamentales a los cuales alude el texto: el protegido interior letrado y el amenazante exterior urbano. Esta escisión inicial marca a toda esta modalidad del género a lo largo de su desarrollo. Además de exhibir gran parte de las características de cierta literatura decimonónica francesa (piénsese en "Crepúsculo de la tarde" de Charles Baudelaire) y de los interiores modernistas, el interior en *Ariel* remite a la lógica excluyente y defensiva a partir de la cual se arma el texto. La comunidad u homosociedad que se instaura en el interior es masculina e intelectual, y se fortalece mediante las continuas alusiones o citas a escritores, filósofos o intelectuales europeos de la época. La postura defensiva de este texto se prefigura en las "amenazas" a las cuales alude Próspero en su discurso: la modernidad, las masas urbanas, la inmigración, la democracia vista como un tumulto vulgar.[6] Ese carácter "amenazante" se confirma cuando el maestro y sus alumnos salen de la sala de estudio y se adentran en el espacio de la ciudad. Cesa allí el "éxtasis" que había imperado en el espacio interior. Esta "escena fundadora" del ensayo de defensa de la alta cultura se repetirá, con variaciones, hasta *El laberinto de la soledad*.

Otro *corpus* que tiñe esta corriente ensayística, como ya se señaló, es la obra de José Ortega y Gasset. Más que el mero contenido de sus textos, habría que destacar la manera en que se organizan sus textos distribuyendo y jerarquizando sujetos de la enunciación así como sujetos de lo enunciado o representado. Todo esto remite a un problema fundamental del género ensayístico tal y como se practica en México: el de la percepción; aspecto éste sobre el cual volveré.

Samuel Ramos se familiariza inicialmente con la obra de Ortega y Gasset durante los años veinte en México, cuando los integrantes del grupo de la revista *Contemporáneos* —con quienes estuvo muy vinculado— comienzan a leer la *Revista de Occidente*, fundada en 1923. Más tarde, en *Contemporáneos* (1928-1931), aparecerán reseñas de libros publicados por la revista española (Lempérière 109-111). Además, el viaje de estudio que realiza Ramos a París en la segunda mitad de la década de los veinte lo pondrá en contacto con el pensamiento de Ortega y Gasset. En el caso de México, como se sabe, este interés por la obra del autor de *La rebelión de las masas* (1930) se intensificará a partir de fines de la década del treinta cuando, entre otros exiliados españoles, llega al país José Gaos, profesor de filosofía y seguidor de Ortega y Gasset.

En *El perfil*, así como en *La rebelión de las masas*, un mismo principio organizador del plano intersubjetivo recorre los textos: una división entre el intelectual y las masas; en particular las masas o aglomeraciones urbanas. El término "masas" es un instrumento lingüístico de exclusión por medio del cual se les resta estatus humano a grandes sectores de la sociedad (Carey 25). Estas observaciones encontrarán un eco en el texto de Ramos, así como en otros ensayos culturalistas de la primera mitad del siglo XX. En este tipo de ensayo, el sujeto intelectual que enuncia se va a caracterizar por la posesión de una serie de valores de índole espiritual —inteligencia, capacidad de abstracción, moral— mientras que la masa o sus representantes, como el "hombre masa" o el "pelado", carecerán de esos valores y estarán marcados por una insistente y hasta obsesiva corporeidad.[7] En el texto de Ortega y Gasset, el hombre-masa no posee un "interior"; es puro cuerpo. Igualmente reductora resulta la imagen que emplea en otro pasaje: allí la masa es la boya que va a la deriva (49).

Esta división entre el intelectual y las masas es un elemento organizador que se intensifica, y cobra visos de polaridad diferenciadora o distanciadora, en el texto de Samuel Ramos. Al igual que en la amplia obra ensayística de Ortega y Gasset, en Ramos se ubica al intelectual en un espacio protagónico. Acaso muchos de estos rasgos del texto de Ramos estén emparentados con el crecimiento poblacional que experimentó la Ciudad de México a lo largo de los años treinta.[8] El sujeto —ese efecto textual que se construye en el texto de Ramos— se presenta como un "analista" de la cultura mexicana que aspira a psicoanalizarla. Más que como discurso científico riguroso, el psicoanálisis se inscribe aquí como una doctrina fundamentalmente "moderna" (32), como un instrumento útil para hacerle frente al diverso y confuso espacio de la ciudad moderna. No está demás recordar que el psicoanálisis es una corriente de pensamiento que surge y se desarrolla en ciudades modernas —tales como Viena, Berlín, Zurich y, unas décadas más tarde, París— que habían alcanzado un grado de desarrollo y crecimiento poblacional considerables. En un estudio interdisciplinario, Marino Pérez Álvarez advierte que "la psicología es un asunto de ciudad" (3). Añade que la Viena de fines del siglo XIX —esa ciudad en la cual el Dr. Sigmund Freud abre su consulta en 1896 y en la cual Alfred Adler ejerce la medicina— era probablemente la urbe y la época de máxima densidad psicológica. En ese momento, Viena se consideraba la capital de la medicina mundial. El psicoanálisis bien puede entenderse como un fenómeno médico que se produce a partir de la cultura y el espacio de la ciudad. En la Viena de ese momento, al igual que en otras ciudades modernas, regía una economía de la mirada muy peculiar que suponía un elemento teatral.

> No sólo las fachadas y los interiores, la Ringstrasse, la calle-anillo, ella misma era un escenario urbano, para ceremonias de exhibición oficial (desfiles, militares), y sobre todo para el pausado paseo diario de la sociedad vienesa, cuyas gentes estaban deseosas tanto de ver como de ser vistas...(Pérez Álvarez 107).

En el caso de América Latina, son la Ciudad de México y Buenos Aires, urbes sobrepobladas, los centros en los cuales se produce, durante la primera mitad del siglo XX, un auge considerable del psicoanálisis.

Un pasaje del texto aclara la relación que entabla Ramos con el psicoanálisis.

> en el caso del mexicano, pensamos que le es perjudicial ignorar su carácter cuando éste es contrario a su destino, y la única manera de cambiarlo es precisamente darse cuenta de él. La verdad, en casos como éste, es más saludable que vivir en el engaño. Adviértase que en *nuestro ensayo* no nos limitamos a describir los rasgos más salientes del carácter mexicano, sino que ahondamos hasta descubrir sus *causas ocultas*, a fin de saber cómo cambiar nuestra alma. (50-1, énfasis mío)

La mirada del sujeto intelectual exhibe un alto grado de penetración. Pretende ver, descifrar y exponer lo que no está a la vista: el inconsciente, esa variante del interior sobre la cual trabajará este texto en sus procesos de producción. Uno de los primeros comentarios que hace sobre el tipo urbano del "pelado" delata ese deseo de adentrarse en él a través de la mirada.

> El mejor ejemplar para estudio es el "pelado" mexicano, pues él constituye la expresión más elemental y bien dibujada del carácter nacional. No hablaremos de su aspecto pintoresco, que se ha

reproducido hasta el cansancio en el teatro popular, en la novela y en la pintura. Aquí sólo nos interesa *verlo por dentro*, para saber qué *fuerzas elementales* determinan su carácter. (53, énfasis mío)

Se marca desde aquí el evidente carácter protagónico del sujeto intelectual precisamente en el alcance de su mirada. A pesar de que Ramos recurre al psicoanálisis, está claro que, en último término, no hay un deseo de fundamentar la interpretación que se hace del mexicano y su cultura en una investigación rigurosa o de hacer uso del método científico: "Se ha creído innecesario fundar esta interpretación acumulando documentos" (52). De ahí que, a pesar de que incorpora algunos elementos de ese discurso científico moderno, este texto se mueve más bien dentro del terreno del género literario del ensayo; concretamente del ensayo cultural.

Hay un segundo plano en el que se inscribe la cultura del espacio de la ciudad en *El perfil del hombre y la cultura en México*. Al adentrarse —libremente, como ya se vio— en el psicoanálisis del mexicano y su cultura, Ramos construye y analiza tipos humanos fundamentalmente urbanos: el pelado o *lumpen* urbano, el mexicano habitante de la ciudad, el burgués mexicano y el hombre "culto" o intelectual criollo. En ese recorrido por los diferentes tipos humanos de la capital se registran varias exclusiones. Ramos recorta y transforma —es decir, representa— algunas parcelas de la sociedad mexicana de su momento, pero deja fuera a otros sectores: a los habitantes del campo, a los indígenas y a las mujeres.

El espacio de lo representado abarca aquí una gama que va del pelado hasta el intelectual. Se genera también una progresión paralela a esta gama que va de la caricatura al homenaje o la alabanza. Dicho de otro modo: el sujeto intelectual se desplaza de la mirada distanciadora al diálogo con los pares. Esa mirada intelectual tiene una dimensión narcisista que se manifiesta en la proyección: por un lado, la marca la penetración, y, por el otro, la envergadura. Tal y como se lo presenta, el mirar tiene un carácter incluso utópico: al poder abarcar tanto la profundidad como la extensión, parecería vencer toda clase de límites u obstáculos. Por otro lado, frente al creciente y caótico espacio de la ciudad moderna, la mirada del sujeto ensayístico se proyecta sobre él, y lo reconstruye a su manera. De hecho, el ensayo culturalista mexicano acaso podría verse como el espacio textual en el cual se proyecta la mirada intelectual en un gesto particularmente narcisista. Y esa proyección se constituye, hasta cierto punto, en uno de los modos de legitimar la labor intelectual frente a un nuevo orden espacial, social y político complejo y posiblemente hostil a la labor intelectual.[9] Que el lugar de los intelectuales se ve amenazado en el nuevo orden moderno se transparenta en un pasaje ejemplar: "Se ha perdido también, aunque no por completo, el respeto y la envidia a los 'intelectuales'" (83).

Para que exista esa mirada penetrante y "poderosa" tiene que haberse producido una economía de la mirada previa, mediante la cual se establece algún contacto entre el intelectual y el tipo humano representado en el espacio de la ciudad. Lo que vincula a esas figuras y lo que se genera en el sujeto intelectual es posiblemente el temor o la fobia a lo desconocido; fenómeno que no es raro, por cierto, en los espacios de la diversidad urbana en los cuales impera el anonimato. Fiel a la lógica de los textos de defensa de la alta cultura, en *El perfil del hombre y la cultura en México* parecería reprimirse o borrarse la práctica cotidiana del recorrido por la ciudad a partir de la cual muy posiblemente se haya generado la percepción de los distintos grupos o sectores sociales.[10] Lo que un género inscribe y convierte en principio organizador, el caminar por la ciudad, el género contiguo —el ensayo culturalista— lo reprime. Sin embargo, a pesar de la represión y la "amnesia", en el ensayo de Ramos persiste la mirada como indicio inquietante de ese paseo reprimido. Rossana Reguillo ha estudiado con agudeza la ambigüedad inherente a las fobias y los miedos urbanos cifrados en las "criaturas de la noche" que habitan las ciudades del final de siglo XX:

> se trata de figuras contradictorias en tanto que representan, simultáneamente, de una parte, amenaza y riesgo, y de otra, tentación y seducción. Es decir, su poder desestabilizador se percibe asociado a la atracción que ejercen sobre los buenos ciudadanos...(Reguillo 77-8)

Esa dualidad —amenaza y, a la vez, tentación y seducción— nos podría llevar a leer de otro modo la polaridad distanciadora en la cual se enfrenta el intelectual a las masas urbanas en ese momento anterior de la década del treinta: el rechazo del pelado podría sugerir que hay algo en esa figura —acaso sus excesos corporales— que resulta atractivo para el comedido, libresco e "incorpóreo" sujeto intelectual que prima en la ensayística de defensa de la alta cultura.[11] Esa alternancia de fobia y deseo se asemeja, por cierto, a un proceso que puede producirse en el psicoanálisis. En el análisis, que es posterior a una mirada sobre uno o varios sujetos, el psicoanalista interpreta a menudo con ingeniosas licencias heurísticas que acaso indican más del analista que del analizado (Pérez Alvarez 116).

En la serie de tipos urbanos que presenta y analiza el sujeto intelectual, el pelado constituye un margen que ocupa un espacio polar al del sujeto intelectual: "En la jerarquía económica es menos que un proletario y en la intelectual un primitivo" (54). Esa polaridad se observa también en la manera en que en *El perfil del hombre y la cultura en México*, al igual que en otros ensayos de defensa de la alta cultura, se esciden mente y cuerpo. Las marcas de la corporeidad se les asignan a los sujetos excluidos, mientras que de la dimensión somática del sujeto emisor se sabe muy poco. Además de la proyección de la mirada, el rasgo o atributo primordial del sujeto intelectual es la erudición, el diálogo que entabla con autoridades de la cultura letrada, y que nace de otra forma de mirada: la lectura. Por eso, en la medida en que se produce ese diálogo, esta escritura ensayística podrá ser excluyente, pero no es monológica. En todo caso, habría que plantear como constitutivo de ese género la existencia de un diálogo entre pares que se agrupan en una homosociedad intelectual.

Volviendo a la representación del pelado, a diferencia del sujeto intelectual, esta figura es puro cuerpo. Se asocia con lo "bajo corporal", con el pene y los testículos; es decir, con lo que la civilización cubre u oculta. El énfasis en la corporeidad del "pelado" lleva a Ramos a construir una masculinidad "vulgar y grosera" (55) que se basa en una "obsesión fálica" (54). Además, en el pelado se subraya la falta o carencia de recato: lo caracteriza una "expresión inflada de palabras y gritos" (57).

En el caso del sujeto o emisor del texto también hay una construcción de la masculinidad que no pasa por el cuerpo, sino más bien por el *corpus* de la cultura o ciudad letrada. La gestualidad, la teatralidad excesiva de la masculinidad que se adjudica al pelado, tiene su contrapartida en la constitución de una homosociedad de intelectuales urbanos con los cuales dialoga el sujeto de Ramos. Además de reflejarse en varios intelectuales como Justo Sierra y los integrantes del Ateneo de la Juventud (Alfonso Reyes, José Vasconcelos y Pedro Henríquez Ureña, entre otros), esa masculinidad se articula en la especularidad — en ese *mirarse* y *reconocerse* característico de cierto narcisismo intelectual— que entraña la lectura y mención de los textos de Adler, Spengler, Jung, Ortega y Gasset, Curtius y Rodó. En una interpretación inicial, se podría tachar meramente de masculinista (y de excluyente) esa construcción de la masculinidad. Pero, al mismo tiempo, como se verá, esa mezcla de erudición mexicana y extranjera —esa promiscuidad de la mirada intelectual— contradice las medidas del nacionalismo oficial del Estado mexicano de esos años.

Antes de pasar a examinar la manera en que obra la homosociedad en *El perfil del hombre y la cultura en México*, me permito una digresión mediante la cual expreso una inquietud más que una certeza. ¿Es acaso inevitable que el ensayista —poseedor de una mirada que frecuenta textos de la alta cultura y (posiblemente) poco dada

Los agachados, 1934

a apreciar las muestras de la emergente cultura popular (el cine, el bolero, entre otros)— represente de esa manera reductora a los sectores populares de la ciudad moderna? ¿Existen otras representaciones de esos sectores de la ciudad en ese momento histórico? No me refiero aquí al reverso de la ensayística de defensa de la alta cultura que, en este caso, podría ser el bolero en tanto modalidad poética urbana y masiva (Gelpí, "El bolero"). Más bien me pregunto acerca de la existencia de otras representaciones de los sectores populares que provengan de igual modo del sector letrado, y en las cuales esos sujetos populares estén en contacto con el espacio de la ciudad.

El ámbito de la fotografía coetánea de Ramos brinda la posibilidad de establecer un contraste que, a la vez,

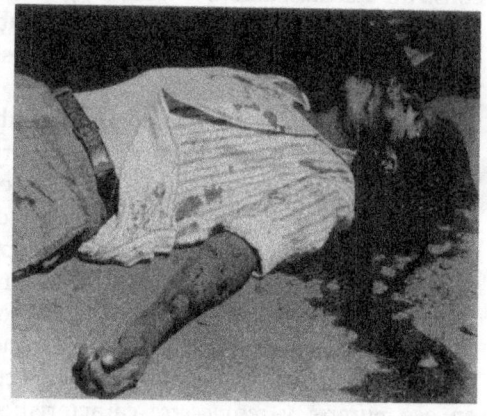
Obrero en huelga, asesinado, 1934

permite leer de otro modo el ensayo que nos ocupa. Pienso concretamente en la mirada fotográfica de Manuel Álvarez Bravo, quien, por esos años, además de retratar a varios escritores y artistas (Frida Kahlo, Rufino Tamayo, Salvador Novo, Sergei Einsenstein) y de asociarse con el superrealismo europeo, es también un fotógrafo cuyo lente no rehúye el dinamismo del espacio urbano.[12] En varias fotos de 1934, año de publicación de *El perfil del hombre y la cultura en México*, se representa la masculinidad urbana popular. En ninguna se trata de representar un conjunto de rasgos de un individuo, sino más bien de captar un instante en el fluir de la ciudad. En el caso de "Los agachados" (Kismaric 78), el espacio de la representación es muy sugerente: los rostros se insertan en una zona de sombra que asciende hacia la palabra "COMEDOR". Al extremo inferior se observa una curiosa cadena que ata todos los taburetes, y que connota tal vez la unión en el hambre de esos sujetos urbanos. La invisibilidad de los rostros se refuerza también mediante la posición dorsal de los sujetos. Muy a diferencia de la posición "frontal" y caricaturesca del pelado, estas figuras masculinas retienen una dimensión enigmática —esa zona de sombra— a la cual ni el fotógrafo ni el espectador tienen acceso.

Ese carácter enigmático se trabaja de igual modo en "La tercera caída" (Kismaric 83), en la cual se presenta una figura cuya identidad de género sexual es difícil de aclarar, aunque podría ser una mujer. Una vez más, el ocultamiento del rostro genera una zona de enigmas. Ese sentido encubierto se inscribe también en "Trabajadores del fuego" (Kismaric 80), foto fechada en 1935. El uniforme de trabajo no remite únicamente al oficio de esos hombres, sino que sirve para ocultar, para impedir que la cámara *penetre* en la figura representada. (Aquí se advierte otra diferencia frente al texto de Ramos, cuyo sujeto intelectual hace alardes de adentrarse en y analizar a los sectores populares de la ciudad). Lo mismo sucede en "Sed pública" (Kismaric 87), foto de 1934 que capta a un niño que se ha girado, dándole la espalda a la cámara, mientras toma agua en lo que podría ser una pluma pública. Por último, remito a otra foto de 1934 que es una de las más conocidas de Álvarez Bravo, y que nos lleva —aparentemente— por otro rumbo. Me refiero a "Obrero en huelga, asesinado" (Kismaric 86).

Esta figura —que se encuentra, curiosamente, *de perfil*— posee un semblante enigmático. A pesar de haber sido asesinado, su expresión facial, lejos de sugerir dolor, insinúa serenidad y dignidad. Su muerte oculta definitivamente el posible contenido de su dolor. Sin embargo, los ojos abiertos parecerían desmentir su muerte, y el hecho de que la sangre que le brota del rostro desborde el límite o marco de la foto sugiere un fluir y un dinamismo que poco tienen que ver con la muerte.

De esta digresión se desprende la existencia de un modo de representar —la mirada fotográfica de Álvarez Bravo— que coexistió con el ensayo de Ramos y en el cual se trabaja a partir de una sugerencia y una ambigüedad que el género expositivo, en cambio, no parece acoger en ese momento.[13] Si en este ensayo la representación de las clases populares de la ciudad moderna es hostil o, en el mejor de los casos, ambigua, conviene examinar cómo obra la homosociedad en el texto de Ramos. Entendida aquí como sinónimo de "la cultura criolla", la homosociedad revela las huellas de una cierta ciudad letrada mexicana de ese momento, a la vez que desempeña claramente una función protectora — de baluarte — contra la ciudad moderna en la que impera la despersonalización (68). Frente a la metrópoli materialista y a la excesiva corporeidad del "pelado", la cultura criolla va a esgrimir los "valores espirituales".[14] Al llegar al ensayo "La cultura criolla", se toca el extremo opuesto del "pelado": en ella residen el humanismo, la espiritualidad y la conciencia. En resumen, se trata de todo aquello que el "pelado" no posee. No es casual que emerja en este momento — como texto privilegiado— el *Ariel* de José Enrique Rodó. En esta reflexión sobre México que es, a la vez, una defensa de la alta cultura mexicana, se privilegia el texto que abre esa línea ensayística en Hispanoamérica. La exaltación de Rodó se refuerza aquí con la doble herencia que se le atribuye: el cristianismo y Simón Bolívar (75).

Los integrantes del Ateneo de la Juventud ocupan un lugar destacado en esta sección del libro que se publicó originalmente en la revista *Contemporáneos* en 1931. Con los ateneístas se da el otro protagonismo de la figura intelectual. Incluso el sujeto los convierte en figuras salvadoras que obran en medio de la guerra civil que acarreó la Revolución Mexicana: "No se ha insistido hasta hoy en la circunstancia de que este resurgimiento intelectual se opera en un ambiente de tragedia" (79). Salvar la alta cultura en un medio adverso es el vínculo principal que se produce en este texto entre el pasado (el Ateneo de la Juventud) y el presente.

En el presente en que se escribe el texto — los primeros cuatro años de la década del treinta— se habían multiplicado los antagonismos entre el grupo de intelectuales al cual se vinculó Ramos —el de la revista *Contemporáneos*— y una serie de escritores e intelectuales que habían pactado con el Estado. Al igual que se enfrenta a la emergente cultura urbana, *El perfil del hombre y la cultura en México* "interviene", dos años después y una vez se ha disipado, en una de las polémicas más intensas que se produjeron en México durante los años treinta: la que opuso, en 1932, a los defensores del nacionalismo cultural (varios intelectuales de la revista estatal *Crisol* y otros escritores que aspiraban a ocupar posiciones de poder en el Estado) y a los partidarios del universalismo o cosmopolitismo (algunos de los integrantes de la revista *Contemporáneos*). Ramos participó en la polémica en sus inicios, precisamente en las primeras declaraciones que aparecieron en *El Universal Ilustrado*.[15] El nacionalismo cultural que favorece Ramos, a diferencia del que propugna el estado, resulta bastante vago. A la altura de los primeros años de la década del treinta, el Estado mexicano se había apartado considerablemente de las metas iniciales de reivindicación social que se trazaron muchos de los dirigentes de la Revolución Mexicana. Guillermo Sheridan asevera que las propuestas nacionalistas que el Estado fomentó en las artes plásticas y musicales aportan productos que venían a resolver en el ámbito artístico lo que la política no pretendía resolver en la práctica (Sheridan, "Entre la casa" 403).[16]

> El Estado, en una nueva manipulación, disponía así de una cultura revolucionaria, un importante ingrediente legitimador (que tenía el beneficio accesorio de ser una espectacular y redituable agencia de relaciones internacionales), algunos de cuyos proveedores le ofrecían a cambio de las posiciones que el Estado podía redistribuir en los organigramas del nuevo orden político. (Sheridan, "Entre la casa" 403-404)

Plutarco Elías Calles, la figura clave de la política mexicana desde 1924 hasta 1934, había abandonado la presidencia en 1928, pero no así el ejercicio del poder.[17] Se trata de un período de una clara derechización de la política estatal mexicana: fueron años en los que abundaron las persecuciones no sólo a los partidarios del universalismo o cosmopolitismo artístico y literario, sino también a muchos militantes comunistas y dirigentes sindicales que se negaron a pactar con el Estado. El Partido Comunista Mexicano se vio obligado a convertirse en una organización semi-clandestina de 1930 a 1934 (Carr 58). El año de 1932 —el mismo en el que se produce la polémica entre nacionalistas y universalistas— es el momento de máximo poderío de la figura de Calles (Aguilar Camín y Meyer 115). La obra más clara del "Jefe Máximo" fue la creación del Partido Nacional Revolucionario en 1929, partido que constituye un claro antecedente del Partido Revolucionario Institucional o PRI. Desde sus inicios, ese Partido no se caracteriza por un debate libre entre sus integrantes, sino más bien por la toma de decisiones desde la cúpula que luego se transmiten e imponen a las bases mediante el Comité Ejecutivo Nacional (Aguilar Camín y Meyer 127).

Calles no constituye un caso aislado en la política mexicana. Arnaldo Córdova ha señalado que, a pesar de que el Estado mexicano se estructura según el principio de la división de poderes, el presidencialismo (el predominio del poder ejecutivo) ha eliminado el posible equilibrio o autonomía de los poderes (543). Este predominio prácticamente dictatorial del presidencialismo, acompañado de múltiples persecuciones, forma parte del contexto concreto en que surge este ensayo que se ha querido leer como una reflexión abstracta de la ontología nacional mexicana.

La postura explícita del sujeto de Ramos ante la polémica entre nacionalistas y universalistas critica por igual los excesos en que han incurrido ambos bandos. En contraste con las declaraciones de 1932, se transparenta en el libro de 1934 una postura conciliatoria en la cual se aúnan lo específico mexicano y lo universal.

> Nuestra capital debe huir igualmente de la cultura universal sin raíces en México, como también de un "mexicanismo" pintoresco y sin universalidad. El ideal que está aún por realizarse es, por decirlo así, la personalidad de acuerdo con una fórmula matemática que reúna lo específico del carácter nacional y la universalidad de los valores. (98)

Sin embargo, esa postura conflige con la que se observa en otros trozos en los cuales se da un claro enfrentamiento al Estado y sus posturas nacionalistas. Concretamente, hay un pasaje en el cual se destaca —en claro contraste con la mirada "penetrante" del sujeto intelectual— el mirar limitado de las propuestas estatales.

> Mientras no se defina su modo de ser, sus deseos, sus capacidades, su vocación histórica, cualquier empresa de renovación en sentido nacionalista será una *obra ciega* destinada al fracaso (86, énfasis mío).

Puede retomarse ahora el dato formal que se había observado en *El perfil del hombre y la cultura en México* en relación con la capacidad de proyección de la mirada del sujeto intelectual. Esa proyección —penetración y envergadura— bien podría constituir un mecanismo que crea el género ensayístico para encarar la heterogeneidad de la emergente ciudad moderna. Pero igualmente podría plantearse que esa capacidad de proyección del sujeto ensayístico constituye un recurso del género en su enfrentamiento lateral al poderío del Estado que ha reprimido, limitado y obstaculizado a los intelectuales que no simpatizan con él. El enfrentamiento del intelectual y el Estado recorre buena parte de los géneros expositivos y documentales en México. A fines de la década de los cuarenta, en *El laberinto de la soledad* de Paz, se retomará ese antagonismo en otro contexto: en el momento en que los procesos de modernización han marginado más aún a los intelectuales. A partir de otra lógica y empleando otras estrategias retóricas, el sujeto intelectual que construye Paz se insertará en este proceso con una vehemencia mayor. Allí también se produce una representación clave de la cultura urbana mexicana del siglo XX.

No menos valiosa es la aportación de *El perfil del hombre y la cultura en México*. Lejos de constituir una mera reflexión sobre "lo mexicano", como han querido verlo varios lectores, el texto de Ramos inscribe una economía de la mirada que lo lleva mucho más allá de los límites de una estrecha ontología nacional: lo traslada al ámbito de las prácticas cotidianas de las cuales la alta cultura se ha querido sustraer. Mirarse de manera narcisista en los pares de la ciudad letrada y mirar también, de manera ambigua, a los otros del dinámico espacio de la ciudad son algunas de las huellas, acaso involuntarias, del carácter moderno de esta obra.

NOTAS

[1] Dessau no distingue entre textos ensayísticos y filosóficos. Incorpora, por ejemplo, un texto claramente ensayístico, como *El laberinto de la soledad*, al desarrollo del pensamiento filosófico mexicano (Dessau 164).

[2] Se conocen las observaciones de Bakhtin sobre la heteroglosia en la novela: "The novel can be defined as a diversity of social speech types (sometimes even diversity of languages) and a diversity of individual voices, artistically organized" (262).

[3] Un pasaje de *La rebelión de las masas* de Ortega y Gasset es paradigmático en ese sentido.

> Sorprenderse, extrañarse, es comenzar a entender. Es el deporte y el lujo específico del intelectual. Por eso su gesto gremial consiste en mirar el mundo con los ojos dilatados por la extrañeza. Todo en el mundo es extraño y es maravilloso para unas pupilas bien abiertas. Esto, maravillarse, es la delicia vedada al futbolista, y que, en cambio, lleva al intelectual por el mundo en perpetua embriaguez del visionario. Su atributo son los ojos en pasmo (47).

[4] Otra será la manera de encarar el crecimiento urbano y la modernización que adoptarán los textos de la corriente alterna de la ensayística mexicana, entre los cuales habría que destacar, por su carácter fundador, la ensayística y las crónicas urbanas de Salvador Novo. El recorrido por los espacios abiertos de la ciudad será una constante en esos otros textos.

[5] Sobre la representación del espacio en el *Ariel*, pueden consultarse dos ensayos críticos publicados en Ette y Heydenreich: Ottmar Ette, "'La modernidad hospitalaria': Santa Teresa, Rubén Darío y las dimensiones del espacio en *Ariel*, de José Enrique Rodó", 73-93, y Belén Castro Morales,

"Utopía y naufragio del intelectual arielista. Representaciones espaciales en José Enrique Rodó", 95-104.

[6] En relación con estas nuevas subjetividades que el texto de Rodó representa como amenazas, habría que recordar que la población de la ciudad de Montevideo aumentó considerablemente en los últimos años del siglo XIX y las primeras tres décadas del XX. Sobre todo se produjo una inmigración española e italiana, así como del interior del país. Durante estas décadas, el espacio público se convirtió en un ámbito particularmente conflictivo. Ver Rosenthal.

[7] "El hombre-masa no atiende a razones, y sólo aprende en su propia carne" (Ortega y Gasset 108). En otro pasaje se transparenta la total carencia de capacidades intelectuales de ese hombre-masa: "Las 'ideas' de este hombre medio no son auténticamente ideas, ni su posesión es cultura" (97).

[8] Ortega y Gasset también se fija, por cierto, en lo que llama el ascenso o aumento poblacional. Ver 68 y 79.

[9] Retomo aquí algunos planteamientos de César Graña.

[10] Otra zona del ensayo mexicano —la que inicia Salvador Novo en su libro *Ensayos*, de 1925, y se desarrolla más tarde en el periodismo literario de Carlos Monsiváis, entre otros— hace del caminar por la ciudad moderna el eje o principio organizador de los textos. Lo que reprime u olvida el sector dirigente de la ensayística cultural mexicana (Vasconcelos, Ramos, Paz), parecería emerger en la corriente alterna del ensayo de lo cotidiano y la crónica urbana. Sobre este tema, ver Gelpí, en prensa.

[11] Ese carácter "incorpóreo" parecería sugerirse en uno de los pocos pasajes en que el sujeto critica a los intelectuales de la cultura criolla: "Ellos fueron el alma de México, pero un alma...sin cuerpo" (81). La corporeidad se alcanzará, según Ramos, cuando la cultura se difunda a la comunidad más amplia.

[12] Remito al catálogo de una exposición abarcadora de la obra de este fotógrafo mexicano que se celebró en el Museo de Arte Moderno de Nueva York entre enero y mayo de 1997. Ver Kismaric. Al igual que Ramos, Álvarez Bravo colaboró con la revista *Contemporáneos* (número 33, febrero de 1931: 137-139). Allí se reproducen tres de sus fotos.

[13] Los rasgos y elementos que se han marcado en la fotografía de Álvarez Bravo — la sugerencia, el carácter enigmático y la posición no frontal de los sujetos populares urbanos— no son privativos de sus obras de la década del treinta. Resurgen, por ejemplo, en "La mamá del bolero y el bolero", foto fechada, según Kismaric, en la década del cincuenta (Kismaric 190). Al captar a los sujetos en una posición dorsal, a diferencia de lo que sucede con el sujeto intelectual de Ramos, una vez más la mirada fotográfica parecería *no poder penetrar* en ese coto de la comunicación íntima entre madre e hijo.

[14] Advierte el sujeto: "Entendemos por cultura no solamente las obras de la pura actividad espiritual desinteresada de la realidad, sino también otras formas de la acción que están inspiradas por el espíritu" (29).

[15] La participación inicial de Ramos se reproduce en Sheridan (*México...* 117-8). En esa ocasión, en marzo de 1932, Ramos se manifiesta en contra de la imitación de la literatura europea y a favor de un cierto nacionalismo cultural: "Las naciones de Hispanoamérica todavía no estamos sincronizadas con las

europeas. Por tanto, conviene buscar nuestro pulso y vivir conforme a sí; porque es cultura; pero hermanada con la tradición mexicana, que es entraña, substancia. Este es el camino a seguir por nuestra literatura" (118). Como se verá, este nacionalismo cultural del primer momento de la polémica se atenúa en el libro de ensayos de 1934. Sheridan afirma que la mayor parte de los Contemporáneos no tardaron en retirarse de la fase pública de la polémica, ya que se convirtió en un espacio de ataque a estos escritores (*México...* 73).
[16] Sheridan resume los aspectos principales de la polémica (*México...* 10).

...en esta polémica se discute el tema de la expresión nacional, el de su contraste con otras expresiones, el de su querella entre una tradición moderna de textura occidental y el anhelo de registrar cada vez más su especificidad. También...se discute la noción de la literatura como compromiso con la realidad; la del escritor indeciso entre sus convicciones estéticas y las responsabilidades ideológicas; la noción de una literatura fiel a sus propias exigencias expresivas o subordinada a diferentes mesianismos que suponen una accesibilidad popular.

[17] "...el 30 de noviembre de 1928 Calles hace entrega formal del poder ejecutivo a [Emilio] Portes Gil" (Aguilar Camín y Meyer 109-10).

Bibliografía

Aguilar Camín, Héctor y Lorenzo Meyer. *A la sombra de la Revolución Mexicana*. México: Cal y Arena, 1997.

Bakhtin, Mikhail. *The Dialogic Imagination*. Caryl Enmerson y Michael Holquist, trads. Austin: University of Texas Press, 1981.

Benjamin, Walter. "On Some Motifs In Baudelaire". *Illuminations*. Harry Zohn, trad. Nueva York: Schocken Books, 1968. 155-200.

Carey, John. *The Intellectuals and the Masses. Pride and Prejudice Among the Literary Intelligentsia, 1880-1939*. Londres/Boston: Faber y Faber, 1992.

Carr, Barry. *La izquierda mexicana a través del siglo XX*. Paloma Villegas, trad. México: Era, 1996.

Córdova, Arnaldo. "La concepción del estado en México y el presidencialismo". *El Estado en América Latina. Teoría y práctica*. Pablo González Casanova, coord. México: Siglo XXI y Universidad de las Naciones Unidas, 1990. 542-565.

Dessau, Adalbert. "La ontología nacional en la obra de Samuel Ramos". *Islas* 50 (enero-abril de 1975): 153-166.

Ette, Ottmar y Titus Heydenreich (editores). *José Enrique Rodó y su tiempo. Cien años de Ariel*. Madrid: Iberoamericana y Francfort: Vervuert, 2000.

Gelpí, Juan G. "El bolero en Ciudad de México: poesía popular urbana y procesos de modernización". *Cuadernos de Literatura* 4/7-8 (enero-diciembre de 1998): 197-212.

_____ "Walking in the Modern City: Subjectivity and Cultural Contacts in the Urban *Crónicas* of Salvador Novo and Carlos Monsiváis". *The Contemporary Mexican Chronicle, Theoretical Perspectives on the Liminal Genre*. Beth Jörgensen e Ignacio Corona, eds. Albany: State University of New York Press, en prensa.

Graña, César. "La identidad cultural como invento intelectual. (Algunos ejemplos hispanoamericanos)". *El intelectual latinoamericano. Un simposio sobre sociología de los intelectuales*. Juan F. Marsal, recopilador. Buenos Aires: Editorial del Instituto, 1970. 55-71.

Jakobson, Roman. "La lingüística y la poética". *Estilo del lenguaje*. Thomas A. Sebeok, ed. Ana María Gutiérrez Cabello, trad. Madrid: Ediciones Cátedra, 1974. 123-173.

Kismaric, Susan (curadora de la exposición y autora del prólogo del catálogo). *Manuel Álvarez Bravo*. Nueva York: The Museum of Modern Art, 1997.

Lempérière, Annick. *Intellectuels, États et Société au Méxique. Les Clercs de la Nation (1910-1968)*. París: Editions L'Harmattan, 1992.

Medin, Tzvi. *Ortega y Gasset en la cultura hispanoamericana*. México: Fondo de Cultura Económica, 1994.

Novo, Salvador. *Ensayos*. México: Taller Gráfico de la Nación, 1925.

Ortega y Gasset, José. *La rebelión de las masas*. [1930]. Madrid: Revista de Occidente y Alianza Editorial, 1984.

Paz, Octavio. *El laberinto de la soledad* [1950]. México: Fondo de Cultura Económica, 1972.

Pérez Álvarez, Marino. *Ciudad, individuo y psicología. Freud, detective privado*. Madrid: Siglo XXI de España Editores, 1992.

Ramos, Samuel. *El perfil del hombre y la cultura en México*. [1934]. México: Espasa Calpe Mexicana, décimotercera edición, 1985.

Reguillo, Rossana. "Miedos: imaginarios, territorios, narrativas". *Metapolítica* 5/17 (enero-marzo de 2001): 70-89.

Rodó, José Enrique. *Ariel*. Primera edición. México: Editorial Porrúa, 1968.

Rosenthal, Anton. "Dangerous Streets: Trolleys, Labor Conflict, and the Reorganization of Public Space in Montevideo, Uruguay". *Cities of Hope. People, Protests and Progress in Urbanizing Latin America, 1870-1930*. Ronn Pineo y James A. Baer, eds. Boulder: Westview Press, 1998. 30-52.

Sheridan, Guillermo. "Entre la casa y la calle: la polémica de 1932 entre nacionalismo y cosmopolitismo literario". *Cultura e identidad nacional*. Roberto Blancarte, comp. México: Consejo Nacional Para la Cultura y las Artes y Fondo de Cultura Económica, 1994. 384-413.

____ *México en 1932: la polémica nacionalista*. México: Fondo de Cultura Económica, 1999.
Ward, Henry George. *Mexico*. 2da. ed. London: H. Colburn, 1829.

Las derivas del miedo.
Intersticios y pliegues en la ciudad contemporánea[1]

Rossana Reguillo
Departamento de Estudios Socioculturales
ITESO

> Los demonios que vences con regularidad se llaman pulsiones de la líbido, a los dragones que enardecen tu soledad, puedes decirles traumas, el amor por tu celda, no es sino una vulgar claustrofilia, las alucinaciones que emergen en lo profundo hasta la altura de tus ojos empavorecidos, no son sino proyecciones. ¿Para qué, Señor, para qué se me explicó que Satán es, si algo, apenas un pozo inexplorado de cualquier espíritu, el inconsciente de siglos venideros?
>
> —Carlos Monsiváis. *Nuevo catecismo para indios remisos.*

Junto al proceso de globalización y mundialización de la cultura, emergen tribalismos de muy distinto cuño, mediante los cuales numerosos actores sociales reencuentran el sentido de la vida y activan los dispositivos de la identidad y la memoria.

Al tiempo que la idea de lo nacional decrece en función del nuevo orden político y económico del libre comercio, crecen las manifestaciones de racismo, se exacerba la defensa de "lo propio". Los avances tecnológicos posibilitan a sus usuarios cosas insospechadas; se doblega ante el avance de la tecnología lo que se creía irreductible: el tiempo y el espacio a través de los universos virtuales. Un mundo donde la competencia secular por definir los sentidos sociales de la vida es una realidad, ve surgir por todas partes ofertas de salvación, de sanación, de felicidad, el "regreso" del pensamiento mágico. A la anunciada, y hoy en crisis, racionalidad occidental se le oponen viejas y nuevas prácticas mágico-religiosas: la creencia se erige hoy en un poderoso dispositivo para sobrellevar la incertidumbre.

La necesaria discusión en torno a los aspectos, que más allá de lo económico, están reconfigurando aceleradamente las ciudades en un mundo globalizado-fragmentado, demanda análisis que no se dejen atrapar por imágenes apocalípticas, pero que tampoco se dejen seducir por un desarrollo que, aún a costa de la marginación de importantes sectores de la sociedad, ofrece la promesa de un futuro que se desentiende de la pregunta por el tejido social.

Los rostros de la incertidumbre

Los cambios operados en el mundo, que han reformulado la relación entre lo local y lo global, los acelerados procesos de interconexión, la velocidad y ubicuidad de la información aunados a los paradójicos (y preocupantes) resurgimientos de ciertos fundamentalismos, el incremento de la intolerancia, de la violencia ciega en las ciudades latinoamericanas, demandan entender por dónde están pasando los miedos de la sociedad, bajo el supuesto de que estos operan (también) como dispositivos de control social.

Hoy, quizá la característica más definitoria de lo contemporáneo es la incertidumbre como experiencia cotidiana. El miedo y la incertidumbre o el miedo a la incertidumbre, fuerzas/motor en la socialidad contemporánea de la América Latina —sacudida por nuevas y viejas formas de pobreza, por guerras de baja intensidad, por los ubicuos ejércitos del narcotráfico y por la ya endémica corrupción de su clase política—, deviene cofradía que simultáneamente cohesiona y fragmenta. El miedo ha venido tejiendo complicidades precarias, inestables y confiere la ilusoria certidumbre de que existe, en algún lado, en algún tiempo, algo que puede ser ubicado como el "enemigo", el operador del mal, de las violencias, de la enfermedad, de la muerte. Compleja operación de resistencia ante el anonimato sistémico de fuerzas que no se pueden percibir (Beck; Balandier). El miedo cohesiona y a la manera del persistente relato sobre la suplantación de cuerpos, sustituye la narrativa ciudadana hasta expulsar cualquier vestigio, cualquier residuo de densidad política. "La víctima sustituye al ciudadano" (Mongin 69,70) y al tomar su lugar "la víctima", se erige en portavoz de los agravios y en el dedo que señala la procedencia del mal. El miedo así, se autoasume político y en el nombre de una verdad autoevidente, enciende la hoguera anticipada de una condenación que no admite argumentación ni espacio reflexivo. El miedo es siempre pre-reflexivo y se alimenta a sí mismo; para participar de su "comunidad", apenas se requiere tener una historia que aportar, una estadística que citar y una certeza por compartir, la del enemigo que se agazapa para saltar, desde la penumbra, sobre la vulnerabilidad de los ciudadanos (Reguillo, "La construcción social..."). El miedo no exige pruebas, ni admite refutaciones, abre las compuertas a las narrativas que justifican la exclusión y la estigmatización de ciertas identidades y espacios.²

El miedo también fragmenta, encapsula, aísla, porque su poder avasallador no respeta alambrados, ni vallas. Por el contrario, exacerba las fronteras entre grupos, comunidades, países, construye su propia geografía y al hacerlo, traza las coordenadas móviles que se rigen por el principio de la sospecha, del recelo, del temor a la contaminación que puede ejercer el cuerpo/otro, el discurso/otro, la práctica/otra. El miedo erosiona el tejido social de manera inédita en la historia, porque hoy irrumpe en la forma de un relato global frente al que no parece haber huida posible.

El miedo como experiencia individual, socialmente construida y culturalmente compartida (Reguillo, "Los laberintos..."), engendra sus formas de respuesta, así, por ejemplo, todos los días aparecen en la prensa anuncios que prometen mágicas soluciones a problemas muy terrenales; los adivinos, los servicios telefónicos de oráculo, las lecturas de tarot, constituyen ya una sección importante en los directorios telefónicos; aumenta el número de institutos de astrología y fenómenos paranormales que no sólo ofertan servicios sino que además ofrecen instrucción formal en diferentes campos del esoterismo; la expansión y diversificación de las llamadas medicinas alternativas constituyen un extenso repertorio de soluciones que mezclan los saberes tradicionales con la "nueva era": la aromaterapia, la cristaloterapia, las flores de bach y más recientemente la orinoterapia, hacen palidecer a la ya muy conservadora homeopatía; la impresionante y creciente convocatoria a los centros tradicionales de peregrinación ritual ponen en entredicho la supuesta conquista de una racionalidad secular.

Por ejemplo, en México, existen hoy más de 1200 denominaciones religiosas. Entre los mexicanos, un 25% de los hombres y un 28% de las mujeres están de acuerdo en que el arreglo de los problemas más difíciles depende sólo de Dios; un 88% de los ciudadanos cuyas edades van de 18 a 35 años, sí le pedirían un favor a la Virgen de Guadalupe o a algún santo, este porcentaje aumenta a 94% en los mayores de 51 años; 54% de los ciudadanos cree en la suerte; 38% en el infierno y 26% en las limpias. Y, para replantear algunos supuestos, los datos señalan que un 43% de los que afirman creer en la suerte, cuentan con estudios universitarios completos y 30% de los que afirman creer en las limpias, viven en zonas con grados de urbanización muy alta (Beltrán).

Las apariciones y milagros ya no tienen su *locus* exclusivo en las comunidades rurales o apartadas. A principios de junio de 1997, en la estación Hidalgo del metro de la ciudad de México, "apareció" en el piso una imagen de la virgen de Guadalupe. La figura, apenas insinuada, en menos de una semana logró convocar un numeroso desfile de fieles y creyentes que inmediatamente improvisaron un altar y en la defensa de la autenticidad de la imagen, apareció un nuevo "Juan Diego",[3] un joven de 20 años que fue testigo de cómo "se alzó el piso pa'riba y luego pa'bajo y ahí se fue dibujando la estampa de la virgen". Para este joven y otros muchos pasajeros del metro, súbitamente transformados en peregrinos, la imagen anuncia que "algo terrible" va a pasar en México.[4]

Poco después, de manera más silenciosa, en la ciudad de Guadalajara, una virgen apareció dibujada en un puente vehicular con mucho movimiento de tráfico y de personas. La imagen, "la Virgen del Puente" se ha consolidado a través de estos años y constituye hoy un centro importante de peregrinaje urbano.

De estas apariciones, asumidas aquí como analizadores culturales, me interesa retomar varios aspectos. De un lado, la centralidad de los medios de comunicación, especialmente de la televisión, como productores-articuladores de la creencia.

La televisión actúa como caja de resonancia del milagro urbano: "yo primero vi en la *tele* que aquí se apareció la Virgencita. Quise venir a verla y para mí, sí es ella", le dice una mujer a un reportero. En la investigación en torno a la figura del chupacabras,[5] uno de nuestros entrevistados dice enfáticamente: "yo no soy muy partidario de que exista el chupacabras, pero yo hasta que no lo vea en la *tele* y digan «este es», hasta entonces voy a creer".

La televisión se convierte en el nuevo espacio de gestión de la creencia. La mediatización del milagro o del acontecimiento, lejos de opacarlo, le otorga credibilidad mediante la "transparencia" de la imagen. A través de la lente de la cámara, el espectador se convierte en testigo y copartícipe del milagro, la televisión "democratiza", ya no hay un predestinado, todos son "elegidos". Desplaza el saber de los expertos y valoriza la voz de los profanos.[6]

De otro lado, el análisis de fenómenos como los descritos, para la ciudad en tanto escenario de la diversidad, no sólo resulta pertinente en relación a la reconfiguración del espacio público a través de los medios de comunicación, sino que además se conecta con la dislocación de las coordenadas espacio-temporales (en tanto condiciones y posibilidades de la acción) que orientan la vida de las ciudades.

Con esto se quiere apuntar la porosidad e indefinición entre la dimensión de lo público y de lo privado; por ejemplo la sacralización del espacio profano (el metro, la calle, el espacio virtual de la televisión) o al revés, la desacralización de los espacios sagrados que se opera, entre otras cosas, mediante el ojo panóptico de los medios. La oposición entre el mundo público-social y el mundo espiritual, que levantó la modernidad, hoy se ve fracturada. En términos rituales, para salvar esta oposición hay que cumplir con un itinerario que requiere la presencia de un mediador que concilie este tránsito (Reguillo, *La construcción simbólica...* 345), hoy la televisión está asumiendo este papel ritual.

Ha dicho Mircea Eliade que "hoy comprendemos algo que en el siglo XIX [que levantó el edificio intelectual que cobija todavía muchas de nuestras ideas] ni siquiera podía presentirse: que símbolo, mito, imagen, pertenecen a la sustancia de la vida espiritual; que pueden camuflarse, mutilarse, degradarse, pero jamás extirparse" (Eliade 11). Para Eliade los símbolos tienen un indudable valor cognitivo y productivo.

¿De qué habla el alto *rating* de programas radiofónicos y televisivos que abordan temas misteriosos?, ¿qué es lo que señala la llegada a la Internet de las "cadenas mágicas", que anuncian para quienes las siguen un futuro promisorio y castigos terribles para quienes las rompen o ignoran y la existencia de numerosos "sites" dedicados al tratamiento de la magia, el esoterismo, los fenómenos inexplicables?

La atmósfera mágica y terapéutica que gana en densidad no está configurada por hechos aislados. Vista de conjunto esta atmósfera habla, no sólo de la pervivencia camaleónica de los mitos que a lo largo de la historia de la humanidad han servido para exorcizar el mal, para darle forma a los milagros, cuerpo a los aparecidos y un orden a cada cosa, sino además de la desesperanza y desencanto frente a las instituciones que la modernidad levantó y que hoy se perciben como insuficientes para enfrentar los retos y problemas derivados de esa misma modernidad.

Así, la relación con la ciudad no está exenta de percepciones mágicas, de mitos y rituales ambivalentes que controlan y domestican, al tiempo que protegen y reencantan el mundo.

El tejido narrativo

A partir de lo planteado hasta aquí, interesa mostrar y discutir algunos aspectos que apuntan a los mecanismos socioculturales que intervienen en la configuración de las percepciones y usos de la ciudad.

Partiendo de las propuestas de Barthes, lo que denomino como "percepción mágica de la ciudad", ha sido trabajado en la dimensión del habla, del relato, bajo el supuesto de que en la formulación, narración y circulación de "relatos", se ponen en funcionamiento visiones y valoraciones sobre el mundo y la ciudad, que se conectan a la dimensión de las identidades sociales en dos niveles:

a) como identificación, en la medida en que el relato tiende a fijar las creencias de un grupo, de una colectividad y

b) como diferenciación, al resaltar algunos objetos, acontecimientos, relaciones, que vuelven visibles los huecos y discontinuidades y contradicciones en las percepciones diferenciadas de la ciudad.

El relato actualiza las identidades culturales al ser simultáneamente producto de unas particulares y específicas maneras de ver la ciudad y, productor de propuestas, de modelos, a los cuales adscribirse. El relato puede entonces ser considerado como el punto de intersección entre representación y acción.

Es este último aspecto sobre el que interesa hacer énfasis, la dimensión productiva de las narrativas en su capacidad de convocar, de interpelar, de provocar la discusión, es decir en su eficacia simbólica para el posicionamiento de los actores sociales en relación a los valores sociales en la ciudad que el relato pone en juego.

Existen miedos que han acompañado a la humanidad a través de su largo viaje por la historia, sin embargo hoy "la razón parece incapaz de redimir después de tanta promesa, el castigo se revela mayor que el pecado. La utopía de la emancipación individual, colectiva, nacional, mundial, parece que está siendo castigada por la globalización tecnocrática, instrumental, mercantil, consumista. La misma razón que realiza el desencantamiento del mundo, para así emanciparlo, enajena más o menos inexorablemente a todo el mundo" (Ianni 10).

De un lado, el miedo y la angustia producidos por la crisis social en todos los órdenes, de otro, la constante amenaza de un mundo al que parecía habérsele arrebatado todos sus secretos.

Se ha señalado ya como característica societal de fin de milenio, a la incertidumbre. Entre las distintas formas de respuesta a esta incertidumbre, al desencantamiento, a la angustia, al miedo, cobra fuerza la elaboración de relatos compartidos colectivamente (en función de distintas mediaciones por ejemplo el género, la clase, la edad, la religiosidad, la ideología política, etc.) que proveen explicaciones e interpretaciones del mundo. Relatos que codifican las creencias de los grupos portadores y que inciden en las formas de socialidad.

Así, lo que importa no es tanto el relato en sí mismo, como el contexto que hace posible su aparición y circulación, como las "verdades" que revela al poner en forma un (unos) miedo(s) difuso(s), y al señalar las áreas de vulnerabilidad y fragilidad que experimentan los actores sociales en la ciudad.

Para ejemplificar los anclajes culturales del miedo y su impacto político, del conjunto de narrativas[7] encontradas en la investigación, retomo aquí sólo un caso, el de las configuraciones de corte conservador y autoritario.

NOSOTROS, LOS QUE FUIMOS ENTONCES

En una primera categoría de relatos explicativos, aparecen en las ciudades estudiadas, tres estrategias discursivas que sirven para explicar las causas del deterioro, que a su vez explican la existencia de ese "mal encarnado" y que se vinculan a la indefensión que se experimenta ante los cambios sociales. Los portadores de esta matriz discursiva tienen en común una edad que rebasa los cuarenta años, compartida por sujetos que provienen tanto de estratos socioeconómicos empobrecidos, como sujetos con altos niveles de ingreso y que participan de algún culto religioso de manera explícita. Ni el género, ni la escolaridad introducen variaciones importantes.

En el siguiente recuadro, de manera sintética se presenta lo que estos sujetos consideran el o los mayores problemas en sus ciudades respectivas y las (auto) explicaciones construidas.

Entorno	Relato explicativo	Problemas que desata
San Juan	Derechos civiles y clima de libertinaje	Drogadicción, delincuencia, pérdida de solidaridad, comportamientos anormales
Medellín	Debilidad de las instituciones	Narcotráfico, violencia, desconfianza, mendicidad
Guadalajara	Pérdida de valores morales	Drogadicción, crimen, comportamientos antisociales y "anormales", mendicidad

Lamentablemente este pequeño cuadro congela el movimiento que lo anima, pero resulta útil en tanto permite ilustrar de manera simplificada, que estas estrategias discursivas aparentemente diferenciales, se encuentran en un eje que las articula, "el relajamiento en el control". De perfil autoritario, estas narrativas expresan el convencimiento de sus portadores de que hubo alguna vez un pasado en el que el control ejercido por instituciones fuertes hacia sujetos dóciles y temerosos de Dios, impedía la propagación del mal, en tanto ese control no sólo servía como freno y fuerza disuasiva, sino como fuerza punitiva, es decir, era posible ubicar con claridad a los transgresores y aislarlos del resto bueno de la sociedad.

> Las mujeres estaban en su casa y los nenes obedecían a sus maestros y a sus padres, dice el exveterano puertorriqueño. Pero, todos esos cuentos de los derechos y las libertades civiles, le cambiaron la cara a San Juan, porque ahora hasta los homosexuales quieren su derecho y un profesor no puede darle ni una nalgadita a los nenes sin que se armé un revorú.
> Los pobres aceptaban su pobreza, no robaban, eran gente de bien y no había tantas sectas que le metieran a la gente esas ideas extrañas, la educación en los valores religiosos, la iglesia católica no se dejaba. Las muchachas no eran libertinas y sabían ponerle su freno a los hombres, no como ahora en que ya no hay valores, dice preocupadamente el ama de casa en Guadalajara.
> Vea pues, aquí el problema fue que el gobierno no se fajó y dejó crecer el problema [del narcotráfico] y eso contaminó todo lo demás, la familia perdió los controles y los maestros y ya todo anda de cabeza, sin que nadie pueda poner orden, se lamenta el empresario "paisa" en Medellín.

La ruptura de la institucionalidad política, religiosa, familiar, explica entonces el deterioro y da forma a dos procesos complementarios: por un lado, establece la categoría del enemigo, les da nombre y forma, se trata de actores fuertes frente a instituciones débiles: el narcotráfico en el caso de Medellín; las sectas en el caso de Guadalajara; y las autoridades federales y activistas de los derechos en el caso de San Juan. Por supuesto, esta ejemplificación no agota las categorías que han ido apareciendo en el proceso de entrevistas, pero de momento, son suficientes para señalar la manera en que estas "mitologías" configuran su propio territorio de operación. En esta misma línea, para esta narrativa, drogadictos, homosexuales y juventud "alocada", aparecen como víctimas vulnerables, incapaces de resistir ante el embate de estos actores fuertes, luego esto se traduce en actitudes paternalistas. Aunque aparentemente las fuentes de sus miedos estarían vinculadas a las prácticas irruptivas y "desordenadas", el análisis revela la complejidad del tejido narrativo de sus miedos. Soltado el lazo institucional, todos somos víctimas potenciales.

Amuletos y rituales: manuales para sobrevivir

Luego entonces, un segundo paso en el proceso, es el del programa de acción que se desprende de estas representaciones, que pueden ser pensadas desde tres metáforas: el manual, el amuleto y el ritual.

Ha sido posible constatar de manera genérica para las tres ciudades (San Juan, Medellín, Guadalajara), la existencia de lo que llamo "manuales de sobrevivencia urbana o manuales para enfrentar los miedos". En el caso aquí ejemplificado, "el manual" como el conjunto de recetas, tiene *dos* componentes sustantivos y contradictorios. De una parte la individualización en las formas de respuesta, "defiéndete a ti mismo", que se expresa por ejemplo: en el crecimiento de las urbanizaciones cerradas, proceso que le ha cambiado el rostro de manera radical a la geografía de las ciudades y a sus modos de socialidad; al crecimiento de la seguridad privada, cuya expansión es notable para los casos de Medellín y de Guadalajara; repliegue hacia el ámbito privado con la consecuente erosión del espacio público, que se corresponde con la aparición de "nuevos" lugares para la socialidad, las plazas comerciales (o *shopping malls*) privilegiadamente, ecologías complejas que, bajo la perspectiva de los nostálgicos del control, es uno de los pocos lugares que operaría como fortaleza —no sólo como catedrales del consumo—, que atenúa el peligro ante el mal que acecha.

Pero, de otra parte, se apela al endurecimiento de la violencia legítima y se apoyan entusiastamente todas las señales "fuertes" que lanzan las instituciones. La limpieza de los centros históricos, respuesta pragmática favorita de los gobiernos de la región, no sólo de las tres ciudades estudiadas, como "solución" a los problemas de violencia en su asociación con la pobreza; instalación de la pena de muerte; disminución de la edad penal; aumento de reglamentos de policía y buen gobierno. El "síndrome Giuliani" con su doctrina de "Tolerancia Cero", exportada desde Nueva York al continente con altísimo impacto, encuentra en los portadores de esta forma de representación a sus mejores aliados.[8]

El manual opera de dos formas, como aquello que "debo hacer" para protegerme y como aquello, que "estoy seguro" le toca a las instituciones. Procedimientos, para confortar la orfandad experimentada ante un mundo abandonado a sus propias fuerzas por unas instituciones que renuncian a su responsabilidad rectora. El manual no es sólo prevención, sino además, y de manera central, un dispositivo de disciplinamiento social.

En lo que toca a la metáfora del "amuleto", en relación a este modo de respuesta, aparecen algunos objetos "chamánicos", portadores de atributos mágicos capaces de proteger a sus usuarios.

En primerísimo término, el florecimiento de la literatura de autoayuda (el nuevo *boom* latinoamericano). Los "decálogos para el buen vivir" ocupan una posición más que importante en la vida de los nostálgicos del control. *Del caballero de la herradura oxidada* a *Juventud en éxtasis*, pasando por *El alquimista*, los títulos más vendidos y consultados, apuntan a la necesidad de reencontrar una forma de "pensamiento fuerte", que sin dudas ni titubeos, sea capaz de señalar caminos, encontrar culpables y devolver al mundo a su origen simple y comprensible. Se trata del discurso de la certidumbre, frente a la complejidad y lo incierto de la atmósfera que nos rodea. Hay una relación indisociable entre la individualización de las respuestas y la búsqueda de estos "amuletos" cuyo carácter voluntarista, capaz de transformar el desconcierto y el desencanto ante lo exterior en entusiasmo desenfrenado por el poder interior, termina por volver inútiles los intentos por construir una política de consensos, una política incluyente. Este "amuleto" opera con la siguiente oración: "si no puedes con la realidad, ignórala".

El arma, sin ser un "amuleto" demasiado extendido (aún) entre estos sujetos, ocupa en el plano discursivo una importancia que llama la atención que, otra vez, se relaciona aquí con la indefensión que se experimenta ante un orden institucional que no protege. Pero en la medida en que no hay un sustrato político en el discurso de estos actores, es casi "natural" que no aparezca en ellos una demanda a las instituciones, que por otra parte y por su propia configuración cognoscitiva y valoral, muestran un respeto casi místico por las mismas instituciones que los han abandonado; por lo tanto, a la institución, responsable en última instancia del caos, no se le dispara, ni se le amenaza con un arma; lamentablemente, parecen decir estos sujetos, nos vemos en la obligación de usar nuestras armas contra aquellas pobres víctimas que por su debilidad, naturaleza degradada y bajas pasiones, se han convertido en nuestros victimarios.

Destaca también el discurso religioso que opera como amuleto protector contra las dudas y la desesperanza. Imágenes de santos, libros sagrados y oraciones, componen un cuadro complejo que coloca "la solución" en fuerzas supraterrenales y en el advenimiento de un futuro sumamente contradictorio, en tanto aparece formulado como el futuro mejor que Dios nos tiene reservado y de otra parte, como el futuro apocalíptico del castigo y la venganza. Este amuleto actúa como una especie de burbuja de tiempo, capaz de suspender el presente y vincular el tiempo antiguo (bueno y ordenado) con ese futuro en el que hay que confiar, para bien y para mal, en solución de continuidad.

Y, finalmente, para ilustrar de manera general, el componente ritual de sus creencias, pueden referirse los de carácter "propiciatorio" que en las prácticas cotidianas, se vinculan a todas aquellas acciones ritualizadas que tienen como objeto mantener en los márgenes de una heterotopía[9] "controlable", todos aquellos elementos (actores y prácticas) que amenazan con erosionar el precario control en el mundo de la vida de estos sujetos. Evitar la contaminación del espacio tópico en la búsqueda itinerante de un espacio utópico y en la medida en que esto resulta cada vez más complicado por la mezclada ecología de las ciudades, el control sobre lo externo se transforma en amurallamiento. La refeudalización de las ciudades, es uno de los más nítidos dispositivos rituales con que, los portadores de este tipo de matriz discursiva, responden para mantener a raya a esos otros que por la ausencia de controles, han sido convertidos en diferencias radicales propagadoras del desorden y del caos.

Se trata del conjunto de prácticas que segmenta y organiza el espacio de la ciudad en una geografía imaginaria (alimentada por unos medios de comunicación que actúan como agoreros de la catástrofe) que construye los itinerarios de lo transitable y los puntos donde anida el mal. ¿Te atreves a traer a mi hija aquí?, le pregunta el fofo, débil y achatado zar antidrogas en la película *Tráfico*, al colegial blanco y drogadicto, amigo de su hija que la ha iniciado en el uso de drogas duras, mientras la busca desesperadamente por "ese peligroso y horrible" barrio negro, cuya escenografía deteriorada aparece no obstante (todavía) en color, mientras que Tijuana y la ciudad de México, el lugar otro, de donde proviene el verdadero mal, es de un sucio color sepia.

Los residenciales de Puerto Rico, las comunas (pobres) de Medellín y los barrios marginales y populares de Guadalajara, conjuntamente con pasos a desnivel, transporte público, mercados, centros históricos, bares y algunos parques, se convierten en esa geografía espeluznante que ritualmente hay que evitar; se trata de las escenografías "en sepia", frente a las que hay que establecer fronteras, bardas, controles que vuelven a los habitantes de esos espacios en forasteros de su propia ciudad (los villeros sitiados del caso argentino, por ejemplo, los limpiaparabrisas uniformados y controlados por las autoridades municipales del caso mexicano; el amurallamiento policiaco para los habitantes de La Perla, en el viejo San Juan).

La percepción de la diferencia, la heterotopia y el relato explicativo, configuran, en su articulación compleja y multidimensional, el tejido que da forma a esas mitologías urbanas que devienen exclusión. A ello hay que añadir la socialización diferencial a la que son expuestos los ciudadanos, ellas y ellos.

Memoria y relato

Por ello interesa pensar —junto y desde los actores sociales— la ciudad y explorar en un contexto de producción discursiva[10] los elementos que intervienen en la percepción y usos de la ciudad.

Entre los hallazgos más importantes de la investigación puede señalarse la centralidad de la *memoria* como una palanca detonante de procesos reflexivos en torno a la ciudad. La memoria, así entendida, no es recuerdo de un "pasado idílico o catastrófico", que se "posee" de una vez y para siempre, se trata más bien de una mediación que hace posible la crítica del orden social.

De los elementos encontrados hasta el momento, resalta la fuerza de la familia como el espacio primario de la socialización-negociación para esta percepción-uso de la ciudad.

Más allá de la relación entre familia y contexto (que debe ser tomada en serio), interesa aquí resaltar los mecanismos a través de los cuáles el grupo familiar comunica a sus integrantes los valores y las normas sociales, tomando de un acervo colectivo aquellos elementos que le sirven para educar a sus miembros en el uso de la ciudad.

Las figuras temidas, las historias y relatos para marcar las diferencias entre lo bueno y lo malo, lo permisible y lo prohibido, lo sagrado y lo profano, entre otras cosas, dan forma a un cuerpo de conocimientos sociales sólo transmisibles a través de un registro oral que alcanza su fuerza precisamente porque al desplegar su potencia explicativa en la forma de "mitos", oculta su intención prescriptiva y proscriptiva y aminora las resistencias del sujeto en la medida en que en su formulación se plantea una solución a la tensión entre verdad y mentira. Como señalaba Malinowsky, el mito no es únicamente una narración que se cuenta, sino una realidad que se vive (Malinowsky).

En tal sentido, las aparentemente inofensivas historias "de abuelas" contadas en el seno de la familia y hoy retomadas con gran éxito por la industria mediática, revelan su función socializadora en tanto vehiculizadores de programas para la acción. El relato marca fronteras y según de Certeau, tiene un papel mediador (de Certeau, *La invención*... 139). Al hacerse palabra dicha, el relato comunica unos significados, propone unos sentidos, atribuye unas causalidades, construye al *otro* igual y diferente.

Por ejemplo, entre jóvenes universitarios, al hacer el relato de la ciudad en situación de interacción discursiva, ésta deja de ser lugar de habitación, con calles y plazas, con habitantes y servicios, y es *antropoformizada*, se convierte en un actor capaz de "hacer cosas".

La ciudad se segmenta y sus "partes" son semantizadas de acuerdo a la experiencia de los sujetos. Se ha podido constatar la precariedad de la experiencia urbana de los más jóvenes,[11] cuyo contacto con la ciudad es más vicario que *de facto*. Situación que se conecta directamente con lo mencionado con respecto al grupo familiar, que es el lugar desde el cual se controla y administra el uso que se hace de la ciudad en los primeros años de vida de los sujetos.

Las zonas pobres, los mercados populares o el centro histórico como lugares genéricos y algunos lugares concretos, como cines, plazas, ciertas calles, aparecen dotados de una peligrosidad *a priori*.

Peligrosidad que viene dada por la presencia de ciertas figuras que representan "el mal", el "robachicos", la "gitana", el desconocido, el extraño[12] y que actualizan las figuras que amenazan de múltiples formas la seguridad de los sujetos. Las coincidencias y las diferencias que han aparecido en el transcurso de la investigación, ponen de manifiesto una gama muy reducida de "encarnaciones del mal".

Sin embargo, la construcción primaria (en el grupo familiar y en las primeras experiencias con los grupos de pares) del otro como enemigo, deja la memoria de un patrón que tenderá luego a ser "llenado" con las figuras del presente o en otros términos, actualizado con "nuevos" miedos. Así el homosexual, el practicante de alguna religión ajena a la del sujeto, los jóvenes pobres con ciertas marcas, lo que se presume es un narcotraficante, sustituyen a la construcción primaria del mal de manera generalmente aproblemática.

Los sujetos que participan en el contexto de producción discursiva o grupo de discusión, elaboran la crítica de su propio saber sobre la ciudad. A manera de ejemplo se señala la crítica que formulan los propios sujetos a la familia, como el lugar donde se construyen y se "procesan" las visiones de la ciudad. No se trata ya de la familia como dato empírico y específico de cada uno de los sujetos, sino de una instancia social cuyas funciones de control van apareciendo mediante el flujo discursivo.

A través de la discusión colectiva, para los sujetos va quedando claro que el "relato" está ahí, puesto en escena, para que el niño o niña no abandone la casa, no hable con extraños, incremente sus precauciones ante cierto tipo de actores y evite ciertas prácticas.

En el grupo de discusión se opera un desplazamiento de la memoria, de los recuerdos del contenido de los relatos, de las historias específicas, hacia las situaciones en las que operaban estas historias.[13]

De otro lado, la exploración colectiva de la precariedad de la experiencia urbana, abre, por ejemplo, un interesante y rico debate en torno a la relación entre memoria y espacio. Los sujetos cuestionan el porqué son capaces de evocar "recuerdos" y asociarlos a un lugar determinado, sin haber estado nunca en esos lugares. Ello hace posible la crítica de los discursos sobre la ciudad.

Esto último directamente conectado con la existencia de los otros. Cada uno de los sujetos participa en el grupo de discusión con sus "propios otros". Al compartir los temores que inspiran ciertas figuras, se va revelando el conjunto de características, rasgos, marcas, prácticas que "amenazan". El otro "homosexual", el otro "delincuente", el otro "pecador", adquieren visibilidad entonces, no como sujetos empíricos, sino como los portadores de atributos sociales de carácter racial, religioso, sexual, socioeconómico, que los miembros del grupo de discusión por su propia ubicación como actores históricamente situados, temen, o mejor, han aprendido a temer.

GEOGRAFÍAS SIMBÓLICAS

A partir de la exploración y análisis de los relatos que ordenan la relación con la ciudad, se dibujan unas geografías simbólicas que, ancladas en categorías espacio-temporales señalan las percepciones y significaciones diferenciadas y fragmentadas de la ciudad, así como la existencia de múltiples grupos urbanos que interactúan en la esfera pública a partir de sus propias significaciones, de sus temores, de sus certezas construidas.

En las calles, avenidas, plazas y edificios de la ciudad, se insinúa un mapa de usos que desborda los órdenes planificados, que habla de las percepciones diferenciales y la multiplicidad de referencias con las que se habita la ciudad y que en silencio, organiza los diferentes recorridos, los itinerarios a través de los cuales el caminante-ciudadano singulariza la ciudad que se convierte así en "su" ciudad, aquella que se padece y se goza, que se teme y se domina, que fastidia y encanta.

Estos son los mapas que transforman al actor social en "autor", en la medida en que al usar la ciudad el actor inscribe la huella de su propio hacer. Cotidianamente, en las decisiones para trazar desplazamientos, en los desplazamientos mismos, en los relatos que narran para otros los avatares del día, el actor-autor "escribe" su experiencia de ciudad, la comparte, la opone a la de otros, la negocia.

En esta escritura de la ciudad, la dimensión del *otro* "amenazante", "sospechoso", "peligroso", juega un papel fundamental, para delimitar fronteras, para definir los lugares infranqueables. Conforme el mundo se globaliza, la ciudad se achica simbólicamente en función de la vulnerabiliad experimentada por los actores sociales. El repliegue a lo privado aparece como la vía para contrarrestar la inseguridad. A la ciudad se le confieren sentidos distintos y múltiples, armados a partir de las adscripciones identitarias de los actores y construídos mediante el ejercicio de una intersubjetividad grupal.

Al usar-escribir la ciudad, los actores configuran una geografía simbólica en la que se entrelazan un topos y una memoria. El espacio anónimo, aséptico, es transformado mediante complejas operaciones socio-cognitivas y afectivas en un "topos trascendental";[14] del "lugar común" se pasa al "lugar significado". En los lugares va quedando la memoria de los acontecimientos individuales y colectivos. Acontecimientos que otorgan a la globalizada planificación y diseño de las ciudades su carácter y dinámica local.

Así, la geografía simbólica hace referencia al modo específico de apropiación de la ciudad, permite trascender las visiones centradas en el imperativo territorial y otorga un lugar central a la subjetividad del actor. Como premisa de investigación hace posible, al estilo de de Certeau, "una aprehensión táctil y una apropiación cinética" de la realidad (de Certeau 109); en otras palabras, la geografía simbólica en tanto constructo teórico-metodológico posibilita penetrar cualitativamente la experiencia de los actores en la ciudad.

El mestizaje y el des/orden de las formas

De las concreciones diversas con que se asentó la modernidad en las tres ciudades estudiadas, cuya complejidad no es posible discutir en detalle aquí, importa destacar el impacto de una concepción eurocéntrica en su trazado cultural, lo que se tradujo, en grados diferenciales, en una blanquización de todos los elementos considerados "contaminantes".

En otras palabras, un común denominador en el proceso de modernización latinoamericano, es el de la configuración de un proyecto "nacional" que se armó sobre tres procesos fundamentales: el aniquilamiento, la exclusión y la reducción de lo otro "arcaico", de lo otro primitivo, de lo otro degradado, lo que se tradujo en la práctica en la negación histórica, en lo abstracto, de procesos y prácticas culturales que, en lo concreto, estaban vinculadas a ciertas categorías identitarias, es decir a grupos que bajo esta perspectiva, fueron pensados como lastres que impedían el salto a la modernidad promovida por las elites políticas e intelectuales de cada país.

Así, la formación de la ciudad moderna en América Latina no puede pensarse al margen del discurso sobre la limpieza (social) y al mismo tiempo, es esa formación, la que permite aprehender el proceso de codificación de la diferencia que operó como un discurso político expandido al generar su propio régimen de valoración.

En el presente, las evidencias de la presencia de esta matriz discursiva en las narrativas y prácticas excluyentes, son abundantes. En el caso mexicano, por ejemplo, puede señalarse la extrema dificultad que para un importante sector de la población, implica pensar "lo indígena" en el presente. En mi propia investigación y en otros acercamientos desde miradas diferentes (Chanquía), se constata la tendencia a una disociación temporal en el pensamiento sobre lo indígena. Los indígenas "buenos" están en el pasado, son los portadores de una identidad "original" y motivo de orgullo, pero los indígenas contemporáneos, herederos —hasta nuevo aviso— de ese pasado que se presume glorioso, tienden a ser pensados como portadores de identidades deterioradas y representación acabada del atraso y la inmovilidad.[15]

Por otra parte, el *Hermes negro e incómodo*, uno de "mis informantes" en Puerto Rico, universitario y artista sofisticado que vive actualmente en una de la zonas más exclusivas de San Juan, narra la siguiente "anécdota":

> me estoy acabando de cambiar a este edificio lujoso de Condado y bajo a sacar una bolsa con basura. Una señora me aborda para decirme "mira, no han arreglado la puerta y ya eso se ha pedido unas cuantas veces". Y yo no entiendo muy bien. De momento yo creía que era esta vecina hablándole al vecino y diciéndole "todavía no han arreglado la puerta". Cuando de momento ella me dice "cuándo van a hacer eso" y yo le digo "yo vivo aquí". Y me dice "¿ah, tú vives aquí?. Es que yo creía que tú eras uno de los muchachos que trabajaban aquí" y yo, sonrío un poco forzadamente.[16]

Este mensajero negro en un edificio lujoso, a la manera de los "indígenas feos" que han ido conquistando importantes espacios políticos en México a raíz de la irrupción del movimiento zapatista, es portador de un mensaje complejo y ambiguo: lo invisivilizado y negado no sólo no ha muerto, sino que además es capaz de dislocar el pensamiento estereotipado.

Esto permite colocar dos modos de presencia del pensamiento heterotópico. En el primer caso, se trata de un pensamiento que al segmentar el tiempo, opera de manera nítida una expulsión hacia el "espacio" pasado de aquellas matrices identitarias consideradas no compatibles con el espacio presente. En el segundo caso, se trata del extrañamiento que producen los portadores de una identidad "incómoda" (en tanto representa una dimensión negada de la sociedad), normalmente confinados a la geografía imaginaria de una heterotopia "naturalizada" (los negros pertenecen a otro lugar), al posicionarse como "legítimos" habitantes del espacio tópico.

Una situación similar se opera en Medellín, cuando los "sicarios", jóvenes habitantes de los barrios populares de las comunas de la ciudad al servicio de las fuerzas del narcotráfico o del crimen, se apropian, por ejemplo, de centros comerciales en zonas "reservadas" para clases y estratos económicos favorecidos. Pero aquí, la operación es un poco más compleja, en tanto coloca de entrada una operación de lectura que introduce un elemento diferencial en relación a los dos analizadores utilizados, para México y Puerto Rico.

En el primer caso, el "rechazo" se construye a partir de la pertenencia de los sujetos indígenas o negros a una identidad profunda que se convierte en "explicación", es decir, en la causa de comportamientos "anormales". Se trata de identidades potencialmente peligrosas para el orden de la socialidad. En el segundo caso, lo que actúa como frente de lectura, no es en primer término la adscripción a una matriz identitaria, sino la vinculación de estos jóvenes con las fuerzas incontenibles del narcotráfico que avanzan sobre los territorios de la "pobreza" contaminando a su paso a estos jóvenes populares que se convierten en la cara visible del deterioro social y que por su condición de clase y nivel socioeconómico (es decir, la pobreza elevada a rango identitario) son susceptibles a la corrupción. En términos coloquiales las expresiones podrían ser más o menos así: es indio luego es tonto y culpable de su propia miseria; es negro, luego entonces no cabe aquí; y en el último caso, es peligroso, luego es pobre, lo que seguramente indica que es indio o negro, o campesino.

Estas tres formas de representación de lo otro, tienen como punto de intersección —lo que termina por hermanarlas—, un pensamiento que tiende a asimilar, irreflexivamente, como sinónimos, ciertas categorías identitarias con peligrosidad o al revés.

Lo planteado hasta aquí permite arribar a una primera formulación de cómo se construye la alteridad como diferencia amenazante. La identidad es un concepto necesariamente relacional, armada sobre la auto y la heteropercepción, lo que significa que no es una esencia, sino proceso histórico que confiere al "nosotros" de la autopercepción los parámetros para constituirse. En diferenciación a los "otros", puede afirmarse que la identidad es, centralmente, la plataforma política desde la que los actores en sociedad configuran sus modos y procesos de interacción. La alteridad, es entonces componente indisociable de la identidad, es el espejo invertido que opera como "certificador" de la propia pertenencia, lo que significa que en el binomio identidad-alteridades, hay implícita una relación de antagonismo. Pero, entre hombres y mujeres, entre niños y viejos, entre jóvenes y adultos, entre profesores y estudiantes, podemos hablar, con precaución (aquí el arraigo empírico de los análisis es elemento fundamental), de una cierta relación de "antagonismo amistoso", es decir, de una relación que se asume conflictiva pero necesaria, en tanto el otro opera como "garantía" de mi propia diferencia. ¿Cuáles son entonces, los mecanismos que transforman el "antagonismo amistoso" en un antagonismo radical y qué papel juega en esto la configuración histórica y sociopolítica de las ciudades?

APERTURAS

La pregunta por el miedo, no es —pienso— un ejercicio lúdico o descabellado. La importancia de entender los imaginarios que alimentan hoy las prácticas socioculturales en la ciudad, está vinculada a lo que Lechner ha llamado "la apropiación autoritaria de los miedos" para hacer referencia al potencial político de los miedos en un contexto de pérdida de seguridades, de certidumbres (Lechner 94). En la reconfiguración acelerada de los mapas societales va en juego el proyecto político que habrá de darle espesor y contenido a las relaciones, al tejido social.

Y si bien hay evidencias de una ola democratizadora que permite hacer cálculos optimistas, es indudable que existen también fuerzas que se disputan el espacio social por la definición de las categorías de inclusión-exclusión. La elaboración y aprovechamiento de los viejos-nuevos temores se constituye en un tipo de "capital político" de eficacia aún insospechada.[17] "El autoritarismo responde a los miedos apropiándose de ellos...cuando la sociedad interioriza este miedo reflejado que le devuelve el poder, ya no es necesario un lavado de cerebro...le basta trabajar los miedos. Esto es, demonizar los peligros percibidos de modo tal que sean inasibles" (Lechner 95).

Los miedos en sus distintas formas de existencia y manifestación abren una vía de análisis que coloca al centro de la investigación la dimensión de los *rituales de la comunicación,* ello quiere decir, de sus procedimientos, de sus dispositivos, de sus actos, de sus espacios.

La dimensión tecnológico-instrumental de la comunicación no anula la creencia, la reformula. Tampoco anula la existencia de los "lugares diseminados de la comunicación" (de Certeau). Estos lugares operarían como redes de producción-reproducción-circulación y reconocimiento de sentidos y significados. Por ejemplo, la familia, según aquí se ha visto, la escuela, las relaciones cotidianas en el barrio, los movimientos sociales, que en una unidad conflictiva y contradictoria comparten la tarea de (re)construir el vínculo social a través de la —irrenunciable— tarea de producir relatos articuladores capaces de dotar de sentido a la existencia cotidiana.

Entender esa otra dimensión de la comunicación, como "instauradora de intimidades colectivas y creadora de espacios de intercambios" (de Certeau 204) permite penetrar la opacidad de los procesos sociales y hacer salir de su clandestinidad los dispositivos a través de los cuales los actores sociales están enfrentando lo que Augé llama el hundimiento de las cosmologías intermediarias y de sus mediaciones constituidas (Augé 87).

Históricamente, el miedo ha sido un instrumento de control y opresión. La ciudad es hoy habitada por múltiples figuras que nada significarían sino fuera porque se alimentan del malestar, de la desgracia, de la crisis estructural y la exclusión creciente, del sin sentido. El desafío es hacer audible y volver visible ese malestar, esa desgracia, esa pérdida de sentido, más allá de su dimensión espectacular.

Notas

[1] Este artículo es un avance de la investigación *Mitologías urbanas: la construcción social del miedo. Una perspectiva latinoamericana,* que se realiza en Puerto Rico, Colombia y México.

[2] A manera de ejemplo, el jefe de la policía en Buenos Aires, Amadeo D'Angelo, con apenas 8 días en el puesto, declaró "rodearemos las villas para evitar que salgan los delincuentes", para añadir con absoluto aplomo "muchos jóvenes [juntos] son sinónimo de delitos". En un operativo sin precedentes,

realizado en mayo de 2001, las fuerzas policiacas, sitiaron las villas en las periferias bonaerenses "para evitar que salieran delincuentes armados y los que salieron fueron arrestados". *Página 12*, 17/05/01, p. 19, Buenos Aires.

[3] Juan Diego es el indígena mexicano al que se le apareció la Virgen morena en 1531, en el cerro del Tepeyac.

[4] Ver el diario *La Jornada* del jueves 5 de junio de 1997, página 56.

[5] Siguiendo la ruta de la migración económica, el relato del "chupacabras" llegó a México desde los Estados Unidos, procedente de Puerto Rico, impulsado desde el epicentro de la industria cultural en torno a la imagen de lo latinoamericano. Se trata, según el imaginario, de un animal mutante o de un visitante extraterrestre que extrae las vísceras de sus víctimas mediante dos pequeñas incisiones en el cuello; ataca principalmente animales pequeños. El "chupacabras" al igual que otros relatos, se utiliza como analizador, como pre-texto (antes del texto) que permite confrontar visiones del mundo, producir consensos y disensos en torno a las creencias. Se trata de entender el contexto que hace posible la aparición y circulación de una figura como el chupacabras y lo que revela al dotar de una forma específica, unos miedos difusos. Ver, R. Reguillo "Los lenguajes del miedo", en Renglones No. 35, ITESO, Guadalajara, 1996.

[6] Es interesante hacer notar que en el primer reportaje periodístico dedicado a la Virgen del metro, en el diario *La Jornada*, la voz del vocero del Arzobispado aparece en un pequeño recuadro inferior y el reportaje central que ocupa toda la página, está dedicado a recoger las impresiones de los viajeros del metro, hoy peregrinos. Igual situación pasa con los noticieros televisivos, el saber oficial está prácticamente ausente.

[7] Por narrativa entiendo la puesta en discurso de la relación entre un objeto (social) y la explicación que el sujeto —desde su pertenencia en una matriz cultural— produce para dotar de sentido a su comprensión de la realidad social. Por ejemplo, el SIDA, sería un objeto social cuya existencia algunos sujetos explican desde la perversión de las costumbres morales y sexuales y, a la vez, como un castigo a esa desviación. Así, una narrativa no es sólo representación sino también es capaz de convertirse en acción.

[8] Santurce, en el corazón de San Juan, un barrio "tomado" por los dominicanos tanto legales como ilegales, se dice ha "recuperado" sus niveles de habitabilidad mediante la estrategia de "tolerancia cero" emprendida en 1999 por el anterior Intendente de Policía, Pedro Toledo.

[9] En una adecuación de la propuesta de Foucault sobre la heterotopia como "el lugar otro", he venido trabajando en un esquema triple para analizar el modo en que los actores configuran sus relaciones con el espacio urbano: se trata del espacio tópico (entendido como el lugar que se habita, cercado por barreras físicas y simbólicas); el espacio heterotópico (el lugar de lo otro y otros, que debe mantenerse por fuera de los márgenes del espacio tópico); y, el espacio utópico (que hace referencia a la ciudad ideal).

[10] Se han utilizado los grupos de discusión bajo la premisa metodológica de carácter cualitativo de que "el contexto existencial del discurso del 'grupo de

discusión' es un proceso de producción. El discurso del grupo es el producto de una producción, no de una recolección: en el discurso queda la memoria de las huellas de ese proceso" (Ibáñez).

[11] La investigación trabaja con siete perfiles o matrices de adscripción identitaria, cuya selección obedece a un conjunto de planteamientos teórico-metodológicos: luchadores sociales, jóvenes, empresarios, homosexuales, adscritos a cultos religiosos, periodistas y artistas.

[12] En el trabajo de campo exploratorio realizado en San Juan de Puerto Rico (enero-mayo de 1997), se pudo constatar la existencia de estas figuras y la recurrencia a utilizar a los "prófugos de la cárcel" como figuras de amenaza y control, por ejemplo "*Toño Bicicleta*", "*el hombre mono*" y "*el negro tanco*".

[13] A manera de ejemplo puede citarse el caso de un joven cuyos miedos más fuertes en la ciudad estaban representados por hombres "pobres y de aspecto rudo" —según su propia definición—, al explorar con los co-participantes del grupo en miedos similares, "recordó" que su padre, dueño de una bodega en un importante mercado, lo mantenía en el interior de su oficina bajo la amenaza de que los estibadores (pobres y fuertes) podían robárselo y "hacerle cosas".

[14] Tomando la elaboración kantiana de "tópica trascendental" (que contrapone a la "tópica lógica" de Aristóteles como la teoría de los lugares comunes), según la cual se determina el lugar y por consiguiente el uso de cada concepto en la sensibilidad o el intelecto.

[15] Utilizando la obra pictórica de Herrán y de Goitia para su estudio sobre la percepción estética, Diana Chanquía encuentra en diferentes públicos la tendencia a esta misma operación. Siguiendo el discurso de sus entrevistados, ella llama "indios lindos" a los que se ubican en el pasado remoto e "indios feos" a los contemporáneos.

[16] Entrevista realizada en San Juan de Puerto Rico (junio de 2000).

[17] A manera de ejemplo puede citarse la explotación del "miedo al migrante", como estrategia asumida por los republicanos de California a cuyo frente visible se colocó el gobernador Pete Wilson, y su impacto en un primer momento en el resultado electoral que no tardó en traducirse en la esfera de las políticas públicas a través de un conjunto de leyes de control migratorio. Wilson, se mostró ante la opinión pública como el hombre duro capaz de hacer frente a una "amenaza externa". Ello saca del debate la propia crisis del Estado norteamericano.

BIBLIOGRAFÍA

Augé, Marc. *Hacia una antropología de los mundos contemporáneos.* Barcelona: Gedisa, 1995.

Balandier, George. *El Desorden. La teoría del caos y las ciencias sociales. Elogio de la fecundidad del movimiento.* Barcelona: Gedisa, 1994.

Barthes, Roland. *Mitologías.* México: Siglo XXI, 1981.

Beck, Ulrich: *La sociedad del riesgo. Hacia una nueva modernidad.* Barcelona: Paidós Básica, [alemán, 1986] 1998.

Beltrán, Ulises, y otros. *Los mexicanos de los noventa.* México: Instituto de Investigaciones Sociales-UNAM, 1996.

Certeau, Michel de. *La invención de lo cotidiano.* México: Universidad Iberoamericana/ITESO, 1996.

_____ *La toma de la palabra y otros escritos políticos.* México: Universidad Iberoamericana/ITESO, 1995.

Chanquia, Diana. *Lo enunciable y lo visible.* México: Colección Punto de Fuga. CONACULTA, 1998.

Duby, Georges. *El año mil. Una nueva y diferente visión de un momento crucial de la historia.* Barcelona: Gedisa,1992.

Eliade, Mircea. *Imágenes y símbolos.* Madrid: Taurus, 1955.

Giddens, Anthony. *Modernidad e identidad del yo. El yo y la sociedad en la época contemporánea.* Barcelona: Península/ideas, 1995.

_____ *Consecuencias de la modernidad.* Madrid: Alianza Universidad, 1993.

Hobsbawm, Eric. *Historia del siglo XX.* Barcelona: Crítica Grijalbo Mondadori, 1998.

_____ *Rebeldes primitivos: estudio sobre las formas arcaicas de los movimientos sociales en los siglos XIX y XX.* Barcelona: Ariel, 1983.

Ianni, Octavio. *Teorías de la globalización.* México: Siglo XXI, 1996.

Ibañez, Jesús. *Más allá de la Sociología. El grupo de discusión: técnica y crítica.* Madrid: Siglo XXI, 1979.

Kant, Emanuel. *Crítica de la razón pura.* México: Porrúa, 1972.

Lechner, Norbert. *Los patios interiores de la democracia. Subjetividad y política.* México: FCE, 1990.

Malinowsky, Bronislaw. *Magia, ciencia y religión.* Barcelona: Planeta, 1974.

Martín-Barbero, Jesús. "La ciudad: entre medios y miedos". *Ciudadanías del miedo.* Susana Rotker, ed. Caracas: Nueva Sociedad, 2000. 29-35

_____ "Comunicación Fin de siglo. ¿Para dónde va nuestra investigación?" *Telos* 47. Cuaderno Central. Septiembre-noviembre. Madrid. 1996: 58-64

_____ *Mediaciones urbanas y nuevos escenarios de comunicación.* Caracas: FUNDARTE/Ateneo, 1994.

Miller, William Ian. *Anatomía del asco.* Madrid: Taurus, 1998.

Mongin, Olivier: *Violencia y cine contemporáneo. Ensayo sobre ética e imagen.* Barcelona: Paidós Comunicación, 1999.

Monsiváis, Carlos: "De no ser por el pavor que tengo, jamás tomaría precauciones. Notas sobre la violencia urbana". *Letras Libres* 5/I (1999): 34-39.
____ *Nuevo catecismo para indios remisos*. México: Siglo XXI, 1982.
Mouffe, Chantal. *El retorno de lo político. Comunidad, ciudadanía, pluralismo, democracia radical*. Barcelona: Paidós, 1999.
Olmo, Rosa del (Coord.). *Drogas. El conflicto de fin de siglo*. Caracas: Cuadernos de Nueva Sociedad No. 1, primer semestre. 1997.
Pérez Alvarez, Marino (comp.). *La superstición en la ciudad*. Madrid: Siglo XXI, 1993.
Reguillo, Rossana (en prensa): *Guerreros o ciudadanos. Violencia(s). Una cartografía de las interecciones urbanas*. Universidad de Pittsburgh.
____ "La construcción social del miedo. Narrativas y prácticas urbanas". *Ciudadanías del miedo*. Susana Rotker, ed. Caracas: Nueva Sociedad, 2000. 185-201.
____ "Los laberintos del miedo. Un recorrido para fin de siglo". *Revista de Estudios Sociales* 5. Facultad de Ciencias Sociales, Universidad de los Andes/Fundación Social, Bogotá. 2000: 63-72.
____ "Imaginários globais, medos locais: a construçao social do medo na cidade". *Lugar Comum. Estudios de mídia, cultura e democracia* 8. Río de Janerio. NEPCOM, UFRJ. 1999: 129-155.
____ *La construcción simbólica de la ciudad. Sociedad, desastre, comunicación*. Guadalajara: Universidad Iberoamericana/ITESO, 1996.
____ "Los lenguajes del miedo". *Renglones* 35 (agosto-noviembre 1996): 69-74.
Simmel, George. *El individuo y la libertad. Ensayos de crítica de la cultura*. Barcelona: Ediciones Península, 1986.
Valenzuela, José Manuel (en prensa): *Jefe de jefes. Narcocorridos y cultura en México*. México.
Wallerstein, Immanuel. *Impensar las ciencias sociales*. México: Siglo XXI/UNAM, 1998.

La rebelión de la multitud: nuevas fuerzas urbanas

Anadeli Bencomo
University of Houston

> Desde las estadísticas, la gente acecha.
>
> Carlos Monsiváis

En una serie de artículos publicados en un diario madrileño en 1926 (compilados más tarde en *La rebelión de las masas*), Ortega y Gasset manifestaba su asombro ante la creciente multitud urbana de su tiempo (35-6). Uno de los rasgos que el filósofo español reconocía y criticaba al analizar esta muchedumbre era su carácter homogeneizador: "La masa arrolla todo lo diferente, egregio, individual, calificado y selecto" (40). Frente a esta condición de las multitudes urbanas se advertían los riesgos de un desarrollo de la violencia, de la amenaza fascista, el debilitamiento del Estado y el consumismo como conducta generalizada. Esta perspectiva iba de la mano del concepto peyorativo de las masas en cuanto "pueblo", esto es, un colectivo reducible a una voluntad única y relacionado de manera recíproca con un Estado-nación representativo/organizador de tal consenso popular.

En las megalópolis contemporáneas la multitud reclama, sin embargo, un nuevo tipo de protagonismo colectivo. Si bien la presencia pasmosa de la muchedumbre se adhiere al paisaje urbano de nuestros días como condición insoslayable, se advierte en ella una identidad política de diferente cuño. Tal es la propuesta de Paolo Virno al advertir que la "multitud" esquiva la unidad política y se resiste a fuerzas homogeneizadoras y a la intervención del Estado como generador de consenso y ciudadanía popular (200-1).[1] Esta nueva multitud modela su identidad política a partir de su heterogeneidad constitutiva, de sus diferentes elementos minoritarios que no apuntan a reformularse como mayorías gobernables y/o gobernantes.

Este tránsito del concepto de masa-pueblo al de la nueva multitud conlleva una serie de realizaciones políticas históricas que ha sido agudamente analizada por Michael Hardt en su conocido artículo "The Whitering of Civil Society". Este texto se remonta a las consideraciones hegelianas de la correspondencia de los estados modernos con la irrupción de la sociedad civil como ente regulador de las relaciones entre la sociedad y sus formas de gobierno. Se plantea entonces que tanto el fenómeno de la sociedad civil como el de los Estados/gobiernos ligados a ella son paradigmas propios de la modernidad. Con la llegada de la posmodernidad, el crítico norteamericano columbra una era de sociedad post-civil donde se observan nuevas reglas de regulación colectiva y de formulación de identidades. La sociedad civil, tal y como actúa a lo largo del siglo XX, se presenta como instancia ligada a la noción de los estados nacionales. Esta relación recíproca entre el elemento civil de la sociedad y sus instituciones de gobierno y orden se hace posible dentro de los modelos de consenso y representatividad anteriormente mencionados. Pero, según el crítico, con el advenimiento de la globalización y la era del Imperio[2] se hace difícil prolongar los operativos conceptuales con los cuales se analizaba el fenómeno de las sociedades de masas modernas.

Para analizar más detenidamente la posibilidad de este tránsito al que nos hemos referido muy suscintamente, partiremos de la consideración del caso mexicano y, más precisamente, de las crónicas urbanas escritas por Monsiváis. Nos interesa primordialmente abordar el recuento de textos cronísticos publicado en 1995 como *Los rituales del caos*. Dentro de la profusa obra de Carlos Monsiváis nos parece que este libro señala precisamente un buen espacio desde donde pensar el fenómeno de la irrupción de la nueva multitud dentro de la cartografía cultural urbana. Este texto nos invita a revisitar algunos conceptos claves alrededor del tema de la reconfiguración de las sociedades en nuestros días y la irrupción de nuevos paradigmas a la hora de entender el fenómeno urbano de cuño contemporáneo. Un título, que como el propio autor afirma en el prólogo, es un equívoco y un anacronismo para definir la vida mexicana en los noventa, pues tras la tradicional apariencia de caos en esta sociedad lo que se lee entrelíneas es el advenimiento de un nuevo tipo de control masivo —un "perfeccionamiento del orden" social (15).

CIUDAD/MASA, MEGALÓPOLIS/SOCIEDAD CIVIL, POSTMEGALÓPOLIS/MULTITUD

Es indiscutible que la ciudad moderna irrumpe en el paisaje social y en su imaginario como un espacio apropiado por una demografía incontenible. Desde el siglo XIX, el protagonismo urbano nace ligado a la noción de una energía social colectiva, la masa que se vuelca en el espacio público retando a las tradicionales formas del espacio privado. Es la muchedumbre a la que se enfrenta el artista baudelaireriano, es la masa desbocada que inquieta a Echeverría y Sarmiento, es el cuerpo de la democracia de la multitud que Martí y Rodó advierten en el paisaje social norteamericano, es el aglutinamiento que desvela a Ortega y Gasset, es, en suma, el lenguaje humano de la urbe que se presenta como la cartografía de lo moderno, lo industrial, lo masivo. Esta ciudad que se prolonga y expande en el siglo XX es, al mismo tiempo, un centro generador de atracción: en ella confluyen los movimientos migratorios intra e internacionales. La ciudad moderna atrae y seduce gracias a su oferta inigualable de servicios, de mercancías, de bienes culturales, de transporte y vivienda.

Ante esta arremetida humana que se condensa en la cartografía de la ciudad moderna, surge la crónica como reseña de nuevos modos de vida generados por la funcionalidad urbana y, en un primer momento, se popularizan los cuadros de costumbres que sirven de anclaje con una realidad anterior que persiste como residuo. La crónica costumbrista, afincada en mecanismos de clasificación y tipificación, era un modo imaginario de contener lo que Ortega y Gasset, y otros, veían como el movimiento hacia una homogeneización de la fisonomía nacional, de sus temperamentos y sus gustos. El cambio se hacía palpable no sólo a nivel de la apariencia y funcionalidad urbana, sino en el plano de la organización política que marchaba hacia modelos más democratizadores. El estado y sus gobernantes debían vérselas con la irrupción de las masas y con sus demandas de representatividad.

El gobierno de élites y minorías se veía entonces socavado por el impulso aglutinador que buscaba mimetizar políticamente la presencia de la multitud en las calles, en el espacio público. Se trataba así de reformular las bases de los Estados nacionales para incorporar la nueva identidad colectiva. Frente a esta coyuntura, arremete la crónica modernista con sus reclamos de la devaluación de la calidad de vida en aras de la masificación de los modos sociales. Mientras que la crónica costumbrista se apoyaba en criterios tipificadores y pintoresquistas, la crónica modernista de finales del siglo XIX y principios del XX, se resistía a cualquier tipo de actitud celebratoria de la masificación urbana. Muy por el contrario, los textos que escudriñaban las urbes en expansión denunciaban los riesgos de una degradación nacional como consecuencia de la masificación urbana. Al mismo tiempo, se asociaban los nuevos estados de ánimo sociales con una americanización de los modos de vida.[3] En consecuencia, las posiciones intelectuales arielistas se figuraban como el paliativo idóneo para contrarrestar las fuerzas igualadoras de la expansión demográfica y la movilidad social propiciadas por los aparatos modernizadores.

Sin embargo, la marcha de las masas urbanas y nacionales ya no daría vuelta atrás. En su lugar, la identidad colectiva se fortalecería al punto de liderar diferentes movimientos revolucionarios que buscaban una readecuación del Estado, sus funciones y deberes. Es a partir de estos cambios que la ciudad como paradigma de sociedad y gobierno modernos alcanza uno de sus momentos culminantes y con ello se establecen nuevas instituciones correspondientes con este estadio de la urbe y los gobiernos locales y nacionales.[4] No obstante, este pasaje no fue inmediato o absoluto en el caso mexicano. La revolución que protagonizó la vida nacional en la segunda década del siglo en México fue sancionada en un primer momento por los círculos intelectuales que veían en la sublevación popular una amenaza para la modernización del país. La gran crónica de la revolución escrita por Martín Luis Guzmán, *El águila y la serpiente* (1928), da fe del pavor que la masa alzada en armas despertaba en el sector intelectual. A los grupos revolucionarios se los retrataba como una horda incontenible de cuerpos cobrizos e instintos desatados que encontraban su liderazgo en temibles caudillos como Pancho Villa.[5]

En la década de los treinta, el movimiento muralista encabezado por Diego Rivera se encargó de cambiarle la fisonomía denigrante a las masas revolucionarias e inauguró un nuevo lenguaje simbólico que ensalzaba las fuerzas del cambio que ofrecían un nuevo rostro e identidad al proyecto nacional posrevolucionario en México. El protagonismo del movimiento muralista propició un rescate mexicanista que precedería a la iniciativa del gobierno de Miguel Alemán (1946-1952), que figuró un programa de Unidad Nacional que delinearía las bases de la construcción de una "identidad mexicana" posrevolucionaria.[6] Dentro de la vasta red de simbologías diseminadas por el Estado se apoyó a la producción cinematográfica que rápidamente se convirtió en prodigadora de tipologías y sensaciones colectivas. Pero frente al talante caricaturesco de un Cantinflas, o la gallardía de un Pedro Infante, aparecieron notas discordantes como la película "Los olvidados" (1950) de Luis Buñuel, que descubría la cara de la miseria urbana, la conversión del sueño de modernidad en pesadilla de marginación. Otras notas discordantes habían sido las huelgas del sector obrero (petroleros, ferrocarrileros, mineros) que habían sido finalmente asfixiadas por el poder institucional posrevolucionario.[7]

A grandes rasgos se fueron modelando unas visiones de la masa y del pueblo que oscilaban entre el extremo celebratorio de una identidad campirana, machista y pendeciera publicitada por el cine ranchero, las canciones populares, los paisajes de tarjeta postal y, otra, que como contrapartida descubría el rostro del desencanto, la miseria, de la explotación que Rulfo —entre otros— retrataría hasta desembocar en una suerte de sociología de la pobreza que ejemplificarían obras como *Los hijos de Sánchez* de Oscar Lewis. Esta dicotomía se sostenía en parte debido a la polarización de los habitantes entre las zonas rurales y las ciudades cada vez más pujantes. Lo que el proyecto de Unidad Nacional trataba de integrar en una noción de pueblo mexicano era una especie de mezcla de ambas tendencias, una manera de conciliar en una identidad patria las fuerzas tradicionales del campo y los arrojos modernizadores de la urbe.

Para inicios de los años sesenta, "todo cambiaba en México, que a principios de la década contaba con casi 35 millones de habitantes (la mayoría, por primera vez en la historia, en ciudades). La vida rural al viejo estilo se evaporaba rápidamente y en los centros urbanos avanzaba la influencia de Estados Unidos, concentrada en la clase media..." (Agustín, I 224) Este desplazamiento de modos de vida e imaginarios rurales significó un golpe de lanza a la educación sentimental mexicana auspiciada desde la época posrevolucionaria. De ahí que Carlos Monsiváis en su recuento de crónicas, *Amor perdido* (1977), visite nostálgicamente los lugares simbólicos del México de la Unidad Nacional superado por las fuerzas modernizadoras, americanizadas y urbanas de las últimas décadas del siglo.

Con este tránsito señalado por Agustín se asistía entonces a una consideración de las masas urbanas como un colectivo de nuevo cuño. La sociedad de masas urbanas se identificaba con el rol de *público* auspiciado por el poderío creciente de la industria cultural responsable en gran parte de modelar las nuevas sensibilidades urbanas.[8] Comenzaba entonces a perfilarse una especie de ciudadanía del espectáculo, de estímulos y respuestas gregarias que se desentendían del rol tutelar del Estado como órgano capaz de monopolizar la formación de identidades. Este es, por cierto, uno de los temas centrales de *Días de guardar* (1970) en donde textos como "Raphael en dos tiempos y una posdata" analizan esta remodelación de las masas urbanas. En esta crónica, Monsiváis se pierde en la multitud que aguarda impaciente el show del cantante español en la Alameda. Esta congregación urbana se distancia de la imagen colectiva que, unas décadas antes, retratara Diego Rivera en su conocido mural "Un domingo en la Alameda". En la representación del muralista, el grupo congregado intenta condensar la diversidad social del país en la primera mitad del siglo xx, con sus militares, caudillos, mujeres, próceres e indígenas. Lo popular, materia recurrente en el muralismo riveriano con acentos progresivamente decorativos, se desplaza hacia los extremos laterales de la colosal estampa, sugiriendo una marginalidad que la misma composición pictórica impone. Por contraste, en "Raphael en dos tiempos..." el personaje que protagoniza la primera parte del texto es precisamente el pueblo que desborda el famoso paseo defeño con el deseo de presenciar el concierto de Raphael. El pueblo, por efecto de las circunstancias referidas, se transforma en público espectador de la industria del entretenimiento y la mitología televisiva y radiofónica, ante la curiosidad un tanto derrotada del cronista/analista:

> Y todos los redundantes sistemas comparativos se arrogaban el derecho de representar nuestro pensamiento [...] Pero ninguno de estos rezongos servía, porque sólo el griterío funcionaba al dar fe — por lo menos— de *una garganta múltiple manejada por la admiración o el reflejo condicionado*. Y Raphael desaparecía y se volvía insignificante en medio de la adhesión total a Raphael y no que el mito engulliese la realidad [...] sino que el impulso colectivo se había olvidado ya de su propósito inicial y no se acordaba de qué hacía allí [...] la muchedumbre atendía ese despliegue manual y vocal sin comprender, sin recordar, sin contemplar. (*Días de Guardar* 51, énfasis mío)

Lo que reseña esta crónica, entre otras, es el advenimiento de una nueva presencia urbana cuyo comportamiento y sensibilidad se encuentran intersectados de manera inequívoca por los discursos publicitarios y massmediáticos. La muchedumbre se describe entonces en términos de una *masa abierta* (Canetti), esto es, una multitud aglutinadora de un colectivo diverso y múltiple que se expresa según la lógica ordenadora de la industria del espectáculo. En este sentido, Monsiváis prosigue en la segunda parte de la crónica mencionada a reseñar el comportamiento de una masa de corte más privado que acude al "Patio", recinto más selecto, a celebrar en mayor intimidad otro concierto de Raphael. Sin embargo, en ambas instancias, la pública y la privada, se asiste a una modelación de las respuestas de un público capaz de invocar, a partir de sus respuestas seriadas, una nueva forma de ciudadanía: "[...] la entrega a Raphael ha sido, de nuevo, un gran acto de unidad de todos los mexicanos, o por lo menos, de los que hallaron acomodo en la Alameda y El Patio" (*Días de Guardar* 56).

Lo que Monsiváis denuncia en esta versión de ciudadanía mediática es su carácter de "sociedad del espectáculo" (Debord), esto es, el debilitamiento y superación de los relatos nacionalistas y urbanos generados por realidades espaciales e históricas reconocibles y correspondientes a una determinada ideología. La ciudad mexicana a partir de los sesenta se muestra incapaz de articular sentidos que traduzcan la vivencia cotidiana de la urbe y se asiste a una suerte de opacidad social: "... la ciudad se ha vuelto el paisaje inadvertido y opresivo que carece de personalidad y es incapaz de proporcionarla. El idioma común ya no se forja en calles y sitios públicos o a través de los acontecimientos políticos: ahora lo estipulan los medios masivos de comunicación" (*Amor perdido* 268).

Pero si bien tal realización colectiva (pueblo = público) generaba la representación sancionadora de Monsiváis, podía leerse hacia esa misma época la irrupción de otro tipo de comportamiento masivo. Así, los sesenta en México no sólo eran el escenario para la consagración de una ciudadanía del espectáculo, sino el momento de inscripción para ciertas corrientes de la contracultura que los jóvenes lideraban en Occidente hacia esa época. Y desde estos espacios de la disensión juvenil comenzaron a hacerse visibles otros movimientos de resistencia cívica y popular.

En México, con el trágico movimiento estudiantil del sesenta y ocho, se sentiría entonces el germen de la irrupción —simbólica y funcional— de la sociedad civil. Sin embargo, en esta oportunidad la fuerza represiva del Estado manifestaría unas redes del orden que ilustrarían de modo ejemplar los paradigmas de vigilancia social (Foucault). El movimiento estudiantil era una de las revueltas de la ciudad moderna aún contenible dentro de los modelos de disciplinamiento social en manos del control del Estado.

Habría que esperar unos años más, cuando la ciudad se desbocara incontenibles, para trazar la cartografía de una megalópolis (con su correspondiente explosión demográfica, crisis de servicios, alza de violencia, fragmentación caótica), para asistir al acta de nacimiento oficial de la sociedad civil en México: el terremoto que sacudiera a la capital mexicana en 1985. En esta oportunidad, el Estado mostró su ineficacia para responder ante la magnitud del desastre y la población urbana se organizó para hacer frente a las labores de rescate y recuperación urbanas. El terremoto no sólo hizo trizas buena parte de la fachada urbana, sino que derrumbó consigo una serie de instituciones y modos políticos ligados al paradigma de la ciudad moderna, aún contenible dentro de ciertos parámetros gubernamentales. Lo que el sismo ratificó fue la megalopolización de la capital mexicana, la fragmentación múltiple de las cartografías reales y simbólicas de la urbe. De pronto, el sistema de simbologías verticales denunciaba su inoperancia y se daba crédito a la posibilidad de aperturas democratizadoras que alcanzarían su cúspide en las elecciones presidenciales de 1988.⁹

Este estado de ánimo emergente se convirtió en el tema del libro de mayor aliento civil de Monsiváis, su *Entrada Libre* (1987), donde se recrean cronísticamente los momentos estelares de la fortalecida sociedad civil mexicana. En sus páginas asistimos a la reconfiguración de la masa y del público gracias a una investidura que permite el optimismo a pesar de la crisis económica y política que campeó en la década de los ochenta en México. Dentro de este recuento de crónicas y alrededor de la definición e ilustración del término *sociedad civil* en México, destacan los textos sobre el terremoto de 1985 ("Los días del terremoto"), el de las organizaciones populares ("Viñetas del movimiento urbano popular") y el del movimiento estudiantil de 1986 ("¡Duro, duro, duro! El CEU: 11 de septiembre de 1986/ 17 de febrero de 1987"). El diagnóstico que se construye a partir de estas reseñas cronísticas es el del surgimiento de una nueva actitud ciudadana capaz de construir nuevos modos de identidad colectiva:

> La participación ciudadana, elemento indispensable del gobierno. A este esfuerzo la noción de *sociedad civil* le proporciona un centro unificador. Parte considerable del desastre urbano se debe a la patética desvinculación de grupos, sectores y clases, y a la falta de un idioma común, ajeno al muy atroz del consumismo y de la televisión comercial. (*Entrada Libre* 81)

Lo que sugiere la cita de Monsiváis es la posibilidad de la fortalecida sociedad civil mexicana de los ochenta de superar la atomización asociada a los modos operativos de la megalópolis. La *sociedad civil* actuaría entonces como relato de una ciudadanía posible que, como hemos apuntado, llevaría consigo las trazas de una apertura democratizadora. Tal optimismo iba aunado a una fe en la modernización nacional, en esa meta que parecía escurrirse en años anteriores y que ahora iría de la mano con los impulsos democratizadores que se descubrían en la conducta civil. Nadie anticipaba entonces los enormes cambios que se avecinarían en los noventa y que darían al traste con este modelo particular de modernización mexicana. No se preveían las significativas consecuencias de la globalización incipiente del mercado internacional, de la implementación del Tratado de Libre Comercio, de la emigración masiva a los Estados Unidos. Paradójicamente, la apertura de México a la posmodernidad globalizada trajo consigo el descubrimiento de una realidad íntima hasta ahora desdeñada: la rebelión de los Zapatistas en Chiapas confirmó un desencuentro que ya no podía seguir siendo ignorado:

> Los primeros minutos del primero de enero de 1994, el día en que entraba en vigor el Tratado de Libre Comercio y la familia Salinas daba un fiestón en Los Pinos después de vacacionar en Huatulco, el Ejército Zapatista de Liberación Nacional (EZLN), compuesto por dos mil indígenas mayas (tojolabales, tzotziles, tzeltales, lanadones), armados con rifles AK-47, machetes y estratégicos fusiles de palo, ocupó San Cristóbal de Las Casas, Ocosingo, Altamirano, Las Margaritas, Abasolo y Chalán del Carmen. (Agustín, III 313)

A esta insurrección se refiere Monsiváis como el momento donde se destruyen las mitologías modernizadoras y nacionalistas que aún estaban en pie. Lo que revelaba Chiapas era el carácter simulador y mitologizante de ambas instancias. Chiapas "led to the discovery of a Hollywood scenario, the result of government know-how. We had really lived in a world of make-believe" (Thelen, "Mexico's Cultural Landscapes" 614).

Lo que puso de manifiesto el conflicto en Chiapas fue un nacionalismo de fachada y las enormes desigualdades que tanto el proyecto de Estado como el programa de modernización neoliberal habían sido incapaces de conjurar. Se destruía así la ilusión de "un" México reducible a una identidad homogénea. En su lugar, queda la constatación de una heterogeneidad irreducible a fórmulas de hibridación.

> There are really five nations or Mexicos now. First, there is this mosaic of Indian cultures, which is not a natural unit because each culture does not identify itself with the whole. Second, at the northern border, essentially 30 percent of Mexicans have created a completely new culture, in terms of values, economy, languages, schooling, and relations with the state. Third, you have the megacities, and they are linked among themselves because this is a source of power, this is a source of centralization, this is a source of México. I think that what most Mexicans call México is in fact the megacities, twelve cities each with a population larger than 1 million. Then, fourth, you have the Caribbean. There we have the black population of México. This is linked to Florida, to Cuba, and to Guatemala. And then the fifth element is something I would call México. And it's mainly imaginary, if taxpaying is a major measure of citizenship. (Thelen, "México, the Puzzle..." 693)

Más aún, tal diversidad constitutiva no es un fenómeno exclusivo al mapa nacional visto en conjunto, sino que además es la definición de lo que acontece dentro de las megaciudades cuyas multitudes ya no obedecen a identidades ligadas a conceptos espaciales o históricos trascendentes. La urbe ya no actúa como cartografía de anclaje o formación de ciudadanos, pues sus habitantes se encuentran constantemente interpelados por simbologías que se refieren a algo que traspasa la megalópolis local.[10]

Lo que pareciera ofrecer la multitud en la era de la globalización, es un modelo de fuerza social que se diferencia de los conceptos precedentes de pueblo o sociedad de masas. Mientras el concepto de pueblo apunta a una identidad que se sostiene sobre la idea de una síntesis nacional (lograda en gran parte por la intervención del Estado nacional y su lógica cultural), la multitud apunta a la multiplicidad de identidades. Por otro lado, si el modelo de masas suponía una abstracción de las fuerzas sociales como materia pasiva y manipulable, la multitud ofrece la imagen de un agente social activo y con fuerza creativa.

Igualmente se reconoce en la multitud una definición espacial móvil. La multitud se desplaza constantemente señalando nuevos espacios, nuevas residencias. En otras palabras, la multitud es un sujeto migrante: "Through circulation the multitud reappropiates space and constitutes itself as an active subject" (Hardt/Negri 397) Ese fue otro de los mensajes que la rebelión zapatista en México envió en su momento. Los indígenas dejaron de ser elementos exiliados de la urbe y sus redes simbólicas y manifestaron su derecho a una ciudadanía desde el centro. Pero este centro no necesariamente era el geográfico (aunque el EZLN ha marchado más de una vez a la Ciudad de México), sino que tenía que ver con hacerse visible, tal y como aconteció gracias al manejo de la tecnología y los medios de comunicación que trasmitieron incansablemente dentro y fuera de México las imágenes de los indígenas y del líder del movimiento, el subcomandante Marcos. De pronto, la rebelión se instalaba en el centro y defendía su poder de autogestión y la inmanencia de sus reclamos.[11]

Es necesario aclarar que la visión de la multitud en los términos que acabamos de describir obedece a una postura crítica ofrecida desde los círculos intelectuales norteamericanos y europeos. En estos polos geográficos, la globalización ha impulsado no sólo la recepción de numerosos movimientos migratorios, sino igualmente planteamientos renovadores frente a la cuestión del sujeto colectivo. El influjo de contingentes de inmigrantes, legales e ilegales, ha abierto el debate en torno a las agendas multiculturalistas y nuevos paradigmas democratizadores.

Por otro lado, y aproximándonos a la imagen de la multitud que Monsiváis recrea en sus crónicas de los noventa, reconoceremos pocas diferencias entre las nuevas realizaciones colectivas y el concepto precedente de la sociedad de masas. En ambos casos, pareciera inferirse la existencia y funcionamiento de mecanismos unificadores que van desde las iniciativas del Estado hasta las campañas más recientes en manos de la industria cultural de acento privado y publicitario o mercadotécnico.

Podríamos entonces adelantar una diferenciación clave entre estos dos modos de aproximarse a la definición del carácter de las multitudes contemporáneas. De un lado, estaría una posición crítica heredera de las propuestas democratizadoras de la sociedad civil y la posibilidad de anticipar rasgos liberadores en los sujetos colectivos de nuestra época. Del otro, tendríamos una visión más pesimista que emparentaría a la nueva multitud con los comportamientos seriados, imaginarios compartidos y manipulados, consumos programados, etc.

DE LA DISCIPLINA AL CONTROL DE LA MUCHEDUMBRE

Si los noventa en México trajeron consigo un escepticismo creciente sobre el rol democratizador de la sociedad civil, igualmente aportaron la noción del debilitamiento del nacionalismo como un lenguaje capaz de interpelar a las nuevas identidades ligadas a la era de la globalización del mercado y a una industria cultural que reemplaza a los poderes ciudadanos tradicionales. Ilan Semo se refiere a esta sucesión como la demostración del anacronismo de los aparatos oficiales:

> Mexico lost the fight against the media, which is a place where you produce a national imagination. It was not able to produce in national product terms what it had in national state terms. At one time, Mexican cinema rivaled Hollywood in stimulating imagination. The true attempts to organize a counterpart to Hollywood failed. Televisa (a private broadcasting company) produced some programs, but the main core of television is produced somewhere else, say, in Chicago, in Europe. The state produced museums, paintings, culture in the school systems, and so on, but that didn't happen in the media. (Thelen, "México, the Puzzle..." 693)

Lo que el historiador mexicano denuncia en su intervención es un fenómeno al que Monsiváis se dedica en los textos más significativos de sus *Rituales*...[12] El cronista, en su representación de las multitudes urbanas de los noventa, insiste en el carácter simulador de los públicos que se congregan para revivir las emociones del espectáculo de los medios. En consecuencia, el cronista posmoderno al estilo de Monsiváis se siente presa de los mecanismos del *zapping* a lo largo de sus recorridos por las congregaciones capitalinas. Lo que observa a su paso es la gente cuya existencia es parangonable a un videocasete que obedece a la lógica de un "control remoto": "Si un acto público de cualquier índole quiere sobrevivir en esta época, deberá, irremisiblemente adoptar las características del control remoto [...] Ante la cámara, se suspende la indiferencia. Es el tótem, es la Máquina Inmortalizadora..." (58-59)

Monsiváis, en sus libros anteriores, abrió el campo para la representación de dos modelos sociales de producción y orden. En primer lugar, sus crónicas de los sesenta y setenta, denunciaban los mecanismos disciplinarios del Estado que se reconocían detrás de los proyectos como el de Unidad Nacional o el de la modernización nacional. De este modo, se advertían las redes de un disciplinamiento social que se diseminaba gracias a las instituciones modeladoras de identidades: la industria de los medios (radio, televisión, cine), la religión, las tradiciones locales, la escuela, los modos de diversión, el lenguaje, los partidos políticos, la burocracia oficial y civil. Se formulaba así el trazado de ciertos modos sociales creadores de diferenciales de poder, de una manera particular de gobernar que admitía y justificaba jerarquizaciones, marginaciones y esencialismos mitificadores.[13]

En un segundo momento, y en respuesta a la mayor visibilidad del fenómeno de la sociedad civil en México, Monsiváis decide apostar a la posibilidad de una apertura democratizadora de las instituciones sociales y políticas. Y aunque inicialmente estas dos posturas parezcan irreconciliables, podemos descubrir detrás de ellas dos modelos de disciplinamiento social modernos según nos lo explica Michael Hardt en su artículo citado. En otras palabras, lo que Carlos Monsiváis está representando en sus crónicas son dos maneras de organización de las relaciones entre la sociedad civil y el Estado/gobierno que la representa. De un lado, tendríamos el modelo foucaultiano donde la abstracción se da gracias a procesos normalizadores diseminados en el campo social que recrean prácticas de diferenciación y poder. En consecuencia, las fuerzas coercitivas del régimen no se asumen como exclusivamente pertenecientes a la esfera oficial de gobierno, sino que se representan en términos de un pacto social de vigilancia. Por otro lado, tendríamos el modelo de Gramsci que defiende las corrientes democratizadoras de la sociedad civil como punto de partida de una abstracción que parte desde abajo, desde los estratos populares, hacia la configuración de formas de gobierno más incluyentes (aunque no necesariamente menos rígidas). Otra diferencia es que la concepción del poder en Foucault privilegia los macrorrelatos de las instituciones sociales que castigan el desvío del consenso, mientras la visión gramsciana funciona preferentemente en el nivel de los microrrelatos, y en la posibilidad de las minorías de construir instituciones contrahegemónicas.

Sin embargo, estas dos modalidades parecieran haber sido superadas por el estadio actual de las sociedades occidentales, donde se admiten los debilitamientos correspondientes de los estados nacionales y la sociedad civil. En palabras de Hardt,

> The decline of the paradigm of civil society correlates to a passage in contemporary society toward a new configuration of social relations and new conditions of rule. This is not to say that the forms and structures of social exchange, participation, and domination that were identified by the concept of civil society have ceased entirely to exist, but rather that they have been displaced from the dominant position by a new configuration of apparatuses, deployments, and structures. (34)

Pero como explica Hardt, la crisis correspondiente de las instituciones modernas (iglesia, escuela, familia, etc.) no implica la cancelación de fuerzas sociales disciplinarias. En su lugar, lo que sucede es que la compartimentación propia de las anteriores instituciones cede lugar a un nuevo tipo de poder que ya no se encuentra localizado en esferas particulares, sino que se esparce gracias a una lógica generalizadora que configura lo que Deleuze distingue como "la sociedad de control". Dentro de esta nueva configuración se reformulan las relaciones de mediación y organización que caracterizaran la interacción entre la sociedad y sus fuerzas de gobierno. Al mismo tiempo, la interpelación a las identidades de la nueva multitud no pasa, como en el modelo de la sociedad moderna disciplinaria, exclusivamente por los principios de identidad y posicionalidad, pues ya hemos señalado cómo la nueva multitud se conforma con identidades móviles/anónimas y con la indeterminación espacio-temporal. La ciudad postmegalópolis que se corresponde con este estadio de la sociedad de control es espacio surcado por flujos constantes que demandan estrategias particulares de orden: "Elaborate controls over information flow, extensive use of polling and monitoring techniques, and innovative social use of the media thus gain prominent positions in the exertion of power" (Hardt 36-7).

La sensación que campea en la postmegalópolis donde se intersectan las instituciones debilitadas de la ciudad moderna con los nuevos modos del orden, es la de la crisis de una ciudadanía "política". El encomillado se refiere al doble sentido de una identidad ciudadana interpelada por un lado por el espacio que habita (*polis*) y, por otro, por la noción de representatividad ligada a la figura del gobierno local. Entonces si la megalópolis de nuestros días se define por los constantes y variados cruces de información, los mensajes de la tecnología, el lenguaje de los medios, las redes de un mercado global (García Canclini); la crisis de los modelos más tradicionales de representación urbana sugiere el paso a una sociedad del simulacro.

Tal parece ser el sentido de muchas de las crónicas de *Los rituales del caos* que retratan a una ciudadanía del espectáculo cuyo referente hay que buscarlo más allá de los lugares tradicionales de la organización social (aquellos formulados en términos de clase, de producción, de afiliación partidista):

> El control remoto es el ágora de nuestro tiempo y los que acuden tienen derecho a interpretar el papel de público, ellos – que conste – no son público sino actores a quienes contrata el sentido de la oportunidad para hacer lo que haría el público de haber venido: reírse como si oyeran chistes, moverse como si la alegría los sacudiese, estar felices porque le roban unos segundos a la gloria. En estos años, el control remoto es el principio y el fin de la democratización. (59)

El ciudadano transformado en público espectador goza de ciertas certezas que la multitud le ofrece en sus momentos de júbilo. Así, la multitud puede manifestar un momentáneo nacionalismo durante una pelea de boxeo donde se enfrente la gloria local (Julio César Chávez) al contricante extranjero (24-30), o en la celebración del triunfo de la delegación nacional de fútbol (31-7), o ante los acordes del Mariachi que sirve de antesala en un concierto de Sting (186-8). Lo que el cronista reconoce en estas instancias es una nueva sensibilidad colectiva que se corresponde con el protagonismo de los medios como dictadores de una ciudadanía "publicitaria" y reconfortante: "En la tele, la multitud pertenece al espectáculo de un modo que jamás prohijarán los templos" (47).

La rebelión de la multitud: nuevas fuerzas urbanas • 199

Lo que destaca en el libro de crónicas de Monsiváis es una voluntad intelectual de representación que se corresponde con los mecanismos de la megalópolis moderna. En otras palabras, Monsiváis ante la irrupción de nuevas modulaciones de orden social emparentadas con el estadio de la multitud posmoderna, se muestra proclive a descubrir y denunciar los mecanismos de la sociedad de control y a asumir un tono apocalíptico: "En el Último Instante de los seres vivientes, cuando el rigor y la demasía se combinen, el Relajo será el lenguaje a mano que auspicie la dictadura de lo uniforme, allí precisamente, donde existía la pretensión de las formas infinitas" (134).

Tal posicionalidad crítica y cultural le impide al cronista ver más allá de estos mecanismos controladores, le dificulta el reconocimiento de las posibilidades ciudadanas de la multitud que discutiremos en nuestro último apartado. Ésta es una de las limitaciones mayores de las crónicas recogidas en *Los rituales del caos*, su tendencia a la generalización sancionadora y miope de quien se aferra a juicios y valores anclados en el universo simbólico del estadio previo al de la posmegalópolis. En muchos sentidos, el Monsiváis de estos textos de los noventa habla desde el declive de la sociedad civil y sus paradigmas y, más aún, desde una identidad enclavada dentro de una subjetividad moderna: "Baladas hechas en serie para conciertos en serie que convocan reacciones en serie. Esto murmullo desde mi aislamiento generacional y de clase [...]" (191)[14]

Pareciera entonces que para Monsiváis la multitud fuera una especie de "gente que acecha", un conglomerado caótico de dudosa o imposible redención en términos democratizadores. Esta consideración reiterada en las crónicas de *Los rituales...*, contradeciría el optimismo expresado en el prólogo donde se anuncia una voluntad crítica que no se sostiene a lo largo del texto.[15] Al mismo tiempo, el cronista de *Los rituales...* sufre una especie de exilio o marginación frente a esta energía colectiva que le deja de lado con un sentido que se le escapa:

> ¡¡Aquí está Willy Colón!! El gran Willy se embarca en su primer número... y el Century se vuelve campo de batalla, las detonaciones sustituyen a los magnavoces, la calidad perece bajo la distorsión, qué caso tuvo venir, me digo. *Miro a mi alrededor y no entiendo.* (119)

DE LA REBELIÓN DE LAS MULTITUDES

Recapitulando las ideas principales acerca de la multitud defendidas por críticos como Paolo Virno, Michael Hardt y Antonio Negri, nos enfrentamos a una situación política en la era postcivil en donde las fuerzas mediadoras, propias de los diagramas de poder y control modernos, han sido desplazadas por una diferente disposición política. En *Empire*, se dedica un apartado final al análisis de este fenómeno y se apunta a otra arista del problema: los conflictos sociales liderados por la multitud se dan de una manera más directa, enfrentando a las fuerzas sociales entre ellas mismas. En consecuencia, Negri y Hardt defienden que la multitud lleva en sí un mayor potencial revolucionario que las masas sociales precedentes.

Sin embargo, las observaciones de Hardt y Negri se dirigen fundamentalmente a analizar el problema del éxodo humano y la reconfiguración del sujeto migrante en los centros de atracción laboral y productiva, esto es, Norteamérica y Europa. Dentro de estas coordenadas se apuesta a la fuerza reorganizadora del colectivo en migración quien diseñará redes de solidaridad y defensa de derechos tales como la ciudadanía global y el derecho a las metas particulares.[16]

Para estos críticos la posibilidad democratizadora o comunista (como ellos prefieren llamarla) de la nueva multitud reside en su capacidad de congregación y en su posicionalidad de resistencia frente al Imperio. En este sentido, la fuerza cohesionadora de la multitud es predominantemente de naturaleza política y su capacidad creadora sería capaz de generar nuevas instancias representativas.

En contraste con esta visión optimista, la multitud representada por Monsiváis en sus crónicas se refiere a un tipo de multiplicidad que no es recuperable en términos de prácticas democratizadoras. Por el contrario, la imagen de la multitud caótica señala un principio de disgregación. Frente al declive de los relatos homogeneizadores del nacionalismo y la modernización en México, se advierte una especie de extravío y escepticismo político que no ha podido ser conjurado por las iniciativas de una sociedad civil ahogada tras el régimen de impunidad política, de escándalos sucesivos, de corruptelas partidistas.

Al centrar su atención en la fenomenología del espectáculo, Monsiváis denuncia una metonimia fundamental que había sido señalada años antes por Guy Debord en su clásico análisis de la sociedad del espectáculo:

La rebelión de la multitud: nuevas fuerzas urbanas • 201

The spectacle appears at once as society itself, as a part of society and as a mean of unification. As a part of society, it is that sector where all attention, all consciousness, converges. Being isolated –and precisely for that reason– this sector is the locus of illusion and false consciousness; the unity it imposes is merely the oficial language of generalized separation. (12)

Es así como el cronista lee en las congregaciones del público una metamorfosis fundamental de los antiguos paradigmas de ciudadanía e identidad. Las instituciones tradicionales se convierten gracias a las reglas del espectáculo en grotescos remedos simuladores: "Algunos posesos del nacionalismo instantáneo bailan envueltos en la bandera, y lo nacional se vuelve lo hogareño, cálido, inevitablemente coreográfico" (25). "A esta Chava Única la distingue también el lenguaje, un desprendimiento de la publicidad y sus orgías de elogios, en la vida todo es *súper*, lo *fantástico* y lo *maravilloso* decoran a cada una de las frases, que *in-creí-ble*, qué rentable el ánimo: El *toque locochón ¡Pónte las pilas! Sácale provecho a tus ganas*. La Chava Única e Indivisible habita en un comercial que patrocina la familia y en donde a ella le toca promocionarse o promocionar" (190).

Y este fenómeno del espectáculo al que Debord atribuyera la provocación de una falsa conciencia, se advierte —una y otra vez— en el público urbano retratado por Monsiváis: "un público sólo lo es en serio y en grande, si hace lo mismo al mismo tiempo, si es disciplinado, si transforma su espontaneidad en protagonismo armónico." (188). Esta entelequia de la multitud según la visión que prevalece a lo largo de *Los rituales del caos*, se asemeja peligrosamente a interpretaciones conservadoras de la sociedad de masas. A lo que asistimos, a fin de cuentas, es a un nuevo sancionamiento del sujeto plural en las congregaciones urbanas y del espectáculo. Nada prometen aquí las fuerzas redentoras que los críticos como Hardt y Negri proponen como razón política de la multitud.

Por el contrario, *Los rituales del caos* sugiere una *rebelión de la multitud* en un sentido que recuerda la acepción orteguiana del término. En otras palabras, estos textos reactualizan la imagen apocalíptica de la muchedumbre que invade el espacio público sin otra meta que la de regodearse con su propia energía instántanea. El cronista-intelectual se margina convenientemente de semejante realidad, desde un sancionamiento que se elabora metafóricamente en una parábola del Juicio Final:

> Y vi de reojo a la Bestia con siete cabezas y diez cuernos, y entre sus cuernos diez diademas, y sobre las cabezas de ella nombre de blasfemia. Y la gente le aplaudía y le tomaba fotos y videos, y grababa sus declaraciones exclusivas, mientras, con claridad que había de tornarse bruma dolorosa, llegaba a mí el conocimiento postrero: la pesadilla más atroz es la que nos excluye definitivamente. (250)

Notas

[1] Our new Multitude is not a whirlpool of atoms that "still" lacks unity, but a form of political existence that takes as its *starting point* a One that is radically heterogeneous to the State...(201).

[2] Me estoy refiriendo aquí al reciente libro de Michael Hardt y Antonio Negri: *Empire*. En este texto se analiza el fenómeno de las más recientes conformaciones del capitalismo internacional que desmantelan el sistema moderno de los colonialismos, los Estados nacionales y las identidades ligadas a un territorio: "The passage to Empire emerges from the twilight of modern sovereignty. In constrast to imperialism, Empire establishes no territorial center of power and does not rely on fixed boundaries or barriers. It is a *decentered* and *deterritorializing* apparatus of rule that progressively incorporates the entire global realm within its opens, expanding frontiers. Empire manages hybrid identities, flexible hierarchies, and plural exchanges through modulating networks of command" (xii-xiii).

[3] Para un análisis de la crónica modernista latinoamericana pueden revisarse los textos de Julio Ramos, *Desencuentros de la modernidad en América Latina*; Susana Rotker, *Fundación de una escritura: las crónicas de José Martí*; Aníbal González, *La crónica modernista hispanoamericana*.

[4] El clásico libro de Ángel Rama, *La ciudad letrada*, analiza la problemática del desarrollo de la ciudad moderna en el ámbito latinoamericano.

[5] Un caso similar de tono condenatorio frente al paisaje revolucionario se contempló en otros ámbitos de la literatura nacional. Según Monsiváis: "Las circunstancias literarias (inexistencia de un mercado de lectores, dificultades de publicación, mínima influencia social) y, básicamente el tono cultural de la época, le permitieron a la tendencia narrativa conocida como Novela de la Revolución establecer, también programáticamente, su arduo pesimismo en relación con los alcances positivos de la transformación nacional" ("Notas sobre la cultura mexicana" 1445).

[6] En palabras de Monsiváis, lo que la Unidad Nacional logra construir durante más de dos décadas es un relato nacionalista simulador de consensos: "la *mexicanidad* es telón de fondo de acciones gubernamentales, de reacciones sentimentales de las clases populares y de usos del tiempo libre, y si el origen de la Unidad Nacional es político (expulsar a la izquierda del ámbito público, 'adecentar' a la sociedad, negar la lucha de clases y anudar la confianza de los Estados Unidos y de los empresarios en los dispositivos del gobierno) los

alcances son tan vastos que una noción distinta de *México* brota de esta 'liga ontológica' entre pobres y ricos, entre sonorenses y chiapanecos, entre abogados y cargadores [...] México [...] es algo sumamente original, y su singularidad se verifica en los corridos, se despliega en los murales, confirma su pasado suntuoso al revalorar el arte indígena, afianza su tipología en la narrativa revolucionaria, se azucara cotidianamente en las canciones de la XEW, adquiere manías estatuarias en las películas del *Indio* Fernández, o acentos indefensos y seguridad melodramática en los films de Ismael Rodríguez y Alejandro Galindo, conoce su criatura perfecta en Pedro Infante y su transfiguración verbal en *El laberinto de la soledad."* (*Entrada libre* 209).

⁷ Sin embargo, algunas de estas batallas fueron reseñadas por cronistas poco complacientes con el régimen en cargo. La crónica sobre la huelga de los mineros en 1950, por ejemplo, estuvo a cargo de Mario Gill, "La huelga de Nueva Rosita", 1952.

⁸ Las *Mitologías* (1957) de Roland Barthes son un ejemplo de los textos, que hacia la época, abordaron la transformación de las masas en público consumidor. Elías Canetti, con su libro *Masse und Macht* (1960), también se convertiría en referencia ineludible para los tratados sobre las multitudes a partir de los sesenta.

⁹ Me estoy refiriendo a las elecciones donde un partido alternativo ante la hegemonía del PRI, el PRD, con su candidato Cuauhtémoc Cárdenas, lograra una real oportunidad de victoria en unos comicios cuyos resultados finales fueron saboteados o adulterados por el partido en el poder para evitar que tal alternancia se convirtiera en una realidad.

¹⁰ Sobre los efectos de la globalización en las culturas latinoamericanas, en sus instituciones políticas e identidades ciudadanas conviene revisar dos textos ya clásicos: Renato Ortiz, *Mundialização e cultura*, y Néstor García Canclini, *Consumidores y ciudadanos*.

¹¹ Otra de las características que Michael Hardt y Antonio Negri adjudican a las nuevas multitudes es el modelo inmanente de su teleología: "The multitude has no reason to look outside its own history and its own present productive power for the means necessary to lead toward its constitution as a political subject" (396).

¹² El tratamiento del tema de la sociedad del espectáculo encuentra sus mejores expresiones en textos como:"¡Oh consuelo del mortal!", "¿Es la vida un comercial sin patrocinadores?", "Lo que se hace cuando no se ve tele", "La multitud ese símbolo del aislamiento".

¹³ Esta postura interpretativa de Monsiváis se convierte en la clave protagónica de libros como *Días de guardar* (1970), *Amor perdido* (1977) y *Escenas de pudor y liviandad* (1988).

¹⁴ Esta posicionalidad sancionadora y fatalista definió buena parte del trabajo de otros cronistas de la generación de Monsiváis. Un buen ejemplo, sería el de José Joaquín Blanco, quien en un texto de 1979 se haría eco del escepticismo creciente en parte de la intelectualidad de la izquierda en México frente al panorama de la megalopolización de la urbe moderna:"La ciudad impone una norma de vida unificadora. Nadie sabe exacta y cabalmente cuál es, y

nadie la llena por completo. Ella es la perfecta, la completa, el modelo al que tan mal se adaptan sus habitantes[...]La gran liberación sería, desde luego, la existencia de sindicatos, partidos políticos, agrupaciones o clubes independientes, que fueran creando gregariamente modos de vida urbana opuestos a los de la Ciudad Dominante. Pero con estos intentos gregarios, la ciudad es tan brutalmente represiva como lo es con los intentos individuales" (59).

[15] Me refiero a la voluntad que se recoge en las siguientes líneas: "La diversión genuina escapa a los controles, descree de las bendiciones del consumo, no imagina detrás de cada show los altares consagrados al orden. La diversión genuina (ironía, humor, relajo) es la demostración más tangible de que, pese a todo, algunos de los rituales del caos pueden ser también una fuerza liberadora" (16).

[16] Hardt y Negri hablan de la creación de un "nuevo lugar"como espacio de libertad de la multitud migrante: "La potencia de esos flujos humanos, afirman los autores, está dada por la creación de espacios en los que conviven trabajadores afectados por una fuerte precariedad laboral, social y cultural, con una multitud que se organiza y resiste la restricción de movilidad impuesta por los gobiernos. Las acciones de la multitud se tornan políticas cuando se reapropian del espacio, establecen nuevas residencias y, en esa movilidad, se constituyen en sujetos activos y libres" Perla Zusman y Aida Quintar. "Exodo y ciudadanía en la construcción del contraimperio: el papel del inmigrante en la creación de un 'nuevo lugar'en el 'no lugar', según Antonio Negri y Michael Hardt". Ponencia en línea. 28, 29 y 30 mayo 2001. Scripta Nova: III Coloqui Internacional de Geo Crítica, "Migración y Cambio social". 2001. http://www.ub.es/geocrit/sn-94-7.htm

BIBLIOGRAFÍA

Agustín, José. *Tragicomedia mexicana*. Tomos I-III. México: Planeta, 1991.

Blanco, José Joaquín. *Función de medianoche*. México: Era, 1981.

Barthes, Roland. *Mythologies*. Paris: Seuil, 1957.

Canetti, Elías. *Masa y poder*. Barcelona: Alianza, 1983.

Debord, Guy. *The Society of the Spectacle*. New York: Zone Books, 1995.

Deleuze, Gilles. "Postcript on the Societies of Control". *October* 59 (1991): 3-7.

García Canclini, Néstor. *Consumidores y ciudadanos. Conflictos multiculturales de la globalización*. México, DF: Grijalbo, 1995.

Gill, Mario. "La huelga de Nueva Rosita". *A ustedes les consta. Antología de la crónica en Ciudad de México*. Carlos Monsiváis, ed. México, DF: Era, 1980.

González, Aníbal. *La crónica modernista hispanoamericana*. Madrid: Porrúa Turanzas, 1983.

Guzmán, Martín Luis. *El águila y la serpiente*. Madrid: Compañía Ibroamericana de Publicaciones, 1928.
Hardt, Michael. "The Withering of Civil Society". *Social Text* 14/4 (1995): 27-44.
_____ y Antonio Negri. *Empire*. Massachusetts: Harvard University Press, 2000.
Lewis, Oscar. *Los hijos de Sánchez: autobiografía de una familia mexicana*. 17 ed. México: J. Mortiz, 1979.
Los olvidados. Luis Buñuel, dir. México: Films Sans Frontières, 1950.
Monsiváis, Carlos. *Los rituales del caos*.México: Era, 1995.
_____ *Escenas de pudor y liviandad*. México: Grijalbo, 1988.
_____ *Entrada libre*. México: Era, 1987.
_____ *Amor perdido*. México: Era, 1977.
_____ *Días de guardar*. México: Era, 1970.
_____ "Notas sobre la cultura mexicana en el siglo XX". *Historia General de México*. Tomo 2. México: Harla/Colegio de México, 1988.
Ortega y Gasset, José. *La rebelión de las masas*. 15ta. Ed. Madrid: Espasa-Calpe, 1961.
Ortiz, Renato. *Mundalização e cultura*. São Paulo: Brasiliense, 1994.
Rama, Ángel. *La ciudad letrada*. Hanover: Ediciones del Norte, 1984.
Ramos, Julio. *Desencuentros de la modernidad en América Latina*. México: Fondo de Cultura Económica, 1989.
Rotker, Susana. *Fundación de una escritura: las crónicas de José Martí*. La Habana: Casa de las Américas, 1992.
Thelen, David. "Mexico's Cultural Landscapes: A conversation with Carlos Monsiváis". *The Journal of American History* 86/2 (1999): 613-23.
_____ "México, the Puzzle: A Conversation about Civil Society and the Nation with Ilan Semo". *The Journal of American History* 86/2 (1999): 689-97.
Virno, Paolo, y Michael Hardt, editores. *Radical Thought in Italy: A Potential Politics*. Minneapolis: University of Minnesota Press, 1996.
Zusman, Perla y Aída Quintar. "Exodo y cuidadanía en la construcción del contraimperio: el papel del inmigrante en la creación de un 'nuevo lugar' en el 'no lugar', según Antonio Negri y Michael Hardt". Ponencia en línea 28, 29 y 30 mayo 2001. Scripta Nova: III Coloquio Internacional de Geo Crítica, "Migración y Cambio social". 2001. <http>//google.com>

Las ruinas del futuro:
arquitectura modernista y kitsch*

Celeste Olalquiaga

Ahora que el siglo XX quedó formalmente atrás, podemos observarlo con cierta perspectiva e intentar algunas conclusiones —incluso aprender algunas lecciones— de ese siglo que, plagado tanto de proyectos utópicos como de fracasos distópicos, puede ser comparado con aquella invención moderna capaz de excitarnos y aterrorizarnos al mismo tiempo: la montaña rusa. Al igual que esa ingeniosa máquina, el siglo XX subió y bajó vertiginosamente, dando un sinfín de vueltas en ciclos a veces más cerrados, otras más abiertos, todo para volver al principio y comenzar de nuevo. Determinado por un frenesí de comienzos, el siglo pasado sostuvo una creencia persistente en el cambio, marca de la modernización tal como la conocemos. La novedad, la transformación y el progreso son las nociones que caracterizan el impulso del siglo XX —nociones inconcebibles antes del XIX, aunque herederas de un pragmatismo racional que data del Iluminismo. Después de todo, nuestra modernidad, immersa como está en la tecnología —aunque irregularmente y dependiendo de dónde nos situemos en el mapa— es tan sólo el último capítulo de una larga saga que realmente comenzó con la separación gradual entre lo natural y lo divino a principios del Renacimiento. Es allí, en la ruptura fundamental entre un mundo espiritual y otro material que hasta entonces habían permanecido indisociables, que reside el origen de lo que en Occidente se llama modernidad.

No pretendo recapitular en este breve espacio un proceso tan largo y complejo, sino tan sólo mantener en el horizonte lo que es efectivamente un fenómeno en continua evolución, y no un momento sellado de la historia. Es así que me parece indispensable distinguir la modernidad del modernismo al pensar en el siglo que acabamos de cerrar. Tal distinción, no siempre efectuada por las teorizaciones sobre la modernidad, es en mi caso un legado de las letras latinoamericanas, ya que en América Latina hubo un movimiento poético de vanguardia conocido como "modernismo", el cual siempre se nos instó a distinguir de la modernidad como proceso histórico. La modernidad, entonces, estuvo siempre claramente distinguida para mí de las ideologías intelectuales o movimientos artísticos que ésta generó y los cuales ayudaron a su vez a darle forma. De igual modo habría yo luego de entender a la posmodernidad como una condición cultural diferenciable de las conceptualizaciones que intentaban asir, explicar, reproducir o de algún modo aprehender este fenómeno.

Todo esto me lleva al tema de este ensayo, una propuesta sobre lo que considero la verdadera arquitectura posmoderna: no el monumentalismo ecléctico que muchas instituciones, particularmente de corte corporativo, abrazaron con entusiasmo, a las cuales encuentro espectaculares en el mejor de los casos y frías y autoritarias en el peor de ellos, sino más bien aquélla otra arquitectura, o condición del espacio urbano, constituida por lo que queda de la arquitectura modernista del siglo XX: sus ruinas. No quisiera desgastarme en este momento en discutir las virtudes del término "posmodernidad", dado que éste mismo ha sido a estas alturas —como la realidad a la que alude— dejado atrás por otro momento cultural y otro término que lo caracteriza, el de la "hipermodernidad", una modernidad exacerbada que avanza a pasos agigantados sobre la posmodernidad que la gestara. Brevemente, pienso que lo más acertado es concebir a la modernidad como un largo y arduo proceso en el cual la posmodernidad jugó un rol muy específico: el de ser la consecuencia de una fase particular, aquélla del modernismo y su creencia en un futuro de impecable bienestar.

La posmodernidad interesante, a mi modo de ver, fue aquélla que, enfrentada al fracaso total o parcial de los sueños modernistas, brindó ya sea una des- y re-articulación de éstos en versiones fragmentarias e hibridizadas (es decir, no esencialistas, de donde su promesa política), ya sea una visión desilusionada y melancólica de los mismos, apocalipsis que, si bien estilizado y comercializado, resultó ser la contracara de un modernismo reacio a morir. En este sentido el prefijo "post" indica más una (con)secuencia que el fin nítido de una época (los polos opuestos del famoso debate posmodernista) aun cuando prácticamente toda continuidad real y no impuesta implica de por sí un cierto grado de transformación, y toda transformación, un comienzo y un fin.

Es en este momento "fundador" de una sensibilidad postmodernista que me quiero detener, intentando comprender la degeneración de ese modernismo que se quiso renovador y precursor de una época, en su manifestación urbana más evidente, la arquitectura. Quizás lo más sorprendente de este impulso sea precisamente su incapacidad de mantenerse vigente en la práctica cotidiana: la arquitectura modernista, vista fríamente, no alcanzó a sobrevivir siquiera el transcurso de una generación, sucumbiendo apenas algunas décadas tras su prolífica y jubilosa construcción.

Esto resulta particularmente insólito cuando uno recuerda que ésta se suponía fuera la arquitectura del futuro. Ciudades enteras (el caso de Brasilia) fueron construidas o reconstruidas sobre el plano del llamado Estilo Internacional, diseño arquitectónico que desafiaba el espacio ocupándolo con desparpajo, llenándolo de edificios que parecían estar suspendidos en el aire, con habitaciones tan ligeras y aéreas como los viajes espaciales, amplias terrazas sobresaliendo en ángulos atrevidos y motivos geométricos e intergalácticos. Era un mundo que se concebía a sí mismo en términos de producción: rápido, eficiente y siempre nuevo —el mundo de "Los Supersónicos", aquélla familia de dibujos animados que vivía en rascacielos en forma de espiral con niñeras robot preprogramadas hasta el último detalle.

El Estilo Internacional conoció su momento entre principios de los años cuarenta y finales de los sesenta, cayendo rápidamente después en el desuso y el olvido. Estos últimos fueron lentos, pero seguros: a pesar de su lenguaje futurista, la arquitectura modernista se fue marchitando poco a poco, cambiando su colorido lustre por una erosión paulatina, versión urbana de esas ruinas que la jungla va lentamente recubriendo hasta hacerlas desaparecer casi del todo. De igual manera, esta arquitectura desapareció de vista, en parte porque sus propuestas ideales no se ajustaban a la realidad habitacional para la que fuera construida (el caso de los grandes bloques obreros, verdaderos enjambres aislados y alienantes) entrando en conflicto directo con sus usuarios, prisioneros de un racionalismo cuya integridad justificadamente vejaran; en parte porque la visión que le diera nacimiento fue prontamente superada, quedando así sus vástagos sometidos a la implacable competencia del tiempo y la moda. En suma, si bien las construcciones modernistas permanecieron en pie, lo hicieron a expensas de sí mismas: abiertamente abandonadas o simplemente ignoradas, pasaron a conformar una capa más del espeso tejido urbano, convirtiéndose en una especie de telón de fondo modernista frente al cual las ciudades continuaron evolucionando y sus transeúntes paseándose ciegos e indiferentes.

Evidentemente, la arquitectura modernista caló más en algunos lugares que en otros, pero quisiera concentrar mis comentarios en América Latina y particularmente en Venezuela, no sólo por ser allí dónde la viví a fondo, sino también porque esta arquitectura conoció un grado de extravagancia en ciudades como Caracas, São Paulo, La Habana y Ciudad de México frente al cual sus congéneres en otros lados del mundo palidecen. Esto tiene mucho que ver con el hecho de que para América Latina, como para otras partes del tercer mundo, el

"Conocido como el globo de Miss Mundo, este tanque de agua en forma de globo terrestre forma parte de la mitología de los años cincuenta en Caracas. Según la leyenda, Marcos Pérez Jiménez lo habría hecho construir, junto con la casa sobre la cual se encuentra, como regalo a la venezolana Susana Duijm al ser ésta coronada "Miss Mundo" en 1955. La morena cuyas largas piernas deslumbraron al jurado de belleza, resultó ser la primera de una larga serie de "misses" triunfadoras, quienes, junto al petróleo y las telenovelas, figuran entre los productos de exportación más populares de Venezuela".

modernismo fue un momento de "mayoría de edad": fue la primera vez que tuvimos la oportunidad de estar al nivel (o al menos eso creímos) de un primer mundo que se desarrollaba ferozmente y cuya mayor preocupación era mantener el imperio colonial que subsidiaba gran parte de su desarrollo. En el tercer mundo, entretanto, habíamos estado demasiado ocupados luchando por la independencia política e intentando alcanzar algún tipo de autonomía económica durante el siglo XIX para establecer la plataforma industrial requerida para un desarrollo moderno. Este panorama cambió bruscamente a comienzos del siglo XX. En el caso de Venezuela, el descubrimiento sucesivo de yacimientos petrolíferos entre 1913 y 1922 significó el salto de una economía agraria —y la estructura laboral semi-feudal que generalmente la acompaña— a una modernidad hasta el momento impensable.

Con este pasaje al futuro en mano, Venezuela comenzó a incorporarse al paso de las naciones industrializadas a finales de los cuarenta. Al estar tan atrasada, no le quedó otra opción que ponerse al día lo más rápidamente posible, sometiéndose en las dos décadas siguientes a cambios que le había tomado a los países europeos más de un siglo llevar a cabo, y que los Estados Unidos había logrado en más o menos la mitad de ese tiempo. Ciertamente la presencia de las dictaduras fue un factor decisivo: no creo que sea coincidencia que muchos de los proyectos más ambiciosos de reestructuración urbana hayan sido realizados bajo condiciones totalitarias, en las que predomina una recia determinación a costa de toda oposición. Podríamos pensar, claro está, en el modelo romano de imposición urbana, y más recientemente en la renovación haussmaniana de París durante el Segundo Imperio. De no mediar un incendio que reduzca una ciudad entera a sus cenizas, como sucedió en Londres y Chicago, la manera más expedita de reconstitución metropolitana es descaradamente antidemocrática.

Esto es particularmente cierto del tipo de cambios auspiciados por la modernidad, cambios cuyo carácter básico es precisamente el de borrar todo lo que le antecede. Así, la noción de tabula rasa forma parte del meollo de la modernización, tanto de la modernidad como de los modernismos: la idea de que el pasado no es más que una carga pesada de la cual debemos liberarnos para poder recomenzar. Creo que hay pocas nociones más peligrosas que ésta. Se encuentra casi al mismo nivel que el concepto de "limpieza étnica", concepto exclusivo, arrollador y absolutamente intransigente. En este sentido no debe sorprendernos que la reacción fundamentalista a la modernización haya sido igualmente radical: a pesar de todos sus anacronismos, los impulsos fundamentalistas que han tenido lugar desde la segunda mitad del siglo XX pueden ser vistos como el intento tardío por afrontar una condición impuesta violentamente a culturas que no estaban preparadas para ello, y a las que, además, se les pasó gran parte de la factura de la modernización, sin que llegaran a disfrutar de sus ventajas. La consecuencia, como acabamos de ver con la destrucción de las torres gemelas del World Trade Center en Nueva York, es la misma fuerza brutal que abrió paso a la industrialización, sólo que el fundamentalismo actúa en nombre de un pasado esencial imposible de recrear, generando así una especie de limbo cultural que, atrapado entre un pasado idealizado y un futuro antagonista, no acaba de situarse en el presente, el cual es atacado con saña.

En Venezuela, pues, al igual que en Cuba y Brasil, la modernización fue en gran parte auspiciada por las dictaduras, y la renovación urbana se convirtió en el emblema de un nuevo comienzo y, más importante aún, de una nueva identidad, la cual participaba de lleno en la ilusión de la modernidad. La magnitud de esta inversión ideológica es difícil de captar para aquellos países donde el proceso industrial fue más gradual y por ende incorporado de manera más uniforme a la cultura. Allí donde, a pesar de su violencia intrínseca, la modernización fue integrada al cuerpo social como una segunda naturaleza. Para Latinoamérica, en cambio, la modernización no fue un proceso sino una transformación de la noche a la mañana, y sobre ésta recayó gran parte del modo en que este continente se veía a sí mismo: como un continente nuevo, no sólo consciente por primera vez del potencial que las fuerzas coloniales habían explotado por tanto tiempo, sino también dispuesto a —y casi capaz de— tomar control de ese potencial y consecuentemente de su propio destino.

En otras palabras, Latinoamérica —y me refiero aquí tan sólo a ciertos países y a un proceso mayormente urbano y sumamente irregular— se identificó con la modernidad: ambas eran jóvenes y radicales, con un futuro entero por delante. Así, de ese modo peculiar que tienen todas las culturas del tercer mundo de adoptar discursos foráneos, Latinoamérica produjo su propio tipo de modernidad, una que celebraba su recién encontrada identidad de manera rimbombante, llevando al límite el código modernista. Raramente he vuelto a encontrar los extremos de la arquitectura con la cual crecí, en la que todo era monumental, figurativo y a menudo color rosa, azul o amarillo. Quizás el único lugar que se le asemeje sea Los Ángeles, esa llamada ciudad de los sueños, y aún allí no alcanza la magnitud de la arquitectura modernista en una ciudad como Caracas, donde no sólo la mayor parte del llamado "centro" (en el que aún se encuentran conglomeradas la mayoría de las oficinas gubernamentales) fue completamente reconstruída en los años cuarenta, la ciudad universitaria (que fuera postulada para patrimonio de la humanidad), la red de autopistas intra-urbanas, hoteles, clubes sociales, edificios residenciales y hasta urbanizaciones completas fueron todos inscritos en un lenguaje e iconografía futuristas.

Así, un lugar que hasta los años treinta no era más que un puñado de haciendas cafetaleras y de caña de azúcar, se convirtió en una cosmópolis desbordante cuya población se multiplicó diez veces en veinte años. Irónicamente, gran parte de esta arquitectura que alguna vez representara el futuro se halla desde los años setenta en un estado de casi total abandono, literalmente cayéndose a pedazos cuando no ha sido demolida. De alguna manera, todos hemos aprendido a convivir con bastante naturalidad con este cadáver decrépito de nuestras infancias: edificios tapiados, autopistas condenadas, fachadas

Las ruinas del futuro: arquitectura modernista y *kitsch* • 213

recicladas —la erosión, el desarreglo y hasta la destrucción de estas edificaciones forman parte de nuestro paisaje y experiencia urbanos. Hemos llegado a aceptar, pasivamente, que el futuro para el que fuimos criados no ocurrió, aun cuando ese futuro permee nuestro campo visual e imaginario colectivo. Y cuando digo "nosotros" me refiero a todos aquellos y aquellas que han vivido en una ciudad moderna, puesto que la historia de la modernización latinoamericana es sólo una versión extrema (y por tanto, aún más trágica) de un proceso cultural que fracasó en su empeño, o para ser más justos, lo logró sólo parcialmente y a grandes costos para la mayoría. Dado el alcance del proyecto modernista, que aspiraba a una sociedad de bienestar general, una modernización cuyos beneficios alcanzan a menos del 20% de la población puede difícilmente considerarse exitosa.

De alguna manera, podríamos decir que el modernismo cayó en su propia trampa: su insistencia en borrar el pasado lo llevó a desestimar su propia temporalidad, su susceptibilidad al paso del tiempo. Así, sucumbió bajo el peso de sus propias ambiciones, permaneciendo tan sólo como testimonio de sí mismo. Sin embargo, es en esta condición que lo encuentro fascinante: no como el "retro" nostálgico que vemos en revistas de moda y de diseño, sino en lo que Walter Benjamin llamara una imagen dialéctica, aquélla que se manifiesta óptimamente no en su momento utópico, sino en la degradación del mismo. Es en las ruinas donde encontramos aquello que las utopías temen aceptar, su inscripción en el tiempo y el espacio, la experiencia y la historia.[1]

Ahora bien, uno de los problemas con las ruinas modernas es que nadie parece aceptarlas como tales. Es como si hubiera una especie de consenso colectivo que nos impide admitir su carácter perecedero, cegándonos a su realidad, dado que modernidad y ruinas son aparentemente términos contradictorios. Esto se debe de alguna manera al hecho de que la modernización no puede verse a sí misma como parte del pasado: habiendo desterrado las nociones de antigüedad y clasicismo de su vocabulario, el trayecto da la modernidad no encuentra un sitio de descanso. Parecería entonces que la arquitectura modernista se anticipó a su propia muerte casi por definición, eliminando de paso la posibilidad de convertirse en un verdadera ruina.

Quizás lo que ocurre es que la noción misma de ruina debería ser puesta en tela de juicio, y deberíamos dejar de pensar en las ruinas en términos dicotómicos (la ruina como contrario de lo vivo o vigente) para mirarlas, como hiciera Benjamin, de forma más dialéctica. En este sentido, el concebir la arquitectura modernista como lo que Raymond Williams llama un "residuo cultural", un aspecto de la cultura que ha perdido vigencia immediata pero que aún circula de manera fragmentaria y marginal, puede ayudarnos a salir de esta aparente contradicción (Williams, *The Long Revolution*). Quisiera entonces proponer que las ruinas modernas no son sólo un nuevo tipo de ruina, es decir, que participan de una sensibilidad cultural que, acostumbrada a glorificar los monumentos de un pasado vivido, comienza a reconocerse en aquéllos de un futuro imaginario; sino, y sobre todo, que en esta condición particular, este estado de suspensión relativa entre futuro y pasado, la arquitectura modernista se convierte en *kitsch*.

¿El modernismo *kitsch*? Otra aparente contradicción, dado que no hay dos estéticas más opuestas que el modernismo y el *kitsch*, el primero basado en la originalidad, el funcionalismo y la amplitud espacial, el otro derivativo, ornamental y abigarrado. Fue, de hecho, desde una posición modernista que la crítica teórica contra el *kitsch* apareció por primera vez, cuando Hermann Broch publicó en 1918 su ensayo "Vanguardia y kitsch", donde descalifica a éste último por imitativo y, consecuentemente, indigno de ser considerado una verdadera estética, portador a lo sumo de lo que él llama un "efecto estético". Esta dualidad entre realidad y efecto subyace en gran parte del argumento modernista, con la abstracción como contrapeso simbólico de una figuratividad romántica vista como sentimental y superficial.

En la estética modernista, el control del espacio era sólo un elemento, quizás el más manifiesto, de un discurso que intentaba redefinir los parámetros del arte. Y el arte, que hasta fines del siglo XIX era concebido en términos de registro, emoción o efecto (aun cuando usados pedagógicamente) se convirtió con el modernismo en un ejercicio primordialmente intelectual cuyo disfrute requería un grado importante de capital cultural, es decir, de una educación conducente al desciframiento de sus complejos códigos.[2] En este sentido, la arquitectura modernista fue un fenómeno exclusivo y el hecho de que sus proyectos incluyeran ciudades universitarias y bloques obreros no desvirtúa su empuje totalitario.

El modernismo aspiraba a reescribir una cultura que percibía como banal, liberándola de las limitaciones de la tradición y los afectos para racionalizarla por completo. La ecuación que subyace esta antinomía entre modernismo y *kitsch* coloca al *kitsch* del lado de lo irracional, algo que debe ser reprimido, y al modernismo del lado del control consciente. Primitivo vs. civilizado, impuro vs. sagrado. Demás está decir que no todos los modernismos son iguales: el surrealismo, por ejemplo, buscaba poner de relieve al inconsciente. Pero el mismo

El abandono del Hospital de "La India" (así llamado comúnmente por la cercanía de una estatua homónima), ubicado en El Paraíso, en Caracas, evidencia la yuxtaposición entre los sueños y la realidad: las cruces (o estrellas, según se vean) de su diseño contrastan en su impulso progresista con la maleza y el vandalismo que constituyeron su realidad por casi cincuenta años. Esta paradoja es acentuada por el graffiti "MAS" (Movimiento al Socialismo), que por su ubicuidad en los muros de la ciudad no debe ser interpretado como refiriéndose intencionalmente a la estructura, pero cuya presencia subraya efectivamente las contradicciones de la modernidad en los países tercermundistas. Diseñado en aras de un interés colectivo, este edificio ha sido recientemente renovado y convertido en apartamentos privados para la clase media.

intento surrealista de presentar la realidad como una totalidad dispar manifiesta la separación entre naturaleza y cultura (lo irracional y lo racional) que comenzó en el Renacimiento y culminó con la perspectiva pragmática y científica del Iluminismo. Es, finalmente, este pragmatismo lo que está en el centro de la arquitectura modernista y aún de la modernidad en general: la creencia en que la humanidad es capaz de cambiar el mundo a voluntad.

El *kitsch*, por otra parte, nunca tuvo tales ambiciones. Al contrario, en vez de cambiar el mundo, el *kitsch* se ha inclinado siempre por preservarlo tal como está o estuviera alguna vez, aún en su decrepitud. No quiero decir con esto que el *kitsch* no sea moderno: el *kitsch* es un producto tan importante de la modernidad como el modernismo. Nacido con el advenimiento de la industrialización, el *kitsch*, visto como una sensibilidad cultural y no una estética, es la cristalización de una memoria, sea ésta real o imaginaria. Por eso, cuando la industrialización trizó a la cultura como un relámpago, lanzando a la modernización a su etapa más dramática, la cultura respondió aferrándose al modo tradicional de vida a través de un sinfín de objetos encapsulados en vidrio: pisapapeles, globos de nieve, las campanas de vidrio que recubren arreglos ornamentales de flores secas y pájaros disecados, acuarios... Estos objetos idiosincráticos que heredamos del siglo antepasado forman todos parte de un mundo despreciado por el modernismo, el de la cultura popular. Porque verdaderamente el problema con el *kitsch* no era que no fuese original o auténtico, categorías en sí bastante recientes, ni siquiera que el *kitsch* se convertiría con el tiempo en algo plástico y serializado, una especie de caricatura de la experiencia que alguna vez intentó retener. El problema con el *kitsch* era que estaba ligado a la emoción y por lo tanto, era extremadamente popular —la antítesis del proyecto modernista.

Lo que estoy tratando de proponer es que tanto el *kitsch* como el modernismo pertenecen a la modernidad, uno como producto material de un período obsesionado con la transformación del mundo y embriagado con sus invenciones mecánicas; el otro, como un proyecto intelectual que conceptualizaba el fenómeno moderno e intentó reproducirlo de acuerdo a su propia interpretación. El problema, al menos para el *kitsch*, fue que el modernismo trató de erigirse en representante exclusivo de la modernidad. Durante la mayor parte del siglo XX el conflicto fue expuesto en términos estéticos —por no entrar en el aspecto ético, bastante más peligroso, como lo atestigua la errónea identificación entre *kitsch* y totalitarismo, cuestión de efecto y no de causa— es decir, como una cuestión de gusto: el *kitsch*, figurativo, sentimental, explícito, ecléctico y masivo era de mal gusto; el modernismo, abstracto, racional, funcional y selectivo era de buen gusto, una estética inteligente y desafiante, digna de nuestro tiempo.

Todo esto hasta que llegó la posmodernidad, lanzando todo al caos al asignar un valor meramente iconográfico a una estética modernista que había dependido en gran parte de su importe simbólico (representando el futuro, el progreso, el funcionalismo, la eficiencia) para su legitimación. Y es que a estas alturas esta estética no sólo había fracasado en su promesa de un mundo mejor, sino que también había envejecido notablemente. El modernismo había dejado de ser significativo, convirtiéndose en emblema de sí mismo, significando ahora una época, un período, un sueño.

Sin embargo, el modernismo encuentra en la posmodernidad una nueva vida, una que no es tan importante como lo fuera una vez, pero que en su marginalidad, en su capacidad residual, puede decir mucho

Las ruinas del futuro: arquitectura modernista y *kitsch* • 217

del papel que jugó en la cultura y la historia. Y es en este sentido que la arquitectura modernista se acerca al *kitsch*: al igual que éste, esta arquitectura no sólo es una memoria suspendida del pasado, sino sobre todo un fragmento decaído de esa existencia previa. Para entender esta distinción quisiera esclarecer la diferencia entre lo que llamo el *kitsch* nostálgico y aquél melancólico, a los que corresponden dos modos en que la arquitectura modernista puede ser *kitsch*.

En primer lugar, hay un *kitsch* en el que seguramente todos coincidiremos: es el que encontramos en Los Ángeles, paraíso de la arquitectura de los años cincuenta, una especie de parque temático de anuncios, cafeterías y auto-lavados intergalácticos. A cierta parte de mi generación le encanta este tipo de *kitsch*, lo colecciona y hasta recrea en la moda, el diseño y la música, siendo una de las iconografías más populares de la nostalgia "retro". Esto es lo que llamo *kitsch* nostálgico puesto que se regodea en la versión intacta o rejuvenecida del modernismo, versión glorificada de esta estética en su punto más utópico, carente de todo cuestionamiento, utilizada tan sólo como parque de diversiones. Imposible avanzar una distancia crítica desde este tipo de *kitsch*, él mismo evita la experiencia histórica a favor de la atmósfera espacial. Como tal, es absolutamente estático e intercambiable con otras iconografías.

Otro es el caso con las ruinas modernas, las cuales veo como *kitsch* melancólico. Aquí sí encontramos un movimiento en el tiempo, aquel del decaimiento. Estas ruinas actúan como una memoria suspendida, pero no una que es brillante e intacta, sino más bien rota, agrietada, incompleta, cubierta a veces con grafiti, aires acondicionados, rejas, a veces hasta maleza. Es esta cualidad casi orgánica que representa la muerte y no la vida lo que resulta casi repugnante para una estética que tiende hacia la pureza estéril. Por tanto, las ruinas modernas llaman la atención a otro sector de mi generación, aquéllos interesados en las distopías. Es un grupo desilusionado y difícil de asombrar: sus casas están repletas de desechos industriales, les gusta explorar los muelles putrefactos, las fábricas y cines abandonados y los edificios vacíos, su visión no es tecnicolor sino un austero blanco y negro. Esta gente no añora un futuro que nunca llegó y por tanto no pensarían jamás en reproducirlo; en vez, se identifican con la melancolía de su pérdida.

Esta noción del *kitsch* como un fragmento marchito del pasado, como algo que alguna vez fuera completo y significativo pero que ahora está descontextualizado y carece de su significado original, es algo semejante a lo que Benjamin llamara la alegoría, distinguiéndola del símbolo. La importancia de la alegoría reside en su habilidad para transmitir significado a través de su materialidad (lo que la semiótica llamaría el significante) desplazando así la significación de un simbolismo abstracto y jerárquico —donde el significado, en lugar de la realidad, se convierte en el valor primario— hacia uno en el que el significado es más literal. Las ruinas son un ejemplo perfecto de la alegoría, según Benjamin, porque representan la inscripción de las cosas en la temporalidad. Aun cuando las ruinas retengan un simbolismo residual, su modo predominante de significar es relativamente immediato, presentado directamente a los ojos, y sobretodo, absolutamente derivativo y no intencional. En este sentido, las alegorías—y el *kitsch* melancólico—están constituidas por lo que usualmente se considera significados secundarios: aquéllos que surgen cuando el momento activo del objeto ha pasado, cuando deja de ser funcional, cuando se ha convertido en "la basura de la historia".

Este valor residual, sin embargo, está lejos de ser simplemente latente: ejerce un peso en la economía de la cultura que es importante señalar, puesto que sobrepasa, creo, hasta el rol que tienen el *kitsch* y las ruinas modernas como partícipes de una cierta sensibilidad. En su capacidad alegórica, el *kitsch* y las ruinas modernas actúan como lo que Georges Bataille llamara "la parte maldita", ese exceso no-productivo a través del cual Bataille pensaba que las culturas canalizaban su energía excedente (Bataille, *The Accursed Share*). Todas las criaturas y las sociedades, según él, generan más energía de la que necesitan, y ésta debe ser utilizada u orientada de tal manera que no hunda o se vuelva en contra de la sociedad que la produjo. Bataille se refiere al sacrificio precolombino, donde la vida en sí es ofrecida de manera ritual, y también al exceso consumista de las sociedades capitalistas, preferible a una descarga destructiva del exceso como la guerra.

Esta parte aparentemente negativa, entonces, se convierte en algo positivo cuando es vista como el contrapeso de la producción útil, relegitimando actitudes y cosas que generalmente son menospreciadas como derroche, ornamento o recreación. La cultura occidental se contradice cuando establece una dualidad entre pragmatismo y despilfarro a la vez que produce una cantidad sin precedentes de objetos y tiempo libre. El *kitsch* y las ruinas modernas son la consecuencia obvia de esta situación; lo que no es tan evidente es por qué deberían portar la marca negativa de ser basura.

En este sentido, y a pesar de otras reservas, considero interesante la propuesta de Vilém Flusser sobre el kitsch como aquellos artefactos culturales que, pasado su momento activo, llevan inscrita una memoria parcial, y que como tales son susceptibles de ser reciclados con nuevos significados (Flusser, "El consumo..."). Aunque su argumento no es consistente y finalmente Flusser menosprecia al *kitsch*, él, al igual que Benjamin, Bataille y Williams, está en el fondo proponiendo que la cultura no puede ser borrada o reprimida, sino que más bien debe ser entendida como una totalidad compleja compuesta de diversas capas, algunas más relevantes que otras, pero todas contribuyendo a una totalidad.

Creo que este tipo de visión es particularmente importante en un momento como el actual, cuando aun después de los resultados irregulares y a veces desastrosos de una modernización demasiado brutal, nos estamos embarcando en una era marcada por la voluntad de avanzar aún más rápidamente (con las reacciones consecuentes), una era que busca borrar toda diferencia y cubrir el mundo bajo un manto de homogeneidad tecnológica e invisibilidad laboral. Pareceríamos dirigirnos hacia una época en que la realidad palpable se reduce a ese oscuro y sucio submundo representado en la película "The Matrix": allí, el mundo de los seres vivos y orgánicos se ha transformado en lo que uno de los personajes llama "las ruinas de la realidad", un conglomerado de cloacas, desechos y escombros. Para evitar esta yuxtaposición radical, creo que deberíamos aprender de las lecciones del siglo XX y de lo que ya pasó con ese primer futuro imaginado, y antes de menospreciar lo que ahora nos parece caduco o inútil, rescatarlo y preservarlo en calidad de testimonio, o posible reelaboración, tanto de nuestras ambiciones como de sus fracasos.

NOTAS

* El presente artículo, ya actualizado, es parte de un proyecto en preparación y fue presentado en la serie de charlas del Buell Center for the Study of American Architecture de Columbia University en noviembre de 1999.
[1] La teoría de la ruina de Benjamin se halla diseminada en varios de sus escritos, notablemente en la que fuera su disertación, *The Origin of German Tragic Drama*. Discuto esta teoría, así como otros elementos pertinentes de la obra de Benjamin, en mi libro sobre el *kitsch*, *The Artificial Kingdom*. Asimismo, propongo ahí la distinción entre *kitsch* nostálgico y melancólico a la que aludiré más adelante.
[2] Para una interpretación fascinante de la abstracción modernista como recodificación emocional, ver Robert Venturi, Denise Scott Brown and Steven Izenour, *Learning from Las Vegas*.

Bibliografía

Bataille, Georges. *The Accursed Share*. Robert Hurley, trad. Nueva York: Zone Books, 1991.

Benjamin, Walter. *The Origin of German Tragic Drama*. John Osborne, trad. Londres: NLB, 1977.

____ "Theoretics of Knowledge, Theory of Progress". *Philosophical Forum* 15/1-2 (1983-84): 1-40.

Broch, Hermann. *Kitsch, vanguardia y el arte por el arte*. 2da. ed. Barcelona: Tusquets, 1979.

Flusser, Vilém. "El consumo fragmentario de información". *Letra Internacional* 54 (enero-febrero 1998): 26-31.

Olalquiaga, Celeste. *The Artificial Kingdom*. Nueva York: Pantheon, 1998.

The Matrix. Keanu Reeves, dir. Burbank, CA: Warner Bros. 1999.

Williams, Raymond. *The Long Revolution*. Londres: NLB, 1961.

Venturi, Robert, Denise Scott Brown y Steven Izenour. *Learning From Las Vegas*. Cambridge: MIT Press, 1985.

Los territorios del guapo

Margarita Sánchez
Wagner College

Gustavo Arango
Rutgers University

> De tu corazón de máquina me arrojabas al exilio en la alta noche de tus chimeneas donde sólo se oía tu pulmón de acero, tu tisis industrial y el susurro de un santo rosario detrás de las paredes. Bajo estos cielos divinos me obligaste a vivir en el infierno de la desilusión. Pero no podía abandonarte a los mercaderes que ofician en templos de vidrio a dioses sin espíritu.
>
> Gonzalo Arango, "Medellín a solas contigo".

En los últimos veinte años, Medellín ha sido escenario de transformaciones radicales en materia urbanística y de cultura ciudadana. Como compensación a una convivencia plagada de conflictos, han surgido construcciones monumentales, que buscan seguir proyectando una imagen de unidad y poderío profundamente insertada en el imaginario antioqueño. Pero a pesar de la imponencia de esos símbolos, de los esfuerzos periódicos para unir voluntades en torno a logros deportivos o consignas cívicas, es evidente que la ciudad pertenece cada vez menos a sus habitantes. Jesús Martín-Barbero, en una reflexión sobre Bogotá, se refiere a ese fenómeno de extrañamiento y alienación:

> Muchas ciudades hoy parecieran también maldecidas por los dioses, al menos por la abundancia de huellas criminales que las pueblan y lo mucho que tienen de confusión. Pero lo que ha convertido a algunas de nuestras ciudades en las más caóticas e inseguras del mundo no es sólo el número de asesinatos o de atracos sino la *angustia cultural* en que vive la mayoría de sus habitantes. Pues cuando la gente habita un lugar que siente extraño, porque desconoce los objetos y las personas, cuando no se reconoce a sí misma como *de ese lugar*, entonces se siente insegura, y esa inseguridad, aun a la gente más pacífica, la torna agresiva. (29)

Los nombres de las ciudades son palabras cargadas de significados. Cada persona llena de manera diferente ese significante. Allí se depositan las circunstancias personales, la experiencia del espacio y, también, los temores y deseos del individuo. Los nombres de las ciudades también llegan a tener un significado para quienes están fuera de ella. En ese caso, se trata de un concepto más escueto y suele ser moldeado por medios masivos, rumores y otros vehículos del imaginario colectivo.

Fuera de Medellín, las acepciones más frecuentes del nombre de esa ciudad aluden a la violencia y al narcotráfico. Dentro de ella, las relaciones con ese significante son más complejas. Medellín es el espacio más representativo del espíritu antioqueño,[1] expresado claramente por un himno que exalta la libertad y la fuerza como valores supremos:

> Oh libertad que perfumas
> las montañas de mi tierra,
> deja que aspiren mis hijos
> tus olorosas esencias,
> oh libertad, oh libertad.
>
> Amo al sol porque anda libre,
> sobre la azulada esfera,
> al huracán porque silva
> con libertad en las selvas.
>
> El hacha que mis mayores
> me dejaron por herencia,
> la quiero porque a sus golpes
> libres acentos resuenan...

Pero esos mismos valores han desbordado sus propios límites. El hacha que, en un principio abre montañas, se convierte también en arma. La búsqueda de la libertad implica en muchos casos atropellar la de otros. Por rasgos propios de la cultura antioqueña como la tendencia al exceso y a la actuación formidable, los significantes rebasan su significado y, en ocasiones, invierten su sentido moral.

Para propios y extraños, la imagen de Medellín está estrechamente vinculada con las figuras del duro y del capo: personajes del hampa que adquieren dimensiones de leyenda. Tal es el caso de Pablo Escobar, quien, para algunos, "se diferenció entre su gremio porque, además, de ser un próspero narcotraficante, convirtió la muerte en un inigualable instrumento de poder, en un gran negocio y en el sino de su vida" (Salazar 20).

El origen de personajes como éste puede rastrearse en la historia de Medellín, particularmente en la del sector de Guayaquil, un territorio frecuentemente idealizado y llamado por algunos "una ciudad dentro de otra". Guayaquil era un espacio marginal que, paradójicamente, ocupaba el centro geográfico de la ciudad. Tenía leyes y dinámicas propias, algunas de ellas en pugna con las instituciones que regían a Medellín.

Guayaquil fue el escenario donde se configuró la imagen precursora del capo: el guapo. Especie de héroe local, frecuentemente al margen de la ley, este personaje está caracterizado en la imaginación popular por su sangre fría y su falta de temor ante la muerte. El guapo ocupa un lugar protagónico en la literatura de la ciudad. En la novela *Aire de tango*, de Manuel Mejía Vallejo, llega a ser objeto de la idolatría del narrador. En textos más recientes como *La virgen de los sicarios* de Fernando Vallejo y *Camila Todoslosfuegos* de Juan Diego Mejía, vemos variaciones y desarrollos posteriores de esa misma figura, que adquiere a veces dimensiones míticas.

El guapo guayaquilero puede concebirse como un compuesto de diversos personajes precursores. En él se integran los rasgos del arriero "verraco"[2] que abrió caminos y fundó pueblos, con los del arrabalero vanidoso y elegante, personificado por Gardel en sus películas. El guapo le debe al arriero su espíritu emprendedor y al arrabalero, la pose. Rodrigo Arenas Betancur, en entrevista con Juan José Hoyos, recuerda que: "Muchos de los pueblos que a comienzos de este siglo nacieron en las montañas del occidente del país fueron en realidad fundados por arrieros y prostitutas y salían por los caminos reales, llenos de ilusiones, en busca de las selvas" (Hoyos 65).

Guayaquil fue, en cierta medida, un espacio generado por el utilitarismo de la sociedad. El *outsider*, al traer dinero, ideas y avidez, era aceptado, siempre y cuando no saliera de ese espacio de negociación, puesto que, dentro de la sociedad establecida no tenía lugar. La contradicción que se presenta entre el carácter cerrado de la sociedad antioqueña y su pujanza comercial se resuelve por medio de la figura del *outsider*, síntesis de irreverencia y apego a las normas. Esa misma síntesis es la que da origen al guapo.

La actitud de este personaje es una puesta en escena de códigos constituidos por el vestuario, la música, los lugares y hasta la misma concepción de la vida. Néstor García Canclini, refiriéndose a la puesta en escena de la identidad dice: "Todo grupo que quiere diferenciarse y afirmar su identidad hace uso tácito o hermético de códigos de identificación fundamentales para la cohesión interna y para protegerse frente a extraños" (154).

El guapo tiene una estrecha relación con el compadrito argentino. Puede decirse que el "guapo antioqueño" define sus rasgos a través de modelos presentados por la música y el cine de los arrabales porteños y, en especial, de la figura de Carlos Gardel. La afinidad se hace notoria en una anécdota referida por el escritor Juan José Hoyos, sobre lo ocurrido durante una visita de Borges a Medellín:

> Una vez Borges, cuando estuvo en Medellín, en un almuerzo muy "jarto", se hizo pasar para la punta de la mesa donde Manuel Mejía Vallejo contaba historias del suroeste. Borges no veía, pero sí oía. El viejito le dijo: "¿Usted está hablando de unos guapos?" Al oír los nombres de Justo Molina, Pedro Alcaraz, Leopoldo Espinosa, Borges decía: "¡Qué lindos nombres esos!" (Hoyos 529)

Por más de medio siglo, Guayaquil fue el espacio natural del guapo. Ese "puerto seco" se convirtió en el intersticio donde una ciudad, estática y moralista, interactuaba con el mundo exterior y con otras formas de legalidad y valores. El escritor Tomás Carrasquilla describe así la ciudad anterior al surgimiento de Guayaquil:

> La gente vivía como encantada en este como limbo de la monotonía y la rutina. El pueblo, sometido o esclavo, sólo trataba de servir a sus señores, de aprender la doctrina y de cumplir los preceptos de nuestra Santa Madre Iglesia. (119)

A Guayaquil se le recuerda hoy como un mundo alucinante que nació al calor del mercado, los camiones, las cantinas, las flotas y el ferrocarril. Allí estaban las prostitutas, los adivinos, los grandes negociantes, los bohemios, los malabaristas, los ladrones y los matones, compartiendo lo que podría ser el último suspiro de vida.

A comienzos de los años ochenta, el barrio fue extraído del mapa urbano. Su desaparición fue promovida por sectores de la ciudad que temían el desbordamiento de ese espacio marginal en pleno centro. El problema higiénico en que se había convertido el sector, el incremento de la delincuencia y los procesos de modernización, motivaron esta iniciativa que le restituyó a las instituciones de gobierno su centralidad geográfica. Pero sus valores y prácticas ya habían transformado por completo la villa apacible de finales del siglo xix. Toda la ciudad, en cierta forma, se había convertido en un espacio regido por la ley del más fuerte.

Para una sociedad domesticada por el culto religioso, ensimismada en sus supuestos valores morales, Guayaquil apareció a finales del siglo XIX como un espacio donde era posible trasgredir el orden. El barrio se funda como un proyecto cívico, liderado por una de las personas más influyentes de la ciudad, y muy pronto empieza a albergar una población flotante, movida por el afán de supervivencia y, en algunos casos, en busca de la aventura que los hiciera ricos. El escultor Rodrigo Arenas Betancur se refiere a la mezcla de atracción y rechazo que producía el barrio:

> Medellín miraba aquel barrio que quería invadir la ciudad con un sentimiento indefinible, producto del trauma religioso de un pueblo cristero y mojigato que, de todas formas, se sentía atraído por el prodigio que significaba todo aquello. (Hoyos 66)

Los antioqueños, obsesionados por mantener el mito de la pujanza, asimilaron que toda cultura de progreso incluye lo marginal. La doble moral antioqueña comenzó entonces a tener un doble centro: el del orden, regido por la iglesia y las clases privilegiadas, y el de la trasgresión, donde cualquiera podía ser protagonista y prevalecían la sagacidad y la fuerza. Situado en un lugar central del mapa citadino, lo reprimido contrarresta la inmovilidad de una sociedad absorta en el sermón y se transforma en espacio iniciático donde los jóvenes "se hacen hombres", y en zona franca, donde los comerciantes realizan sus más importantes transacciones.

Se genera en Guayaquil una ciudadela con valores que, fundados en el afán de supervivencia, entran en contradicción con los de la ciudad. Muy pronto, sin embargo, desde ese espacio "sin ley" se comienzan a redefinir las leyes del afuera. Se consolida así la sociedad que reivindica al aventurero, al astuto, al emprendedor:

> En ninguna parte se vive tan intensamente como en Guayaquil. El campesino que llega del pueblo, con o sin dinero —casi siempre esto último— cae en la vorágine demoledora, que le abraza con sus mil aspas invisibles. Si es un titán, si tiene una clarísima inteligencia, si es capaz de trabajar quince horas diarias, si pone todos sus sentidos en la tarea de no dejarse "barrer", si aguza todas sus potencialidades hacia el único fin de conseguir dinero, puede triunfar. Cuántas inmensas fortunas se han forjado en Guayaquil. Pero si no reúne todas esas cualidades la terrible máquina lo tritura o lo desecha. (Upegui 145)[3]

El código de honor que marcó la economía del barrio se constituyó a partir de "la palabra empeñada", método que convirtió al lenguaje oral o escrito en la base del trueque. Fue así como las transacciones se realizaban entre aguardiente y aguardiente y "sobre el papel que más fácilmente se encuentre a mano: una destrozada cajetilla de cigarrillos, un trozo de cartulina de envolver, un pedazo de bolsa de empaque" (Upegui 146). Además de esos pedazos de papeles "mugrientos", se instauró un sistema de "vales" que consistía en apoderarse del negocio aunque no se tuviera la mercancía. Así, el comerciante, después de vender dos bultos de arroz inexistentes, se las arreglaba para cumplir con "la palabra empeñada".

La lógica del progreso y la iniciativa del "nuevo rico" don Carlos Coriolano Amador fueron el motor para la construcción de los dos baluartes que inauguraron el barrio: la plaza de mercado cubierta y los edificios Carré, construidos por un reconocido arquitecto francés. A pocos metros de los monumentos se encontraban "ciénagas pestilentes, guarida de ladrones y maleantes" (150). Los olores invadieron la plaza de mercado y el carnaval cotidiano marcó el ritmo vertiginoso de todas las actividades del barrio. Los edificios Carré fueron "antro de citas clandestinas, borrachines y nocheriegos en el corazón de Guayaquil" (149).

"La guapura" fue considerada codición sine qua non para la sobrevivencia de los personajes del barrio. Fuera de las "mujerzuelas", los habitantes de este territorio eran hombres "machos" que peleaban, "tomaban trago, trabajaban y enamoraban" (150). Uno de los entrevistados por Alberto Upegui en *Guayaquil: una ciudad dentro de otra*, narra así el destino de sus amigos guayaquileros: "A todos mis compañeros, que eran muy guapos, los mataron en peleas. El más de malas de todos soy yo, que aquí estoy vivo!" (156). En la leyenda surgida en torno a ellos, sacaban el cuchillo por cualquier motivo y, en condiciones de igualdad que el código de honor exigía, invocaban a la muerte. Casi siempre evadían a "la pelona" y el resultado eran unas cuantas puñaladas, marca de "hombría" y "guapura". Después de las peleas, las leyendas de los guapos crecían o se extinguían, en medio de los ajetreos del comercio.

Entre las señoras distinguidas, amas de casa, y las vendedoras de fruta de la plaza de mercado se cumplían los mismos procesos de nivelación que regían cualquier ámbito del barrio. Las discusiones acaloradas eran por este estilo:

—¿Siete pesos por una papaya? Ni que fuera de oro! ochenta centavos le doy por ella....y todavía me parece cara...
—¿Cara...? Cara de plasta de vaca tiene usté. Lo mejor es que se vaya, que las frutas que tengo son para invitados! (174)

El discurso oral desbordado era una de las herramientas usadas por muchos de los personajes del barrio. El escenario carnavalesco, réplica de plazas antiquísimas como la Djemaa el- Fna en Marrakech, parecía confirmar la herencia árabe que suele proclamarse como rasgo distintivo de los antioqueños. Esa batalla diaria, instigada por el alto sentido de la dignidad propio de los "paisas", no respetaba estructuras de poder, apellidos, ni abolengos. Guayaquil, en cierta medida, hacía tolerable la contradicción implícita de una sociedad altamente jerarquizada, cuya cultura proclamaba el valor de la libertad y la ausencia de jerarquías. El himno antioqueño deja constancia de ese principio cultural:

> Forjen déspotas tiranos
> largas y duras cadenas
> para el esclavo que humilde
> sus pies de rodillas besa..
>
> Yo que nací altivo y libre
> sobre una sierra antioqueña
> llevo el hierro[4] entre las manos
> porque en el cuello me pesa

Guayaquil es recordado como un barrio sin habitantes adonde confluían todas las avenidas, las calles, las carreteras, los rieles. La construcción del ferrocarril de Antioquia, en 1914, y la inauguración de la estación de buses, les abrió las puertas a campesinos que, buscando mejores horizontes o huyendo de las atrocidades de la guerra de los mil días,[5] entraban a la ciudad por Guayaquil. El individuo sin familia, desarraigado en la mayoría de los casos, generó un espacio fuera de control y se situó en la mira de quienes trataban de eliminarlo. Del territorio sin dueños se apropiaban unos de día y otros de noche: los primeros "acosados por el ansia de buenos y jugosos negocios" (Upegui, 146) aprovechaban al máximo cada minuto del día, y los segundos eran "náufragos del alcohol y la lujuria" (184).

El barrio se convirtió en un escenario ideal para el surgimiento de prácticas semejantes a las que se le atribuyen al *flâneur*. El habitante de la ciudad que visita el lugar, atraído por la curiosidad y la fascinación que produce lo abyecto, se convierte en un personaje clave para la construcción del mito en torno a Guayaquil. La vitalidad del lugar y las emociones fuertes que producía contrastaban con las represiones y monotonías de la sociedad. Como dice Stallybrass en su análisis sobre la transgresión: "The *flâneur* appalled by the 'horror of one's home', sought out the urban carnival" (136). Uno de los rasgos que diferencian radicalmente a Guayaquil del resto de la ciudad es la desaparición de estructuras familiares. En el caso de Guayaquil, este sujeto abandonaba un espacio determinado por el orden familiar, para ingresar a un lugar donde carecía de vínculos y afirmaba su individualidad. Reunidos en un ámbito de igualdad, los habitantes del barrio se entregan a un constante entablar y disolver vínculos.

Aunque la mirada exterior percibiera un sistema anárquico, un caos aparente, en Guayaquil existía un orden preciso, donde la astucia propia del pícaro era uno de los signos predominantes. La prostituta, el ladrón que robaba para repartir entre los pobres, el tahúr, el "secretario de enamorados", el brujo y el culebrero, son herederos de una tradición social picaresca donde el individuo, reducido a sus propios recursos, tiene que defenderse a sí mismo contra un mundo hostil. Félix Brun ve en este tipo de personaje "an early manifestation of man's destiny in the newlyborn capitalist society" (76).

El pícaro pertenece a una etapa temprana de la supervivencia en las sociedades capitalistas. Con la llegada de nuevos modelos, especialmente del cine, la presencia le da lugar a la del guapo, un personaje que prescinde del carácter festivo y está centrado en su permanente disposición a matar y arriesgar su vida, en un juego extremista que pocos están dispuestos a seguir.

El pícaro quiere vivir, no tiene interés en arriesgar su vida, quiere salir lo mejor librado posible de todas sus aventuras. El guapo, en cambio, parece buscar la muerte. Lo que parece ser una suplantación, de un modelo donde prima la astucia a un modelo donde prima la violencia, puede también ser visto como un desarrollo del primero. En su reflexión sobre esta figura, Ernesto, el narrador de la novela *Aire de Tango*, llega a cuestionar la esencia misma del valor de los guapos, emparentándolos con los pícaros, sus precursores en el arte de engañar:

> Ahora, dígame: ¿No será un cobarde el guapo? Si busca tanto la muerte, le tendrá miedo a la vida, también le da miedo suicidarse; entonces viene a caer en tramposo porque busca a lo condenao quién le haga el favor. (238)

Es importante destacar, entonces, que lo que se esconde detrás de las poses y despliegues de los guapos, bien puede ser una nueva estrategia del pícaro, quien ha aprendido a asumir y proyectar una imagen que inspira miedo y desencadena la leyenda. Mejía Vallejo destaca el infaltable elemento de miedo que acompaña a los habitantes de la calle: "Ahora, que el que diga que no ha sentido miedo está diciendo mentiras, lo macho es no dejarse fregar del tembleque: de ai no pasa lo que llaman valor" (12).

Aire de tango es la obra literaria más centrada en Guayaquil como escenario y en el guapo como personaje. El narrador de esta historia dice que el protagonista:

> Se puso contento al descubrir que Gardel había sido peliador y que recibió por lo menos un balazo, el plomo salió en la autosia; que era de la mafia de Montevideo y Buenos Aires, que fue un chinche pernicioso y estuvo en un reformatorio por vagabundo y delincuente. (12)

Publicada en 1974, la novela cuenta la historia de un guapo de Guayaquil, desde la perspectiva de Ernesto Arango, su mejor amigo. *Aire de tango* reproduce lo que parece ser una larga velada de tragos. Vemos aparecer en la historia toda la gama de personajes que poblaban a Guayaquil en sus años de apogeo. Jairo es un hombre obsesionado por los cuchillos y el amigo que cuenta su historia fue, en cierta forma, su escudero. La narrativa reproduce una secuencia de imágenes masculinas idealizadas: Jairo, el guapo, tiene una admiración incondicional por su modelo, Carlos Gardel, y Ernesto, por su parte, habla de su amigo con sentimientos donde parece estar agazapado un afecto amoroso cercano a la idolatría.

> De verdá, mi hombre tenía sus modos, trajiao como pa visitarse con el espejo, se cuidaba mucho; por eso del boxeo aprendió especialmente a desquitar el golpe. —"Que me maten pero que no me hinchen". Se quedaba viendo a los muchachos burlón y quebrador mientras tiraba cuchillos a la tabla o a lo que fuera. Por bravo que estuviera nunca alzaba la voz. Aunque fuera pa mentar la madre o jugársela en desafíos, las palabras le salían suavecitas y respiradoras, del que está por tener un golpe de asma. (10)

Al final del libro, y de la velada que nos ha permitido conocer la trayectoria del "héroe" desde su origen impreciso hasta su muerte, pasando por sus enfrentamientos legendarios y por las manifestaciones de su ambigüedad sexual, Ernesto se encuentra completamente embriagado y admite que fue él mismo quien mató a su amigo:

> Digan lo que quieran pero no piensen que lo traicioné. Antes fue mi amigo, lo maté como amigo y sigue siendo amigo después de muerto [...] "¿El suceso? Cuando hay silencios de un tipo, quiere decir que ese tipo no habla, que no hay palabras cerca de un hombre. Pero cuando son cuarenta silencios bravos, bueno, ¡estar allí señores! Estar allí y no contar, las palabras nada cuentan. (248)

La muerte de Jairo coincide con la desaparición de su ámbito natural. Para Ernesto, el narrador, la ausencia del objeto de su obsesión coincide con la destrucción de los escenarios de Guayaquil donde transcurrió su vida: "La ciudá se nos fue con él, quedamos solos en la ciudá sola. ¿Onde los billares de las grandes tacadas? ¿Onde las tablas y la pista que brillaban sus zapatos?" (248).

Guayaquil comenzó a agonizar desde el incendio de la plaza de mercado en 1977. La flota de buses ya se había trasladado a otro barrio y los olores a verduras, pescado, sudor y perfume barato degeneraron en una podredumbre que terminó invadiendo al sector. El espacio donde convergía la fiesta con la transacción millonaria fue devorado por la ciudad y sus proyectos de modernización. Muchos, desde afuera, siguen velando el cadáver del barrio con la ilusión de devolverlo a la vida.

Oscar Castro, en el cuento "Sola en esta nube", presenta el monólogo de Ana Clara, una anciana prostituta que en sus momentos de gloria fue "la hembra más buena del Olympia, el hotel de las noches interminables que iban más allá del amanecer hasta el mediodía" (70). En el relato, la vejez del personaje es reflejo del deterioro de su entorno. La mujer se ve obligada a recoger restos de comidas en lo que aún queda del mercado:

> Es pura tierra. La lavo la lavo y nada, es comida pisada comida mugrienta de chiquero comida sucia comida inmunda que sabe a tierra hedionda, a Guayaquil. Es pura porquería del Pedrero, de esta plaza que cada día es más vieja, más sucia, más arruinada...De esta plaza que encierra la muerte en cada rincón, en cada hueco...como yo, a punto de partir en el último tren, pero rezagada todavía. (70-71)

En los años finales de Guayaquil, las ambiguas relaciones de la ciudad con ese sector, caracterizadas por una mezcla de rechazo y atracción, se traducen en dos tendencias básicas: la de quienes ven en Guayaquil una enfermedad social que debe ser erradicada y la de quienes empiezan a construir en torno al sector una imagen fetichizada. La fetichización del espacio y especialmente de sus personajes va a la par de una ficción que busca sostener y reproducir artificialmente eventos irrepetibles. Los habitantes del exterior, *voyeurs* de una fantasía erotizada, intentaron imponerle al barrio una cualidad performativa que hacía mucho tiempo había dejado de poseer. En una crónica periodística que se refiere a los últimos años de Guayaquil puede verse reflejada esa posición:

> De un momento a otro, la imagen del sector empezó a presentarse como un espacio degradado al que se debía arrasar. Y eso es lo que se ha tratado de hacer. Por desgracia, en buena parte lo han logrado. ¿Quiénes? Todos y nadie. Guayaquil ha sido siempre mal manejado en cuanto a Planeación porque no se conocen sus valores. Conservar y remozar la arquitectura no podrá ser nunca suficiente. Su verdadera recuperación se logrará sólo en la medida en que la gente vuelva a imprimirle la vida que tuvo. (A. Mejía, 248)

La fijación de personajes y eventos, que fueron singulares en su época, debe rebasar la descripción del espacio idealizado e idolatrado para analizar los restos de ese territorio ausente que sigue dictando el destino de la ciudad. Emily Apter y William Pietz, en *Fetishism as Cultural Discourse*, definen los rasgos de una fetichización que, en el caso de Guayaquil, recayó tanto sobre el espacio geográfico, como sobre sus personajes:

> The fetish is always a meaningful fixation of a singular event; it is above all a "historical" object, the enduring material form and force of an unrepeteable event. This object is "territorialized" in material space (an earthly matrix), whether in the form of a geographical locality, a marked site on the surface of a human body, or a medium of inscription or transfiguration defined by some portable or wearable thing. (3)

La vida del pícaro, con su capacidad para eludir el castigo, con su inteligencia para insertarse en el orden cuando fuera conveniente, llegó a su límite histórico en Guayaquil. Ese desbordamiento del ámbito picaresco ocurre cuando lo que impera es la fuerza, cuando el personaje del "guapo", transformado ahora en el duro, se hace protagonista de la escena citadina.

En los años setenta, Medellín es objeto de grandes transformaciones que buscan darle una imagen de ciudad moderna. La desaparición de Guayaquil representa el final de numerosas prácticas comerciales y performativas. La construcción del edificio Coltejer, el más alto de la ciudad, el primero en tener escaleras eléctricas, supone la puesta al día de una ciudad tradicionalmente cerrada al mundo exterior.

La última novela de Juan Diego Mejía, *Camila Todoslosfuegos*, narra el amor imposible de un "primíparo" universitario por una mujer de "mirada triste" que finalmente muere en un accidente. La historia está enmarcada en la demolición de uno de los símbolos de la ciudad, el teatro Junín, y la construcción del edificio Coltejer. El negro, narrador de la novela, cuenta lo sueños y las peripecias de un grupo de amigos que, durante los años setenta, asistían a mítines universitarios y se sentaban en una banca de la avenida La Playa a observar el paso de los transeúntes.

Nuevas influencias culturales dictaban los códigos de la marginalidad. En el caso de la realidad representada en *Camila Todoslosfuegos*, la influencia proviene de películas de culto como *Easy Rider*. Aunque el narrador reconoce una farsa detrás de la apariencia de los duros de las "jarlis", no puede ocultar su admiración por el despliegue y la ostentación. El día en que Octavio atravesó el patio del colegio con su Harley Davidson, irrumpiendo en el apacible ritmo escolar, fue un hecho impactante en la vida del negro y de sus amigos:

> Fue un primer viernes de mes, bajábamos de los salones hacia la capilla, vestidos de saco azul y corbata negra, muy derechos todos, casi dormidos todavía, cuando sentimos el ruido del motor y luego vimos cómo se iba aclarando su imagen que atravesaba el patio grande como un relámpago (...) la gente lo rodeó para tocarlo y para ver de cerca su moto azul con rayos amarillos que se exhibía en el centro de la cancha de basquetbol. (62)

En esos años de rebeldía social, cuando las universidades estaban empapeladas con consignas, frases de Mao e imágenes del Che, el negro y sus amigos buscaban razones para vivir. A pesar de su confianza en el cambio, la figura del guapo —con chaqueta y muñequeras de cuero, con gafas Ray Ban y botas— seguía determinando los alcances y aspiraciones de los demás. Por eso, cuando el negro supo que otros dos "jarlistas" se peleaban el amor de Camila, no tuvo otra alternativa que renunciar a su muchacha de "mirada triste".

Octavio y su rival se retaron a duelo y decidieron que recorrerían las calles a toda velocidad hasta que uno de los dos perdiera la vida. El sobreviviente quedaría como el único dueño del corazón de Camila. Octavio no se imaginó que ella acompañaría a su rival en el duelo. El suceso es narrado por el negro con impotencia y desesperanza:

> Uno de los dos se va a ir de este mundo, el otro quedará en paz consigo mismo porque también se habrá jugado la vida y reclamará su derecho sobre Camila, le dirá, Sos mía, y ella tendrá que entregársele sin remedio, se olvidará de la noche en el Seminario y de la mañana asfixiante en la sala de su casa, le dirá adiós a mi piel y mi paso por su historia será una anécdota chiquitica...(152)

La ciudad empieza a ser un escenario donde la gente se convierte en testigo pasivo de las maniobras de unos duros que, bajo las nuevas circunstancias, deben hacer más ruidosa y notoria su ostentación de fuerza. Medellín ve irrumpir fenómenos, como el sicariato y el narcotráfico, que cambiarían para siempre su configuración social y geográfica. La dislocación de las referencias espaciales genera una desorganización social que favorece toda clase de violencias. Los nuevos ricos del próspero negocio de las drogas llegaron a vivir a los barrios tradicionalmente habitados por las clases "privilegiadas", haciendo de toda la ciudad un escenario de roces y conflictos permanentes. Una opinión expresada por Pablo Escobar, durante su apogeo económico y delincuencial, refleja claramente la desjerarquización de la sociedad antioqueña: " 'Qué pobres los ricos de Medellín', decía cuando constataba la enormidad de su propio poder económico " (Salazar, 25).

La segunda mitad del siglo XX ve surgir modelos económicos cada vez más agresivos, representados por figuras como la del gánster o el magnate. Así como el guapo construía su imagen a partir de las películas de Gardel, el duro que aspira a ser capo encuentra modelos nuevos, como lo señala Alonso Salazar:

> A veces parecía que el propio Pablo no supiera reconocer su verdadero rostro y buscara estilo personal e identidad en figuras que admiraba, como el Padrino y el Siciliano, ambos personajes de Mario Puzzo; del primero dicen que aprendió el hermetismo, los modales lentos y los largos silencios; del segundo admiró su vocación social. También fue influido por los personajes de la serie *Los intocables,* que vio unas tres veces de principio a fin. Así que, según se decía, compró y trajo para Colombia el automóvil donde fueron baleados Bonnie y Clyde, y se mandó tomar una foto disfrazado de Pancho Villa, con charreteras, botones de plata y gran sombrero alón, y también de Al Capone, con sombrero de ala quebrada y tabaco en la boca. (27)

La historia de la evolución de la figura del guapo a la del duro es también la historia de una forma de subsistencia que gradualmente renuncia a unos valores y principios, determinados por el sentido de pertenencia a un lugar. La astucia, que en Guayaquil era un valor supremo, es suplantada por una agresividad cada vez más dañina y menos respetuosa de principios. Podría decirse que la eliminación de esa ciudad dentro de la ciudad, determinó también la desaparición de unas relaciones que hacían posible la convivencia entre el orden y la trasgresión.

La década del setenta, supone también la apertura de Medellín a nuevas influencias culturales. La televisión, por ejemplo, produce un impacto sin precedentes con la llegada de las emisiones a color. La que fuera una villa sometida al orden de la Iglesia y demás instituciones del orden, descubre entonces que, en el mundo exterior, conceptos como Dios y la familia le han cedido su lugar al dinero en las prioridades de la gente.

Tras la Segunda Guerra Mundial, la confianza en el hombre y sus posibilidades de convivencia quedaron en entredicho. Desaparecido todo compromiso con Dios, con la tradición o con cualquier concepto trascendente, los seres humanos se encuentran abandonados en un lugar hostil donde sobreviven y predominan sólo aquellos que aprenden a hacer uso de las ventajas que encuentran, sin que ningún escrúpulo o remordimiento los detenga.

Las únicas salidas para quien enfrenta ese vacío en una ciudad como Medellín parecen ser el crimen o la apatía, y cada una de ellas tiende a crecer con el tiempo. *La Virgen de los sicarios*, del antioqueño Fernando Vallejo, refleja precisamente una sociedad donde la crueldad y la indiferencia conviven en un ambiente en el que los viejos valores son simples excusas para cometer atrocidades.

La virgen de los sicarios es la historia de un intelectual, *alter ego* del autor, que regresa a su ciudad natal para morir. Su "ángel exterminador", uno de los duros de un barrio de las comunas populares, le "roba el corazón" y lo arrastra en su afán justiciero por acabar con "la miseria humana".

El narrador intercala apreciaciones descarnadas sobre una ciudad devorada por la violencia, con los crímenes que su "ángel de la guarda" comete, para limpiar su territorio de la altanería, la grosería y el abuso de la gente. El narrador, Fernando, aunque denuncia la desfachatez, la criminalidad y la frialdad de los antioqueños, exime a su Alexis porque él "había descendido sobre Medellín a acabar con su raza perversa" (64).

La "jerga" del sicario es acallada muchas veces por un discurso exquisito que lee la ciudad como agente de la violencia:

> Dije arriba que no sabía quien mató al vivo pero si sé: un asesino omnipresente de psiquis tenebrosa y de incontables cabezas: Medellín, también conocido por los alias de Medallo, y de Metrallo, lo mató.
> ¿Qué si tiene el país cosas buenas? Pero claro, lo bueno es que aquí nadie se muere de aburrición. Va uno de bache en bache desquitándole al atracador y al gobierno. (54)

En ocasiones, el gramático —como se identifica a sí mismo el narrador— alucina con el lenguaje "incontaminado de letra impresa" de su amante y lo reproduce. Así, las narraciones donde salpica la sangre de las víctimas de su ángel exterminador, están plagadas por términos como "quebrar", "muñeco", "parcero", explicadas para el lector extranjero como matar, muerto y amigo.

Fernando y Alexis recorren sin rumbo —puesto que ambos esperan la muerte— el centro, los cafés y las iglesias. En este último espacio encuentran la guarida para escapar de su vacío: "Vagando por Medellín, por sus calles, en el limbo de mi vacío por este infierno, buscando entre almas en pena iglesias abiertas, me metí en un tiroteo" (26).

El narrador no oculta su fascinación por las "cualidades" de este jovencito que alcanza el placer a través del crimen. Lo adula por su belleza, por su dignidad al matar de frente, por su "honestidad". La primera noche del encuentro, Fernando cuenta admirado lo que ocurrió con la chaqueta que le dejó intencionalmente al lado de la cama: "Después, más tarde, conté los billetes y estaban los que había dejado. Entonces entendí que Alexis no respondía a las leyes de este mundo" (19). La dureza es otra de las características que lo hacen único: "sin saber ni inglés ni francés ni japonés ni nada sólo comprende el lenguaje universal del golpe. Eso hace parte de su pureza intocada" (26).

Aunque Fernando venía con la intención de morir en esa ciudad "antediluviana a la que se llevó el ensanche" (11), sobrevivió a la muerte de sus dos amantes sicarios. El primero murió en sus brazos después de evadir tres o cuatro intentos de asesinato; el segundo, Wílmar, fue asesinado por defender una de sus posesiones más preciadas: sus tenis "Reebock".

Fernando, ya completamente atrapado en las redes de Wílmar, descubre que su amante es el famoso "La laguna azul", el mismo que había matado a Alexis. Piensa en vengar la muerte de su primer "ángel exterminador" pero:

> Entonces descubrí lo que no sabía, que estaba infinitamente cansado, que me importaba un carajo el honor, que me daba lo mismo la impunidad que el castigo, y que la venganza era demasiada carga para mis años. (135)

En esta novela de Vallejo, resulta particularmente notorio el uso que los hijos de la violencia hacen de los íconos y espacios de la religiosidad. Resalta la figura de los sicarios que, de acuerdo con los sociólogos, se encomiendan a la virgen para salir bien librados de sus "trabajos".

Los valores de la cultura tienen los mismos nombres que tuvieron decenios o siglos atrás, pero su sentido ha sido transformado radicalmente. La religión, en estas nuevas condiciones, mantiene aún su sentido teológico, en la medida en que puede ser entendida como "a propitiation or conciliation of powers superiors to man, which are believed to direct and control the course of nature and of human life" (Frazer 60).

Pero este sentido religioso se ha desligado de una moral que casi siempre lo acompañó. Una larga desconfianza en el gobierno (por quien el pueblo se considera engañado) y en la doble moral que caracterizó la cerrada sociedad antioqueña, conduce a una confusión de valores en la que el crimen mismo se justifica en aras de una hipotética pureza.

En medio de la agresividad del ambiente, siguen evolucionando —adaptándose al ritmo de los tiempos— esos personajes reducidos a sus propios recursos para defenderse frente a un mundo adverso, que tuvieron su hábitat natural en Guayaquil. A partir de los años ochenta, tal evolución ha dado origen a una serie diversa de figuras derivadas del guapo, con una actitud común frente a la muerte y la violencia. Mientras el discurso de la antioqueñidad —que hace énfasis en la pujanza y la nobleza— se sigue divulgando y fortaleciendo, a través de los medios masivos, la lucha diaria por la subsistencia ve surgir nuevos bandos movidos por intereses en conflicto.

Las comunas populares, situadas en las montañas de Medellín, son uno de los nuevos espacios donde el duro impera. Algunos de esos sectores se han cerrado al resto de la ciudad, poseen normas y leyes propias, y ni siquiera las fuerzas policiales pueden entrar. Para Fernando Vallejo, la Medellín actual está compuesta en realidad por dos ciudades en mutua relación y tensión:

Podríamos decir, para simplificar las cosas, que bajo un solo nombre Medellín son dos ciudades: la de abajo, intemporal, en el valle; y la de arriba en las montañas, rodeándola. Es el abrazo de Judas. Esas barriadas circundantes levantadas sobre las laderas de las montañas son las comunas, la chispa y la leña que mantienen encendido el fogón del matadero. La ciudad de abajo nunca sube a la ciudad de arriba pero lo contrario sí: los de arriba bajan, a vagar, a robar, a atracar, a matar. (96)

Los "duros" de las comunas son conocidos como la generación del "no futuro", a partir de la versión casi documental de sus vidas, *Rodrigo D: no futuro*, realizada por el director Víctor Gaviria. Otros textos, como la serie de crónicas *No nacimos pa' semilla*, de Alonso Salazar, y la novela *Rosario Tijeras*, de Jorge Franco, exploran la filosofía de unos seres cuya expectativa de vida es casi nula y quienes, por lo tanto, no tienen ningún escrúpulo para imponer su mandato y hacerse protagonistas del escenario social.

La ciudad, vista desde adentro, desde afuera, desde sus laderas y su centro es un significante cuyo significado resulta incomprensible e incontrolable. Constituido sobre la base del guapo como figura de poder, Medellín traspasa las fronteras de Colombia a través del cine, la literatura y la prensa internacional, convirtiéndose en el objeto de atención del *voyeur* extranjero, que la mira con la atracción y el rechazo que produce lo abyecto.

NOTAS

[1] Medellín es la capital del departamento de Antioquia, región de Colombia conocida por el carácter combativo y orgulloso de sus habitantes, también llamados paisas. El himno antioqueño es quizás el símbolo de cohesión más fuerte entre las gentes del departamento.
[2] El culto a la "verraquera paisa" es otro de los rasgos notorios de la cultura antioqueña. El hecho de que arrieros antioqueños hubieran poblado casi toda la zona central del país, fundando ciudades y generando industria, es considerado una de las pruebas más claras del coraje de los paisas. El término verraco designa usualmente a quien da muestras de ese valor.
[3] Resulta interesante en esta cita la idea del fracasado como desecho. A partir de los años ochenta, la palabra desechable llegaría a designar a un amplio margen de jóvenes de Medellín.
[4] La jerga introducida por la cultura del narcotráfico en los últimos veinte años daría el nombre de "fierro" al arma que los duros siempre llevan consigo.
[5] Iniciada a finales de 1899, La Guerra de los Mil Días es uno de los enfrentamientos más sangrientos y recordados en la historia de Colombia.

Fue un conflicto entre fracciones del partido conservador, algunas de ellas asociadas con el partido liberal.

Bibliografía

Apter, Emily y William Pietz. *Fetishism as Cultural Discourse*. Ithaca: Cornell University Press, 1993.

Arango, Gonzalo. *Adangelios*. Bogotá: Montaña Mágica, 1985.

Brun, Felix. "Toward a sociological interpretation of the picaresque novel. Upstarts, wanderers or swindlers: anatomy of the Picaro". Pellon, Gustavo y Julio Rodríguez-Luis, editores. Amsterdam: Rodopi, 1986. 174-80.

Carrasquilla, Tomás. *Medellín*. Colección Memoria de la ciudad. Medellín: Editorial Universidad de Antioquia, 1995.

Castro, Oscar. "Sola en esta nube". *Sola en esta nube*. Medellín: Editorial Lealon, 1984.

Frazer, James. *The Golden Bough*. New York: Penguin Books, 1996.

García Canclini, Néstor. *Culturas Híbridas: estrategias para entrar y salir de la modernidad*. México: Editorial Grijalbo, 1989.

Hoyos, Juan José. *Sentir que es un soplo la vida*. Medellín: Editorial Universidad de Antioquia, 1994.

Martín-Barbero, Jesús. "La ciudad: entre medios y miedos". *Ciudadanías del miedo*. Susana Rotker, editora. Venezuela: Nueva Sociedad, 2000.

Mejía, Adriana. "Una lágrima por Guayaquil". *De tacón en la pared*. Medellín: Editorial Autores Antioqueños. Vol 80, 1993.

Mejía, Epifanio y Gonzalo Vidal. *Himno antioqueño*. Página web: http://www.paisas.com/urbe/generalidades/estrofas.html. (29 de julio de 2001).

Mejía, Juan Diego. *Camila Todoslosfuegos*. Bogotá: Editorial Norma S.A., 2001.

Mejía Vallejo, Manuel. *Aire de tango*. Santafé de Bogota: Plaza y Janés Editores, 1979.

Salazar, Alonso. *La parábola de Pablo: auge y caída de un gran capo del narcotráfico*. Bogotá: Planeta, 2001.

Stallybrass, Peter and Allen White. *The Politics and Poetics of Transgression*. London: Methuen and Co Ltda, 1986.

Upegui, Alberto. *Guayaquil, una ciudad dentro de otra: síntesis del poderío de una raza*. Monografía jurídico laboral. Medellín: Progreso, (1957).

Vallejo, Fernando. *La virgen de los sicarios*. Santafé de Bogotá: Alfaguara Hispánica, 1994.

Que te coge el holandés: miedos y conjuros en la ciudad de San Juan

Silvia Alvarez Curbelo

A Olga Nolla quien siempre combatió el miedo a la memoria.

> La ciudad es resultado de la guerra,
> al menos de la preparación para la guerra
> Paul Virilio, *Pure War* (1997)

Una exhibición museográfica es un espacio donde emergen y se dirimen cuestiones de poder y autoridad inherentes a toda abrogación del derecho a significar y representar.[1] Pero si además la misma es subvencionada por el poder público, suele adoptar el carácter ordenador de un *ritual de ciudadanía*, de una práctica de legitimación como lo son la erección de monumentos públicos, la conmemoración de efemérides o la nominación de calles y escuelas.[2] En función del rito público, de la *sacralización* de los acervos y patrimonios, se han levantado los museos de historia y las pinacotecas nacionales de la modernidad. El Museo del Louvre es un rutilante ejemplo de la pulsión del estado moderno de establecer *lugares de memoria*, narrativas y mitologías fundacionales.[3] En nuestra América, un museo como el de Historia y Antropología de México hila, desde la feracidad de las culturas mesoamericanas, un relato precolombino glorioso que avala al Estado nacido de la Revolución. Irónicamente, las narrativas y objetos se despliegan a escasa distancia física de los indígenas de verdad a quienes, sin gloria pero con mucha pena, la Revolución ha convertido en *otros impertinentes*.

El museo como templo cultural del estado sea este nacional, regional o municipal contiende por el control sobre los objetos, los relatos y los modos de representación *vis a vis* los productores de los objetos y los espectadores (Karp 15). En esta lucha de poder, las inclusiones y exclusiones, los énfasis, los silencios así como las mediaciones, los lenguajes y las tecnologías de presentación constituyen agentes poderosos en la construcción de identidades y relatos. Es en torno a la estabilidad de la economía representacional de un museo, en este caso el museo de la historia de la ciudad de San Juan de Puerto Rico, que se arma este trabajo. Pretendo identificar en él una narrativa insumisa del miedo y sus conjuros que porfía un lugar representacional con una narrativa de consenso y de homogeneización validada por el poder público. Esta narrativa rebelde no está en *otro lugar;* está allí, pulsando su lugar junto a otras narrativas de la exhibición; se desborda en los paneles, en los videos e interactivos. Es una línea rebelde, de fuga frente a lo nacional o a lo estatal como lo son también el género y el diferendo racial. Como los disensos, las "malas nuevas", los escenarios crueles, las identidades y comportamientos marginales y marginados y los vecindarios excéntricos desafía las versiones azucaradas, esencialistas, teleológicas y las profecías autosatisfechas. En todo caso, su presencia le propone al museo que abandone o al menos comparta su vocación de templo con la de foro (Duncan).

En mi viejo San Juan

Como ha pasado con otros distritos históricos latinoamericanos, el Viejo San Juan ha experimentado procesos de *señorialización* y *museificación* que generan versiones sanitizadas y consensuadas del mapa cultural y social de la ciudad. Uno de los últimos ciclos de reordenamiento y estetización del distrito histórico se efectuó bajo el signo del Quinto Centenario (Rodríguez Castro 365-80). En aquel entonces, el gobierno de Rafael Hernández Colón desarrolló, teniendo como modelo la España del Rey Juan Carlos y la Expo Mundial de Sevilla, una propuesta de identidad colectiva vertebrada por un hispanismo democrático e insertado en la entonces promisoria lógica de la globalización (Colón 184-94). Su administración llevó a cabo una ambiciosa recuperación de espacios públicos en el distrito histórico, sobre todo de las estructuras monumentales, erigidas en la segunda mitad del siglo xix. Esta recuperación atemperó y refinó la fachada española del Viejo San Juan que había sido objeto de una primera museificación y reglamentación por el antropólogo Ricardo Alegría, fundador del Instituto de Cultura Puertorriqueña.[4]

La propuesta identitaria del Estado que incluyó el definir al español como la lengua oficial de Puerto Rico sin el acompañamiento del inglés y la participación del país con un pabellón en la Expo de Sevilla sin cobijo norteamericano levantó ronchas en varios sectores: los partidarios de la anexión de Puerto Rico la tildaron de paso previo a la independencia; otros criticaron la excesiva hispanofilia y un blanqueamiento del país en detrimento de su hibridez lingüística y racial.[5] Entre las críticas más acerbas a la exclusividad lingüística estuvo la del crítico cultural Arcadio Díaz Quiñones quien deploró la "política del olvido" en las celebraciones del idioma único (Díaz Quiñones 167-74).

La estetización de la identidad colectiva y la domesticación cultural de la diferencia han constituido políticas culturales recurrentes dentro del proyecto político autonomista que organizó al estado puertorriqueño y a la modernización del país a comienzos de la década de los 1950 (Díaz Quiñones 17-66). A pesar de que este proyecto ha sido relevado en ocasiones por los proponentes de la anexión a Estados Unidos, éstos no han logrado hacer mella profunda en las casas culturales y en las ficciones nacionales cuya referencia fundamental sigue siendo la de una nacionalidad puertorriqueña homogeneizada por el lenguaje, un mestizaje blanqueante y por el tropo de la "gran familia puertorriqueña". Tal era el estado de situación cuando la alcaldesa de San Juan, perteneciente al autonomista Partido Popular, le comisionó al Centro de Investigaciones Carimar, un colectivo independiente, el montar la exhibición permanente de la historia de la ciudad.[6] La comisión ocurrió en momentos en que el gobierno central de Puerto Rico era regentado por los partidarios del anexionismo. Dos años después, en diciembre del 2000, una agridulce inauguración estuvo a cargo de la misma alcaldesa, convertida ya en gobernadora del país mientras que la capital, sujeto de la exhibición, pasaba a manos del anexionismo en otro de los acostumbrados giros pendulares de la política puertorriqueña.

LOS INTRUSOS DEL MERCADO

La exhibición permanente de la historia de la capital ocupa una de las dos grandes naves que componen el Museo de San Juan. Su localización es importante. Se encuentra en el lado norte del Viejo San Juan, de cara al Océano Atlántico y a uno de los barrios populares más conocidos: La Perla, otrora notorio barrio de migrantes recién llegados del campo, rateros y prostitutas de buen corazón; hoy, disputado por capos y políticos populistas. Por siglos, el lado norte albergó "los lugares de la muerte", es decir, el cementerio que todavía está allí cerca y el matadero. En el siglo XIX, y encuadrado por las teorías higienistas y de ordenamiento urbano tan en boga se edificó, en el predio que hoy ocupa el museo, el mercado público que se mantuvo allí hasta bien entrado el siglo XX cuando se destinó a usos gubernamentales, nunca de larga duración.

De ese palimpsesto, la identidad de mercado fue la que más nos hechizó por su materialidad, por su afinidad con los trasiegos, con los rumores, con los regateos, con lo cotidiano y con las identidades variopintas. De ahí que se decidiera rodear, asediar, los ventanales y puertas de la exhibición con los rostros, objetos y espacios del antiguo mercado. La inclusión, mediante fotografías ampliadas, tensionaba el recorrido proponiendo cacofonías, intrusiones y fugacidades. Este ruido escénico rendía también otro servicio: nos *curaba en salud*, era una especie de antídoto o amuleto para contrarrestar la avasallante y seductora fuerza del nacionalismo cultural oficial. Porque concedamos, en la exhibición, subvencionada y ritualizada, el relato dominante sigue siendo la narrativa consensuada del Estado, y sus figuras y cronologías familiares son las que en primera instancia emergen ante el espectador. Con los marchantes dimos rienda suelta a lo que Hayden White denomina en el caso de la narrativa histórica, un *emplotment*, una densificación del argumento a base de combinaciones inesperadas o representaciones heterodoxas (White).

Si en la historia oficial, los navíos de Cristóbal Colón asumen dimensiones épicas, en la exhibición el episodio tiene como centro el manglar, el hábitat semipantanoso que conforma la periferia de San Juan. Los invasores, máquinas de guerra disonantes en el manglar, asumen la subjetividad de *otros*.

El narrativo, sin embargo, no alteró en lo sustancial el croquis de subalternidades; tampoco quisimos caer en un populismo etnologizante que, en aras del protagonismo de los de abajo, hiciera caso omiso de la distribución de poder a lo largo de los 500 años de vida de San Juan. Más bien, se habilitaron *narrativas substitutas* en competencia por un lugar representacional. Una de ellas es la que recorre los miedos y los conjuros que han constituido a la ciudad: los producidos y agenciados desde arriba y desde abajo; desde sus centros y desde sus márgenes; desde allende los mares y desde sus mares interiores. Su metáfora organizadora, una y otra vez resemantizada, es la ciudad murada: escudo, cinturón de castidad, muro de lamentaciones, frontera. Comencemos el recorrido entre miedos y conjuros.

FUNDACIONES

Los sueños de una imponente ciudad de piedra avalaron la primera mudanza de San Juan, entonces llamada Caparra, al sitio que ocupa hoy la isleta de San Juan, el distrito histórico que ameniza rutas turísticas y que condensa la más cotizada y mercadeable de las identidades puertorriqueñas. Corría el 1521. Diez años antes, la rebelión indígena había terminado aterrada por arcabuces y perros. La explotación de oro con sus tránsitos y reconversiones cotidianas se encargaría de acelerar la desaparición de los taínos y el inicio de una primera esclavitud negra. Pero los terrores no tardarían en aparecer construidos simultáneamente desde la xenofobia y el aislamiento. Sin pretender historicismos deterministas, estos terrores se reciclarían en los siglos subsiguientes por la iteración metafórica tanto en las hablas cultas como populares, por su inscripción en la distribución y el diseño espacial de la ciudad y por la internalización del *insularismo*, como dispositivo de subalternización en los principales discursos de representación cultural.[7]

Ya era, para la década de los 1530, la ciudad de un *príncipe ausente*, a quien los colonos dirigían cartas apremiantes que se perdían en los laberintos burocráticos de Sevilla; era la ciudad que decidió quemarle los pies a los vecinos que pretendían huir a las promisorios dorados que se anunciaban en México y Perú; era la ciudad asediada, más imaginariamente que real, por los *caribes*. Los relatos de los cronistas urden al caribe como una figura antropofágica, violadora de mujeres, quemadora de asentamientos, el aparente reverso del indígena sumiso que los conquistadores se habían encargado de diezmar y los misioneros en evangelizar. Sin embargo, el maniqueísmo en las representaciones del indígena alberga un carácter más sinuoso. Como se cuela en el diario colombino, el colonizador intuía en el mismo indígena un esencial desdoblamiento: el sujeto inocente, rubro natural como los pájaros y los peces caribeños, generoso con sus escasos bienes, coexistía con el artero hipócrita, el ladrón, el maligno (Todorov 49-55). Y después de todo, ¿no es el relato más complejo de la conquista de la isla de Borinquen una instancia de desdoblamiento? Conviene recordarlo porque de él parecen derivarse importantes operaciones de identidad de la ciudad, tanto de nominación como de terror.[8] El episodio narra la suerte de un joven soldado español que pide al cacique Urayoán, el más anciano de los jefes indígenas, ayuda para cruzar un río. Obsequiosamente el cacique accede mientras instruye a algunos de sus hombres para que ahoguen a Diego Salcedo en medio del cruce. Con la traición, el cronista devela a un indígena infantilizado e ignorante que espera tres días (oh, cuerpo resucitado) antes de convencerse de la mortalidad de los españoles.

La muerte por agua de Salcedo condensa y anticipa varias capas simbólicas en tensión: el nacimiento acuífero de la ciudad; el *doppelganger* indígena; el castigo ejemplarizante al "otro" que salta de su escondite identitario. Sería bajo el signo del agua, bajo la advocación de Juan el Bautista, aquél que se adelanta y esparce la buena nueva, que se nomina la Isla y eventualmente a la capital. Al momento de ilustrarlo en la exhibición permanente no encontramos mejor representación que el San Juan Bautista andrógino de Leonardo Da Vinci. Por su parte, los ya antológicos y siempre controversiales dibujos de Theodor De Bry captan el momento de un ajusticiamiento que bien puede ser el de Salcedo o el de cualquiera de sus variaciones míticas en América y las venganzas justicieras de los conquistadores.[9]

La ciudad que nace post-Salcedo y post-rebelión hereda los temores al agua que acompañaron su primer nacimiento en Caparra. La construcción de la *Fortaleza*, hoy residencia oficial de los gobernadores puertorriqueños, se justificó por el miedo al *caribe* que venía del este, de donde vienen también los huracanes, el flagelo de los trópicos. Por el impropio emplazamiento de la *Fortaleza*, pronto se activaron planes para una nueva fortificación: el Castillo de San Felipe del Morro. Hacia fines del siglo XVI la ciudad de piedra de los fundadores languidece mientras una ciudad de paja alberga a una minoría indígena y a esclavos negros, muchos de los cuales trabajan en las obras del Castillo, sufragadas con una asignación anual proveniente de la Nueva España, el llamado Situado mexicano.

Algunos ven en el Situado una metáfora de la dependencia colonial a la que parece condenarnos la historia y la geografía y cuya reencarnación desde hace un siglo son las transferencias federales que recibimos de Estados Unidos. El miedo a perder este cordón umbilical ciertamente ha condicionado muchas de nuestras opciones públicas y muchas de nuestras lealtades privadas pero ni el Situado antiguo o el Situado contemporáneo son determinantes en una sola dirección. Su apropiación por parte del subalterno ha permitido una gama de operaciones que van desde el desquite a la retribución; con los Situados se vive, se especula, es una especie de amortiguador, una malla de seguridad.[10]

ASEDIOS

Entre 1595 y 1797 la ciudad sufrió cuatro grandes ataques por potencias enemigas de España: tres a manos de Inglaterra y uno a manos de Holanda.[11] Los ataques generaron una xenofobia asociada al protestantismo a la vez que intensificaron los miedos atávicos al agua y al fuego. En busca de sal y cueros, los holandeses atacaron en 1625 a San Juan en un episodio caribeño de la Guerra de los Treinta Años. Tras saquearla, la incendiaron, desapareciendo la memoria escrita y la única biblioteca, la del Obipo Bernardo de Balbuena.[12] La impronta del ataque fue tal que quedó inscrita en una admonición que todavía nos lanzaban nuestros padres cuando nos alejábamos de la playa veraniega: *Ten cuidado, que te coge el holandés.*

Si San Juan, en la más oriental de las posesiones españolas en América, era la llave del Seno Mexicano, urgía convertirla en una ciudad fortificada. A partir del ataque holandés, la ciudad se cierra por imponentes murallas, rivalizada sólo por Cartagena de Indias. Con dos fortines, a proa y a popa, San Juan se torna en la ciudad murada frente al enemigo que venía del mar y eventualmente respecto al resto del país. Los ingenieros militares le dieron una nueva fisonomía a San Juan de bastión inexpugnable mientras la Iglesia hablaba de la ciudad como una nueva Jerusalén.[13] En las fiestas al santo patrono, las puertas que daban acceso a la ciudad se dejaban abiertas de par en par y las llaves colgando bajo la mirada del Bautista: *Si Dios no la protege, en vano guarda el que vela la ciudad.*

El mar de los sargazos que nos trajo al Draque, al Comberlan, al Boduino y al Abercromi (en sus hispanizadas renominaciones), nos proporcionaría también conjuros de distinto signo que enfrentarían el miedo al agua y la angustia del aislamiento. La caribeñización y el contrabando reconvertirían a las tierras de infieles que eran las Antillas Menores. Al asumir al Caribe como otro *mare nostrum*, no esperar cosechas de uvas, olivos, manzanas o trigos que nunca se darían y dar su lugar a la cocina híbrida de las islas; al asilar en los manglares periféricos a San Juan a esclavos fugitivos; al burlar el ademán burocrático y convertir a las islas bajo banderas y lenguas extrañas en mercados naturales, la ciudad, que en el siglo XVII no recibió a ningún barco español en un período de once años, logró salvarse. Un mulato zapatero nacido en San Juan fue a comienzos del siglo XVIII en el hombre más poderoso del Caribe, el azote de su Majestad británica como le llamaba la Cancillería en Londres. El corso y contrabandista Miguel Enríquez impuso su ley sobre gobernadores y obispos desde la más caribeña de las picarescas (López Cantos). Como conviene cuando se trata de manejos coloniales, si la mano derecha construía las murallas para enfrentar a los piratas extranjeros, la izquierda no tenía ningún empacho en contrabandear con el holandés que traficaba desde Curazao o con el sefardita residente en Tortola.

C<small>IUDADANOS</small>

El arquitecto Enrique Vivoni lo ha llamado "un siglo de paz" (Vivoni 19-38). Ciertamente, el ciclo de ataques extranjeros recesa hasta el fin del XIX, pero la desintegración del imperio español en América mantiene viva la mentalidad de asedio. Los fortines sanjuaneros ya no otean en el horizonte por los enemigos de España pero sus calabozos encierran a subversivos hispanoamericanos entre ellos al "Precursor" Francisco Miranda y en otros momentos a puertorriqueños señalados como separatistas. De ellos salen los ejércitos contrainsurgentes para aplacar la rebelión venezolana. Los muros que ciñen la ciudad y la defienden contra el "filibusterismo" revolucionario constituyen la gestualidad trasnochada de un imperio a quien solo le restan Cuba y Puerto Rico. Pero son también los muros y fortines los que intentan contener los turbulentos mares interiores. A lo largo del siglo XIX, la ciudad oficial, *el empedrado*, se enfrenta a los "demonios" íntimos detonados por los signos complejos de la modernidad negada, el colonialismo y la esclavitud.

El miedo a las rebeliones raciales tomó forma con la intensificación del modelo de plantación en Puerto Rico pero también con la llegada de *emigrés* procedentes de Saint-Domingue y más tarde de realistas de Tierra Firme. En las Instrucciones del Cabildo de San Juan al diputado a las Cortes Ramón Power redactadas en 1809 es patente un discurso del miedo tras el "baño de sangre" que dio lugar a la independencia del nuevo Haití en 1804.[14] Para 1837, año en que se decretan Leyes Especiales para gobernar a Puerto Rico, el terror a la rebelión racial adquirirá un mayor dramatismo al asociarse a la posibilidad de sedición (Coll y Toste VI:305). Las patologías clasificatorias del sistema, el señalamiento por perfil racial y las fobias así como las herencias de prejuicio y minusvaloración intensificadas en la primera mitad del siglo, momento del auge esclavista, no cesaron con el decreto de abolición en 1873. Al conformarse dentro de la descomposición de la esclavitud, los comportamientos e identidades de un mundo posesclavista tuvieron como vectores al paternalismo y la sospecha velada respecto al mundo del trabajo y a todo lo que supusiera márgenes, como por ejemplo, las mujeres y los libertos.[15] Se constata en el habla cotidiana que singulariza el color de los negros y mulatos, muy pocas veces el del blanco; en la impertérrita tendencia a cualificar las conductas ("es negro pero decente"; "es negro pero acepillado") y en la criminalización de las poblaciones negras y mulatas sobre las cuales deberían ejercerse precauciones políticas y de orden público. Las estrategias de vigilancia e intervención se renovaron en la medida en que se proponía una nueva normalización con el fin del esclavismo.[16] La necesidad de asegurar los abastos de mano de obra como de establecer otro tipo de preeminencia sobre los libertos explica, en gran medida, un creciente interés por la organización del trabajo y sobre la incidencia criminal. Las normativas laborales y el discurso de lo criminal convergían en una obsesiva redirección del cuerpo.[17] Sin embargo, la capacidad de reglamentación racial de la ciudad era limitada por varias razones: como ocurrió en Cuba y Brasil, también lugares tardíos de abolicionismo, el mestizaje y la criollización eran realidades contundentes antes de la disolución del esclavismo; por el otro, la segregación espacial era difícil en una ciudad cerrada por los cuatro costados (Santana et al).

Perdido casi todo el imperio ultramarino español desde comienzos del siglo XIX, San Juan fue uno de los pocos destinos americanos disponibles para soldados, burócratas, comerciantes y curas excedentes que le dieron a la ciudad una fisonomía peninsular en tensión con la caribeñización acentuada de los siglos anteriores y de la criollización emergente. La reespañolización operó como conjuro tanto frente al criollo sedicente como frente a la transición abolicionista. Me detengo en la propuesta decimonónica que dota a San Juan por primera vez de una arquitectura cívica. Si Santo Domingo es una ciudad de góticos y La Habana es una joya del barroco, la arquitectura de San Juan es un tributo al estilo neoclásico (Castro). Si en otros países el discurso de control que caracteriza a este estilo convive con idearios republicanos, en San Juan reitera el orden colonial. El neoclásico severo y autoritario sentó sus reales en una ciudad ordenada a su vez por los Bandos de Policía y Buen Gobierno, que simultáneamente prevenían del separatismo y se encargaban de contener a los sectores populares que se multiplicaban en el perímetro urbano. Con los bandos, las autoridades municipales extremaron así sus intervenciones en la vida privada de los sanjuaneros. Juegos como los gallos, los bailes, el lavado de ropa, las fiestas patronales y otras actividades de la vida cotidiana serían reglamentadas o prohibidas. Sin embargo, esta ocupación burocrática de la ciudad no ahogó una vida comunitaria que se desarrolló a contrapelo de las reglamentaciones. Hay una crónica urbana bulliciosa de zaguanes, patios de vecindad y cotidianidad que corre por la capital y se extiende por los barrios extramuros al que muchos tildaban de peligrosos y sedes de todo tipo de contagio y rebeldía. No es coincidencia que muchas de las prohibiciones tuvieran como objetivo a las mujeres lavanderas avecindadas en el barrio extramuros de Puerta de Tierra.

La criollización de los miedos

Junto a la ciudad de los *mojados* (de los españoles que cruzaban el océano) se constituye en el siglo XIX una ciudad de los *secos*. Es el San Juan criollo que al promediar el siglo se afirma oblicuamente como una ciudad virtual de las letras, de la expresión plástica, de los primeros partidos políticos y de instituciones cívicas. En ese "parto de la inteligencia" apelando a la frase feliz de Ángel Rama cuando habla de la ciudad letrada (Rama), se desplegará el afán criollo de modernidad y su voluntad de arrancar los goznes de la colonia cerrada. Entre bandos policíacos y órdenes de destierro malviven nuestros primeros periódicos, se hilvanan poemas, se escriben memorias y tratados de investigación agrícola y obras teatrales que cuelan, con ropajes y telones pintados de exotismo, narrativas de apertura y modernidad. Pero la ciudad criolla también será un espacio de resemantización de antiguos miedos y de aparición de unos nuevos así como de las estrategias para conjurarlos. Ante la heterogeneidad democratizante, masificadora y desafiante que generarán los procesos de abolición, urbanización, modernización institucional y apertura de la franquicia política, los intelectuales criollos se afiliarán a una representación que se traducirá en políticas culturales de orden. Son ellos los que definirán y prescribirán los discursos pacificadores del mestizaje y de la modernidad disciplinante (Alvarez Curbelo "Un país del porvenir").

Frente a los terrores anunciados por los opositores de la abolición inmediata, los criollos liberales preconizaron un futuro pacífico de integración de los libertos a la sociedad en el que la "población libre de color" fungiría como amortiguador y facilitador en la transición. La propuesta no renunciaba, sin embargo, a un imaginario de jerarquías suaves que ordenaría a la sociedad post-abolicionista. El "término de las esperanzas" para los antiguos esclavos no sería el desenvolvimiento de la población blanca sino aquél de la población libre de color; el estado inmediato de su redención sería el de esa clase "honrada y laboriosa", clase intermedia sobre la cual futuros discursos de lo puertorriqueño tenderían significativas miradas que irían desde la condescendencia hasta la suspicacia.[18] En la estación que hemos titulado *Ciudadanos* en la exhibición, el retrato del negro tabaquero Rafel Cordero, que impartía clases gratuitas a niños blancos y de color, a ricos y a pobres, hecho por el más importante de nuestros pintores decimonónicos, Francisco Oller, resume mucho del discurso domesticador y filantrópico del mestizaje. También otra importante pintura del mismo Oller, *El Velorio*, nos da una rica clave del miedo al desorden, la indeterminación y la enfermedad que organiza el otro importante discurso de la intelectualidad criolla.[19]

Ya en "Las clases jornaleras", Salvador Brau, uno de los más influyentes intelectuales criollos, había reparado en los espacios citadinos de desorden y ruido. Marcados por la confusión y el capricho, estos espacios se presentaban como el reverso de una buena conducta cívica donde los roles sociales y sexuales debían quedar perfectamente delineados. Lo que en un momento dado podría calificarse como una transitoria "válvula de escape" para desinflar los estallidos de violencia, se tornaba un "maridaje monstruoso" de lo religioso y lo profano; en la amenaza siempre acechante de la turbamulta. Al describir las fiestas populares dedicadas a los santos patronos, Brau recurre a imágenes que delatan sus mayores terrores; el terror a la indiferenciación, al contagio, al ruido, a lo fortuito. Configura entonces una serie de oposiciones a través de la cual se sanciona una particular legitimidad: el adentro, la familia, la religión, el tañir de las campanas de la iglesia, el trabajo, los lugares, prácticas e identidades cívicas frente a la calle, la muchedumbre, los chillidos de los ruleteros, la estridencia de las bacanales, el baile, los lugares, prácticas e identidades de hibridez. Pero la incontinencia de la plebe no logra atajarse.

Su temida voluntad se desató una noche de 1894 (Alvarez Curbelo "El motín de los faroles"). Cientos de sanjuaneros se lanzaron a la calle protestando por los altos precios en las subsistencias populares y la incertidumbre monetaria. En el camino, rompieron gran parte de los recién inaugurados faroles de electricidad. La imagen poderosa de la turba frenética perturbó hasta aquéllos que habían denunciado en los foros públicos y en la prensa los atropellos gubernamentales y la impunidad de los monopolistas españoles. Los liberales criollos se asustaron ante el sonido del cristal roto. Apenas el año anterior, el Estado había organizado con gran pompa la conmemoración del Cuarto Centenario del Descubrimiento de Puerto Rico. En la Exposición Insular se había plasmado la idea de una culminación hispano-criolla y de un proyecto civilizador que conduciría a Puerto Rico a la ansiada modernidad. Como uno de los hitos en la serie de festejos se inauguró el alumbrado eléctrico. Fue prendido en el momento de la visita a la Isla de la Infanta Eulalia de España, acto culminante de la efemérides. Ahora, un año después, el crac de los faroles apedreados jamaqueaba la reverencia fetichista en el progreso desde la economía moral de una multitud sanjuanera (Thompson).

Apuntalada por los discursos pacificadores del mestizaje y de la modernidad disciplinante, la intelectualidad criolla intentó conjurar los miedos heredados y los miedos noveles. A pesar de que las voces más pesimistas insistían en una nueva figura —la de un Puerto Rico enfermo— para describir la desestabilidades de fin de centuria,[20] el siglo XX aspectaba bien para la ciudad criolla. En 1897, España le concedió a la isla la ansiada autonomía a la vez que accedió a que se derribara gran parte de las murallas centenarias que ceñían a San Juan.

Al cabo del siglo, su desplome parecía el triunfo de la ciudad real e híbrida frente a la ciudad artificial y monolítica de los cepos y murallones. Aunque más bien se trataba de un adiós provisional a los espacios cerrados, tanto materiales como simbólicos, de la ciudad hasta que nuevos cierres se erigieran para atajar a nuevos miedos y a nuevos excluidos.

Modernos

El 12 de mayo de 1898 barcos de guerra norteamericanos abrieron fuego durante tres horas contra San Juan.[21] La Guerra Hispanoamericana que había estallado un mes antes se trasladaba a lo que se conocería como el objetivo número 2, mientras que Cuba era el indiscutible número 1. Uno de los cañonazos vapuleó al Cuartel de Infantería de Ballajá; otro atinó en el frontón de la Iglesia San José en el Viejo San Juan. También dañó la casa de una doña Rosa Vasallo que ni corta ni perezosa demandó del municipio el costo de las reparaciones. El lente del fotógrafo registra el hoyo negro en el templo antiguo y los destrozos en el cuartel monumental. Pasarían más de dos meses hasta que ocurriera la invasión a Puerto Rico y cinco hasta que las tropas de Estados Unidos entraran en la ciudad de San Juan pero una mezcla extraña de perplejidad, terror y esperanza se asentó desde entonces entre sus habitantes.

El terror más persistente tenía que ver con un barco de tres chimeneas que parecía tener el don de la ubicuidad (Alvarez Curbelo "La batalla de los signos"). A una misma hora podía otearse surcando la costa capitalina, en el sureño Cabo Rojo y en el oriental Fajardo; algunos veían su tripulación; otros aseguraban que nadie lo navegaba. No es difícil ver en el barco de las tres chimeneas el signo precoz de los decisivos tiempos por venir y una metáfora de nuestra relación ahora ya centenaria con Estados Unidos: la imponente fuerza militar, la presencia que es a la vez inaccesible, el dominio tecnológico a la par extraño y admirable. Lo que Rossana Reguillo ha denominado, para mortificación de algunos críticos puertorriqueños, "lo federal" (Reguillo), una forma camaleónica de estado, instancia tope de nuestros miedos y seducciones contemporáneos, se constituía desde el escenario ancestral de nuestros terrores y esperanzas: el mar.

Para octubre de 1898, las últimas tropas abandonaron la ciudad con lo cual dan fin a 400 años de dominio español. Las familias "bien" que habían huido desde el día del bombardeo regresaron dispuestas a negociar y las mayorías, que habían sufrido los rigores del bloqueo, se aprestaron a recibir con entusiasmo al nuevo régimen y apostar al futuro. No vino mal que se tratara de un entresiglos. El cambio de centuria, como todo tiempo nuevo, renovó las valijas de utopías (Alvarez Curbelo "Entresiglos"). La aspiración de ser *modernos*, vectorizada por la cultura de masas norteamericana, organizó muchas de las modificaciones físicas y de comportamiento de la ciudad en la primera mitad del siglo XX. Con la radio, el cine, la aviación y el automóvil, San Juan y sus habitantes parcelaron nuevos horizontes y experimentaron trastornos significativos en sus percepciones de espacio, tiempo, clases y género. No se produjeron las resistencias asociadas a nuevas tecnologías que se dieron en otras sociedades. Más bien, los miedos se cuajaron en torno a la ampliación de la *polis*, es decir, a la apertura por vía de la ley o de la conquista en la calle de la franquicia cívica. Los trabajadores ganarían derechos de asociación y voto; las mujeres, aunque sin todavía alcanzar los derechos estatutarios, se abrirían paso en el mundo del trabajo, la educación y la política. Ambos sectores urbanos mostrarían la mayor impaciencia por sacudirse del mundo androcéntrico y patriarcal y desafiarían convenciones en el vestir, las relaciones sexuales y los comportamientos públicos.[22]

En el puerto, en las tabacaleras, en las tipografías, el incipiente movimiento obrero, perseguido con saña por los españoles, esperaba el momento de salir a la calle. Si en el derrumbe de las murallas que habían ceñido a San Juan por siglos, se había afirmado una versión de libertad urbana, la invasión parecía proponer el derribo de otros muros sociales. En los primeros años del nuevo régimen, brotes de protesta popular de tono anarquista se desplazaron por la ciudad en lo que se conoce como el momento de las *turbas*. Sometido, mucho del descontento se canalizó a través de las ya permitidas uniones obreras y del Partido Socialista cuyo emblema era un hacho *(AMBIGUEDAD: es efectivamente un hacho de alumbrar o un hacha de cortar madera)* de fuego. La apropiación de las calles por las marchas de trabajadores y su participación en los procesos electorales supuso un desafío para la modernidad disciplinante que había elucubrado la ciudad criolla. Pero mayor desafío lo constituyó el excedente popular que no pudo ser domesticado por las organizaciones políticas. Cuando en Estados Unidos se propuso en 1919 la enmienda constitucional para prohibir la producción y expendio de alcohol, fueron las organizaciones obreras las que lograron que Puerto Rico fuera el primer territorio bajo jurisdicción norteamericana que convirtiera la Prohibición en ley (Rosario y Barceló). Sin embargo, en los barrios calientes de la capital, muchos de ellos localizados ahora en los manglares interiores de la ciudad, el licor clandestino se convirtió en la principal industria de supervivencia. Cuando las sombras de la noche caían sobre San Juan, se prendían los fuegos de los alambiques licoreros en El Fanguito, el arrabal creciente que se instala en su centro.[23] Los registros de confinados comprueban los patrones de criminalización de los sujetos arrabaleros, pobres y no blancos; la mayoría de los condenados por todo tipo de delitos eran de raza negra, subempleados o *chiriperos*, es decir, empleados en lo que apareciera.[24]

Los migrantes recién llegados del campo alimentaron la dramática expansión y densificación de la ciudad que vió nacer nuevos barrios de racialización mezclada y peligrosa y de sociologías combinadas de campo-ciudad. El jíbaro proveniente de los campos proponía una complejización adicional. Su existencia corporizaba el miedo a la enfermedad y el rechazo al enfermo que se había agitado desde las últimas décadas del siglo XIX pero que recobraba bríos con las campañas higiénicas promovidas por los norteamericanos. Ciertamente, en la mente de las autoridades políticas, educativas y médicas latía el miedo a los contagios. La higiene se tornó obsesiva en una ambiente de altas tasas de mortalidad y donde enfermedades como la viruela y la peste bubónica estaban siempre al acecho. La llegada de los norteamericanos y del "soldado de la ciencia", el Dr. Bailey K. Ashford reforzaron con mayores auxilios organizativos y financieros lo que habían iniciado los higienistas y facultativos criollos y españoles en las últimas décadas del siglo XIX (Ashford). Sin embargo, las vacunaciones masivas, la instalación de hospitales de campaña para atender las enfermedades de la pobreza campesina como la unicinariasis y la bilharzia y las políticas de salud pública del nuevo régimen fortalecieron la identidad negativa del sujeto campesino, incapaz del progreso y movilizado por la superstición y la ignorancia.[25]

Ivette Rodríguez Santana ve en el discurso sobre la higiene que se organiza en Puerto Rico en el pasado cambio de siglo una operación híbrida en la que la mujer emerge simultáneamente como la fuente de los problemas sociales y su correctivo:

> El discurso sobre la salud y la higiene que emerge en Puerto Rico a finales del siglo diecinueve y principios del veinte propone a "las mujeres" como un nuevo tipo de categoría sociológica. A la vez produce y hace circular nuevas nociones de "ser mujer" y maneras de comportarse para la colectividad de "mujeres" [...] en San Juan entre 1880 y 1929 la higiene representa a "las mujeres" como un foco de infección pero también como la prescripción a los temores y peligros sanitarios y políticos, en fin, sociales [...] (Rodríguez Santana 81)

Esta doble feminización[26] había sido planteada ya por Salvador Brau. La mujer era un foco de "infección" social que resistía al progreso, pero también era el correctivo para que no dominaran las temidas pasiones:

> en tanto que, como hasta aquí, la mujer pobre de nuestros campos siga entregada, casi exclusivamente, a sus naturales instintos, sin una noción clara de sus derechos, confundiendo los sanos principios del cristianismo con una superstición vecina a la idolatría, en un aislamiento embrutecedor, sin estímulo, sin ambición, y sin verdadera influencia sobre el hombre, que está llamada a dulcificar, a contener y a dirigir; el concubinato, tan decantado y tan execrado en Puerto Rico, no habrá sufrido golpe demoledor en sus seculares cimientos. (Brau 47)

Pero la pasividad del cuerpo femenino no variaba si se mudaba a la ciudad. Allí la campesina excitada su vanidad y presa del deslumbramiento, descendería inevitablemente a la corrupción y a la prostitución. El ciclo de morbilidad social sólo podía romperse mediante la educación que no buscaría hacerlas sabias sino rescatarlas de la irracionalidad. Durante la primera mitad del siglo XX muchos problemas de orden público eran achacados a mujeres "alborotosas" que no cumplían con el creciente número de reglamentaciones sobre cómo vivir en la ciudad. Señalada por las miradas "decentes", la prostituta también es objeto de reglamentaciones y vigilancia por las autoridades. Su cuerpo es visitado no sólo por una clientela sino también por funcionarios y médicos que intentan mantener a raya la potencialidad patológica de ese "mal necesario". Igual operativo de contención se lleva a cabo con las lavanderas, denunciadas y perseguidas por infringir los códigos de agua, hacinamiento y disposición de desperdicios (Merino 74-9).

No Trespassing

Bajo una nueva administración colonial, se da paso en la ciudad a relevos, ajustes y muchos abandonos y sumisiones. Curiosamente, hacen su retorno viejos procesos aunque ahora resignificados: San Juan se remilitariza bajo el signo de una potencia militar pujante y con ambiciones mundiales. La conversión de San Juan en una gigantesca base naval justificará una intensa expropiación de espacios urbanos. Si en 1897, la ciudad se había abierto, ahora volvía a achicarse. Los antiguos fuertes españoles, tierras aledañas en el casco de la capital y franjas extensas a lo largo de la costa se convierten en terrenos militares norteamericanos con el amenazante rótulo *No Trespassing* impidiendo el acceso de los nativos. Durante la primera mitad del siglo, las arribadas constantes de marinos norteamericanos al puerto de San Juan convirtieron a numerosas calles de la isleta en recinto extraterritorial con lupanares, bares y mercados de favores; incluso viejas edificaciones sirvieron como locales para el desahogo marino. La vetusta fortificación del Castillo del Morro se convirtió en tropical campo de golf para los oficiales mientras quedaba vedada para los puertorriqueños.

Con la intervención norteamericana en las dos guerras mundiales, la absorción de tierras sanjuaneras y la construcción de instalaciones militares se intensificó y con ello la percepción de la fragilidad del país y su dependencia en el poderío militar de Estados Unidos (Rodríguez Beruff 145-79). Campamentos permanentes, ejercicios bélicos y desfiles se convirtieron en cotidianidad para una ciudad ya extendida en ensanches y barrios fuera de las murallas. Una renovada mentalidad de asedio se abatió sobre la ciudad en los años de la Segunda Guerra Mundial cuando se creía inminente un ataque de submarinos nazi. Con la Guerra Fría y la lucha anticomunista se acentuó la especie de San Juan como una frontera estratégica y de contención. Este desarrollo resulta iluminador a la hora de entender la supervivencia discursiva del miedo a ciertas "caribeñizaciones" a lo largo del siglo XX. El miedo a las revoluciones que asociábamos a las "repúblicas" (como si Estados Unidos no fuese una) latinoamericanas se trasladó a partir de 1959 a Cuba. Frente a un Caribe a punto de caer por completo en manos del comunismo internacional, San Juan emergía como una "vitrina de democracia" (Rodríguez Beruff 21-95).

En las últimas décadas del siglo, el miedo al atraso y la negritud de las "islas" (como si Puerto Rico no fuese una) se ha depositado en una xenofobia sutil pero evidente hacia el dominicano yolero o hacia el haitiano que vende artesanías en el Viejo San Juan. Por supuesto que no hay *pogroms* pero en el trato al dominicano se reproducen los eufemismos y paternalismos con los que otrora manejamos la transición abolicionista en el siglo XIX: "Es dominicano pero buena gente" (Duany et al). Advertimos un tanto apocalípticamente que hoy son los dominicanos los que acaparan los puestos de venta en los mercados públicos y que los plátanos, batatas y yautías de nuestra mesa son "dominicanos"; que los dominicanos con franquicia votan mayoritariamente por el partido anexionista y que la criminalidad y el narcotráfico son mayores desde que están llegando en hordas por el Canal de la Mona. Eso sí, juramos que los conjuntos merengueros nuestros tocan mejor que los de la isla vecina. Muchos se sentirían más aliviados si nuestra relación con los dominicanos se circunscribiera a las vacaciones de puertorriqueños de clase media apretada en los resorts "todo incluido" de Bávaro Beach y Punta Cana o a bailar con la música de Juan Luis Guerra.

Un viejo miedo, los huracanes, ha visitado a San Juan en el siglo xx, cinco huracanes mayores y una serie de tormentas menores. El primero de aquéllos abatió al país de manera inmisericorde apenas un año después de la invasión norteamericana. Sirvió para que la recién establecida administración norteamericana estrenara un rostro y un tesoro humanitarios que reaparece cada vez que hay un desastre de esa magnitud pero también para que la Iglesia dominada aún por los españoles reclamara que el huracán era un castigo divino por nuestra infidelidad (Perpiñá). Luego de dos huracanes devastadores en 1928 y 1932, la calma tropical se desplegó sobre el país. Las nuevas generaciones crecieron sin conocer las furias caribeñas excepto como notas en los libros de historia o cuentos de la abuela. Pero en 1989 y 1998, Hugo y Georges nos recordaron que aún estábamos en el Caribe. Los destrozos fueron significativos sobre todo en la zona de la infraestructura. Más aún, reavivó miedos soterrados ahora avistados en alta definición por los satélites del tiempo. Aunque el miedo al huracán que nos acompañó por siglos es más en estos días el coraje ante el huracán que perturba nuestra cotidianidad, que se lleva la electricidad y la televisión por cable y que nos obliga a entrar en las compras "huracanadas" de materiales, despensas y artefactos que ya forman una verdadera industria que solventa a muchos en los tres meses de alerta.

Metropolitanos

Félix Jiménez en un texto reciente apunta que las ciudades decimonónicas fueron escenarios del miedo a lo desconocido porque fueron lugares de una a la vez inusitada, maravillosa y espantosa expansión del progreso. En contraste, el San Juan metropolitano, desbordado hasta cubrir la mitad de la costa norte de la isla entera, "nos devuelve el miedo, pero otra clase de miedo, a lo conocido, a la falta de cambio..." (Jiménez). No es ni más ni menos miedosa que tantas otras pero San Juan es una ciudad impaciente, con graves déficits de habla amable, con incrementos significativos de violencia verbal y gestual. Hay mucho coraje en la ciudad, mucho desencantamiento. Y es el coraje, a mi juicio, la metamorfosis central que ha sufrido la mayor parte de nuestros miedos.

La exhibición llega a uno de sus finales. Una pantalla plana percola imágenes velozmente. Son los rostros de la ciudad en sus últimas décadas. Es el San Juan que en menos de cincuenta años ha pasado del desarrollismo industrial al postdesarrollismo; del estado bienestar populista a las privatizaciones y alaridos neoliberales pero que revierte al estado bienestar a la menor desaceleración de la economía norteamericana. Museificado el centro tradicional del Viejo San Juan; abandonado Santurce como centro de la prosperidad desarrollista y debatiéndose entre ser *inner-city* o yupificarse, la ciudad, descentrada, busca con afán su eje. Lo encuentra para muchos en el centro comercial de mayor rentabilidad en América Latina. Se llama Plaza Las Américas. Los desarrolladores del *mall*, en un inicio dueños de terrenos ganaderos y pasteurizadoras de leche, madrugaron al creciente déficit comunitario y el adelgazamiento de los espacios públicos en la modernidad tardía en la oferta de sustitutos a lo que se ha llamado "la imposibilidad de lo social" (Laclau). *Plaza* y los *malls* satélites han reorganizado la geografía de la San Juan, sus goces y sus miedos (Alvarez Curbelo "El centro de todo").

Todo parece quedar metaforizado por el *mall*. La ciudad se ajusta al rol tardomoderno de un centro de consumo dejando atrás sus identidades tradicionales como centro religioso, político, cívico e industrial. Junto al narcotráfico y las tarjetas de crédito los *malls* protagonizan una explosión en los niveles de consumo de los puertorriqueños que altera no sólo la estructura y los comportamientos económicos sino la identidad y los dolores de la capitalinos.[27] En un ambiente controlado e inducido a través de la "canalización de los deseos", el *mall* ha asumido muchas de las funciones otrora privativas de la ciudad como la seguridad y el esparcimiento, una oferta de ocio, comodidad y control suave en medio del difuso entremilenios. En el *twilight zone* del *mall*, lo privado aparece disfrazado como un lugar público sin sus riesgos pero tampoco con sus compromisos o posibilidades democráticas. El control es ejercido en aras de la seguridad, la costo-eficiencia y el rendimiento tecnológico aunque sea abonando al "avance de la insignificancia" y de la trivialización del espacio público.

Fragmentada, dispersa y descontrolada de manera creciente, la ciudad metropolitana se ve relevada de muchas de sus funciones por entidades privadas que aducen eficiencia y *accountability*. Rob Shields habla de una cultura cívica (no, no es una herejía) del consumo que se despliega en el *mall* como una alternativa a una orden social presuntamente racional pero insuficiente (Shields 17). En el exterior, el mundo con sus complicadas negociaciones, rutinas y cacofonías. Tras una fachada inconspicua aparte de su masividad, se accede al interior seguro del *mall* con resonancias geológicas, edénicas, ginecológicas o nucleares (se puede escoger el imaginario). Cualquiera de ellos descansa en el mismo principio: hay un encapsulamiento, un escape, *es otro nivel.*

Pero sobre todo, el *mall* conjura lo que, a mi juicio, son los sentimientos colectivos más generalizados en nuestra ciudad: la ira, el coraje, la impaciencia. No es el miedo o los miedos lo que en primera instancia nos azotan y condicionan las formas de vivir en la ciudad sino un *malaise*, un malestar sin nombre que nos ha vuelto una ciudad de microviolencias múltiples, de desestimación del próximo y el lejano y que nos impulsa a refugiarnos en cualquier actividad o lugar que nos saque del manejo de la ciudad. La ciudad se nos fue de las manos y ahora le tenemos "cosa", nos molesta. El *mall* que nos clausura, que levanta muros de deseo, nos protege de la ciudad.

Empezamos las clases medias por poner rejas a nuestras casas de urbanización, emblemas del desarrollismo. Luego le echamos cemento a los jardines y nos cerramos a la calle en norteamericanizados *family rooms*, electrificamos los portones para guardar los automóviles y privatizamos nuestras vidas para no exponerlas a la ciudad. Le dimos la espalda. Aunque los puntos del narcotráfico, los sidosos en los cruces de tráfico, los *carjackings* y los asaltos en gasolineras o playas son parte de su puesta en escena, no es el miedo el que organiza la ciudad metropolitana. Por supuesto que invocamos la criminalidad y el narcotráfico para legitimar la *desciudadanización*. Y por ello hemos eregido nuevas murallas en la forma de urbanizaciones de acceso controlado y nuevas puertas de San Juan en las estaciones de peaje que ahora reciben a diario a miles de exiliados de la ciudad. Sólo que, a diferencia de los siglos pasados, no hay piratas al acecho, nosotros mismos nos hemos expulsado de la ciudad. Hemos permitido que San Juan se haya convertido en un gigantesco *billboard*, sin aceras porque la especie peatón es un anacronismo, cruzada por carreteras que desembocan en megatiendas o en expendios de comida chatarra. No es el miedo, es la deserción la que reina en la ciudad.[28]

Pero la ciudad está ahí, en espera de que la vuelvan a habitar. Lejos de espantar, el relato de sus miedos en el museo puede contribuir al fin de la ciudad murada, doquiera se encuentren sus muros, al "ampliar la experiencia del tiempo en un espacio abierto a la memoria y la iluminación instantánea" (Speranza). Una nueva eficacia del museo que, en la apuesta de Andreas Huyssen, surge como posible espacio de contestación y negociación cultural, de reflexión sobre la temporalidad, la identidad y la alteridad (Huyssen).

Notas

[1] La incorporación de conceptos, ideas y emociones en una forma simbólica que pueda ser transmitida e interpretada de manera significativa es lo que Stuart Hall denomina las prácticas de representación. El circuito cultural en el que se constituyen y despliegan estas prácticas es siempre territorio "minado". Véase Stuart Hall, editor, *Representation. Cultural Representations and Signifying Practices*.

[2] La legitimación en los estados modernos y de masas es más complicada que en aquellas formas avaladas por una divinidad inescrutable o por la fuerza de superioridades jerárquicas. De ahí la necesidad de acudir a la "invención de tradiciones" y otras ritualizaciones. Véase a Erick Hobsbawm y Terence Ranger, editores, *The Invention of Tradition*.

[3] El Louvre es un monumento ceremonial arguye Carol Duncan en "Art Museums and the Ritual of Citizenship" en Ivan Karp y Steven D. Lavine, editores, *Exhibiting Cultures. The Poetics and Politics of Museum Display*

[4] El Instituto se funda en 1955 en medio de una intensa acción cultural por parte del estado puertorriqueño que se había inaugurado como Estado Libre Asociado tres años antes. Véase Carlos Gil Ayala, "Subjetividad nacional y dispositivo cultural de estado: la legislación cultural puertorriqueña" en Carmen I. Raffucci, Silvia Alvarez Curbelo y Fernando Picó (editores), *Senado de Puerto Rico, 1917-1992. Ensayos de historia institucional*.

[5] Un antecedente se encuentra en la denuncia del pintor y promotor cultural Antonio Martorell, "Corte, colonia y color", *El Nuevo Día*, 10 de junio de 1988.

[6] Carimar se funda en San Juan en 1986. Produce investigaciones y diseña exhibiciones y publicaciones en torno a temas de planificación, urbanismo e historia cultural.

[7] El ensayo de Antonio S. Pedreira, *Insularismo* (1934) ha sido uno de los textos más comentados por la crítica contemporánea. Pedreira afirma que el sino geográfico y el sino biológico han determinado nuestra esencia que incluye, entre otras características, el *aplatanamiento* o docilidad.

[8] Para una interpretación del mito ver Carlos Gil Ayala, "Salcedo y la metáfora del agua" en *El orden del tiempo*.

[9] Exagerados y cargadamente anti-católicos y anti-españoles, los dibujos de Theodor De Bry recogen, sin embargo, mitologías sobre la conquista de América que circulan con variantes en toda la zona. Véase Theodor De Bry, *América (1590-1634)*.

[10] A lo largo de las protestas recientes en contra de los ejercicios militares de la Marina de Estados Unidos en la isla puertorriqueña de Vieques, los partidarios de la anexión de Puerto Rico a Estados Unidos han renovado la especie de que en represalia por las protestas populares, Estados Unidos dejará de enviar sus "dineros" a Puerto Rico.

¹¹ Véase Juan Manuel Zapatero, *La guerra en el Caribe en el siglo XVIII*. El Servicio Nacional de Parques de Estados Unidos, bajo cuya jurisdicción se encuentran los dos grandes fortines de San Juan, ha auspiciado varias investigaciones con propósitos museográficos y turísticos. Entre éstas se encuentran la de María Alonso y Milagros Flores sobre el ataque inglés de 1797 *The Eighteenth Century Caribbean and the British Attack on Puerto Rico, 1797* (San Juan: National Park Service, 1997).

¹² En 1604, Bernardo de Balbuena escribió, antes de ser destinado a Puerto Rico, el conocido poema *La Grandeza Mexicana*. Al saber del incendio de San Juan, el poeta español Lope de Vega escribe una oda a Balbuena, una de cuyas líneas reza: *Que nunca Puerto Rico fue tan rico*.

¹³ El levantamiento de la ciudad murada es seguido por Aníbal Sepúlveda en San Juan, *Historia ilustrada de su desarrollo urbano, 1508-1898*.

¹⁴ De la autoría de Pedro Irizarri, las instrucciones defienden el trabajo libre como alternativa para Puerto Rico. La recomendación no está sólo basada en criterios económicos sino en la paranoia que los sucesos de Saint-Domingue han generado en los criollos. Ver Cayetano Coll y Toste, *Boletín Histórico de Puerto Rico*.

¹⁵ En Puerto Rico no se ha estudiado a fondo la transición al trabajo libre. Para Cuba consultar, Rebecca Scott, *La emancipación de los esclavos en Cuba: La transición al trabajo libre, 1860-1899*..

¹⁶ Para los temas de vigilancia y normalización en los albores de las sociedades modernas ver el ya clásico *Vigilar y castigar. Nacimiento de la prisión* de Michel Foucault.

¹⁷ Foucault apunta hacia el surgimiento de una cultura de la vigilancia y del castigo que pretende trasladarse del cuerpo al alma como señal de la humanización de las sociedades modernas. ¿Pero en realidad desaparece el cuerpo en estas nuevas disposiciones? Para Foucault, será siempre del cuerpo de lo que se trate: [...] el cuerpo está también directamente inmerso en un campo político; las relaciones de poder operan en él como sobre una presa inmediata; lo cercan, lo marcan, lo doman, lo someten a suplicio, lo fuerzan a unos trabajos, lo obligan a unas ceremonias, exigen de él unos signos. Este cerco político del cuerpo va unido, de acuerdo con una relaciones complejas y recíprocas, a la utilización económica del cuerpo; el cuerpo, en buena parte, está imbuido de relaciones de poder y de dominación, como fuerza de producción; pero en cambio, su constitución como fuerza de trabajo sólo es posible si se halla prendido en un sistema de sujeción [...] El cuerpo sólo se convierte en fuerza útil cuando es a la vez cuerpo productivo y cuerpo sometido (*Vigilar y castigar*, 32-33).

¹⁸ Posiblemente sean dos de los más importantes textos de la generación de los treinta en el siglo XX los que ejemplifiquen mejor esa compleja mirada sobre la hibridez racial. Se trata de *Insularismo* (1934) de Antonio S. Pedrerira y *El prejuicio racial en Puerto Rico* de Tomás Blanco (1938).

¹⁹ Dispositivo clave en la exhibición es la inclusión de una instalación de Rafael Trelles titulada "Nueva visita al Velorio" en la que el artista rinde a la vez un homenaje y pone al día a la pintura decimonónica.

[20] Es el caso de Manuel Zeno Gandía, el novelista naturalista puertorriqueño que denomina a su ciclo de novelas (1894-1922) *Crónicas de un mundo enfermo*.
[21] El mejor recuento de la guerra sigue siendo el de Ángel Rivero, *Crónica de la Guerra Hispanoamericana en Puerto Rico*.
[22] En Luisa Capetillo, anarquista y feminista que usaba pantalones a la altura de 1910, se aunarían ambos desafíos. Véase Julio Ramos, *Amor y anarquía*.
[23] Teniendo como escenario a este barrio de aguas estancadas y existencia "a salto de mata", el escritor puertorriqueño José Luis González escribe en 1954 su cuento más famoso: "En el fondo del caño hay un negrito".
[24] El mejor estudio sobre el discurso del confinamiento en Puerto Rico es el libro de Fernando Picó, *El día menos pensado. Historia de los presidiarios en Puerto Rico (793-1993)*.
[25] Sin embargo, es en el campesino pálido de la montaña no en el negro costero que las casas intelectuales encuentran el referente privilegiado de la nacionalidad puertorriqueña a medida que transcurre el siglo. El populismo triunfante desde 1940 contribuye a esta identificación al convertirlo en interlocutor de su propuesta política.
[26] Ivette Rodríguez define la feminización como un dispositivo de control y disciplina así como de división del trabajo, siguiendo las propuestas de Denise Reily en su libro *Am I that Name? Feminism and the Category of "Women" in History*.
[27] La deuda de los consumidores en Puerto Rico para 1998 ascendió a $16 billones aproximadamente. La cifra aparece en Odalys Rivera, "Los centros comerciales: la nueva comercialización del suelo boricua", *Diálogo*, mayo de 1999. En el artículo, Mary Axtmann llama la atención hacia la yuxtaposición del vertedero municipal y Plaza Las Américas como metáfora de la imbricación entre el superconsumo y la basura.
[28] Los viernes en la tarde en muchos puntos de San Juan, en torno a una plaza de mercado, a una plaza de recreo o a un cafetín estratégico y antes de regresar a sus insuladas casas, las clases medias profesionales recuerdan la calle en la ciudad y simulan que la poseen porque en ella flirtean, radicalizan sus opiniones políticas, llevan a cabo diferentes operativos de nostalgia y se nativizan, comiendo fritangas y bebiendo la "fría".

BIBLIOGRAFÍA

Alvarez Curbelo, Silvia. *Un país del porvenir: el afán de modernidad en Puerto Rico (Siglo XIX)*. San Juan: Ediciones Callejón, 2001.

_____ *Entresiglos, Puerto Rico 1890-1910*. San Juan: Banco Popular de Puerto Rico, 1999.

_____ Carmen I. Rafucci y Fernndo Picó (eds.). *Senado de Puerto Rico, 1917-1992. Ensayos de historia institucional*. San Juan: Senado de Puerto Rico, 1992.

_____ "El centro de todo: arquitectura, consumo, ciudad". *San Juan siempre nuevo: Arquitectura y modernización*. Enrique Vivoni, editor. San Juan: Comisión 2000, 2000.

_____ "La batalla de los signos: 1898 y la vida cotidiana". *Diálogo* (mayo de 1997).

_____ "El motín de los faroles y otras luminosas protestas: disturbios populares en Puerto Rico, 1894". *Historia y sociedad*, año II (1989): 120-46.

Ashford, Bailey K. *Un soldado de la ciencia*. San Juan: Editorial de la Universidad de Puerto Rico, 1998.

Blanco, Tomás. *El prejuicio racial en Puerto Rico*. Río Piedras, Puerto Rico: Ediciones Huracán, 1985.

Brau, Salvador. *Disquisiciones sociológicas*. San Juan: Ediciones del Instituto de Literatura/Universidad de Puerto Rico, 1956.

Castro, María de los Angeles. *Arquitectura de San Juan de Puerto Rico (Siglo XIX)*. San Juan: Editorial de la Universidad de Puerto Rico, 1980.

Coll y Toste, Cayetano. *Boletín Histórico de Puerto Rico* 14. San Juan: Tipografía Cantero y Fernández, 1914: X:102.

Colón, Eliseo. "EXPO 92 y la construcción de la historia: siete fragmentos para una crónica de verano." *Polifonía salvaje*. Carlos Gil e Irma Rivera, eds. San Juan: Editorial Postdata, 1995.

De Bry, Theodor. *América (1590-1634)*. Madrid: Siruela, 1992.

Díaz Quiñones, Arcadio. *La memoria rota*. San Juan: Ediciones Huracán, 1993.

Duany, Jorge, Luisa Hernández Angueira y César Rey. *El Barrio Gandul: economía subterránea y migración indocumentada en Puerto Rico*. San Juan: Ediciones Nueva Sociedad, 1995.

Duncan, Carol. "The Museum: A Temple or the Forum". *Journal of World History* (1972).

Foucault, Michel. *Vigilar y castigar, Nacimiento de la prisión*. México: Siglo XXI, 1988.

Gil Ayala, Carlos. "Salcedo y la metáfora del agua. *El orden del tiempo*. San Juan: Editorial Posdata, 1994.

Gil Ayala, Carlos. "Subjetividad nacional y dispositivo cultural de estado: la legislación cultural puertorriqueña". *Senado de Puerto Rico, 1917-1992. Ensayos de historia institucional*. Carmen I. Rafucci, Silvia Alvarez Curbelo y Fernando Picó, eds. San Juan: Senado de Puerto Rico, 1992.

Hall, Stuart, editor. *Representation. Cultural Representations and Signifying Practices*. London: Sage, 1997.

Hobsbawm, Erick y Terence Range, editores. *The Invention of Tradition.* Cambridge: Cambridge University Press, 1984.

Huyssen, Andreas. *Twilight Memories. Marking Time in a Culture of Amnesia.* London: Routledge, 1995.

Jiménez, Félix. "El desgaste de la mirada". *El Nuevo Día* (24 de junio de 2001).

Karp, Ivan y Steven D. Lavine (Eds.). *Exhibiting Cultures. The Poetics and Politics of Museum Display.* Washington: Smithsonian Institution Press, 1991.

Laclau, Ernesto. *Nuevas reflexiones sobre la revolución de nuestro tiempo.* Buenos Aires. Ediciones Nueva Visión, 1993.

López Cantos, Ángel. *Miguel Enríquez. Corsario boricua del siglo XVIII.* San Juan: Ediciones Puerto, 1994.

Mayo Santana, Raúl, Mariano Negrón Portillo y Manuel Mayo López. *Cadenas de esclavitud y de solidaridad. Esclavos y libertos en San Juan, siglo XIX.* San Juan: Centro de Investigaciones Sociales de la Universidad de Puerto Rico, 1997.

Merino Falú, Aixa. "El Gremio de Lavanderas de Puerta de Tierra". *Historias vivas: historiografía puertorriqueña contemporánea.* Antonio Gaztambide Géigel y Silvia Alvarez Curbelo, eds. San Juan: Asociación Puertorriqueña de Historiadores/Postdata, 1996.

Pedreira, Antonio S. *Insularismo.* Barcelona: Vosgos, 1979.

Perpiñá y Pibernat, Juan. *Circular del M.I.Sr.Dr.D. Juan Perpiñá y Pibernat sobre El Ciclón del glorioso San Ciriaco y Compañeros Mártires habido en Puerto Rico el día 8 de agosto de 1899.* San Juan: A. Lynn & hijos de Pérez Moris, 1899.

Picó, Fernando. *El día menos pensado. Historia de los presidiarios en Puerto Rico (793-1993).* San Juan: Ediciones Huracán, 1994.

Rama, Ángel. *La ciudad letrada.* Hanover, NH: Ediciones del Norte, 1984.

Ramos, Julio. *Amor y anarquía. Los escritos de Luisa Capetillo.* San Juan: Ediciones Huracán, 1992.

Reguillo, Rossana. "Alteridades radicales: el miedo y la configuración de escenarios excluyentes en América Latina". Ponencia presentada en el foro *Escenarios Crueles: estéticas y signos del trance y la violencia en Puerto Rico y Colombia.* Universidad de Puerto Rico, 3-5 de abril de 2001.

Reily, Denise. *Am I that Name? Feminism and the Category of "Women" in History.* Minneapolis: University of Minnesota Press, 1990.

Rivero, Angel. *Crónica de la Guerra Hispanoamericana en Puerto Rico,* edición original 1921. San Juan: Editorial Edil, 1971.

Rodríguez Beruff, Jorge. *Política militar y dominación: Puerto Rico en el contexto latinoamericano*. San Juan: Ediciones Huracán, 1988.

Rodríguez Castro, Malena. "Divergencias: De ciudadanos a espectadores culturales." *Revista de Crítica Latinoamericana* XXIII (1997): 365-80.

Rodríguez Santana, Ivette. "Las mujeres y la higiene: la construcción de 'lo social' en San Juan, 1880-1929". *Historia y género. Vidas y relatos de mujeres en el Caribe*. Mario R. Cancel, comp. San Juan: Asociación Puertorriqueña de Historiadores/Editorial Postdata, 1997.

Scott, Rebecca. *La emancipación de los esclavos en Cuba: La transición al trabajo libre, 1860-1899*. México: Fondo de Cultura Económica, 1989.

Sepúlveda, Aníbal. *Historia ilustrada de su desarrollo urbano, 1508-1898*. San Juan: Carimar, 1989.

Shields, Rob. *Lifestyle Shopping: The Subject of Consumption*. London: Routledge, 1992.

Speranza, Graciela. "La vanguardia de los museos". *Suplemento Cultura y Nación Clarín* (13 de agosto de 2000).

Thompson, E.P. *Tradición, revuelta y consciencia de clase*. Barcelona: Crítica, 1984.

Todorov, Tzvetan. *La conquista de América. La cuestión del otro*. México: Siglo XXI, 1987.

Urrutia Mayra, Rosario y María de Fátima Barceló Miller. *Temperancia y sufragismo en el Puerto Rico del siglo XX*. San Juan: Centro de Investigaciones Académicas USC, 1990.

Vivoni, Enrique. " De plaza fuerte a ciudad bella". *Los arcos de la memoria: el '98 de los pueblos puertorriqueños*. Silvia Alvarez Curbelo, Carmen Raffucci y Mary Frances Gallart, eds. San Juan: Postdata/ Asociación Puertorriqueña de Historiadores, 1998.

White, Hayden. *El contenido de la forma*. Madrid: Paidós, 1992.

Zapatero, Juan Manuel. *La Guerra en el Caribe en el siglo XVIII*. San Juan: Instituto de Cultura Puertorriqueña, 1964.

Zeno Gandía, Manuel. *Crónicas de un mundo enfermo*. Puerto Rico: Ediciones del Instituto de Literatura Puertorriqueña, Río Piedras: Universidad de Puerto Rico, 1955.

III. Fronteras históricas / Fronteras discursivas

Los Santos patronos.
De la ciudad indígena a la ciudad indiana

Luis Millones
Profesor Emérito
Universidad Nacional de San Cristóbal de Huamanga-Ayacucho, Perú

1. Introducción

Inkas y mexicas definieron sus ciudades como conjuntos de personas antes que espacios delimitados. Los conceptos de *altepetl* en nahua y de *llaqta* en quechua aluden a los pobladores antes que a los terrenos ocupados. En los Andes, otros términos cercanos tampoco nos servirán para dar idea de las dimensiones, tal es el caso de *marka* que en el quechua contemporáneo equivale a "ciudad o poblado" (*Diccionario quechua* 305), pero que en el siglo XVI tenía un significado más vasto. Incluía desde protector ("el valedor o abogado protector") hasta los altos o la parte alta de una casa, pasando por "lo que se lleva consigo en caso nos pueda faltar algo, lo que se tiene demás por precaución o necesidad". Así por ejemplo, *marka qollqe* es el tesoro o la plata guardada (González Holguín 231-2).

Esta percepción de las agrupaciones humanas al momento del contacto hace posible explicar que las tierras utilizadas por un *ayllu* precolombino o comunidad indígena colonial o contemporánea, pudieran estar aparentemente entremezcladas con las de otros *ayllus* o comunidades. Esta aparente superposición de propiedades hace muy difícil enmarcarlas dentro de la legislación occidental.

Los espacios indígenas precolombinos no parecen haberse identificado con poseedores que medían sus pertenencias en términos de espacios cerrados, o incluso con propietarios concretos. Lo que no significa que las comunidades ignorasen las tierras que les correspondía sembrar o cosechar. Simplemente que el terreno abierto visualizado por los europeos, no era tal. Otros acercamientos a los andenes, surcos o camellones, hacían posible que cada comunidad fuese muy clara con respecto a sus derechos y obligaciones.

Esta misma lógica se aplicaba al mundo sobrenatural, el *apu* o elevación divinizada más cercana (y visualmente más imponente) de la comunidad, velaba por sus fieles o miembros de los *ayllus* que le prestaba reverencia. Desde la perspectiva del conquistador, todas las montañas circundantes parecían ser igualmente amenazadoras, pero para quienes habían vivido allí por generaciones, sólo una de ellas era el *marka* (o quizá más propiamente *markakamayoq*) o protector de su pueblo.

Es interesante observar que el comportamiento de la hueste española con respecto a la fundación de ciudades tuviera ciertas coincidencias con los conceptos de *llaqta* o *altepetl*. Por lo menos, así sucedió en los primeros momentos, cuando los expedicionarios europeos procuraron llevar adelante el mandato de Isabel la Católica, que tan temprano como 1501, ordenó a fray Nicolás de Ovando, primer gobernador de La Española, que hiciese "poblaciones" para que los cristianos no vivieran "desparramados" (Kagan 61). En estos primeros cincuenta años de la Conquista, la fundación de ciudades tuvo su sustento en las propias tropas de los conquistadores, constituidas en *vecinos* de las urbes recién nacidas. Concluido el ritual que acompañaba a la reorganización del espacio, si las condiciones no eran favorables, el grupo acarreaba consigo la legalidad recién constituida y si era necesario volvía a fundar la ciudad tantas veces como fuese necesario, hasta que la comunidad de vecinos se sintiera en capacidad de establecerse. Así sucedió con Quito y Bogotá. En ambos casos, por razones muy parecidas, los primeros que ocuparon el lugar, Almagro y Benalcázar (Quito, 15 de agosto de 1534) procedieron a fundar Santiago de Quito, para luego volver a hacerlo, como San Francisco de Quito. Lo mismo sucedió a Jiménez de Quesada que fundó Ciudad de Nueva Granada y Santa Fe de Bogotá en 1538 y 1539, sin mudarse de lugar (Ramos Pérez 107-8).

Esta coincidencia, de hacer reposar en las personas y no en los espacios, los asentamientos humanos, se alargó más cuando se repartieron las encomiendas. Los encomenderos contaban sus propiedades a partir de los bienes expropiados de sus encomendados. Pero aquí el proceso tomaba una dirección definida, el europeo buscaba delimitar sus posesiones y encuadrarlas en una contabilidad que hiciese rentable la larga jornada hacia las Indias. Sin embargo, el escaso número de españoles y lo diferente de las instituciones y usos en este proceso de dominación, hizo que los líderes indígenas o *kuracas* fuesen los traductores culturales, constituyéndose en la barrera que tamizaba la comunicación entre los sistemas de costumbres, económicas y de valores.

En dicho proceso, la cristianización debió sufrir también la presencia de este filtro constituido por los indígenas líderes de sus comunidades, que hacían de puente entre ambas sociedades. El *kuraca* buscaba coincidencias y suavizaba diferencias, tratando de que la propuesta española no tuviera rechazo, o que al menos dicho rechazo no fuese interpretado como tal por el corregidor de indios o el doctrinero.

Su labor se hizo compleja cuando se impusieron definitivamente las reducciones indígenas y se reordenó el espacio andino para establecer la mano de obra forzada indispensable en la explotación de las minas, y al mismo tiempo, para dar inicio a una evangelización organizada. Y si bien la fundación de ciudades se había iniciado desde que los españoles desembarcaron en el Norte del continente, a estas "ciudades" hispanas se agregaron los "pueblos de indios".

Hay que subrayar que la denominación de las ciudades acarrea la nostalgia de los lugares de origen, allá en Iberia, y la advocación de un santo cristiano. En muchos casos, el conquistador presta homenaje a su rey, como al nombrar a las islas Filipinas, o al reino, como Nueva España, o a una región determinada, como Nueva Galicia, pero en general, el poblado recién fundado lleva el nombre de un santo, cristo o virgen, al que generalmente se agrega otro, en la lengua aborigen que se presume haber sido el original. Este acto de fundación, por encima de la evocación del conquistador o de sus preocupaciones por evangelizar a los indígenas, traía consigo una considerable fuerza religiosa:

> Al tomar posesión de los términos de Nuevo México, Juan de Oñate... puso y clavó con sus propias manos en un árbol fixo, que para esto aderezó, la Santa Cruz de Nuestro Redemptor Jesucristo, y volviéndose a ella, de rodillas en el suelo, dixo: Cruz Santa, que sois divina puerta del cielo, altar del único y esencial sacrificio del cuerpo y sangre del Hijo de Dios, camino de los santos y posesión de la gloria, abrid la puerta del cielo a estos ynfieles, fundad la iglesia y altares en que se ofrezca el cuerpo y sangre del Hijo de Dios, abridnos camino de seguridad y paz para la conversión dellos y conservación nuestra. (Guardia 95)

Pero las ciudades actuales de Hispanoamérica no nacen necesariamente de fundaciones formales. En el Perú, aun antes de la implantación de las reducciones toledanas, al costado del acto solemne, en lo que sería el centro de sus operaciones, los españoles procedían al reparto de solares y de encomiendas. A continuación el encomendero escogía dentro de sus posesiones (o la de sus *kuracas*, si se quiere respetar el acto jurídico) el lugar donde quería construir su casa y la *guairona o ramada*, es decir la capilla abierta para la conversión de sus encomendados. Así sucedió en la Villa de San Miguel (Piura, Perú) con las zonas aledañas, entre ellas Sechura, como nos lo reporta el análisis de sus libros de cabildo (Huertas 159).

Obsérvese que tanto en las antiguas posesiones españolas en Norteamérica, como el caso descrito en Nuevo México (situación que se repite en el Norte del Perú) la fundación de la ciudad extendía de manera difusa el radio de la cristianización, a todos los rincones del territorio recién tomado. Aun con las obvias carencias de doctrineros, la presencia precaria de cruces o imágenes modestas, ya se estaba creando el ambiente para una nueva religiosidad. Poco más tarde, el prestigio de las armas triunfantes hizo que los propios indígenas reclamasen para sus pueblos el establecimiento de una capilla, y con ella la imagen del patrono o patrona, esculpida o pintada por sus propios artistas, o en el mejor de los casos trasladada desde la capital regional o desde el centro del virreinato o audiencia.

Todo este proceso debió llevarse de manera muy distinta en las antiguas capitales precolombinas. Cuzco y Tenochtitlan eran los "ombligos" de estados poderosos, con jerarquías de hombres y dioses perfectamente establecidas.

> El trazo urbano de Tenochtitlan era una reproducción de la división vertical del cosmos (cielo, tierra, inframundo) y su espacio horizontal reflejaba, como un espejo, las cuatro direcciones del mundo, integradas al centro que articulaba todos los rumbos, dioses y fuerzas: en el corazón de su ciudad se erigió el templo de Huitzilopochtli, y en él se unieron los vértices de las cuatro divisiones mayores o barrios de Tenochtitlan. El punto eléctrico de este espacio era el Templo Mayor. (Florescano 167)

La pirámide había sido construida y reconstruida siempre en el mismo lugar, que era la esencia de la identidad mexica, punto final de su migración, el pedazo de tierra donde el águila devoraba a la serpiente, posada sobre un nopal: "El distrito ceremonial incluía también docenas de templos a otros dioses y decenas de edificios residenciales para los sacerdotes que los atendían" (Kandel 52).

El aspecto de la ciudad debió ser magnífico, al momento de la llegada de los primeros visitantes europeos. El valle central de México era muy poblado, con un promedio de 49 personas por kilómetro cuadrado, la propia Tenochtitlan debió bordear los ochenta mil habitantes, todo México central (aproximadamente de la misma extensión de España contemporánea) contaba aproximadamente con 25 millones de habitantes (Cook y Borah 132). Así lo vieron Cortés y sus hombres, cuando a los cuatro días de estar en la ciudad, se decidieron a "ir a la plaza mayor a ver el gran adoratorio de su Huichilobos" [es decir Huitzilopochtli], la sorpresa por la actividad y movimiento de la gente fue tal, que Bernal Díaz del Castillo recuerda que "entre nosotros hubo soldados que habían estado en muchas partes del mundo, y en Constantinopla y en toda Italia y Roma, y dijeron que plaza tan bien acompasada y con tanto concierto, y tamaña y llena de tanta gente, no la habían visto" (Díaz del Castillo 259).

Lo mismo puede decirse del Cuzco, aunque la estructura de la ciudad, al reflejar la organización del Tawantinsuyo (muy distinta a la Triple Alianza) no ofreció a los españoles un "distrito" sagrado como el que ubicaron de inmediato en torno al Templo Mayor mexicano. La ciudad peruana, con dos plazas más bien pequeñas, unidas por puentes que cruzaban el río Huatanay, llevaba gran parte de su ceremonial fuera del contexto edificado. Así lo apreció Bartolomé Segovia (o Molina, el almagrista) cuando describió la única fiesta incaica que vieron los españoles, en el mes de abril de 1535: las momias de los antepasados y toda la nobleza imperial se trasladaba a "un llano que es a la salida del Cuzco, con el lujo y pompa necesarios, para esperar la salida del sol" (Molina 62). De la misma forma, las tierras y residencias suntuosas, pertenecientes a las familias poderosas o panacas reales, se ubicaron a lo largo del valle de Urubamba a considerable distancia de la ciudad sagrada. Tal es el caso de Machu Picchu, área reservada a los descendientes y servidores de Pachacutec (Rowe, *Machu Picchu* 157-60). Esto no quiere decir que la capital inkaica dejase de maravillar a sus visitantes de ultramar: "La ciudad del Cuzco, por ser la principal de todas cuantas servían de residencia a los Señores, es tan grande, tan bella y con tantos edificios, que sería digna de ser vista en España... La ciudad está situada en un alto valle y muchas casas han sido construidas en las laderas de la montaña, mientras otras lo están abajo, en la parte llana... La cosa más bella que en materia de construcciones puede verse en aquella ciudad son estas murallas [se refiere a Sacsayhuaman, construcción monumental en las afueras del ámbito "urbano"]. Están levantadas con piedras tan enormes que quien las vea no podrá creer que las colocó allí la industria de hombres normales" (Sancho 135-6). Es posible, además, que los espacios del Cuzco precolombino no hayan sido tan estrechos como los describen en períodos coloniales, al menos las dos plazas Huacaypata y Cusipata fueron rápidamente invadidas por "la intrusión de edificios españoles" (Rowe, "Los monumentos" 83).

Es probable que tanto en México como en Cuzco los intentos de inkas y aztecas por recuperar sus capitales inmediatamente después de la invasión hispana hayan generado la destrucción que sufrieron en estos primeros años de la ocupación europea. Como se sabe, Cortés luego de retomar Tenochtitlan (superado el desastre de la "Noche Triste") debió presionar a sus hombres para utilizar el mismo territorio. Una destrucción parecida se vivió en el Cuzco, cuando los hermanos de Pizarro debieron enfrentar la rebelión de Manco Inca. Aunque la capital del futuro virreinato ya se había establecido a miles de kilómetros.

En ninguna de las dos ciudades mencionadas cabría pensar en una nueva fundación, si nos guiamos por criterios actuales, pero, por el contrario, desde la perspectiva del conquistador, esa masiva presencia indígena hacía más necesario el ritual castellano. El 23 de marzo de 1534 se fundó el Cuzco: "En el nombre de dios padre hijo spiritu sancto tres personas un solo dios y señor verdadero... yo- francisco pizarro caballero de la orden de santiago criado y vasallo de la S.C.C.M. el emperador rey don carlos nuestro señor y señor de las españas... quiero continuar la población de estos reynos por muy comenzada en nombre de sus magestades e continuándola hazer y fundar en esta gran ciudad del cuzco... un pueblo de españoles poblado de cristianos". Las razones que arguye Pizarro son a su vez interesantes: alude a la guerra entre Huascar y Atahualpa y a la presunta invasión de este último con sus tropas que llegaron desde Quito para justificar su dominio sobre los cuzqueños, sin dejar de lado la necesaria cristianización. Don Francisco, continúa el documento, se refiere con encomio a sus hombres "que juntamente conmigo an conquistado y pacificado y sacado de subjecyon y serbidumbre de la gente extrangera del quito que los tenya avasallados". Pero no olvida Pizarro al real causante de los males que sufren los indígenas, a quienes ellos librarán "de la presión y ceguedad quel enemigo malo nuestro contrario e perseguidor... y de las ydolatrías y malas costumbres que tienen..." (Porras Barrenechea 72-3).

Es interesante comprobar que con el paso del tiempo ninguna de las capitales precolombinas mantuvieron las devociones formales de la primera época. Tanto la Virgen de Guadalupe como Taytacha Temblores (el Padrecito de los Temblores) son de advocación tardía, generadas más bien en el siglo XVIII, pero que tardaron aún más en ganar el apoyo de la población criolla, la que finalmente dio el espaldarazo a la devoción pública, oficial y abierta a todos los habitantes.

No se piense que lo que podría llamarse irónicamente "falta de lealtad" a los patrones originales es algo anómalo. Probablemente es la regla. Lima fue la Ciudad de los Reyes, hasta el surgimiento de Santa

Rosa, a quien se canonizó apresuradamente el 12 de abril de 1671, el deseo de Pizarro de conmemorar a los Reyes Magos por coincidir (días más, días menos) con la fundación de Lima (18 de enero) había quedado olvidado.

Pero podría objetarse que las tres ciudades mencionadas, por su destino o por su origen cosmopolita, pudieran ser ejemplos apropiados para estudiar la permanencia o cambio de la protección divina a través de un santo patrono. A continuación veremos, como se articula el fervor popular en torno a la imagen (pintura, escultura, etc.) que renueva la fe y concentra la identidad de los pueblos andinos.

2. DE LA EVANGELIZACIÓN PRIMITIVA A LA ORGANIZACIÓN DE LA IGLESIA

Nada horrorizó más a los españoles que el aspecto de los dioses precolombinos. Eso explica que uno de los ejes de la evangelización haya sido la destrucción de las imágenes de los edificios públicos o del culto popular vigente a la llegada de la hueste europea. El inmediato reemplazo de los templos indígenas por las iglesias cristianas, incluso usando las mismas bases de piedra, fue una constante a lo largo del virreinato. Con frecuencia una simple cruz en los lugares antiguos de culto, o en la cima de los cerros cercanos, ya era el inicio de la siempre renovada campaña para cristianizar a los indígenas.

Las propias autoridades reconocieron que la tarea no era simple, en su *Provisión para llevar a la práctica las reducciones* (7 de noviembre de 1573), el virrey Toledo ya advertía acerca del problema de utilizar los mismos lugares sagrados para el levantamiento de las iglesias: " el principal punto en que habéis de advertir para hacer las dichas reducciones es a que los dichos indios se quiten de los lugares y sitios donde tienen sus idolatrías y entierros de sus pasados, por respeto de lo cual, debajo de otros colores de piedad, han engañado y engañan a los visitadores para que no los muden de adonde están..." (Toledo I, 281-2). Esto es mucho más fácil ordenarlo que llevarlo a cabo, las distancias y la carencia de evangelizadores se sumaban a la necesidad perentoria de proveer servidores forzados a las mitas. Frente a eso el virrey determinó medidas de emergencia, que concluyeron siendo permanentes e insuficientes para sus logros mayores: "que los dichos indios sean reducidos donde sea compatible el poder tener doctrina por un sacerdote hasta cuatrocientos o quinientos indios tributarios en un lugar si es posible o cuando lo fuese por no tener tierras para todos, en dos o tres lugares en torno o comarca de una legua o dos como no haya impedimento de poder ir el dicho sacerdote a administralle los

sacramentos y a dalles la doctrina, visto y entendido todo lo susodicho..."
La razón que movía a don Francisco es declarada de manera explícita: " en estos reinos no han de faltar inconvenientes del demonio para suspensión y dilación de ello" (Toledo I, 282).

Estas disposiciones completaban las que tres años antes habían sancionado el desarraigo de los indígenas de sus lugares de origen. En aquella ocasión se había ordenado "que se haga reducción de ellos a pueblos donde vivan juntos y congregados... donde no estuviesen tan divididos e apartados y tuviesen tierras e aguas, pastos y las demás cosas necesarias para su conservación". El buen propósito se autoanulaba en la práctica. Así lo muestra el ejemplo que nos proporciona el propio virrey, al ordenar que el repartimiento encomendado a Diego Gavilán en Huamanga (actual Ayacucho) absorbiese a diez y siete pueblos, en siete "reducciones", dando la responsabilidad de sus almas a tres "curazgos" o centros de evangelización (Toledo I, 65-6).

Al "reducir" los indígenas se les forzaba a integrarse en localidades delimitadas descartando un patrón habitacional más disperso, propio de las actividades agropecuarias. Pero más aún, se abandonaba el contorno geográfico que durante milenios había nutrido sus explicaciones básicas con respecto a su propio ser y la naturaleza. La sacralidad de las montañas de sus comunidades de origen se veía desplazada y el nativo tenía que reacomodar su percepción de los terrenos que sembraba y resacralizar el espacio, aprendiendo los respetos debidos a estas nuevas montañas, manantiales y cuevas. Estos dos últimos accidentes del terreno eran considerados como puertas del contacto con lo sobrenatural. Su tratamiento, como el de los *apus* o montañas, requiere un ritual simple pero indispensable para no sufrir sus iras.

Lo mismo puede decirse de los cementerios precolombinos. Si algo define en gran parte a la religiosidad precolombina es el culto a los antepasados. Las ceremonias que acompañaban el deceso de una persona pudieron ser tan complejas como las que en el siglo II o III d. C. siguieron a la muerte del Señor de Sipán en la costa norteña del Perú o bien al Inka Huaina Capac, según el recuento de los cronistas. Pero con menos recursos, se podía cumplir con el recién fallecido, bastaba unas pocas prendas y un ritual sencillo que todavía puede observarse en los campesinos contemporáneos.

Lo importante era el respeto que se guardaba a los muertos, asumidos como ancestros de una localidad, de una región o de un estado. Su tumba, su cuerpo y la representación del mismo, al igual que en otras sociedades, no solamente eran parte de un universo divino, sino que se convertían en el cordón umbilical que ligaba a las gentes con el espacio en que vivían. La consecuencia inmediata de esta percepción de los antepasados, hacía necesario que tales personajes fueran al mismo tiempo la identidad de toda la comunidad comprometida con su culto.

Muy rápido los europeos descubrieron las calidades sagradas de los cadáveres. Es posible que Pizarro no hubiese reflexionado sobre las razones por las que en última instancia, Atahualpa había decidido hacerse cristiano, pero hoy resulta obvio que el último Inka veía con horror la desaparición física de su cuerpo, que desde ese momento perdería toda posibilidad de recibir las ceremonias fúnebres adecuadas. Cuando el conquistador se decidió por la pena del garrote, dio oportunidad para que al poco tiempo, uno de los hermanos de Atahualpa robase el cadáver y seguramente recibiese el tratamiento prescrito, antes de perderse para siempre. Aunque quizá esté depositado en alguna de las montañas que van de Cajamarca a Quito, que fue el recorrido posterior del pariente que robó el cuerpo del Inka.

No fue éste el único rapto de los cementerios. Hubo disposiciones específicas sobre la materia, dado que los desenterramientos fueron frecuentes para cumplir un ritual que poco a poco fue adquiriendo elementos cristianos, pero que estuvo siempre alejado de la aceptación eclesiástica.

La persecución de estas prácticas, como de todas aquellas que se suponían ligadas a la herencia precolombina, y por ende demoníacas, han sido materia de una serie de estudios (véase Mills 267-85 para un excelente resumen). Aquí conviene ligar el énfasis evangelizador del siglo XVII, luego de que se toma la decisión de destruir las "idolatrías", con las imágenes humanas que el cristianismo aporta a la religión indígena colonial.

En primer lugar hay que decir que las reducciones toledanas respondían también a una violenta caída demográfica que hizo abandonar los pueblos, no sólo por las exigencias del gobierno español, sino porque con la desaparición del estado incaico dejaba de ser funcional el interés andino de tener tierras útiles en áreas distantes, y entremezcladas en espacios usados por otras comunidades. Además, las etnias indígenas desplazadas como mitimaes inkaicos, en muchos casos decidieron volver a su lugar de origen o bien se quedaron adonde habían sido desplazadas, disputando el terreno de los pueblos originarios.

Este cuadro móvil que caracteriza a los indígenas de la Colonia es el menos conveniente para la política de pueblos con residencia estable, donde los tributarios y los fieles pudiesen ser contabilizados. Durante el período de las extirpaciones en el siglo XVII, el clero se lamenta de lo inútil de los esfuerzos en la construcción de los templos si no se les da el mantenimiento suficiente. Sobre todo si con las migraciones y la despoblación quedaban abandonados, en localidades desiertas. Así los vio el Obispo de Huamanga, don Francisco Verdugo. Cuando en 1624 visitó su diócesis, luego del recorrido, propone "que los indios podrían construir y reparar sus iglesias, muchas de las cuales halló caídas del todo o amenazando ruina". A su juicio "los indios las repararían y edificarían mejor que lo hacen los españoles, por que de suyo son humildes y píos" (Vargas Ugarte II, 420).

Hay pues un doble esfuerzo en esta centuria por reafirmar la religiosidad católica de acuerdo con el dogma. Lo que corresponde al desarrollo de las formas barrocas que comienzan a llegar de la Península. Esto nos lleva a reflexionar sobre las figuras humanas como portadoras de la divinidad, impuestas sobre una sociedad, que en términos generales no las usaba como representación de sus dioses.

Es cierto que desde muy temprano la pintura, la cerámica y la escultura precolombinas nos ofrecen diseños antropomorfos (véase por ejemplo los ceramios mochicas), pero en la gran mayoría de casos, están provistos de atributos que las convierten en parte del universo sobrenatural. Los colmillos de felino, cinturones de serpientes, garras de ave rapaz, entre muchos otros, hacen que de inmediato el espectador sepa que se encuentra con un ser que dista mucho de ser humano, y cuya presencia sería detectada de inmediato provocando asombro y espanto.

Salvo en las crónicas, en descripciones no siempre confiables, no existen imágenes en la que aparezca un ser humano, con las mismas características que los demás.

Aun las presuntas estatuas de Wirakocha descrita con algún detalle en Garcilaso (304-5) podrían haber sido retocadas por el deseo del cronista de encontrar en ellas el resto desvaído de una cristianización precolombina, ya olvidada a la llegada de Cortés o Pizarro. Resulta mucho más creíble "el niño de oro macizo e vaciadizo... [del] tamaño del niño del altor e proporción de un niño de un año y desnudo" que de acuerdo con Betanzos "el Ynca Yupanqui mandó hacer", en recuerdo de la visión que iluminó sus desvelos, la noche anterior a la batalla contra los chancas (Betanzos 51). Si no somos muy exigentes podemos rescatar de las varias "estatuas" de las crónicas, por ejemplo, aquella cuya cabeza de piedra fue analizada por Juan Larrea y que presumiblemente estuvo en el templo de Cacha, cerca de la ciudad del Cuzco (Larrea 195). Las proporciones que Larrea nos ofrece, nos hacen pensar que esta imagen pétrea tuvo una talla ligeramente superior a la normal, pero al no tener los detalles precisos del resto del cuerpo, resulta difícil afirmar que careciese de elementos sobrenaturales que desvirtuasen su humanidad.

Aun admitiendo que la persecución de tales representaciones hubiese anulado el recuerdo de estatuas del tamaño y características humanas (es decir que no fuesen identificables como personas corrientes), es notorio que los dioses precolombinos fueron para los españoles la confirmación de la presencia del demonio en los Andes. Cuando alguna de ellas, como la estudiada por Larrea, tenía dichas calidades, se pensaba como el rezago memorioso de los viajeros milagrosos, en especial de San Bartolomé, que habría recibido el mandato de predicar en lugares lejanos, a decir de su historia legendaria (Millones, *El rostro* 51-8).

La situación fue muy diferente en México, donde la escritura pictográfica permitió representar de muchas maneras a la imagen humana, que estaba integrada al tipo de representaciones usuales. Su diferencia con las divinas era clara por los atributos y la combinación de rasgos de la fauna que integraban su cuerpo tal como aparecen en otras sociedades (también en la andina). Los códices mesoamericanos divulgan —al menos al interior de las elites— la figura humana desacralizada. El tránsito a la escritura alfabética es gradual, siendo notable la aparición de documentos que combinaban ambas formas de escritura. Tal es el caso del códice Vergara, el manuscrito catastral de Tepetlaoztoc (en el área de Tetzcoco), cuya fecha probable debe estar en la década que se inicia en 1540 (Lockart 345-6).

Con respecto al tema de la evangelización hay que decir que muy pronto se refleja este proceso en dichos documentos transicionales. Así sucede en los *Títulos primordiales* que "registran en primer lugar la fecha de la fundación del pueblo... [que en su] mayoría rememora en escenificaciones de tipo mítico, a sus antepasados de la época prehispánica, a quienes unen con las primeras autoridades españolas". Allí se "detallan minuciosamente los linderos del pueblo, adjuntan un mapa que lo delimita en el espacio, y hacen constar cómo les fueron adjudicadas las tierras, recuerdan asimismo, la edificación de su iglesia y el bautizo del pueblo con el nombre del santo patrono" (Florescano 253-4).

En el área andina, las comunidades indígenas tienen también un tipo de documento similar referido a sus títulos de propiedad, o lo crean cuando se trata de alguna disputa sobre sus límites, pero en general carecen de dibujos y están escritos en alfabeto castellano, aunque puedan contener frases o textos más o menos prolongados en quechua. Obviamente son posteriores a los mexicanos, el único documento ilustrado, escrito por un indígena, es la crónica de Felipe Guaman Poma de Ayala, los otros documentos redactados también por manos nativas (o dictados por ellos) tienen muy pocas o pobres ilustraciones.

En este único documento hay casi cuatrocientas páginas ilustradas, pero al igual que los otros escritos indígenas de los Andes, el autor revela haber internalizado la cristianización, que ocupa una gran parte de su pensamiento. A simple vista, los dibujos bidimensionales e inspirados en la doctrina que se recitaba en los pueblos indios, proclaman el ser productos de una época de intenso mestizaje como lo fue el siglo XVII andino. Aún más, un cuidadoso estudio de las imágenes nos muestra que las propias figuras occidentales pueden manejarse de tal forma que su sentido sea múltiple. Por ejemplo, Adorno, al analizar la figura de la paloma, nos aclara que "no es la que convencionalmente representa el Espíritu Santo en la iconografía europea. En efecto, sus talones extendidos, en el dibujo de la Santísima Trinidad, la hacen parecer más un pájaro de caza que una paloma de la paz" (Adorno 200).

Situaciones como la descrita nos llevan a mirar atentamente la iconografía sagrada que inunda América desde el siglo XVI. La imágenes que llegan de la Contrarreforma y del Barroco español fueron cotidianamente reforzadas por el calendario festivo que se organizaba en los pueblos andinos. Las ceremonias religiosas solían presentar a los fieles cuadros vivos y teatralizaciones de los pasajes de la Biblia, en especial del Nuevo Testamento, que debieron irrumpir como un huracán en la psicología del poblador andino, tan ajeno a la propuesta teológica cristiana. Al contrario de la imaginería indígena, el panteón católico estaba poblado de figuras humanas que no tardaron en copiar los artistas locales representando cristos, vírgenes y santos. Una de estas imágenes, aquella que llevaba el nombre del pueblo, le sería destinada, ocupando un lugar privilegiado en la capilla o templo levantado en su honor.

Muchas veces esta humanización de lo divino tenía una aparición personal en las fiestas mayores como el Corpus Christi o la Semana Santa: " En algunos lugares [se refiere a la Semana Santa] la imagen de

Jesús Nazareno, portadora de una hermosa palma, recorre las calles montada sobre un verdadero borrico y, en llegando al atrio de la Iglesia, se la introduce en brazos en el templo. El miércoles santo, se reproduce también la escena del prendimiento de Jesús. Un hombre disfrazado de Nazareno se oculta en los alrededores de la población y luego salen en su busca los sayones romanos y la plebe. En hallándolo, es conducido, atadas las manos procesionalmente hasta la Iglesia, en donde se disuelve el cortejo (Vargas Ugarte, *Historia* II, 252).

Esta breve referencia apenas ilustra el volumen de las representaciones dramáticas y acciones coreográficas con que se ilustraron las enseñanzas de los doctrineros. Para la población indígena apenas es posible imaginar el asombro ante ese desfile de estatuas o pinturas de talla humana en las actitudes en que suele representarse, por ejemplo, durante la Semana Santa. El cuerpo lacerado, sangrante y torturado de Cristo, camino a su crucifixión, las tres cruces con los cuerpos martirizados, etc., etc. En más de un lugar, la dramatización de esta fiesta tomó forma de martirio y es sabido que también en otras latitudes, tal es el caso de Filipinas, la función teatral toma el carácter de martirio real, situación que no debió estar ausente en América del Sur.

3. Los santos patronos del área andina

Desde su constitución, como se ha visto, cada reducción indígena tuvo que tener un templo católico. El mandato es explícito y así consta en la Recopilación de leyes de Indias: "En todas las reducciones aunque los indios sean pocos, se ha de hacer iglesia, donde se pueda decir misa con decencia, y tenga puerta con llave, sin embargo de que sea sujeta a parroquia, y esté apartada della" (Paredes II, 198).

La disposición, sin embargo resultaba una "hostia sin consagrar", frase de aquella época que alude a las leyes inaplicables en las Indias. La realidad es descrita muy bien en una carta de Fray Domingo de Santo Tomás del año 1563: "Hasta ahora ha habido en esta tierra un gran desorden y monstruosidad y es que los encomenderos proveen a sus encomiendas los sacerdotes que quieren para la doctrina de los indios y las más veces quieren lo que no deben, porque proveen los que les ayudara a sacar mejor sus tributos y tienen cuenta con sus granjerías..." (Vargas Ugarte, *Historia* I, 126).

En estas condiciones el peso de la evangelización recaía en los kuracas y por ende en la población indígena, que acató sin remedio las disposiciones del Concilio Limense Primero. Allí se disponía que las iglesias se levantasen en el pueblo principal, es decir donde residía el jefe indígena y que en los demás se erigiese una ermita o simplemente se colocase una cruz, para que se reuniesen los indígenas a rezar.

Las primeras iglesias fueron modestas, pero el ornato creció en cuanto se disiparon las brumas de la guerra civil entre los conquistadores y se ordenó el virreinato. Fue un proceso lento, a veinte años de la conquista, en un lugar tan cercano a Lima como es Pachacamac, el curaca don Luis Loyan denunciaba que había tenido sucesivamente un clérigo, un español lego, un sacerdote franciscano y otras visitas religiosas intermitentes, todas en períodos menores de dos meses durante tres años. De la misma forma, el ornato de los templos debió esperar hasta que el reordenamiento de las doctrinas tomase forma en la segunda mitad del siglo XVI (Vargas Ugarte *Historia* I, 125).

Organizado tributariamente el espacio colonial, parte de la legitimación de la autoridad de los kuracas surgidos luego de la Conquista, descansaba en su fervor por la nueva religión. A su lado, y en un principio de débil contrapeso, aparecieron los cabildos indígenas con sus alcaldes a la cabeza, aunque deberán esperar un siglo antes de competir con las autoridades "tradicionales". En muchos casos, una familia poderosa podía asumir ambos poderes o bien competir con un kuraca advenedizo o un débil alcalde recién nombrado. En todo caso, quien tomase las riendas del pueblo indígena, tuvo que mostrar su poder contribuyendo a la solemnidad de las ceremonias o al ornato de la iglesia. Tarea reclamada y apoyada no sólo por el doctrinero, sino por el entorno que rápidamente se constituyó al costado de la parroquia. Y aquí no sólo pensamos en las hermandades o cofradías, alentadas por el párroco permanente o por el sacerdote que rotaba entre varias jurisdicciones, hay que incluir también al personal a veces regular y otras oficioso, pero indispensable, que se suele congregar en los templos: el sacristán, el guardián, el campanero, las personas que limpian el local y las imágenes, y que renuevan las vestiduras y las flores, quienes reparan el edificio, aquellos que reparan, fabrican, pintan o retocan los altares, quienes conducen los rezos (rosarios, etc.) que no necesitan la presencia del sacerdote, etc. etc.

Por modesto que sea el lugar, la iglesia se constituye en un centro de poder específico, capaz de desafiar al jefe político, que no dudará en apoyarse en ella para afirmar el control del pueblo. Si nos dirigimos al interior del templo, se sentirá que gran parte de ese poder emana de la presencia de las imágenes. Aunque contrariamente a lo que se supone, los santos patronos no tienen una duración asegurada. Así por ejemplo, la multitudinaria peregrinación a Otuzco (La Libertad, Perú) que va a recibir las bendiciones de la Virgen de la Puerta no tiene más de dos siglos. En 1806 la patrona del lugar era Nuestra Señora de la Purísima Concepción, en algún momento, creemos que alrededor de esa fecha, la Virgen de la Puerta ganó una primacía definitiva, que se iba haciendo notoria por los fondos que recaudaba (Tomoeda y Millones 191). Lo mismo sucede en Monsefú (Lambayeque, Perú) donde hoy día se celebra al Cristo Cautivo como patrón del lugar, a pesar de que no mucho tiempo atrás, era San Pedro quien tenía la devoción del pueblo. Pero, la versión corriente en nuestros días, adjudica a su patrón sagrado (es decir la imagen de Cristo al ser presentado a Pilatos) una antigüedad colonial. La situación se repite con la Virgen de la Puerta, la hermandad que acompaña su procesión: los "Negros de Otuzco", dicen ser devotos de ella porque los liberó de la esclavitud, luego que huyeron de las haciendas costeñas hacia las alturas. Ambas "memorias" tienen profundos desfases históricos, el Cristo Cautivo de Monsefú no sólo debe haber nacido en el siglo XX, sino que probablemente sea una expansión de otra poderosa imagen norteña: el Cristo Cautivo de Ayabaca. Los "Negros" de la Virgen, por su parte no son descendientes de africanos, a los que apenas se les conoce en esa región, en realidad se trata de otuzcanos, que para esa fiesta se pintan la cara y los brazos de negro y asumen como suya una fantástica memoria de la esclavitud (Tomoeda y Millones 198).

Cada imagen tiene una glorificada historia a lo largo de los Andes, en Túcume (Lambayeque, Perú) la imagen de la Purísima Concepción, nos dicen los miembros de su hermandad "fue un regalo del Rey de España" (Millones, "Túcume" 285, véase también "Los demonios" y "Dioses familiares"). En el relato se comprimen probablemente otras varias "historias sagradas" de santos patronos que por distintas razones perdieron el favor de sus creyentes. Sus imágenes, muchas veces, pueden encontrarse aún en los depósitos o patios traseros de la iglesia, sin culto alguno, por más que su nombre conste en los archivos de la misma, como eje de la fe en fecha no muy lejana.

Lo importante es que a despecho de los cambios, los espacios en que viven, interactúa, se desplaza y finalmente se entierran los lugareños, son los mismos. La fidelidad no siempre cambiante a los santos, vírgenes o cristos, responde constantemente al ritmo de las necesidades de la sociedad local. Las demandas de "historicidad" tienen caminos muy transitados cuando los pueblos reclaman un pasado glorioso. Casi siempre fue un envío directo de la corona española, una aparición milagrosa, o un desvío inesperado y también milagroso de una estatua o pintura destinada a otro pueblo rival, o bien pudo tratarse de misteriosos y angelicales escultores o pintores, que dejaron para el pueblo este espléndido regalo en *illo tempore*.

El patrono así adquirido abandona la historia de la que fue provisto por el dogma católico. El Cristo Cautivo no evoca en los monsefuanos ningún episodio del vía crucis, sus cadenas son explicadas convincentemente por el deseo del pueblo de que la estatua (que tiene vida en un sentido cercano a las momias de los inkas) permanezca en su territorio y no vaya a hacer milagros a los vecinos. "Es un *cristo escapero*" dicen los monsefuanos, si no lo encadenan, huirá por los campos a pasearse y de pronto a beneficiar a otros. Es por eso que a veces se le ve "cansado y sudoroso", por haberse deslizado de su altar y haber corrido hacia las afueras del pueblo (Ver el video: El Señor que vino del mar. Gisela Galliani, directora).

Tampoco la Virgen de la Puerta o la Inmaculada Concepción o San Sebastián del Cuzco, responden en sus dominios al tenor de la doctrina cristiana. Otras "historias sagradas" alimentan la fe de los sabios del pueblo, aquellos amautas ágrafos que tuvieron su máximo escriba en don Felipe Guaman Poma. Ellos son los repositorios de esta tradición que de tanto repetirse se vuelve eterna, a pesar de que sólo tenga unos pocos decenios.

Ninguno de estos milagrosos patrones ha oscurecido el comportamiento tradicional de los fieles, que parece haber tomado forma definitiva en algún momento de la Colonia, en pleno apogeo del largo barroco americano. De las religiones prehispánicas pervive de manera clara el respeto a las montañas más destacadas de la comunidad. En la cima de la más cercana de Túcume se vio a la Virgen peinando a su hija (así se llama a otra imagen más pequeña, también de la Inmaculada Concepción), un manantial que ahora yace en la base de la iglesia de Otuzco (de acuerdo con la tradición local) es el lugar donde apareció por primera vez la imagen sagrada, y los ejemplos podrían multiplicarse al infinito. Por lo demás, estos patronos no sólo difieren de la doctrina en cuanto a su historia sagrada, lo hacen también en su comportamiento cotidiano. Ningún cargador puede salir de la cuadrilla de San Sebastián sin exponerse a que el "capitán" aparezca en sus sueños, vestido con traje de gala militar, con gesto adusto reclamando airadamente su falta de lealtad. Tampoco se puede jugar con las promesas hechas a la "Mamita" de la Puerta, cuya mirada penetrará en la mente del infractor y lo hará sufrir hasta purgar su delito, o bien la Inmaculada Concepción de Túcume, en forma de serpiente, trepará en el lecho de quien olvida su respeto o escatima su dinero, para que las ofrendas tomen el volumen debido. Enroscada en el cuello del descuidado devoto lo amenazará con devorarlo, lo que suele producir instantáneos arrepentimientos.

Estamos dejando de lado todos los rituales de los maestros curanderos, donde los santos patronos, locales y nacionales (en especial Santa Rosa) tienen un papel principalísimo. Pero lo dicho basta para comprender el largo camino de estos nuevos/viejos referentes de la identidad de los pueblos andinos. El patrono vigente reúne en sus calidades, diferentes tipos de poder, incluso aquellos que provienen del antiguo arsenal ideológico del mundo andino que ahora vive al interior de las imágenes cristianas.

Los patrones actuales, como los "bultos" que vieron los conquistadores, tienen una forma de vida que los relaciona entre ellos, y que ocasionalmente da participación a los creyentes humanos. San Sebastián corre compitiendo con San Jerónimo durante las fiestas del Corpus Christi en el Cuzco, tratando de llegar primero a la Catedral. Y enamora a Santa Bárbara detrás del altar, cuando las imágenes se reúnen durante las noches que descansan de las procesiones. Los patronos de los pueblos cuzqueños allí congregados suelen mofarse de San Cristóbal ("porque carga hijo ajeno"), y Santiago, el patrón de España, debe contentarse con usar un caballo prestado... Este universo vital tiene muy poco del santoral cristiano, y pareciéndose mucho más al universo de dioses y semidioses grecoromanos, constituye parte importantísima del sistema de creencias de los Andes (Millones *San Sebastián* 11-45).

La mirada que proponemos en estas líneas recoge la experiencia de los profesores de folclore de las décadas primeras del siglo XX y la etnografía intermitente de su segunda mitad. Estos pasos iniciales se han visto favorecidos por el enorme entusiasmo con que las organizaciones locales: hermandades, cofradías, miembros de las parroquias, etc., alentaron nuestro trabajo, corrigiendo nuestras preguntas y regalándonos con su información y afecto. Que estas páginas sean la muestra de nuestro agradecimiento.

Bibliografía

Adorno, Rolena. *Cronista y príncipe. La obra de don Felipe Guaman Poma de Ayala*. Lima: PUC, 1989.

Betanzos, Juan de. *Suma y narración de los Incas*. [1551]. Traducción, notas y prólogo de María del Carmen Martín Rubio. Madrid: Ediciones Atlas, 1987.

Cook, Sherburne F. y Woodrow Wildon Borah. *Essays in Population History*. Vol. 3. Berkeley: University of California Press, 1978.
Díaz del Castillo, Bernal. *Historia verdadera de la conquista de Nueva España*. México: Alianza Editorial, 1992.
Diccionario quechua español quechua. Cuzco: Municipalidad de Qosqo, Academia Mayor de la Lengua Quechua, 1995.
Florescano, Enrique. *Memoria indígena*. México: Taurus, 1999.
Garcilaso de la Vega, Inca. *Comentarios Reales de los Incas*. [1609]. Lima: Fondo de Cultura Económica, 1991.
Gonzales Holguín, Diego. *Vocabulario de la lengua general de todo el Perú llamada lengua qquichua o del Inca*. [1608]. Lima: Universidad de San Marcos, 1989.
Guarda, Gabriel. "Tres reflexiones en torno a la fundación de la ciudad indiana". *Estudios sobre la ciudad iberoamericana*. Francisco de Solano, coord. Madrid: CSIC, 1975.
Huertas, Lorenzo. *Sechura. Identidad cultural a través de los siglos*. Sechura: Municipalidad de Sechura, 1995.
Kagan, Richard L. *Imágenes urbanas del mundo hispánico 1493-1780*. Castuera: Iberdrola, 1998.
Kandel, Jonathan. *La capital. Historia de la ciudad de México*. Buenos Aires: Javier Vergara, Editor S.A, 1990.
Larrea, Juan. *Corona Incaica*. Córdoba, Argentina: Universidad Nacional de Córdoba, 1960.
Lockart, James. *The Nahuas After the Conquest*. Stanford, CA: Stanford University Press, 1992.
Millones, Luis. "Túcume: 500 años después". *Túcume*. Thor Hayerdahl y otros. Lima: Banco de Crédito del Perú, 1996. 279-315.
_____ *El rostro de la fe. Doce ensayos sobre religiosidad andina*. Sevilla: Universidad Pablo de Olavide y Fundación El Monte, 1997.
_____ *Los demonios danzantes de la Virgen de Túcume*. Sevilla: Fundación El Monte, 1998.
_____ *Dioses Familiares: festivales populares en el Perú contemporáneo*. Lima: Ediciones del Congreso del Perú, 1999.
_____ "San Sebastián también desfila en Corpus". *Desde afuera y desde adentro*. Luis Millones, Hiroyasu Tomoeda y Tatsuhiko Fujii, eds. Osaka: National Museum of Ethnology, 2000.
Mills, Kenneth. *Idolatry and Its Enemies. Colonial Andean Religion and Extirpation, 1640-1750*. Princeton, NJ: Princeton University Press, 1997.
Molina, Cristobal [El Almagrista]. *Conquista y población del Pirú; fundación de algunos pueblos; relación de muchas cosas acaescidas en el Pirú*.

Biblioteca de Autores Españoles, tomo CCIX. [1552]. Madrid: Ediciones Atlas, 1968. 61-95.

Paredes, Julián de. *Recopilación de leyes de los reynos de las Indias mandadas imprimir y publicar por... Carlos II.* [1681]. Madrid: Ediciones Cultura Hispánica, 1973.

Porras Barrenechea, Raúl. *Antología del Cuzco.* Lima: Fundación Bustamante, 1992.

Ramos Pérez, Demetrio. "La doble fundación de ciudades y las "huestes". *Estudios sobre la ciudad iberoamericana.* Francisco de Solano, coord. Madrid: CSIC, 1975.

Rowe, John. "Los monumentos de la plaza mayor del Cuzco incaico". *Revista del Museo e Instituto de Arqueología* 24 (Cuzco, 1991): 83-100.

_____ "Machu Picchu a la luz de los documentos del siglo XVI". *Machu Picchu. Devenir histórico y cultural.* Efraín Chevarría, ed. Cuzco: UNSAAC, 1992. 157-60.

Sancho, Pero. *Relación destinada a su magestad de cuanto ha sucedido...* [1534]. Buenos Aires: Editorial Plus Ultra, 1988.

Toledo, Francisco de. *Disposiciones gubernativas para el virreinato del Perú, 1569-1574.* Sevilla: Escuela de Estudios Hispano-Americanos. Consejo Superior de Investigaciones Científicas. Monte de Piedad y Caja de Ahorros de Sevilla, 1986.

Tomoeda, Hiroyasu y Luis Millones. *La tradición andina en tiempos modernos.* Osaka: National Museum of Ethnology, 1996.

Vargas Ugarte, Rubén. *Historia de la iglesia en el Perú (1511-1568).* Tomo I. Lima: Imprenta Santa María, 1953.

_____ *Historia de la iglesia en el Perú.* Tomo II. Burgos; sin pie de imprenta, 1959.

Género y cartografías significantes en los imaginarios urbanos de la novela latinoamericana

Lucía Guerra
University of California-Irvine

En su ensayo sobre la semiología y lo urbano, llama la atención el lugar privilegiado que Roland Barthes le adscribe a la interpretación personal de la ciudad, en su opinión, más necesaria aún que los múltiples estudios panorámicos o funcionales. Para Barthes, aquel que camina por la ciudad es un lector que se apropia de ciertos fragmentos del texto urbano para reactualizarlos desde su propia subjetividad, desde "lo secreto" planteado como aquello en los bordes de lo público y oficial (Barthes 95). A primera vista, este énfasis en la reelaboración y re-presentación parcial y subjetiva de los signos de la ciudad podría catalogarse como una deficiencia metodológica. Suposición que comparten los editores de la antología *The City and the Sign* (1986) en la cual se incluye este ensayo pues, en un tono bastante desencantado, lo califican como una interpretación personal e idealista, más en la línea del "temperamento emocional" de Barthes y no desde una posición teórica que explique los mecanismos de la significación en el texto urbano desde los factores de la concepción y la producción (Gottdiener y Lagopoulos 85).

Para una perspectiva actual, sin embargo, el supuesto fracaso de Barthes prefigura varias nociones prevalentes hoy con respecto a la ciudad como un espacio preñado de plurisignificaciones y ensamblajes dispares que rebasan y desbordan los límites de cualquier acercamiento teórico (Said 16). Es más, la ciudad, desde su orden arquitectónico e ideológico, se multiplica en desórdenes, pluralidades y yuxtaposiciones conflictivas que desestabilizan e interrumpen toda noción de teoría en una disonancia entre los conocimientos nítidamente localizados y los conocimientos fuera de esos cuerpos institucionalizados (Chambers, *Migrancy* 93). Dentro de este contexto, proponer la inclusión de fragmentos urbanos reciclados por un Yo que se distancia de los significados oficiales para producir una versión propia en los márgenes de lo oficial pone de manifiesto que, aparte de la floración de signos que fermentan en los diseños urbanos, la mirada, el contacto físico y la experiencia del habitante de la ciudad introducen una interferencia dialógica que, de manera muy válida, modifica y suplementa la carga semántica de los signos iniciales. Aquel que vive la ciudad, simultáneamente la inventa, la redice y contradice desde su propia subjetividad. Su percepción y su experiencia, insertas en un contexto corporal, social y cultural, crean así fracturas y remodelizaciones del espacio urbano dando paso a la imaginación, a otros signos, imágenes y narrativas que configuran otra topología simbólica, ajena a los nítidos trazos de cartografías e imaginarios hegemónicos.

Son precisamente estos procesos dialógicos los que hacen de la ciudad un texto que no cesa de proliferar, como apuntará posteriormente Roland Barthes en *El imperio de los signos*. Por lo tanto, la ciudad, además de ser el locus por excelencia de la producción y circulación del orden social y político, se erige como una matriz de signos en la interdependencia con aquellos que la habitan quienes, en un sentido que trasciende lo paradójico, son también interferidos por ella.

Se podría afirmar, entonces, que la ciudad es una densa urdimbre de la diseminación, término usado aquí en un sentido derridiano, un espacio en el cual el proceso de significación es siempre plural y heterogéneo debido a reenvíos incesantes que, como en el caso de la nación, como ha señalado Homi K. Bhabha, poseen un alto valor de resistencia, especialmente en el caso de las minorías. Durante estas últimas décadas, este fenómeno se ha hecho aún más complejo por los exilios políticos y las inmigraciones masivas debido a razones económicas que han producido una serie de diásporas hacia los países llamados del Primer Mundo. Estos grupos han incrementado así las diversas nociones minoritarias de identidad trayendo al espacio urbano aún otras historias, lenguajes e ideologías que transforman, de manera constante, los imaginarios acerca de la ciudad (Chambers, *Border Dialogues* y Soja, *Postmetropolis*). Por otra parte, las fronteras mismas de la ciudad se han hecho difusas y sus centros convencionales se han desplazado en la nueva urbanización de una posmetrópolis en la cual los signos han perdido sus significados tradicionales produciendo otras aperturas de significación. Este hecho hace aún más evidente la insuficiencia de un método que, basado en la noción de signo según Ferdinand de Saussure, partía de los significantes materiales de la ciudad con la aspiración de dilucidar sus significados.

Nos parece que en la crítica acerca de los imaginarios urbanos en la novela latinoamericana ha predominado también este énfasis en la representación y "depictación" de la ciudad como escenario o espacio material con valor simbólico y alegórico sin incursionar en las conexiones entre ese Yo que privilegiaba Barthes y el entorno urbano, ambos como cartografías significantes insertas en diversas relaciones de poder. Un Yo que es, en primera instancia, un cuerpo sexuado para el cual la ciudad provee convenciones que lo regulan y reglamentan a nivel social. Como afirma Elizabeth Grosz, la ciudad es uno de los factores cruciales en la producción social de la corporalidad sexual puesto que la edificación y distribución del espacio urbano provee el contexto y coordina las formas contemporáneas del cuerpo. Orden y organización que reafirman una agrupación en categorías genéricas que ligan o distancian esos cuerpos, que los legitimizan o reducen a lo ilegítimo en diversos procesos de territorialización. La ciudad es así una condición y un medio más a través del cual se produce la corporalidad a nivel social, sexual y discursivo (Grosz 104).

Para una perspectiva que da énfasis a los aspectos materiales y emblemáticos de la ciudad, ésta, en su calidad de localización geográfica, estaría constituida por coordenadas topológicas aparentemente estáticas y de significados unívocos que nada tendrían que ver con el género de esos cuerpos inscritos en el devenir y un fluir social/temporal para pulsiones de carácter diferenciado (García Canal 48-9). Sin embargo, como han puesto de manifiesto los recientes discursos de la geografía feminista, género sexual y topografía urbana se interrelacionan en un constante movimiento de intersecciones y reconstrucciones, de regulaciones y transgresiones que germinan en la ciudad simultáneamente haciendo proliferar en ella múltiples significados (Massey).

Si los diseños y funciones de la nítida cartografía urbana responden a los diversos órdenes impuestos por la noción falogocéntrica de género, son precisamente esas reglamentaciones genéricas las que hacen fermentar lo semiótico urbano. Así, aparte de la yuxtaposición de diferentes temporalidades históricas y pluralidades étnicas, exacerbadas por el multiculturalismo y la globalización, se debe considerar el género como otro factor que desplaza toda noción de centro y/o significados fijos de la ciudad caracterizada por la multiplicidad, la diferencia y la dispersión (García Canclini). La experiencia de ese Yo/Cuerpo Sexuado que transita por el espacio urbano está marcada por la familiarización o desfamiliarización creadas por los privilegios o discriminaciones del orden genérico prevalente. La experiencia de lo urbano para un respetable "hombre público" que se desplaza por las calles de una ciudad construida según parámetros patriarcales es, indudablemente, diferente no sólo a aquélla de "la mujer pública" en un callejón de la prostitución sino de cualquier otra mujer en un lugar construido a partir de una imaginación marcadamente androcéntrica mientras que para aquellos que no participan en el rígido orden heterosexual, el espacio urbano representa la amenaza de la censura y una vigilancia policial que debe ser burlada.

Desde sus orígenes, la ciudad como marco y contexto de significados para un cuerpo sexuado, ha estado signado por una voluntad falogocéntrica que ha distribuido el espacio urbano de acuerdo a roles primarios para el hombre y la mujer desde una perspectiva que devalúa a la homosexualidad. Las figuras de Hestia y Hermes en la civitas griega son los emblemas de esa escisión entre la casa y el foro, el Adentro doméstico anclado en la permanencia y la inmutabilidad y el Afuera ciudadano como símbolo de una praxis masculina de la apertura y la movilidad.

En el caso de la ciudad latinoamericana, el predominio de lo masculino se hace ya evidente en la ceremonia ritual del acto fundacional. En un gesto simbólico de dominio y control sobre la naturaleza, el conquistador arrancaba un puñado de malezas, daba con su espada tres golpes sobre la tierra y retaba a duelo a quien se opusiera al acto de fundación de la ciudad (Romero). El poder del conquistador quedaba así estampado tanto en la tierra con en el Acta de Fundación, ambas firmadas por una noción de masculinidad que conllevaba los valores de la proeza, el poder y la aptitud bélica. Es más, en la plaza, espacio, por excelencia, del dominio colonial, se erigía la picota, grueso madero o columna de piedra donde se exponían las cabezas de los ajusticiados o se ataba a los reos para recibir sus castigos en un ámbito público (Rojas-Mix). La picota tenía como antecedente la figura de Priapus, uno de los númenes protectores del hogar romano quien representaba la Causa de la Fertilidad y la amenaza de violación sexual para aquellos que pretendieran entrar a la casa con propósitos delictivos. Como han demostrado los estudios de C.B. Quirós, la picota en la plaza de la ciudad latinoamericana no era simplemente un emblema de la autoridad sino también un signo de connotaciones fálicas, razón por la cual en ella se acentuaba una forma similar a la del órgano viril.

Por lo tanto, habría que señalar que "ese parto de la inteligencia", imagen utilizada por Ángel Rama para referirse al gesto fundacional *ab origen*, fue también un parto más de la virilidad (valga el oxímoron) dentro de una epistemología de carácter falogocéntrico.

Y es desde los cuarteles de esta epistemología y sus diversos discursos y ordenaciones que se erige el sujeto hegemónico a través de la devaluación de los otros: indígenas relegados a la categoría de salvajes y herejes, mujeres en el polo negativo de las construcciones binarias y homosexuales castigados en la época por practicar "el pecado nefando", sinónimo de "lo detestable" y "lo innombrable".

Nos interesa aquí destacar un trazo más en la novela latinoamericana: aquellos cronotopos/ideologemas presentes en los imaginarios urbanos que, lejos de constituir meros espacios ambientales o escenarios, ponen de manifiesto el hecho de que la vivencia de la ciudad está marcada por el cuerpo como espacio sexuado que oscila entre la sexualidad no regulada y los guiones performativos de las categorías genéricas, según un Orden Simbólico de carácter falogocéntrico. La interrelación entre género y ciudad pondrá de manifiesto un corpus elusivo y disidente en el cual "la ciudad ficcionalizada" será sinónimo de la nación como desecho o pura teatralidad, espacio que en sus intersticios facilitará las aventuras y transacciones del esfínter o se erigirá como una figura fantasmal o ausente al ser consumida por una topografía doméstica que la niega.

No obstante el prejuicio de la crítica con respecto a la trama biográfica, término utilizado aquí tanto en el sentido de tejido como de dispositivo fotográfico que modifica las imágenes (historias, vivencias) originales, es indudable que las modelizaciones imaginarias de la ciudad se proyectan desde un sujeto que la escribe a partir de una experiencia anclada en lo genérico. Como se demostrará en este ensayo, la perspectiva masculina ha engendrado un grueso haz de imaginarios urbanos que contrastan con los escasos y escuetos trazos producidos en la escritura de la mujer latinoamericana, ajena a la ciudad, distanciada de ese Afuera de carácter androcéntrico mientras que, para la vivencia homosexual, el espacio urbano se abre en una geografía secreta de la transgresión.

LA CIUDAD COMO ESPACIO DISIDENTE FRENTE A LOS EMBLEMAS DE LA NACIÓN

Jorge Romero León, en sus estudios señeros acerca de los imaginarios urbanos en la literatura y la fotografía, ha destacado el hecho de que gran parte de las visiones e imágenes de nuestras ciudades pueden ser leídas como metáforas de la "desobediencia". Si bien el diseño de damero "a cordel y regla" establecido por Carlos V en 1523 y complementado por las Ordenanzas de Felipe II en 1573 aspiraba a ordenar y controlar los espacios colonizados, hasta la actualidad, desde ese diseño geométrico de la ciudad se ha erguido el gesto desobediente con respecto al orden hegemónico (Romero León, "Fotógrafos" 21). Dentro de este contexto, por consiguiente, novelas fundacionales como *Martín Rivas* (1862) de Alberto Blest Gana en la cual la ciudad reafirma los valores de la nueva nación liberal, resultan ser un caso excepcional en la prolífera producción de imaginarios urbanos desde una perspectiva masculina que proyectan una visión disidente con respecto a la nación como conjunto de emblemas, ritos y monumentos, de diversos centros por los cuales circula un acervo de imágenes y discursos.

Un aspecto que llama la atención en la novela de la segunda mitad del siglo XX es el uso del imaginario urbano para deconstruir las nociones de nación a partir de una teatralidad que deviene en circo y carnaval, en guión puesto en escena a través de lenguajes acartonados. El Yo transitando por la ciudad se despoja así de toda subjetividad para convertirse en máscara y actor mediocre. Esta noción de ciudad como espacio escénico del pastiche corresponde a una nueva modalidad sin antecedentes en una novela latinoamericana en la cual se elaboró la "desobediencia" con respecto a la nación y sus emblemas de manera muy diferente. Razón por la cual se comentarán brevemente las elaboraciones de los imaginarios urbanos en la producción novelística anterior como un modo de subrayar este cambio que implica una perspectiva ideológica diferente con respecto a las relaciones entre los grupos subalternos y la Ciudad/Nación.

Si bien tanto en "El matadero" de Esteban Echeverría como en *Martín Rivas*, "la chusma salvaje" y "el medio pelo" constituyen las fuerzas antagónicas al modelo liberal de nación, la presencia misma de estas periferias urbanas prefigura un ideologema de la disidencia que, en la narrativa del siglo XX, denunciará la negación del derecho a la igualdad en la comunidad imaginada. El suburbio en novelas tales como *El juguete rabioso* de Roberto Arlt y *Los hombres obscuros* de Nicomedes Guzmán es el espacio urbano de quienes tampoco poseen un derecho con respecto a esa otra ciudad letrada en estrecha alianza con los dirigentes de la nación. Espacio preñado de desplazamientos y contratextos que vale la pena comentar. Los detallados estatutos de la organización de ladrones adolescentes en la novela de Arlt son la parodia ilegítima (significativamente al lado de una letrina) de las organizaciones nacionales y los libros robados pierden su aura de refinamiento e instrucción para convertirse en meras mercancías. De manera similar, el periódico, medio a través del cual se produce "la cohesión nacional" sólo sirve en *Los hombres oscuros* para cubrir los orificios y trizaduras de la mísera vivienda. Las letras han perdido así su propósito inicial y los significados de la prensa y las bibliotecas se desmoronan en medio de la pobreza.

Por otra parte, la presencia de lo crudo y lo abyecto en el suburbio funciona como un signo contratextual del espacio burgués, libre de miasmas y otras "secreciones de la pobreza" relegadas al campo semántico de la barbarie y la enfermedad (Corbin, Classen). De esta manera, en *El juguete rabioso* el espacio de la feria en el cual la trasacción comercial se ha desplazado de la aséptica Bolsa de Comercio, expone sangrientos pescados, bofes, trozos de carne y grasa como elementos crudos, no aún procesados por la cultura y manejados por manos pringosas que dan al papel no la función de llevar impresa la venerable letra sino íde envoltorio para la mercadería. Sangre, orina, excrementos y vómitos son, en la novela de Guzmán, un conjunto de signos de lo abyecto, de toda aquella zona que la ideología liberal pretende controlar en nombre de la civilización y su sujeto cartesiano.

La insistente presencia del suburbio y sus interconexiones con cuerpos y subjetividades condenadas a una situación de otro subordinado constituye, sin lugar a dudas, una réplica a la llamada "novela de la tierra" producción literaria que se empeñaba en forjar un abultado imaginario de "lo nacional" a partir de un espacio "telúrico" poblado de detalles folclóricos desde una perspectiva letrada que muy bien ejemplifica la imagen de la custodia en Don Segundo Sombra.

Los desplazamientos y contratextos de la nación asumen también las formas de la adisyunción o la presencia borrada a través de otros imaginarios urbanos. Así, la distribución de los espacios en *Sin rumbo* de Eugenio Cambaceres pone de manifiesto a la ciudad de Buenos Aires no sólo como el simulacro degradado de la cultura europea sino también como un topos bordeado por la pampa y la fuerza primitiva de la naturaleza del mismo modo como la casa tipo Luis XIII en la estancia está rodeada de peones analfabetos y la fuerza subversiva del chino con rasgos indígenas. Son precisamente las cercanías y yuxtaposiciones las que difuminan las fronteras de la disyunción entre civilización y barbarie postulada por la nación liberal y el carácter oximorónico del suicidio (exótico harakiri que culmina con los intestinos arrancados de cuajo) obviamente desbarata la distinción entre lo culto y lo bestial.

Por otra parte, la presencia borrada de la nación se procesa en novelas tales como *La casa de cartón* de Martín Adán e *Hijuna* de Carlos Sepúlveda Leyton a través de un imaginario urbano que funciona como ese tercer espacio que cuestiona territorializaciones y las transgrede en mediaciones no-oficiales de la memoria, la imaginación y lo inconsciente. La ciudad, "oleografía sumergida en agua" de *La casa de cartón* es el espacio de la rematerialización de un Yo que se apropia de ella para constituirse a través de la omisión de las totalidades Ciudad/Nación haciendo caso omiso de la identidad ya adscrita (Adán 25). El espacio urbano es, por lo tanto, resorte de imágenes subjetivas e insólitas donde se anula la mímesis y todo régimen disciplinario.

En los imaginarios urbanos comentados prevalece, a pesar de las disidencias, el signo de la nación como conjunto y unidad que aún en su ausencia mantiene sus significantes. Muy distinta es la noción de nación en *Gestos* de Severo Sarduy y *Noche de Independencia* de Homero Aridjis, textos que a través de sus imaginarios urbanos socavan el signo desbaratándolo, develando no simplemente sus injusticias y mentiras sino también sus mecanismos teatrales y espectaculares que hacen del signo nación, una puesta en escena que, como tal, es susceptible de desmoronarse.

Dentro de un contexto cubano en el cual la ciudad de La Habana es el espacio del regocijo en las formas, las imágenes, los ritmos y los sabores (Carpentier, Lezama Lima) o el lugar del show y la travesía por los lenguajes y la metafísica (Cabrera Infante), el objetivismo de *Gestos* hace de él un texto deslegitimador. El despliegue de la ciudad en pliegues y repliegues de un flujo incesante de escenarios a partir de perspectivas y distancias siempre cambiantes convierten al espacio urbano en un ensamblaje de signos dispares. Cuerpos, voces y diversos lugares en un devenir urbano al borde de un cambio histórico (la Revolución Cubana), se presentan a través de la mirada de una cámara que, de manera antojadiza, establece primeros planos que nada tienen que ver con los centros oficiales. "Ojo" que no sólo omite cualquier interiorización de los personajes sino que asimismo muestra la ciudad como un mero decorado para la actuación de gestos y parlamentos, de textos aprendidos de memoria (lemas políticos, boleros, instrucciones policiales, *jingles*, libretos teatrales). Los signos son así sinónimo del artificio, del orden (lenguaje, ciudad, nación) como una mascarada cuya contraparte estaría en la figura de los ideogramas de la lotería donde cada número (objeto en lingüística saussuriana) posee significados múltiples y dispares.

Significativamente, la tragedia griega, símbolo del Orden y el Castigo a la desobediencia, deviene aquí en parodia y desensamblaje al ubicarse la cámara detrás del escenario. ("El rey en calzoncillos repite 'la ciudad obedece a su amo'" 114). Se develan así los listones claveteados, las planchas de cartón y las vestimentas de la impostura subrayada también por los cuerpos plásticos y las muñecas desarticuladas del circo, por los simulacros del mago y la vistosidad artificial del *kitsch* en un carnaval de lo espectacular. Tebas y La Habana pierden, por lo tanto, su semanticidad ordenadora como soportes materiales del orden patriarcal/nacional para despojarse de sus montajes en un deslave que pone de manifiesto los artificios de cualquier signo y de cualquier orden materializados en el libreto y el disfraz, en los guiones performativos de lo genérico y lo político nacional.

En *Gestos*, la desconstrucción, la desarticulación y el desdisfraz van dirigidos hacia el lenguaje, la ideología y el orden nacional/ genérico significativamente situados en la ciudad como escenario fracturado y desmontado. Desarticulaciones que en *Noche de Independencia* van dirigidas hacia la Historia y la Memoria oficial. La ciudad de México deviene aquí en el cronotopo de la distopía, en un mapa cognitivo fracturado en el cual el rito de la celebración de la independencia nacional es sinónimo de algarabía hueca, de tumulto heterogéneo, de máscaras y cohetes, de palabras que pertenecen a otro. Si el grito de Hidalgo en el imaginario de la Nación es sinónimo de los principios utópicos de la libertad, la igualdad y la fraternidad, la corrupción política ha desdicho esos principios. Es precisamente este desfase el que convierte al rito nacional en pura actuación y artificialidad, en una reactualización fallida del presidente de la República quien aparece en el balcón "con las máscaras de la palabra puestas" (Aridjis 70). En el ritual carnavalesco que intenta reafirmar la noción de Nación, las máscaras de los personajes históricos, ahora en un cronotopo desfasado, se resquebrajan del mismo modo como la Historia y la Memoria son resquebrajadas por un presente distópico.

El Antes y el Ahora fermentan precisamente en el espacio urbano, metáfora de un devenir histórico que en el presente se ha transformado en vacío parafraseo, en desplazamiento anacrónico que despoja al discurso de sus significados. Así, las reactuaciones de El Bicicletas en un restaurante de barrio, entre mesas llenas de despojos (huesos de pollo, manchas de mole, gotas de grasa, charcos de cerveza) son el abalorio ordenado de significantes, de puros sonidos que no trasladan a lo semántico.

De manera similar, en el espacio urbano, las capas arqueológicas de la Historia y la Memoria se han difuminado para siempre. ("Pues en esta ciudad legendaria ya no hay más noche; en este lago de polvo, ya no hay agua: sólo descienden por sus calles gaseosas ríos de coches" 56). Y es allí donde los cuerpos, signados por el devenir injusto de la Historia, avanzan en un deterioro que es también lo sucio y lo grotesco entre edificios de cemento, similares a insectos mal hechos mientras en las marquesinas, la materialidad de la cultura de masas prolifera en imágenes glamorosas, en utopías ingenuas de la belleza y la riqueza. Cuerpos cuyo maquillaje se derrite con el sudor, cuerpos/mercancía en la transacción sexual, cuerpos distorsionados entre racimos de globos, juguetes baratos, banderas y baratijas del rito nacional que es "un mercado de ruidos" en el cual el lenguaje se ha despojado de ideas y conceptos para una conciencia histórica y una praxis dialéctica (66).

De manera significativa, el Yo sin nombre que deambula por la ciudad ha perdido la lucidez del *flâneur* y su mirada sólo capta el fragmento de los otros cuerpos ("caras anónimas de mujer y de hombre, caras turulentas, truculentas, caras chatas de realidad, hambrientas de sueños") (130) en un entorno de carácter escénico donde lo visual no se suplementa con la palabra.

Cuerpos polucionados por el devenir histórico, por la praxis de un poder hegemónico corrupto que hacen que ese Yo busque incorporarse a una comunidad biológica y no a la comunidad imaginada de la nación con sus soportes materiales en la ciudad la cual, para la perspectiva ecológica del autor, está condenada al apocalipsis, como se observa en sus novelas *El último Adán* y *La ciudad sin nombre*. Su incursión en la carnalidad y no en la corporeidad ya procesada por el orden y las construcciones culturales, constituye un enlace a lo primigenio, a ese otro devenir perdurable de lo cósmico y natural, al entrenzamiento sexual que diluye a la supremacía masculina y perdura como impulso fuera de la Historia creada por una élite hegemónica.

LA CIUDAD COMO TOPOGRAFÍA DIFUSA DESDE UNA PERSPECTIVA FEMENINA

El énfasis en la ciudad como réplica transgresiva con respecto al orden (lenguaje, construcciones culturales, nación) en los textos comentados pone de manifiesto un hecho importante en la esfera de las categorías genéricas. Obviando los múltiples datos históricos que demuestran la participación activa y prioritaria de los hombres en la nación, creemos necesario señalar que la incorporación de los individuos a una nación sigue también un proceso marcado por la jerarquización de los géneros. Mientras los hombres son incorporados a la nación en una forma metonímica (la nación es integrada a cada hombre y cada hombre representa a la nación), en el imaginario nacional, las mujeres se inscriben a nivel del símbolo abstrayente: ella es la madre de la nación, ese cuerpo que debe ser defendido y protegido, noción evidente en la figura estatuaria de la Patria, entre velos etéreos/atemporales de una túnica que deja ver sus pechos generosamente maternales. Como ha señalado, Anne McClintock, las mujeres se construyen únicamente como depositarias simbólicas de la nación mientras al mismo tiempo se les niega el derecho a toda agencia de tipo político o histórico.

Diferencia genérica que es reforzada por la distribución del espacio: lo privado sinónimo de lo familiar, lo doméstico e inmanente y lo público, ámbito del trabajo, lo político, lo cultural y lo trascendente. Dentro de este contexto, no resulta extraño que el Yo femenino en su escritura se plantee como un ser ajeno a la ciudad y la nación dando prioridad al espacio de la casa que se delínea como sitio contestatario, como una apertura desde los márgenes (hooks).

Apertura que, de partida, contradice los significados adscritos a la casa por una imaginación de carácter androcéntrico que la concibe como útero y lugar de los orígenes. Es más, para algunos planteamientos filosóficos acerca del Yo domiciliado, la casa es el lugar del retorno del "ser para sí" de un *homo viator* que en su viaje cotidiano por la ciudad se enfrentó con un Afuera lleno de imprevistos –*ores ignotae*– en la experiencia del "ser para lo otro". En su regreso a la morada, encuentra en la continuidad y permanencia espacio/temporal de la casa, las columnas del territorio de una identidad fijada en "lo en sí" (Gianninni).

Para la experiencia femenina, sin embargo, la casa ha sido un espacio de tensión entre el encerramiento/exclusión y los modos alternativos de un saber que se ha mantenido a nivel de sub-cultura. Mano a mano con el sabor que es otro tipo de saber, la mujer en la casa establece una relación con la Materia que, ya en el discurso de Sor Juana Inés de la Cruz, desestabiliza los rígidos compartimentos de los conocimientos institucionalizados. Es más, la noción de espacio que provee la casa difumina las extensiones, horizontes y fronterizaciones de las detalladas cartografías creadas por una perspectiva falogocéntrica. Contigüidad, cercanía, límites detectables y fácilmente aprehensibles son así el contra-espacio de la ciudad y los mapas de las naciones (Colombara). Dentro de las paredes de la casa, se vive un espacio material donde el tiempo es continuo y está disociado de lo económico/político en un constante Hacer/Deshacer que no alcanza a tener un valor de cambio.

La casa pone en jaque también la noción misma de la ciudad, generalmente asociada con sus calles, con la experiencia/mirada de quien transita por ellas y encuentra a su paso seres desconocidos, edificios, monumentos. Perspectiva desde la cual la casa es sólo una serie de fachadas anónimas, privadas y sin un gran peso significante dentro de un ámbito urbano enlazado a lo público. Dicotomía que pone en evidencia el carácter exclusivamente político y no exclusivamente espacial de esta oposición binaria al considerar que la casa, como parte fundamental de la ciudad, ha sido relegada a asumir el lugar de una celda dentro del diseño extenso de la colmena urbana donde lo público posee una prioridad para los brochazos más sólidos que se han establecido en el signo ciudad.

En la narrativa de la mujer latinoamericana, la casa ha sido un cronotopo recurrente que se perfila como un ideologema en constante cambio por la influencia de diferentes ideologías acerca de la condición femenina y un concepto particular acerca del orden patriarcal (Guerra). Desde *Sab* (1841) de Gertrudis Gómez de Avellaneda, texto fundacional de este *corpus* de la novela latinoamericana, observamos una nítida trayectoria de la casa como espacio del No-Ser o una modalidad hermética de la femineidad que va construyendo otros significados, cada vez más contestatarios. Así, sus cuartos cobijarán el erotismo y la *jouissance* narcisista en *Ifigenia* de Teresa de la Parra, las fantasías del Deseo en *La última niebla* de María Luisa Bombal o la experiencia compartida con el otro indígena en *Balún Canán* de Rosario Castellanos. La casa es también el espacio desde el cual se recicla la historia oficial desde una perspectiva femenina en *Estaba la pájara pinta sentada en el verde limón* de Albalucía Angel y *El exilio del tiempo* de Ana Teresa Torres, o el ámbito de la parodia de la institución de la familia en *El libro de mis primos* de Cristina Peri Rossi, *Hagiografía de Narcisa la bella* de Mireya Robles y *La casa en llamas* de Milagros Mata Gil, o ese espacio de una genealogía/cultura femenina desde la cual la mujer abandona la subordinación para constituirse en sujeto en *Maldita yo entre las mujeres* de Mercedes Valdivieso.

El último párrafo de *Sab* señala que Carlota continúa viviendo su existencia subordinada en una ciudad desconocida. La ausencia de una especificidad de lo urbano ha sido el friso subyacente en la mayoría de las novelas escritas por la mujer latinoamericana. Ciudad sin nombre y despojada de toda cartografía, ciudad fantasmal que, en su intangibilidad misma, subraya un gesto transgresivo en contra de la construcción y diseño emblemáticos de una voluntad y orden falogocéntricos. La ciudad cubierta por la niebla en la novela de María Luisa Bombal representa la suspensión del orden patriarcal, la pérdida momentánea de la identidad adscrita, de aquel código patriarcal y nacional que, de manera prescriptiva, regula la sexualidad de la mujer. En esta ciudad sin nombre, como si fuera anterior al Nombre mismo y toda designación falogocéntrica, el Yo femenino, liberado de la Ley del Padre, da paso al cuerpo transformando esa ciudad desierta en el espacio del Deseo y la transgresión sexual.

Ciudad sin nombre que, en el caso de *La nave de los locos* de Cristina Peri Rossi apunta hacia la valoración de lo ex-céntrico y del exilio de aquel orden tejido en el tapiz que marca la instauración de una hegemonía heterosexual emblematizada por las figuras de Adán y Eva. Los detalles geográficos exactos inscritos en el tapiz apuntan a la coordenada básica entre Espacio, Conocimiento y Poder, tríada que X y su peregrinaje desdicen evadiendo el centro nación y todos aquellos otros centros que mutilan y fragmentan la existencia. Son también las ciudades sin nombre las que asumen una calidad contratextual con respecto al cuarto propio de la escritura y la memoria en *En breve cárcel* de Sylvia Molloy.

Resulta interesante observar que aún en aquellas novelas escritas con el propósito consciente de incluir la ciudad, ésta permanece como un espacio difuminado y de significación ambigua. *Duerme* y *Cielos de la tierra* de Carmen Boullosa parecieran ser la voluntariosa desfiguración del detallado imaginario cartográfico de *La región más transparente* de Carlos Fuentes. En ambos textos, los flujos temporales arrasan con los perfiles nítidos de la ciudad. Por otra parte, el espacio urbano en *Levantar ciudades* de Lilian Neuman se elabora como metáfora de un Yo en constantes travesías. La ciudad construida por la niña con los neumáticos del garage de su padre, la ciudad como una hilera de letreros y el monumento a la bandera que ella ve desde un automóvil, el Buenos Aires contado por su padre, visto por ella entre brumas antes de la operación al ojo estrábico, la ciudad de los muertos con sus cúpulas y nichos se van acumulando como entornos de un crecer cuya culminación es la entrada a la autonomía.

Todas ciudades que deben ser quemadas, reducidas a la nada para poder construir una ciudad propia dentro de una cultura judía en constante diáspora. La orden del padre, como el mandato de Dios a Abraham de abandonar su tierra para construir una ciudad, exige el abandono como un proceso fundamental de un hacerse a sí misma, de construir su propio Yo levantando otras ciudades. Dentro de esta concepción de la construcción del sujeto, la ciudad deviene en el sujeto mismo, en una apropiación metafórica que la borra difuminando la distinción entre ese Yo y la ciudad que ahora constituyen una misma entidad.

El Yo Deseante en los Intersticios de la Ciudad

Si en el imaginario urbano producido por una perspectiva femenina la ciudad es un espacio de configuración difusa o en blanco, ésta, desde una mirada homosexual, se tiñe de gruesos brochazos que desfiguran la cartografía oficial. Desconfiguración que hace germinar en los intersticios de la ciudad, el Deseo en una economía libidinal que transgrede los paradigmas falogocéntricos que han negado el placer a lo anal para restringirlo a la función de la excreción, de ese desecho relegado a la esfera de lo abyecto.

Con contadas excepciones, en la tradición canónica de la novela latinoamericana, la escritura desde la homosexualidad recurrió siempre a la metáfora, a un decir tangencial que era también la máscara que subrepticiamente se resquebrajaba. Escritura travesti que se despoja de sus atavíos hacia la década de los años setenta, bajo el impulso de movimientos políticos que se proponen legitimizar las relaciones homoeróticas, no sólo a través de diversos estudios sociales y culturales sino también en la instauración de discursos de la homosexualidad.

Dentro de este nuevo contexto, la intersección del espacio, las prácticas sexuales y la identidad gay ha puesto de manifiesto la presencia de una territorialidad tanto física e histórica como imaginaria en un constante devenir de negociaciones, riesgos, códigos y silencios (Leap). Noción de territorialidad que pone en entredicho los paradigmas de cohesión y permanencia en la comunidad imaginada de la nación y en el soporte básico de la familia nuclear. Si dentro de estas estructuras, el cuerpo es normalizado a partir de un régimen genérico que ubica ese cuerpo en sitios estancos que giran en el núcleo de la reproducción biológica, el sujeto homosexual sutura esos sitios fronterizados al organizar otras territorialidades y otros códigos dentro de la fragilidad de lo "no legítimo" (Perlongher 45-58). A la noción de sexualidad según rígidos parámetros que privilegian lo heterosexual, se opone un *spectrum* de sexualidades en diversos devenires que sólo constituyen un pasaje que nunca llega a una completación absoluta. Es más, estos sujetos considerados un excedente y desecho de las categorías "hombre" y "mujer" en régimen genérico prevalente y sus diversas instituciones, ponen en jaque los nítidos compartimentos de lo público y lo privado al realizar, especialmente en el caso de la prostitución, prácticas sexuales privadas en baños públicos, parques y otros lugares de la ciudad.

Surge así en el espacio urbano, otro tipo de circulación en una errancia sexual en la cual el Yo Deseante deambula por sus intersticios en un nomadismo que oscila entre la vigilancia policial y la creación de otros territorios que modifican las funciones y significados ya adscritos a un lugar. El carácter transgresivo y desestabilizador de este Yo itinerante se extiende desde la calle hacia otros sitios nítidamente localizados dentro de una epistemología y prácticas culturales oficializadas. Fenómeno ejemplificado en *El vampiro de la colonia Roma* de Luis Zapata. Ya al nivel de "lo literario", sus convenciones se "polucionan" en una hibridez de lo oral y lo escrito, de "lo varonil" oximorónicamente trazado a partir de la figura clásica de Adonis y lo gótico "perverso" emblematizado por el personaje del vampiro figura de doble faz puesto que en la elaboración de Bram Stoker subyace una modelización de carácter homosexual que alegoriza el Deseo en su travesía secreta y nocturna.

Desde la periferia urbana, el testimonio de Adonis García es también un discurso de la pobreza en el cual el hambre, la enfermedad, la falta de dinero y los constantes cambios de domicilio muestran el contratexto del ciudadano ideal, según discursos de la nación y la retórica del consumismo. Su saber no posee más referentes que aquellos recibidos a través de los medios de comunicación de masas y todos los elementos de la cultura oficial transmitidos a través de la nación, la religión y otras instituciones, son suplantados por lo libidinal que organiza el transcurrir de Adonis. Su oficio anclado en la prostitución, como único medio de sobrevivencia, lo fuerza a "talonear" constantemente por la ciudad. De este modo, el falo, emblema estático y estatizante en el Orden Simbólico patriarcal, deviene en instrumento de placer y sobrevivencia, en el órgano que se manipula como objeto de cambio luciéndose y exhibiéndose en la transacción comercial. En esta esfera cotidiana de la subsistencia, el falo mistificado se rebaja coloquialmente a ese "pito" bajo los riesgos de la gonorrea y la ladilla mientras el semen es un *leit-motif* que, en su recurrencia, inserta subversivamente un elemento despojado de toda consagración en el imaginario falogocéntrico que privilegia la figura del Padre y no la inseminación, abstraída al nivel del Espíritu Santo en la tradición cristiana.

Por otra parte, en contraste con los complejos códigos del Estado, las instituciones nacionales y la familia, la transacción sexual en los intersticios del orden urbano crea códigos escuetos. Fuera de toda retórica del amor y la pasión, del compromiso social o los deberes del ciudadano, Adonis García, inserto en el flujo de fugas libidinales, establece relaciones efímeras en un cuerpo a cuerpo, en un órgano a órgano, que contradice cualquier monumentalización y simultáneamente, imita de manera paródica, los principios de la ética del trabajo.

Desde esta posición desacralizadora, la ciudad de México como cartografía del Deseo y la circulación sexual, se despoja de sus significados icónicos transformándose en "la ciudad más cachonda del mundo" donde la Torre Latinoamericana es "larga larga como cualquier prestas que se precie de serlo y abajo tiene huevos cuadrados pues pero huevos al fin y al cabo entons a mí la torre me parecía el falo más grande de américa latina y el palacio de bellas artes la chichi más gorda de todo el continente" (200). Esta ciudad otra se reduce a un puñado de puntos, intrascendentes para el diseño oficial, y de vital importancia para el oficio del ligar: el Sanborns del Ángel, la "esquina mágica" del cine Las Américas, la Estación Insurgentes del Metro, ciertas tiendas de discos y algunos baños públicos. Cartografía en la cual se difuminan las fronteras entre las clases sociales ("ahí se pierden todos los egoísmos y todos se preocupan porque todos se vengan") dando origen a la comunidad efímera, a la contraparte de la asociación en sus diversas modalidades dentro de la nación (201).

Ni peregrino ni *flâneur*, Adonis García constituye un Yo a la deriva que se asemeja al vendedor callejero que abandona su puesto para ir adonde sus clientes lo deseen. Deriva siempre al azar en su azaroso oficio, en un existir donde los sueños revierten a la insatisfacción y la fe se reduce a la creencia popular acerca de los platos voladores. En el espacio distópico de "la ciudad anal", sinónimo de la pobreza, el homosexual marginal y las relaciones ilegítimas, la utopía pierde todo diseño geométrico o ideológico para sólo constituir la imagen de una nave espacial que se eleva sobre la ciudad hasta que ésta desaparece junto con "el pinche mundo" entero en un viaje hacia las estrellas (Lemebel).

El carácter testimonial de las aventuras, desventuras y sueños de Adonis García restringe el discurso de la homosexualidad al prostituto/ pícaro que introduce de manera muy breve a sus diversos amos/ clientes. Este discurso se problematiza y adquiere otra densidad en Las púberes canéforas de José Joaquín Blanco donde el Yo Deseante que deambula por la ciudad es también el Yo Ficcionalizador quien, al elaborar un imaginario del Deseo homosexual, pone en entredicho las nociones de escritura, de verdad/ficción y de identidad sexual. Mientras camina durante cuatro horas por la ciudad, Guillermo "escribe" sólo mentalmente en una escritura/merodeo por el espacio urbano, deambular que es también un merodeo por los espacios de la intertextualidad.

Pero más allá de la escritura misma, su vagar sin dirección fija, bordea los volúmenes densos y dispares de la ciudad y de la sexualidad. Ciudad y Cuerpo Sexuado se entretejen para esa subjetividad en la cual sexo e intelecto están en constante diálogo y tensión. Desde esta perspectiva, el signo ciudad se erige como múltiples ciudades en disparidades posmodernas, en constantes desplazamientos temporales que hacen fermentar otros significados. Efervescencia material que pone en contigüidad a la estatua del porfiriato con el anuncio comercial, a la flamante fachada del rascacielos de los ejecutivos con las fotos de la vedette en poses pornográficas.

Tras lo visual, subyace esa otra materialidad histórica que engendra otras pluralidades conflictivas en una yuxtaposición de los modernos físico culturalistas y los mendigos, del obrero y el magnate. El D.F. entonces es también el signo parturiento de la ciudad del lujo y el consumo, de la ciudad del robo y el fraude, de la ciudad de la lucha social, de la diversión, de la violencia, del desecho.

Pluralidades heterogéneas que, de manera tangencial, puesto que dentro de la lógica del texto no podrían alcanzar una dimensión alegórica, aluden a la identidad sexual. Planteada al igual que la ciudad, como un signo discernible sólo para aquellos regímenes que aspiran a la totalización en una estrategia de poder, la sexualidad es aquí lo difuso y fluido, aquello que desborda toda noción de identidad sexual. Y es en un rincón de la ciudad donde se produce el carnaval de lo genérico, máscaras y disfraces en nuevas alianzas, "homosexuales" en el múltiple y amplio *spectrum* de sexualidades que oscilan entre "lo femenino" y "lo masculino" entremezclándolos y desbaratándolos constantemente.

Del mismo modo como la ciudad en su multiplicidad burla los límites del signo convencional, "lo homosexual" deviene en Las púberes canéforas en esos excedentes que invalidan cualquier discurso que pretenda fijar a través del artificio de la identidad. Para José Joaquín Blanco, tras las fachadas del espacio urbano y las palabras arquitectónicamente organizadas del poder, se extiende la calle de las diferencias, de circunstancias históricas que deben ser asumidas.

> La Ciudad es un ideograma: el Texto continúa.
>
> Roland Barthes

Haciendo eco de la noción de Roland Barthes con respecto a la importancia del Yo como sujeto que infunde significados a la ciudad, Michel de Certeau indica que caminar por ella permite recartografiar el espacio y hacerlo visible creando nuevas rutas, por siempre flexibles y reversibles, en procesos en los cuales el signo ciudad deja de ser la cita literal de las prácticas espaciales institucionalizadas. Por otra parte, fijando su mirada en el hiperespacio posmoderno, Fredric Jameson ha puesto una llamada de atención a aquel vacío y fractura entre el cuerpo y los espacios construidos, a la inhabilidad de localizar ese cuerpo y subjetividad en una relación significativa con un entorno urbano que, en sus dimensiones globalizadoras, oculta las determinaciones históricas. Situación que hace imperativa la necesidad de nuevos mapas cognitivos en los cuales se produzca un reensamblaje entre la subjetividad, las relaciones sociales y lo Simbólico, representaciones que, lejos de constituir un reflejo exacto, abran significados alternativos.

Si bien las cartografías delineadas en este ensayo poseen como base las relaciones entre género sexual y ciudad, los imaginarios urbanos comentados aquí ponen en evidencia no sólo la tensión entre orden y desestabilización sino también la intención de reconfigurar la ciudad como el espacio de la alteridad no asimilada, de fracturas y escisiones, de un orden donde los derechos y privilegios en la tríada Espacio/Poder/Conocimiento hacen fermentar una dislocación que la escritura traslada al tercer espacio de las alternativas significantes.

Bibliografía

Adán, Martín. *La casa de cartón*. Lima: Ediciones Nuevo Mundo, 1961.
Angel, Albalucía. *Estaba la pájara pinta sentada en el verde limón*. Bogotá: Instituto Colombiano de Cultura, Subdirección de Comunicaciones Culturales, División de Publicaciones, 1975.
Aridjis, Homero. *Noche de Independencia*. Barcelona: Editorial Argos Vergara, 1982.
_____ *Playa nudista: El último Adán*. Barcelona: Argos Vergara, primera edición, 1982.
Arlt, Roberto. *El juguete rabioso*. Madrid: Cátedra, 1985.
Barthes, Roland. *El imperio de los signos*. Madrid: Mondadori, 1991.
_____ "Semiology and the Urban". *The City and the Sign: An Introduction to Semiotics*. M. Gottdiener y Alexandros Ph. Lagopoulos, eds. Nueva York: Columbia University Press, 1986. 87-98.
Bhabha, Homi K. *The Location of Culture*. Londres y Nueva York: Routledge, 1994.
Bombal, María Luisa. *La última niebla*. Santiago, Chile: Nascimento, tercera edición, 1962.
Boullosa, Carmen. *Cielos de la tierra*. México, D.F.: Aguilar, Altea, Taurus, Alfaguara, 1997.
_____ *Duerme*. Madrid, New York: Alfaguara, segunda edición, 1995.
Cambacérès, Eugenio. *Sin rumbo*. Buenos Aires: Ediciones Estrada, 1949.

Certeau, Michel de. *The Practice of Everyday Life*. Berkeley: University of California Press, 1984.

Classen, Constance, David Howes, y Anthony Synnot. *Aroma: The Cultural History of Smell*. Londres y Nueva York: Routledge, 1994.

Colombara, Mónica. "Cómo vivimos la ciudad las mujeres". *El planeta, la ciudad, la casa en que vivimos*. Santiago, Chile: fempress, 1996. 7-8.

Corbin, Alain. *El perfume o el miasma. El olfato y lo imaginario social. Siglos XVIII y XIX*. México: Fondo de Cultura Económica, 1987.

Chambers, Ian. *Border Dialogues: Journeys in Posmodernity*. Londres y Nueva York: Routledge, 1990.

_____ *Migrancy, Culture, Identity*. Londres y Nueva York: Routledge, 1994.

Fuentes, Carlos. *La región más transparente*. México: Fondo de Cultura Económica, 1958.

García Canal, María Inés. "Espacio y diferenciación de género". *Debate Feminista* 9/17 (abril 1998): 47-57.

García Canclini, Néstor. *Imaginarios urbanos*. Buenos Aires: Eudeba, 1997.

Gianninni, Humberto. *La "reflexión" cotidiana: Hacia una arqueología de la experiencia*. Santiago, Chile: Editorial Universitaria, 1987.

Gottdiener, M. y Alexandros Ph. Lagopoulos (Eds.). *The City and the Sign: An Introduction to Semiotics*. Nueva York: Columbia University Press, 1986.

Grosz, Elizabeth. *Time and Perversion: Essays on the Politics of Bodies*. Londres y Nueva York: Routledge, 1995.

Guerra, Lucía. "Los signos oscilantes de la casa en la narrativa de la mujer latino-americana". *Alpha* 15 (1999): 9-31.

Guzman, Nicomendes. *Los hombres obscuros*. Santiago de Chile: Zig-Zag, sexta edición, 1964.

hooks, bell. *Black Looks: Race and Representation*. Boston: South End Press, 1992.

Jameson, Fredrick. *Posmodernism, or the Cultural Logic of Late Capitalism*. Londres: Verso, 1991.

Leap, William L. *Public Sex/Gay Space*. Nueva York: Columbia University Press, 1999.

Lemebel, Pedro. *La esquina es mi corazón*. Santiago, Chile: Editorial Cuarto Propio, 1995.

Mata Gil, Milagros *La casa en llamas*. Caracas, Venezuela: FUNDARTE, 1989.

Massey, Doreen. *Space, Place and Gender*. Oxford: Blackwell Publishers, 1994.
McClintock, Anne. "Family Feuds: Gender, Nationalism and the Family". *Feminist Review* 44 (1993): 61-80.
Mohillo, Sylvia. *En breve cárcel*. Barcelona: Seix Barral, 1981.
Neuman, Lilian. *Levantar ciudades*. Barcelona: Ediciones Destino, 1999.
Peri Rossi, Cristina. *El Libro de mis primos*. Montevideo: Biblioteca de Marcha, 1969.
_____ *La nave de los locos*. Barcelona: Seix Barral, 1984.
Perlongher, Néstor. *Prosa plebeya: Ensayos 1980-1992*. Buenos Aires: Ediciones Colihue S.R.L., 1997.
Pile, Steve. *The Body and the City: Psychoanalysis, Space and Subjectivity*. Londres y Nueva York: Routledge, 1996.
Quirós, C.B. de. *La picota en América*. La Habana: J. Montero, 1948.
Rama, Ángel. *La ciudad letrada*. Hanover: Ediciones del Norte, 1984.
Robles, Mireya. *Hagiografía de Narcisa la bella*. Hanover, NH: Ediciones del Norte, 1985.
Rojas-Mix, Miguel A. *La plaza mayor: El urbanismo, instrumento de dominio colonial*. Barcelona: Muchnik Editores, 1978.
Romero, José Luis. Latinoamérica: *Las ciudades y las ideas*. México: Siglo Veintiuno Editores, 1976.
Romero León, Jorge. "Fotógrafos y escritores: Pintores de la vida moderna". *Sueños e imágenes de la modernidad. América Latina 1870-1930*. Caracas: Corporación Andina de Fomento, 1997. 18-31.
_____ *Retórica de imaginación urbana: La ciudad y sus sujetos en Cecilia Valdés y Quincas Borba*. Caracas: Fundación Centro de Estudios Latinoamericanos Rómulo Gallegos, 1997.
Said, Edward. "Figures, Configurations, Transfigurations". *Race & Class* 32/1 (1990): 10-19.
Sarduy, Severo. *Gestos*. Barcelona: Editorial Seix-Barral, 1963.
Sepúlveda Leyton, Carlos. *Hijuna*. Linares, Chile: Editorial Ciencias y artes, 1934.
Soja, Edward W. *Postmetropolis: Critical Studies of Cities and Regions*. Oxford: Blackwell Publishers, 2000.
Torres, Ana Teresa. *El exilio del tiempo*. Caracas: Monte Avila, 1990.
Valdivieso, Mercedes. *Maldita yo entre las mujeres*. Santiago, Chile: Planeta, 1991.
Zapata, Luis. *El vampiro de la colonia Roma*. México: Editorial Grijalbo, 1979.

Ciudades sin dimensiones
Las urbes filosóficas de Jorge Luis Borges y de Xul Solar*

Lois Parkinson Zamora
University of Houston

> Friendship is the one redeeming
> Argentine passion.
> Jorge Luis Borges[1]

La larga amistad de Jorge Luis Borges con el pintor Xul Solar tuvo a Buenos Aires de trasfondo. La admiración mutua entre estos artistas basada en una visión compartida del mundo —visión anclada en su amor entrañable por su ciudad porteña— perduró durante cuatro décadas. En *Atlas*, la antología de textos borgianos sobre lugares reales y míticos, ningún lugar se describe con mayor nostalgia que el de Laprida 1214, casa de Xul Solar, actualmente el Museo Xul Solar. Borges empieza el texto: "Por esa escalera he subido un número hoy secreto de veces; arriba me esperaba Xul Solar ... reformando y recreando todas las cosas" (*Atlas* 77). En *El Buenos Aires de Borges*, excelente estudio del Borges porteño, Carlos Alberto Zito aclara: "Barrio Norte fue el domicilio de dos de los más grandes amigos de Borges. Uno era Adolfo Bioy Casares ... y el otro fue el pintor Alejandro Schultz Solari, más conocido como Xul Solar [...]" Refiriéndose a Xul Solar, Zito informa: "Borges iba asiduamente a visitarlo y estaba maravillado por su colección de libros" (130-31). El mismo Borges dice de la biblioteca de su amigo:

> Solíamos leer juntos a William Blake, en especial los *Libros proféticos*, cuya mitología él me explicaba y con la que no estaba siempre de acuerdo [...] Ni el dinero ni el éxito le importaban; vivía como Blake o como Swedenborg, en el mundo de los espíritus. Profesaba el politeísmo; un solo Dios le parecía muy poco. En el Vaticano admiraba una sólida institución romana con sucursales en casi todas las ciudades del atlas. No he conocido una biblioteca más versátil y más deleitable que la suya [...] (*Atlas* 80)

Biblioteca y discoteca: actualmente la tienda del Museo de Bellas Artes en Buenos Aires vende un CD con el título *Borges habla de Xul Solar*, la grabación de una charla de 1975 en la cual Borges recuerda a Xul con gran afecto y lo vincula con las otras influencias fundamentales

tales como Rafael Cansinos-Assens y Macedonio Fernández de la ciudad de su juventud. El catálogo de las obras del Museo Xul Solar contiene, además, elogios de Borges acerca de la obra de Xul: un prólogo a una exposición de 1949 y una conferencia de 1968.[2]

Mi intención es dar a conocer esta relación de amistad entre pintor y escritor, para luego vincular las imágenes pictóricas de Xul con las especulaciones filosóficas de Borges. La obra de Xul es poco conocida fuera de Buenos Aires —una omisión notable dado su valor plástico y también su importancia para el joven Borges. Los paisajes urbanos pintados por Xul son ciudades sin dimensiones, espacios míticos llenos de habitantes irreales, serpientes, seres compuestos (o descompuestos), y toda suerte de entes híbridos. Estas ciudades sin dimensiones y con habitantes híbridos son investigaciones visuales que abordan el problema filosófico platónico: ¿Cuál es la relación de lo real con lo ideal, del realismo con el idealismo, de la instancia singular con la verdad cósmica? Son preguntas que hará Borges también.

Con frecuencia, las estructuras narrativas de Borges ocupan espacios que carecen de dimensiones o por el contrario, superabundan con descripciones de relaciones geométricas y arquitectónicas, estrategias por las cuales Borges convierte el espacio urbano en metáfora del espacio platónico. Hay muchos ejemplos: "La biblioteca de Babel", "Tlön, Uqbar y Orbis Tertius", "El jardín de senderos que se bifurcan", "El Aleph", "La casa de Asterión". En estos cuentos y otros, Borges aborda la filosofía idealista por medio del espacio ficticio, y a veces por los ciudadanos mítico-monstruosos que lo pueblan. De manera parecida a los entes híbridos de Xul, los de Borges encarnan una exploración de las relaciones entre el individuo y el género, entre lo singular y la entidad total. La comparación del expresionismo visionario de Xul con el idealismo borgiano nos brinda la oportunidad de contemplar el Buenos Aires real compartido por Borges y Xul Solar.

Respecto a Xul Solar, Borges dice que "[...] nunca había tratado con un hombre de tan rica, heterogénea, imprevisible e incesante imaginación [...]" ("Conferencia" 13). Tan desbordante admiración por este pintor destaca tanto más la ausencia generalizada de referencia a las artes visuales; Borges casi nunca menciona los medios visuales. Si bien existen algunos estudios de Borges y la plástica tales como "Borges y Escher" y "Borges y Magritte", sin embargo es evidente que su erudición se centra abrumadoramente en lo escrito y que su interés intelectual se ubica en los sistemas simbólicos de literatura, de filosofía, de teología y de mito, y *no* en los sistemas visuales como la pintura. Borges escribe sobre autores recónditos y textos abstrusos, pero no encontramos ni una sola referencia a Rembrandt, Velázquez, Goya, Cezanne, Picasso. Se podría suponer que su ceguera explica esta indiferencia ante lo plástico pero no sería cierto porque una gran parte de sus lecturas y escritos los realizó antes de que su ceguera —a mediados de los cincuenta— fuera total. De hecho, podríamos suponer lo contrario, que Borges hubiese sido un ávido observador y que hubiese apreciado las artes visuales a sabiendas de que la ceguera era su destino; su padre sufrió de una pérdida progresiva de la vista similar a la que le fue diagnosticada al joven Borges. Su indiferencia no parece ser resultado de debilidad ocular sino de predilección intelectual. La gran excepción es Xul Solar quien rompe con la notoria inmunidad de Borges hacia lo visual. En el CD a que me referí, el escritor reconoce su excepcional relación con el visionario expresionista Xul Solar:

> [...] quiero hacer notar una circunstancia extraña: es que hayan invitado a un ciego para hablar de pintura: esto es bastante curioso, pero desde luego yo he visto la pintura de Xul y sigo viendo esa pintura, o para hablar con más propiedad, Xul y su pintura siguen viéndome a mí. (Borges, *Borges habla*, CD)

Como ya se ha dicho, Xul Solar (1887-1963) es el seudónimo de Alejandro Schultz Solari: Xul por Schultz, Solar por Solari. Nació en Buenos Aires de padres recién emigrados a la Argentina, su padre de Lituania y su madre de Italia. Xul como Borges y tantos otros artistas latinoamericanos de ese período, se fue a Europa en 1911 y regresó a Buenos Aires en 1924 con motivo de la muerte de su padre. Se ha mencionado con frecuencia la influencia que en él ejercieron Kandinsky y Klee pues Xul vivió muchos años en Alemania y consideraba el expresionismo como su vena artística. También la afinidad de su obra con la de Joan Miró se nota en sus formas abstractas y flotantes. Con seguridad conoció a Borges al volver éste también a Argentina en 1922 después de haber pasado un año en España —después de cinco en Ginebra (de 1916 a 1921). En aquella época, Xul formaba parte de la generación cosmopolita e intelectual previa a la de Borges (quien era doce años más joven) y a la que éste aspiraba a pertenecer. Como Borges, Xul era políglota, inventaba lenguas tan bien como las aprendía; sobre todo era creador de mundos tanto como creador de palabras. Cuando Borges y él se conocieron ya se habían exhibido sus pinturas en series con títulos como *ensueños, paisajes imaginarios, mundos herméticos, panjuegos, grafías*. El joven Borges le solicitó que ilustrara las tempranas colecciones de sus ensayos *El tamaño de mi esperanza* (1926) y *El idioma de los argentinos* (1928). En el ensayo "El idioma infinito" Borges concluye afirmando que "[e]stos apuntes los dedico al gran Xul-Solar, ya que en la ideación de ellos no está limpio de culpa" (*El tamaño* 43).

James Woodall, biógrafo de Borges, explica que "éste adoró el modo original con que Xul vió el mundo [y] ... la genuina extrañeza mental de Xul Solar, su implacable imaginación lógica y colorida fue un estímulo para que Borges explorara la posibilidad de mundos sin dimensiones" (72-73). Las imágenes de Xul ilustran mundos sin dimensiones pese a que pretenden referirse a paisajes urbanos que ofrecen una topografía, ya con primer y segundo planos, ya con una topografía mar-tierra-cielo sin profundidad, espacios cósmicos subdivididos en agitados subespacios geométricos. Su obra es más un estudio de estructuras del espacio que de paisaje, en ella se refiere más a ideas que a la naturaleza, y sus imágenes urbanas se refieren a relaciones filosóficas y emocionales del espectador más que a ciudades y espacios en sí. Sus mundos pictóricos están integrados mediante partes disociadas que crean la ilusión de grandes extensiones de espacio y tiempo. Este procedimiento es propio del expresionismo, y hay ejemplos de esto en muchas de las pinturas de Xul. A modo de introducción contemplemos dos de sus pinturas, a saber, la Figura 1, "Montes de nueve torres" (1949) y la Figura 2, "Barrio" (1953).

El impulso expresionista de proyectar estados interiores compite con el impulso de generalizar la condición humana, y en ello convergen las intenciones estéticas de Borges y de Xul. Borges manipula el paisaje convencional y el aspecto urbano para subvertir las particularidades del espacio real y presentar, en cambio, el espacio universal del mito mientras que Xul puebla sus pinturas de vastos espacios con numerosas figuras humanas y con animales, objetos flotantes, letras, palabras, símbolos. Así como en las ficciones de Borges, Xul pretende superar el espacio actual para

Figura 1, "Montes de nueve torres" (1949)

crear una perspectiva universalizadora de los fenómenos, el movimiento, la metafísica. Resulta interesante al respecto la definición que da Borges de la palabra "cosmopolita" en su ya mencionada conferencia de 1968 dedicada a la obra de Xul:

> [...] la palabra cosmopolita fue una invención de los estoicos y quiero explicarla. Para los griegos, la patria era la ciudad natal, por eso hablamos de Heráclito de Efeso, de Xenón de Elea y así de los demás, y los estoicos tuvieron la extraordinaria idea de que un hombre no tenía por qué ser únicamente ciudadano de su ciudad "polis", sino ciudadano del cosmos, cosmopolita, ciudadano del universo, o según la traducción alemana "Weltburger". ("Conferencia" 13)

Figura 2, "Barrio" (1953)

Figura 3, "Místicos" (1924)

Borges dictó esta conferencia cuando ya se podía contemplar la obra completa de Xul. Su comentario subraya la dialéctica xuliana entre "polis" y "cosmos", dialéctica que se hace visible en "Montes de nueve torres" y "Barrio".

Consideremos la Figura 3, "Místicos" (1924), cuadro del año en que Borges conoció a Xul. Es de pequeño formato, como lo es casi toda la obra de Xul: "Místicos" mide sólo 36.5 x 26 cm y fue pintada en acuarela y crayón sobre papel. Xul nunca se "graduó" al óleo, ocasionalmente pasó de la acuarela a la témpera y a veces montó papel sobre cartón. El medio de

Xul es diminutivo, hasta humilde. No obstante, pretende representar al universo, lo que constituye una ironía respecto de la proporción; igual como en las ficciones de Borges donde estructuras minúsculas pretenden contener el espacio infinito.

Tanto en "Místicos" como en "Montes de nueve torres" y "Barrio", reconocemos una de las técnicas que emplea Xul para superar la especificidad del espacio real que consiste en subdividir y fragmentar el espacio de la imagen. Este espacio fragmentario se vuelve simbólico; sin embargo, lo que simboliza es contradictorio. En "Místicos" podemos ver a individuos aislados en sus mundos terriblemente divididos o, por el contrario, a una unidad de comunidades de indagadores espirituales. Aquí, como en tantas de las pinturas de Xul, la limitación y la ilimitación compiten por nuestra atención.

En la Figura 4, "Fluctúa navesierpe por la extensión y su cornake" (1922), encontramos otra de las técnicas que emplea Xul para contener el mundo en un grano de arena. El título es en "neocriollo" y es traducido por Mario H. Gradowczyk como "Fluctúa la nave-serpiente por la extensión y su conductor (guía)" (Gradowczyk 64). De hecho, Xul inventa un español reformado al interpolar palabras en inglés, alemán y griego, además del uso de largas expresiones que transforman a los sustantivos en verbos, etc. Llamó a este español reformado "neocriollo", e inventó, además, otro idioma que califica de "panlengua". En su "Ensayo autobiográfico", Borges comenta que Xul inventa lenguas al modo filosófico de su personaje John Wilkins en "El idioma analítico de John Wilkins" ("Autobiographical Essay" 237). Este cuadro se parece a aquellas a las que Gradowczyk llama las "pinturas verbales ... en las cuales la representación plástica de la imagen se articula con un texto misterioso de difícil aprehensión" (64). Como en muchas de sus pinturas, el lenguaje aporta elementos estructurales del espacio expresionista; letras, palabras y otras piezas geométricas dispersas constituyen

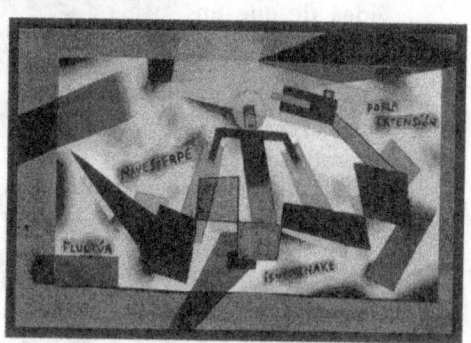

Figura 4, "Fluctúa navesierpe por la extensión y su cornake" (1922)

elementos de la composición. En la Figura 5 "Tláloc" (1923) Xul incorpora el nombre del dios mexica de la lluvia Tláloc y las palabras en nahuatl y español que denominan el agua. Las palabras "Tláloc", "agua" y "atl" están regadas por el espacio del cuadro, disociadas en bloques de color que constituyen la superficie montañosa del paisaje. Tanto en "Fluctúa" como en "Tláloc" se nota la presencia de serpientes.

Figura 5, "Tláloc" (1923)

Xul crea sus mundos pictóricos de disociados objetos, animales, letras, palabras, cuerpos o fragmentos geométricos del espacio delimitado por el color y la textura. Esta técnica debió haber interesado a Borges en 1924, pues las ficciones de su madurez combinarían partes dispares para crear totalidades universalizantes. La estructura de Xul aspira a desafiar las dimensiones —y simultáneamente— a brindar a cada objeto una definición específica y un lugar en el espacio. Sus imágenes, ubicadas en un espacio aparentemente sin dimensiones, parecen simbólicas pero lo que simbolizan es intencionalmente evasivo, como si simbolizaran *todos* los espacios y sus figuras simbolizaran a *todos* los seres.

La Figura 6, "Paisaje celestial" (1933) también representa lo que parece ser la forma platónica de una ciudad. Si bien los detalles visuales están incrustados en una composición que sugiere reinos metafísicos, la naturaleza de la

Figura 6, "Paisaje celestial" (1933)

metafísica queda indefinida. La última frase de Borges en "Pedro Salvadores" puede ser aplicada a esta técnica expresionista de Xul: "Como todas las cosas, el destino de Pedro Salvadores nos parece un símbolo de algo que estamos a punto de comprender" (*Elogio a la sombra* 1969; *OC* II, 373). En la obra de Xul existen simultáneamente la especificidad y la infinidad. El mundo que visualiza está a la vez en todas partes y en ninguna; es el universo inimaginable en miniatura.

Los espacios míticos creados por Xul se corresponden a los espacios ficticios de Borges que también se presentan como una instancia específica de fenómenos universales: el jardín de senderos que se bifurcan se refiere a todos los jardines, a todas las posibilidades narrativas; la biblioteca de Babel contiene todos los libros posibles, una completa descripción de todo lo existente bajo el sol; Pierre Menard escribe el *Quijote* donde un pequeño fragmento sugiere el contenido del texto entero y de la tradición literaria total. En su cuento "El aleph", Borges introduce un "limitado catálogo de un sinnúmero de objetos", frase con la que el escritor describe las enumeraciones incantatorias de Whitman; leemos una lista de objetos específicos, de lugares, de personas que pretenden representar a *todos* los objetos, a *todos* los lugares, a *todas* las personas. Las ficciones de Borges, como los cuadros de Xul, no pueden menos que ser interpretados como metáforas del ser.

En mi opinión, el entusiasmo descomunal de Borges respecto a Xul Solar se debe al hecho de que en la época en que se conocieron, Borges ya sabía que su gran desafío estético sería el de presentar su visión universalizadora en un medio irremediablemente referencial como lo es la escritura. Al confrontarse con la obra de Xul, Borges pudo haber identificado de inmediato un desafío artístico similar al suyo. Xul había logrado representar con acuarela lo que Borges aún no había podido escribir y que lograría sólo en 1941 con "La muerte y la brújula", según lo afirmado por él.

Escribir cuentos universalizadores en la Argentina de los años veinte y treinta significaba oponerse a la moda literaria entonces en boga, la del *costumbrismo*, y oponerse además a su fundamento filosófico positivista. Borges había contemplado la naturaleza del realismo durante más de una década y en su ensayo "El escritor argentino y la tradición", publicado en *Discusión* en 1932, declaró su independencia de las restricciones realistas y regionalistas de su época. Un texto religioso le proporciona la metáfora para distinguir la relación que hay entre las particularidades realistas y los propósitos universales. En una afirmación famosa (aunque incorrecta[3]) Borges señala que no hay camellos en el *Corán*, para luego establecer un análogo con la literatura argentina donde es posible que un texto sea argentino sin que haya referencia a los gauchos, las pampas, el tango. Los escritores argentinos (al igual que el escritor del *Corán*) no están obligados a representar las realidades locales de Argentina:

> [...] debemos pensar que nuestro patrimonio es el universo, ensayar todos los temas, y no podemos concretarnos a lo argentino para ser argentinos: porque o ser argentino es una fatalidad, y en ese caso lo seremos de cualquier modo, o ser argentino es una mera afectación, una máscara.
> Creo que si nos abandonamos a ese sueño voluntario que se llama la creación artística, seremos argentinos y seremos, también, buenos o tolerables escritores. (*OC* I, 273-74)

Uno puede ser escritor argentino y al mismo tiempo universal. Con este ensayo Borges se permite empezar su traslado de Buenos Aires a Tlön, Uqbar y Orbis Tertius; las ficciones de los años cuarenta estarán impelidas por una poderosa dinámica entre realismo e idealismo que las convertirán en vehículos de especulación filosófica.

Lograr el equilibrio entre camellos y el *Corán* es un proyecto constante de Borges hasta mediados de los años cuarenta, según se nota en la referencia anacrónica en su ensayo de 1932 a su cuento de 1941, "La muerte y la brújula". Tal anacronismo se explica así: *Discusión* fue reimpresa en 1942 y Borges aprovechó la oportunidad para ampliar "El escritor argentino y la tradición" con una referencia al cuento que recién había terminado; explica que había escrito el cuento aproximadamente un año antes y afirma que en sus páginas había logrado conciliar las rivales exigencias de la descripción realista con su intención universalizadora: "[...] mis amigos me dijeron que al fin habían encontrado en lo que yo escribía el sabor de las afueras de Buenos Aires. Precisamente porque no me había propuesto encontrar ese sabor, porque me había abandonado al sueño, pude lograr, al cabo de tantos años, lo que antes busqué en vano" (*Ficciones* 1944; *OC* I, 271). Entre los amigos que habían aplaudido su hazaña, con seguridad se encontraba el pintor expresionista Xul Solar.

El deslizamiento borgiano entre situaciones particulares y proposiciones universales se basa en la sinécdoque —figura retórica mediante la cual se designa un todo con el nombre de una de sus partes, o viceversa, designar una parte con el nombre del todo—; el instante singular contiene todos los instantes; un espacio definido se transforma en una vasta totalidad universal. Como en la figura retórica afín, la metonimia, la sinécdoque relaciona a los elementos en una dialéctica de presencia y ausencia: *las partes* del universo están presentes mientras que *el universo* está imposiblemente ausente. La sinécdoque ofrece la posibilidad de síntesis universalizante, bien sea que lo universal esté concebido como infinidad, eternidad, arquetipo, mito o metafísica. Este es un proceso conceptual y lingüistico, no un procedimiento visual; sin embargo a la larga propondré que la sinécdoque es también un rasgo característico de la pintura de Xul.

Primero consideremos la sinécdoque borgiana. Referencias a la sinécdoque aparecen a lo largo de sus comentarios sobre el romanticismo y el trascendentalismo, y explica su predilección por los poetas que integran estos movimientos. En "La flor de Coleridge" Borges se refiere a la declaración de Valéry que la historia de la literatura no es una historia de sus autores sino la historia del Espíritu, así como a la opinión de Shelley de que "todos los poemas del pasado, del presente y del porvenir, son episodios o fragmentos de un solo poema infinito, erigido por todos los poetas del orbe" (*Otras inquisiones* 1952; *OC* II, 17). También cita a Emerson: "Diríase que una sola persona ha redactado cuantos libros hay en el mundo; tal unidad central hay en ellos que es innegable que son obra de un solo caballero omnisciente" (17). Concluye su ensayo revirtiendo los términos de la sinécdoque para significar que no sólo todo poeta es todos los poetas sino que toda literatura está en el poeta singular: "Durante muchos años, yo creí que la casi infinita literatura estaba en un hombre. Ese hombre fue Carlyle, fue Johannes Becher, fue Whitman, fue Rafael Cansinos-Assens, fue De Quincey" (19).

Consideremos la primera colección de cuentos de Borges, *Historia universal de la infamia* (1935). En el prefacio, Borges "confiesa" su dependencia narrativa de la sinécdoque: "ejercicios de prosa narrativa ... abusan algunos procedimientos: las enumeraciones dispares, la brusca solución de continuidad, la reducción de la vida entera de un hombre a dos o tres escenas" (*OC* I, 289). La operación mediante el uso de "enumeraciones dispares" le permite lograr la comprensión enciclopédica de lo que promete su título. En esta "historia universal" destaca la ironía de presentar unas cuantas instancias para abarcarlas todas: un pícaro mezquino, un estafador estúpido, una pirata china, Billy the Kid entre algunos otros, para acabar con el cuento "Hombre de la esquina rosada". Estos personajes difícilmente encapsulan la historia universal de nada, pero ése precisamente es el propósito de Borges: "no hay hecho, por humilde que sea, que no implique la historia universal y su infinita concatenación de efectos y causas" ("El zahir", *El Aleph* 1949; *OC* I, 594). Su idea fundamental de que un hombre es todos los hombres, de que el individuo contiene el microcosmos, es un aspecto del mismo principio como lo es también su especulación de que "la historia universal es la historia de unas cuantas metáforas" ("La esfera de Pascal", *Otras Inquisiciones; OC* II, 14).

Muchas de las ficciones de Borges dramatizan la "implicación" de hechos insignificantes con la historia universal. El escritor a menudo incorpora en su descripción realista una sinécdoque que obliga al lector a situarse más allá de la especificidad de lo contado —sinécdoque que convierte la misma especifidad en idea general. Esta operación es quintaesencialmente borgiana y reconocible de inmediato. El narrador de "El zahir" la afirma cuando especula: "Tal vez ... el mundo visible se da entero en cada representación, de igual manera que la voluntad, según Schopenhauer, se da entera en cada sujeto. Los cabalistas entendieron que el hombre es un microcosmos, un simbólico espejo del universo; todo, según Tennyson, lo sería. Todo hasta el intolerable Zahir" (*OC* I, 594-95). Sus múltiples metáforas —laberinto, espejo, biblioteca, esfera, Zahir— son emblemas del universo, y sus personajes anónimos están creados para proyectar la condición humana. Borges pide al lector que acepte que la instancia o el personaje o el emblema, por más arbitrarios que parezcan, no sólo lo *representan* sino que *contienen* el universo.

En la colección de *Historia universal de la infamia*, Borges no siempre tiene éxito al sostener un equilibrio entre particularidad real y universalidad ideal; sin embargo, en los cuentos de *Ficciones* (1944) y de *El Aleph*, publicados una década después, lo logra con consumada habilidad. En "El Aleph", por ejemplo, una lista parcial representa todas las cosas del mundo. El narrador se pregunta: "¿Cómo transmitir a los otros el infinito Aleph, que mi temerosa memoria apenas abarca? Los místicos, en análogo trance, prodigan los emblemas ... el problema central es irresoluble: la enumeración, siquiera parcial, de un conjunto infinito" (*OC* I, 624-25). El narrador, enfrentado con el problema, enumera. Su lista *es* un símbolo: el conjunto de sus instantes simboliza "el universo inimaginable". En su comentario acerca de esta estrategia, Borges explica que "la tarea, como es evidente, es imposible pues tal enumeración caótica sólo puede ser simulada y todo elemento aparentemente azaroso debe ser enlazado con su vecino bien mediante una secreta asociación o por contraste" (Commentary on 'The Aleph' 264). Claro está que las enumeraciones dispares están cuidadosamente construidas.

"Las ruinas circulares" emplea una estrategia similar para describir a un dios infinito. Un hombre que se encuentra en un círculo cerrado sueña con una estatua que se convierte en un dios: "La soñó viva, trémula: no era un atroz bastardo de tigre y potro, sino a la vez esas dos criaturas vehementes y también un toro, una rosa, una tempestad" (*Ficciones* 1944; *OC* I, 453). Este "dios múltiple" es descrito mediante una breve lista (toro, rosa, tempestad) que sirve de índice de su universalidad. De igual modo en "Funes el memorioso" la improbable lista de elementos recordados se ofrece como prueba del recuerdo total de Funes, aunque en este caso lo que se demuestra es el fracaso del poder de síntesis. El narrador explica:

> Nosotros, de un vistazo, percibimos tres copas en una mesa; Funes, todos los vástagos y racimos y frutos que comprende una parra. [Funes] sabía las formas de las nubes australes del amanecer del treinta de abril de mil ochocientos ochenta y dos y podía compararlas en el recuerdo con las vetas de un libro en pasta española que sólo había mirado una vez y con las líneas de la espuma que un remo levantó en el Río Negro la víspera de la acción del Quebracho. (*Ficciones* 1944; *OC* I, 488)

Y en "La biblioteca de Babel" el potencial combinatorio del lenguaje *es* la biblioteca de Babel, donde una lista confirma que todo está contenido en ella.

> Todo: la historia minuciosa del porvenir, las autobiografías de los arcángeles, el catálogo fiel de la Biblioteca, miles y miles de catálogos falsos, la demostración de la falacia de esos catálogos, demostración de la falacia del catálogo verdadero, el evangelio gnóstico de Basílides, el comentario de ese evangelio, el comentario del comentario de ese evangelio, la relación verídica de tu muerte, la versión de cada libro a todas las lenguas, las interpolaciones de cada libro en todos los libros, el tratado que Beda pudo escribir (y no escribió) sobre la mitología de los sajones, los libros perdidos de Tácito. (*Ficciones* 1944; *OC* I, 467-68)

El idealismo narrativo de Borges se expresa en las acumulaciones de todos los posibles fenómenos; los elementos dispares de sus listas carecen de relación sintáctica, y no obstante son enumerados y yuxtapuestos para sugerir la plenitud del ser.

El orden desordenado de las listas y su función de sinécdoque se destacan en el cuento/ensayo de 1941, "El idioma analítico de John

Wilkins", que Borges asoció con la inclinación de Xul de inventar lenguajes. Michel Foucault también cita el cuento como la inspiración de *Les mots et les choses*, historia de la organización del conocimiento en Occidente. La lista que cita Foucalt es aquella que el narrador afirma recordar por sus "ambigüedades, redundancias y deficiencias". Se trata de una lista con todas las categorías posibles a las que pueden pertenecer los animales de un cierto sistema chino. Borges atribuye la lista a un Dr. Franz Kuhn quien a su vez cita a un "desconocido (o apócrifo) enciclopedista chino".

> (a) pertenecientes al Emperador, (b) embalsamados, (c) amaestrados, (d) lechones, (e) sirenas, (f) fabulosos, (g) perros sueltos, (h) incluidos en esta clasificación, (i) que se agitan como locos, (j) innumerables, (k) dibujados con un pincel finísimo de pelo de camello, (l) etcétera, (m) que acaban de romper el jarrón, (n) que de lejos parecen moscas. (*Otras inquisiciones* 1952; *OC* II, 86)

Foucault afirma que el "y" (la relación sintáctica) se ha vuelto imposible por la taxonomía de Borges: dice Foucault que "los fragmentos de una gran cantidad de órdenes posibles brillan por separado"; no hay ningún orden universal implícito ni posible (xvii). El "y" ciertamente *no* se ha vuelto imposible pero sí se ha subvertido y reconstruido a través del "orden" de Wilkins; lo reconocemos como una "enumeración dispar" borgiana; es una sinécdoque que comprende al universo. Aparentemente Foucault no lee el final del cuento pues una vez terminada la enumeración de la lista, el narrador reflexiona que "notoriamente no hay clasificación que no sea arbitraria ni conjetural [...] La imposibilidad de penetrar el esquema divino del universo no puede, sin embargo, disuadirnos de planear esquemas humanos, aunque nos conste que éstos son provisorios" (86). Para Borges la lista de elementos dispares lleva a la contemplación del misterio cósmico mientras para Foucault ésta lleva a la imposibilidad del significado.

La pintura de Xul contiene una analogía visual a las listas de Borges; utiliza igualmente elementos dispares para crear escenarios universalizadores. Ya he llamado la atención acerca de las geometrías fragmentadas y los objetos sueltos que flotan en el espacio de las Figuras 5 y 6. Tal como las listas de Borges en "El Aleph" y en "El idioma analítico de John Wilkins", los elementos dispares de Xul sugieren un sistema que abarca más que las partes que vemos. Al respecto, su objetivación de palabras y letras es particularmente efectiva. Al suspender palabras aisladas aquí y allá, Xul las saca de su contexto discursivo específico y las convierte en símbolos del lenguaje en sí. Las palabras en los cuadros de Xul están separadas de la *parole* del contexto discursivo para señalar la *langue* en su totalidad. Veamos estas categorías de Ferdinand de Saussure.

Según la lingüística saussuriana, cuando las palabras se usan en un contexto comunicativo, participan en dos conjuntos de relaciones significantes: 1) *una relación sintáctica de contigüidad* con palabras en un contexto discursivo particular, relación que Saussure llama "sintagmática" y 2) *una relación semántica de similitud* con palabras asociadas por una variedad de significados, relación que llama "paradigmática" (Silverman, 87-125). Las palabras pintadas por Xul existen sólo con respecto a la segunda de estas relaciones; están separadas de la relación "sintagmática" y existen sólo en una relación "paradigmática" con otras palabras. Su aislamiento está al servicio de la *langue* y no de la *parole*, así apoyando el impulso universalizador de Xul que descubrimos a lo largo de su obra.

En la Figura 5, Xul juega con tres palabras que tienen una relación semántica —Tláloc, agua, y atl— y juega además con la circunstancia de que las tres letras iniciales de Tláloc deletrean *atl* a la inversa. Esta es precisamente la relación "paradigmática" a la que se refiere Saussure. Como lo destaca Foucault en su comentario sobre la enciclopedia borgiana de John Wilkins, la relación sintagmática ("y") está subvertida —sin embargo, la posibilidad de la relación "paradigmática" se conserva. Cada uno de los elementos de Wilkins apunta a un sistema completo pero "provisorio" tal como las palabras flotantes de Xul. También en la Figura 6 las palabras están desprovistas de relación sintagmática, y además su valor semántico permanece desconocido excepto por las pocas personas (si aún existen) que todavía saben leer el lenguaje inventado por Xul. (¡Habla de "esquemas provisorios"!)

Analicemos ahora algunas imágenes de Xul un tanto diferentes. La dialéctica de la sinécdoque entre presencia y ausencia, lo particular y lo

Figura 7, "Muros y escaleras" (1944)

universal, se relaciona de otra manera en la Figura 7, "Muros y escaleras" (1944). Los muros y las escaleras de esta acuarela están compuestos con la intención de dar la ilusión de conducir a más muros y más escaleras, a infinitos muros y escaleras. (Aquí la semejanza con la obra de Escher es notable.) La cualidad laberíntica de la composición así como la manipulación de la escala dan al espectador la sensación de infinitud. Otra versión de este cuadro del mismo año y con igual título "Muros y escaleras" parece haber tenido especial significado para Borges dada una referencia que se hace al cuadro en uno de sus cuentos más conocidos. Ver la Figura 8 (1944/III).

Borges menciona a Xul Solar por su nombre en "Tlön, Uqbar y Orbis Tertius", publicado en *Ficciones* en 1944. Se refiere al lenguaje del planeta Tlön, cuya descripción está obviamente inspirada en el lenguaje "neocriollo" de Xul Solar, y da ejemplos con la traducción al inglés entre paréntesis, aparentemente como aclaración:

> Por ejemplo, no hay palabra que corresponda a la palabra "luna", pero hay un verbo que sería en español "lunecer o lunar". Surgió la luna sobre el río se dice *hlör u fang axaxaxas mlö* o sea en su orden: hacia arriba (*upward*) detrás duradero-fluir luneció. Xul Solar traduce con brevedad: upa tras perfluye lunó. (*Upward, behind the onstreaming, it mooned*) (*OC* I, 435)

Inexplicablemente la referencia a Xul Solar fue eliminada en la traducción del cuento al inglés por James I. Irby (no he podido averiguar si fue el propio Borges quien la eliminó en una edición posterior). La desaparición de Xul del texto en inglés tiene otro paralelo en la desaparición de Uqbar de la Enciclopedia Anglo Americana descrita al principio del cuento, y es símbolo del olvido de la obra del pintor en el mundo de habla inglesa.

Hay otra referencia a Xul en el epílogo de "Tlön, Uqbar y Orbis Tertius", cuando el narrador comenta la historia "real" del mundo ilusorio que acaba de contar. Es aquí

Figura 8, "Muros y Escaleras" (1944/III)

cuando aparece "Muros y escaleras" pues Borges cuenta que la primera intrusión de Tlön, Uqbar y Orbis Tertius en *este* mundo fue en un departamento de la calle de Laprida donde, ya sabemos, se ubicaba la casa de Xul Solar. El escritor narra que cierta princesa Faucigny Lucinge estaba desempacando la plata traída de Utrecht y de Paris, su samovar y otras cosas, cuando descubre una brújula que vibra misteriosamente "con un perceptible y tenue temblor de pájaro dormido" (441). El relato continúa refiriéndose a la misteriosa brújula:

> La princesa no la reconoció. La aguja azul anhelaba el norte magnético; la caja de metal era cóncava; las letras de la esfera correspondían a uno de los alfabetos de Tlön. Tal fue la primera intrusión del mundo fantástico en el mundo real. (441)

Mario Gradowczyk sugiere que esta brújula quizá se refiera al disco del sol en "Muros y escalera" de Xul. Puede ser: las "grafías" —como clips torcidos— aparecen con frecuencia en la obra de Xul, y la referencia a la calle de Laprida es inconfundible.

Ejemplos tardíos de su serie de "grafías" son la Figura 9, "Grafía" (1962) y la Figura 10 "Grafía" (1958). Todo en la Figura 9 está enlazado —línea, color, matiz—; sin embargo el significado de las conexiones es un misterio. Si esta acuarela nos da una sensación inquietante de ser nada más que los garabatos del artista, en la Figura 10 sucede algo diferente. Aquí la sensación es de un organicismo universalizador, una geometría dinámica que propone una lógica propia de forma y de color, una manera visual de desentrañar cuestiones cósmicas en el espacio limitado del cuadro.

Más allá de las técnicas compartidas entre Xul y Borges existe otra afinidad que mencionaré breve-mente: su devoción a los seres híbridos. Borges los llamaba "monstruos" y Xul les daba nombres como "jefe de dragones", "una drola" y

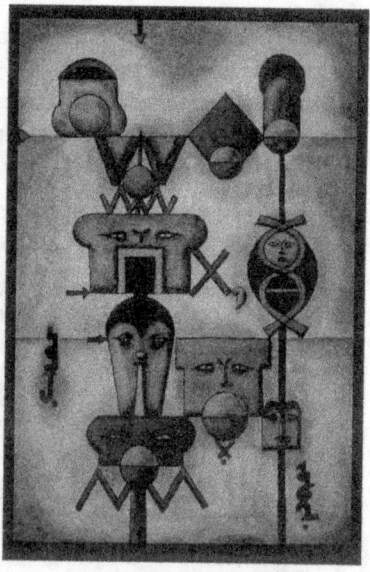

Figura 9, "Grafía" (1962)

"séptuplo". ¿Qué tienen que ver estos seres con sus ciudades sin dimensiones? Claro está que en los años veinte, Buenos Aires hospedaba una población híbrida, la tercera parte no nacida en Argentina, inmigrantes procedentes de muchos y diversos lugares. El seudónimo de Xul nos recuerda su herencia nacional y cultural mezclada, tanto como la adorada abuela inglesa de Borges nos recuerda a la suya. Sin embargo, la diversidad cultural de Buenos Aires no es la fuente de su interés compartido en el arte combinatorio. Más bien, propongo que estas combinaciones permitían que desarrollaran sus imágenes del espacio como algo móvil e ilimitado.

Figura 10 "Grafía" (1958)

Para Borges y Xul, los híbridos son metonimias, es decir, figuras que tienen su significado basado en la yuxtaposición de elementos dispares en el espacio (el torso de un hombre con el cuerpo de un caballo; la cabeza de hombre con el cuerpo de un toro). Por razón de su contigüidad, las partes de estos seres compuestos funcionan de manera semejante a la de "las enumeraciones dispares" en "El Aleph" o "Las ruinas circulares". Pero es importante distinguir entre la metonimia y la sinécdoque. Paul Ricoeur, en su estudio magistral *The Rule of Metaphor*, reconoce la cercanía de la sinécdoque y la metonimia; y subraya su casi perfecta simetría (57). La metonimia depende de la contigüidad, pero Ricoeur prefiere los términos más amplios de "correlación" y "correspondencia" para describir las relaciones metonímicas. Estas son "relationships of cause to effect, instrument to purpose, container to content, thing to its location, sign to signification, physical to moral, model to thing" (56). Además, la metonimia crea "an absolutely separate whole" mientras que las "conexiones" de la sinécdoque crean "an ensemble, a physical or metaphysical whole" (56). Las dos figuras producen la imagen de la totalidad, pero la metonimia depende de la exclusión mientras la sinécdoque depende de la inclusión ("an absolutely separate whole" versus "an ensemble"). De hecho, las diferencias nos conllevan a la casi total simetría ricoeuriana.

Para mejor diferenciar entre estas figuras, pongamos ejemplos: primero, una serie de cuadros de las cuatro estaciones que sigue una tras otra, primavera, verano, otoño, invierno: esta serie de cuadros crea "un conjunto" que contiene la idea del año entero, de la repetición cíclica dentro de la progresión temporal; segundo, un collage que es una fusión de formas y materias heterogéneas en el espacio, que crea "una totalidad absolutamente aparte". El primer ejemplo corresponde a la sinécdoque (igual a las listas de Borges, a las palabras flotantes de Xul), y el segundo a la metonimia (igual a los monstruos de Borges y a los seres fantásticos de Xul, como ya veremos.) Las dos figuras —la sinécdoque y la metonimia— significan por medio de las relaciones espaciales, pero ya entendemos que estas relaciones son sutilmente distintas. A diferencia de las listas borgianas, las partes humanas y animales que se combinan en las pinturas de Xul para engendrar sus monstruos constituyen una totalidad en sí: el centauro, el minotauro, el... pues ya leerán la lista de Borges. Los seres compuestos de Borges y de Xul constituyen un género entero de una sola instancia; son híbridos y heterogéneos, y son únicos. Lo exclusivo del ser metonímico se une con el propósito universalizador de los artistas. Borges y Xul pretenecen justamente al tipo de arte visionario que se presta para extraer las partes de su contexto fenomenal y colocarlas en una función paradigmática.

Borges define los monstruos como la combinación desnaturalizada de partes naturales, y afirma que sus posibles permutaciones lindan en lo infinito. Esta definición de lo monstruoso pertenece al prefacio de Borges de su *Manual de zoología fantástica* (1957) publicado en el mismo año que el artículo de Xul sobre "entes nuevos" que veremos a continuación. Borges da ejemplos reconocibles: el centauro es una combinación de caballo y hombre, el minotauro de toro y hombre, y de pronto lanza una lista que implica una interminable proliferación de posibles combinaciones: "podríamos producir, nos parece, un número indefinido de monstruos, combinaciones de pez, de pájaro y de reptil, sin otros límites que el hastío o el asco" (*Manual* 8). Los monstruos de Borges no son necesariamente grotescos ni terroríficos ni siquiera maravillosos; sin embargo tienen una movilidad ilimitada: su capacidad de combinación los hace volátiles, impredecibles, incontrolables. Además desafían lo binario occidental entre naturaleza y cultura; habitan simultáneamente el reino de la naturaleza y el del artificio, son por así decirlo, unas especies hechas por los hombres. Los monstruos se deslizan entre lo real y lo imaginario y así abren el camino a la alucinación, al sueño. Parece que Xul Solar con su acuarela "Una drola" crea una metáfora visual del monstruo conceptual de Borges. Ver la Figura 11, "Una drola" (1923).

Ya en 1926, en un ensayo titulado "Historia de los ángeles", publicado en la segunda de las tres tempranas colecciones suprimidas por el propio autor, Borges escribe sobre los proliferantes significados de los monstruos, entre los cuales incluye a los ángeles. Los ángeles son una combinación artificial de un ser humano con un ave; son, según un teólogo alemán a quien cita Borges:

Figura 11, "Una drola" (1923)

> [...] la inmaterialidad (apta, sin embargo, para unirse accidentalmente con la materia), la inespacialidad (el no llenar ningún espacio ni poder ser encerrados por él), la duración perdurable, con principio pero sin fin; la invisibilidad y hasta la inmutabilidad, atributo que los hospeda en lo eterno. (*El tamaño* 65)

Es su naturaleza espacial —más bien inespacial— la que Borges enfatiza creando una ironía dado que los ángeles a menudo se representan en pleno vuelo y son criaturas cuyo medio es el espacio, el aire. Indica que además, a los hebreos no les causó ninguna dificultad combinar los ángeles con las estrellas. Borges señala que de todos los monstruos creados por la imaginación humana, los ángeles son los únicos que siguen vigentes. Sigue su lista de monstruos, una sinécdoque compuesta de metonimias:

> La imaginación de los hombres ha figurado tandas de monstruos (tritones, hipogrifos, quimeras, serpientes de mar, unicornios, diablos, dragones, lobizones, cíclopes, faunos, basiliscos, semidioses, leviatanes y otros que son caterva) y todos ellos han desaparecido, salvo los ángeles. ¿Qué verso de hoy se atrevería a mentar la fénix o ser paseo de un centauro? (*El tamaño* 67)

Los suyos, Borges, queremos contestar, porque una visión retrospectiva nos permite acechar en este temprano ensayo la intención borgiana, aún sin formularse, de rescatar del olvido a estos seres extraordinarios. ¿Cuál otro motivo explicaría la aparición de su catálogo delicioso de monstruos extinguidos, su delicado acercamiento a "ese mundo de soñaciones y de alas"?

Los monstruos de Borges evolucionan durante los años veinte y treinta de una manera cuidadosamente diseñada para perturbar nuestro sentido normal de las relaciónes entre las partes y el todo. Son a la una vez únicas y universales —y universales *porque* son únicos. Cada especie es su propio género, cada individuo es un tipo, su identidad no es una cuestión de la apariencia compartida sino de la desigualdad con todos los demás excepto consigo mismo. De hecho, la metonimia es una figura basada en la exclusión, como lo dice Ricoeur.

Consideremos el monstruo borgiano nacido en 1947 en su cuento "La casa de Asterión". Descubrimos tan solo hacia el final del cuento que Asterión es el minotauro y que su casa es el laberinto —un mito sobre el espacio cerrado y a la vez ilimitado, inagotable. Asterión sabe que es "un todo absolutamente aparte", para repetir la frase de Ricoeur; sabe que no hay otro como él. Al principio, proclama su originalidad y un paralelismo con todo lo que "está capacitado para lo grande", pero muy pronto inventa un juego con un ser imaginario gemelo, "el otro Asterión". Para justificar su deseo de un alter ego, Asterión enumera las cosas en su casa que se repiten —los pesebres, abrevaderos, patios, albercas. Luego se da cuenta que los mares y templos también son muchos. "Todo está muchas veces, catorce veces, pero dos cosas hay en el mundo que parecen estar una sola vez: arriba, el intrincado sol; abajo, Asterión" (*El aleph* 1949; *OC* I, 570). El patetismo de este monstruo es poco usual entre los seres imaginarios de Borges, y subraya el estatus de Asterión como ser único. Su monólogo termina de manera melancólica con su especulación sobre quien lo libere: "¿Será un toro o un hombre? ¿Será tal vez un toro con cara de hombre? ¿O será como yo?" (570). El narrador concluye reiterando el deseo de Asterión de un otro parecido a él, y así dramatiza el tamaño de su esperanza.

Asterión y los ángeles: monstruos míticos de gran vuelo que se encuentran en los espacios textuales minúsculos de Borges. "Monstruoso" puede significar "prodigioso", "espacioso", "enorme" pero jamás "chiquito". Si los monstruos suelen considerarse gigantes y jamás minúsculos, de todas maneras es verdad que las miniaturas son también totalidades artificiales. Hay pequeñas criaturas en la naturaleza por supuesto, pero no hay miniaturas porque la miniatura como tal es un artificio, es el resultado de la perspectiva y la obra humanas. Susan Stewart, en su libro *On Longing: Narratives of the Miniature, the Gigantic, the Souvenir, the Collection*, argumenta que la miniatura "ofrece un mundo claramente limitado en cuanto al espacio pero congelado y por consiguiente tanto particularizado como generalizado en el tiempo —particularizado en el sentido en que la miniatura se concentra en una instancia singular y no en las leyes abstractas, pero generalizado en cuanta que la instancia llega a trascender, significar, un espectro de otras instancias" (Stewart 48, traducción mía). Su referencia a la naturaleza de la miniatura, "tanto particularizada como generalizada" en la que una "instancia singular" viene a significar "un espectro de otras instancias", le da a la miniatura una función que pertenece tanto a la sinécdoque como a la metonimia. La miniatura enfatiza la naturaleza única de la imagen (metonimia) a la vez que subraya que por razón de su tamaño extraordinario ésta se vuelve arquetípica (sinécdoque). Este comentario subraya la potencia arquetípica de cualquier narrativa en miniatura, un aspecto que reconoce Borges en su frecuente alabanza del cuento sobre la novela. Así, los monstruos merodean por las narrativas miniaturas de Borges, una ironía cuya desproporción es agraviada por la vastedad de su función universalizadora.

Consideremos el homenaje que hace Borges al dragón en el prefacio a su *Manual de zoología fantástica*:

> Ignoramos el sentido del dragón, como ignoramos el sentido del universo, pero algo hay en su imagen que concuerda con la imaginación de los hombres, y así el dragón surge en distintas latitudes y edades. Es, por decirlo así, un monstruo necesario, *no* un monstruo efímero o casual [...]. (*Manual* 7)

Un monstruo necesario, no "efímero o casual", pero arquetípico, esencial. Para Borges los monstruos combinan a Aristóteles y Platón — la naturaleza sustancial y la forma ideal—y de esta manera se convierten en recursos con los cuales lo universal puede ser sintetizado y materializado.

Parecidos son los entes híbridos de Xul, con sus serpientes y dragones omnipresentes que proporcionan la articulación estructural entre las partes. En la Figura 12, "Doña diáfana" (1923) y en la Figura 13, "Jefe de dragones" (1923) aparecen

Figura 12, "Doña diáfana" (1923)

Figura 13, "Jefe de dragones" (1923)

criaturas compuestas acompañadas con frecuencia por serpientes o "dragones". En un artículo escrito por Xul titulado "Algo semitécnico sobre mejoras anatómicas y entes nuevos" (1957) descubrimos su fascinación por combinar partes disparatadas para crear seres imaginarios. Enumera categorías mediante las cuales pretende o desea operar; en el número 4 describe:

> Combinación y creación libre de seres imaginarios en literatura, artes plásticas, teatro y cine.... La fantasía exige libertad, bajo ciertas leyes poco estudiadas; pero hay un campo infinito en ordenar y clasificar tipos, modos y ámbitos, por ejemplo, zodiacales-astrológicos, facilitando, racionalizando mutuas armonías y oposiciones (Svanascini 11).

El cuerpo humano es para Xul un sitio potencial para este procedimiento combinatorio; en este artículo describe una figura imaginaria compuesta por:

> Útiles apéndices inertes, unidos al cuerpo como propios de él, por ejemplo, fuertes resortes de acero en espiras, bajo la planta del pie, como trampolines cubiertos de peluda piel y callo o pezuña debajo, para un paso y salto más elástico, largo y rápido. (9-10)

En la obra de Xul lo híbrido incluye partes no humanas ni animales (resortes de acero, etc.) tanto como números y letras y figuras superpuestos sobre los híbridos; el movimiento de los elementos del collage pintado crea la ilusión de extensión en el espacio; la contigüidad (superposición y yuxtaposición) de los elementos crea múltiples perspectivas oblicuas. Como los monstruos de Borges, los seres fantásticos de Xul no son horripilantes sino benignos, hasta chistosos, y como los de Borges, su capacidad combinatoria nos da la impresión de una volatilidad y una movilidad ilimitadas. Otra vez vemos el manejo xuliano de las partes y la totalidad, los individuos y el género: las figuras son únicas, pero por su movilidad se convierten en arquetipos; son todos los seres posibles a la vez.

Los retratos de Xul son a menudo seres fundidos, disueltos como en la Figura 14, "Séptuplo" (1924), o seres proliferantes como en la Figura 15, "Yo el ochenta" (1923); en estas acuarelas se destaca la fragmentación y movimiento de color y de volumen, las intenciones simbólicas, y el impulso idealizante del espacio ilimitado. El retrato intitulado "Pareja" (Figura 16, 1923) recuerda el relato de "Borges y yo". La dialéctica entre "Borges" el personaje idealizado poético y "Borges" el renuente narrador de carne y hueso, abarca las estrategias relacionadas de Xul y de Borges a que me he referido: su empleo de la sinécdoque y de las criaturas combinatorias. El narrador nos informa que está atrapado en el cuerpo del otro Borges, el arquetipo del escritor metafísico, y expresa la esperanza de escapar del cuerpo que comparte con él, presuntamente a la libertad de un reino experimental que le ha sido negado hasta entonces. Lo híbrido en el narrador, su composición monstruosa de dos cuerpos y dos almas, apunta a la disyunción entre lo real y lo ideal, entre la individualidad (personali-dad, corporalidad) y los lineamientos colectivos de la literatura, del mito. Eduardo González en su libro *The Monster'd Self* analiza el empleo de las dos caras de Jano en los cuentos de Borges "El Sur" y "La muerte y la brújula" y descubre que en ambos cuentos Jano introduce a los protagonistas en el reino del mito y en una identidad atávica (González 39-42). En "Borges y yo" en cambio, el narrador es una especie de Jano él mismo; pese a su deseo permanece atrapado en su cuerpo; le toca a él introducir *a otros* en el reino del mito: "yo vivo, yo me dejo vivir, para

Figura 14, "Séptuplo" (1924)

Figura 15, "Yo el ochenta" (1923)

Figura 16, "Pareja" (1923)

que Borges pueda armar su literatura y esa literatura me justifica" (*El hacedor* 1960; *OC* II, 186). Concluye la fábula: "Así mi vida es una fuga y todo lo pierdo y todo es del olvido, o del otro" (186).

Regreso ahora a mi punto de partida, al Buenos Aires de los años veinte, a Xul y a Borges, a su amistad, su visión compartida y sus técnicas afines. A pesar de su historia y culturas compartidas, sus respectivas obras han tenido destinos muy diferentes. Borges es aclamado a través de múltiples disciplinas y culturas mientras que Xul es poco conocido fuera de Argentina; de hecho algunos sabemos de su obra sólo a través de Borges. Tal vez la obra de Xul no se haya promovido por las galerías de arte al mismo grado que la de Borges por sus editores. Además los libros viajan más, en mayor cantidad, y más fácilmente que los cuadros: la reproducción es el destino de los libros mientras la pintura tiene su valor en el objeto original. Existen razones estéticas también para explicar los diferentes destinos de las respectivas obras. Por mi parte, creo que el medio narrativo de Borges permite al lector entrar más fácilmente en los espacios cósmicos, una entrada conceptual que es más difícil en el medio visual de Xul. Los recursos narrativos de Borges crean un ambiente de misterio por medio del cual el realismo se convierte en mito y los lugares y las personas en arquetipos; en cambio los espacios geométricos de Xul, por su propia materialidad, no se prestan a tal transformación. La superficie plana del cuadro parece rehusar los matices míticos viscerales que penetran las ficciones de Borges. He enfatizado el programa plástico de Xul, pero la verdad es que no siempre logra su intención universalizadora: de hecho, las ficciones de Borges tienen una energía narrativa autónoma a pesar de su contenido intelectual, mientras que las imágenes de Xul a veces parecen rebuscadas, un producto de la voluntad del pintor. Es posible que el lenguaje narrado tenga la ventaja sobre el color y la forma pictóricos cuando la intención es la de representar el universo y la universalidad. Aunque titubeo al afirmar que Borges tiene un mejor medio para la expresión de lo universal, me inclino por esta conclusión.

Notas

* El derecho de reproducir la obra de Xul Solar está autorizado por la Fundación Pan Klub, Museo Xul Solar, Buenos Aires, Argentina.
[1] Jorge Luis Borges, "Autobiographical Essay", en *The Aleph and Other Stories* (1933-1969): 237. Este ensayo se publicó originalmente en inglés; desconozco su traducción al español.
[2] Xul Solar: *Catálogo de las obras del museo*, coordinación Mario H. Gradowczyk. La dirección del excelente sitio en la Internet del museo es: www.xulsolar.org.ar.
[3] De hecho en el Corán se menciona a los camellos. Estoy en deuda con Verónica Cortínez por haberme hecho notar que Borges erróneamente atribuye esta observación a Gibbon cuando en realidad éste se refiere a la preferencia de Mahoma por la leche de vaca. En este contexto Gibbon comenta que Mahoma no menciona el camello.

Bibliografía

Borges, Jorge Luis. "Autobiographical Essay". *The Aleph and Other Stories, 1933-1969*. Norman Thomas di Giovanni, trad. Nueva York: E.P. Dutton, 1970. 203-60.

_____ "Commentary on *The Aleph*". *The Aleph and Other Stories, 1933-1969*. Norman Thomas di Giovanni, trad. Nueva York: E.P. Dutton, 1970. 263-64.

_____ "Conferencia", [versión completa de la conferencia de Borges en el acto de inauguración de la exposición del pintor Xul Solar, realizada en el Salón de Exposiciones del Museo de Bellas Artes de la Provincia de Buenos Aires, el día 17 de julio de 1968]. *Xul Solar: Catálogo de las obras del museo*. Mario H. Gradowczyk, coord. Buenos Aires: Fundación Pan Klub Meseo Xul Solar, 1990. 13-24.

_____ *Borges habla de Xul Solar*. Colección Voces Fundamentales, Universidad Nacional de Quilmes: Junta Palabras, CD 19671.

_____ *Atlas*. Con María Kodama. Buenos Aires: Editorial Sudamericana, 1984.

_____ *Manual de zoología fantástica* [1957]. Con Margarita Guerrero. México, DF: Fondo de Cultura Económica, 1984.

_____ *Obras completas*. Buenos Aires: Emecé, 1989.

_____ *El tamaño de mi esperanza* [1926]. Barcelona: Seix Barral, 1994.

Foucault, Michel. *The Order of Things: An Archaeology of the Human Sciences* [1970]. Nueva York: Vintage, 1973.

González, Eduardo. *The Monster'd Self: Narrative of Death and Performance in Latin American Fiction*. Durham, NC: Duke University Press, 1992.

Gradowczyk, Mario H. *Alejandro Xul Solar*. Buenos Aires: Ediciones ALBA, 1994.

———— (coord.). *Xul Solar: Catálogo de las obras del mismo*. Buenos Aires: Fundación Pan Klub Meseo Xul Solar, 1990. www.xulsolar.org.ar

Ricoeur, Paul. *The Rule of Metaphor: Multi-disciplinary Studies of the Creation of Meaning in Language* [1975]. Robert Czerny, Kathleen McLaughlin y John Costello, trad. Toronto: University of Toronto Press, 1979.

Silverman, Kaja. *The Subject of Semiotics*. Oxford: Oxford University Press, 1983.

Stewart, Susan. *On Longing: Narratives of the Miniature, the Gigantic, the Souvenir, the Collection*. Durham, NC: Dule University Press, 1984.

Svanascini, Osvaldo. *Xul Solar*. Buenos Aires: Ediciones Culturales Argentinas/Ministerio de Educación y Justicia, 1962.

Woodall, James. *The Man in the Mirror of the Book: A Life of Jorge Luis Borges*. London: Hodder & Stoughton, 1996.

Zamora, Lois Parkinson. "Borges' Monsters: Unnatural Wholes and the Transformation of Genre". *Literary Philosophers? Borges, Calvino, Eco*. Jorge Gracia, Rodolphe Gasché y Carolyn Korsmeyer, eds. Londres: Routledge, 2002.

Zito, Carlos Alberto. *El Buenos Aires de Borges*. Buenos Aires: Aguilar, 1998.

Del extrañamiento al exilio: el "no-lugar" urbano en la ficción hispanoamericana de fin de siglo XX

Marcy E. Schwartz
Rutgers University

La escritura urbana no necesita del contexto de exilio para representar la alienación (pos)moderna. La desorientación de la metrópolis, con sus laberintos de calles y encuentros entre las masas, ya es reconocida en textos urbanos desde el siglo XIX.[1] La ficción detectivesca (Poe, Borges, Conan Doyle) frecuentemente manipula el espacio urbano para los vaivenes de sus argumentos. La situación se agudiza en la abrumadora megalópolis contemporánea, que García Canclini caracteriza de "inalcanzable", "inabarcable" y fragmentada.[2] Dado que la escritura de exilio ocupa casi siempre sitios urbanos, puede ser difícil distinguir su estética de las tácticas ya establecidas y esperadas de la ficción urbana. Aquí propongo una discusión del no-lugar urbano en la ficción del exilio. Sus estrategias iluminan como la escritura del exilio exacerba los lugares comunes del espacio textual urbano para implicar a la ciudad en la temática del desplazamiento.

La trayectoria de la ciudad como estructura, agente, hasta protagonista de la ficción tiene una historia compleja y a veces conflictiva en la ficción hispanoamericana. Aquí, por razones de extensión, no pretendo ofrecer un análisis detallado de esa historia, pero cabe recordar ciertos momentos clave para dar cuenta de su impacto en la narrativa más reciente. Desde la época colonial, existe una relación de competencia por el poder entre la ciudad, centro político e institucional, y las áreas rurales en el establecimiento de nuevas naciones.[3] Como resultado, se manifiesta en el arte y la literatura una tensión entre magnetismo idealizante y desconfianza sospechosa en torno a la ciudad. Durante el Modernismo el elogio de la ciudad emerge en crónicas (Martí sobre Nueva York, o los hermanos García Calderón sobre París) en las cuales los paisajes urbanos son exponentes de una modernidad que seduce. Otra cara del Modernismo se presenta en el exotismo transnacional que elabora imágenes de belleza oriental. En parte, una reacción al exotismo del Modernismo, la "novela de la tierra" de los años 20 y 30 rechaza el centro urbano, tanto estética como políticamente (ver Alonso).

Durante el llamado "Boom" de la ficción latinoamericana de las décadas del sesenta y setenta, novelas como *La ciudad y los perros*, de Mario Vargas Llosa, y *Rayuela*, de Julio Cortázar, iniciaron una nueva etapa en la escritura urbana experimental. Sin embargo, a pesar de sus experimentos estructurales y metaficcionales, textos como éstos se basan en estrategias decimonónicas tradicionales del realismo urbano: la identificación política y de clase social de los barrios, los paisajes callejeros y la alienación moderna.[4] Más allá de la ironía intertextual cortazariana y de las voces cambiantes e intercaladas vargasllosianas, estos textos recuerdan ciertos espacios y diálogos de Galdós o Balzac.[5]

La narrativa de fin de siglo XX revela elementos claves en el desarrollo de la explotación del espacio urbano en la escritura hispanoamericana. Las inovaciones de la narrativa más reciente, particularmente la narrativa de exilio o producida bajo represión y censura, desafían la semiótica del espacio urbano para producir desplazamientos extremos.[6] Pienso centrarme principalmente en tres textos del Cono Sur, producidos en el exilio o bajo represión: *La nave de los locos* (1984) de Cristina Peri Rossi, *El jardín de al lado* (1981) de José Donoso y *La ciudad ausente* (1992) de Ricardo Piglia. Los personajes de estas novelas urbanas se encuentran en el ambiente físico de la ciudad, pero en vez de usarlo como un guía representacional, dan cara a un texto indescifrable, a un anacronismo distante o a un lugar hostil que, en consecuencia, desprecian.

En su estudio de la escritura del exilio, una de las preocupaciones centrales de Amy Kaminsky es cómo crear un lugar ("place") desde un espacio ("space"), o sea, como convertir un espacio sin significado en un lugar "circunscrito, histórico y narrativizado" (49, traducción mía). El exiliado hace frente al lugar del exilio como un espacio de extrañamiento sin códigos para descifrarlo. La extrema desfamiliarización recuerda lo que Deleuze y Guattari en su estudio sobre Kafka llaman desterritorialización, un proceso que puede incorporar el exilio, sobre todo cuando se combinan en mutua relación o interdependencia el lenguaje y la escritura. Según estos teóricos, la desterritorialización consiste en

> hacer el movimiento, trazar la línea de fuga en toda su positividad, traspasar un umbral, alcanzar un contínuo de intensidades que no valen ya sino por sí mismas, encontrar un mundo de intensidades puras en donde se deshacen todas las formas, y todas las significaciones, significantes y significados, para que pueda aparecer una materia no formada, flujos desterritorializados, signos asignificantes. (24)

Al analizar textos que giran en torno al exilio, como tema y como método y estructura de las obras, me interesa enfrentar el exilio como proceso de desterritorialización. Este proceso, y la experiencia subjetiva, se extiende más allá del momento inicial de tener que dejar forzosamente la tierra de uno.[7] Como Ángel Rama indica en su famoso ensayo sobre el tema, los exilios

> devienen una condición permanente de la vida, son ellos los que proporcionan la textura de la existencia durante un largo período de la vida adulta, con su peculiar desgarramiento entre la nostalgia de la patria y la integración, por precaria que parezca, a otras patrias, todo ello actuando sobre un estado de transitoriedad y de inseguridad que resulta constitutivo psicológicamente de esta circunstancia vital. ("La riesgosa navegación" 241)

En las representaciones de la experiencia prolongada del exilio, los espacios urbanos imaginados en los textos mantienen una carga semiótica de desafío más aguda que la alienación ya reconocida en la escritura urbana en general.

Cristina Peri Rossi en *La nave de los locos* acentúa las rupturas geográficas, políticas y estéticas del exilio por el "tránsito incesante de ciudad en ciudad" (54) del protagonista. Esta existencia itinerante de paradas sucesivas, casi siempre urbanas, rompe la continuidad para el lector tanto como para los personajes. El nombre del protagonista, Equis, identifica inmediatamente la naturaleza precaria de su identidad. Vacila entre un signo arbitrario y una variable matemática. La identidad en cuestión, su nombre indican simultáneamente la escisión o la aniquilación tanto como la universalidad panorámica. Este fragmento muy conocido del comienzo de la obra tiene implicaciones históricas, espirituales y psíquicas:

> Extranjero. Ex. Extrañamiento. Fuera de las entrañas de la tierra. Desentrañado: vuelto a parir. No angustiarás al extranjero .... El alma del extranjero. Del extraño. Del introducido. Del intruso. Del huido. Del vagabundo. Del errante .... *Ya que extranjeros fuisteis en la tierra de Egipto.* (10)

Desde el principio, la novela interroga el estado de ser del exilio como una condición no sólo espacial y de circunstancias políticamente determinadas sino también existencial.

Los fragmentos intertextuales de la novela —una página del diario de a bordo de Equis, descripciones de pedazos de un tapiz medieval de la creación bíblica, notas de pie de página que invitan al lector a adivinar los nombres de los destinos urbanos de Equis, referencias múltiples a mapas, obras de arte, citas de la Biblia y de Homero — confirman la composición alegórica de la novela. Imágenes de horizontes urbanos son juxtapuestas a viajes míticos y referencias textuales clásicas.

El estilo narrativo de "cortar y pegar" de textos como el de Peri Rossi coincide con las observaciones de varios críticos, como Nelly Richard y Beatriz Sarlo, que comentan el arte y la literatura producidos bajo dictadura. Como forma de resistencia a los controles del régimen sobre la expresión y el significado, los escritores y artistas de esta época manipulan el fragmento en lo que Richard llama "precarias economías del trozo y de la traza ... [para producir una] dislocación del horizonte referencial que el pasado y la tradición habían trazado como línea de continuidad histórica" (14, 17). Sarlo también considera la fragmentación como una estrategia en el discurso novelístico argentino durante el Proceso. El fragmento se usa como método de dar cuenta de la historia en un período de censura, desaparecidos y muerte. La ficción trabaja los fragmentos de la experiencia accesible para descubrir las trazas de la historia a través de elipses, huecos e intertextos (Sarlo 241).

La transtemporalidad también contribuye a desestabilizar y des-localizar la narrativa en *La nave de los locos*. La escasez de nombres de lugares junto con los nombres juguetones e irónicos (Psyches Aires, por ejemplo) en una novela de exilio sólo intensifican el mensaje de "no-lugar." Una imaginaria despersonalizada reina, como se señala en esta descripción: "Calles iguales, con sus monótonas construcciones grises, destinadas a los obreros de las fábricas adyacentes" (172).

En vez de distinguirse por sus características particulares, las ciudades en *La nave de los locos* son espacios amorfos y transitorios. Parece que sólo cuando visita islas goza Equis de encuentros auténticos. Kaminsky señala claramente que al avanzar la novela, las ciudades se hacen más concretas. Sin embargo, la estructura de la novela que salta entre sueños, viajes y trabajos temporarios no permite nunca una parada definitiva.

La alienación urbana no sólo afecta emigrantes y exiliados. Se enfatiza la marginalización, particularmente en cuanto a la falta de poder ante sistemas tiránicos o represivos, ya sea la sociedad patriarcal o un gobierno que desaparece a sus ciudadanos. La novela conceptualiza el fenómeno de la represión en términos espaciales. Morris, uno de los protagonistas de *La nave de los locos*, encerrado en su casa con su globo mundial, va indicando, con alfileres negros, todas las regiones donde la opresión se ha instalado. Escasas, cada vez más pequeñas zonas del globo quedan libres y un día u otro Morris, melancólico, decepcionado, las va pinchando, contemplando con lástima el aspecto que ofrece el globo en su trípode de madera, donde las únicas partes libres corresponden a los mares. (101)

Cuando Vercingetorix, el amigo de Equis, es desaparecido en la fábrica de cemento, describe la conciencia de "dos mundos perfectamente paralelos, distantes y desconocidos entre sí... como dos esferas girando eternamente en el silencio azul del espacio" (59). Equis compara la experiencia de su amigo con un cuadro de Brueghel:

> La ciudad era una enorme torre, de varias plantas, ignorantes entre sí; en cada una de ellas la vida se desarrollaba con independencia y no existía la sospecha de las otras. Cada planta tenía sus horarios, su rutina, sus leyes y su código, incomunicable, paralelo y secreto — en la inferior, para la tortura, la violación o la muerte; en la de arriba, para las funciones de cine, los partidos de fútbol y el colegio. (60)

Las rutinas cotidianas no son, sin embargo, inocentes tampoco. En la novela de Peri Rossi, estas divisiones irónicas y alegóricas recuerdan una red nefasta de colaboración y corrupción.

En *La nave de los locos* la ciudad o gran "metrópoli" es el lugar de la palabra escrita además del centro de la comercialización. Cuando Morris piensa visitar el Gran Ombligo teme la alienación de las tiendas y prefiere evitar el sistema de transporte público. Va en busca de contrato de publicación de su libro a la Editorial Albión, y la exageración satírica del poder editorial marginaliza otra vez a Morris, quien no comprende las categorías limitantes del *marketing* literario. Como Rama lo define en *La ciudad letrada*, desde la Colonia la concentración de instituciones políticas, religiosas, educativas e intelectuales hace de las ciudades en América Latina centros de poder escritural, y en consecuencia, de control cultural. Como más recientemente ha señalado Néstor García-Canclini, la producción masiva de artículos de consumo en el mercado de cultura popular reanima y rearticula las redes sociales, económicas y políticas (ver *Consumidores y ciudadanos*). Mientras García-Canclini descubre en el mercado de consumo posibilidades de ciudadanía y expresión cultural, Peri Rossi lo reduce a la despersonalización amenazante. La llegada al centro de la gran metrópoli aterra a Morris:

> de allí parten o llegan (nunca lo sabré) diversas avendidas, todas iguales, repletas de tiendas, restaurantes, oficinas, agencias de viajes, bancos de crédito, relojerías, academias de baile, inmobiliarias, discotecas, consultorios de belleza, saunas, mueblerías y bares .... Edificios, apartamentos, unos sobre otros, en insoportable promiscuidad. (117)

Morris se siente perdido aún antes de viajar, contemplando la complejidad espacial de la ciudad. Su acusación de "promiscua" a la ciudad física es lanzada como un ataque severo a la modernización y la urbanización. Esta redefinición de la promiscuidad, y el ataque contra la restricción de las normas eróticas convencionales, se confirma al descubrir poco después la relación íntima a la cual Morris se dedicará.

La confusión ante las redes de transporte o el cuestionario editorial —espacio y palabra, tránsito y letra— señala el bombardeo de signos que el exiliado tiene que enfrentar en la ciudad. Al señalar la conexión entre las metáforas y las historias con los lugares, Michel de Certeau apunta que las historias sirven de itinerarios gramaticales y trayectorias espaciales. Las historias del espacio urbano de exilio son historias de tránsito sólo de ida, y de los bloqueos de comunicación y de comprensión en el nuevo espacio.[8]

El capítulo de *La nave de los locos* titulado "La vida en las ciudades" cuenta la falta de comprensión de Equis acerca de las reglas del juego en otra ciudad no nombrada. Esta vez se trata del uso de bancos en los parques públicos. Cuando Equis quiere sentarse en un banco frente a la catedral, un empleado se le acerca para venderle un billete para poder ocupar ese asiento.

> Equis no quiere pagar: sostiene que es extranjero, no conoce las costumbres del país y le gustaría discutirlas. ... Vercingetórix se abre paso... y finalmente rescata a Equis del tumulto, en el exacto momento en que hablando una lengua mestiza, como cada vez que se irrita, estaba a punto de lanzar un amplio discurso acerca de las libertades, el individualismo, los derechos humanos y la noción de autoridad ....
> —Sólo pretendía instruirlos un poco— se justifica Equis ... (66)

Los códigos de comportamiento no se revelan facilmente, y Equis, como muchos protagonistas exiliados, se frustra. De Certeau dice que los que caminan por la ciudad "escriben" el texto urbano sin poder leerlo, como enamorados ciegos.[9] En el caso de los exiliados, tienen que reconstruir la ciudad a partir de su conocimiento urbano del país de origen en confrontación con el del país de exilio.[10]

El afecto y la intimidad son raros en esta existencia transitoria, pero la novela enfatiza la búsqueda de solidaridad entre la muchedumbre urbana.[11] Equis tiene encuentros frecuentemente con mujeres en cafés quienes lo ven como sospechoso: "Son tiempos difíciles y la extranjeridad es una condición sospechosa" (28). Tiene que insistir cuando conoce a gente nueva que él no nació extranjero, que sólo es extranjero en algunos países (29), y que la extranjeridad es relativa: "Una vez, por cortesía, me enamoré de una extranjera. / (Condición reversible de la extranjeridad: / yo para ella también era un extranjero)" (39). Por momentos sí logra encontrar un descanso de su vagabundear por las distancias, cuando entabla relaciones con compañeras bastante fuera de lo convencional, como su relación amorosa con una vieja gorda, o con Lucía, la mujer embarazada desesperada por tener un aborto, o con una prostituta pegada/maltratada. La relación más profunda y duradera de la novela es entre Morris, quien vivía escondido con mapas en su casa por miedo de salir, y Percival, un niño precoz de nueve años.

Estas relaciones, sobre todo la relación homosexual inesperada de un personaje agorafóbico con un niño, rompen muchas categorías sociales y afectivas de la sociedad tradicional. Peri Rossi al proponer esta relación no sólo quiere criticar lo que Judith Butler llama el imperativo heterosexual;[12] también señala que el exilio puede deshacer las nociones y los comportamientos dados de la interacción entre el cuerpo y el espacio. Como Kaminsky comenta, Peri Rossi "desestabiliza el terreno de la novela, modificando tres categorías: la localización, el género sexual y la sexualidad" (55, traducción mía). Contestando el discurso y los valores de género sexual impuestos en el público por el regimen dictatorial (ver Tierney-Tello), *La nave de los locos* presenta alternativas para reconfigurar las relaciones y para cuestionar las identidades (supuestamente) estables.

Los fragmentos que concluyen la novela insisten particularmente en la ambigüedad y la falta de ubicación estable. La última escena toma lugar en un club pornográfico de travestis en otra ciudad sin nombre. Equis buscaba obsesivamente a Lucía, la mujer que conoció y acompañó durante su trabajo para la compañía de autobuses que llevaba a las mujeres para abortar en Londres. Decide entrar en el club para ver el espectáculo pornográfico a pesar de su declarada impotencia y falta de interés en el sexo. En el escenario, descubre a Lucía quien actúa en el espectáculo de strip-tease travesti/lésbico.

Esta escena confirma la reversibilidad de los signos y la sospecha ante cualquier identificación fija. En esta culminación de una novela organizada enteramente alrededor de viajes interurbanos y encuentros transitorios, la abyección urbana coincide con la imitación teatral de identidades sexuales andróginas. Hundiéndose en zonas urbanas más y más marginales (cafeterías populares frecuentadas por la prostituta golpeada y el barrio de bares pornográficos), el protagonista ofrece solidaridad a mujeres maltratadas y alienadas.

Su búsqueda de Lucía coincide con la búsqueda de la solución a uno de sus enigmas soñados: "¿Cuál es el mayor tributo, el homenaje que un hombre puede ofrecer a la mujer que ama?" Después del espectáculo, Equis saluda a Lucía en el camerino y pide su ayuda en descifrar el enigma. Ella sugiere la solución: "su virilidad." Gracias a la ambigüedad gramatical, la solución permanece abierta. El adjetivo posesivo no indica si el hombre le abre paso o le da acceso a la mujer a descubrir su propia virilidad, o si el hombre le regala la suya.[13]

La novela termina con esta respuesta ambigua en un espacio otra vez transitorio y marginal. Sigue este episodio la última página de la novela, una última y breve referencia al tapiz medieval, mencionando los pedazos que faltan. Como un mapa metatextual, el tapiz gastado por el tiempo subraya el espacio elusivo y parcial de la ciudad. La creación entonces —bíblica, literaria, o de sobrevivencia en el exilio— es un espacio que está a la merced del tiempo y del discurso disponibles para darle forma. Las respuestas ambiguas, como el nombre de Equis, el género sexual de un travestí, o la categorización de la obra de Morris, dejan al lector y a los personajes en un no-lugar que en vez de llenar la ausencia del exilio la involucra en su búsqueda continua.

A pesar del aparente anonimato de *La nave de los locos*, la novela se dirige a fin de cuentas cada vez más hacia la armonía y la solidaridad interpersonal. El no-lugar urbano ficcional es yuxtapuesto a la misión humanizante de su protagonista. Aunque en *El jardín de al lado* de José Donoso los personajes tienen nombre y viven en ciudades identificadas y facilmente reconocibles (es más: como chilenos exiliados que se ubican en España, saben hablar el idioma), el impacto del exilio y del espacio urbano se registra en la pareja y, como en todas las novelas que se discuten aquí, en su producción lingüística-escritural.

En la representación urbana de *El jardín de al lado*, se subraya la hostilidad de parte de los protagonistas hacia el espacio de la ciudad. Los personajes Gloria y Julio viven en una relación de pareja matrimonial en la que la destrucción, el abuso químico, la depresión y la incapacidad de escribir marcan los escenarios urbanos, a veces literal y físicamente.

Muchos críticos han comentado los aspectos estructurales sobresalientes y la problemática de género sexual en el cambio abrupto de narradores en el último capítulo de la novela,[14] pero queda aún por investigar la representación del espacio urbano en ella y su función en la experiencia y la expresión del exilio.

El lugar del exilio, según Kaminsky, consiste de extrañamiento indiferenciado,[15] pero Madrid en *El jardín de al lado*, donde los personajes pasan un verano en el curso de un exilio prolongado, les resulta una ciudad muy familiar. La novela presenta la capital española como archiconocida, aun hasta el punto de ser una caricatura de la "civilización" con sus museos, librerías y espectáculos culturales desde lo clásico canónico a lo turístico. Gloria, al recurrir a los itinerarios esperados de extranjeros en Madrid, irrita mucho a Julio quien se resiste al contacto con el mundo exterior con la supuesta justificación de estar escribiendo su "novela-documento" (13) sobre los seis días que pasó en un calabozo en Chile antes del exilio.

La estadía en Madrid entonces es un exilio dentro del exilio para Julio y Gloria, gracias a la oferta de su amigo pintor Pancho Salvatierra quien les presta el uso de su apartamento. Aceptan esta oferta para escaparse del pueblo mediterráneo de Sitges, donde "en verano, es un invento de barones alemanes pederastas y novelistas ingleses de segunda categoría ... una especie de sopa de crema Nivea y preservativos" (14). En esta caracterización de desprecio, la voz narrativa comunica desde el principio la hostilidad hacia Sitges, el lugar donde viven desde hace siete años, una hostilidad que se transferirá luego a Madrid.

Con el desplazamiento a Madrid, como cajas chinas, cada uno de los protagonistas se siguen desplazando más, se escapan en su propio submundo de cultura *pre-packaged*, de resentimiento o de fantasía. La primera noche en Madrid, Gloria va al cine para ver el "inagotable" "Les enfants du paradis" (103), mientras que Julio empieza a perderse, encerrado, en la visión del jardín de al lado, otro "mundo de acceso imposible" para él (109). En vez de nutrir su imaginación, su rol de *voyeur* sólo le recuerda su fracaso. A su fracaso de escritor politizado que no consigue publicar su novela, a su fracaso de exilio, se añade el mundo de la joven condesa y su piscina, que mira desde fuera:

> Este es un circuito cerrado, con idioma y valores propios, un submundo de jerga y símbolos no intercambiables con mi propio submundo con estrellas distintas. El anhelo es de pasar al otro lado del espejo, que ellos habitan, y donde, tal vez, el aire sea de una densidad que a uno le impida respirar. (109)

En vez de ser un refugio en Madrid, el apartamento de Pancho sólo sirve para exagerar la crisis de conciencia y de confianza de Julio. Se somete una y otra vez a la exclusión, marcado por el exilio y sus complejos de inferioridad. Trata de descifrar los signos del mundo del jardín, su alternativa a la página en blanco, pero su semiótica, como la del exilio, le es inaccesible.

La escena del Rastro comunica el desdén hacia el espacio urbano, una actitud que en el caso de Julio funciona como mecanismo de defensa contra la falta de pertenecencia en el exilio. Ya una institución de venta medio informal, el mercado señala a Julio todo lo que rechaza de lo urbano comercial. En los años setenta, recuerda Katy, la amiga de Gloria, los exiliados vendían allí sus mercaderías artesanales como forma alternativa de mantenerse en momentos de transición y de lucha:

> —Cuando llegamos hacíamos cosas lindas, che, con mucho trabajo, joyas que las minas y los pibes se colgaban y daba gusto, pero ahora, boludeces, nada más, dos alambritos y una piedra y ya está. Y fijate, hay chantapufis que los compran, no sé cómo ... (130)

Julio desprecia esa existencia marginal artesanal y el desfile de muchedumbre que lo "compra". Ataca no sólo el estilo de vida de Katy sino también su ideología:

> Los pasotas de Madrid forman un submundo que no es sólo de Madrid sino de cualquier parte, porque ya no es una ideología, sólo un manierismo, le comentó a Katy, hijos de ex *hippies* como ella pero ya absorbidos por el *establishment*, hijos de nadie, hijos de docenas de revoluciones frustradas, huyen de las derrotas y del triunfo según de dónde se los mire. (131)

Aquí Madrid, como parada transitoria de jóvenes revolucionarios, identidad que Julio no se puede permitir, equivale a cualquier ciudad —el lugar es arbitrario y el contexto, negado.

Ahora, según lo que Julio cuenta, el Rastro es un escenario movible de robo, violencia y mercadería inferior:

> el Rastro es un horizonte humano tan denso que apenas se mueve, un ejército juvenil sin armas, despistado, vendiendo lo que sea para comprar un poco de *hash*, o comida para darles a los suyos, vender libros viejos, flores de papel o trapo, hacer marionetas, bailar y pasar el sombrero ... robos, billeteras perdidas, niños que se pierden ... olor

a sudor con ajo, pulseras, llaveros, bordados, horribles figuritas de piedras pegadas, de paja trenzada, cosas de plástico de aspecto tan efímero que parece que el calor les fuera a derretir, cosas indias compradas, cosas marroquíes compradas y revendidas casi al mismo precio... (130)

Julio resiste y rechaza la comercialización barata del mercado, antítesis del escenario del jardín de al lado. El resultado de su resentimiento hacia el mundo literario del "Boom" que no lo admite tampoco y su resistencia a volver a Chile por el fracaso es no encajar en ninguna parte. El ambiente urbano —cualquier ambiente urbano— lo aisla en su propio mundo de frustraciones, fracasos y desplazamientos.

Cuando aparece Núria Monclús, la "superagente" literaria catalana, en el Rastro con el más conocido de sus novelistas, el encuentro entre los dos mundos —el del comercio informal y el del comercio literario— le produce un choque de falta de reconocimiento. Julio experimenta la desubicación en el Rastro donde no cabe ni como cliente, ni como artesano transnacional, enfatizada por el encuentro con la agente que lo rechazó.

Núria Monclús enmarca la novela, ocupando un lugar de poder de principio a fin, un marco que subraya el poder "letrado" de la ciudad. Barcelona, según Julio, se caracteriza por ser la "sede" de las grandes editoriales, y Núria es su "legendaria *capomafia*" (45). Al comienzo de la novela Núria tiene el control editorial que rechaza a Julio, y termina siendo la amiga de Gloria. El diálogo amigable entre Gloria y Núria que ocupa el último capítulo de la novela pretende desmentir la imagen anteriormente presentada de Núria. Sin embargo, el cambio de perspectiva narrativa aumenta el grado de movilidad e inestabilidad de la narración. Como indica Djelal Kadir, *El jardín de al lado* se resiste a la resolución y opta por el rastreo de identidades en un mundo urbano de terrenos movibles de alteridad.[16] El espacio urbano sirve de escenario a los resentimientos y fracasos de Julio, y también al triunfo editorial de Gloria al final. La competencia escrituraria entre ellos que termina en una inverosimil final "feliz" desplaza al lector en el terreno urbano continuamente inestable del exilio.

La novela posdictatorial de Ricardo Piglia, *La ciudad ausente*, da resonancia indirecta a los eventos horroríficos de la Guerra Sucia. En vez de elaborar el exilio político-geográfico como en las novelas de Peri Rossi o de Donoso, Piglia adopta en esta novela un escenario nacional como proyección de pérdida, muerte y duelo. Aquí otra vez el espacio urbano sirve sólo de pasaje transitorio; el texto evacúa la ciudad de la misma manera en que el régimen dictatorial eliminaba a sus supuestos enemigos. La ciudad es irrecuperable. La máquina paranoica de Macedonio Fernández y sus historias apócrifas tratan de llenar el hueco pero son meras copias, ecos de fantasmas. Según Idelber Avelar, en *La ciudad ausente*, "el duelo narra la ciudad" ("¿Cómo respiran..." 426).[17] El desplazamiento urbano rige el itinerario en esta novela desde una orientación centrífuga. La separación entre el periodista Junior y su esposa e hija, que se anuncia al principio de la novela, sirve de prefacio al misterio alienante de llamadas telefónicas anónimas, cuartos de hotel deprimentes y personajes desplazados (japoneses, húngaros, británicos). Todos los pedazos de las múltiples historias terminan expulsando a Junior del centro porteño hacia la periferia rural o provincial. El extrañamiento es uno de los emblemas principales de esta novela, en la que direcciones, barrios y calles urbanos pierden su sentido de "local" familiar y llegan a ser una corteza urbana despersonalizada. Esta novela subraya las estrategias de escritura de Piglia: "desde siempre extranjera a sí misma (ya no hay exilio, sólo nomadismo; no se trata de estar lejos de la patria y sí de perderla)" (Avelar, "¿Cómo respiran..." 429).

La ciudad ausente se detiene poco en la descripción del espacio físico de la ciudad o de otros paisajes.[18] El medio ambiente material consiste en ruinas de la "civilización," recuerdos de lo perdido. Lo que se yuxtapone a la ausencia urbana en esta novela resulta lo rural o la identidad cultural extranjera. Se refiere continuamente a la huida de lo urbano: "[m]uchos se están escapando al campo, ya no el sur, el valle, sino la pampa misma" (111). La ciudad se diluye en un páramo efímero urbano para dar paso al verdadero centro: el lenguaje, o el deterioro o imposibilidad de un sistema semiótico.

El lenguaje, sin embargo, parece sufrir en esta novela cuando se ubica fuera de la circunscripción urbana. Un personaje en el primer fragmento intercalado de la novela, un húngaro que tradujo *Martín Fierro*, sólo sabe hablar español en verso gauchesco anacrónico. Otro personaje, la joven Laura, puede aprender la sintaxis únicamente a través de la música y repetición de mitos. La máquina misma, una de las muchas misiones hermenéuticas de la narrativa, queda encerrada en un museo. Sus intentos de generar novelas de otras novelas, un ideal artificial de fabricar lenguaje, termina revelando un vacío comunicativo.

El episodio de la isla hacia el fin de la novela confirma la obsesión de Piglia con la comunicación verbal y escrita en *La ciudad ausente*. La consciencia del espacio se determina enteramente por el lenguaje.[19] Los habitantes de la isla, generaciones de exiliados transnacionales, viven rodeados de la reverberación de restos orales que ya no reconocen. Para esta comunidad sin memoria los sonidos son "sólo mutaciones interminables y significaciones perdidas" (124). Entonces los idiomas en esta distopía coexisten a vagos grados de inteligibilidad y la comunicación abraza la mutabilidad constante. *Finnegan's Wake* es el texto sagrado de la comunidad porque, según el narrador, "siempre pueden leerlo, sea cual fuere el estado de la lengua en que se encuentren.... está escrito en todos los idiomas" (139). Aun en generaciones más jóvenes, estos isleños siguen siendo extranjeros en su aislamiento post-babélico. Huyeron de la represión política para establecer una comunidad que resiste el monolingüismo, que disuelve lenguajes unitarios hasta el extremo de un plurilingüismo de balbuceos transitorios.

El no-lugar incomunicativo dramatizado repetidas veces en *La ciudad ausente* nutre el programa metaficcional de la novela. Mientras los mapas de calles o del subte sólo sirven de metáforas nostálgicas, la serie de relatos sobrepuestos graba su propia red espacial. Según Avelar, "las historias intercaladas en la novela empiezan a adquirir el significado alegórico de mapas petrificados de la polis" (*Untimely Present* 110, traducción mía). La lectura y la escritura se confunden a veces en el terreno complejo de constante movimiento intertextual:

> Buscaba orientarse en esa trama fracturada.... Entraba y salía de los relatos, se movía por la ciudad, buscaba orientarse en esa trama de esperas y de postergaciones de la que ya no podía salir.... Parecía una red, como el mapa de un subte. Viajó de un lado al otro, cruzando las historias, y se movió en varios registros a la vez. (90-1)

Registros múltiples —de anécdotas, de períodos históricos, de idiomas— son el mecanismo de desafío ante la pérdida de la memoria en esta novela. La máquina fantástica y futurística es la novela misma: un método de resistencia contra el terrorismo urbano del Estado.

> La inteligencia del Estado es básicamente un mecanismo técnico destinado a alterar el criterio de realidad. Hay que resistir. Nosotros tratamos de construir una réplica microscópica, una máquina de defensa femenina, contra las experiencias y los experimentos y las mentiras del Estado. (151)

La novela confunde al Estado, la ciudad y el campo en un plano virtual de comunidades marginales y sus figuras proscritas. En un fragmento donde Junior se encuentra en la presencia de la máquina, lee una carta donde Macedonio justifica su máquina y en la que menciona la creación de una "ciudad-campo, de un millón de chacras y diez mil fábricas" (63). Se ve que el complejo militar-industrial no se puede separar de lo lingüístico. Las divisiones binarias ya no están vigentes. Pero en vez de un desafío al sistema, un acto de resistencia o la propuesta de alguna alternativa comunicativa, el sistema semiótico está fuera de uso, pertenece a otro orden. El poder político, cultural y aun lingüístico de lo urbano se diluye en el llano de anacronismos y cacofonías extrañas.

Si la desfamiliarización de la metrópolis y de lo cotidiano urbano ya implica cierta despersonalización alienante, creo que los ejemplos elaborados aquí de la ficción del exilio hispanoamericano de fin de siglo XX dibujan un no-lugar urbano caracterizado por la alienación y la fragmentación a múltiples niveles (geográfico, lingüístico, existencial, estético y semiótico). Las estructuras metaficcionales, ya comunes a la ficción denominada posmoderna, agudizan la desorientación de estos textos. Junto con los personajes que buscan salida o solución a sus enigmas urbanos, los lectores también son víctimas en estos textos: víctimas del olvido, del salto espacio-temporal, del anacronismo. Víctimas también de la transferencia narrativa que parece proponer una investigación empírica detectivesca que termina atrapando al lector/detective en sus redes de redefinición del espacio narrativo por el exilio urbano.

En la textura de estas novelas, el *shock* del desplazamiento brota a la superficie. La lógica de los códigos de significación o es invisible, como en el caso de Equis en *La nave de los locos*, o se reduce a una máscara falsa del control letrado, como para Julio en *El jardín de al lado*, o se desvanece con la memoria del lenguaje, como en *La ciudad ausente*. La obsesión de los escritores del exilio con mapas, juegos de autoridad narrativa, representación de la jerga o acento regionales y *pastiches* intertextuales son herramientas para yuxtaponer los lugares y su semiótica. La ciudad proporciona al texto la convergencia estética y política de sistemas semióticos que estallan. La densidad espacial de la escritura urbana, con sus letreros, arquitectura, publicidad, sistemas de transporte y barrios designados a base de clase social, bombardea al exiliado de glifos indescifrables (Peri Rossi), de una familiarización vacía (Donoso), o de la aniquilación del olvido (Piglia). La experiencia del exilio inhibe y complica la interpretación más allá de los obstáculos alienantes y fragmentarios ya esperados de cualquier encuentro urbano.

La ciudad en la ficción del exilio se compromete entonces con esta poética desterritorializada que en vez de situar sus historias las desorienta. O, dicho de otra forma, las sitúa en la desorientación de una urbanidad alienante y extraña. Según Rama, el exilio implica de parte de sus autores un esfuerzo

> más exigente y los arrastra a los límites tensos de la literatura, poniéndolos en esa disyuntiva nuda donde no se puede recurrir a cómodas explicaciones mecánicas sino que debe ahondarse en la totalidad de la experiencia y en la multiplicidad de significados. ("Riesgosa navegación" 247)

Estos "límites tensos" son los horizontes de expresión estirados al máximo. El límite borroso entre calles inverosímiles en un lugar urbano de exilio, entre ciudades emblemáticas o falsas o vacías o iguales, entre narradores en competencia, entre la ficción y su comentario crítico, entre el centro y la periferia, viene a ser la frontera entre la identidad reconocible y la alienación. La indeterminación, el fin abierto, la intertexualidad y la fragmentación son características de la escritura del exilio porque, como dicen los personajes de la película de Fernando Solanas, "Tangos, el exilio de Gardel," el exilio no tiene fin. Así que la escritura del exilio no lo circunscribe a ningún espacio fijo. Al contrario, los viajes siguen sin rumbo ni destino, los libros se escriben sin categorización, los idiomas se hablan sin comprensión. Los laberintos y sus trampas se establecen para el lector, porque la búsqueda detectivesca ya no tiene vigencia; estas búsquedas en vez de encaminar hacia soluciones sólo engendran más historias, o sea, desplazamientos, destierros discursivos.

NOTAS

[1] Ver Ross sobre Rimbaud y París, y Winspur sobre la función metanarrativa de las calles urbanas en la ficción, por ejemplo.
[2] "De la ciudad histórica de tantos siglos hemos pasado en los últimos 50 años a vivir en una metrópoli policéntrica, desarticulada, en la que resulta impensable alcanzar una visión de conjunto" (García Canclini y otros, *La ciudad de los viajeros* 22).
[3] Entre los muchos estudios importantes que tratan el rol de la ciudad en el desarrollo de nación e identidad en Hispanoamérica, cabe señalar *La ciudad letrada* de Ángel Rama, *Imagined Communities* de Benedict Anderson, *El discurso criollista...* de Adolfo Prieto, mi estudio *Writing Paris...* sobre París en la ficción y el imaginario hispanoamericanos y varias obras de José Luis Romero y de Jorge Hardoy.
[4] Ver el análisis de Santiago Colas que considera a *Rayuela* un texto modernista más que posmodernista.

[5] En el caso de Cortázar, el autor es consciente, ya que parte del proyecto de *Rayuela* es una parodia de las convenciones narrativas decimonónicas. Véase, por ejemplo, el capítulo 34 donde Cortázar intercala líneas de *Los prohibidos* de Galdós entre las de su narración.

[6] Por semiótica se entiende el sistema de signos sociales y comunicativos, tanto lingüísticos como visuales o de otro medio, utilizado para la expresión y la comprensión dentro de una comunidad.

[7] La novela de Daniel Moyano, *Libro de navíos y borrascas*, por ejemplo, se concentra en el viaje de ida, en la despedida y el distanciamiento inicial del exilio.

[8] Las imágenes del viaje de ida sólo ocupan muchas obras como la novela de Hiber Conteris publicada en 1998 titulada, irónicamente, *Round Trip* o la ya mencionada *Libro de navíos y borrascas* de Moyano. Los textos que consideran el retorno al país de origen forman otro subgénero de la narración del exilio. Se podría notar *La desesperanza* por José Donoso y *Andamios* de Mario Benedetti, entre otros. Ver también Kaminsky, capítulo 7.

[9] "[B]odies follow the thicks and thins of an urban 'text' they write without being able to read it. These practitioners make use of spaces that cannot be seen; their knowledge of them is as blind as that of lovers in each other's arms. The paths that correspond in this intertwining, unrecognized poems in which each body is an element signed by many others, elude eligibility. It is as though the practices organizing a bustling city were characterized by their blindness. The networks of these moving, intersecting writings compose a manifold story... shaped out of fragments of trajectories and alterations of spaces" (De Certeau 93).

[10] Otro ejemplo muy agudo de esta desorientación del exilio se encuentra en las novelas de Luisa Futoransky, *Son cuentos chinos* y *De pe a pa: De Pekín a París*. Mientras su protagonista argentina brega con las realidades urbanas de Pekín y eventualmente París, quiere desesperadamente encontrar "una relación clara y abierta entre las cosas, las gentes y sus nombres," pero concluye que en Asia "se aprenden códigos invisibles que no responden a ninguna de nuestras lógicas" (*Scc* 85, 43). Ver el capítulo 5 de mi *Writing Paris*.

[11] Esta búsqueda de solidaridad coincide con lo que Gabriela Mora llama "búsqueda de la armonía" en la obra de Peri Rossi.

[12] Butler acusa la heterosexualidad de "régimen" y de "hegemonía" (15) en su estudio de la regulación de la sexualidad y cómo esa regulación legal y social determina el proceso de materialización, identificación y la eventual acción política del sujeto.

[13] Kaminsky llama esta escena "el sueño del fin de género sexual" (56) y Tierney-Tello lo considera "el nuevo sueño de simetría" (173-208) (traducción mía).

[14] Ver, entre otros, Magnarelli, Kadir, Kerr y Kaminsky.

[15] "[T]he new place the exile knows, at least at first, as undifferentiated strangeness, against which, not through which, he identifies himself" (Kaminsky 46).

[16] "Donoso's scripture is hell-bent *not* on resolution but on rummaging, *not* on hierophantic salvation but on heterodox salvaging. As such, the site of this writing is a shifting ground, a mobile locus for the *convivio* of alterities" (Kadir 171)

[17] En su libro *The Untimely Present*, donde dedica un capítulo a *La ciudad ausente*, Avelar elabora el tema del duelo. Su análisis gira en torno al tema del duelo y del olvido: "[t]he elaboration of mourning work implies a confrontation with a postdictatorial doxa of oblivion" (111).

[18] Para un análisis interesante de la materialidad y el género sexual, ver el artículo de Eva-Lynn Alicia Jagoe donde discute las implicaciones de la mujer como máquina de contar cuentos, como producto de deseo y duelo, donde el cuerpo sufre la descorporalización.

[19] "The islanders' entire notion of space is determined by language, in such a way that the highly unstable category of 'the foreign' becomes a purely linguistic one" (Avelar, *The Untimely Present* 128).

Bibliografía

Alonso, Carlos. *The Spanish American Regional Novel: Modernity and Autochthony*. New York: Cambridge University Press, 1990.

Anderson, Benedict. *Imagined Communities: Reflections on the Origin and Spread of Nationalism*. London: Verso, 1991.

Ashcroft, W. D. "Constitutive Graphonomy: A Post-Colonial Theory of Literary Writing". *After Europe: Critical Theory and Post-Colonial Writing*. Stephen Stemon y Helen Tiffin, eds. Sidney, Australia: Dangaroo, 1989. 58-73.

Avelar, Idelber. *The Untimely Present: Postdictatorial Latin American Fiction and the Task of Mourning*. Durham: Duke University Press, 1999.

_____ "Cómo respiran los ausentes: La narrativa de Ricardo Piglia". *MLN* 110 (1995): 416-432.

Benedetti, Mario. *Andamios*. México: Alfaguara, 1997.

Butler, Judith. *Bodies that Matter: On the Discursive Limits of "Sex"*. New York: Routledge, 1993.

Certeau, Michel de. *The Practice of Everyday Life*. Steven Rendall, trad. Berkeley: University of California Press, 1984.

Colas, Santiago. *Postmodernity in Latin America: The Argentine Paradigm*. Durham: Duke University Press, 1994.

Conteris, Hiber. *Round Trip*. Montevideo: Planeta, 1998.

Cortázar, Julio. *Rayuela*. Buenos Aires: Editorial Sudamericana, 1963.

Deleuze, Gilles y Felix Guattari. *Kafka: Por una literatura menor*. Jorge Aguilar Mora, trad. México: Era, 1978.

Donoso, José. *La desesperanza*. Barcelona: Seix Barral, 1987.

_____ *El jardín de al lado*. [1981]. Madrid: Alfaguara, 1996.
Futoransky, Luisa. *De pe a pa: de Pekín a París*. Barcelona: Anagrama, 1986.
_____ *Son cuentos chinos*. [1983]. Buenos Aires: Planeta, 1991.
García Canclini, Néstor. *Consumidores y ciudadanos. Conflictos multiculturales de la globalización*. México: Grijalbo, 1995.
_____ Alejandro Castellanos y Ana Rosas Mantecón. *La ciudad de los viajeros. Travesías e imaginarios urbanos: México, 1940-2000*. México: Grijalbo, 1996.
Jagoe, Eva-Lynn Alicia. "The Disembodied Machine: Matter, Femininity and Nation in Piglia's *La ciudad ausente*". *Latin American Literary Review* 23/45 (1995): 5-17.
Kadir, Djelal. *The Other Writing: Postcolonial Essays in Latin America's Writing Culture*. West Lafayette, IN: Purdue University Press, 1993.
Kaminsky, Amy. *After Exile: Writing the Latin American Diáspora*. Minneapolis: University of Minnesota Press, 1999.
Kerr, Lucille. *Reclaiming the Author: Figures and Fictions From Spanish America*. Durham: Duke University Press, 1992.
Magnarelli, Sharon. "See(k)ing Power/Framing Power". *Structures of Power: Essays on Twentieth-Century Spanish American Fiction*. Peter Standish y Terry Peavler, eds. Albany: SUNY Press, 1996. 13-37.
Mora, Gabriela. "Peri Rossi: La nave de los locos y la búsqueda de la armonía". *Nuevo texto crítico* 1/2 (1988): 345-352.
Moyano, Daniel. *Libro de navíos y borrascas*. Buenos Aires: Legasa, 1983.
Peri Rossi, Cristina. *La nave de los locos*. Barcelona: Seix Barral, 1984.
Piglia, Ricardo. *La ciudad ausente*. Buenos Aires: Sudamericana, 1992.
Prieto, Adolfo. *El discurso criollista en la formacion de la Argentina moderna*. Buenos Aires: Sudamericana, 1988.
Rama, Ángel. *La ciudad letrada*. Hanover, NH: Ediciones del Norte, 1984.
_____ "La riesgosa navegación del escritor exiliado". *La riesgosa navegación del escritor exiliado*. Montevideo: Arca, 1995. 235-250.
Ross, Kristin. *The Emergence of Social Space. Rimbaud and the Paris Commune*. Minneapolis: University of Minnesota Press, 1988.
Sarlo, Beatriz. "Strategies of the Literary Imagination". *Fear at the Edge*. Juan E. Corradi, Patricia Weiss Fagen, y Manuel Antonio Garretón, eds. Berkeley: University of California Press, 1992. 236-249.
Schwartz, Marcy. *Writing Paris: Urban Topographies of Desire in Contemporary Latin American Fiction*. Albany: SUNY Press, 1999.

Sharpe, William y Leonard Wallock (eds.). "From 'Great Town' to 'Nonplace Urban Realm': Reading the Modern City". *Visions of the Modern City*. Baltimore: Johns Hopkins University Press, 1989.

Vargas Llosa, Mario. *La ciudad y los perros*. Barcelona: Seix Barral, 1963.

Williams, Raymond. *The Country and the City*. New York: Oxford University Press, 1973.

Winspur, Steven. "On City Streets and Narrative Logic". *City Images: Perspectives from Literature, Philosophy, and Film*. Mary Ann Caws, ed. New York: Gordon and Breach, 1991. 60-70.

Poesia brasileira contemporânea e experiência urbana*

Flora Süssekind

É predominantemente urbana a imaginação literária brasileira nas últimas décadas. O que se evidencia até mesmo em relatos de forte teor regional (como os de Raimundo Carrero), em histórias de migração e inadaptação social (como em *As Mulheres de Tijucopapo*, de Marilene Felinto), ou nas quais rastros da experiência rural se justapõem por vezes a um cotidiano citadino (como em alguns dos contos de *Angu de Sangue*, de Marcelino Freire). Essa dominância parecendo apontar tanto para o fato de a população do país ter se tornado sobretudo urbana nesse período, com apenas 30% permanecendo no campo, quanto para a reconfiguração das tensões entre localismo e cosmopolitismo, rural e urbano, fundamentais para a autoconscientização cultural local, e marcadas crescentemente pela hipertrofia de um dos pólos, por um desdobramento das mediações entre organização social urbana e forma artística no qual duplicação e representabilidade não significam necessariamente complexificação dos processos formais, da prática literária e da experiência histórica recente. Muitas vezes essa complexificação resultando não exatamente de representações explícitas, documentais, do urbano, mas da produção de espaços não representacionais e de zonas liminares, ambivalentes, transicionais, da subjetividade.

Por isso optou-se aqui pelo exame sobretudo da produção poética e não das letras de rap ou funk, registros do cotidiano violento e excludente nas periferias das grandes cidades brasileiras, ou da prosa recente, marcada pelos testemunhos diretos, como o romance *Capão Pecado*, escrito em linguagem propositadamente de gueto, com material autobiográfico, por Férrez, ex-padeiro, filho de um motorista de ônibus, e morador do bairro Capão Redondo, da zona sul de São Paulo, ou como as histórias de presidiários reunidas, em 2000, no volume *Letras de Liberdade*; pelas memórias de rua, como o livro *Por que não dancei*, de uma ex-menina de rua, Esmeralda do Carmo Ortiz; por itinerários homoeróticos como os de José Carlos Honório; pelo neodocumentalismo intensificado na ficção brasileira contemporânea, marcada ora por uma espécie de imbricação entre o etnográfico e o ficcional, de que são exemplares tanto um romance como *Cidade de*

Deus, de Paulo Lins, quanto o conjunto de relatos e tramas fragmentárias do cotidiano de rua de que se compõe *Vozes do Meio-Fio*, dos antropólogos Hélio R. S. Silva e Cláudia Milito, ora por um registro duplo, no qual se espelham fotos e relatos, dando lugar a uma sucessão de livros ilustrados, que se converteriam quase em gênero-modelo dessa imposição representacional.

Reterritorializações e desterritorializações

Exemplares desse espelhamento mútuo entre o fotográfico e o narrativo, entre a ilustração e as tramas testemunhais, são livros como *Capão Pecado*, cujo relato se faz acompanhar de dois cadernos de fotos profissionais e caseiras que parecem materializar a geografia romanesca, e *Estação Carandiru*, testemunho de Dráuzio Varella sobre o seu trabalho voluntário como médico na Casa de Detenção de São Paulo, ao qual se anexou um vasto arquivo iconográfico, tirado do seu acervo pessoal, de coleções particulares e dos arquivos de jornal, à guisa de suplemento, de referendum fotojornalístico à narrativa. É o que acontece, também, mas de modo diverso, em *Angu de Sangue*, de Marcelino Freire, no qual as imagens fotográficas propositadamente desrealizadas cumprem, no entanto, função ilustrativa, ou em *Treze*, de Nélson de Oliveira, ilustrado com fotos extraídas do arquivo de registros de admissão de um hospício vitoriano inglês, livros nos quais o aspecto grotesco das imagens serve igualmente de reduplicação perversa aos quadros e tipos urbanos insólitos, mas cotidianos, desses contos.

O reiterado movimento de reduplicação entre relato e ilustração funciona, em geral, nesses livros ilustrados, como recurso de presentificação, como produção de evidência por meio do deslocamento da atenção do leitor do processo narrativo em direção ao contexto, ao referente extraliterário desses testemunhos e ficções. Mas parecendo capturar documentalmente o referente urbano e aproximá-lo do leitor, com freqüência, quando se observam essas imagens, verifica-se que operam com clichês, reimpressões de um repertório previsível de tipos e situações, que acentuam, ao contrário do que se afigura à primeira vista, distinções sociais já demarcadas no cotidiano. A ampliação da área de visibilidade podendo corresponder, em parte, nesses casos, a uma reafirmação da distância entre observador e matéria documentada, a uma restrição e imobilização da perspectiva histórica.

Não é propriamente o que ocorre em *Treze*, onde o simples fato de se recorrer a um arquivo fotográfico-hospitalar vitoriano já produz uma tensão entre imagem fotográfica anacrônica e conto atual. Não é também o que acontece em "Minha História Dele", outro texto ilustrado, desta vez de Valêncio Xavier, publicado no primeiro número da revista "Ficções" em 1998. Aí, a rigor, só se dispõe de quatro imagens de um coreano, morador de rua em Curitiba, que, à maneira de um homem-sanduíche, traz a própria história manuscrita e pendurada no corpo. Neste caso, a reduplicação entre texto e imagem parecendo chegar a um tal extremo que mesmo o relato e a escrita a mão nele empregada são elementos extraídos dos cartazes pendurados ao corpo do andarilho citadino, o relato propriamente dito achando-se aparentemente inscrito nas fotos. A alternância entre proximidade e distância, perceptível no contraste interno a cada um dos dois pares de fotos, a rigor quase idênticas, que constituem o conto, temporalizando a observação do pedinte e assinalando, por meio de um jogo pronominal irônico ("*Minha* História *Dele*") presente no título, a ligação entre observador e morador de rua.

O conto de Valêncio Xavier aproxima-se, nesse sentido, de um dos *topoi* de maior expansão no imaginário urbano brasileiro — o dos "encontros inesperados" entre pessoas díspares —, definidos por Ismail Xavier como "experiências pontuais, marcadas por certa singularidade", oferecidas pela "migração" ou pelo "espaço da cidade".[1] E que teriam exemplos cinematográficos recentes, como assinala o crítico paulista, no encontro fictício da atriz Sarah Bernhardt com as três matutas do interior de Minas Gerais em "Amélia", de Ana Carolina; do menino Josué com a ex-professora Dora em "Central do Brasil", de Walter Salles Jr.; de meninos pobres, por acaso armados, com um americano e sua família em "Como nascem os anjos", de Murilo Salles; do foragido da cadeia com a moça de classe média na noite de Réveillon em "O primeiro dia", de Walter Salles e Daniela Thomas. Encontros que, em diálogo com os quadros urbanos baudelairianos, se manifestariam igualmente na poesia brasileira contemporânea. Como em "Spiritus ubi vult spirat", poema de Sebastião Uchoa Leite no qual o sujeito, atravessando a Av. Presidente Vargas, se depara "com uma sobrevivente" de saia erguida enquanto todos os demais passam, indiferentes. Como no encontro com o morador de rua em "031197", de Régis Bonvicino, de que se fala, a certa altura: "Ele poderia subitamente ter sacado a faca, na calçada, disseram". Como no poema "Em sua cidade", de Duda Machado, no qual, em meio à paisagem baiana, meninos e mendigos circulam entre vendedores e cestos de frutas, enquanto, da perspectiva do sujeito, "um dispositivo íntimo,/ destinado a anular/ toda presença,/ interceptava o contato/ e o retraía, ainda tenro,/ à raiz do pânico".

Mas se, do retraimento, se passa, no poema de Duda Machado, à respiração, a um "voltar a si" que "reerguia o mundo" para "além de qualquer tentativa/ de fuga ou domínio", voltando ao conto "Minha História Dele", de Valêncio Xavier, aí o extremo realismo das fotos, assim como sua reduplicação, ao lado da apresentação do texto como parte dos dizeres das tabuletas penduradas no pedinte, funcionam como recurso quase imediato de desperspectivização, de trânsito — e não separação — entre sujeito e objeto, entre narrador invisível e imagem fotográfica de um morador de rua. O que provoca o apagamento tanto de possível retração subjetiva, quanto de uma relação meramente ilustrativa entre texto e foto, pois a própria sucessão de imagens (incluindo as textuais) é que é produtora de uma narratividade conflituosa, desconfortável, movida pelo encontro com o sem teto e pelos recortes e acréscimos visuais impostos ao texto-tabuleta que o cobre, pelos exercícios de afastamento e aproximação com relação a este quadro urbano cuja violência implícita, ao contrário da segregação dominante na experiência citadina cotidiana, resultaria, aí, numa espécie de desdobramento da apreensão visual, na produção de uma perspectiva dupla para o relato.

Pois, neste caso, o sem teto também parece observar o seu observador textual, além de a reprodução em bruto da sua tabuleta escrita a mão também atribuir materialmente a ele função narrativa. Operação que se tornaria estrutural no trabalho de João Gilberto Noll, cujos narradores invariavelmente deambulatórios, desabrigados, refiguram ficcionalmente a experiência urbana dos sem teto, as diversas estratégias de sobrevivência na rua. E não à toa um dos títulos de suas novelas envolveria uma espécie de auto-classificação narratorial errática: "quieto animal da esquina".

Mas o habitual, nessa literatura urbana ilustrada, não é o desdobramento de perspectiva, e sim a catalogação patológico-criminal (ironizada na coleção de fisionomias de *Treze*) de lugares e tipos humanos, o temor da heterogeneidade social, a reiterada criminalização das divisões sociais, o reforço a uma espécie de paranóia urbana endêmica a que respondem as classes médias e as elites financeiras com movimentos de auto-segregação em enclaves habitacionais, shopping centers e centros empresariais de freqüência controlada, e com o investimento em formas de segurança particular, guarda costas, vigias, alarmes, cercamentos, privatizações de ruas e praças. Explicando-se, assim, em parte, em sintonia com essa insegurança generalizada, a popularização das histórias de crime e da literatura policial no Brasil dos anos 1980-1990, de que é exemplar a ficção de Rubem Fonseca.

Pois é fundamentalmente um imaginário do medo e da violência que organiza a paisagem urbana dominante na literatura brasileira contemporânea. O que é também parcialmente explicável em relação direta com o crescimento das taxas de crime violento nas grandes cidades do país nos anos 1980-1990, com o fortalecimento do crime organizado, com a ineficiência da polícia e do sistema judiciário no exercício da segurança pública e da justiça, com o aumento de visibilidade do contingente populacional em situação de pobreza absoluta que perambula pelas grandes cidades, expulso tanto das favelas, quanto dos enclaves fortificados de classe média, com uma espécie de generalização da violência, que abrange do trânsito automobilístico às relações familiares, dos estádios de futebol aos justiceiros e matadores profissionais e ao exercício privado da segurança e da vingança. O que por vezes, no entanto, aproxima também a ficção policial dos "discursos do medo", da proliferação das "falas do crime",[2] para empregar expressões utilizadas por Teresa Caldeira em *Cidade de Muros*, estudo sobre "crime, segregação e cidadania em São Paulo", por meio dos quais se reorganizam simbolicamente não só os pânicos urbanos, mas igualmente os temores de perda de posição social e propriedade, a instabilidade financeira, os dilemas internos e questões sociais estruturais à sociedade brasileira.

Essa criminalização do social parece ter se acentuado exatamente no período de redemocratização política do país. E parece operar discursivamente por meio de classificações rígidas, estereótipos, segregações, recorrentes não apenas no noticiário policial jornalístico, nas histórias individuais sobre assaltos, práticas variadas de violência, homicídios, mas, igualmente, na produção literária dos últimos decênios, que reterritorializa, em vocabulário criminal conhecido, "um novo padrão de organização das diferenças sociais no espaço urbano",[3] um processo desestabilizante de mudança social que afeta as relações estabelecidas de poder, as hierarquias sociais e o exercício da cidadania.

Não se limitam, no entanto, a operações literárias de reterritorialização etnográfica ou criminal essas tematizações urbanas na produção cultural recente do país. Funcionando, nesse sentido, como interlocutores particularmente críticos de uma experiência citadina de violência, instabilidade e segregação alguns dos processos de desfiguração e desterritorialização ; estruturais à literatura brasileira contemporânea, que se passam a examinar em seguida.

Não que a desfiguração seja via exclusiva de diálogo crítico entre forma literária e experiência urbana no Brasil contemporâneo. Bastando lembrar, nesse sentido, como contra-exemplo, o livro *Sob a Noite Física*, de Carlito Azevedo. Neste caso, uma imagem urbana em especial — a do lixo espalhado pelo Rio de Janeiro — converte-se em indicação privilegiada de leitura. Desde o poema inicial do livro, no qual se anuncia "o último vôo da varejeira" a partir do "lixo da esquina", passando pelos textos iniciais de quase todas as seções, com suas referências a "depósito de lixo", "ao latão de lixo da esquina", a latas de lixo que, "no breu convulso", se assemelham a vultos, à "dor no entressonho" que, "com seu grão de lixo, se infiltra" no corpo. Transformando-se o externo em interno, o lixo, a rigor aspecto do espaço físico citadino, em quase habitante, vulto animado, e em elemento constitutivo do eu lírico. Incorporação por meio da qual um aspecto da paisagem noturna empresta materialidade física dolorosa à figuração corporal do sujeito.

Mas se, no caso do livro de 1996 de Carlito Azevedo, a tematização do urbano se faz, nessas imagens do lixo, por aproximação, por incorporação, esse movimento parece apontar simultaneamente, no entanto, para um "formigamento", uma experiência corporal dolorosa próxima dos mecanismos de desfiguração, das exposições cruentas de corpos, por meio dos quais se tem constituído, com freqüência via horror, a subjetividade na produção cultural brasileira sobretudo desde os anos 1980.

Subjetividade e Horror

Não é, de fato, difícil perceber um rastro de Guignol na vida cultural brasileira das últimas décadas. Passando das minuciosas descrições dos corpos e assassinatos de mulheres em *Acqua Toffana*, de Patrícia Melo, à exumação dos cadáveres do pai e de um irmão relatada no conto "A Carne e os Ossos", de *O Buraco na Parede*, de Rubem Fonseca. Da exposição de um corpo de criança atravessado por uma estaca de madeira, presente numa das fotos de C. A. Silva, exibidas na Galeria da FUNARTE em 1996, à "menina de rua morta nua" do relato, cheio de retratos e registros policiais, de Valêncio Xavier. Ou aos "dentes do apodrecimento" que "engolem o corpo" num dos poemas de *Cheiro Forte*, de Silviano Santiago, aos vivos vorazes, do poema "Os Vivos", de Ferreira Gullar, que, "glutões ferozes", "devoram os outros vivos" e "até dos mortos comem/ carnes ossos vozes". Da perna amputada do narrador do romance *Hotel Atlântico*, de João Gilberto Noll, ao sujeito — "todo em fios" — preso a uma cama de hospital na seção "Incertezas" do livro *Ficção Vida*, de Sebastião Uchoa Leite.

Referência guignolesca também particularmente acentuada, e, ao que parece, metódica, na produção teatral recente. Passando de "O Livro de Jó", de Antônio Araújo, de "As Bacantes", na versão de José Celso Martinez Correia, às descrições e exposições de tortura que constituem "Bugiaria", de Moacir Chaves, aos espetáculos de Gerald Thomas de modo geral. *Nowhere Man*, por exemplo, deste último, já se inicia com o seu "Fausto" em trajes meio ensangüentados, tendo um pseudo-cadáver feminino como interlocutor. E, na sua segunda montagem do *Quartett*, de Heiner Müller, os dois personagens, também com roupas e facões sujos de sangue, circulam entre enormes pedaços de carne suspensos e um cenário em que escorrem manchas sanguinolentas por todos os lados. Dado de horror que tem estado presente regularmente no seu teatro. Lembrem-se os pedaços de corpos espalhados pelo chão em *Matogrosso* ou o coração e a cabeça arrancados às duas figuras femininas de *The Flash and Crash Days*.

O que parece ter ocorrido, porém, se nos fixamos, por exemplo, em algumas das montagens de Gerald Thomas dos anos 1990, foi um aumento de ênfase nesses sinais de sangue, mutilação, tormento físico, acompanhado da explicitação auto-irônica de se estar trabalhando, aí, muitas vezes, com alguns dos truques mais característicos do gênero "Grand Guignol". Desde as facas com pontas retráteis às mesas que ocultam corpos, das gradações de cor e variações de composição e textura do sangue fictício à cabeça solta da atriz Fernanda Torres, arrancada do corpo em *The Flash and Crash Days* e em *O Império das Meias Verdades*, ou aos corpos atravessados por setas (como o de Fernanda Montenegro) e facões (como na abertura de *Nowhere Man*).

Se o teatro do Grand Guignol, de grande popularidade de fins do século XIX até o período entre-guerras, ancorava seu efeito cênico no *fait divers* médico ou criminal e num misto de interpretação e hábil exercício de mágica, o que parece torná-lo especialmente curioso é, de um lado, a sua transformação de inovações técnicas (dos truques de iluminação e áudio aos telefones, automóveis e novidades médicas) em elementos dramáticos, e, de outro, a apresentação de uma espécie de pastiche de horror não apenas da experiência moderna do corpo e da própria subjetividade como instáveis, fragmentados, mas, sobretudo, da figuração do corpo como "corpo em pedaços", dominante, mas com variações de sentido, na arte moderna e pós-moderna. E há, sem dúvida, nesse sentido, nesse Guignol brasileiro recente, um diálogo com a extrema crueldade com o corpo presente em alguns exemplos da body art contemporânea, com a figuração atormentada, a fragmentação paradigmática e polivalente na produção artística do século XX, das bocas de Bruce Nauman ou Francis Bacon, aos olhos imensos, pedaços de pernas, mãos, aos desmembramentos diversos operados por Louise Bourgeois, das fotos de fragmentos de cadáveres de Andres Serrano às supressões corporais na obra de Samuel Beckett.

Talvez, no entanto, haja outras fontes, não exclusivamente plásticas ou artísticas, para esse rastro guignolesco. E algumas delas talvez possam ser sugeridas, como no teatro do "Grand Guignol" propriamente dito, por uma simples consulta ao noticiário jornalístico do país em fins dos anos 1990. Por exemplo à sucessão de fotos de ossadas e imagens de arquivo de antigos retratos e de corpos executados dos militantes de esquerda, dos desaparecidos políticos brasileiros dos anos de autoritarismo militar, que invadiram as páginas de jornal, no último decênio do século XX, por conta do aparecimento de novas informações, da localização de ossos e restos humanos e dos processos das famílias às voltas com o reconhecimento dos seus mortos. Ao lado dessa iconografia política do período da ditadura militar no país, não é difícil perceber também, no entanto, a quase exacerbação de um cotidiano marcado pela banalização da violência, da brutalização, exposto diariamente nas páginas policiais da imprensa brasileira. E com repercussão intensificada no caso de chacinas praticadas pelas forças policiais, como a de onze jovens em Acari, na Baixada Fluminense, em 1990, a de dez adolescentes assassinados no Morro de São Carlos em 1992, como o massacre de 111 detentos no presídio do Carandiru, em São Paulo, no mesmo ano, como a execução de 21 pessoas em Vigário Geral, em 1993, de oito meninos de rua na igreja da Candelária, no Rio de Janeiro, também em 1993, de dezenove trabalhadores sem terra no município de Eldorado dos Carajás, no Pará, em 1996, ou como o assassinato de onze pessoas no Bar Ponto de Encontro, em Francisco Morato, em São Paulo, em 1998. Ocorrências que padronizam, via fotojornalismo, um tipo peculiar de iconografia corporal dolorosa, sublinhando a disseminação da violência, o aspecto cruento da história brasileira contemporânea.

Parecendo combinar-se, então, nessa refiguração em pedaços, em agonia, de personagens, retratos e narradores, na produção cultural brasileira recente, de um lado, o diálogo com a fragmentação corporal característica à arte moderna e a um de seus pastiches, o Guignol, de outro lado, com a tortura, as execuções, o banimento, e a experiência política dos anos 1970, e, de outro ainda, com o aumento do crime violento, inclusive por parte das forças de segurança pública, durante as décadas de 1980 e 1990 no Brasil. Chamando a atenção, no entanto, o fato de, nessas tentativas de identificação cruenta dos sujeitos ficcionais, sua exposição não se ancorar em idealizações subjetivas, imagens corporais coesas, de o processo mesmo de figuração e subjetivação envolver uma espécie de consciência indescartável de instabilidade, um impulso concomitante obrigatório de desfiguração, de guignolização.

Trata-se, no entanto, de uma desfiguração ambivalente. Pois se, por vezes, aponta para vitimizações, por vezes sobrepõem-se máscaras de agentes da violência a personagens, narradores e sujeitos, mantendo-se, com freqüência, igualmente, uma espécie de registro híbrido, no qual um misto de vítima e perseguidor é que move o processo de subjetivação literária. Daí, inclusive, a proliferação de híbridos, aberrações, figuras autodefinidas como monstros na literatura brasileira recente. E que, se em diálogo direto com um contexto particularmente cruento, apontam, via figuração monstruosa, para uma lacuna epistemológica, uma desestabilização classificatória, um confronto, na própria prática cultural, com os limites da expressividade e dos mecanismos de identificação, experimentados diante da afirmação de novas formas de organização das diferenças sociais em cidades pautadas simultaneamente numa homogeneização globalizadora do espaço e numa exacerbação do pânico da heterogeneidade social, na emergência de cidadelas autônomas fortificadas, na expansão da criminalidade violenta e de uma contínua violação dos direitos de cidadania justamente no contexto de uma redemocratização política em processo no país. Movimentos em meio aos quais é via vitimização e figurações proteicas, aberrantes, que parece possível engendrar retratos ficcionais, subjetividades literárias, representações disformes da diferença, corpos culturais híbridos em estreita ligação com um processo histórico de redefinição de identidades e das formas de agenciamento social.

Não que as figurações monstruosas e animalizações da ficção contemporânea sejam unívocas. Observem-se, nesse sentido, as diferenças, por exemplo, entre, de um lado, o híbrido adolescente — braços compridos demais, pernas de avestruz, pêlos todos errados — do conto "Pequeno Monstro", de Caio Fernando Abreu, no qual se sobrepõem, nesse "pequeno, pequeno monstro, ninguém te quer", duas liminaridades, a da puberdade e a da descoberta da homossexualidade, e, de outro lado, o ritual de auto-canibalização de uma mulher em "Canibal", conto de Moacyr Scliar no qual a personagem se vê forçada a isso pela recusa de sua rica "irmã de criação" em compartilhar com ela de seu grande baú de alimentos, numa figuração exemplarmente cruel das divisões sociais em meio a aparente prosperidade econômica circunstancial.

O que parece estar em jogo, porém, nessas anomalias e zoologias ficcionais recentes, é o caráter inquietantemente próximo, nada exótico, de tais animais e monstruosidades. É o caso das "aberrações" propositadamente invisíveis de Bernardo Carvalho. Ou, no conto "Mandril" de Zulmira Ribeiro Tavares, da aproximação entre o jardim zoológico onde está o animal e um domingo numa sala com a televisão ligada num programa de calouros. Ou, movimento aparentemente inverso, como em *Decálogo da Classe Média*, nas figurações horrendas da classe média por Sebastião Nunes, "cruzamento improvável de cigarras e formigas", órgãos genitais em proliferação, lagartos, insetos variados, crânios cheios de ratos, camaleões, cães, porcos, corpos tricéfalos, mas sempre em meio às atividades mais habituais, casamentos, reuniões de trabalho, festas, exercícios esportivos. Ou, como nos contos de Nélson de Oliveira, cheios de "animais dos mais estranhos lugares", "criaturas aprisionadas", figuras assombradas, gente "movendo-se contra os próprios pés", sonâmbulos, canibais, gente de "maneiras primitivas e mal formadas", "mais besta do que homem", monstros por vezes medonhos, que, no entanto, se dedicam ao mais corriqueiro, a telefonemas, cheques, cálculos, coisas do dia-a-dia. Numa espécie particularmente perversa de hibridização, entre o cotidiano e o bestial, entre a perversidade e a vitimização, a paralisia e a aniquilação. Daí a figura do dragão invencível capaz de transformar-se em qualquer um, dissolvendo qualquer possibilidade de auto-identificação, de diferenciação, no conto "Não sei bem o quê, aqui". Daí a impossibilidade de auto-reconhecimento da "pequena Victor" no belo conto "A Visão Vermelha", do livro *Naquela época tínhamos um gato*. Daí o desaparecimento, pedaço a pedaço, do corpo do Sr. McPiffs, outro personagem de Nélson de Oliveira, semelhante ao de Angelina, a criatura "esguia e escura, de grandes olhos assustados", que se auto-devora no conto "Canibal", de Moacyr Scliar. Num movimento de instabilização da fronteira mesma do monstruoso, de refiguração lacônica do "não somos humanos" da G. H. do romance *A Paixão segundo G. H.* de Clarice Lispector.

Sebastião Uchoa Leite, a indeterminação identitária e os ruídos da polis

Do ponto de vista da produção poética brasileira contemporânea, refigurações animalizadas, híbridas, antifísicas, do eu, desdobramentos ambivalentes ou negativos do sujeito funcionariam como reforço de perspectivas antilíricas, dramatizações identitárias, conciliações rompidas entre voz e figura, e cumpririam papel particularmente crítico em trabalhos como o de Sebastião Uchoa Leite, por exemplo, no qual alter-representações subjetivas, "emaranhados do self", "línguas bífidas", ficções do eu se constituem em aspectos nucleares de uma negatividade metódica. Negatividade que, sobretudo nos seus livros mais recentes, e em diálogo evidente com circunstâncias médico-biográficas, envolveria uma reiterada exposição agônica do sujeito, freqüentemente em ambiente hospitalar, de que são exemplares a seção "Animal Máquina" de *A Uma Incógnita*, os dez textos que compõem a seção "Incertezas" de *A Ficção Vida* e poemas como "Agulha" ou "Uma Voz do Subsolo" de *A Espreita*. Mas que tem nesse sujeito em agonia apenas uma das muitas ficções negativas do eu — "Eis-me: todos-os-eus/ euscatológico/ eucríptico/ eu-fim" — trabalhadas por Sebastião Uchoa Leite. E que vão de serpentes, "monstro/ enroscado em silepses", a vampiros, Drácula, Nosferatu, de heróis detetives a replicantes e a assassinos diversos, de "sr. Leite" a "um acuado joãocabral/ ou um valéry risível", de bogart, robert walker, yves montand, delon, montgomery clift a "barata sem antenas", "morcego de botequim", de "duplos metamorfoses monstros" a "resíduo de varredura/ que se recolhe/ com uma pá".

Disfarces, ocultações, trocas de identidade que convertem, com freqüência, os poemas de Sebastião Uchoa Leite em micro-narrativas policiais nas quais o elemento nuclear é ora um clima de generalizada suspeição, ora uma espécie de perseguição identitária – do sujeito, do poético – em-abismo. E não é à toa, nesse sentido, que o poeta tenha se dedicado em *Jogos e Enganos*, uma de suas coletâneas de ensaios, ao estudo da "metáfora da perseguição", da estrutura e do repertório fundamental de variações do tema persecutório na cinematografia moderna e contemporânea. O que funciona como exercício auto-reflexivo, tendo em vista as cenas em sombras, a preferência pelo viés, pela sinuosidade, os disfarces e inversões de papéis, as formas de perseguição dominantes na sua poesia.

Por vezes o que domina é a perspectiva de um perseguido em fuga, como em "Vida é arte paranóica": "apenas correr/ alma de replicante/ até acertarem o plexo/ alvo perplexo". Por vezes a voz é de um perseguidor, de um poeta-espião ou vampiro com "unhas em pique/ dentes em ponta". Por vezes o que se persegue é a própria poesia: "Precisamos/ de inteligências radar/ e sonar/ para captação de formas". Por vezes, com perspectiva distanciada, em terceira pessoa, é o sujeito mesmo do poema que se busca: "O não-herói busca o seu negativo:/ o seu dentro jack-the-ripper/ que não quisesse/ apenas matar./ Mas muito mais:/ ver de fora as tripas". Com freqüência, porém, como assinala Sebastião Uchoa Leite em "A Metáfora da Perseguição", "o que parece ser um território perfeitamente delimitado — de um lado o perseguidor e de outro o perseguido, de um lado a razão e de outro a não-razão — não o é jamais de um modo absoluto". Como se figura em "Os Assassinos e as Vítimas", poema no qual assassinos, detetives e perseguidores de todo tipo passam por uma inversão de papéis e se transformam em perseguidos por suas vítimas ou objetos de busca.

Além do intercâmbio de papéis, porém, forja-se um método poético pautado ele mesmo numa perspectiva ambivalente, a da espreita, que sugere tanto uma necessidade de esconderijo quanto um possível bote, tanto a expectativa de sofrer algum ataque, quanto de realização de alguma ação condenável. "Ali estou eu/ parado como se fosse um outro/ contratado para cometer um crime", lê-se em "Um Outro". "(Ele, em geral/ prefere enfiar-se/ no canto/ parado/ como uma víbora/ antes do bote/ observa/ calado/ o passar do tempo/ pelos relógios/ controlado/ passa pelas folhas/ do livro entreaberto/ o úmido índice do medo)", lê-se noutro poema de 1997. Trata-se, nos dois casos, de textos não à toa limitados por parênteses, num misto de ocultamento e suspensão, numa espécie de figuração gráfica da espreita. Em ambos os poemas pressentindo-se uma violência potencial, da qual o sujeito tanto pode ser o agente quanto a vítima.

A indeterminação identitária não se limitaria, porém, a essas figurações do sujeito, mas se espraiaria, igualmente, pelas relações entre as imagens do eu e as do espaço na poesia de Sebastião Uchoa Leite. Não à toa apontando para uma dissolução aquática mútua entre sujeito e paisagem na série de poemas sobre a chuva do livro *A Espreita*. De que é exemplar "Andando na Chuva: São José": "O meu eu-água/ autodissolvente/ cabelos/ pêlos/ olhos/ todos os poros/ entregues". Ou expondo-se — vide "Numa incerta noite" — uma contemplação de mão dupla, "vertigem inversa", entre o passante, "vendo a copa das árvores", e as folhagens e copas de árvores cujo "ciclópico olho vegetal" o contemplam nas ruas que atravessa. Não à toa assinalando-se, ainda, a perda dos limites entre dentro e fora, observador e cenário urbano, como em "Dentro/fora: Rio de Janeiro", onde "a rua pétrea/ de pedestres/ com pressa", vista "lá fora", "por trás dos vidros", parece deslizar "por dentro do vidro", vir "do outro lado da mesa". E chegando-se mesmo a atribuir à paisagem carioca uma das máscaras mais características do sujeito poético em Sebastião Uchoa Leite, a da serpente, transferida, em "O grande brilho", poema de 1991, para a baía de Guanabara: "Infusos no mar de amarelos/ Os focos verdes/ vermelhos/ Da enseada-serpente".

E, ao contrário da territorialização etnográfico-classificatória operada em geral pela ficção neodocumentalista dos anos 1990, a produção de uma zona transicional entre dentro e fora, poeta e paisagem, na poesia de Sebastião Uchoa Leite, parece reduzir distâncias hierárquicas de observação entre sujeito e matéria urbana. Mesmo porque os papéis entre observador e observado, na sua obra, sempre podem se inverter. Não há um movimento de catalogação de figuras urbanas, excluídos, desabrigados, criminosos, como na literatura de testemunho, na prosa quase fotográfica das últimas décadas.

Pois se os quadros citadinos de Sebastião Uchoa Leite são percorridos por "in-seres", passantes "sob tendas de plástico azul", espécimes de uma "humanidade de cócoras", "sem teto/ estáticos/ frente à multidão vil", a perspectiva poética —sempre marcada por uma violência surda— não é hierárquica ou sistêmica, é oblíqua. Ou como se explica em "Exibicionistas e Voyeurs", poema de *A Ficção Vida*: "Voyeurs olham de viés". E, neste caso, seria possível acrescentar, por vezes trocam de papel. Como em dois poemas-anotações de *A Ficção Vida*. Num deles, "O Sobrevivente", um sujeito observa "uma louca" que "discute consigo mesma/ Hamlet aos brados" e registra, via pronome pessoal, uma sobreposição entre observador e observada: "Este 'ser ali'/ Em alto regozijo/ Do meu perfeito juízo". Na outra anotação, "A obra lírica", sobrepõem-se literalmente poema e fezes, pois a "obra" em questão resultava de um detrito urbano, de uma figura de cócoras defecando em plena rua Azeredo Coutinho, no Rio de Janeiro.

E é em parte por meio dessa constante possibilidade de cruzamento de fronteiras identitárias, sociais, espaciais que, apesar de Sebastião Uchoa Leite trabalhar regularmente com fios de enredo policial e tramas narrativas reconhecíveis, se intensifica o desconforto de um leitor exposto a zonas liminares, ambíguas, descontínuas, que se desdobram mesmo do ambiente mais cotidiano, e em meio a sinais imediatamente reconhecíveis do cenário urbano, como, no caso do Rio de Janeiro, a estátua do Cristo Redentor, o túnel que liga Botafogo a Copacabana, a Avenida Presidente Vargas. Num movimento de instabilização e desterritorialização, desconfortável do ponto de vista da recepção poética, e que, se em relação direta com a emergência de novas práticas urbanas, com a intensificação de uma segregação assimétrica do espaço social e de uma generalização da violência e da incivilidade diárias, não se limita a inventariar a experiência citadina brasileira. Fazendo-se dela elemento fundamental de indeterminação e negatividade estruturais, de um difícil processo de formalização literária que, no trabalho de Sebastião Uchoa Leite, se aproveita dos clichês da criminalização e os instabiliza em insólitos enfrentamentos e solidarizações entre o sujeito e "os ruídos da polis", e converte o *topos* moderno das caminhadas pela cidade, e suas tramas implícitas, em figuras mesmas de uma antilírica, de uma narratividade auto-corrosiva pautada numa quebra constante de versos e imagens, em "não-localidades" e num "jogo hiperrealista/ entre o eu e a margem".

Se, na poesia de Sebastião Uchoa Leite, a desterritorialização do cenário urbano se acha imbricada a toda uma série de trocas identitárias e desfigurações, teria resultados poéticos distintos o recurso a procedimento semelhante por Ítalo Moriconi, em cujo livro *Quase Sertão* se forja uma figuração espacial híbrida —a de um deserto-cidade, por Angela Melim, cuja poesia é marcada por uma problematização recorrente do horizonte, ou por Duda Machado, em cujos poemas se tematiza o espaço como deriva, fuga à formalização, para ficar com apenas três exemplos significativos de um movimento de indeterminação nas figurações urbanas da poesia brasileira contemporânea. Movimento a que se poderiam acrescentar desde a janela que se fecha à visão da paisagem marinha, "de maneira a proscrever, velar a desfraldada/ tarde marinheira", do poema "Proscrição", à névoa em que se figura a baía, em "Enseada", também de Lu Menezes, da quase calçada inscrita no corpo — "rastro de mosca-bicheira/ imperceptível" — de um dos poemas de *Fábrica*, de Fabiano Calixto, ao horizonte "fora de qualquer perspectiva", à recorrência da imagem do deserto, passando por uma auto-figuração do sujeito como cacto, em *Solo*, de Ronald Polito.

E se, a rigor, o que chama a atenção é sobretudo a instabilização espacial, não faltam, a essas desterritorializações, componentes cruentos. Do "sofrimento em festim", referido num dos poemas de Lu Menezes, ao corpo "blindado", em Ronald Polito, à "sensação de chumbo", ao "pé inoxidável" do trabalhador na fábrica, ao "corpo caído", "coagulada paisagem", no livro de Fabiano Calixto. Dos "arrastões/chacinas megalópicas/infanticídios" ao "morto à bala", ao "inferno alighierico dos pobres", em Sebastião Uchoa Leite. Do "sopro de mortalidade dura", em *Quase Sertão*, ao "varal/ atravessando a garganta/ o cômodo/ fio cego do punhal partindo o céu/ a privação/ no arame do cabide" no poema "Crente", de Angela Melim. Do "desejo de fuga", em "Giro", de Duda Machado, à "batalha/ travada em/ lugar algum", ao "não sei na madrugada/ se estou ferido/ se o corpo/ tenho/ riscado/ de hematomas" do poema "Mau Despertar", de Ferreira Gullar. Ou ao "eu sou pobre, pobre, pobre", ao "difere, fere, fere" do "Vers de circonstance", de Carlito Azevedo.

Os sinais de violência nessas figurações do urbano se dizem respeito fundamentalmente ao próprio processo criativo, remetem, é claro, também, ao imaginário citadino contemporâneo, ao crescimento do crime violento e das reações igualmente violentas a ele, à generalização da sensação de risco e de conflito potencial e à perda do sentimento de coletividade no cotidiano das grandes cidades brasileiras. Questões que têm motivado um número igualmente crescente de estudos na área das ciências sociais no país. Por vezes com o privilégio da tensão entre redemocratização política e expansão dos crimes de sangue, duplicados, de acordo com Angelina Peralva, "entre 1980 e 1997" e resultantes, a seu ver, de uma insegurança ampliada pela "interpenetração entre o universo dos morros e o da classe média", pela "continuidade autoritária" e pela reestruturação das relações dominantes até o fim da ditadura militar "entre o Estado, o sistema político, a nação e a sociedade".[4] Já Teresa Pires do Rio Caldeira aponta, em *Cidade de Muros*, para essa contradição "entre expansão da cidadania política e deslegitimação da cidadania civil" e para o "caráter disjuntivo da democracia brasileira" como elementos nucleares de uma experiência urbana segregacionista, relacionando a criminalidade violenta não só à transformação das "configurações tradicionais de poder", mas à "deslegitimação do sistema judiciário como mediador de conflitos", à "privatização dos processos de vingança", à "legalização das formas de abuso e violação de direitos".[5] Ou, como enfatiza Luiz Eduardo Soares, a uma duplicidade constitutiva à organização social brasileira, a de uma sociedade orientada por elementos de um "modelo cultural hierárquico" e "socializada de acordo com o modelo cultural próprio ao individualismo igualitário liberal", a de um "projeto liberal-democrático" no contexto "de uma forte tradição nacional autoritária e excludente".[6] Pois quando "são intensos os padrões de exclusão política e grande parte da população não se reconhece como partícipe de uma trajetória coletiva", como observa Maria Alice Rezende de Carvalho, "a cidade se torna objeto da apropriação privatista, da predação e da rapinagem, lugar onde prosperam o ressentimento e a desconfiança sociais".[7]

Desse modo, torna-se problemática a percepção da cidade, e de suas figurações literárias, como unidades espaciais definidas, como espaços comuns de socialização. Ora expandindo-se "súbitos/espaços", como em "Neste fio", de Régis Bonvicino, ora assistindo-se à sua intensa compressão, como nas "quatro paredes rentes", no "casulo/ compacto, nulo", no "espaço esparso" sugerido no livro *Solo*, de Ronald Polito. Ora desdobrando-se do urbano o deserto, como é o caso do "quase sertão" de Ítalo Moriconi, ou da "cidade deserta" mencionada em "Giro", de Duda Machado; ora privilegiando-se os "espaços-entre", as zonas de transição, como em Angela Melim. Com a diferença de, no caso dessas desterritorializações literárias, estar em pauta não apenas a forma urbana, mas um processo interno de formalização movido a orientações contraditórias. Apontando a indeterminação espacial, o geograficamente "informe", para a exposição de uma experiência formal marcada pela exacerbação das tensões entre horizonte e deriva, figuração e instabilização, persistência e dissipação.

ÍTALO MORICONI E A CIDADE COMO SERTÃO

A simples sobreposição do título *Quase Sertão* a reprodução fotográfica de paisagem nitidamente citadina, na capa da coletânea de poemas de 1996 de Ítalo Moriconi, já indica, via nomeação, a dominância de uma visualidade urbana, mas exposta a partir de um seu avesso potencial. Sem que, no entanto, o movimento proteico, a condensação das duas imagens de fato se efetive. Daí o advérbio, o "quase", responsável pela persistência das duas referências geográficas, da disparidade evocada por elas, por essa conjugação de cidade e sertão, acumulação e deserto. As imagens estruturais ao livro apontando simultaneamente para uma interseção de ambiências e para a impossibilidade de sua conciliação metafórica. A diferença, a conflitualidade latente entre elas, sugerindo uma amorfia metódica, um limite proposto — "palavra que falta", "meias-palavras" — nessa figuração urbana pelo avesso.

É evidente que as imagens do desértico, do silêncio, do áspero, da "vegetação esdrúxula, cheia de espinhos", de uma violência potencial, em meio a derivas, ruas, "carnavais", a uma "multidão sem face", a uma "chuva de figuras", "braços", "quadris", "carros retardatários", "prédios apagados", "calçadas", e a uma sucessão de caçadas amorosas anônimas — "ciscando no asfalto" —, emprestam à evocação do "sertão", nesse caso, a possibilidade de exposição das trilhas homoeróticas da cidade, da outra cidade embutida na cidade usual, na Av. Rio Branco, na Copacabana, na praia, nas esquinas de todos os dias. E de uma tensão recorrente entre o mais íntimo e o mais público, o sertão "mais pra dentro" e o "excessivamente urbano". Entre os gânglios implodindo o pescoço e a lanchonete McDonald's em "(Notícia da AIDS)", "entre uma esquina e antigas angústias" em "Noturno", entre um "meu espaço", "meu olhar insolúvel", uma subjetividade e uma série de formas anônimas transitórias, "curvas fundas", "superfícies", "abismos", "vagas". Acompanhada de uma tensão de classe entre "o homem maduro e o rapaz das ruas", as referências cultas espalhadas nos poemas e os objetos de busca amorosa, definidos como "gente simples do povo". E entre uma espacialidade marcada pelo acúmulo "de tantos corpos", de ruas, prédios, esquinas, e a reiteração de imagens de um "esquema agreste", de um deserto, "imaginário plátano", "terra oca, sem limites".

A referência ao sertão não se restringe, porém, nos poemas de Ítalo Moriconi, ao rastro de uma experiência urbana homoerótica. E parece apontar também para dualidades persistentes na vida literária brasileira, para as oposições e mediações entre cosmopolitismo e dado local, entre universalização e temática regional, litoral e interior. Dualidade latente, de modo quase irônico, na cidade que se dá a ler como agreste e no sertão emaranhado a formas urbanas; no sertão, imagem paradigmática de brasilidade, de uma geografia a céu aberto, com luz inclemente, e povoada, em geral, por jagunços e sobreviventes, mas convertido em oco da noite, paisagem privilegiada da deriva amorosa solitária de *Quase Sertão*. Um "oco" que define simultaneamente o trânsito pela cidade ("Nós dois e a rua. Nós dois, oco da noite.") e pelos corpos ("Flor do oco, broto espesso, lisura sem pêlos"), num desdobramento metafórico de um dos pólos da dualidade espacial que organiza todo o livro *Quase Sertão*. Espaço bifronte que serve de princípio de estruturação, por exemplo, a "Brinde", poema em diálogo com o "Boi Morto" de Manuel Bandeira, e no qual se opõem imagens do sertão-deserto ("há Nilo algum, planície ou deserto, só/ extenso como um traço que do silêncio flui"), e de uma possível configuração espacial definida, a uma deriva enumerativa ("arrastando no escuro/ correntes, martírios, pedaços de pau podre,/ espelhos e vidro partido e o resto"), uma "saudade cega/ em mar aberto, desconhecido, abandonado das esquinas".

E se o sertão já costuma se dar a ver simultaneamente tanto como vastidão, deserto, horizonte amplo, quanto como marcado por súbitos emaranhados vegetais, formas ásperas, raras, intrincadas, cactos, cerrado, sugerindo certa conflitualidade figurativa potencial, não é de estranhar que tenha servido de referência, na poesia de Ítalo Moriconi, para a exposição de imagens avessas, conflitivas, não apenas da paisagem urbana, mas da forma poética e do processo mesmo de composição. Pois é por meio de uma imagem cindida ("Tudo é conflito de figura no jardim de forças da rua sarcástica"), que é, de um lado, figura abstrata, desejo de "forma pura indivisa", "a forma, a forma das formas, o deserto", e, de outro, "deslocada em trancos, barrancos", "chuva de figuras", cidade, que se definem, em *Quase Sertão*, essas figurações espaciais, em disjunção interna, da experiência urbana e da forma poética.

Conflito imagético que, ligado à experiência histórica e as condições de produção literária no Brasil contemporâneo, envolveria, na poesia de Angela Melim, sobretudo desdobramentos e desfigurações do horizonte e uma ênfase metódica nas margens de indeterminação do espaço figurado, e que, no trabalho de Duda Machado, imbricaria deriva e forma, desejo construtivo e dissipação.

Angela Melim e a Dramatização do Horizonte

Se a reprodução de todas as capas dos seus livros anteriores, reunidos, em 1996, por Angela Melim em *Mais Dia Menos Dia*, funciona como marco divisório, modo de datar e singularizar as diferentes seções do volume, acaba apontando, igualmente, se observadas, com atenção, essas ilustrações, para uma das imagens privilegiadas da sua poesia – a do horizonte. Da linha horizontal irregular que atravessa o espaço inferior da capa de *O Vidro O Nome* (1974), ao corte reto que separa em dois o título *Das Tripas Coração* (1978), ao corpo feminino que, deitado, parece duplicar o recorte das montanhas, ao fundo, na ilustração de capa de *As Mulheres gostam muito* (1979), ao título em letras mínimas, quase imperceptível, disposto horizontalmente em meio a um vazio propositado de qualquer representação em *Vale o Escrito* (1981), aos barcos soltos na água, com apenas a sugestão de um limite possível, que quase se confunde com o recorte superior do papel mais grosso da capa em *Os Caminhos do Conhecer* (1981), ao espaço vazio, mais adiante, para o qual parece apontar a figura feminina estampada em *Poemas* (1987), ou, por fim, à ilustração de Nelson Augusto para *Mais Dia Menos Dia* (1996), na qual duas linhas e uma pequena mancha escura evocam a relação entre sujeito e paisagem, experiência poética e tematização do horizonte, e espacializam, numa linha-limite, a duração e a imagem de um tempo por vir sugerido no futuro potencial, quase próximo, do título.

"Estou procurando a palavra certa/ para partes superpostas de duas esferas/ Intersecção?/ E solidão": a indagação expressa em "Rabo de Galo", do livro de 1996, sublinha a preocupação de Angela Melim com os espaços limítrofes, transicionais, os "raros engates", os lugares-entre, a meio caminho, os horizontes. E há, na verdade, uma vasta sucessão de mares e céus na sua poesia. A água que "brilha, tranqüila, ao meio-dia", "azuis profundos versus altos mares", "azuis rasgados/ grandes paisagens/ claras", "um e outro coqueiro roxo contra o céu cor de rosa", "as linhas de água brilhante e as montanhas azuis um tanto esfumaçadas". Sucessão de horizontes atmosféricos e marinhos que, tendendo ao ilimitado, ao espelhamento dos "estados de alma", e parecendo reproduzir uma versão romântico-pitoresca da paisagem carioca, apontariam, no caso de Angela Melim, noutra direção.

Funcionam, de cara, como forma de recortar, nem que seja, às vezes, como fundo, a presença do mundo – "campo/verde/ minado", "montanha de cadáver", "ouvido violado, tímpano rompido/ braços cortados, cabeças" – como elemento constitutivo da experiência poética. Tensionando-se, assim, via paisagismo, o modelo auto-referente, expressivo, dominante na produção poética brasileira dos anos 1970, contemporânea aos primeiros livros de Angela Melim. E, como sugere um texto como "Minha Terra", marcado pela visão em negativo da terra – "raízes no ar" – e do tema da "volta à casa", do enraizamento – "Nada é natal", trata-se de um paisagismo em contraste direto com o descritivismo de molde romântico, que deixaria rastro na literatura brasileira subseqüente. Deste modelo descritivo se elimina, com freqüência, na poesia de Angela Melim, a fixidez do ponto de mira, exercitando-se formas diversas de objetivação e de distanciamento lírico, como em "Assim uma Linha Verde da Janela – Um dia": "Assim uma linha verde da janela – um dia/ átimo, repente – / correndo/ paralelo ao que é veloz/ colina/ planície/ estilete fino de metal/ no fundo". O "estilete fino" discreto, quase imperceptível, cumprindo função semelhante à do "campo/minado" do poema "Fogos Juninos" em termos de um desdobramento cruento de algo se assemelha a um simples quadro descritivo.

Ensaiam-se, igualmente, desdobramentos contrastantes de voz. Como entre a casualidade do sujeito que presta informações para o viajante em "Roteiro", e o corte sistemático de sua fala por parênteses descritivos, impessoais e minuciosíssimos. Duplicidade que atinge também as figurações do espaço. Daí as transformações – de diáfano, gaze, nuvem, a rosa bobo, barato- por que passa a idéia mesma de um céu cor-de-rosa em "No Céu Cor-de-Rosa" ou a definição móvel, em suspenso, de paisagem contida em "A Duna vira Nuvem, se quiser".

Não é, pois, exatamente enquanto extensão, infinito aberto ao olhar, ou limite fixo, contorno, que a imagem do horizonte parece orientar a escrita poética de Angela Melim. É sobretudo enquanto espaço-entre, zona de deslocamento, "exploração dos pontos cegos, das margens de indeterminação na linguagem e na paisagem",[8] como assinala Michel Collot em *L'Horizon Fabuleux*, que ela tematiza e transporta, para o espaço poético, a noção de horizonte. O que, do ponto de vista da organização gráfico-sintática do poema explica a quantidade de brancos, intervalos, parênteses, travessões, estruturais nos seus textos, ou o gosto acentuado pelo verso isolado, solto, atravessando a página, cortando ou fechando alguns dos poemas à maneira de uma divisória, de uma linha interna do horizonte, muitas vezes intensificando um desdobramento ou um conflito de liminaridades. Como na frase longa que, em "O Mar não Existe", depois de cinco versos curtos, internaliza um mar de ausência e impossibilidade numa espécie de horizonte orgânico em corrosão: "A acidez é um fogo comendo o tubo escuro que atravessa o corpo". Como no caso de "Ronca um motor", de *Mais Dia, Menos Dia*, o verso "É o verão que se abre", que, separado dos demais por dois espaços em branco, parecendo sintetizar, via destaque gráfico, as imagens anteriores de barco, mar, calor, e figurar uma extensão paisagístico-temporal "a céu aberto", se faz acompanhar, no entanto, de um outro horizonte, conflitante, que inverte não só o seu movimento de ampliação, mas a referência temporal a um período que começa, transformando-se a gênese de um verão em imagem de um passado próximo à dissolução: "Tarde, sorvete, amor/ varanda/ em taças do passado/ a derreter".

A consciência do horizonte na poesia de Angela Melim, em vez de suporte espaço-temporal ou ponto de orientação da perspectiva subjetiva, aponta, portanto, para um movimento de sistemático redimensionamento mútuo do sujeito e da paisagem, de que é exemplar a reflexão sobre a morte contida em "Limão Irmão", na verdade o simples registro de uma fruta que cai e rola pela terra, "que agora traga/ a carne aberta/ desesperada/ do limão". E de que é exemplar, igualmente, sua preferência pelo intervalar, pelas linhas que figuram e desfiguram o espaço e a escrita, por uma espécie de dramatização do horizonte, desdobrado em formas diversas, mas obrigatórias, de conflito e indeterminação.

"E ela gostaria", lê-se em "Os Caminhos do Conhecer", "de pintar as unhas de vermelho. Enquanto escrevesse as palavras no caderno ia prestar atenção nos dedos de pontas brilhantes segurando a esferográfica e sentir prazeres conflitantes". Movimento semelhante ao que, entre um "lá dentro" e um "pé de jasmim", em "Mulheres", entre um "à flor da pele" e um "fosso fundo", em "Faca na água", entre "cristas suspensas/ pedras de sal/ fiapos de mar" e "seu fundo longínquo/ âncora/ os leitos de areia e seus lençois limpíssimos", em "Um Navio", figura "janelas", "lagos no peito", "navio", imagens de fronteira, espécies de não-lugares. A que se poderiam acrescentar a bainha, o varal, a beira-mar, a fresta, a aresta, o vão, as grades, a beira, de tantos outros poemas seus, nos quais se tensionam e convivem essas direções conflitantes. Ou que, em meio a uma sucessão de marinhas e paisagens à primeira vista pouco habitadas, quase desistoricizadas, ativam uma espécie de conflito surdo, quase imperceptível, entre quadro natural e horizonte histórico. Entre um exercício lírico em torno de sol, flores e perda, como "Corajoso como a Beleza", e sua sucessão de imagens bélicas: disparos, bala, dor, estrondos, combate. Entre "os ladrilhos/ o verde baço do cloro/ a piscina" e o "arame" que a resguarda, em "Álbum", o "cheiro/ do jasmim" e um "sangue vivo/ a pena contido", o "céu azul e limpo" e "granadas", "fogo, fumaça", em "Fogos Juninos". Ou entre o horizonte da cidade e o da escrita, em "Trilha", com a mediação de um terceiro horizonte, bélico, de "cerco, baixas, barranco, armas", que parece redimensioná-los historicamente.

DUDA MACHADO E A DERIVA METÓDICA

Já os poemas de Duda Machado, se igualmente marcados por uma exposição conflitiva do espaço, parecem movidos por um princípio de contra-organização, por uma indeterminação metódica, mas variada, que, de dentro, os desdobra e reengendra, apontando para uma forma poética propositadamente instável, em fuga, não à toa figurada, repetidas vezes, por imagens marcadas exatamente pelo movimento, pela transparência e pela tendência ao informe, à desterritorialização, como as do vento e da onda, fundamentais à auto-explicitação de uma poética pautada na modulação ("quem reina?/ uma modulação/ capaz de afinar/ o entendimento"), na tensão entre desgarre e condensação, deriva e desejo de fixação ("brisa/ ainda há pouco formada,/ a confluência/ entre passagem e morada"), dominantes em *Margem de uma onda* (1997), seu livro mais recente.

Há, no entanto, desde *Zil*, uma recorrência dessas imagens aéreas, aquáticas, móveis. Da associação do livro ao rio, no texto inicial deste volume de 1977, ao "mar/ na ponta dos cascos" de "Verão", às vogais "líquidas, cascateantes, enchentes", ou às imagens de vôo, os mandacarus revoando, em "Ária", ou poema-pergunta sobre o que soaria mais alto, se "o vôo ou o canto do pássaro". Imagens em movimento dominantes igualmente no seu segundo livro, *Um Outro*

(1990). Como nos seus diversos percursos, alvos em movimento, na multidão definida como "moinhos de braços", na chuva que segue a moça, na ciclista que passa, e na colocação em roda até mesmo das "idéias fixas", exemplo quase paradoxal da poética eólia, instável, de Duda Machado.

Ventos, vôos, moto contínuo se acham contrastados, porém, em *Um Outro*, a uma indagação, também recorrente, sobre a margem, o horizonte, o limite, do acontecimento, da linguagem, ou entre "contemplador, céu e mar", "céu e asfalto", "jardim e tarde", "morte-vida". Entre um desejo de contorno, recorte, formalização, e por uma espécie de hesitação das formas, de desmaterialização inevitáveis. "A vida,/ sem medida/ e isto/, rigor", lê-se no segundo poema de *Um Outro*. "O horizonte", expõe a primeira estrofe de "Juntos", "é a luz/ que em cor tão unânime/ apaga as superfícies/ de que vive". Assim como, no turvo espelho interior, lê-se em "Tanto Ser", "desfiguram-se os atos" e o corpo se mostra "impalpável, carcaça/ que o espírito não acha".

Em *Margem de uma onda*, essa tensão entre movimento de formalização e de dissipação, de figuração e iminente desfiguração, tematizada, de modos diversos, em todo o livro, daria lugar à poética singular exposta em "Fábula do Vento e da Forma", "Manhã Piscina" e "Margem de uma onda", em parte em diálogo com "Imitação da água", de João Cabral de Melo Neto. Nela estabelecendo-se, a princípio por negação, uma analogia entre o vento e a forma, elementos a rigor incompatíveis, em irredutível desacordo, de um lado, pelo desejo de persistência próprio à forma, de outro lado, pelo aspecto passageiro próprio ao vento. Em ambos os casos, porém, o percurso diverso sinalizaria no sentido de uma correspondência, pelo avesso, entre essas diferenças, que seria levadas à própria mútua negação. Do lado da forma, ativando-se um processo de múltiplo desdobramento em metamorfoses. Do lado do vento, por conta da possibilidade de subitamente tomar forma, caso o seu movimento se opere, por exemplo, "sobre a harpa eólia/ ou nos móbiles de Calder", como sublinham os dois últimos versos do poema.

O curioso, no caso dessa fábula, estando não só no "desacordo uníssono" em que ela se baseia, mas no fato mesmo de as duas imagens se encaminharem necessariamente para o próprio esgotamento. à maneira do que se dá com a voz que "se recolhe" em "Interferência", a cor que "cai sobre si mesma" em "Aventura da Cor", os detalhes "moldados pela desagregação" em "Poética do Desastre", a "fadiga" que "a cada coisa/ desdobra e dissipa" em "Dentro do Espelho", o

Poesia brasileira contemporânea e experiência urbana • 375

quarto que, "depois de condensar/ tempo e espaço", se concentra na janela e encontra o vácuo e "os limites da calçada/ embaixo" em "Resumo quase abstrato". Não sendo de estranhar, ainda, em meio a essa sucessão de dissoluções e a ameaça de auto-anulação embutidas nas imagens dominantes de tantos desses poemas, que alguns deles se convertam, ao contrário, em genealogias da forma, como "Traço e Movimento", "Fragmentos para Novalis", "Condição" ou "À Noite na Estrada". Ou que forma e deriva se apresentem explicitamente geminadas num poema como "Trevo": "uma imagem à deriva/ tão densa/ em seu ensimesmamento//a ponto de excitar/ o desejo de forma/ até esgotá-lo/ e reafirmar sua deriva/ várias oitavas acima".

E, dado fundamental ao método poético de Duda Machado, não se trata, no seu caso, simplesmente de uma reflexão sobre a indeterminação, mas de um processo de composição tensionado internamente, ele mesmo, e não apenas suas imagens, por negatividade e resistência estruturais à unificação formal. Tensionamento interno manifesto tanto por meio do recurso recorrente às enumerações (de que são exemplares os seus dois "Almanaques") ou a imagens contraditórias ("e a 40°, uma tristeza de inverno"), quanto via recortes repentinos do poema: uma outra voz (como na terceira estrofe de "Fala" ou na metade de "Corte e Costura"), um pontilhado (como em "Álbum"), um intervalo (como entre o "Psiu" e o resto de "Fantasma Camarada"), uma troca de registro (como entre a impessoalidade das seis primeiras estrofes e a intimidade dos dois últimos versos de "Oração com Objetos"), uma interrogação (como os versos entre parênteses de "Margem de uma onda").

Tensionamento manifesto igualmente, na poesia de Duda Machado, pela irrupção, em meio às figuras aéreas e dissipações formais, de imagens de extrema concretude, quase brutais: o mendigo de "Flores de Flamboyant", as cenas de perseguição, revista e fuzilamento de "Fim de Semana", os passageiros de ônibus convertidos num híbrido indistinto em "Carapicuíba", a desova e as crianças-carniças de "Urubu-Abaixo". Numa operação figurada pelo próprio poeta em "Devoração da Paisagem". Aí, a uma primeira estrofe a rigor tranquilizadora, com uma simples descrição de vista —com casas, morro, arvoredo, estrada e riacho—, se seguem três desterritorializações. A primeira no sentido de uma expansão —"cores que ultrapassam distâncias", "o olhar que erra e se prolonga/ em busca de sua moradia". A segunda no sentido de um desdobramento de ponto de mira, de uma contração da paisagem —"de algum lugar,/ distante das retinas,/ a fera irrompe". A terceira exibindo a paisagem presa, relatando a sua devoração. E apontando para a sugestão de uma espécie de impossibilidade histórica e formal da paisagem e de figurações espaciais incruentas.

Daí a sobreposição esgarçada — "quase" — de sertão e cidade na poesia de Ítalo Moriconi, o desdobramento conflitivo de horizontes em *Mais Dia Menos Dia*, de Angela Melim, as indeterminações identitárias em Sebastião Uchoa Leite, a contra-formalização convertida em princípio ativo de composição em Duda Machado. Exercícios distintos de desterritorialização e irrepresentabilidade espacial que, por via negativa, conflitiva, parecem, ao contrário, contribuir para a intensificação da percepção do momento presente e ampliar a própria investigação formal ao interseccionar a prática poética aos desdobramentos históricos recentes de uma experiência urbana violenta, segregacional, autoritária, como a brasileira.

NOTAS

* Emprego aqui expressão cunhada, como se sabe, por Gilles Deleuze e Félix Guattari em *O Anti-Édipo*, e retrabalhada por Fredric Jameson em *The Cultural Turn*, mas submetida a desdobramentos bastante distintos e a um contexto particular, o das relações entre imaginário literário urbano e processo cultural no Brasil contemporâneo.

[1] Xavier, Ismail. "O cinema brasileiro dos anos 90" (entrevista). IN: *Praga*. Estudos Marxistas nº 9. São Paulo, Hucitec, 2000, 110-111; 116-117. See also Mário Sérgio Conti. "Encontros Inesperados" (Entrevista com Ismail Xavier). IN: *Mais!*. Folha de S. Paulo Dec. 3, 2000, 8-9.

[2] Caldeira, Teresa Pires do Rio. *Cidade de Muros*. Crime, Segregação e Cidadania em São Paulo. São Paulo, Editora 34/ EDUSP, 2000, 9.

[3] Id. Ibid., 11.

[4] Peralva, Angelina. *Violência e Democracia*: o paradoxo brasileiro. São Paulo, Paz e Terra, 2000, 22, 59, 84, 89.

[5] Caldeira, Teresa, op. cit., 343.

[6] Soares, Luiz Eduardo. "Uma Interpretação do Brasil para contextualizar a violência". IN: Pereira, C. Alberto Messeder; Rondelli, Elizabeth; Shollhammer, Karl-Erik e Herschmann, Michael (org.). *Linguagens da Violência*. Rio de Janeiro, Rocco, 2000, 34-36.

[7] Carvalho, Maria Alice Rezende de. "Violência no Rio de Janeiro: uma reflexão política". IN: Pereira et alii (org.). *Linguagens da Violência*, 56.

[8] Collot, Michel. *L' Horizon Fabuleux* II. XX e Siècle. Paris, Librairie José Corti, 1988, 17.

BIBLIOGRAFÍA

Abreu, Caio Fernando. *Os dragões não conhecem o paraíso*. São Paulo: Companhia das Letras, 1988.
_____ *Ovelhas negras*. Porto alegre: Sulina, 1996.
Azevedo, Carlito. *Sob a noite física*. Rio de Janeiro: Sette Letras, 1996.
Calixto, Fabiano. *Fábrica*. Santo André: Alpharrabio, 2000.
Carrero, Raimundo. *As sombrias ruínas da alma*. São Paulo: Iluminuras, 1999.
Carvalho, Bernardo. *Aberração*. São Paulo: Companhia das Letras, 1993.
Felinto, Marilene. *Mulheres de Tijucopapo*. 2ª ed. São Paulo: Editora 34, 1992.
Ferrez. *Capão Pecado*. São Paulo: Labor Texto Editorial, 2000.
Fonseca, Rubem. *Contos reunidos*. São Paulo: Companhia das Letras, 1994.
_____ *O buraco na parede*. São Paulo: Companhia das Letras, 1995.
Freire, Marcelino. *Angu de Sangue*. São Paulo: Ateliê Editorial, 2000.
Inimigo Rumor. Revista de Poesia. Nº 3. "Dossiê Ferreira Gullar". Set-Dez. 1997.
Leite, Sebastião Uchoa. *Obra em Dobras*. São Paulo: Duas Cidades, 1988.
_____ *A uma incógnita*. São Paulo: Iluminuras, 1991.
_____ *A Ficção Vida*. São Paulo: Editora 34, 1993.
_____ *A Espreita*. São Paulo: Perspectiva, 2000.
_____ "A Metáfora da Perseguição". *Jogos e enganos*. Rio de Janeiro: Editora UFRJ; São Paulo: Editora 34, 1995.
Lins, Paulo. *Cidade de Deus*. São Paulo: Companhia das Letras, 1997.
Machado, Duda. *Margem de uma onda*. São Paulo: Editora 34, 1997.
Melim, Angela. *Mais dia menos dia*. Rio de Janeiro: Sette Letras, 1996.
Melo, Patrícia. *Acqua Toffana*. São Paulo: Companhia das Letras, 1994.
Menezes, Lu. *Abre-te, Rosebud!*. Rio de Janeiro: Sette Letras, 1996.
Noll, João Gilberto. *Romances e Contos reunidos*. São Paulo: Companhia das Letras, 1997.
Nunes, Sebastião. *Decálogo da classe média*. Sabará: Edições Dubolso, 1998.
Oliveira, Nélson. *Naquela época tínhamos um gato*. São Paulo: Companhia das Letras, 1998.
_____ *Treze*. São Paulo: Ciência do acidente, 1999.
Ortiz, Esmeralda do Carmo. *Por que não dancei*. Gilberto Dimenstein, org. São Paulo: Senac, 2000.
Polito, Ronald. *Solo*. Rio de Janeiro: Sette Letras, 1996.

Santiago, Silviano. *Cheiro Forte*. Rio de Janeiro: Rocco, 1993.
Scliar, Moacyr. *Contos reunidos*. São Paulo: Companhia das Letras, 1995.
Silva, Hélio R. S. e Milito, Cláudia. *Vozes do Meio-Fio*. Rio de Janeiro: Relume-Dumará, 1995.
Tavares, Zulmira Ribeiro. *O Mandril*. São Paulo: Brasiliense, 1991.
Varella, Drauzio. *Estação Carandiru*. São Paulo: Companhia das Letras, 1999.
Vários. *Letras de Liberdade*. São Paulo: Madras, 2000.
Xavier, Valêncio. "Minha história dele". *Ficções* Ano 1, n° 1. Abril 1998.

Narrativas del mal:
El coyote mexicano en el drama del cruce fronterizo

David Spener
Trinity University

Introducción

Generalmente nos acercamos al tema de la globalización como si fuera un proceso iniciado y controlado exclusivamente "desde arriba," o sea como proyecto de las élites capitalistas internacionales. Así la globalización es retratada como algo que les es impuesta a las clases populares de los países del mundo en vez de ser reconocida como obra de ellas también. Esta representación distorsionada se debe en gran medida al hecho de que la globalización iniciada por las fuerzas hegemónicas es autorizada o inclusive promocionada por el actual marco legal internacional. Este marco legal asume que la integración mundial debe ser realizada principalmente por un conjunto de instituciones gubernamentales multilaterales y corporaciones transnacionales. No autoriza que los actores populares participen en esta integración de manera autónoma.

La realidad, por supuesto, es otra, pues los actores populares sí participan en los procesos globalizadores de manera significativa y, en muchos sentidos, de manera contra- hegemónica. Su participación toma varias formas, pero aquí me interesa solamente investigar el cruce no autorizado de las fronteras internacionales —un fenómeno que afecta profundamente a muchas partes del mundo contemporáneo. Existe verdaderamente un enorme cuerpo de investigación científica social sobre la migración indocumentada en el período contemporáneo, pero relativamente poco se ha escrito acerca de exactamente cómo los migrantes logran cruzar las fronteras cada día más fortificadas y quién los ayuda a hacerlo. Resulta que en estos días una gran proporción de migrantes que logran cruzar una frontera lo hace con la ayuda de contrabandistas profesionales, unos participantes claves en el proceso de globalización sobre quiénes sabemos muy poco.

En este ensayo, exploro la representación de los contrabandistas en las narrativas elaboradas por los actores sociales que habitan la región transfronteriza del nordeste de México y el sur de Texas y que tienen conocimiento del cruce ilegal de esta frontera. Esta exploración se basa en un estudio etnográfico que estoy realizando sobre el papel que juegan los contrabandistas en la migración indocumentada de los mexicanos. Las narrativas a las que me refiero aquí han sido sintetizadas de las entrevistas que he realizado a una variedad de informantes que participan en el proceso migratorio, incluyendo a migrantes, residentes de la frontera, agentes de la Patrulla Fronteriza y el Servicio de Inmigración y Naturalización de los Estados Unidos, abogados, promotores de los derechos humanos, oficiales consulares mexicanos y los mismos contrabandistas. Mi propósito al examinar estas narrativas es empezar a llenar un vacío en los estudios culturales de la frontera en cuanto al papel imprescindible jugado por los contrabandistas en la extensión geográfica y cultural de la diáspora mexicana que estamos presenciando en estos días.

La migración internacional, las comunidades transnacionales y las batallas fronterizas

Dos de los más importantes indicadores de la globalización posmoderna de la sociedad y de la cultura por la economía política del capitalismo tardío son la migración internacional y la creación de comunidades transnacionales cuyos miembros habitan un espacio social que trasciende los límites territoriales de los estados-nación (Basch, Glick Schiller y Szanton Blanc). La emergencia de dichas comunidades tiene el potencial de socavar una de las premisas centrales del sistema mundial contemporáneo: que el capital móvil tiene la habilidad de recorrer el globo entero buscando las condiciones ideales para realizar sus ganancias mientras la fuerza laboral se ve obligada a quedarse inmóvil y aceptar el pago, las condiciones de trabajo y el estándar de vida prevalecientes dentro de su propio país (Portes). La medida en que la fuerza laboral se moviliza de manera autónoma, trascendiendo las fronteras nacionales, pone en duda no solamente esta premisa del sistema mundial en su totalidad, sino también la hegemonía que los estados-nación específicos pretenden ejercer sobre sus territorios soberanos. No es sorprendente, entonces, que el movimiento contra hegemónico y autónomo de los trabajadores migrantes muchas veces provoque una fuerte respuesta por parte de los estados-nación afectados en América del Norte y Europa, los cuales se encarnizan en la imposición de controles fronterizos más rigurosos y aumentadas restricciones sobre la entrada de extranjeros (Andreas y Snyder). No obstante, las desigualdades que prevalecen en el sistema global típicamente obligan a que muchos trabajadores del este y del sur sigan intentando cruzar las fronteras crecientemente fortificadas, lo cual induce a algunos analistas a hablar de la "batalla por la frontera" como otra característica esencial de la globalización de la sociedad al principio del siglo XXI (Albert y Brock; Rodríguez; Spener y Staudt).

Al abordar los fenómenos interrelacionados de la migración y de las comunidades transnacionales, no debemos perder de vista que estos se manifiestan de manera especialmente fuerte en el espacio urbano. Según los cálculos de las Naciones Unidas, hoy existen alrededor de 120,000,000 de individuos en el mundo que se encuentran viviendo fuera de los territorios nacionales de los países donde nacieron (Torpey 31). Estos migrantes son principalmente de las naciones del "Sur Global" y han sido atraídos a las grandes ciudades de los países posindustriales de Europa y América del Norte. En ciudades como Nueva York, Londres, París, Los Ángeles y Houston, estos migrantes integran la clase obrera en un sector manufacturero degradado y un creciente sector de servicios manuales que subsidia a un sector de servicios profesionales y financieros habitado por "analistas simbólicos" de alto ingreso (Reich; Sassen, *The Mobility of Capital and Labor*; Sassen, *The Global City*). Sin embargo, estas "ciudades globales" donde multitudinarios barrios de migrantes viven a la sombra de las torres corporativas no son las únicas áreas urbanas que sirven de "lugares estratégicos" en el sistema global (Sassen, *Cities in a World Economy*). De manera creciente, las ciudades fronterizas, bien estén ubicadas en los límites de la Unión Europea o entre México y los Estados Unidos, cumplen una función vital de *broker*, no solamente para la importación y exportación de bienes, sino también para el pasaje clandestino de migrantes laborales destinados a ser empleados en alguna metrópoli de uno de los dos continentes. Los tres indicadores de la globalización que aquí nos interesan, entonces, no pueden entenderse sin ser examinados en el contexto de las ciudades, su ubicación y funcionamiento, dentro del sistema mundial.

La migración mexicana, la frontera, los estudios culturales y el personaje olvidado

En su trabajo pionero, "*Postmodernism, or the Cultural Logic of Late Capitalism*", Jameson argumentó que para orientarnos en el nuevo espacio sociocultural creado por la economía política del capitalismo tardío, tenemos que desarrollar un nuevo conjunto de mapas que representen, de manera más eficaz, el contorno espacial de nuestra existencia contemporánea. Jameson buscó elaborar tales mapas al consultar las imágenes que se encuentran en formas estéticas tales como la literatura, la pintura y la arquitectura. Después, el antropólogo

Roger Rouse propuso una expansión del dominio estético de Jameson para incluir una consideración de los "detalles de la vida cotidiana de la gente" como "la materia prima para una nueva cartografía," que podría guiarnos en este período posmoderno. Además, insistió en que encontráramos "los materiales más significativos" en "las circunstancias y experiencias de aquellos grupos de clase trabajadora cuyos miembros han sido los más severamente afectados por el carácter cambiante de la explotación capitalista". En su propio intento cartográfico, Rouse examinó "los textos transitorios" inscritos "en la minucia de la experiencia cotidiana" de un grupo de migrantes mexicanos que circulaba por una amplia tierra fronteriza que extendía desde el poblado de Aguililla, Michoacán hasta Redwood City, California. En mi investigación en/de la frontera, muchas veces me encuentro siguiendo las huellas de Rouse al examinar los textos de migrantes mexicanos que indican cómo están desarrollando una nueva cartografía para sí mismos ante un paisaje social norteamericano que está siendo rápidamente transformado.

A comienzos del siglo XXI, hasta el 10 por ciento de todos los mexicanos residían al norte de la frontera con los Estados Unidos según el Ministerio de Relaciones Exteriores de México y *United States Commission on Immigration Reform*. En el año 2000, aproximadamente 8 millones de personas nacidas en México fueron contadas por el censo norteamericano, aunque muchos miles que se encontraban en el país cuando se llevó a cabo el censo no fueron incluidos debido a su miedo de detección por las autoridades y/o su transitoriedad como trabajadores migrantes (Weiner). Una gran proporción de estos 8 millones de mexicanos que sí fueron contados por el censo y probablemente la gran mayoría de los que no lo fueron entraron a Estados Unidos ilegalmente a la hora de su primera migración.[1] Así el grueso de los mexicanos migrantes elaboran su nueva cartografía al realizar cruces no autorizados de la frontera méxico-estadounidense. Pese a que miles de mexicanos hayan realizado tales cruces, las condiciones difíciles y el trato duro que han encontrado en la frontera han engendrado un extenso folclore sobre la frontera, que la representa como un lugar peligroso y temible (véase, por ejemplo, Durand y Massey; Herrera-Sobek, *Northward Bound*; Singer y Massey).

En los últimos años, el gobierno estadounidense ha intensificado dramáticamente sus esfuerzos para prevenir la entrada no autorizada a su territorio al triplicar el número de agentes dedicados a patrullar la frontera sur y apoyarlos con aeronaves, vehículos motorizados y tecnologías de vigilancia cada vez más sofisticadas (Andreas; Andreas y Snyder). Las organizaciones de protección de los derechos humanos y los investigadores universitarios han documentado cómo estos intensificados esfuerzos para controlar la frontera la han convertido en un lugar aún más peligroso y temible para los migrantes, generando un aumento sustancial en el número de personas que mueren cada año a causa de ahogo, deshidratación, insolación e hipotermia mientras transitan terrenos cada vez más aislados para evitar su aprehensión por la Patrulla Fronteriza de los Estados Unidos (PFEU) (Eschbach y otros, "Death at the Border" y *Causes and Trends*). Algunos de los migrantes a los que he entrevistado han descrito las muchas experiencias aterradoras que han tenido al cruzar el Río Bravo del Norte,[2] marchar por la maleza espinosa del monte del sur de Texas y brincarse a los trenes de carga que los llevan al interior estadounidense. Estas experiencias incluyen robos, violaciones, mordeduras de víboras, hambre y sed y la posibilidad de perderse durante días enteros antes de ser aprehendidos por la PFEU y retornados a México.

Hoy en día un sinnúmero de los migrantes mexicanos que entran a los Estados Unidos de manera ilegal se ven obligados a buscar a alguien que los oriente en la tajante topografía de la región fronteriza. Este guía es mejor conocido por su apodo animal: el coyote. Y como el animal verdadero, esta figura humana ha llegado a habitar no solamente los ranchos rurales, sino las áreas urbanas también. Ahora su presencia se ha vuelto común tanto en algunas de las grandes ciudades del interior tejano, especialmente Houston, como en todas las ciudades fronterizas, sean del lado tejano o mexicano.

¿Cómo es este espacio fronterizo que el coyote habita y transita de un lado a otro? Geográficamente, la franja adyacente a la línea internacional es un espacio muy heterogéneo en el que encontramos montañas, desiertos, sabanas, montes, potreros, campos cultivados de una variedad de hortalizas, vastos terrenos despoblados, docenas de pueblos pequeños y varias grandes ciudades. Por un lado, lo que integra este heterogéneo espacio geográfico es la línea horizontal que separa a los sistemas políticos de México y de Estados Unidos y que nos induce a pensar en una región fronteriza artificial que no sigue ningún contorno natural. Por otro lado, este espacio es integrado también en términos sociales, culturales y económicos por los flujos "verticales" (norte-sur) de personas y bienes que atraviesan la línea internacional y oficial.[3] En este sentido, podemos ubicar dentro del espacio fronterizo ciudades tan diversas y alejadas de la línea internacional como Monterrey, la Ciudad de México, Houston, Austin, Dallas, Atlanta y Chicago. Esta visión del espacio fronterizo coincide con la de Rouse, mencionada arriba, que reconoce que para los mexicanos de Aguililla, Michoacán las "tierras fronterizas" [borderlands] no se refieren exclusivamente a los condados y municipios o siquiera a los estados que colindan con la línea internacional, sino a todo el espacio cultural, social y político que habitan los migrantes en sus recorridos transfronterizos, o sea el espacio por el cual transitan desde Aguililla hasta Redwood City, California. Además, esta visión del espacio fronterizo nos ayuda a comprender que para el migrante la tarea de cruzar la frontera no empieza ni termina al cruzar de un lado de la línea internacional al otro, pues la frontera sigue rodeándolo aún después de pisar territorio estadounidense. Si fuera tan sencillo, la necesidad de un guía no sería tan urgente.

Una breve descripción de algunos aspectos claves del viaje indocumentado típico de un migrante de Monterrey, Nuevo León, a Houston, Texas, puede ilustrar más concretamente cómo saltar el Río Bravo del Norte no es lo mismo que lograr cruzar la frontera en términos efectivos. Pasarse del lado mexicano al lado estadounidense de este río, aún hoy tras un incremento dramático en la vigilancia del río ejercido por la PFEU, no es tan difícil. Se puede hacerlo vadeando, nadando, en cámaras de llantas, en lancha o inclusive en algunos lugares brincando de una piedra a otra. Al cruzar el río, el migrante es guiado por su contrabandista a algún hospedaje en una ciudad fronteriza tejana. Desde este hospedaje, que puede ser un motel, un departamento o una casa particular, se organizan los próximos pasos del viaje a Houston. En la mayor parte de los casos, no es problema esconderse en una de estas ciudades tejanas porque la gran mayoría de la población es de ascendencia mexicana (hasta el 95 por ciento en Laredo, Texas, por ejemplo) y el flujo de personas y vehículos por ellas es muy grande. Por otra parte, quedarse a vivir y trabajar en una de estas ciudades generalmente no es una opción atractiva para el migrante, pues son ciudades muy pobres con oportunidades de trabajo muy escasas y mal pagadas en comparación con las ciudades del interior de Estados Unidos. Por esta razón, no sería un error decir que en términos de realizar los objetivos de su migración, el migrante todavía no ha logrado internarse en Estados Unidos al entrar a la ciudad tejana fronteriza. O sea, la frontera verdadera para él le queda por delante. El reto principal es poder salir de la región "mexicana" de Texas al pasar por los retenes de inspección migratoria en las carreteras que conducen hacia el norte.

Para lograr salir del Texas mexicano, el migrante depende del contrabandista que lo guía de noche, lo recoge en una camioneta en un punto más allá de los retenes migratorios y lo lleva a una "casa segura" en Houston, donde algún familiar o amigo lo va a recoger después de pagar al contrabandista el monto restante del cobro por su viaje. Pero aún después de llegar a Houston, la "tierra prometida" para muchos trabajadores mexicanos, la frontera aún lo rodea. Esto se nota cuando los migrantes alojados por los contrabandistas en una "casa segura" no se atreven a salir hasta que sus conocidos vengan por ellos (pese a que usualmente nadie se los impide). Se quedan como rehenes virtuales en estas casas no solamente por miedo a los contrabandistas, sino porque para ellos la frontera los rodea: fuera de las paredes de esta casa existe un mundo desconocido y temible, poblado de gente que habla otro idioma, vigilado por autoridades que ponen en vigor normas extrañas con poderes desenfrenados y lleno de peligros que sólo pueden ser imaginados. Aunque ya pasó el peligro de ser aprehendido por la PFEU, todavía tendrán que cruzar muchas fronteras sociales, culturales y económicas, ahora con la ayuda de otros mexicanos de la Diáspora en vez de la de los contrabandistas profesionales. Estos paisanos les van a explicar cómo pueden comprar documentos de identificación en el mercado negro para poder conseguir un trabajo, dónde se puede obtener tratamiento médico o comida sin tener que verificar su estado legal en el país, qué hacer cuando un policía lo para en la calle, pues todos estos son los quehaceres cotidianos de los indocumentados que viven rodeados por un sistema político que pretende negarle el acceso a sus instituciones fundamentales.

Dado el actual interés en "las tierras fronterizas" y en "cruzar fronteras" en el área de estudios culturales, es sorprendente que la figura del coyote, el salta-fronteras por excelencia, apenas aparezca en su literatura. Aunque varios de los líderes contemporáneos de este campo de investigación han prestado una atención significativa en su obra a los migrantes mexicanos y a los méxicono-americanos (véase, por ejemplo, Anzaldúa; Gómez-Peña; Limón; Rosaldo; Saldívar), se ha escrito muy poco acerca de las personas que han posibilitado los cruces de frontera que tan hábilmente celebran. Aquí sólo puedo especular sobre las razones de esta curiosa omisión. Sospecho que se deba en alguna medida a la tendencia que tienen los estudios culturales de enfocarse en la interpretación de las expresiones populares estéticas en lugar de analizar los aspectos culturales de la vida cotidiana a través de un examen de textos recabados por métodos etnográficos. En este sentido, algunos de estos exponentes de los estudios culturales, tal vez inconscientemente, pueden estar retratando la vida fronteriza en base a lo que Herrera-Sobek (*The Bracero Experience*) ha llamado "elitelore" en vez del "folclore" de los migrantes y los residentes de la misma región fronteriza. También puede tener algo que ver con la preocupación que tienen los estudios culturales de repensar las herramientas con las que analizamos la cultura. Este enfoque a veces promueve una insuficiente atención prestada a la realidad empírica a la cual estas herramientas deben aplicarse.[4] Además, el hecho de que el área de los estudios culturales de la frontera esté dominado por teóricos feministas puede influir en esta omisión, dada la reputación que tienen los coyotes de ser unos "machos" que abusan de las mujeres migrantes bajo su custodia (véase, por ejemplo, Anzaldúa 34). Tal vez por esta razón los coyotes no han sido celebrados como un ejemplar del "otro transgresivo" de la misma manera como otras categorías sociales parecidas sí han sido celebradas en esta literatura. Como respuesta a esta omisión, uno de mis propósitos centrales al escribir este artículo es dar un primer paso hacia la re-inserción del coyote en la historia que se está narrando en el campo de los estudios culturales sobre la frontera y los que la cruzan.

Aunque como ya dijimos hasta ahora los coyotes no hayan recibido mucha atención de parte de los principales exponentes de los estudios culturales, sí están recibiendo mucha atención en los medios de comunicación. En mayo del 2001 catorce migrantes mexicanos de los estados de Veracruz y Guerrero fallecieron al intentar cruzar caminando un desierto infernal cerca de Yuma, Arizona, después de que sus guías supuestamente los abandonaron para buscar agua (Sterngold). Esta tragedia provocó un gran despliegue de remordimiento público por parte de oficiales de alto nivel de los gobiernos mexicanos y estadounidenses, los cuales emitieron una declaración en conjunto donde prometieron redoblar sus esfuerzos para desmantelar las empresas criminales responsables por estas muertes (cf. la declaración de la Embajada de los Estados Unidos en México). De hecho, varios meses después de entablar negociaciones de alto nivel sin precedentes para concretar nuevos acuerdos sobre cómo mejor enfrentar el complicado tema de la migración mexicana no autorizada a los Estados Unidos, los representantes de las dos naciones sólo han podido llegar a acuerdos sobre un compromiso común de combatir a los contrabandistas de migrantes en la frontera, mientras languidecen otras propuestas para legalizar el empleo y la residencia de mexicanos al norte de la frontera (cf. el comunicado del United States Department of State y el Ministerio de Relaciones Exteriores de México).[5] De manera creciente, ambos gobiernos señalan a los coyotes como los principales villanos en el drama mortal que sus políticas han engendrado. Dado el peso institucional que la respalda, no sorprende que esta versión "oficialista" sobre la identidad y el carácter de los coyotes sea la hegemónica.[6] Cabe mencionar aquí que esta versión oficialista no es en ningún sentido la única narrativa que está en juego en los múltiples discursos sobre el proceso migratorio que se pueden escuchar en un lado u otro de la frontera. No todos los actores en el reparto del drama fronterizo están de acuerdo que en el papel jugado por el coyote sea el del malvado. Sin embargo, muchas de las narrativas elaboradas por los migrantes indocumentados y los mexicanos residentes de la frontera comparten con la versión oficialista una actitud sumamente negativa hacia el personaje del coyote, el cual usualmente es retratado como una figura deshonesta, avara y hasta cruel, o al menos indiferente al bienestar del migrante. Por cuestiones de espacio, me limitaré en el presente trabajo a una consideración de estas narrativas negativas, aunque la investigación en curso haya comprobado que existe un cuerpo considerable de otras narrativas que retratan al coyote de una manera menos negativa y hasta positiva en algunos casos.[7]

Para analizar estas narrativas, adopto una aproximación teórica similar a la que ha desarrollado Pablo Vila ("The Competing Meanings" y *Crossing Borders*), otro estudioso de la frontera Texas-México, que ha investigado la manera cómo se inventan las identidades sociales a través de un proceso en el cual los miembros de diferentes grupos de las comunidades fronterizas narran cuentos sobre otros grupos y sobre sí mismos, dentro del dominio subjetivo de la experiencia personal. Mientras Vila se preocupa principalmente por cómo los miembros de estos grupos establecen sus propias identidades a diferencia de los grupos a los que identifican como "otros", mi interés primordial es ver cómo los otros, al contar las historias de su propia participación en el drama migratorio, definen quiénes son los coyotes y qué es lo que hacen, para luego poder comparar estas apreciaciones con lo que dicen los propios coyotes sobre sí mismos. Sobre todo quiero entender los diferentes guiones narrativos en los cuales juegan un papel los coyotes, para poder ver como éstos interactúan para fijar cultural y lingüísticamente lo que significa ser coyote en el "sentido común" de la región fronteriza (donde "sentido común" se refiere a un indicador gramsciano de la hegemonía que ejerce la narrativa de un grupo sobre las de otros). Sin embargo, en la región fronteriza podremos ver que lo que constituye el "sentido común" en el discurso público sobre la migración no autorizada no es necesariamente el mismo "sentido común" que se encuentra en el discurso privado de muchos participantes en el proceso migratorio. Retomaré este punto en la conclusión del artículo.

HEGEMONÍA TERMINOLÓGICA: EL PODER DE LAS PALABRAS PARA DEFINIR LA ACCIÓN Y LAS IDENTIDADES SOCIALES

De entre el reparto de actores en el drama del cruce fronterizo ha surgido un conjunto de términos bastante peculiares para denominar a la gente que facilita la entrada ilegal al territorio estadounidense. Los términos que se utilizan dependen de tres factores interrelacionados:

Por un lado, el papel que juega el actor en el proceso migratorio (por ejemplo, agente de la PFEU, migrante, abogado, promotor de los derechos humanos, oficial del gobierno mexicano).

Por otro, qué tramo de la frontera se está cruzando; y finalmente el nivel de conocimiento de cómo se organiza el negocio de cruzar migrantes por la frontera.

Todos los términos que se utilizan para denotar el contrabando de seres humanos implican una serie de connotaciones que contribuyen sutil pero significativamente a la elaboración de narrativas sobre el carácter de la gente que se dedica a este tipo de contrabando y la naturaleza de sus actividades. Como discutiré a continuación, la selección del término nos dice mucho no solamente sobre la persona que lo selecciona, sino también sobre la manera como esta persona busca retratar a los personajes que juegan un papel en su narrativa. Además, el término que esta persona emplea no solamente carga el peso de su propia intención al seleccionarlo, sino también todo el peso del campo cultural en el cual el término está anclado.[8] Este campo cultural no es solamente un producto histórico; además es el producto del discurso contemporáneo acerca del cruce de la frontera en el cual los términos comunican no solamente una definición prosaica de los individuos y las actividades a los que denotan, sino también sirven como una especie de taquigrafía utilizada por el locutor para comunicar un conjunto de juicios políticos y morales sobre el drama del cruce fronterizo y los actores que lo pueblan.

TRAFICANTES Y *ALIEN SMUGGLERS*

En ambos lados de la frontera los abogados y los oficiales policíacos han elaborado un lenguaje legal para abordar el fenómeno del cruce no autorizado de la frontera, el cual se deriva de los estatutos aplicables. En el lado mexicano los oficiales hablan de *traficantes de seres humanos*.

En Estados Unidos, el término oficial es *alien smuggler* [contrabandista de extranjeros]. Estos términos, a su vez, son empleados frecuentemente por periodistas que en algunas ocasiones informan sobre la captura y procesamiento de presuntos traficantes / contrabandistas y en otras sobre las desgracias sufridas por migrantes que han sido víctimas. Con respecto a los migrantes, los términos "contrabandistas" y "traficantes" usualmente se emplean como sinónimos en el discurso sobre la frontera México-Estados Unidos. Sin embargo, cabe mencionar que la Organización Internacional para la Migración, una entidad intergubernamental con sede en Ginebra, insiste en establecer una distinción importante entre los dos términos. Para la OIM, el traficante de migrantes es el que se apodera de los individuos a los que transporta para poder explotarlos en contra de su voluntad, mientras el contrabandista transporta al migrante de manera ilegal pero contratado por el mismo migrante para hacerlo (Organización Internacional para la Migración). Según estas definiciones, la gran mayoría de los casos vistos en esta frontera son de contrabandistas y no de traficantes.

Términos prosaicos utilizados por "los de adentro"

A lo largo de la frontera Texas-Tamaulipas, se emplean varios términos adicionales para denominar a los integrantes específicos del "equipo" de traficantes de migrantes. Estos términos, son estrictamente prosaicos, y generalmente no son utilizados por los migrantes, sino por los mismos traficantes y las fuerzas policíacas de ambos lados de la frontera que están familiarizados con la manera cómo operan los contrabandistas. Aunque no analizaremos las connotaciones de estos términos en detalle en este trabajo, cabe revisarlos por dos razones. Primero, porque ofrecen una idea del funcionamiento típico del negocio contrabandista al lector que no está familiarizado con ello. Segundo, su empleo refleja una postura más neutral hacia el proceso de cruce ilegal de la frontera, probablemente derivada de la rutina que está empezando a acompañar el tránsito de un lado a otro.[9]

Los enganchadores reclutan a los migrantes en sus comunidades de origen en México, cuando llegan a las centrales de autobuses de las ciudades de la frontera y a la entrada de los puentes internacionales en el Río Bravo del Norte, donde los migrantes frecuentemente se congregan después de ser aprehendidos y deportados por las autoridades migratorias de los Estados Unidos. *Los brincadores* se dedican al "brinco" del río, y cruzan a los migrantes vadeando, nadando, en cámaras de llantas o en pequeñas embarcaciones. Algunos brincadores han entrado en este oficio debido a su lugar de residencia directamente a la orilla del río, de tal manera que su actividad es una extensión lógica de donde viven. Los *guías* o *mulas* son los que hacen marchar a los migrantes por el monte del sur de Texas en su intento de evadir los retenes de la PFEU en las carreteras que conducen hacia el norte, mientras *los conductores* son los que manejan los vehículos que transportan a los migrantes a las ciudades del interior tejano ya que han evadido a la PFEU. Si bien las leyes de Estados Unidos no reconocen las distinciones entre contrabandistas y traficantes, los policías y fiscales sí lo hacen. Saben que pocas veces logran aprehender y procesar al jefe o patrón de las empresas contrabandistas, y que tienen que satisfacerse con agarrar a sus empleados o colaboradores "sacrificables", de bajo nivel en la jerarquía organizacional. Los migrantes mexicanos tampoco suelen reconocer estas distinciones. Ellos típicamente aplican uno de tres términos coloquiales a las personas que cruzan, transportan y albergan a los migrantes de manera ilegal: *pollero, patero* y *coyote*.[10]

POLLEROS Y PATEROS

Los términos pollero y patero se derivan, respectivamente, de los dos apodos aplicados a los migrantes por sus traficantes —*pollos* y *patos*. Ambos términos implican que los migrantes son seguidores poco hábiles de los guías que los albergan, alimentan y protegen de los peligros del cruce. Además, estos apodos tienen una geografía específica. Al oeste de Ciudad Juárez, Chihuahua / El Paso, Texas, donde la frontera no es nada más que una línea imaginaria trazada en la arena o un cerco de alambre, el contrabandista que transporta a los migrantes indocumentados es el *pollero*. Al este, el Río Bravo del Norte constituye la frontera, y los migrantes están obligados a realizar cruces a nado para entrar a Estados Unidos; el contrabandista frecuentemente es conocido como un *patero* que guía sus patos por el río.[11] El uso del término patero es generalmente restringido al estado de Tamaulipas y la franja fronteriza de Texas que se ubica adyacente a este estado mexicano, mientras el término pollero es utilizado por miembros de comunidades migrantes lejos de la frontera, además de aparecer frecuentemente en la prensa nacional mexicana.

Coyotes

Aunque los términos pollero y patero se usan con frecuencia, *coyote* es indudablemente el coloquialismo que se emplea más extensa y comúnmente para referirse a los traficantes de migrantes, tanto en la frontera misma como lejos de ella. Por otra parte, de los tres términos coloquiales éste tiene las connotaciones más picarescas y negativas. Por estas razones, la mayor parte de lo que queda de este trabajo se dedicará al análisis de las narrativas que se elaboran alrededor de este apodo.

A diferencia de los otros dos términos, coyote es un término particular y profundamente mexicano, derivado de la palabra *coyotl* en náhuatl, que denomina "el lobo gris que se cría en Méjico".[12] "Coyote" es utilizado coloquialmente en México no sólo para denominar al traficante de migrantes sino también a cualquier persona que ofrece una asistencia pagada a un cliente para tramitar algún requisito burocrático de manera ilícita.[13] De hecho, parece que el uso del término con respecto a la migración mexicana a los Estados Unidos se originó cuando los contratistas laborales que operaban en la frontera Texas-México en los primeros años del siglo XX buscaban evitar pagar al gobierno estadounidense un impuesto "por cabeza" por cada trabajador al que cruzaban por el Río Bravo (Durand; García).[14]

Cuando se lo aplica a los traficantes de migrantes, el término "coyote" subraya las características asociadas con el personaje que aparece en muchos cuentos folclóricos mexicanos y de los pueblos indígenas del suroeste de los Estados Unidos. En estos cuentos, el coyote típicamente es retratado como engañoso, ladrón, predador, listo, furtivo, egoísta y difícil de capturar; tiene la habilidad de maniobrar exitosamente en los terrenos más crueles y deshabitados. Herrera-Sobek ofrece la siguiente lectura de la representación del coyote en el folclore de los migrantes mexicanos:

> El coyote listo se aprovecha de los pollos indocumentados e inocentes. En el folclore del corral, el coyote es el animal que se mete al gallinero de noche para robar los pollos al granjero y comérselos. En esta metaforización, los pollos que esperan ser pasados al otro lado de la frontera son percibidos como víctimas inocentes que tienen que caer en las garras del coyote para ser liberadas del gallinero. El coyote es la figura que puede evadir exitosamente al ojo vigilante del granjero (el SIN) y en la oscuridad nocturna pasarlos furtivamente a los Estados Unidos (Herrera-Sobek, *Northward Bound*, 204, traducción mía).[15]

Muchos "guías" que son contratados para cruzarte a E.U.A., están de acuerdo con los asaltantes que se esconden en la ribera del río, para quitarte tu dinero y pertenencias. **TU VIDA Y LA DE TU FAMILIA SON PRIMERO.**

SI CREES QUE LOS COYOTES SON BLANCAS PALOMAS...

Tal vez debas saber que muchos de ellos han puesto en peligro la vida de gente como tú, exponiéndolos a asaltantes o abandonándolos a su suerte en zonas de temperaturas extremas y alto riesgo para evitar inspecciones.

Figura 1. Advertencias sobre los peligros de contratar los servicios de un coyote que han incluido en un panfleto distribuido por el Departamento de Protección del Consulado de México en Brownsville, Texas, ubicado en la frontera Texas-Tamaulipas.

En esta lectura, podemos apreciar claramente la caracterización dual del coyote como un guía suficientemente listo para ayudar a los migrantes a evadir "el ojo vigilante" del SIN y también como un predador no confiable que es tan propenso a abandonar o devorar sus pollos si se le presenta la oportunidad, como a entregarlos sanos y salvos a su destino en los Estados Unidos.

En sus campañas de relaciones públicas para disuadir a los migrantes de contratar a un traficante para entrar a los Estados Unidos, las autoridades gubernamentales de ambos lados de la frontera buscan aprovechar esta profunda creencia cultural en la deshonestidad del coyote. La Figura 1 muestra dos páginas tomadas de un panfleto repartido a los migrantes por el consulado mexicano en Brownsville, Texas, y la Figura 2 reproduce dos afiches exhibidos extensamente por el SIN en las paredes de sus centros de detención, donde los migrantes aprehendidos por la PFEU son procesados antes de ser deportados a su país de origen. En el primer panel de la Figura 1 vemos una caricatura de un coyote que asalta a un migrante para quitarle el dinero y advierte que muchos "guías" están confabulados con asaltantes en las orillas del Río Bravo para conducir a los migrantes a emboscadas. Aunque no es nada claro el significado del dibujo del hombre con

Figura 2. Dos anuncios diseñados por el Servicio de Inmigración de los Estados Unidos de América que típicamente adornan las celdas de detención para los migrantes aprehendidos por la Patrulla Fronteriza.

muchos sombreros que viste un traje que le queda poco bien (¿tal vez pretenda retratar al migrante como ingenuo o crédulo?), el mensaje del texto advierte muy directamente que los coyotes no son "blancas palomas" inocentes e innocuas, sino personas que rutinariamente ponen en peligro las vidas de los migrantes o los exponen a asaltos y robos y los abandonan a su suerte en las condiciones climáticas extremas del monte del sur de Texas. El mensaje de los dos afiches del SIN que se exhiben en la Figura 2, uno que destaca una sepultura solitaria en el desierto ("confió en un coyote") y el otro un funeral mexicano ("su hermano confió en un coyote") es aún más directo: los coyotes matan a los migrantes.

Estos afiches forman parte de la "Iniciativa para Promover la Seguridad Fronteriza" de la PFEU. Esta iniciativa, que consiste en un aumento en el número de operaciones de "búsqueda y rescate" y en anuncios al público en los medios de comunicación mexicanos que advierten sobre los peligros de cruzar la frontera con un guía pagado, se tomó como respuesta al notable incremento en las muertes de migrantes por ahogo, deshidratación e hipotermia en áreas remotas, que ocurrió como consecuencia de la intensificada vigilancia de los tramos urbanizados de la frontera por parte de la misma PFEU.[16] Las organizaciones no gubernamentales (ONG) dedicadas a la protección de los derechos humanos han criticado fuertemente a la PFEU por obligar a los migrantes a cruzar la frontera en áreas cada vez más remotas, pero la respuesta oficial de la Patrulla ha sido echarles la culpa de estas muertes a los coyotes.

Al mismo tiempo, los migrantes muchas veces admiran la habilidad de los coyotes que se han demostrado capaces de penetrar las defensas de la PFEU sin ser detectados y entregar a los migrantes a sus destinos en los Estados Unidos. Un obrero en la industria de la construcción en San Antonio, Texas, que es oriundo de un pequeño rancho cerca de Matehuala, San Luis Potosí, y que ha cruzado la frontera *de mojado* en varias ocasiones, nos da esta apreciación:

> Mientras no los agarren a los coyotes, van agarrando como fama. Se van haciendo como famosos. Porque en el pueblo es todo lo que se oye. "Que fulano de tal, aquel es buen coyote". Y luego en todos los pueblos alrededor de ese pueblo, pos se va oyendo y se va oyendo. Y lo buscan. ... Y esa persona dice que por tal día voy a estar aquí. Y no, hombre, en veces hay hasta 80 gentes que se quieren venir no más con un coyote. Nomás porque los guía por el monte.

Otros coyotes a quienes he entrevistado en los últimos tres años también describen cómo, después de que adquirieron la reputación de ser migrantes exitosos, sus familiares y vecinos empezaron a buscarlos para ser cruzados a los Estados Unidos (véase Spener, "This Coyote's Life"). Además, vemos que los migrantes a veces aspiran a ser como los coyotes en el sentido de ser capaces de engañar fácilmente a la PFEU. Herrera-Sobek resalta este deseo en las estrofas de varios corridos que ha recopilado. Un ejemplo especialmente relevante es "Juana la Patera" interpretada por Rosenda Bernal:

> Soy hembra muy mexicana
> y cruzo varias fronteras
> Ahora la gente me dice
> que soy Juana La Patera
> porque si cruzo el Río Bravo
> ni se las huelen siquiera.

> A las fronteras del Norte
> yo las estimo y las quiero
> Y esa cortina de alambre
> que andan haciendo los güeros
> a mi no me importa nada
> yo entro y salgo cuando yo quiero.
> *(Northward Bound* 197-8)

Evidentemente, la reputación del "coyote" como hábil y engañoso también puede extenderse a los que son conocidos como "pateros" o "pateras."

Una de las apreciaciones que tanto los migrantes como los agentes de la ley frecuentemente hacen sobre los coyotes es que hoy en día éstos se dedican a la tarea de pasar a migrantes por la frontera nada más porque es *dinero fácil*. Despojan de manera deshonesta a los migrantes trabajadores, quienes deberían recibir un trato mucho mejor por parte de sus transportistas. Lo que es más preocupante en estas narrativas es que la obsesión de los coyotes por el dinero fácil los deja ciegos ante los riesgos a los que están sometiendo a sus "pasajeros." En este sentido abundan las historias sobre los coyotes que después de ser pagados abandonaron a sus "pollos" en el desierto o que casi los mataron por llevarlos en el compartimiento de un trailer sin ventilación adecuada. Muchos de los comentarios publicados en los medios de comunicación sobre la reciente muerte de los catorce migrantes en el desierto de Arizona han empleado este guión narrativo donde la supuesta avaricia de los coyotes produce en ellos una despreocupación por las vidas y el bienestar de los migrantes a quienes transportan. El mismo presidente Vicente Fox empleó la narrativa de "avaricia=>despreocupación por la vida humana" al anunciar las medidas que su gobierno tomaría en el futuro para prevenir tales muertes:

> Ambos gobiernos vamos a trabajar duro, primero para detener a quienes causaron esta tragedia. Ya hay bastante identificación de quién se trata y seguramente vamos a aprehenderlos de manera muy próxima. Pero no vamos a parar ahí. Esto tiene que ver con muchos otros criminales, que no les podemos llamar polleros; criminales que están engañando y que están esquilmando a nuestros paisanos. Pero que además, los están llevando por este camino de muerte, lo cual es verdaderamente vergonzoso que así actúen estas personas. (Sistema Internet de la Presidencia)

La selección del término "esquilmar" por parte de Fox recibió una especial atención en los medios de comunicación por la manera como subraya las estrategias de los traficantes para quitarles el dinero a los migrantes antes de encaminarlos a la muerte.

Aunque la tragedia ocurrida en el área de Yuma, Arizona, recientemente ha dominado el discurso acerca de la seguridad de la frontera y la migración mexicana hacia los Estados Unidos, el peor caso de muertes de migrantes en un solo incidente de cruce tuvo lugar en julio de 1987 cerca de Sierra Blanca, Texas, al este de El Paso, Texas. En este incidente, dieciocho mexicanos murieron sofocados, encerrados en un carro ferroviario expuesto a un sol abrasador después de que cada uno había pagado un monto de 400 dólares a un supuesto contrabandista (Birnbaum y Nathan). Esta tragedia fue inmortalizada en al menos dos corridos y una película mexicana titulada *El vagón de la muerte*. No sorprende que los corridos y la película también emplearan la narrativa de "avaricia=despreocupación por la vida humana" que se ha destacado tanto en el folclore como en los textos elites que abordan el tema de los contrabandistas de migrantes. En el primer corrido, recopilado por la periodista Debbie Nathan directamente de su autor, Felipe Martínez Sandoval —quien lo repartía como volante en el puente internacional que comunica El Paso, Texas con Ciudad Juárez, Chihuahua en los primeros días tras el incidente— "un tal Ramírez" es señalado como el coyote que les cobró los 400 dólares a los migrantes que iban a ser cerrados en el vagón de la muerte. "El corrido a Sierra Blanca" nos dice:

> Un tal Ramírez
> aseguran es grandote,
> así que tú no te admires
> él es el mero coyote.
>
> A cada indocumentado cobra dólares cuatrocientos,
> que con trabajo han juntado
> con algunos sufrimientos.
>
> En El Paso andan buscando.
> Que lo encuentren quiero yo.
> Qué ya lo estén castigando
> al que el carro les cerró.
>
> Les encargo a mis paisanos,
> también a mis amigotes

> Que se mantengan bien sanos:
> ¡Cuídense de los coyotes!

El segundo corrido (republicado en Herrera-Sobek, *Northward Bound*), que se conoce como "El vagón de la muerte" y es el tema de la película del mismo nombre, presenta la narrativa de una manera mucho más emotiva, contrastando a los honrosos trabajadores mexicanos que fallecieron con los malvados polleros, cuya "ambición del dinero" los condujo a matar a "gente inocente" sin remordimientos:

> Fueron varios los braceros,
> los que encontraron la muerte
> Todos eran mexicanos
> algunos de Aguascalientes
> Guanajuato y Zacatecas
> Lo dijo un sobreviviente.
>
> Un miércoles abordaron
> aquel vagón de la muerte
> con la ilusión de ganarse
> la vida honradamente
> Pero la vida perdieron
> por culpa de un inconsciente.
>
> El que cerrara la puerta
> de ese vagón de la muerte
> ya debe estar acechando
> más víctimas inocentes
> sin importarle la pena
> que ocasionó a tanta gente
>
> Esos malditos polleros
> no son más que delincuentes
> por la ambición del dinero
> matan a gente inocente
> aprovechando la miseria
> de los braceros valientes
> (Herrera-Sobek, *Northward Bound* 298-9)

Mientras las narrativas discutidas arriba representan a los coyotes como individuos cegados por la avaricia, otras narrativas los representan de manera aún más negativa, como unos sicópatas que maltratan a los migrantes por su propia gratificación, ya sea sexual, monetaria o por el mero placer que les da el abuso del poder. Los coyotes también son representados de manera negativa al ser descritos como "bandidos fronterizos" que, en lugar de entregar a los migrantes a sus destinos prometidos, los conducen a emboscadas y los asaltan y los roban. Evidentemente con esto podemos preguntarnos si tales individuos en realidad deben ser considerados "traficantes," dado que no exhiben la menor intención de transportar a los migrantes a ninguna parte (véase Spener, "El contrabando de migrantes" 234-6), para una discusión más extensa de este punto). No obstante, estos bandidos muy frecuentemente son identificados como coyotes / polleros / pateros en las historias narradas en el Valle del Río Bravo en la frontera Texas-Tamaulipas.

Como reconoció Paredes (*With his pistol in his hand* y *Folklore and culture on the Texas-Mexico border*), la figura del bandido fuera de la ley tiene una resonancia histórica cultural muy profunda para los residentes de esta región. Sin embargo, hoy en día esta resonancia no es una de resistencia cultural a la dominación angloamericana, sino un reconocimiento instintivo o incluso una celebración macabra del "lado oscuro" de la vida fronteriza. En este sentido, podemos apreciar otro corrido, "El Güero Estrada", de Edilio Hinojosa, compuesto e interpretado por el popular trío de la música norteña, Los Alegres de Terán, cuyos integrantes son oriundos de General Terán, Nuevo León. En esta canción, "El Güero" Estrada es retratado como un contrabandista y patero que se esconde en las orillas del Río Bravo para asesinar a "mojados," robar sus billeteras y luego echar sus cadáveres al río. La ley finalmente alcanza a Estrada después de que ha asesinado a 32 migrantes de esta manera. La policía tamaulipeca lo acribilla "un 22 de noviembre."

> Señores voy a cantarles un corrido verdadero,
> la historia del güero Estrada, contrabandista y patero.
> Asesinaba a los hombres pa' quitarles el dinero.
> Estado de Tamaulipas, a orillas del Río Grande
> habitaba el Güero Estrada.
> Su madriguera era enjambre.
> Y a almas clamando justicia —
> tierra regada con sangre.
>
> Los mojados que cruzaban a los Estados Unidos
> buscaban la medianoche como si fueran bandidos
> y al regresar los mataba, luego los echaba al río.
>
> Río grande y caudaloso,
> tus aguas corren ligeras.

Narrativas del mal • 399

Tú no eres el que los matas, pero ya muertos los llevas
y el malhechor disfrutaba de todas sus billeteras.

Pero la ley del destino
está ya bien ensayada
y un 22 de noviembre se le llegó al güero Estrada.
Lo aprehendió la policía cuando menos lo esperaba.

32 fueron los muertos que pa' su mal confesara.
Le aplicaron la ley fuga y más luego lo quemaban.
Y así terminó su vida el temible güero Estrada

No cabe duda acerca de la moraleja de la historia: al fin de cuentas los bandidos reciben su merecido.

La figura del coyote está presente en la conciencia de los ciudadanos culturales del Gran México[17] en general, no solamente en la de los que

Figura 3a. Tira cómica "Nacho Guarache" que se publica diariamente en el periódico *San Antonio Express-News*.
Traducción de los paneles:
1. ¿Cruzando a los Estados Unidos ilegalmente, amigo? 2. Pos, sí. 3. ¡Es muy fácil perderte en el desierto y que el sol te fría como un chicharrón! 4. ¡Necesitas un guía! 5. Pero, ¿no son notorios por ser unos traidores malvados? 6. ¡Calumnias, amigo, calumnias maliciosas! 7. Entonces, ¿dónde encuentro uno? 8. Aquí, mero, debajo de la víbora, debajo de la piedra en donde está sentada.

residen en la frontera misma o de los que en carne propia saben lo que es cruzar la frontera *de mojado*. Los chicanos de San Antonio, Texas, por ejemplo, saben de los coyotes indirectamente, a través de las historias narradas por sus amigos y familiares que nacieron *en el otro lado* y porque dentro de sus barrios obreros en el *West Side* de la ciudad se encuentran muchas "casas seguras" operadas por los contrabandistas. Una representación interesante y humorística del coyote ha aparecido de vez en cuando en la tira cómica "Nacho Guarache," creación del artista chicano Leo Garza, que se publica diariamente en inglés en el *San Antonio Express-News*. En las Figuras 3a y 3b se pueden apreciar dos tiras que aparecieron en el periódico en el mes de junio 2001. Ambas emplean los "guiones" negativos que hemos discutido en este apartado.

En la Figura 3a, el personaje vestido de jaguar y huaraches es Yaotl, el último sobreviviente del pueblo perdido de Aztlán que en los mitos de origen de los chicanos emanaba de un sitio en lo que ahora es el suroeste de Estados Unidos. Perdido en el desierto del norte mexicano,

Figura 3b. Tira cómica "Nacho Guarache" que se publica diariamente en el periódico *San Antonio Express-News*.
Traducción de los paneles:
1. ¡¡¿Estás loco?!! 2. ¡Todos mis clientes han sido transportados al notre encerrados en vagones ardientes. 3. ¿Cuántos sobrevivieron? 4. ¿Respirando? 5. ¡Debe haber una mejor manera para regresar a mi antigua patria de Aztlán! 5. ¡Claro! ¡Puedes hacer que tu hada madrina agite su varita mágica para regresarte a casa! 7. Aztlán dulce Aztlán. 8. O un caricaturista buscando un cambio de rutina. 9. ¡Yo no comparto mi cuota de coyote!

éste intenta cruzar la frontera para regresar a su tierra natal. Una víbora cascabel le dirige la palabra y le advierte de los peligros de cruzar el desierto sin guía. El jaguar-migrante ingenuo responde que ha oído que dichos "guías" son "unos malvados, mentirosos y mugrosos" ("*treacherous, low-life scum*"). La víbora le responde que son puras calumnias. Cuando Yaotl le pregunta dónde puede encontrar tal guía, resulta que en realidad es el coyote mismo que le habla desde debajo de la piedra donde la víbora está sentada. En la segunda tira, el coyote ofrece enviarlo a Aztlán en el vagón de un tren, *al estilo del incidente de Sierra Blanca*, pero resulta que Yaotl no es tan ingenuo como parece porque se niega a ser montado en el vagón. Luego el jaguar-migrante le pregunta al coyote si no hay una mejor manera de regresar a su tierra y el coyote le responde, sarcástico, que tal vez su hada madrina debe mover su varita mágica para regresarlo a casa. Siendo esta una tira cómica y no una situación verdadera, Yaotl es inmediatamente transportado por el caricaturista a su "Aztlán dulce Aztlán" y el coyote grita que no piensa compartir su pago con el caricaturista. Así podemos apreciar cómo el coyote es retratado, de manera humorística, como un engañoso que poco se preocupa del bienestar del migrante y más por el dinero. Cuando el jaguar-hombre defiende su derecho, el coyote se vuelve cruel, rechazando de plano la posibilidad de tomar medidas que hagan más seguro y cómodo su viaje. Además, nunca vemos claramente al coyote; éste está en la sombra, misterioso y sin rostro.

DENIGRANDO AL MIGRANTE / DIFAMANDO AL CONTRABANDISTA

Ya hemos visto cómo el uso de los apodos coloquiales pollero, patero y coyote implican una caracterización denigrante de los migrantes guiados y transportados por ellos. Esto ocurre en la medida en que estos términos los convierten metafóricamente en animalitos indefensos e ingenuos, así privándolos de la dignidad y habilidad que le corresponden a los adultos trabajadores y aventados que evidentemente son. Algunos de los oficiales policíacos de ambos lados de la frontera a los que he entrevistado incluso han insistido en que su preferencia por los términos *traficantes* o *alien smugglers* para denotar a los guías de migrantes no solamente deriva de su uso legal sino también de su propio deseo de conferirles más respeto a los migrantes indocumentados a los que protegen y/o aprehenden.

Al mismo tiempo, podría argumentarse que los términos legales *traficantes* y *alien smugglers* no son menos denigrantes al migrante que sus equivalentes coloquiales. Estos términos legales también relegan a los migrantes al estatus de ser posesiones no animadas, privados de voluntad y agencia, quienes están siendo trocados o vendidos ilícitamente. Aunque se han dado casos de una esclavización verdadera de migrantes por traficantes, normalmente sería más preciso llamarlos "transportistas" en vez de "traficantes." Además, el término traficante tiene connotaciones altamente negativas para la persona así denominada.

Esto se ve claramente en los titulares de los diarios mexicanos, tanto históricamente como en la actualidad. García (249, nota 63), por ejemplo, reproduce el siguiente encabezado de un periódico mexicano publicado en El Paso, Texas, en 1924 – "Traficantes de carne humana" – que encuentra su eco en los periódicos contemporáneos de la región fronteriza. Por otra parte, hoy en día los términos traficante y *smuggler* están fuertemente vinculados al narcotráfico y por ende la aplicación de tales términos al acto de transportar a migrantes implica sutilmente (o tal vez no tan sutilmente) una conexión entre coyotes y narcos, aunque no he encontrado mucha evidencia ni en mi trabajo de campo ni a través de una revisión de los registros legales que tal conexión sea común.

No obstante, el SIN frecuentemente insiste en que existe una tendencia creciente hacia una alianza entre los carteles de narcotráfico y los transportadores de migrantes (General Accounting Office; Immigration and Naturalization Service; entrevista concedida al autor por el director asistente de investigaciones del SIN, Houston, Texas, el 10 de mayo 2001), aseveraciones que son consistentes con la opinión de analistas independientes que insisten en que la amenaza combinada de drogas ilegales y migración ilegal está llenando el vacío en el discurso sobre políticas de seguridad nacional dejado por el colapso del comunismo y el fin de la Guerra Fría (véase Andreas). En la medida en que los migrantes están siendo vinculados lingüística e ideológicamente a la supuesta amenaza a la seguridad nacional que representa la importación de estupefacientes ilegales a los Estados Unidos también son denigrados por el uso de los términos *traficantes* y *smugglers*.

CONCLUSIONES

A pesar de la hegemonía de la caracterización negativa de la conducta y la personalidad de los coyotes en el discurso sobre la migración en ambos lados de la frontera, debemos reconocer que también existe un cuerpo de contranarrativas. Debido al hecho de que no tienen el respaldo de los oficiales gubernamentales que ponen en vigor las leyes que criminalizan el coyotaje y porque no están difundidas ni en la prensa comercial ni en la prensa alternativa, estas contranarrativas no se leen con frecuencia y chocan con el "sentido común" que se ha desarrollado en el público acerca de quiénes son los coyotes y qué es lo que hacen. Adicionalmente, el folclore de los migrantes, incluidas las historias orales, no exhibe muchos referentes positivos sobre los coyotes, en parte porque los migrantes perciben al coyote como "una necesidad indeseable," un cobrador de peaje que está plantado en el medio del camino, entre su punto de partida y su destino. Aunque de alguna manera los coyotes son contrabandistas, no los encontramos glorificados en el folclore de la región fronteriza sur de Texas-nordeste de México de la misma manera como glorifica a otros tipos de bandidos (véase Paredes *With his pistol* y *Folklore and culture*). No se han compuesto "corridos heroicos" sobre ellos porque no se hicieron prominentes hasta después de que el corrido perdió importancia como una expresión popular en la región. Además, pese a que los coyotes emprendan una actividad que subvierte la hegemonía angloamericana en la región, sus actividades retan clandestina y no abiertamente: no vemos que los coyotes se enfrenten con los *rinches* modernos—la Patrulla Fronteriza de Estados Unidos—con la pistola en la mano. Cuando los coyotes aparecen en expresiones folclóricas como el corrido, suelen aparecer solamente de manera secundaria, como una extensión de las otras desgracias y tribulaciones que sufren los migrantes o como consecuencia de otras conductas delincuentes además de su coyotaje. Por último, ni los coyotes ni sus clientes satisfechos se encuentran en una condición sociolegal que les permita desmentir pública y enérgicamente las narrativas negativas que suelen difundirse sobre los coyotes. Por eso los coyotes sufren un problema de relaciones públicas bastante serio que no podrán eliminar en un futuro temprano a pesar de que la conducta de un coyote típico no necesariamente justifique la reputación maligna del grupo en su totalidad.

Sin embargo, una tarea de los futuros estudios culturales de la frontera debe ser una indagación más profunda en el discurso privado de los migrantes mexicanos, sus familiares y amigos, los residentes de la región fronteriza y los coyotes mismos para documentar y analizar aquellas narrativas que se oponen a las narrativas dominantes que difaman al coyote. Para lograrlo, los estudios culturales tendrán que utilizar métodos etnográficos que vayan más allá de una consideración de los textos publicados de la cultura popular. Solo al realizar estudios etnográficos será posible descubrir "las transcripciones ocultas" en las cuales se inscriben las historias no contadas de los cruces fronterizos. Hasta que dichas historias reciban una lectura pública, nuestra comprensión de lo que significa "cruzar fronteras" seguirá siendo parcial y distorsionada.

Notas

[1] Muchos de los que entran ilegalmente eventualmente logran legalizar su estadía en Estados Unidos. Por ejemplo, dos millones de mexicanos se legalizaron al aprovechar la amnistía de la *Immigration Reform and Control Act* de 1986 (Gelbard y Carter).

[2] Al este de El Paso, Texas/Ciudad Chihuahua, Chihuahua, la frontera entre México y Estados Unidos es demarcada por el cauce de un río, conocido por el nombre de Río Bravo del Norte en México y Río Grande en Estados Unidos.

[3] De hecho algunos analistas han sugerido que podemos conceptuar la región fronteriza México-Estados Unidos como una serie de líneas verticales que canalizan la comunicación binacional. (Véase Martínez).

[4] Pablo Vila ha expresado esta crítica de manera muy convincente en su introducción al libro *Ethnography at the Border*.

[5] Es necesario recordar que este trabajo se redacto antes de los atentados en Nueva York y Washington del 11 de septiembre de 2001.

[6] Para leer una excelente discusión de la habilidad que tiene el Estado para imponer definiciones hegemónicas de la acción social, véase el análisis de Bibler Coutin procesamiento de parte del gobierno estadounidense a los activistas religiosos del movimiento del santuario para los refugiados centroamericanos en los ochentas, en el cual el gobierno pudo calificar de criminales sus acciones de caridad.

[7] Los lectores interesados en el análisis de las narrativas positivas o por lo menos menos negativas sobre los coyotes pueden consultar Spener, "Mitos y realidades."

[8] Mi uso del término *campo cultural* proviene del concepto de "campo" elaborado por Pierre Bourdieu, donde un campo "consiste en un conjunto de relaciones objetivas e históricas entre unas posiciones ancladas en ciertas formas de poder (o capital)" (Wacquant, 16, traducción mía).

[9] Puesto que en este trabajo me preocupo principalmente en analizar cómo los individuos expresan sus percepciones subjetivas sobre los coyotes, aquí no presto una atención sustancial a los aspectos materiales y objetivos del proceso contrabandista. Los lectores que buscan una mayor exposición sobre los pormenores del coyotaje pueden consultar otro trabajo mío titulado "El contrabando de migrantes en la frontera de Texas con el nordeste de México: Un mecanismo para la integración del mercado laboral de América del Norte".

[10] La aplicación de los términos coloquiales a la actividad contrabandista es muchas veces inconsistente y de hecho puede estar evolucionando rápidamente junto con la dinámica cambiante de la frontera misma. Para una mayor explicación de este punto, véase Spener, "Mitos y realidades."

[11] Para algunos residentes de la frontera, el término *patero* se usa de manera más restringida, como el equivalente funcional al término *brincador*, o sea que se refiere a una persona que no hace más que pasar a migrantes de un lado del río al otro.

[12] *Diccionario General de la Lengua Española en CD-ROM VOX* 2001. Definición bajada de la Internet el 11 de julio de 2001 de http://www.vox.es/consultar.html.

[13] En la Ciudad de México también se refiere a los compradores de efectos personales en la economía informal que permiten que los individuos de escasos recursos económicos rápidamente puedan juntar un monto de dinero en efectivo. Véase Cardoso.

[14] Más tarde, durante el Programa Bracero (1942-1965), parece que los coyotes que pasaban a los migrantes por la frontera eran contratados como una alternativa a los coyotes "burocráticos" quienes se encargaban de ayudarles a conseguir un trabajo en los centros de reclutamiento de trabajadores migrantes en el interior mexicano. Véase Calavita.

[15] El texto original en inglés es: "The crafty coyote (smuggler) takes advantage of innocent undocumented pollos. In barnyard lore, the coyote is the animal who sneaks in at night and steals the farmer's chickens to eat them. The pollos waiting to be smuggled across the border are thus perceived in this barnyard metaphorization as innocent victims who must fall into the claws of the coyote in order to be guided out of the 'chicken coop'. The coyote is the figure who can successfully evade the watchful eye of the 'farmer' (read INS) and in the dead of night sneak them into the United States" (Herrera-Sobek, *Northward Bound* 204).

[16] Un análisis completo de las muertes de los migrantes tras las varias "operaciones" de la PFEU se presenta en Eschbach y otros, "Death at the Border" y *Causes and trends*.

[17] El término "Gran México" [Greater Mexico] es utilizado por Paredes (*With his Pistol y Folklore and Culture*) y algunos de sus seguidores (véase Limón) para referirse a los miembros de la población de ascendencia mexicana que viven tanto al norte como al sur de la actual frontera México-Estados Unidos.

BIBLIOGRAFÍA

Albert, Mathias y Lothar Brock. "New Relationships Between Territory and State: The U.S.-Mexico Border in Perspective". *The U.S.-Mexico Border: Transcending divisions, contesting identities*. David Spener y Kathleen Staudt, ed. Boulder, CO: Lynne Rienner Publishers, 1998. 215-232.

Andreas, Peter. *Border Games: Policing the U.S.-Mexico divide*. Ithaca, NY: Cornell University Press, 2000.

_____ y Timothy Snyder (eds.). *The Wall Around the West: State Borders and Immigration Controls in North America and Europe*. Lanham, MD: Rowman and Littlefield, 2000.

Anzaldúa, Gloria. *Borderlands/La frontera: The New Mestiza*. San Francisco, CA: Spinsters/Aunt Lute Book Company, 1987.

Basch, Linda, Nina Glick Schiller y Cristina Szanton Blan. *Nations unbound: Transnational Projects, Postcolonial Predicaments, and Deterritorialized Nation-States*. Amsterdam: Overseas Publishers Association, 1994.

Bibler Coutin, Susan. "Smugglers or Samaritans in Tucson, Arizona: Producing and Contesting Legal Truth". *American Ethnologist* 22 (1995): 549-571.

Birnbaum, Larry y Debbie Nathan. "Crossover Music: Norteño's Top Cats, Coyotes, and Contraband". *The Village Voice* (12 de julio de 1988): 22-26.

Burnett, John. "Immigrant Smugglers". Reportaje emitido en el programa *Morning Edition* de National Public Radio. (22 de junio de 2001). (http://www.npr.org/ramfiles/me/20010622.me.09.rmm)

Calavita, Kitty. *Inside the State: The Bracero Program, Immigration, and the I.N.S.* New York: Routledge, 1992.

Cardoso, Nancy. "Coyote". *La crónica de hoy* (4 de marzo de 2001). Versión electrónica bajada de http://webcom.com.mx/cronica.

Durand, Jorge. *Política, modelos y patrón migratorios: el trabajo y los trabajadores mexicanos en Estados Unidos*. San Luis Potosí, SLP, México: El Colegio de San Luis, 1998.

_____ y Douglas S. Massey. *Miracles on the Border: Retablos of Mexican Migrants to the United States*. Tucson, AZ: University of Arizona Press, 1995.

Embajada de los Estados Unidos en México. "Declaración conjunta de los gobiernos de México y Estados Unidos ante la trágica muerte de 14 migrantes en el desierto de Arizona". Comunicado de prensa, 24 de mayo 2001.

Eschbach, Karl y otros. "Death at the Border". *International Migration Review* 33 (1999): 430-454.

_____ Jaqueline Hagan y Néstor Rodríguez. *Causes and Trends in Migrant Deaths Along the U.S.- Mexico Border, 1985-1998*. Houston: Center for Immigration Research, 2001.

García, Mario T. *Desert Immigrants: The Mexicans of El Paso, 1880-1920.* New Haven, CT: Yale University Press, 1981.
Gelbard, Alene H. y Marion Carter. "Mexican Immigration and U.S. Population". *At the Crossroads: Mexico and U.S. Immigration Policy.* Frank D. Bean y otros, eds. Lanham, MD: Rowman and Littlefield, 1997. 117-144.
General Accounting Office. *Alien Smuggling: Management and Operational Improvements Needed to Address Growing Problem.* Washington, DC: Autor, 2000.
Gómez-Peña, Guillermo. *The New World Border: Prophecies, Poems, and Loqueras for the End of the Century.* San Francisco: City Lights Books, 1996.
Herrera-Sobek, María. *The Bracero Experience: Elitelore versus folklore.* Los Angeles: UCLA Latin American Center Publications, 1979.
_____ *Northward Bound: The Mexican Immigrant Experience in Ballad and Song.* Bloomington: Indiana University Press, 1993.
Immigration and Naturalization Service. "Cracking Down on Alien Smuggling: Progress Report". Washington, DC: Autor, 1997. Bajado del Internet el 31 de diciembre de 1998 de la dirección http://www.ins.usdoj.gov/public_affairs/progress_reports/CrackDown/169.html.
Jameson, Fredric. "Postmodernism, or the Cultural Logic of Late Capitalism". *New Left Review* 146 (1984): 53-92.
Limón, José. *American Encounters: Greater Mexico, the United States, and the Erotics of Culture.* Boston: Beacon Press, 1999.
Martínez, Oscar. *Border People: Life and Society in the U.S.-Mexico Borderlands.* Tucson: University of Arizona Press, 1994.
Ministerio de Relaciones Exteriores de México y United States Commission on Immigration Reform. *Migration Between Mexico and the United States.* Ciudad de México y Washington, DC: Autores, 1997.
Organización Internacional para la Migración. 2001. *Counter-trafficking service.* Ginebra, Suiza: Autor, 2001. Bajado del Internet el 23 de agosto 2001 de la dirección http://www.iom.int/sa/entry.htm.
Paredes, Américo. *Folklore and Culture on the Texas-Mexican Border.* Austin: Center for Mexican American Studies, University of Texas, 1993.
_____ *With his Pistol in his Hand: A Border Ballad and its Hero.* Austin: University of Texas Press, 1958.

Portes, Alejandro. 1996. "Transnational Communities: Their emergence and significance in the Contemporary World-system". *Latin America in the World-Economy*. Roberto Patricio Korzeniewicz y William C. Smith, eds. Westport, CT: Praeger, 1996: 151-168.

Reich, Robert B. *The Work of Nations: Preparing Ourselves for 21st Century Capitalism*. New York: Alfred A. Knopf, 1991.

Rodríguez, Néstor. "The Battle for the Border: Notes on Autonomous Migration, Transnational Communities, and the State". *Social Justice* 23 (1996): 21-37.

Rosaldo, Renato. *Culture and Truth*. Boston, Massachusetts: Beacon Press, 1989.

Rouse, Roger. "Mexican Migration and the Social Space of Postmodernism". *Diaspora* 1 (1991): 8-23.

Saldívar, José David. *Border Matters: Remapping American Cultural Studies*. Berkeley: University of California Press, 1997.

Sassen, Saskia. *Cities in a World Economy*. Thousand Oaks, CA: Pine Forge Press, 1994.

_____ *The Global City: New York, London, Tokyo*. Princeton, NJ: Princeton University Press, 1991.

_____ *The Mobility of Capital and Labor: A Study in International Investment and Labor Flow*. New York: Cambridge University Press, 1988.

Singer, Audrey y Douglas S. Massey. "The Social Process of Undocumented Border Crossing Among Mexican Migrants". *International Migration Review* 32 (1999): 561-592.

Sistema Internet de la Presidencia. Entrevista concedida por Vicente Fox, antes de iniciar su gira de trabajo por San Luis Potosí. México, D.F., 25 de mayo de 2001. Bajado 15 de junio de 2001 de http://www.presidencia.gob.mx.

Spener, David. "El contrabando de migrantes en la frontera de Texas con el nordeste de México: Un mecanismo para la integración del mercado laboral de América del Norte". *Espiral: Estudios de Estado y Sociedad* VII (mayo/agosto 2001): 201-247.

_____ "Mitos y realidades de un arquetipo fronterizo: Narrativas sobre el coyote mexicano". Ponencia presentada en el XXIII Congreso de la Asociación Latinoamericana de Sociología en Antigua Guatemala, Guatemala, 1 de noviembre 2001.

_____ "This Coyote's Life." *NACLA Report on the Americas* XXXIII/3 (noviembre-diciembre 1999): 22-23.

_____ y Kathleen Staudt (eds.). "Conclusion: Rebordering". *The U.S.-Mexico Border: Transcending Divisions, Contesting Identities*. Boulder, CO: Lynne Rienner Publishers, 1998. 233-257.

Sterngold, James. "Devastating Picture of Immigrants Dead in Arizona Desert". *The New York Times* (24 de mayo 2001). Edición Internet, http://www.nyt.com.

Torpey, John. "States and the Regulation of Migration in the Twentieth-Century North Atlantic World". *The Wall Around the West: State Borders and Immigration Controls in North America and Europe*. Peter Andreas y Timothy Snyder, eds. Lanham, MD: Rowman and Littlefield, 2000. 31-54.

United States Department of State y Mexican Ministry of Foreign Affairs. "Joint Communiqué: U.S.-Mexico Migration Talks and Plan of Action for Cooperation on Border Safety". Comunicado de prensa, 22 de junio 2001.

Vila, Pablo. "The Competing Meanings of the Label 'Chicano' in El Paso". *The U.S.-Mexico Border: Transcending Divisions, Contesting Identities*. David Spener y Kathleen Staudt, eds. Boulder, CO: Lynne Rienner Publishers, 1998. 185-211.

_____ *Crossing Borders, Reinforcing Borders: Social Categories, Metaphors, and Narrative Identities on the U.S.-Mexico Frontier*. Austin: University of Texas Press, 2000.

_____ (ed.). "Introduction". *Ethnography at the Border*. Minneapolis: University of Minnesota Press, en prensa.

Wacquant, Loic J.D. "The Structure and Logic of Bourdieu's Sociology". *An Invitation to Reflexive Sociology*. Pierre Bourdieu y Loic J.D. Wacquant, eds. Chicago: University of Chicago Press, 1992: 1-60..

Weiner, Tim. "An Effort to Lift the Gate a Little". *The New York Times* (9 de septiembre de 2001). Edición electrónica (http://www.nytimes.com).

Baile de fantasmas
en Ciudad Juárez al final/principio del milenio[1]

María Socorro Tabuenca Córdoba
El Colegio de la Frontera Norte en Ciudad Juárez

> ... The border is both an international boundary and a discoursive act. It is a barrier to be negotiated, exploited, and crossed, and a symbolic act to be contested.
> Víctor M. Valle y Rodolfo D. Torres, *Latino Metropolis*

> Las ciudades despliegan suntuosamente un lenguaje mediante dos redes diferentes y superpuestas: la física que el visitante común recorre hasta perderse en su multiplicidad y fragmentación, y la simbólica que la ordena, la interpreta, aunque sólo para aquellos espíritus afines capaces de leer como significaciones que no son nada más que significantes sensibles para los demás.
> Ángel Rama, *La ciudad letrada*

> Las muertas de Ciudad Juárez tienen que ver muy centralmente con la situación de sexismo en México y la condición de las mujeres.
> Carlos Monsiváis, "Los crímenes contra la democracia"

1. Cartografiando el espacio fronterizo

En los últimos ocho años dos caras del crimen han hecho que Ciudad Juárez sea noticia obligada de los principales diarios del mundo: de una parte, los asesinatos en serie de cerca de un centenar de jóvenes mujeres, aunados a una sucesión de raptos, desapariciones, violación y muertes de otras tantas, que a la fecha suman por lo menos doscientas.[2] De otra, el ciclo de *vendettas* del crimen organizado dentro del cual se les ha privado la vida también a personas cuyo único crimen fue estar en el escenario de esas venganzas, como la del bar Gerónimos o los restaurantes Max Fim y King-Sui. Dentro de esta categoría de noticias, contaríamos con las declaraciones de fines de noviembre de 1999 sobre los "narcocementerios" con el supuesto de que se encontraban más de doscientos cuerpos enterrados clandestinamente.[3]

Lo anterior parecería dar pie a una cantidad de interpretaciones desde muy diversos puntos de vista sobre cómo se ha ido construyendo la frontera y su "Leyenda Negra" a través del tiempo, por medio de crónicas de viaje, películas, novelas, narraciones periodísticas y el discurso cotidiano de la gente; al respecto, el epígrafe de Valle y Torres no puede ser más elocuente. Desde la demarcación de la frontera geopolítica entre México y Estados Unidos, ésta ha sido motivo de múltiples interpretaciones generalmente con una cara común. A la frontera norte se la ha visto como un sitio de fácil penetración cultural, ya sea por medio del lenguaje, costumbres o estilo de vida producto del contacto inmediato con los Estados Unidos y sus habitantes han sido catalogados como desarraigados, vendepatrias, individualistas, pochos o faltos de identidad nacional dentro de un extenso etcétera de calificativos mayormente peyorativos. Cuando se ha imaginado su cultura, se la ha concebido "como diferente a la que predomina en otras regiones" (Castellanos y López y Rivas 68), o se la tiene por "inexplicable" (Monsiváis 43). "Desde el punto de vista de la ciudad de México, la frontera norte es imaginada como quizás la más 'irredimible' de todas las representaciones provinciales" (Castillo y Rangel 245).

En los Estados Unidos esta imagen no es más amable ya que con la formación de la frontera, el movimiento expansionista convirtió a los mexicanos, antiguos pobladores de la región, en el otro (Klahn 29). En este caso, la otredad mexicana se constituyó como un contrincante cultural y devino en todo lo que no era anglosajón. La política de expansión evidenciaba un afán civilizador de las tierras lejanas al centro, por lo que necesitaba controlar todo lo que significaba barbarie: "sexuality, vice, nature and people of colour" (Klahn 30). Estas impresiones del primer momento, además de las de la intelectualidad mexicana se perpetuaron en textos, discursos y políticas públicas todas ellas basadas en el tropo de la diferencia y se encuentran insertas en el discurso social de la Nación en ambos países (Klahn 30).[4]

En la construcción del estigma fronterizo de "ciudades perversas" y de Ciudad Juárez, en nuestro caso en particular, uno de los estereotipos más perniciosos ha sido el de las mujeres; aunque el estereotipo de las mujeres incluye, en muchas ocasiones, no sólo a las mujeres fronterizas mexicanas, sino a las angloamericanas. Existe una imagen generalizada de las norteamericanas como "liberales" que se propagó gracias al cine de los años cuarenta y que en la actualidad continúa teniendo vigencia, como lo veremos más adelante en el trabajo.

En Ciudad Juárez antes del establecimiento de la industria maquiladora,[5] la ocupación de las mujeres se reducía al tradicional papel de madre y, fuera del hogar, eran empleadas de servicios (secretariales, domésticos, restaurantes, etc.) o sexoservidoras. Previo al Programa de Industrialización Fronteriza (PIF) las posibilidades de empleo para las mujeres estaban dadas por su relación con la vida económica de la ciudad. Estas posibilidades eran plenamente aceptadas por los residentes de la ciudad. La ciudad, de hecho, tenía muy bien delimitada la llamada zona de tolerancia por donde la "gente decente", en especial sus mujeres ni se atrevían a pasar siquiera (Aguilar y Tabuenca 64). Sin embargo, a partir de 1965, con el PIF en marcha, la ciudad se empezó a poblar de otras subjetividades: mujeres que se incorporaban a la vida productiva de la ciudad y del país. Con su llegada masiva se dio un fenómeno singular en el discurso de la gente: a la maquila se la veía como "salvadora" pues sacaba a las mujeres del cabaret, pero a la vez, se creaba el estereotipo de la obrera de maquiladora como mujer de dudosa reputación sobre todo en el caso de las llamadas "madres solteras".

Este nuevo actor social, toda vez implantada la industrialización, empezó a producir "proyectos contestatarios que [han tenido] como objeto la descolonización —en el ámbito político, económico y cultural [así como] estrategias de sobrevivencia tales como las economías informales, las actividades legales e ilegales que eluden el registro y control gubernamentales" (Yúdice 64). La operadora de la maquila llegó a transgredir diferentes espacios en los "usos y costumbres" de la ciudad (y de la Nación). Pasó de "la hija" o "la hermana" a ser la proveedora del hogar. Fue ella la que salió de su ciudad en búsqueda de sustento ya que era la que tendría la posibilidad de encontrar un empleo mejor remunerado que el que podrían obtener los hombres de la familia. En la ciudad, se apropió de formas nuevas de vida y de diversos espacios. Con cierta autonomía económica tuvo la posibilidad, con otras compañeras, de comprar coche,[6] mejorar su educación formal y salir a divertirse (Balderas 5). Esta transgresión de los espacios y de las costumbres por parte de las mujeres obreras ha sido determinante para que el discurso hegemónico haya evadido y continúe evadiendo su responsabilidad ante la ineficacia de resolver y detener los crímenes contra mujeres en Ciudad Juárez. Asimismo, ese mismo discurso ha creado un cierto estereotipo de que casi todas las asesinadas eran muy jóvenes y obreras de las maquiladoras; pero "[e]n este nivel de generalización se pierden las diferentes identidades que tuvieron todas aquellas mujeres que no encajan en esta descripción. Por otra parte, manejar estereotipos evita que la sociedad tome la violencia masculina en contra de la mujer con la seriedad y la gravedad que lo requiere" (Monárrez 88-9). Sin embargo, para los propósitos de este trabajo es importante revisar estos estereotipos dada la tensión constante que existe entre el discurso hegemónico y el que busca resistir. Es imposible hablar de las mujeres asesinadas (o de las mujeres vulnerables) en Ciudad Juárez y el escenario que las rodea, sin hablar de prejuicios de clase y género porque ser mujer (obrera) en Juárez, es situarse en un "cuerpo y construcción de género en un sistema de relaciones en desventaja, en una ciudad y un espacio público que vulneran [y que son vulneradas], sin políticas de desarrollo y un sistema de relaciones de poder que enfrenten las formas de la asimetría cultural" (Limas 3).

2. Las intenciones y el método

Este trabajo tiene varias pretensiones. Intenta revisar imágenes y discursos que sobre Ciudad Juárez y sus mujeres se han venido dando a partir de los crímenes de mujeres, a través de la prensa local por diferentes actores sociales. En esta revisión me detendré en los anuncios de las llamadas "Campañas de prevención" promovidas por el H. Ayuntamiento de Juárez 1995-1998 y la Dirección General de Policía (DGP); también repasaré las declaraciones de dos gobernadores del estado de Chihuahua, como las de sus respectivos procuradores de justicia; las de un criminólogo contratado para sacar perfiles del o los asesinos y las de la ex fiscal especial para crímenes contra mujeres en Ciudad Juárez. Dicho repaso pretende leer e interpretar —recordando a Rama en el epígrafe— una parte de mi *habitus*. Con esta lectura intento observar de qué forma los discursos anteriores construyen imágenes de posibles víctimas, victimarios y espacios en la ciudad donde se presume cometen los crímenes contra mujeres. Cabe agregar que lo aquí presentado forma parte de un trabajo más amplio que se está llevando a cabo en este momento del cual algunas reflexiones se han presentado en varios foros.[7]

Una última pretensión de este ensayo es retomar e intentar contribuir con las preguntas que se hace Marc Zimmerman en "Fronteras latinoamericanas y ciudades globalizadas en el nuevo desorden mundial":

¿Cómo conceptualizar lo que nos está pasando a nivel teórico y a nivel vital, especialmente en un momento en el que las teorizaciones y hasta las palabras que usamos para teorizar tienen una relación tenue con cualquier "realidad"? [...] [¿]cómo se han conceptualizado las repercusiones en textos escritos sobre las ciudades, más allá de los clásicos como Freud [...] [¿]cómo se han conceptualizado las ciudades hoy y qué relación tiene esa conceptualización con la posmodernidad y los movimientos sociales del futuro[?] (294-95)

Dentro de este diálogo me preguntaría ¿cómo teorizar en Ciudad Juárez si de 1993 a la fecha hay al menos doscientas mujeres asesinadas, algunas de ellas torturadas, violadas y violentadas aun después de la muerte?, ¿cómo hacerlo cuando hay otras más de doscientas personas desaparecidas, "levantadas" por supuestos nexos con el narcotráfico?, ¿cómo escapar de esos fantasmas que bailan por las calles que transito diariamente?, ¿cómo concebir otros fantasmas más amables y más familiares?; ¿cómo pensar que esto es — o no — un gran "laboratorio de la posmodernidad"? (García Canclini 293), ¿cómo explicarles a otros que experimento y circulo tan tranquila —como lo hago— sus calles cuando "[e]ven the Devil is scared of living here?" (Bowden 44)?; ¿cómo negociar la teoría con la práctica en esta ciudad de muertas y "vivos"?

Antes de entrar de lleno a los discursos mencionados, es importante señalar que el análisis de los textos toma en cuenta principalmente las propuestas de Norman Fairclaugh en *Language in Power*.[8] Su proyecto parte de lo que él llama estudio crítico del lenguaje, dentro del cual se nos permiten observar las conexiones entre el lenguaje y el uso desigual de las relaciones de poder. La metodología de Fairclaugh nos apoya para darnos cuenta de lo poco que valoramos el significado del lenguaje en la producción, la manutención y el cambio en las relaciones de poder. Uno de los conceptos principales de Norman Fairclaugh, gira alrededor de la idea de que en nuestra sociedad moderna el ejercicio del poder se logra a través de la ideología y, en particular, a través de los trabajos ideológicos del lenguaje. De ahí la trascendencia de estudiar el lenguaje en uso y el uso del lenguaje como producciones personales de nuestras "realidades". En este sentido, parto también de que hay un discurso sexuado/sexista que utiliza "cierta metáfora de la mujer, de modo discreto pero crucial, [y que] ha producido (más que sólo ilustrado) un discurso en que nos vemos 'históricamente' obligados/as a llamar el discurso del hombre" (Spivak 152). No está por demás agregar que mi trabajo tenderá a enfocarse desde una perspectiva de género porque "un inventario de los asesinatos de mujeres y niñas en Ciudad Juárez que no tome en cuenta la mirada de género y la política de desequilibrio entre los géneros haría ininteligible lo que está sucediendo en esta ciudad" (Monárrez 89).

3. Las "campañas de prevención" y la gestión del Partido Acción Nacional

Los crímenes de mujeres en Ciudad Juárez se empezaron a perpetrar en 1993, durante la primera administración en la gubernatura del estado del Partido Acción Nacional (PAN). Parte del discurso político de ese momento fue que el asesino era alguien pagado por el Partido Revolucionario Institucional para desprestigiar a los gobiernos de Francisco Barrio (1992-1998) en el estado, y de Ramón Galindo en Juárez (1995-1999) y retomar el poder del estado en las elecciones de 1998. En virtud de que el o los asesinos no aparecían ni había pistas para 1995, las autoridades decidieron actuar en dos direcciones: contratando a un criminólogo español y a un ex-agente del FBI, ambos con experiencia en perfiles de criminales y de posibles víctimas; y lanzando una "campaña de prevención" que llegara a todas las mujeres en riesgo. Las "campañas de prevención", como las declaraciones de las autoridades, presentaron una ideología basada en un discurso histórico previo sobre las mujeres en general —como lo señala Spivak explicando a Hegel—, el cual conlleva una creencia cotidiana que forma parte de nuestra ideología y que tiene que ver con lo que es la "moral y las buenas costumbres", que en los últimos años, en el estado de Chihuahua, se ha rearticulado como "los valores".[9] Es decir, las posibles investigaciones sobre los crímenes de estas jóvenes en Ciudad Juárez están previamente interferidas por dos tipos de discursos que forman parte de nuestra cotidianeidad o de nuestro "sentido común": el hegeliano, en cuanto a que la mujer es un ser inferior o es un ser-objeto; y el de "los valores" que señala, como lo haría el ex sub-procurador Jorge López Molinar al periódico El Nacional, que "todas [las víctimas] eran vagas y hasta prostitutas" (7), declaración que fuera secundada por el ex-gobernador Francisco Barrio Terrazas y que tiene que ver con las representaciones de las que hablaba en un principio y que Monsiváis tan acertadamente señala en el epígrafe.

Lo anterior tiene una relación directa con lo que Fairclaugh apunta con respecto a cómo las convenciones rutinarias nos llevan a un discurso que está entramado en presunciones ideológicas que se toman como simple "sentido común"; sin embargo, contribuyen substancialmente a reforzar las relaciones de poder existentes. También se relaciona con la tendencia a la "búsqueda de imágenes y metáforas"

(294) a la que se refiere Zimmerman cuando no somos capaces de conceptualizar en la teoría y lo que sucede en la vida real. Con esto no quiero decir que tal vez López Molinar haya tomado estos crímenes a la ligera y hasta quizá haya intentando resolverlos. Sin embargo las implicaciones políticas y sociales de su discurso señalan un ejercicio del poder ante las víctimas reales identificadas y las "desconocidas".[10] Hay entonces una clara tendencia a estigmatizar a la víctima tanto en la vida como en la muerte. El entonces sub-procurador parece justificar el asesinato, dada la profesión de la víctima. El hecho de decir "eran vagas y hasta prostitutas" reduce también el espacio de las mujeres "decentes" al hogar, pues la "vagancia" no es "propia" del ámbito femenino sino que pertenece al masculino. El uso de la preposición "hasta" como sinónimo de "inclusive" le sirve a López Molinar para enfatizar el discurso subyacente "se lo buscó". La declaración de López Molinar se ve autorizada en los señalamientos del criminólogo José Parra Molina ya que dice que las familias niegan que fueran prostitutas o "vagas", tal vez "por vergüenza" (Orquiz 1H). En esas pequeñas frases hay una carga ideológica muy fuerte que obliga, tanto a la víctima como a su familiar, a permanecer en un lugar de subalternidad, ya que el "fenómeno social de la prostitución, y las vidas de las mujeres implicadas en ella, son percibidos como marginales con respecto al más amplio contexto social" (Castillo y Rangel 242). La narrativa del poder hacia las víctimas del feminicidio en Ciudad Juárez se construye sobre la base del estereotipo de las transgresoras del orden social y moral, en el tropo de la diferencia. Por lo anterior, considero que para las veintiséis "desconocidas"[11] y las sexoservidoras valdría la pena abrir una sección aparte con relación a la sobrevivencia, la lucha social y el ejercicio del poder como sugieren Castillo y Rangel Gómez en su estudio sobre la prostitución en Tijuana.

La narración del ex sub-procurador, reforzada por las conclusiones moralistas del criminólogo y aunadas a "una sociedad que ya no quiere saber nada (...) [y que está] perdiendo la capacidad de asombro",[12] nos permiten evidenciar cómo nuestras presunciones cotidianas o del sentido común, están al servicio del poder. Desafortunadamente, para nuestro caso, vivimos en un mundo del sentido común, de la cotidianeidad, el cual está construido completamente sobre la base de las presunciones y expectativas que controlan tanto a los miembros de la sociedad, como a sus interpretaciones sobre las acciones de los otros (Garfinkel en Fairclaugh 79). ¿Cómo desafiar ese discurso hegemónico?, ¿cómo esperar, entonces, una investigación objetiva?, ¿cómo concebir una sociedad juarense interesada e involucrada, cuando tal vez el sentido común le dice a la gente —incluyendo la procuración de justicia— piense que "se lo buscó", o incluso hasta "que se lo merecía"? Las representaciones de las mujeres que aparecen en la llamada propaganda de prevención, en la narrativa del ex sub-procurador, del ex gobernador, así como las conclusiones e hipótesis de Parra Molina, me guían a esta interpretación. Aclaro que como intérpretes, también estamos sujetos/as a nuestro sentido común y a nuestras ideologías, pues

> [t]he postmodern world leaves us nothing behind which we can hide [...]. Our stories add to a growing list of other stories, not listed in a logic of linearity [...], but as series of cultural constructions, each representing a particular view of the world, to be consulted together to help us make sense of ourselves and our relation to the landscapes and places we inhabit and think about. (Cosgrove y Domosh 37)

En las representaciones que se muestran en las campañas de la Dirección General de Policía (DGP) y la reafirmación en las conclusiones de Parra Molina vemos, como sugieren los geógrafos, la serie de códigos culturales que nos apoyan para dar sentido a nuestra vida y a nuestro espacio. En Ciudad Juárez, el código de la mujer a quien se dirige dicha campaña fluctúa entre "lo débil" y "lo libertino", la dualidad del discurso patriarcal por excelencia: Puta/Virgen, Eva/María, el estereotipo que se creó sobre la mujer desde la formación de la frontera; la construcción social de nuestro género femenino.

Fueron cinco los anuncios que se publicaron en los dos diarios locales durante las dos primeras semanas de enero de 1995 en los periódicos *El Diario* y *Norte*. Los cinco contenían distintas fotografías y tres de ellos compartían el mismo discurso de "prevención". La diferencia entre los tres era la fotografía y los enunciados del principio. En uno aparecía un icono del "ángel de la guarda" como fondo y en su titular aseveraba: "No siempre estará ahí para cuidarte...". En el otro aparece la fotografía de un joven entre veintiocho y treinta y cinco años al cual, a pesar de que le tapan los ojos para censurar el rostro, se le alcanzan a notar rasgos de un típico galán de telenovelas. La fotografía parece haber sido sacada de alguna revista norteamericana de modas o de cortes de cabello. El texto principal dice: "Hombre soltero busca joven, trabajadora, que guste ir a fiestas los fines de semana hasta altas horas de la madrugada... INTERESADAS Favor de acudir a cualquier calle o callejón oscuro. Se dará prioridad a las jóvenes solas y que hagan menos ruido". El tercero tiene una imagen de un cuerpo cayendo por un barranco, o entre nubes; el fondo no se alcanza a distinguir bien, pero es un cuerpo de una mujer que cae. El titular en letras grandes previene: "¡Cuidado!" y las advertencias son idénticas que en los dos anteriores. Los tres anuncios comparten las mismas recomendaciones:

—Evita calles oscuras o desoladas
—No hables con extraños
—Si crees que alguien te sigue, voltea. Si te siguen, grita, cruza la calle y dirígete a una patrulla o a lugares donde haya gente
—No vistas provocativamente
—Lleva un silbato
—Cuando salgas de tu casa deja dicho dónde vas y a qué hora regresas
—Deja las luces de tu casa prendidas
—Pide a alguien que te espere en la parada del camión o esquina de tu casa
—No aceptes bebidas de extraños
—Si sufres algún ataque no grites "Auxilio", grita "Fuego", así más gente hará caso a tu llamado
—Lleva las llaves de tu auto o casa listas ya que si las buscas hasta que llegues es momento propicio para un ataque
—Si de algún auto te hacen alguna pregunta, mantente a una distancia considerable para que no te jalen hacia adentro
—Confía en tu instinto; si crees que algo no anda bien o no te sientes segura, retírate del lugar o pide ayuda

No te expongas a ser parte de las estadísticas;
A la Policía Municipal le compete prevenir crímenes
Ayúdanos cuidándote

El marco de la ciudad que nos presentan estos tres anuncios es el mismo que podemos ver en películas como *Aventurera* (1949) y *Espaldas Mojadas* (1953): una ciudad oscura cuya vida transcurre de noche; un sitio proclive al crimen y a la perdición. Sus mujeres "decentes" se mantienen en sus espacios privados y las mujeres que se atreven a tomar el espacio público, el reservado a los varones, las mujeres "que gustan salir a bailar hasta altas horas de la madrugada" se exponen "a ser parte de las estadísticas". En los anuncios se mantendrá el estereotipo que las mujeres asesinadas eran jóvenes y obreras de la maquiladora,[13] que a quienes se dirige el "hombre soltero" son "muchachas trabajadoras". Uno de los problemas de la representación de este cartel es que muestra la imagen de un (el) posible victimario como un joven de una clase privilegiada y su víctima es "una joven sola, de clase trabajadora, que guste de bailar hasta la madrugada que sea 'calladita' y que esté dispuesta a acudir a la cita a un callejón oscuro". En este discurso habría una tensión en las relaciones de poder de género y clase. El discurso sexista se verá reforzado por el binomio Virgen/Puta pues, por un lado, está la "muchacha que no haga ruido, la sumisa" y, por otro, la misma mujer "que le gusta bailar hasta altas horas de la noche, que acepta platicar y beber con extraños y que anda sola por callejones oscuros".

En cuanto a clase, la propaganda podría ser acertada. Lo desafortunado es cómo se maneja el resto del texto y cómo se ha manejado la procuración de la justicia. Muchas de las víctimas pertenecen a una clase social empobrecida. Según las estadísticas de Monárrez, únicamente de los llamados crímenes sexuales, había quince obreras, diecinueve sexoservidoras, bailarinas y empleadas de bares y veintiséis "desconocidas".[14] Empero, en el cartel se maneja como si únicamente fueran las "mujeres trabajadoras que van solas a bailar a altas horas de la noche" y, al no incluir a otras mujeres, en especial, a las muchachas de la clase media y alta, se infiere que ellas van acompañadas y no se exponen a hablar con desconocidos ni a transitar por callejones oscuros y, por supuesto, que irán en automóvil. El tipo de discurso que subyace detrás de este texto es que las obreras de maquiladora no son tan "buenas" y "decentes" como las de la clase media y alta, "por eso las matan". Este discurso apoya y autoriza las declaraciones del ex gobernador Barrio Terrrazas y las del ex subprocurador López Molinar. En este sentido valdría la pena detenernos a ver la relación que existe entre las palabras de los funcionarios, sus actitudes moralistas y la clase social de ellos y de las víctimas. Las muchachas son doblemente explotadas: por un sistema económico "of social and political relations of power" (Valle y Torres 10); y por un discurso social que se aferra a una imagen generalizada: "some of the girls go downtown to sell their bodies for money or food" (Bowden 48).

En el anuncio del "Ángel de la guarda" —a través del icono que se supone fue creado precisamente para protegernos y que "no nos desampara ni de noche ni de día"— se utiliza la dinámica del "temor de Dios" e implica que si la muchacha no sigue al pie de la letra todas las advertencias de la DGP, (la voz autorizada) "formará parte de las estadísticas". Este anuncio, como el anterior, parten de la misma presuposición: subir a autos con desconocidos y caminar por lugares oscuros, lo cual podría leerse como "caer en la tentación". En este anuncio se refuerza el discurso hegemónico del Dios del Antiguo Testamento que castiga abandonando a su(s) protegida(s) si se transgreden las reglas. Así como Eva recibe su merecido y es expulsada del Paraíso por no obedecer, las mujeres juarenses que no sigan las advertencias de la DGP, serán condenadas al rapto, la violación y el homicidio.

En el tercer anuncio, la imagen y el texto del principio, aunque distintos al del Ángel de la Guarda, manejan el mismo discurso. El cuerpo de la joven cayendo y el texto "¡Cuidado!" estarían implicando que, de no seguir las advertencias señaladas con anterioridad, la caída al abismo, la expulsión del Paraíso, o la violación y la muerte están aseguradas. Llama la atención en este anuncio el enunciado final: "Si te atacan sexualmente provócate el vómito, lo más probable es que el agresor sienta asco y huya". Este último consejo va más allá de la imagen y de la metáfora. Por un lado, proyecta a una víctima quien, en el momento de un ataque sexual, tendrá todos sus sentidos ubicados para poder defenderse provocándose el vómito. Por otro, representa a un agresor fino e impecable que huirá al ver a su víctima vomitar.[15] Ante la ineficiencia de la policía para prevenir el crimen y encontrar al o los asesinos, esta última sugerencia parecería ineludible; casi tan ineludible e irresponsable como denigrar a las víctimas después de muertas; o como diría Monsiváis al criticar las posturas del ex subprocurador: "sería la consecuencia lógica después de este razonamiento, lo que sigue del ligue es el asesinato" (Quintero 3B).

Los tres anuncios estudiados con anterioridad parecen insistir en reforzar el código cultural de que las mujeres estamos más seguras en casa y que los "extraños" son los únicos que nos pueden hacer daño. En el caso de Ciudad Juárez, "[d]e las víctimas, 34 conocían al asesino, ya sea por relación de parentesco, amistad o vecindad; dos fueron asesinadas por clientes, y en las restantes no queda clara la relación. En cuanto a los asesinos llamados seriales..., hubo dos que mataron a dos mujeres cada uno que conocían a sus víctimas. (Monárrez 113). De igual forma la imagen que se proyecta con estas mujeres que "circulan por callejones oscuros" da la impresión de que estas mujeres transitan por esos callejones sólo para tener citas clandestinas. No explicitan en sus representaciones que cientos de mujeres trabajadoras —jóvenes o no— tienen que circular por callejones oscuros en virtud de que salen de la fábrica "a altas horas de la madrugada" o entran "a primeras horas de la madrugada" y para acceder al transporte público o para llegar a sus casas tienen que caminar "por callejones oscuros".

Dado que las investigaciones no han podido dar respuestas a casi ninguna pregunta ni a la mayoría de los crímenes que se continúan cometiendo, hay quienes piensan que hay tres tipos de asesinos. Uno que es el "famoso asesino en serie" que es al menos responsable de una docena de asesinatos en los que se encontraban características similares: el tipo y la edad de las jóvenes, la ropa que llevaban, así como la forma y el lugar en el que se encontraron sus restos. Otros, llamados "por imitación" los cuales tenían variantes diversas a las del primero. Finalmente, los que sólo se dedicaron al rapto, la violación y el abandono en algún sitio alejado de la ciudad (en los crímenes cometidos de 1993-1999), o en terrenos baldíos de la ciudad, como en el último año.

Para quienes hemos estudiado el tema desde diferentes disciplinas y lo hemos discutido en foros y mesas de trabajo, aún no logramos entender por qué sólo en Ciudad Juárez es donde se cometen estos crímenes. A veces reflexionamos que es un fenómeno similar al del narcotráfico y al robo de autos: la ciudad carece de infraestructura suficiente —en todos los sentidos— para aguantar y llevar el ritmo tan dinámico como lo lleva su crecimiento. Por ello no resulta difícil esconderse en el anonimato, cambiar fácilmente de domicilio e incluso cruzar la frontera. Nuestra pregunta se ha centrado también en ¿por qué sólo en Ciudad Juárez y no en Tijuana u otras ciudades fronterizas? La respuesta gira alrededor de la zona metropolitana y el acceso al cruce. En Tijuana el cruce tanto en automóvil como a pie es más complicado, más lento. Hay mucha más gente que cruza. Además, San Diego queda por lo menos a 40 kilómetros de distancia. Ciudad Juárez y El Paso son geoespacialmente concebidas como metrópolis de más de dos millones y medio millones de habitantes y no hay una distancia mayor a la de los puentes internacionales entre una ciudad y otra (aproximadamente doscientos metros). El cruce es mucho más accesible tanto a pie como en automóvil y, al parecer, hay más posibilidades de "perderse en el anonimato" al llegar "al otro lado".

Antes de entrar al cuarto anuncio, me detengo en otro tema que hemos discutido. El hecho de que hay un discurso pre-establecido culturalmente en cuanto a que la mujer "pertenece" al hogar, por lo que aquélla que sale —en busca de trabajo, a trabajar, de compras, a bailar, a ocupar su tiempo libre— se convierte en una mujer autónoma. Esta autonomía pone a los hombres en una posición de subordinación y tal subordinación les produce buscar venganza y esa venganza la pueden llevar hasta el extremo de matar a la mujer que los ha colocado en esa situación, o a cualquier mujer que asocien con ese hecho. Ahora bien como hay una demanda de mano de obra femenina en la frontera, tal vez este tipo de situaciones sean más factibles de producirse en estas ciudades. Sin embargo, a la fecha no hay ningún estudio que pueda comprobar todas las reflexiones e hipótesis que he venido presentando.

En el cuarto anuncio aparece un niño que dice "a esta edad muchos niños ya aprendieron a abrochar sus agujetas, a andar en bici y a maltratar mujeres. No des ejemplos de violencia física o emocional en tu hogar. No pongas mal ejemplo... Lo más probable es que tus hijos lo imiten. Las mujeres tienen derecho a decir NO sin que exista ningún tipo de represalias físicas o emocionales. Si sufren algún tipo de violencia, tienen derecho a denunciar los hechos y a ser atendidas con respeto y eficacia por parte de la autoridad". De este anuncio todo llama la atención: La fotografía muestra a un niño blanco, cabello lacio, bien nutrido, de entre tres y cuatro años de edad. Hay una presunción por parte de la diseñadora de privilegiar en las fotografías un cierto tipo de belleza masculina y a una clase social. Parece ignorar que al inscribir estas fotografías en su texto se crea también una imagen de victimario. En este sentido la tensión entre la clase trabajadora y la media/alta se vería marcada con la palabra escrita *vis-à-vis* la imagen fotográfica. Si por un lado el texto implica que las "muchachas trabajadoras" son las "libertinas", por el otro expresa que los hombres rubios o castaños, bien vestidos y "guapos" son los posibles victimarios. Otra inferencia que maneja este anuncio es que sólo en el hogar se aprenden "las malas conductas" y que únicamente los niños con hogares en donde se da la violencia doméstica son criminales en potencia. Todo lo cual resulta en una contradicción con los anteriores, o con un código cultural que se perpetúa: las mujeres están "a salvo" dentro de casa pero los niños están más seguros en la calle pues si se quedan en casa pueden estar expuestos a la violencia. No hay en los enunciados ninguna problematización del ambiente de la calle, del barrio, de la escuela, o de los medios de comunicación.

Los dos últimos enunciados dan la impresión de pretender "borrar lo dicho" en las representaciones de los anuncios estudiados anteriormente, ya que en aquéllos se proyectaba a la joven mujer trabajadora como *femme fatale*, en ésta se nos da el beneficio de la duda. Si en los anteriores se nos advierte de "no vestir provocativamente, no andar solas por callejones oscuros y no salir a bailar los fines de semana", en éstas se nos otorga el permiso social y público de "decir NO" a cualquier agresión y se nos concede el derecho de denunciar algún ilícito contra nuestras personas, además de que se nos atienda con eficacia —aunque seamos "vagas" o sexoservidoras. Habría de preguntarse entonces por qué no se han resuelto los crímenes de las mujeres aparecidas en el Lote Bravo y Lomas de Poleo. La respuesta tendría que considerar, por fuerza, una íntima relación con las construcciones de género y clase y las políticas identitarias y de aplicación de la justicia.

El último anuncio muestra a un varón musculoso —tipo John Travolta en sus tiempos de *Grease*— y en él se lee "Muy macho, muy macho... Una forma de demostrar la hombría es cuidando a nuestras mujeres. Evitemos la violencia cuidando a nuestras hijas, esposas, madres". Después las sugerencias o advertencias de la DGP se dirigen al varón: "Espera a tus mujeres que trabajan o estudian en la parada del camión. Que siempre te informen el lugar en que están y la hora que llegarán a casa. Asegúrate que en tu casa estén siempre a la mano los teléfonos de emergencia. Cuida que tu casa esté bien protegida (rejas y bien alumbrada). Cambia los vidrios rotos o flojos. Asegúrate de cambiar chapas en mal estado o de mala calidad". El constructo cultural que se veía en los anteriores se enfatiza. La mujer queda sometida a la custodia del hombre y prácticamente inutilizada. El hombre se proyecta en realidad como "macho muy macho" pues todas las exhortaciones son a "proteger, cuidar, acompañar, encerrar". El discurso en este anuncio demuestra que la ciudad dentro de su estructura social sigue pensando en mantener a "sus" mujeres en cautiverio[16] en virtud de que las mujeres que "se atrevieron a salir de noche solas a bailar hasta altas horas de las madrugada" transgredieron el espacio del hombre y por eso murieron o merecieron morir.

Como podemos observar la representación de las mujeres hacia quienes se dirige la propaganda de la DGP son mujeres transgresoras de los espacios masculinos y de las 'buenas costumbres". Son mujeres de la clase trabajadora que se ven violentadas tanto en la vida cotidiana —con la explotación en la fábrica y en el hogar— como simbólicamente en estas representaciones. Dichas imágenes se han visto autorizadas, como lo vimos, con las palabras del ex gobernador y del ex procurador y éstas encuentran eco en las del criminólogo español José Antonio Parra Molina en varias entrevistas en que dio a *Norte*:

> la mujer se encuentra en la frontera en un entorno social en donde el sexo femenino vive en un completo libertinaje al encontrarse a pocos metros con la frontera con Estados Unidos en donde las mujeres a temprana edad empiezan su vida sexual y adoptan esta forma de vida llevándolas a la promiscuidad. (Orquiz 1H)

Las conclusiones del criminólogo, además de apoyar los conceptos manejados en los anuncios policíacos, se basan en el estereotipo sobre la imagen de la frontera, aunado a un estereotipo que se tiene sobre las norteamericanas como lo mencioné en un principio. El entorno de la frontera, en boca de Parra Medina, sigue siendo el que nos plantea Norma Iglesias cuando analiza el cine mexicano sobre la frontera: "la frontera [es] el lugar propicio para la mafia y la prostitución... utilizando el nombre de Ciudad Juárez como referencia" (29-31). Si bien es cierto que en Ciudad Juárez y en otras fronteras hay prostitución y crimen organizado, también es cierto que nuestra realidad social es mucho más compleja y problemática que la explicada por Parra Medina; en especial cuando asevera que "el sexo femenino vive en un completo libertinaje al encontrarse a pocos metros con la frontera" (1H). Su declaración refleja un prejuicio basado en el tropo de la diferencia, del cual se desprende que todas las mujeres fronterizas mexicanas somos unas "perdidas" debido a la mala influencia de las norteamericanas. Lo anterior resulta interesante sobre todo cuando él también es el otro de los/as mexicanos/as. La narrativa de Parra Molina, más que llevar a líneas de investigación para atrapar a los criminales o para sacar un perfil "objetivo y real(ista)" de las víctimas y de las mujeres en riesgo, sólo ha servido para perpetuar las imágenes y representaciones de las mujeres que, durante siglos, se han repetido. En la narrativa siguiente de José Parra Molina queda grabada la representación de la posible víctima, de la obrera de la maquiladora:

> he comprobado personalmente la forma en que las mujeres empleadas de la maquiladora son presa fácil de los asesinos, ya que a la salida de sus labores se concentran en grandes números en el exterior de las plantas y al pasar alguien con un buen carro le piden un "aventón" y se van con quien se pare sin medir las consecuencias y acto seguido le piden les invite a una "cervecita" y lo invitan a bailar.

Esta narración del criminólogo autoriza las campañas de prevención y las declaraciones de las autoridades. En esta representación las tensiones género/clase continúan pues el victimario trae un "buen carro" y las jóvenes se suben con el desconocido y hasta lo invitan a "una cervecita". Sin embargo ante esa construcción de Peña Molina surge la duda sobre cómo corroboró lo que sucedía en el auto. El criminólogo nunca lo dijo. Al parecer el H. Ayuntamiento 1995-1998 se vio en la necesidad de comprobar, por medio de una voz "autorizada", las tan criticadas "campañas de prevención" de la Dirección General de Policía. En mi lectura considero que hay una obvia manipulación por parte de quienes están en el poder o tienen acceso al mismo, de representar a las jóvenes juarenses de clase obrera (víctimas o víctimas en potencia) como las responsables de cualquier acto criminal en su contra.

Las llamadas campañas de prevención fracasaron desde el inicio. No previnieron nada pero sí dejaron ver una ideología misógina y clasista. Precisamente por eso se las retiró de los diarios, y grupos feministas, ONGs y académicas/os las protestamos inmediatamente. La defensa de las autoridades arguyó que "estaban diseñadas por una mujer" y que "usaban la información del FBI para esos efectos". Nuestras reflexiones fueron entonces y son ahora, que la mujer que había diseñado los carteles definitivammente estaba inmersa en la ideología patriarcal y que las metáforas e imágenes con las que la DGP y el FBI mostraban una ciudad, las posibles víctimas y los posibles victimarios, en una "relación tenue con cualquier 'realidad'" (Zimmerman 294).

La DGP y la Procuraduría General del Estado (PGE) construyeron con sus narrativas una imagen de víctimas y posibles victimarios sobre la base del tropo de la diferencia. Parra Molina asumió esa representación y en su rearticulación tomó, para el victimario, la imagen cuya fuerza sabía tendría más impacto en nuestra sociedad: el extranjero, el oriental. En 1996 se capturó al egipcio Abdel Latif Sharif Sharif,[17] al cual se le imputaron los crímenes en serie de por lo menos nueve jóvenes. En el mismo año se detuvo a los miembros de la pandilla "Los Rebeldes" quienes confesaron haber cometido por lo menos cinco crímenes. "Los Rebeldes," para alegar su inocencia, acusaron también a Abdel Sharif de ser el autor intelectual de varios de los asesinatos. En 1998 se contrató a Parra Molina para sacar los perfiles de los asesinos, y éste, sólo con revisar el expediente de Sharif, autoriza la siguiente narrativa de la PGE:

> Creo que existen homicidas en serie en Juárez, empezando con el egipcio Abdel Latif Sahrif Sharif y la pandilla Los Rebeldes, pero además, pudiera haber realizado ataques también otro homicida serial proveniente de los Estados Unidos, posiblemente de Texas, que no se arriesga a cometer los homicidios en Texas por temor a ser detenido y sentenciado a la pena de muerte. (Orquiz 1H)

En este discurso del criminólogo español es interesante ver de qué forma las políticas identitarias se manejan dentro del ejercicio del poder y están vigentes en una sociedad que para sí, no se considera racista. Este movimiento de acusar al otro extranjero más que admitir una política de exclusión racial, admitiría el viejo estereotipo sobre "la frontera como el lugar en donde todo se permite", "la frontera como lugar de paso" o "la frontera como sitio de perdición". Asimismo nos permite ver que Parra Molina tiene definida su otredad con respecto a los/as norteamericanos/as. Ellos son los presuntos asesinos y ellas las "pervertidoras" de las jóvenes mexicanas.

4. Ciudad Juárez, sus mujeres victimadas y la gestión del PRI

La imagen de Ciudad Juárez aun en el mismo estado no dista de la de Vasconcelos o de los viajeros norteamericanos de finales del siglo XIX. La tensión centro/periferia en el estado de Chihuahua se ha dado desde la fundación de ambas ciudades. Chihuahua capital es la "cuna de la rancia aristocracia", de "las familias de abolengo", de las "viejas fortunas", de "las buenas conciencias". Juárez, por el contrario, es "la casa de toda la gente",[18] del dinero "mal habido", de las "chicas malas", de los "criminales". Las políticas identitarias en el estado han repercutido en sus políticas públicas. Durante la gestión priísta de Fernando Baeza (1988-92) —apodado Fernando el Católico— se llevó a cabo la restricción de los horarios a los restaurantes, discotecas, bares, centros nocturnos y lugares de diversión, así como la limitación para la venta de bebidas alcohólicas en los supermercados, tiendas de autoservicio y expendios. La medida tenía como objetivo reducir la delincuencia y, a su vez, cambiar la imagen "negativa" de la ciudad.[19] Recientemente, el gobernador de extracción también priísta, Patricio Martínez García (1998-2004), bajo el programa "Cero Tolerancia", al iniciar su gobierno implanta la misma medida. En sus declaraciones a la prensa el 18 de noviembre de 1998 expresa: "Quiero que Ciudad Juárez se vaya a dormir temprano; que para las 2 a.m. todo mundo esté en su casa" (El Diario 1A) como si "'la noche' fuera culpable de la violencia y de la inseguridad y por lo tanto lo que se asocia a la imagen negativa y construye su leyenda negra casi de manera 'natural'" (Balderas 15). Como vemos, a pesar de que en Chihuahua cambien los partidos en el poder, la imagen de la ciudad y la de las mujeres no cambia substancialmente.

La pugna de poderes entre el gobierno del estado y el municipal,[20] así como las funciones de cada una de las diferentes corporaciones policíacas, siguen responsabilizando a "los otros" o "las otras". De una parte, el vocero de Patricio Martínez, Jorge Sánchez Acosta decía que "la falta de indagatorias —en el secuestro y homicidio de mujeres es responsabilidad de la administración de Francisco Barrio Terrazas [y que] desde el 4 de octubre en que se instaló el nuevo gobierno en

Chihuahua se acabó la impunidad" (Romero Ruiz 7A), González Rascón declaraba que durante la administración anterior no había resuelto ochenta y tres de ciento setenta y siete casos de mujeres victimadas y que de los dieciséis casos que van en su gestión faltaban por resolverse dos (Rodríguez Vázquez 6A). De otra, el ex-comisionado de la DGP Municipal, Javier Benavides en el evento "Sepultadas en la Frontera" organizado por NMSU en octubre de 1999, aseguró que el "caso de asesinatos de mujeres era magnificado por las ONGs y que estaban haciendo a un lado los crímenes de hombres que también son lamentables" (Delgado 3A). El cuestionamiento que se les ha hecho a las administraciones de ambos partidos es que ni son eficaces, ni están aproximando sus investigaciones desde una perspectiva ni de género ni de clase. El ex comisionado Benavides minimiza el caso de las mujeres en Juárez porque el problema es estructural. Para Carlos Monsiváis, "el gran problema ... es que la mujer ha sido víctima siempre... ya no impresiona ni indigna que una de ellas sea asediada, violada, torturada y muerta por un hombre porque esas agresiones se han convertido en costumbre" (Flores Simental 5A). Lo más lamentable de este hecho, dice el escritor, es el contraste, porque "no se sabe de mujeres que igualmente persigan al hombre, lo violen, lo maten y lo tiren por ahí" (Flores Simental 5A).

Cuando leemos las declaraciones del actual procurador Arturo González Rascón encontramos dos tipos de discurso. En uno utiliza el lenguaje oficial y en el otro el cotidiano, el cual ha empleado con más frecuencia cuando se trata del tema de la victimización de las mujeres. En una entrevista con Armando Rodríguez al preguntarle por los crímenes sexuales en Ciudad Juárez, reconstruye la imagen negra de la ciudad "más que ser un problema nacional, es un problema de tipo cultural y de tipo situacional" (9C). González Rascón rearticula la imagen fronteriza de la "no man's land del espíritu" de Vasconcelos a pesar de que trata de corregirse: "Lo que pasa es que ahorita estamos todos enfocados en Ciudad Juárez, y a lo mejor si pasa un asunto de estos en Chihuahua no se nota ... o en el estado de Sinaloa, donde de enero a ahorita ya llevan 96 homicidios y no se nota" (9C). Esta aparente revaloración de la ciudad se ve reforzada por sus mismas palabras pues "si en otros lugares no se nota" es porque allá no se tiene esa imagen de "ciudad de perdición". En esta misma entrevista, regresa al discurso de poder señalado por el gobernador Martínez: "yo pienso que Ciudad Juárez y particularmente esta frontera tiene que rescatar esa imagen de seguridad, ese buen sitio que necesitamos darle todos los chihuahuenses y que vamos a transformar (9C).

Ahora bien, cuando González Rascón se refiere a esos crímenes de índole "cultural y situacional", ejerce su poder discursivo, como lo habían hecho anteriormente Francisco Barrio, Jorge López Molinar, José Parra Molina y las campañas de la DGP, sólo que a través del uso del habla popular: "Hay lamentablemente mujeres que por sus condiciones de vida, los lugares donde realizan sus actividades, están en riesgo, porque sería muy difícil que alguien saliera a la calle cuando está lloviendo, pues sería muy difícil que no se mojara" (9C). En este caso, el uso del refrán tiene dos lecturas. Una sería tener un acercamiento con la gente, y la otra, pondría "en evidencia los problemas sociales y la valoración positiva o negativa de la mujer en la sociedad" (Monárrez 90). Estas perspectivas hacen a las víctimas culpables y merecedoras de su muerte ya que aun después de inmoladas, son violentadas y juzgadas por sus acciones; por haber transgredido el discurso del poder.

En el caso de los victimarios, la narrativa de González Rascón no será muy diferente a aquélla de Parra Molina. En 1999 se aprehendieron a Jesús Manuel Guardado alias "El Tolteca" y a varios de sus cómplices conocidos como "Los choferes" o "Los ruteros", a quienes identificó una de las víctimas que sobrevivió el atentado. Este caso, como el de Sharif, tiene sus implicaciones político-culturales. La sociedad juarense desprecia aún más al criminal por ser de fuera. Con el "Tolteca" los juarenses y chihuahuenses "comprueban" que "en Juárez no somos asesinos",[21] todo lo cual apoya los prejuicios anti-inmigrantes en la ciudad. Al "Tolteca" y a "Los choferes" el Procurador les construyó una narrativa similar a la de los "Rebeldes": "después [de Sharif] se presentó la existencia de la pandilla 'Los Rebeldes' que por contratación de Sharif, cometieron varios homicidios, luego siguieron 'Los Ruteros' lidereados por Jesús Manuel Guajardo apodado 'El Tolteca' quien por medio de Víctor Moreno alias 'El Narco' recibía los pagos que enviaba el extranjero, pero los tres casos están relacionados" (Rodríguez Vázquez 6A).

A pesar de que González Rascón crea su visión del otro cuando señala al egipcio Sharif como jefe de la banda de violadores y asesinos ("Los Rebeldes", "Los Ruteros" y "El Tolteca") y apoya otra narrativa anti inmigrante para "El Tolteca" niega el posible nexo del "asesino del ferrocarril", el mexicano Rafael Reséndez Ramírez, como posible homicida de algunas mujeres en Ciudad Juárez. Lo anterior surge luego que el ex agente del FBI Robert Resler sostuvo siempre que Reséndez Ramírez[22] "es responsable de, cuando menos, seis asesinatos en Ciudad Juárez y de hecho tal vez de una docena" (Téllez 6B). En su momento, Resler dijo no entender por qué las autoridades mexicanas lo habían negado. González Rascón alega que no van a "elocubrar [sic.] sobre algo que no tienen evidencias" (Téllez 6B). Parece que su preocupación mayor, más que apoyarse en los hallazgos de Resler, es limpiar la imagen de los mexicanos en el exterior (su "nosotros"), así como pretende recuperar la imagen de Juárez para Chihuahua: "El hecho de que el multihomicida sea de origen mexicano, no debe ser motivo para que se generalice con respecto a que los connacionales vayan a los Estados Unidos a cometer delitos y surja una imagen desfavorable para los mexicanos que residen en el extranjero" (Téllez 6B). Esta narrativa de Arturo González Rascón es similar a la de José Parra Molina toda vez que éste hablaba de dos asesinos extranjeros: el árabe y un norteamericano. En sus discursos notamos una clara tensión en los discursos del poder/identidad, dentro de ese proceso de autorización/desautorización: el procurador mexicano (yo/nosotros) y el criminólogo español (yo/ el otro), desautorizan al discurso hegemónico por excelencia: el anglosajón que, en Resler encarna al otro.

La Fiscalía Especial para la Investigación de Crímenes contra Mujeres se creó en 1995 bajo la administración de Francisco Barrio por las presiones de las ONGs. "Con cinco fiscales a cuestas y un enorme déficit de equipo técnico y humano, la Fiscalía enfrentó desde sus inicios el rechazo de los grupos que encabezaban sus protestas" (Sosa 9B). Las protestas de las ONGs han sido generalmente las mismas: la ineptitud de los/as funcionarios/as, la lentitud de las investigaciones, la ineficiencia y, durante la gestión de Suly Ponce Prieto (noviembre de 1998-agosto de 2001), la prepotencia, el maltrato a víctimas, familiares, ONGs, periodistas, criminólogos, expertos en victimología, académicas, etc.. Suly ha estado invariablemente en el ojo del huracán y en una constante guerra de declaraciones, principalmente con las ONGs sobre todo con "Voces sin Eco", una organización de familiares de víctimas y desaparecidas. Por lo anterior, sólo me detendré a mencionar dos eventos de la fiscal a que merecen mención para el caso que nos ocupa. El primero es para ver cómo es que el gobernador Patricio Martínez y su procurador Arturo González Rascón entienden las investigaciones judiciales de los crímenes sexuales en Juárez de una manera eficaz y con una perspectiva de género.[23] Para resolver el crimen de una mujer, la fiscal informó que tenían a más de cien personas bajo investigación todo lo cual, para el Instituto Chihuahuense de Criminología resultó "ilógico" y Esther Chávez Cano, directora del centro de crisis "Casa Amiga" juzgó la acción como "una demostración de ineficiencia y una burla a la ciudadanía" (Fernández y Ramos 1B). El resultado ante la ineficacia fue una manifestación de repudio frente a las oficinas de la Procuraduría de Justicia del Estado; la gente traía carteles y mantas que decían: "Si Suly es la mejor, pobres juarenses". Los carteles se basaban en que la última vez que se solicitó la destitución de la fiscal, González Rascón alegó que ella era la mejor para el puesto.

El segundo ejemplo que considero el que complementa mejor los discursos de poder expuestos hasta este momento lo baso en la actitud y la respuesta que tuvo la fiscal durante la Primera Reunión Binacional "Crímenes contra Mujeres": "La fiscala [sic.] estaba molesta, se sentía asediada y agredida porque momentos antes una señora y su hija le habían reclamado la escasa atención que les había prestado cuando se presentaron a presentar una denuncia sobre la desaparición de una menor" (Flores Simental 5A). Ante los cuestionamientos constantes Ponce "regañó a la jovencita ... y le dijo que no le había dado líneas de investigación para trabajar" (Flores Simental 5A). Después de otra pregunta —que se daba por escrito— la fiscal dijo que con gusto se habría retirado del puesto que le quitaba mucho tiempo que le podría dar a su familia "por andar buscando muchachitas descarriadas" (Flores Simental 5A). Como observamos, el discurso de la fiscal no dista en nada de los anteriores y nos propone una problemática mayor para los estudios de género y del lenguaje en uso. El hecho que sea una mujer la encargada de diseñar una campaña dirigida a mujeres o esté a cargo de una fiscalía especial de investigaciones de crímenes contra mujeres, no son garantía de que no estén inmersas en el discurso patriarcal. Además, en las palabras de Ponce notamos una incompatibilidad entre su espacio público y el privado. Para la fiscal no hay un sitio de negociación entre "las obligaciones familiares" y su obligación con la comunidad.

5. Reflexiones finales

De 1993 a la fecha hemos perdido muchas mujeres y hemos ganado algunos espacios. Funcional o disfuncional, tenemos una Fiscalía Especial para la Investigación de Crímenes contra Mujeres, así como una Unidad Especializada de Delitos Sexuales y contra la Familia y un Centro de Crisis que es una ONG. Han surgido nuevas expresiones de ciudadanía. Ha habido voces alternativas que se han atrevido a desafiar al poder, como Voces sin Eco, como la jovencita que frente al público en la Reunión Binacional le llamó mentirosa a Suly Ponce. Se han llevado a cabo marchas, manifestaciones, vigilias, simposios con la participación de ONGs, instituciones académicas y el sector social. Se han filmado varias películas y documentales. El lamentable evento ha estado en las primeras páginas de la prensa mundial e internacional y se ha llevado a dos comisiones especiales de la ONU y de Amnistía Internacional. Se han pintado en muchos postes de la ciudad cruces negras sobre fondo rosa como monumentos a las víctimas. Sin embargo, hasta hoy no hemos podido saber por qué sólo en Ciudad Juárez se han dado estos crímenes, o si es que sólo aquí llevamos un conteo más o menos acertado de estos crímenes de odio (como los clasificó Monsiváis en el mencionado evento). No entendemos si es que en Ciudad Juárez, como el futuro le llegó hace treinta años (Bowden 48) o como elabora Zimmerman, "[c]uanto más las ciudades se insertan en redes globales, en mayor medida sus anteriores niveles de organización son amenazados, alterados o destruidos" (301) y los/as juarenses no hemos sabido cómo negociar por completo ni espacios ni identidades; o tal vez, porque cuando escribimos nuestras geografías creamos artefactos que imponen significado al mundo (Cosgrove y Domosh 37). Ciudad Juárez, "otrora sitio de vicio y de perdición",[24] no ha podido resolver para sí la imagen de "la mejor frontera de México" tan propagada por el gobierno de Adolfo López Mateos durante los sesenta y continuada por los subsecuentes gobernantes, especialmente en la década de los ochenta con el "boom maquilador". Será que por la condición fronteriza de Ciudad Juárez, lo que impregna al imaginario colectivo del país, son imágenes marcadas por la ausencia de ley" (Monsiváis en Quintero 3B) y entonces decidimos llevarlo a la práctica. Quizá es que no hemos logrado crear esa conciencia plena de la manera en la que usamos el lenguaje, como sugiere Fairclaugh, y una vez adquirida esa conciencia, nos pueda apoyar en estos procesos de emancipación. No lo sé, en este momento, mientras recuerdo las palabras de Monsiváis "ningún elemento es tan decisivo en su resonancia o su falta de resonancia, como la apreciación histórica del valor de la vida de mujeres desconocidas" (Quintero 3B), sólo puedo observar un baile de fantasmas por las calles que transito, tranquila, diariamente.[25]

NOTAS

[1] Tomo prestado el título de Jean Franco "Baile de fantasmas en los campos de la Guerra Fría".
[2] Dado que las estadísticas varían de una fuente a otra, los datos que utilizo en este estudio son los que aparecen en el artículo de Julia Monárrez y corresponden al período 1993-1999.

[3] Después de más de quince días de investigación por parte de miembros de la Procuraduría General de la República, apoyados por agentes de la DEA, "sólo se encontraron 9 cuerpos". La diferencia numérica entre los cuerpos "desaparecidos" y los "encontrados" hizo que las autoridades municipales de Ciudad Juárez, como el Gobierno del Estado de Chihuahua comenzaran una campaña por "la dignidad de Juárez y sus ciudadanos" y se le pidió al Washington Post le ofreciera una disculpa pública a la ciudadanía juarense, dado el amarillismo de la noticia. Para más información consultar tanto *El Diario* como *El norte* (de Ciudad Juárez) del 29 de noviembre de 1999 al 30 de enero del año 2000.

[4] Sobre este tema, además de Norma Klahn, también han escrito Gabriel Trujillo Muñoz, Víctor Zúñiga, Carlos Monsiváis, Jorge Bustamante, Guillermina Valdés-Villalva, José Manuel Valenzuela Arce, Claire Fox y Tim Girven entre otros.

[5] El programa maquilador entró de lleno como final del "Programa Bracero"; se creyó en aquel tiempo que los trabajadores documentados que se encontraban en Estados Unidos regresarían a México en hordas y, sobre todo, que se establecerían en las ciudades fronterizas. El Programa de Industrialización de la Frontera (PIF) no funcionó para que los trabajadores regresaran ya que la mayoría se quedaron en los Estados Unidos de forma indocumentada; sin embargo, lo que hizo fue atraer a mano de obra calificada, sobre todo femenina, de otros lugares de México y del sur de los estados fronterizos.

[6] Las ciudades de la faja fronteriza mexicana tienen la posibilidad de que sus habitantes puedan comprar automóviles en los Estados Unidos a muy bajo costo y sacarles placas especiales (*fronterizas*) que sólo pueden circular a treinta kilómetros al sur de la frontera. Antes de la devaluación de 1994 había jóvenes obreras que compraban un coche entre varias para ir a la maquila y se lo rifaban los fines de semana.

[7] "Imagen de víctimas y victimarios"; ponencia presentada en el *Foro por el Día Internacional de la Mujer*, organizado por la UACJ, Ciudad Juárez, Chih., 9 de marzo de 1995; "La representación de las mujeres en Ciudad Juárez"; ponencia presentada en el 1er. *Simposio Regional sobre Mujeres*; organizado por la Universidad Autónoma de Ciudad Juárez, la Comisión Permanente de Equidad y Género del Congreso del Estado de Chihuahua y la Coordinadora de Organizaciones No Gubernamentales; Ciudad Juárez, Chih., 8 de marzo de 1998.

[8] Fairclaugh basa su metodología principalmente en Gramsci, Habermas, Bourdieu, de Saussure, van Dijk y Foucault, entre otros. Fairclaugh sugiere para su metodología observar las convenciones sociolingüísticas, las cuales observan el lenguaje en su contexto social. En su propuesta incluye el estudio también de la lingüística, la pragmática, la sicología cognoscitiva, la conversación y el análisis del discurso.

[9] Con la entrada del Partido Acción Nacional al gobierno del Estado de Chihuahua en 1993, Francisco Barrio Terrazas —hoy Secretario de la Contraloría— empezó una campaña de "recuperación de valores" la cual ha sido muy criticada por académicos progresistas por ser muy conservadora.

Este discurso sigue teniendo vigencia en ese partido. Recordemos la controversia que se dio con el Secretario del Trabajo Carlos Abascal y el despido de la maestra de literatura de su hija por haberle recomendado al grupo la lectura de *Aura*.

[10] Para el período en el que López Molinar fue Sub-Procurador de Justicia había registradas cien mujeres asesinadas de las cuales veintiuna eran "desconocidas".

[11] Se las tiene catalogadas así pues nadie las ha identificado ni reclamado por lo que se presume son mujeres migrantes.

[12] Esther Chávez Cano, en *Norte* (Ciudad Juárez, Chih.) domingo 2 de agosto de 1998. p. 7.

[13] Los datos arrojan que de las 162 mujeres, sólo 15 eran empleadas de la industria maquiladora. Ver Monárrez, 110.

[14] Monárrez ha hecho la tipificación de los crímenes y no todas las mujeres han desaparecido o han sido asesinadas por motivos sexuales.

[15] Sólo por mencionar un ejemplo que circuló en las pantallas del mundo sobre un ataque sexual recordemos la película *Accused*.

[16] Pienso en la idea de cautiverio tal como lo ve Marcela Lagalde dentro del contexto de que somos cautivas por el hecho de ser mujeres en este mundo patriarcal.

[17] A la fecha sólo se le ha comprobado un intento de asesinato. Con esto no quiero decir que Sharif no sea un criminal y sea un chivo expiatorio. Sólo señalo que el caso de Sharif ha sido cuestionado por diferentes criminólogos, lo que nos lleva a pensar que hay fallas graves en la impartición de justicia del estado de Chihuahua.

[18] Me apropio aquí también del título del libro de Néstor García Canclini *Tijuana, la casa de toda la gente*, 1989.

[19] Nunca, en la historia de Juárez, su imagen fue más "positiva". El "boom" maquilador de los ochenta creó un clima de confianza. Los centros nocturnos de las calles del centro de la ciudad compartían sus espacios con la clase media y la clase trabajadora, aunque había salones de baile propios para una y otra clase social. La otrora imagen de la "ciudad de vicio y prostitución" se vio desplazada por la "bonanza económica", sobre todo después del '85. Ver, César Fuentes Flores "Crecimiento industrial maquilador ¿estrategia de desarrollo? Obreras de maquila y guarderías: El caso de la colonia Toribio Ortega en Ciudad Juárez, Chihuahua" (fotocopia del autor).

[20] A pesar de que el PRI recuperó la gubernatura del estado, el PAN continúa estando en el poder en el Municipio de Juárez.

[21] Slogan durante la "Marcha por la dignidad de Juárez", 18 de diciembre de 1999.

[22] Cabe recordar que Reséndez vivió en Ciudad Juárez y de hecho aquí fue donde lo extraditaron después de convencer a sus familiares que lo entregaran.

[23] Parafraseo a González Rascón al anunciar la designación de la fiscala en *El Diario* (7 de noviembre de 1998): 7C.

[24] Frase en la introducción de la película "Espaldas Mojadas" de 1953.

[25] Al 8 de noviembre de 2001, fecha en que termino de hacer la revisión del artículo, se habían descubierto ocho cuerpos más en un terreno baldío dentro de la ciudad. Los cadáveres de las jóvenes tenían entre quince días y seis meses de haber sido victimadas.

Bibliografía

Aguilar, Ricardo y Socorro Tabuenca Córdoba. *Lo que el veinto a Juárez. Testimonio de una ciudad que se obstina.* Col. Papeles de Familia. Torreón, Coah. Las Cruces NM: UIA-Laguna/Editorial Nimbus, 2000.

Aventurera. Alberto Gout, director. México: Producciones Calderón, 1949.

Balderas Domínguez, Jorge. "El estigma a la operadora de maquila. Salones de baile, antros y mujeres en la noche juarense". Ponencia presentada en la *I Reunión Binacional: Crímenes contra mujeres* organizado por El Colegio de la Frontera Norte, la Coordinadora de Organizaciones No Gubernamentales, New Mexico State University y Semillas. 3 y 4 de noviembre de 2000. (fotocopia del autor).

Bowden, Charles. "While you were sleeping. In Juarez, Mexico, photographers expose the violent realities of free trade". *Harpers Magazine* (December 1996): 44-52.

Castellanos Guerrero, Alicia y Gilberto López y Rivas. "La influencia norteamericana en la frontera norte de México". *La frontera del norte. Integración y desarrollo.* Roque González Salazar, coord. México, D.F.: El Colegio de Mexico, 1981. 68-84.

Castillo, Debra, Gudelia Rangel Gómez y Bonie Delgado. "Vidas fronterizas: mujeres prostitutas en Tijuana". *Nuevas perspectivas desde/sobre América Latina: El desafío de los estudios culturales.* Mabel Moraña, ed. Pittsburgh/Chile: IILI-Editorial Cuarto Propio, 2000. 233-260.

Cosgrove, Denis y Mona Domosh. "Author and Authority. Writing the New Cultural Geography". *Place/Culture/Representation.* James Duncan y David Ley, eds. Londres/Nueva York: Routledge, 1994. 25-38.

Delgado, Cristina. "Magnifican los crímenes contra mujeres. Benavides". *Norte* (3 de octubre de 1999): 3A.

El Nacional. México D.F. 14 de Mayo de 1998, "X-X" Suplemento mensual, 7.

Espaldas Mojadas. Alejandro Galindo, director. México: ATA Films y Atlas Films, 1953.

Fairclaugh, Norman. *Language in Power*. Londres/Nueva York: Longman, 1990.

Fernández, Tania y Roberto Ramos. "Cuestionan a fiscal de mujeres". *El Diario* (23 de enero de 2000): 1 y 11 B.

Flores Simental, Raúl. "Suly Ponce: en vivo, sin máscara y por Internet". *Norte* (12 de noviembre de 2000): 5A.

García Canclini, Néstor. *Tijuana, la casa de toda la gente*. México, D.F.: INAH-ENAH/Programa Cultural de las Fronteras, 1989.

Klahn, Norma. "Writing the Border: The Languages and Limits of Representation". *Travesía. The Border Issue Journal of Latin American Cultural Studies* 1-2, vol 3 (1994): 29-55.

Limas, Alfredo. "Sexualidad, género, violencia y procuración de justicia". Ponencia presentada en la *I Reunión Binacional: Crímenes contra mujeres* organizada por El Colegio de la Frontera Norte, la Coordinadora de Organizaciones No Gubernamentales, New Mexico State University y Semillas. 3 y 4 de noviembre de 2000. (fotocopia del autor).

Monárrez Fragoso, Julia. "La cultura del feminicidio en Ciudad Juárez, 1993-1999". *Frontera Norte* 23/12 (enero-junio 2000): 87-118.

Monsiváis, Carlos. "Los crímenes contra la democracia". Ponencia presentada durante la *I Reunión Binacional: Crímenes contra mujeres* organizada por El Colegio de la Frontera Norte, la Coordinadora de Organizaciones No Gubernamentales, New Mexico State University y Semillas. Ciudad Juárez, Chih. 3 y 4 de noviembre de 2000. (video).

_____ "La cultura de la frontera". *esquina baja* 5-6 (mayo-agosto de 1998): 41-55.

Orquiz, Martín. "Asesinatos de mujeres: la amenaza latente". *Norte* (1 de agosto de 1998): 1 H.

Quintero, Alejandro. "Urgen investigar a fondo crímenes contra mujeres". *El Diario* (5 de noviembre de 2000): 3B.

Rama, Ángel. *La ciudad letrada*. Hanover, N.H., U.S.A.: Ediciones del Norte, 1984.

Romero Ruiz, Alejandro. "Politizan casos de mujeres". *El Diario* (18 de julio de 1999): 7A.

Rodríguez, Armando. "Son 'situacionales' los crímenes, dice procurador estatal". *El Diario* (24 de febrero de 1999): 9C.

Rodríguez Vázquez, Luis. "Procurador de justicia. Desmienten a ONG's". *El Diario* (10 de agosto de 1999): 6A.

Sosa, Luz del Carmen. "Fiscalía en entredicho". *El Diario* (4 de marzo de 2001): 4B.

Téllez, Alejandro. "También procurador desmiente a experto". *Norte* (15 de julio de 1999): 6B.
Valle M. Víctor y Rodolfo Torres. *Latino Metropolis. Globalization and Community 7*. Minneapolis/Londres: University of Minnesota Press, 2000.
Yúdice, George. "Postmodernidad y capitalismo trasnacional en América Latina". *Cultura y postpolítica. El debate sobre la modernidad en América Latina*. Néstor García Canclini, coord. México: Consejo Nacional para la Cultura y las Artes, 1991. 63-94.
Zimmerman, Marc. "Fronteras latinoamericanas y ciudades globalizadas en el nuevo desorden mundial". *Nuevas perspectivas desde/sobre América Latina: El desafío de los estudios culturales*. Mabel Moraña, ed. Pittsburgh/Chile: IILI-Editorial Cuarto Propio, 2000. 293-308.

Los "nuevos" latinos y la globalización de los estudios literarios

Debra Castillo
Cornell University

Para decirlo simplemente: lo que hacemos como estudiosos de la literatura es básicamente encontrar un tema interesante sobre el que hablar. Por supuesto, hay enormes debates que giran en torno a lo que significa encontrar "ese algo" (los modos de circulación del conocimiento), qué consideramos interesante y por qué (el consenso no declarado entre los intelectuales para definir lo que es inherentemente importante con respecto a un canon o campo existente), y lo que significa hablar de ese algo (algunos tipos de discursos tienen más valor que otros en el mercado literario —la "teoría", por ejemplo, tiene un coeficiente de validez elevado por su habilidad, en palabras de Meaghan Morris, "de extraer un punto de vista cosmopolita de los eventos más parroquiales o efímeros" [6]). Es más, este diálogo ocurre en un limitado número de universidades, en publicaciones profesionales, y en textos académicos con un grupo de lectores cada vez más reducido a EE.UU., se piensa debido a un exceso de publicación, reducciones en las adquisiciones de las bibliotecas y a la presión puesta en las editoriales académicas para comercializarse.[1] No causa sorpresa que el crecimiento de la flexibilidad por un lado, y la competitividad por otro, estén produciendo ansiedad entre los estudiosos del campo.

Además de estas preocupaciones hay un sentimiento generalizado en muchos círculos literarios actuales de que, a pesar de los muchos avances y variados progresos, el campo de trabajo contemporáneo ha llegado a una crisis —definida a veces como un límite y otras como un estado de agotamiento. Ian Baucom lo llama una época de "caos especulativo" que él define como: "un momento en que... un centro de especulación dominante ha entrado en una fase de declive cuando aún no se ha establecido un nuevo centro hegemónico" (167). El número de enero del *PMLA* (2001), en el que aparece el artículo de Baucom, está enfocado en el tema de "la globalización de los estudios literarios" e incluye once artículos comentando las teorías de la globalización, sin duda uno de los mayores contendientes por el anunciado nuevo centro de análisis especulativo. Algunos de estos artículos son nuevos, otros derivan de las muy concurridas sesiones sobre este tema en el MLA en 1998. El número mencionado de *PMLA* refleja un fenómeno creciente: las editoriales de primera línea y las figuras más prominentes de la academia están dedicando cada vez más tiempo y espacio a explorar el tema de la globalización. En el mundo fragmentado del análisis literario contemporáneo nada parece más cerca de alcanzar el prestigio de la alta teoría que la teoría de la globalización. Y paradójicamente, nada parece resistirse tanto a ocupar el antiguo espacio metropolitano de universalización hegemónica y, sin embargo, mantener, a la vez, las profundas estructuras subyacentes en la alta teoría de orientación europea.

Como Said apunta en su contribución al número del *PMLA*: "la emergencia gradual de paradigmas de investigacion confusos y fragmentados en las humanidades ... señala el eclipse de los viejos modelos autoritarios eurocéntricos y la ascendencia de una nueva conciencia globalizada y posmoderna" (66). Señalando económicamente el meollo del asunto, la fragmentación y la confusión, constituyen y crean un espacio para esta reconocida —aunque cuestionada— ascendencia. Ciertamente, la eclipsada autoridad de la perspectiva cosmopolita, o el eurocentrismo normativo que sirvió como base incuestionable para el habla literaria, va mano a mano, como numerosos estudiosos lo han confirmado, con el declive del Estado-nación, el aumento de atención en los flujos internacionales de capital y personas, el aumento de la velocidad en las comunicaciones y el intercambio de culturas populares a través de las redes de telecomunicación y los medios masmediáticos. En el mundo académico esto se traduce en un aumento de diversidad del cuerpo de estudiantes y profesores que ha hecho trizas las viejas verdades sobre los patrones de cultura universal. Inevitablemente, parece que la globalización está cambiando las relaciones entre el ser occidental y el otro no-occidental, lo que en el pasado ha definido a las comunidades discursivas y asentado límites que privilegiaron cierto tipo de habla y hablante y que ahora son considerados artificiales.

En este ensayo quiero bregar con un aspecto clave de este gravísimo y muy debatido problema: ¿Cómo estos nuevos estudios están reflexionando sobre la nueva inmigración latinoamericana a los Estados Unidos? La discusión tan acertada de Rachel Lee sobre el lugar de la mujer "de color" en el currículum de "Estudios de la Mujer" en los Estados Unidos, sirve como una útil analogía para el incómodo papel que juegan los estadounidenses de origen latinoamericano en el contexto de los "Estudios Americanos". Lee escribe que:

> Las mujeres de color tienen una posición peculiar en este momento, bajo la denominación de una especie de "espacio puro" fantasmático, fuera de la dominación, pero dentro de los Estudios de la Mujer.

Ellas tienen la dudosa distinción de ser celebradas por no hablar ni ocupar espacios... Al mismo tiempo, se espera que actúen como agente paliativo, relajando las ansiedades provocadas por los inciertos fines y objetivos de los Estudios de la Mujer. (97)

De manera similar, los *nuevos latinos* ayudan a enfocar una crítica al conocimiento y a la práctica cultural en el lugar donde se disputan los significados. Es más, no es coincidencia que se cuestionen significados y se susciten dudas en estas localizaciones académicas específicas, precisamente por la contingencia histórica que ha colocado a ciertos individuos de la diáspora en posición de formular preguntas e influir en la manera de repensar las premisas fundacionales del campo literario. Así, las nuevas comunidades diaspóricas, entre otras influencias, irrumpen en los debates que se vienen dando desde hace tiempo en los Estados Unidos sobre las relaciones entre nación e identidad, sobre los cuerpos "de color" y los espacios minoritarios, sobre la conciencia hemisférica y el papel de los Estados Unidos en un mundo cada vez más globalizado y, por último, sobre la manera en que la práctica teórica y literaria son imaginadas y validadas en ambientes académicos tradicionales.

Quiero explorar más estas preocupaciones y referirme a ejemplos específicos sacados de los textos literarios de dos escritores de esta primera generación —de lo que yo he dado en llamar *nueva escritura latina*—, y que incluye a Concha Alborg (España) y a Eduardo González Viaña (Perú). Me centro en los *nuevos latinos* que eligen escribir en español como un grupo de autores poco estudiados, en contraste con los autores más establecidos, latinos de segunda o tercera generación, quienes principalmente escriben en inglés y cuyo trabajo literario y teórico ha sido más asimilado por la academia de los Estados Unidos. Propongo que estos *nuevos latinos* sirven como importantes índices para entender cómo la topografía de los estudios literarios ha llegado a su estado actual de incómoda interrupción. En una línea más radical, me gustaría sugerir que el "hispanismo" tradicional en los Estados Unidos y en Latinoamérica, necesita repensarse de arriba a abajo para asumir la responsabilidad de plantearse más rigurosamente el desafío que representan los latinos en los Estados Unidos al proyecto cultural del hispanismo.

En su reciente *Local Histories/Global Designs*, Walter Mignolo hace una proposición fundamental para el futuro del trabajo académico, sugiriendo que si el concepto ideal de la universidad en el pasado estaba anclado en los valores de la razón, la cultura, la excelencia y la especialización, en la universidad del futuro: "Las humanidades deberán ser imaginadas a partir de una rearticulación crítica del conocimiento y las prácticas culturales" (xii). Creo que Mignolo elabora una conciencia crucial derivada de esta crisis epistemológica. Su propuesta afirma que lo que tradicionalmente llamamos "conocimiento" requiere una índole de complicidad voluntaria de los intelectuales en cierto tipos de inscripciones culturales que son seleccionadas de un complejo campo social y desde un nivel privilegiado. Para Mignolo, como para muchos otros intelectuales contemporáneos, es precisamente este privilegio el tema de preocupación pues, a menudo, las jerarquías se filtran para confirmar estereotipos ya existentes. Al mismo tiempo, Mignolo —quien como argentino-americano declara explícitamente su posición bifocal en el cruce de fronteras entre las estructuras de conocimiento y poder de Latinoamérica y los Estados Unidos—, ofrece una solución algo ambivalente a los problemas producidos por la falta de un centro teórico fuerte en los estudios literarios contemporáneos. Él se sitúa firmemente en el guión que se encuentra entre Argentina y EE.UU., en la raya que separa lo local y lo global en el título de su libro, sugiriendo una fructífera colisión/confabulación en la afirmación de conocimientos conflictivos.

El problema está en cómo releer el paradigma actual desde la perspectiva de un lugar de enunciación fuera de la del sujeto occidental. El filósofo colombiano Santiago Castro-Gómez comenta que la "herencia [colonial] sigue reproduciéndose en el modo como la discursividad de las ciencias sociales y humanas se vincula a la producción de imágenes sobre...'Latinoamérica', administradas desde la racionalidad burocrática de las universidades...", sugiriendo que, frecuentemente, las universidades de los Estados Unidos tienen agendas e ideologías que entran en directo conflicto con intereses latinoamericanos. Castro-Gómez plantea que incluso cuando estos intereses norteamericanos no se tomen en consideración "las narrativas anticolonialistas jamás se preguntaron por el *status epistemológico* de su propio discurso" (188-9), creando un punto ciego que, inevitablemente, enmarca y analiza al otro no-europeo a través del filtro del discurso eurocéntrico. Los intelectuales como Mignolo y Castro-Gómez no sólo piden un análisis más cuidadoso y profundo de las relaciones entre la historia imperial y las construcciones de conocimiento sino que también reclaman que se acepte un conocimiento teórico alternativo de Latinoamérica sobre Latinoamérica. Ambos identifican la necesidad radical de una crítica exterior a los sistemas de conocimiento eurocéntricos en las instituciones occidentales, un cambio de paradigma que permitiría una observación distanciada, más allá de la obtenida cuando los europeos se observan a sí mismos (observando al otro).

En abstracto esto suena como una atractiva y desestabilizante solución al problema. Sin embargo, otras preocupaciones aparecen casi de inmediato. Rey Chow resume el laberinto que son los diálogos interculturales con su elegante lectura de Derrida en el pasaje de *Of Grammatology* en que el filosofo francés hace una analogía con la escritura china que ella encuentra síntomaticamente productiva, al contrario de lo que muchos otros han discutido —menos sutilmente— desde posiciones intelectuales. Chow nota que: "El movimiento que Derrida hace al leer a través de culturas diferentes ... supone un momento en el que la representación se convierte, con intención o sin ella, en un estereotipo, un momento en que el otro se transforma en un cliché reciclado". Sin embargo, lo importante es que Chow, como también Derridá, reconocen que los estereotipos no son sólo ficciones simplistas que permiten que las formulaciones teóricas tomen cuerpo. En efecto, estos clichés son absolutamente esenciales para las relaciones entre diversos grupos sociales y no pueden ser fácilmente eliminados: "De lo que se trata, en otras palabras, es de no repudiar simplemente los estereotipos y pretender que podemos eliminarlos... sino también de reconocer que en el acto de estereotipar... hay una significación fundamental o proceso de representación que tiene reales consecuencias teóricas y políticas" (70-1). La lectura conjunta de Chow y Mignolo genera una alerta importante. La fusión de estos dos pensadores sugiere que el llamado de este último por una crítica cultural posicionada, a menos que ésta sea prudente y sutilmente elaborada, podría potencialmente evolucionar hacia una colisión de los peores estereotipos sobre el otro en cada cultura —más que hacia el proyecto que Mignolo sugiere como un utópico encuentro entre varios conocimientos locales. Chow opina paralelamente que a pesar de su advertencia sobre el poder y la inevitabilidad de los estereotipos, a menos que se tiendan de manera vigilante y rigurosa estructuras de lectura crítica, se podría caer en una lectura simplista.

Varias de las recientes discusiones sobre la cultura latina en los Estados Unidos están relacionadas con este problema. La salsa picante desbancó al *Ketchup* como el condimento más usado y McDonald's estaba sirviendo burritos como desayuno mucho antes de que la fiebre de Jennifer López, Benicio del Toro y Ricky Martin ayudara al *mainstream* estadounidense a definir el "Latin Boom" en la cultura popular. Sin embargo, las estadísticas del último censo han creado gran expectativa y, a la vez, desasosiego, sobre todo cuando se admite que a pesar de que aún sin haber contado a toda la población, los latinos han superado todas las proyecciones de crecimiento. Sea o no el "Latin Boom" un mero plan de promoción comercial, las estadísticas demográficas son reales. Frecuentemente se menciona la cifra de treinta y cinco millones como la aproximación al número correcto de latinos en los Estados Unidos y Juan González calcula una población de cuarenta millones de latinos para el 2010. Estos números impresionantes apoyan su argumento cuando escribe mordazmente,

> Este cambio de población es tan masivo que está transformando la composición étnica de este país y cuestionando aspectos claves comúnmente aceptados como son la identidad nacional, el lenguaje, la cultura, y la historia oficial; un sismo social que ha cogido desprevenidas a las estructuras de poder y a las instituciones estadounidenses. (xi-xii)

El resultado, para utilizar los términos de Chow y Mignolo, es la recurrencia de estereotipos simplistas e irreflexivos sin que estos sean balanceados por una crítica del conocimiento.

Javier Campos, por ejemplo, piensa que los efectos del llamado *boom* latino en los Estados Unidos están profundamente imbuidos de *clichés* y posturas erróneas. Estos se generan desde ambos lados de la división entre los Estados Unidos y Latinoamérica en lo que parece ser la exotización de los deseos locales proyectados sobre el otro. Campos rastrea los estereotipos desde sus varias fuentes. En el lado de los Estados Unidos los orígenes se pueden encontrar en la fascinación de los años veinte con la música caribeña en la costa Este, el reprocesamiento de imágenes en las películas de Hollywood, la invención del vaquero partiendo de fragmentos de la cultura mexicana del suroeste de los Estados Unidos, los conocimientos parciales traídos a los EE.UU. por artistas, escritores y fotógrafos después de recorrer el "exótico Sur" en busca de imágenes y textos. Del lado sur, Campos cita una serie de películas mexicanas y el estereotipo de los Estados Unidos como una tierra de abundantes recursos y de habitantes absurdamente ineptos promulgada por escritores latinoamericanos después de cortas visitas (81-2). Hay ciertamente algo interesante que decir sobre la relación, por ejemplo, entre la cultura del vaquero, las películas de cowboys *hollywoodenses* y los filmes mexicanos de los cincuenta; o Carmen Miranda, el *boom* de la salsa en Nueva York, y la inmigración caribeña; o las variantes en los Estados Unidos y en Latinoamérica del norteamericano mal educado y avasallador. La preocupación específica de Campos es, sin embargo, que los estereotipos pasan, frecuentemente, por un perfecto conocimiento sobre las culturas latinas. Él no está solo en su preocupación. Esta es una crítica formulada en otro contexto, para dar un ejemplo, con respecto a las controvertidas representaciones de John Leguizamo en "Mambo Mouth" y "Spicorama". Los detractores de estas performances articulan sus reparos en base al miedo de que la mordaz sátira pueda ser leída erróneamente por gringos ignorantes como un mero reflejo de lo que ellos consideran las eternas verdades de la cultura latina. A pesar de todo esto, la pregunta, intuida ya por muchos de los estudiosos de la teoría de la globalización, sigue siendo cómo elaborar una crítica rigurosa dada la ausencia de una base fundacional o cuándo adoptar una base teórica insuficiente con sus defectos y sus detestables consecuencias políticas y sociales.

Cuando pasamos de la cultura popular a la literatura hay una larga historia de apreciaciones del Sur desde el Norte, y viceversa, que puede servirnos como punto de partida para pensar en las implicaciones más profundas de este dilema. Incluso si ignoramos los escritos del período colonial hay un impresionante *corpus* textual de autores contemporáneos, anglo-americanos y europeos, que han viajado a Latinoamérica en busca objetos de conocimiento, exóticos o mundanos, tal como Paz-Soldán y Fuguet mencionan en la introducción de su reciente compilación de escritores en español que residen en los Estados Unidos (17). Para utilizarlo como referecnia, Dewey Wayne Gunn identifica más de cuatrocientas cincuenta novelas, obras de teatro y poemas escritos en México entre 1805 y 1973 por escritores británicos y norteamericanos. El crítico mexicano José Joaquín Blanco explora, a su vez, la famosa obsesión con el México indígena de autores como Artaud o Bataille, quienes con un español de turista, rudimentarios conceptos antropológicos de segunda mano, desconocimiento de la historia mexicana e ignorando las lenguas indígenas, imaginan y crean un México que encaja en sus nociones preconcebidas (26). Del mismo modo, hay un significativo grupo de obras latinoamericanas que miran al Norte con una perspectiva sureña. En su ensayo, "El monstruo come (y baila) salsa" (17-8) Paz Soldán y Fuguet enumeran algunos de los nombres más conocidos: Puig, Fuentes, Valenzuela, Donoso, Allende, Skármeta, etc. A lo largo de un análisis más desarrollado, intelectuales como Alberto Ledesma y María Herrera-Sobek rastrean un prolífico grupo de narrativas mexicanas que tratan sobre la vida en los Estados Unidos. Estos textos se dividen, al menos, en dos sub-géneros bien representados: la narrativa académica (Agustín, Sainz) y la novela de bracero (Spota, Becerra González, Topete, Oropeza). Tales diálogos norte-sur (o monólogos paralelos) tienen que ser leídos en conjunto y, a su vez, tomando en consideración el trabajo de autores latinos residentes en los Estados Unidos que pertenecen a las muchas culturas y generaciones de latinidad en este país.

En el caso de los así llamados "nuevos latinos", la posibilidad de incomprensión se multiplica vertiginosamente. No sólo los nuevos latinos deben tener en cuenta los estereotipos arraigados de y sobre los latinos en los Estados Unidos, sino que también son conscientes de los que afectan a otros residentes de los Estados Unidos que no son de origen latino. Ellos tienen que lidiar con su involuntaria "carga" traida desde Latinoamérica, y las implicaciones que tal lastre tiene sobre los temas de raza, etnicidad, asimilación, bilingüismo y relaciones internacionales hemisféricas. Este problema, ni es trivial, ni está escondido. Demográficamente, los nuevos latinos residen mayormente en áreas urbanas. Es más, aproximadamente la mitad de todos los latinos en los Estados Unidos forman parte de una primera generación de inmigrantes (Jones-Correa 2). Numerosos científicos sociales sugieren que este hecho tiene profundas implicaciones para el estudio de los latinos en los Estados Unidos, quienes han sido vistos tradicionalmente sólo desde la perspectiva de una población minoritaria y rural. Estudiosos como González y Jones-Correa proponen que es igualmente importante corregir el entendimiento tradicional sobre los latinos de segunda y tercera generación y los nuevos latinos, lo cual forzosamente tendría que incluir una perspectiva derivada de Latinoamérica. González afirma que por desgracia, reconocidos escritores latinos asumen a menudo la tarea de explicar sus historias y su cultura dentro del contexto de los Estados Unidos, y dirigiéndose sólo a un lector de la cultura dominante, con el resultado de que estas narrativas "caen en lo que yo llamo el enfoque Safari, destinado exclusivamente a un público anglosajón, con el autor como guía e interprete de los nativos que se encuentren a lo largo del camino... pocos tratan de entender nuestro hemisferio *como un Nuevo Mundo, norte y sur*" (xvii-xviii). González, como Jones-Correa y otros prominentes científicos sociales latinos, adoptan una aproximación matizada que proveería una importante corrección a la imagen "exotificada" del latino asiduamente promulgada por los medios masivos e incluso auto-promovida. Este enfoque más equilibrado, desde su punto de vista, tiene que incluir un amplio componente hemisférico.

En lo concerniente a lo cultural, los nuevos latinos, advierte Ricardo Armijo, se encuentran atrapados entre las expectativas creadas por el boom latino en los Estados Unidos y el asentado boom literario latinoamericano de los sesenta. Armijo considera pues, que la pregunta clave es:

> ¿Cómo los escritores hispanoparlantes de los Estados Unidos podemos abordar nuestra realidad estadounidense si no tenemos una limitación nacional? ¿Cómo podemos imaginar la realidad que nos rodea cuando nuestro argumento básico es aquél que dice que venimos de otro lugar, de otra realidad? (1)

Al hacer esta pregunta Armijo señala, de nuevo, la inevitable crisis causada cada vez que se juntan las palabras "política" y "conocimiento" en la misma estructura teórica. Las afirmaciones sobre el conocimiento están forzosamente imbricadas en una compleja red de polémicos significados y sólo pueden ser verificadas a través de la complicidad con un sistema de exclusiones que define un adentro y un afuera, una auténtica realidad y "otra" realidad que se mantiene fuera de los límites establecidos.

Armijo también subraya otro espinoso problema, que se fragua en los Estados Unidos debido a los grandes e históricos campos minados de los disturbios que se dan como consecuencia de la convivencia de diversas identidades étnicas. ¿Quién es un latino? ¿Quién puede definir una "auténtica" latinidad? Variantes de esta pregunta han sido formuladas por intelectuales y activistas de diferentes ideologías en lenguajes a veces cargados de agresividad. No obstante, la cuestión parece más urgente en ciertos círculos, debido a una primera generación en expansión, aunque también lo sea, por otras razones, al grupo extenso y étnicamente mezclado de la segunda generación. Tales demandas identitarias se expresan frecuentemente en los tensos intercambios entre los latinos que ya están establecidos y los recién llegados, quienes se han encontrado, a veces, acusados de ser usurpadores, fraudulentos y no "auténticos". Bruce-Novoa considera en uno de sus estudios la provocadora pregunta: "¿En qué momento puede considerarse chicano a un escritor mexicano inmigrante?" (174), y Hector Calderón se pregunta algo similar: ¿Se debería considerar a los escritores mexicanos y expatriados viajando o viviendo en Texas y California como escritores chicanos?" (103). Preguntas de este estilo se pueden formular repetidamente sobre individuos de cualquier origen nacional. ¿Deberían ser incluídos los trabajadores indocumentados?

¿Y los cubanos que todavía se consideran "en el exilio" después de cuarenta años en los Estados Unidos? ¿Cómo resolver la cuestión de Puerto Rico? Y si un indio de Guatemala se considera latino, ¿lo sería también un judío argentino?

Jones-Correa define todas las identidades, incluyendo las identidades étnicas, partiendo de su naturaleza instrumental; esto es, como el medio que se utiliza para alcanzar ciertos fines, ya sean fomentados por el estado o por situaciones sociales (110). Sin embargo, esta teoría instrumental de la identidad, aunque sirve propósitos políticos y sociales, no captura totalmente la ansiedad que se siente cuando uno se halla en medio de dos identidades y se sufre un sentimiento de no pertenencia. Esta es la queja más frecuente de los nuevos latinos que se encuentran situados entre múltiples y conflictivas identidades, y atrapados por un tipo de doble diferenciación forzada por la descripción, de la cultura de origen en el país de adopción en un momento dado. Quizás sería importante, ahora, dar un paso atrás y describir esta disyuntiva con más detalle enfocándonos, en particular, en unos pocos componentes de los discursos conflictivos sobre los nuevos latinos en los Estados Unidos.

Hace unos años Michel de Certeau propuso que toda teoría descansaba irrevocablemente en un lecho histórico y que, de hecho, la forma narrativa necesariamente definía la forma de todo trabajo teórico:

> 1.- Los procedimientos no son meros objetos de estudio teórico. Ellos organizan la construcción de la teoría misma.
> 2.- Para clarificar la relación de la teoría con esos procesos que la producen, así como los que son su objeto de estudio, la forma más importante sería un *discurso narrativo (a storytelling discourse)*... en el cual las historias aparecen lentamente como el producto de desplazamientos relacionados a una lógica metonímica. ¿No es, entonces, el momento de reconocer la legitimidad teórica de la narrativa, que pasaría a ser vista no como una indeleble huella (o resto esperando a ser erradicado) sino más como una forma necesaria para una teoría de las prácticas? (traducción mía). (192)

Me gustaría proponer, en el resto de este artículo, no sólo que la teoría descansa en un cuerpo narrativo, sino que las historias contadas nos ofrecen una metodología particularmente valiosa para explorar algunos de los dilemas que nos han ocupado hasta ahora.

La reciente colección de cuentos escrita por Eduardo González Viaña, *Los sueños de América*, nos ofrece un punto de entrada en una matizada teoría de la globalización. Las historias en este texto continuamente sorprenden al lector con la guardia baja debido a que su posicionalidad narrativa tiende a desviarse ligeramente de las expectativas del lector. Esto nos fuerza a reconocer el US-centrismo de la cultura dominante y los discursos contestatarios de tradición latina que emanan de los Estados Unidos recordándonos, también, que hay puntos ciegos que se producen en los espacios privilegiados de Latinoamérica. La historia que da el título al texto es típica en este sentido. La historia, que tiene como escenario a Berkeley de finales de los ochenta, narra una serie de encuentros entre un escritor latinoamericano y un gringo de ochenta años llamado Patrick que podría ser un comunista que luchó con la Brigada Lincoln durante la Guerra Civil Española o, por el contrario, un agente de la CIA. Al principio de la historia el narrador comenta "la verdad es que América me parecía un artificio literario en las supuestas historias españolas de Patrick, o una muestra de su adicción por la literatura de Hemingway" (180). Complicando a propósito el referente aún más "América" es, en esta cita, una joven mujer española que lucha con las fuerzas republicanas y que ha tomado este seudónimo por amor a Patrick y a su madre patria. La serie de referentes culturales (Berkeley, España, o Perú) y las complicadas líneas narrativas se enredan de manera muy efectiva —América pasa a través de tres narraciones diferentes de ambigua filiación política, ninguna de las cuales puede ser totalmente autorizada por la narración.

El texto está lleno de similares tortuosos artificios. Sus personajes son típicamente descritos como gente invisible, plagados de sombras y perseguidos por desapariciones atroces y mundanas. Gentes cuyo modo más común de relación social gira en torno a encuentros cercanos, desencuentros, o a mutuos malentendidos. Estos personajes sufren de presagios en sus sueños y, como si sus vidas no estuvieran demasiado llenas, todavía tienen que encontrar un modo de articularlas en forma narrativa. Una de las quejas más comunes de los personajes gira en torno a la imposibilidad de narrar—bien porque las culturas son inconmensurables y no hay contexto para un diálogo común, bien porque el narrador es invisible para su entorno social y por lo tanto no es oído, o bien debido a que el escritor no habla inglés y se habrían reído de él si lo hubiera intentado.

Uno de los personajes en una historia de González Viaña especifica:

> No se olvide que la mayoría de los norteamericanos dispone de una geografía diferente a la que se usa en otras partes... En muchos

colegios y universidades, los estudiantes creen que su país se llama 'América' y limita por el sur con una nación llamada México de la cual provienen los hispanos. Buenos Aires, Montevideo, Lima, Bogotá y Quito, según eso, están en México. (240-1)

Los ciudadanos de los Estados Unidos no son los únicos en el hemisferio ignorantes de las particularidades de la geografía norteamericana. En otra de sus historias, González Viaña describe una conversación entre emigrantes de Perú y Guatemala en el que un guatemalteco solicita la ayuda de su colega latinoamericano para localizar un bosque adecuado en los Estados Unidos al que los naguales puedan haber escapado. Él se asombra cuando el profesor universitario del Perú expresa su ignorancia sobre los naguales, un hecho familiar a cualquier niño guatemalteco (57-58). Esta historia señala con delicado humor la inconmensurabilidad cultural entre países que asiduamente son confundidos como uno solo en el imaginario de los Estados Unidos. También nos recuerda que un peruano educado de Lima y un campesino de Guatemala, a pesar de las similitudes superficiales del lenguaje, tienen poco en común excepto la contingencia de coincidir en el estado de Oregon, EE.UU. (que el autor de esta colección de cuentos describe irónicamente como un estado "en el lejano Oeste, sobre cuya existencia real la gente tiene algunas dudas" [162]). Es aquí donde el mero hecho del contacto crea nuevas realidades: en el caso de estos dos personajes, Oregon —el *locus* imaginario— es el factor catalizador que los interpela en la latinidad de los Estados Unidos. Al mismo tiempo, la forma de esta nueva identidad latina deriva del encuentro entre Perú y Guatemala en un tercer espacio de compromiso personal, en el sentido mutuamente contestatario y revisionista de seres culturales evolucionando a partir de este contacto.

Una de las historias con más éxito en el volumen es "Ésta es tu vida". El relato parodia un programa televisivo de una cadena en español que, a su vez, reproduce un famoso programa de encuentros en los Estados Unidos producido durante los días tempranos de la televisión. El pretexto de la historia, como en el programa original, es reunir en un estudio de Miami a personas importantes del pasado de un invitado que va a ser homenajeado. En este caso el invitado es el distinguido hombre de negocios y "orgullo latino" Dante León. González Viaña no sólo alcanza a reproducir en esta historia de rico imaginario el ambiente de la puesta en escena y el homenaje del evento, sino que también plantea lo que significa hablar de "la vida" de una persona desde diversos niveles. Éstos se dividen entre lo que se construye para una público televisivo (es decir los propósitos políticos y sociales) y lo que ha sido realmente vivido incluyendo los caminos no tomados, en fin, las elecciones y los arrepentimientos de cada uno. Así, por ejemplo, exteriormente Dante León es un individuo de mucho éxito, una persona modelo, un perfecto ejemplo del pequeño y altamente visible grupo que representa el orgullo latino en los términos en que se mide el éxito en los Estados Unidos. Al mismo tiempo, este éxito superficial tiene un alto coste: León ha dejado su país, la mujer que amaba, su dignidad, una vida que él entendía "y, en cierta forma, a todo lo que hacía mi identidad personal. Y también a todo lo que me parecía perfecto en este mundo" (278).

Su remordimiento más profundo es la pérdida del *yo* que le acompañó, paso a paso, por las opciones que lo llevaron a este punto, y que se mantiene silenciado en la fanfarria del programa televisivo. Pero aún hay más, la nostalgia de León por lo que ha perdido choca con la doble historia del sueño americano: como estereotipo imaginado desde la cultura dominante de los Estados Unidos, y como adaptación de la cultura latina de Miami en un gesto no reconocido de asimilación. El programa no tiene interés real para León o para su vida pero sirve como reflexión sobre el coste vital del cruce de Latinoamérica a los Estados Unidos, y lo que significa tener que sacrificar su origen para satisfacer las expectativas de su nuevo lugar de adopción. La historia acaba con el espectacular final del programa. Escondido detrás de una puerta pintada con la Estatua de la Libertad se encuentra el regalo de salida: un Mercedes Benz "full equipo de calidad Liberty". En la escena final, se pide a los técnicos del estudio que "prendan otra vez los faros de la Liberty y apunten a los ojos de Dante para que no se quede dormido, para que no se desmaterialice y para que tenga tiempo de contar a los que van con él toda su vida y milagros en los Estados Unidos" (282).

En su estudio del imperialismo cultural en el Yucatán, Quetzil Castañeda usa la Coca-Cola como un conveniente signo de referencia para describir formas desiguales de asimilación: "El hecho de que la Coca-Cola se ha convertido en una sinécdoque de una cultura específica es frecuentemente lamentado con nostalgia por algunos representantes del centro metropolitano como una pérdida o violación cultural. La analogía no es que la Coca-Cola sea cultura sino que la cultura es como la Coca-Cola". Castañeda extiende esta conclusión, y pide a sus lectores que imaginen "La invención de la cultura, local o global, como si fuera Coca-Cola" lo que él llama "la teoría Coca-Cola de la cultura". Esta vendría a ser "una entidad hetereogénea constituida en y a través del disputado intercambio de préstamos que sucede al cruzar los límites forjados por tal tráfico transcultural"(traducción mía 37). El argumento que Castañeda quiere hacer, según lo entiendo, es que la Coca-Cola (tomada como una marca simbólica) nos ayuda a pensar sobre las maneras en que diferentes colectivos imaginan cómo habitan su campo social y a definir tanto los límites de ese espacio como las intersecciones con otros colectivos. En las historias de González Viaña, la Estatua de la Libertad o la tienda local Safeway se ofrecen, de manera análoga, como marcadores culturales que, provisional y muy ambiguamente, sirven para sobre-determinar lugares simbólicos. De manera crítica se muestra cómo en estos espacios —donde ocurren tanto el cruce de límites como el choque cultural— se produce, necesariamente, un intercambio cultural cuando se trata de personas invisibles dentro de las fronteras de los Estados Unidos.

Mientras que la especificidad cultural y geográfica en las zonas de contacto en los EE.UU. ofrece una de las más ricas áreas de estudio, una mirada revisionista también prestaría atención al lenguaje que se usa en estas comunidades y al flujo de discursos. El influyente crítico cultural mexicano Carlos Monsiváis ha seguido por muchos años el desarrollo de la clase media mexicana hacia lo que él llama la "chicanización". Este fenómeno consiste en la americanización de la cultura popular mexicana bajo la influencia de la CNN y las películas norteamericanas, del rock en inglés y otras formas musicales como el *hip hop* y, claro está, debido a la presión del inglés. Recientemente, en una conferencia (citada por el servicio en línea "Notimex") Monsiváis desarrolló este argumento en lo que, para él, son términos inusualmente negativos. En una revisión panorámica de las letras contemporáneas mexicanas titulada "Cultura y globalización en América del Norte: Desafíos para el siglo XXI", Monsiváis muestra preocupación debido a que "la introducción del espanglish inevitable y avasallante, obliga a que se desvanezca en las nuevas generaciones el sonido prestigioso y clásico del idioma", y expresa con profundo desasosiego a que "jóvenes incapaces de memorizar un soneto, se saben al detalle la letra de las canciones de los Backstreet Boys, y por supuesto, de los Beatles y The Rolling Stones" (Notimex, 10 de junio de 2001).

Quizás el elemento más sorprendente en este comentario sea su fuente. Si bien los lamentos *ubi sunt* por el pasado de la literatura y las glorias lingüísticas son un discurso bien establecido en la academia, Carlos Monsiváis se ha dado a conocer por sus ácidos y entretenidos comentarios sobre la cultura popular mexicana y como defensor de la vitalidad de la mezcla cultural, más que como su retrógrado adversario.

Este cambio en Monsiváis, que va de describir la chicanización a arremeter contra el *espanglish*, me parece un ejemplo significativo de lo que piensa un importante sector de opinión. Comentarios parecidos han sido expresados por algunos representantes plurilingües y altamente educados de los más exclusivos círculos literarios latinoamericanos que enuncian, sin autocrítica alguna, prejuicios de edad o de clase social tan obvios que no requieren más comentario. Estos prejuicios, que no merecen la pena ser criticados en sus mismos fundamentos, siguen siendo interesantes porque permiten una puerta de entrada a los procesos discursivos específicos que tienen consecuencias en la elaboración teórica y que nos ofrecen una visión interior a las prácticas institucionales con respecto no sólo a los *fans* de los Backstreet Boys en México sino, también, a los jóvenes escritores urbanos de la generación actual para la que la identidad se expresa en una cosmopolita conciencia hiper-internacional. Quizás no sorprende entonces que un significante número de estos escritores en ascendencia rechacen como rancias las modalidades del boom latinoamericano, y encuentren inspiración en la cultura popular internacionalizada de los EE.UU. Ejemplos de escritores que crean desde su experiencia como primera generación en los Estados Unidos son Jaime Bayly, Alberto Fuguet, Ilan Stavans y Mayra Santos-Febres, por nombrar sólo unos pocos.

El cambio de códigos y el uso del *espanglish* han generado un acalorado debate en los círculos latinos de los Estados Unidos en el que es necesario que la perspectiva vaya más allá de estrechas alarmas sobre el declive poético del español en las bocas de adolescentes carentes de educación formal. Creo que al contrario, más que empobrecer el bello lenguaje clásico español, muchos de los nuevos latinos encuentran una emocionante y vital potencialidad para nuevas expresiones poéticas en los ritmos de los dos lenguajes mezclándose. Los autores que contribuyen al reciente texto pos-McOndo de Alfaguara *Se habla español*,[2] son un ejemplo. Mientras funcionan dentro de la perspectiva norte-sur de la primera generación de latinos en sus encuentros con los Estados Unidos, a menudo salpican sus narrativas con mezclas o préstamos de palabras del inglés y frases que capturan con más precisión el rico espacio intermedio en que se encuentran sus personajes. Algunos de los escritores de esta colección van más lejos que otros. En las primeras páginas del texto el divertido "Pequeño diccionario Spanglish ilustrado" de Gustavo Escanlar ofrece una profunda perspectiva de la intersección entre varias comunidades latinas (nuevas y asentadas) salpicadas por palabras claves en *espanglish*:

"bacunclínear", "chatear", "flipar". *Se habla español* se cierra con el agresivo *espanglish* de "Blow Up" escrito por Giannina Braschi, y el desarreglo discordante del cambio de códigos que el narrador de la historia efectúa. Este narrador encaja perfectamente con las exasperantes conversaciones entre los dos personajes cuya relación disfuncional se está disolviendo en una marea de pequeñas acusaciones: "¿dónde está el tapón de mi botella de agua? Tú no sabes que le entran germs, pierde el fizz, y no me gusta que el agua huela como tu chicken curry sandwich, ésta ya no sirve" (368).

Concha Alborg, en su reciente colección de relatos *Beyond Jet-Lag* subraya esto en relación al incremento del campo lingüístico que se ofrece al tener dos lenguajes de los que elegir en su trabajo creativo. Como muchos otros escritores de primera generación a los que he estado refiriéndome, Alborg describe un sentimiento de nunca alcanzar el lugar de destino para el que se ha partido hace tiempo; un sentimiento que se describe como el de permanecer flotando en un espacio intermedio. Su metáfora, famosa y común a muchos escritores caribeños, es el avión:

> A veces pienso que pertenezco al espacio en el que vuelo sobre el Atlántico, no en España todavía, pero anticipando...el viaje. O regresando, aliviada de que no tengo que vivir allí nunca más...Quiero ser americana cuando estoy aquí, española cuando llego allí. En realidad funciona al contrario y yo lo sé (traducción mía).
> (Sometimes I think that I belong flying over the Atlantic, either not quite in España yet, but anticipating... the trip. Or coming back relieved that I don't have to live there anymore... I want to be American when I'm here, Spanish when I get there. Actually, it works just the opposite and I know it). (7)

La solución de Alborg consiste en escribir, más o menos, la mitad de las historias en español y la otra mitad en inglés, siendo el contexto el que determina el lenguaje. Así, sus relatos sobre Madrid, el Caribe, un viaje a Nicaragua, una entrevista con un escritor hispano, una conversación con un amigo americano-venezolano, o una visita a la peluquería están escritas en español. Por otro lado, sus cuentos sobre su viaje al Museo de Arte de Chicago, sobre eventos sociales en los Estados Unidos, o sobre el vecindario están todos en inglés. Estas son elecciones circunstanciales, basadas en el lenguaje apropiado al espacio en que la historia se desarrolla y sus expectativas culturales. Al mismo tiempo, la conciencia que Alborg tiene de su inescapable bifocalidad, descrita originalmente con la metáfora del avión, influye a todos estos relatos. Sea español o inglés, el otro lenguaje e identidad ineludiblemente funcionan bajo una voz principal. Por ejemplo, ella explica al principio de una de las historias en inglés, "Ésta es una de esas historias que debo escribir en inglés, porque ¿cómo podría explicar en español lo que representa un baile de fin de *prom*?" ("This is one of those stories that I must write in English, because how would I explain in Spanish what a senior prom is?") (67). Un relato posterior comienza de la misma manera: "El concepto de la chica de al lado no existe en español: alguien que representa la bondad, la familiaridad de cualquier mujer americana...Qué diferente es en francés, por ejemplo, donde 'femme a coté' es, al contrario, una tentación" ("The concept of the girl next door doesn't exist in Spanish: someone who represents the goodness, the familiarity of the all-American female... How different it is in French, for example, where 'femme a coté' is rather a temptation" 93). En ambos casos, la explicación al — ¿por qué en inglés? — proviene de un sentimiento de falta o deficiencia del español para expresar un matiz cultural. Su proyección a través de lenguajes y culturas es clara. El inglés captura mejor el sentido de la fiesta de fin de curso ("prom"), que vengan las amigas a dormir a tu casa ("sleepover"), o la chica de al lado ("the girl next door") y, sin embargo, Alborg siente la necesidad de explicar estos conceptos de una manera que sólo es necesaria para lectores que vienen de otro espacio cultural. De manera similar, ahora desde el otro lado, en el relato "Alter ego" Alborg escribe: "A veces me pregunto cómo hubiese sido mi vida si yo no hubiera emigrado a este país" (30). Como puede verse, la vida española del imaginado *alter ego* está indefectiblemente afectada por la experiencia distanciadora de haber vivido muchos años en los Estados Unidos.

Paz-Soldán y Fuguet afirman tendenciosamente que "no se puede hablar de Latinoamérica sin incluir a los Estados Unidos. Y no se puede concebir a los Estados Unidos sin necesariamente pensar en América Latina" (19). John Beverley propone de manera parecida: "Me gustaría preguntar lo que significa, hoy en día, articular pedagógicamente la identidad 'americano' en el contexto de la rápida hispanización —en términos demográficos, culturales y lingüísticos— de la sociedad de los Estados Unidos" (162). El desafío implícito en estos comentarios va más allá del mero cambio de currículum o textos de introducción cultural, centrándose en el cambio de las formas de pensar académicas donde las fronteras disciplinarias siguen investidas de autoridad. Giles Gunn estaría de acuerdo añadiendo el crucial reconocimiento a un debate en marcha que ha sido repetidamente silenciado, en parte, porque se ha perdido en los pasillos entre los departamentos de inglés y español. Gunn afirma la necesidad de recordar que "las literaturas en las Américas han estado en continua conversación" o "interrogación mútua" (17) desde el primer momento de intercambios pos-coloniales. Algunos ejemplos obvios incluyen a Franklin y Sarmiento, Darío y Whitman, Lowry y Lispector, o García Márquez y Morrison. Beverley, como Paz-Soldán y Fuguet, habla desde la perspectiva de un latinoamericanista; Giles Gunn desde la perspectiva de los estudios globales y los departamentos de inglés. Todos ellos se unen en una amplia base crítica a los programas de estudios organizados alrededor de lenguajes nacionales imaginariamente constituidos, y en favor de un contexto pan-americano de investigación intelectual.

Es más, la hispanización de los Estados Unidos significa que la literatura norteamericana en español y en inglés necesita ser situada dentro de un contexto hemisférico. Esto representa un serio problema en términos de las estructuras institucionales tradicionales debido a que, recurriendo a la propuesta que hace de Certeau, el relato aceptado que subraya metodologías y argumentos teóricos es naturalmente cómplice de las estructuras disciplinarias actuales, aportándonos un lugar desde el que pensar y un límite al tratar de re-situar formas alternativas de conocimiento. Uno de los problemas que encaran los departamentos de inglés (en los que el enfoque en Estudios Americanos/ American Studies es un campo importante) viene producido por la necesidad de una comprensión amplia y franca del país. Incluso en los así llamados Estudios Americanos una visión hemisférica integral sigue siendo todavía un sueño irrealizable. Tendrán que reconocer que "todas las tradiciones nacionales son plurales más que singulares" (Gunn 18), yendo contra la corriente del modelo tradicional de estudios que ha sido el de "literaturas nacionales definidas en relación a culturas históricamente homogéneas" (21). Desde el punto de vista de los departamentos de español, hay un cambio paralelo que tiene que ocurrir. La literatura de los Estados Unidos no es, y nunca ha sido, exclusivamente un proyecto en lengua inglesa. El español se está convirtiendo en una representación pos-nacional, especialmente si consideramos el español en los Estados Unidos. Desde una división más fluida de las estructuras de conocimiento, los departamentos que llevan nombres de lenguajes (español, francés, inglés, etc.) no se enfocarían tanto en las literaturas nacionales —supuestamente consolidadas—, sino que se centrarían en la descripción del lenguaje en el que una obra literaria ha sido escrita.

Para remediar esta falta de un proyecto curricular más completo necesitamos tomar en cuenta la carencia de estudios que reflexionan sobre el impacto de los nuevos latinos que escriben en español. Walter Mignolo se pregunta: "¿Desde 'dónde' debo repensar?... ¿Será posible construir sobre una base que no sea la base que permitió la justificación de lenguajes nacionales imperialistas y su complicidad con el conocimiento?" Su respuesta a la pregunta es una invocación: "comenzar a pensar desde lenguajes-frontera en lugar de los lenguajes nacionales" (256). Tal esfuerzo llevaría, inevitablemente, a la creación de una nueva epistemología, un nuevo modo de pensar sobre las pretensiones de conocimiento, sobre los límites disciplinarios en la educación universitaria, y sobre las historias que nos contamos que sienten las bases para actuaciones de políticas públicas. Hoy en día el peso institucional del hispanismo es a los estudios literarios lo que los Estudios Latinos son al inglés —menos prestigioso, menos blanco, todavía marginal, pero con una demografía amenazante. Una re-elaboración de los viejos prejuicios teóricos debe aprovecharse de la natural alianza (curiosamente sin explotar) entre el hispanismo y los Estudios Latinos, que daría energía al campo intelectual en general, aportándonos nuevos modos de hablar y un expandido cuerpo de obras que nos ayudarían a encontrar historias innovadoras y menos parciales que contar.

Traducido por Francisco Fernández de Alba

NOTAS

[1] Ver el sucinto comentario de Mary Murrell, editora de Princeton University Press, en el que explora brevemente las presiones ejercidas en las imprentas de las universidades contemporáneas y donde hace sugerencias para producir cambios en cómo el campo de las humanidades entiende la validación profesional.

[2] Armijo anota que "varios amigos han comentado que es muy probable que el antecesor de *Se habla español* sea otra antología, *McOndo*, publicado por Grijalbo en 1996.... Concebido en el frío brutal de Iowa, *McOndo* busca cómo medir la influencia de Estados Unidos en Latinoamérica —el caso inverso de *Se habla español*" (9). Gustavo Faverón Patriau en su reseña de este libro para el *El comercio* (Lima) también habla de *Se habla español* como una secuela a *McOndo*, comentando que el primer volumen se abre con algo parecido a la propuesta de un manifiesto para una nueva generación de escritores latinoamericanos, mientras que la nueva antología, también co-editada por Alberto Fuguet, pone énfasis la experiencia en los Estados Unidos que ha dado forma a los autores de la nueva colección (Copia manuscrita de la reseña: 6/01).

BIBLIOGRAFÍA

Alborg, Concha. *Beyond Jet-Lag: Other Stories*. New Jersey: Ediciones Nuevo Espacio, 2000.
Armijo, Ricardo. "La vocación de la rabia". Reseña de *Se habla español*. (Manuscrito sin publicar, 2001).
Baucom, Ian. "Globalit, Inc.; or, The Cultural Logic of Global Literary Studies". *PMLA* 116/1 (2001): 158-72.
Beverley, John. *Subalternity and Representation: Arguments in Cultural Theory*. Durham: Duke University Press, 1999.
Blanco, José Joaquín. *La paja en el ojo: ensayos de crítica*. Puebla: Editorial Universidad Autónoma de Puebla, 1980.
Braschi, Giannina. "Blow Up". *Se habla español: Voces latinas en E.U.A.*. Edmundo Paz-Soldán y Alberto Fuguet, eds. Miami: Alfaguara, 2000. 367-76.
Bruce-Novoa, Juan. "Chicano Literary Space: Cultural Criticism/Cultural Production". *Retrospace: Collected Essays on Chicano Literature*. Houston: Arte Público Press, 1990.
Calderón, Héctor. "The Novel and the Community of Readers". *Criticism in the Borderlands*. Héctor Calderón y José David Saldívar, eds. Durham: Duke University Press, 1991. 97-113.
Campos, Javier. "Escritores latinos en los Estados Unidos". Reseña de *Se habla español. Ventana abierta* 3/10 (2001): 81-5.
Castañeda, Quetzil E. *In the Museum of Maya Culture: Touring Chichén Itzá*. Minneapolis: University of Minnesota Press, 1996.
Chow, Rey. "How (the) Inscrutable Chinese Led to Globalized Theory". *PMLA* 116/1 (2001): 69-74.
De Certeau, Michel. *Heterologies: Discourse on the Other*. Brian Massumi, trad. Minneapolis: University of Minnesota Press, 1986.
Gonzalez, Juan. *Harvest of Empire: A History of Latinos in the United States*. Nueva York: Penguin, 2000.
González Viaña, Eduardo. *Los sueños de América*. Lima: Alfaguara, 2000.
Gunn, Dewey Wayne. *American and British Writers in Mexico, 1556-1973*. Austin: Texas University Press, 1974.
Gunn, Giles. "Introduction: Globalizing Literary Studies". *PMLA* 116/1 (2001): 16-31.
Jones-Correa, Michael. *Between Two Nations: The Political Predicament of Latinos in New York City*. Ithaca: Cornell University Press, 1998.
Lee, Rachel. "Notes from the (non) Field: Teaching and Theorizing Women of Color". *Meridians* 1/1 (2000): 85-109.

Mignolo, Walter. *Local Histories/Global Designs: Coloniality, Subaltern Knowledges, and Border Thinking*. Princeton: Princeton University Press, 2000.

Morris, Meaghan. *Too Soon Too Late: History in Popular Culture*. Bloomington: Indiana University Press, 1998.

Murrell, Mary. "Is Literary Studies Becoming Unpublishable?" *PMLA* 116/2 (2001): 394-6.

Paz-Soldán, Edmundo y Alberto Fuguet, "Prólogo: El monstruo come (y baila) salsa". *Se habla español: Voces latinas en E.U.A.*. Miami: Alfaguara, 2000: 13-22.

Said, Edward. "Globalizing Literary Study". *PMLA* 116/1 (2001): 64-8.

Andamios para una nueva ciudad:
el efecto Guggenheim y la reescritura posnacional

Annabel Martín
Dartmouth College

> But one's own must be learned as well
> as that which is foreign.
>
> Hölderlin[1]

INTRODUCCIÓN

El grado de enfrentamiento ideológico y violencia terrorista que ha secuestrado el futuro de varias generaciones vascas, exige un análisis riguroso de las responsabilidades políticas y personales de quienes utilizan sus plataformas para fisurar el ya muy castigado tejido social vasco. Es también de urgencia la búsqueda de procesos de curación civil que incluyan la creación de nuevos imaginarios de convivencia y de identidad social. De aquí la importancia de la cultura en este contexto tan delicado. El proceso nacional vasco se encuentra en estado ruinoso porque en él falta un espacio teórico-simbólico que ayude a articular la presencia del otro, de la disidencia. Debe surgir un espacio de convivencia a salvo del monstruo doliente que late debajo del actual discurso político tan necesitado de la aniquilación absoluta del otro para su propia sobrevivencia.

En este comienzo de siglo el estado nacional, a pesar de sus anclajes emocionales e identitarios, se ha convertido en una categoría ontológica débil debido al modo en que los parámetros globales dictaminan el desarrollo económico y cultural. En el caso de la Unión Europea, sus fronteras políticas y económicas —fluidas entre los estados aunque no tanto entre los ciudadanos— están siendo reformuladas al igual que el significado cultural y sociosimbólico de las mismas. Del mismo modo, las identidades sociales en la España contemporánea están "en obras". Ellas son también una negociación tensa y difícil entre lo nacional y lo global con el añadido de que el estado español es también un "estado de naciones".

En dicho contexto, los esfuerzos por salvaguardar la "nación española" ofrecen lecturas distintas. Por una parte, el concepto de España como nación es un contrapunto a los efectos de "desterritorialización" producto de la mundialización: "lo español" sirve para localizar lo global, una categoría demasiado difusa para las relaciones culturales y sociales. Por otra parte, España como unidad política centrípeta puede suponer una amenaza a las realidades socioculturales que componen su diversidad. Un estado español excesivamente fuerte puede aumentar el déficit democrático que el regionalismo pretende corregir. Pero esto último tampoco es tan sencillo. Cuando el regionalismo, o más específicamente, cuando el nacionalismo catalán o vasco más excluyentes se fundamentan en el mismo tipo de narrativa mítica movilizada por el franquismo, lo local se convierte en una realidad sociopolítica represiva.

El contexto sociocultural vasco ejemplifica las tensiones identitarias con las que se enfrentan las comunidades políticas subnacionales en el contexto español/europeo, principalmente, cómo ligar el autogobierno con el rasgo diferenciador cultural y la especificidad geográfica. Euskadi, una de las cuatro comunidades históricas que reconoce la Constitución de 1978,[2] forma parte al igual que el resto del estado español del proyecto sociopolítico europeo, de una Europa unida legal y socialmente para contrarrestar el empuje económico global. El Gobierno Vasco ha dado forma a este proyecto económico buscando un modelo cultural y nacional más acorde al momento histórico. Sus intervenciones para revitalizar ese *wasteland* posindustrial que es la margen izquierda bilbaína y ofrecer al capital internacional, a la arquitectura de primer fila, y a la industria turística y de circuitos conferenciales un lugar de aterrizaje, van en esta dirección. Los nombres y las piezas arquitectónicas del nuevo paradigma urbano mucho más cosmopolita para Bilbao incluyen: el diseño del metro de Sir Norman Foster; Frank O. Gehry y el Museo Guggenheim Bilbao; el Palacio Euskalduna —un centro artístico y de encuentros internacionales construido e inspirado en las ruinas de los Astilleros Euskalduna— diseñado por Federico Soriano y Dolores Palacio; el proyecto de Ría 2000 —un complejo de viviendas de lujo, zona de esparcimiento y de recreo—; y el puente peatonal y nuevo aeropuerto diseñado por Santiago Calatrava.

Gracias a este nuevo paisaje urbano, los proyectos de revitalización de la ciudad empiezan a ofrecer configuraciones cívicas y culturales impensables hace solamente diez años y que a primera vista parecen poner en entredicho los pilares fundacionales del nacionalismo vasco.[3] En este contexto, la territorialización de la identidad, su limitación espacial, es ya una empresa anacrónica porque al repensar la ciudad en términos culturales y estéticos nuevos se cuestiona y se hace obsoleta esa identidad idiosincrásica vasca de inspiración neoruralista que aún cala en muchos nacionalistas. El origen y funcionamiento simbólico de la nueva arquitectura —con la transformación del espacio público en zona turística a consumir — fluye a contracorriente del pulso identitario mítico. Y sin embargo, ha sido precisamente el Museo Guggenheim el ente que mejor se ha prestado a la *performance* nacionalista.

Desde que se inauguró en septiembre de 1997, más de un millón de personas viajan anualmente a Bilbao para visitar el Museo Guggenheim y admirar la estructura y la estetización del espacio así como su propuesta de historia e identidad para la ciudad. El proyecto compartido entre el Gobierno Vasco y la Fundación Solomon R. Guggenheim, fue muy polémico en su día, pero su éxito comercial y simbólico es ya indiscutible. El Guggenheim es otro ejemplo más de cómo muchas zonas posindustriales de Europa están canjeando sus infraestructuras industriales por otras de cariz cultural. Los ayuntamientos de ciudades como Glasgow, Liverpool, Birmingham, Londres, Rotterdam, Hamburgo, Francfort, Barcelona, etc., han intentado estimular la industria cultural como vía para reactivar económicamente áreas con una base industrial obsoleta (Zulaika 127). En el caso de Bilbao, el Gobierno Vasco diseñó la recuperación económica de la zona repensando su paradigma urbano y convirtiéndola en un escenario cultural para el capital global. Y gracias a esta "desnacionalización" de Bilbao, comienza a despuntar una resolución conceptual de las contradicciones políticas e históricas de la zona.[4]

En parte, el renombre de los proyectos vascos está relacionado con la recuperación y renovación de su identidad cultural en profundo contraste con los rasgos amnésicos dominantes en el contexto sociocultural español durante los años ochenta y primeros noventa. La producción cultural española de ese período se centra casi exclusivamente en una visión de la cultura como espectáculo mediático reclamando la novedad "identitaria" en términos posfranquistas y posmodernos. Los españoles de aquella época "necesitaban reconciliarse con su pasaporte".[5] En esta situación, se sustituyen los proyectos históricos utópicos por lo que algunos han denominado sistemas pseudoreflexivos de acción política y de libertades democráticas. En otras palabras, comienza el desencanto con la política tradicional de partidos al mismo tiempo que se consolida una cultura de signo consumista.[6]

La noción de estado afín a los proyectos de la modernidad, se cimienta sobre las nociones clásicas de territorio y lengua, o en el caso de un estado plurilingüe, sobre una jerarquía de las mismas. La identidad nacional así definida articula su estatus ontológico en términos políticos en oposición a otros estados contra quienes compite de igual a igual o de manera subalterna, como explican que es su caso los nacionalistas vascos cuando se habla de las relaciones entre Euskadi, España y Francia. Las identidades posmodernas, por el contrario, están menos fijadas a un lugar geográfico y a una nación y más centradas en la lógica de la sociedad de consumo y el mercado, percibiéndose a sí mismas desligadas, al menos en parte, del código nacionalista. En términos de Canclini en este momento global:

> La clásica definición *socioespacial* de identidad, referida a un territorio particular, necesita complementarse con una definición *sociocomunicacional*. Tal reformulación teórica debiera significar, a nivel de las políticas identitarias (o culturales) que éstas, además de ocuparse del patrimonio histórico, desarrollen estrategias respecto de los escenarios informacionales y comunicacionales donde también se configuran y renuevan las identidades. (31)

Y en términos políticos, este nuevo modelo identitario es el que caracteriza el proyecto Guggenheim. Y es gracias a él que se libera el nacionalismo vasco de parte de sus anclajes históricos.

No obstante, existe una contradicción de fondo que este trabajo quisiera explorar. A pesar de la existencia de tensiones entre el Museo Guggenheim Bilbao como entidad de ramificaciones globales con una identidad local definida en términos de nación, a pesar de ello, al museo no le resulta difícil aliarse con proyectos políticos que sí son de raíz nacionalista. Recordemos que para Canclini, el espacio cívico urbano posmoderno está íntimamente ligado al funcionamiento de la industria cultural y a la ligazón de ésta última con la identidad social. El museo ocupa el espacio simbólico de esta nueva vía de actividad social:

> La globalización disminuye la importancia de los acontecimientos fundadores y los territorios que sostenían la ilusión de identidades ahistóricas y ensimismadas. Los referentes identitarios se forman ahora, más que en las artes, la literatura, el folclor, que durante siglos dieron los signos de distinción a las naciones, en relación con los repertorios textuales e iconográficos provistos por los medios electrónicos de comunicación y la globalización de la vida urbana. (95)

Pero también pregunta, "¿Qué significan, dentro de este proceso, las construcciones imaginarias que lo contradicen?" (95). ¿Qué hacemos con los restos históricos de las viejas simbologías? Y ¿cuál es el papel de las mismas en la nueva configuración del espacio social? Es dentro de este paradigma de formulaciones culturales/identitarias desiguales que quisiera enmarcar la discusión del contexto vasco.[7]

NACIONALISMO DE DISEÑO

Para el geógrafo británico Donald McNeill en su estudio *Urban Change and the European Left: Tales from the New Barcelona* (1999), la izquierda europea ha situado los mensajes de transformación política y de libertad democrática en el marco urbano. La ciudad y la idea de lo local se convierten en metáforas políticas de renovación y sirven como mecanismo de defensa frente a lo caótico del capitalismo global. McNeill estudia el caso catalán por presentarse en Barcelona un conflicto entre "distinct political projects over territory and the mobilisation of place identity" (55), es decir, por la existencia de una dicotomía entre el proyecto de renovación urbana de Pasqual Maragall, ex-alcalde socialista de la ciudad de Barcelona (1982-1997), y el del regionalista catalán Jordi Pujol, presidente de la Generalitat desde 1980 y líder de la coalición conservadora CiU.

Para McNeill, la ciudad de Barcelona ejemplifica las prácticas urbanas de la nueva socialdemocracia y califica las medidas adoptadas por el ayuntamiento socialista de "realismo urbano" (83). En su esfuerzo por reformular el contenido de las políticas progresistas en un momento en que el socialismo se enfrenta a una crisis de legitimidad, el maragallismo, según McNeill, enfatiza un "public sector-led art of leverage" y una concepción internacionalista de la ciudadanía (83). De acuerdo con esta concepción, el socialismo se acercaría al liberalismo al retener los principios de justicia social y cuestionar la planificación centralista (87). La socialdemocracia de Maragall se define entonces como "a specific city-based social democratic strategy which accepts capitalism as given and seeks new ways to extract some kind of public good from it" (83). Y cuando la izquierda busca nuevas vías de legitimidad recurre a la ciudad como la metáfora política que mejor representa el anclaje internacionalista de la identidad. Se rechaza la narrativa nacionalista de ciudadanía asociada a la homogeneidad racial o étnica y se la sustituye por un modelo de ciudadanía basado en la residencia.[8]

Por el contrario, el tipo de identidad catalana propuesta por Pujol resta importancia a lo urbano y en su lugar promociona un modelo nacional o regionalista.[9] Así lo constata McNeill al afirmar que la discusión sobre la importancia de la ciudad en este modelo sea "conspicuous by its absence" (66). Si la noción de identidad catalana de Maragall es —al menos en términos retóricos— cosmopolita y antiesencialista, es por el poder político otorgado a las ciudades en el nuevo mapa europeo. Por su parte, Pujol, adopta un modelo mucho más tradicionalista al enfatizar los tropos históricos fundacionales y basar la identidad cultural catalana en la diferencia lingüística. De aquí la obsesión con la normalización de la lengua catalana elevándola a su logotipo cultural frente al centralismo español. Como apunta McNeill, Pujol mezcla "ethnic essentialism with economic dynamism" (70) para su nación catalana.[10] La actitud ambivalente de Pujol y de su partido frente a España, se materializa en una relación política donde se pugna por conseguir la mayor cuota de autogestión para Catalunya dentro del estado español. La estrategia de Maragall, por el contrario, complica el papel otorgado a la lengua en la formación de la nación al enfatizar la riqueza y la heterogeneidad de la vida urbana. Su modelo de catalanismo se basa menos en la jerarquía política del centralismo vs. regionalismo que en una visión federalista para Catalunya y España. En contraposición a los modelos de solidaridad propuestos por Pujol, el proyecto político de Maragall asume que un programa con miras excesivamente regionalistas "holds the dangers of an opportunistic 'cocooning' which is isolating the more affluent parts of Europe from the elements of solidarity inherent in the nation-state" (57). Lo cual no obsta para que la justicia social se pueda administrar mejor desde estructuras políticas locales. El modelo binario que McNeill ve en Catalunya gira en torno a las narrativas del esencialismo nacional frente a las de los regionalistas cívicos. Es el Ajuntament vs. la Generalitat, urbanismo vs. regionalismo, globalismo local vs. nacionalismo étnico, la nueva izquierda frente a la vieja derecha, y el socialismo de "diseño" vs. el regionalismo burgués.

En el caso de Bilbao, los ejemplos arquitectónicos como el Museo Guggenheim complican el modelo catalán. No solo se trata de diferentes actores políticos —fue José Antonio Ardanza del PNV quien firmó el acuerdo entre el Gobierno Vasco y la Fundación Guggenheim y no los socialdemócratas— sino que son además los nacionalistas quienes se reapropian de la metáfora urbana de la izquierda para asentarla sobre una configuración contradictoria y compleja: la alianza entre el capitalismo de consumo y el nacionalismo vasco. La instalación de la franquicia Guggenheim en la ciudad de Bilbao, promociona un proyecto de "modernidad" para un centro urbano aquejado por una crisis socioeconómica severa, por una actividad terrorista endémica, y por la falta de inversión económica para revitalizar lo que en un pasado no muy lejano era el centro industrial y naviero de esta comunidad. A un nivel simbólico, la transformación diseñada por Gehry para su "tough city," tuvo poco que ver con la causa defendida por los socialistas catalanes al abrazar el capital internacional y adoptar la arquitectura como herramienta ideológica para mejorar la calidad de vida en Barcelona. Los nacionalistas vascos, en su intento por atraer la franquicia neoyorquina y a su director, Thomas Krens, a la ciudad de Bilbao, emplearon a fondo el valor de uso de las narrativas atávicas en lo que el antropólogo vasco Joseba Zulaika denomina "la crónica de seducción" emprendida por los dignatarios vascos con los representantes del museo en Nueva York. Si la izquierda catalana se servía de la vanguardia arquitectónica, el ordenamiento urbano, y el compromiso entre instituciones públicas y el capital internacional para redefinir las ideas de justicia ciudadana y bienestar social en una especie de socialismo de diseño, los nacionalistas vascos transformaron las narrativas fundacionales en el contexto posmoderno vasco y formularon lo que me gustaría llamar aquí "nacionalismo de diseño" o de "marca".

En su campaña a favor de la inversión política a escala internacional, el Gobierno Vasco adaptó la narrativa nacional al proceso de seducción que tanto vascos como neoyorquinos jugaron con maestría. En su *Crónica de una seducción: El Museo Guggenheim Bilbao*, Zulaika estudia los procesos retóricos sobre los cuales los representantes del museo y los políticos vascos fundaron su "enamoramiento". La Fundación Guggenheim necesitaba una ampliación de capital dadas las dificultades económicas que sufría el museo en Nueva York y el Gobierno Vasco estaba interesado en la compra —$100.000.000— de la marca museística para convertirla en la pieza central del reordenamiento urbano de la ciudad. Pero lo que se vendió en dicha transacción fue mucho más que una franquicia. Krens convenció a los representantes vascos para adoptar un modelo de consumo cultural que críticos sociales, artistas locales, y diferentes políticos peneuvistas rechazaron con vehemencia. Éstos últimos entendían que se trataba de un proyecto y un modelo cultural demasiado hiperbólico, con poca representación artística vasca y que difícilmente resolvería las necesidades de una sociedad con semejantes niveles de deterioro económico y simbólico como la bilbaína.[11]

A pesar de la resistencia al proyecto, de la disidencia dentro del propio partido y de la crítica de la oposición, los dignatarios vascos decidieron a puerta cerrada, en lo que muchos de aquél entonces llamaron un abuso de poder, convencer a Krens de que Bilbao era el lugar que buscaba para la expansión Guggenheim. Consiguieron lo que se propusieron al menos en términos sociosimbólicos ya que centraron la retórica de su estrategia negociadora en las "verdades" atávicas, en el valor de uso, de su narrativa nacional.[12] Los políticos vascos eran plenamente conscientes del poder seductor de sus estrategias retóricas para escenificar sus mitos nacionales. E iban a convencer al portavoz de la globalización, a Thomas Krens, del valor simbólico de la cultura vasca. La posmodernidad había encontrado una verdad a la cual aferrarse y existía en estado latente dentro de la realidad sociohistórica vasca. Fue un giro brillante. Los nacionalistas fueron capaces de reinventar la realidad social vasca en función del proyecto Guggenheim "rellenando" ese significante vacío —el museo franquicia— con las verdades atávicas y nacionales que seducirían a Krens y convertirían el Guggenheim en un proyecto nacional vasco también. Dieron a Krens las pistas para interpretar sus signos culturales rebosantes de "verdad" histórica: el posmodernismo se iba a enfrentar cara a cara con su opuesto ontológico, con el origen mesiánico de los vascos en el ejemplo de las cuevas de Santimamiñe. Así, antes de ver por primera vez la ciudad industrial, Krens visitaría las cuevas y descubriría lo que Zulaika describe como:

> Con sus pinturas rupestres y restos arqueológicos, Santimamiñe representa las raíces, la prehistoria, el arte paleolítico vascos. Convertido en santuario religioso de la imaginación etnográfica vasca, así como en centro de atracción turístico, decir Santimamiñe equivale a invocar la génesis y esencia misma de lo vasco. Picasso, Moore y Chillida eran importantes; la tradición democrática de los vascos bajo el Árbol sagrado era genuina; la historia vasca de las Juntas, gestas y guerras era rica. Pero había algo más que el americano debía conocer: estaban en presencia del Cromañón europeo, en la tierra de Santimamiñe. Allí era donde había que ambientar al americano: dentro del precioso caserón vizcaíno de piedra y madera, sentado en una mesa exquisita, pero frente a frente con Santimamiñe. (61)

Si García Canclini acierta al proclamar que "la globalización disminuye la importancia de los acontecimientos fundadores y los territorios que sostenían la ilusión de identidades ahistóricas ensimismadas" (95), los nacionalistas vascos demostraron que esos "acontecimientos fundadores" son tan parte de los sistemas simbólicos subyacentes a la narrativa nacional como lo son de la globalización.

Deshojando la nación

A pesar del éxito económico y cultural del proyecto Guggenheim, en el contexto vasco actual se sigue sin resolver lo que algunos pensadores consideran un modelo anacrónico de "nacionalismo tardío".[13] ¿Cuál es la importancia de mayores cuotas de autogobierno e incluso de la independencia del estado español si las redes de consumo globales y la americanización de la cultura determinan al País Vasco? Muchos se preguntan si desde el nacionalismo se pueden atender adecuadamente los problemas sociales que aquejan la Euskadi posindustrial, problemas como la cultural del paro, el estado de degradación medioambiental, o el clima de ruina urbana que sufren las zonas desindustrializadas y reconvertidas. Por otro lado, es legítimo preguntarse también si esta apropiación nacional del espacio cívico no es una respuesta intelectual y emocional a la mundialización, al tipo de amenaza epistemológica y emocional que escritores como Bernardo Atxaga perciben con malestar y que el nacionalismo parece apaciguar. Dice así Atxaga:

> Nosotros, en cambio, la gente de finales del siglo XX, ya no nos extrañamos ante esa concatenación; sabemos que el camino entre la causa y el efecto puede ser largo y laberíntico;... Con la globalización, el mundo, lo exterior, lo que conforma nuestra circunstancia, se ha hecho fuerte, laberíntico, inextricable, y ha devuelto al hombre al estado anímico deplorable, peor aún que el que debían de tener aquellos primeros hombres que sin poder comprender los fenómenos naturales, temblaban al oír un trueno. ("Globalización" 18-19)

Para el mundo nacionalista tanto de izquierdas como de derechas, esa distancia entre causa y efecto, la fragmentación psicológica que produce y el distanciamiento o estado virtual que la globalización introduce en la sociedad civil, se frena apelando de manera cuasiutópica a un modelo de ciudadanía basado en (a) territorio: la unificación de las comunidades francesas y españolas de Euskadi; (b) lengua: la lengua vasca, el euskera, como el indicador más sobresaliente de subjetividad "vasca;" (c) origen: lo "vasco" desde su definición racial en la figura del fundador del Partido Nacionalista Vasco Sabino Arana, hasta una cuestión de lugar de nacimiento en los últimos años del franquismo, o básicamente una cuestión de residencia hoy en día; y (d) independencia: la construcción de un estado vasco independiente como utopía sociopolítica en una Europa de las naciones. Dentro de este paradigma, la internacionalización de la cultura, el capitalismo global, y su pragmática dentro de los proyectos del Gobierno Vasco de renovación urbana, se prestan sin mayores esfuerzos al sueño nacionalista. Se borra esa virtualidad fantasmagórica impuesta por la globalización, materializando y dando cuerpo —uno bien espectacular— a la narrativa utópica de un futuro escrito bajo rúbrica "vasca". El encuentro entre arquitectura y estado está servido, y la primera avala al nacionalismo en el marco global.

Pero, ¿y si el fantasma que introduce la globalización —ese camino laberíntico de sentido virtual en el tejido de la sociedad civil— pudiese remediarse no con las banderas del proyecto nacional sino con una conceptualización compleja de la noción de "lugar," con una reformulación de ciertos valores de la modernidad que garantizasen las libertades democráticas de manera no nacionalista, no esencialista para dicha comunidad? En su *Euskadi o la Segunda Transición: nación, cultura, ideologías y paz en un cambio de época* (1997), Ramón Zallo explica:

> Con la transnacionalización del capital y la relativización de las fronteras y espacios estatales —que se derivan de la comunicación internacional, de los enormes desplazamientos de personas, de los mestizajes étnicos y de la maduración democrática social— se asiste a un doble movimiento: el debilitamiento funcional de los Estados tanto hacia arriba —en beneficio de instancias supraestatales que absorben buena parte de sus competencias sobre todo económicas, militares e internacionales— como hacia abajo —en beneficio de instancias más cercanas a los ciudadanos, eficientes, representativas y controlables. (38)

Se vive y se experimenta la ciudadanía de manera local, porque como apunta Atxaga, "estamos sujetos a un punto concreto del mundo por una especie de atracción gravitatoria" (24). Pero este autor encuentra en los mecanismos del capitalismo global y en las postrimerías del estado-nación, una vía para cuestionar las raíces del nacionalismo español y el de aquellas narrativas vascas inspiradas en modelos de identidad social semejantes.[14] Al ser entrevistado sobre la identidad nacional y el modelo de ciudadanía, dice:

> El problema del concepto de identidad es que es un concepto más allá de lo palpable, más allá de lo físico. Entonces me parece que está fuera de la historia y eso es oteicismo, que está muy bien cuando se hace escultura pero muy mal en política. Es pensar que hubo un algo que definía, que construía el sujeto vasco allá en la prehistoria y que

eso es el núcleo duro que se ha mantenido. Esas definiciones, que no tienen que ver con la historia, que también se utilizan en el nacionalismo español, son peligrosas políticamente ... definamos nuestra sociedad culturalmente y además digamos que es pluricultural y pluriétnica y construyamos con todo eso esa ciudad. Además de ser más práctico, todo esto me parece algo aceptable y tranquilizador para la sociedad vasca. (*Elkarri* 27)

El paradigma político de Atxaga se define en términos de Ciudad Vasca (Euskal Hiria) en lugar de Tierra Vasca (Euskal Herria), concibe el mundo vasco en todo su pluralismo y destierra los paradigmas míticos nacionales de homogeneidad. Estructuralmente, sin embargo, esta utopía política se adhiere a un modelo de ciudadanía partícipe de las estructuras del capital global y de la desterritorialización del estado-nación al privilegiar la ciudad del consumo. La ciudadanía en la ciudad global inevitablemente está ligada al consumo de bienes y cultura entre los que Canclini denomina, "segmentos mundializados: los jóvenes, los viejos, los gordos, los desencantados" (113). Esta estratificación horizontal de la ciudadanía en el contexto global, a pesar de enmascarar desigualdades sociales básicas, sirve en el caso vasco como vacuna contra los excesos del nacionalismo tardío. Dado que el nacionalismo, tal y como se vive en el País Vasco, ha estado marcado por el terror, la violencia extrema, y muertes sin sentido a manos de tanto "patriotas" españoles como vascos y dado el grado de ansiedad política que se padece desde el final de la última tregua de ETA y las últimas muertes indiscriminadas, quizás ha llegado el momento de preguntar lo que Edward Said planteó de manera tan elocuente al intentar entender la identidad palestina, "Do we exist? ... When did we become one? ... What do these big questions have to do with our intimate relationships with each other and with others?" (34).[15]

La estetización del proyecto nacionalista gracias a la nueva arquitectura, añade como se verá una dimensión estática al tiempo histórico. Bilbao escenifica lo que Fredric Jameson describió en otro lugar como "envoltura arquitectónica" o *architectural wrapping*. Este concepto en relación a la mercantilización internacionalista de la identidad vasca, esta envoltura simbólica del museo, consigue a escala global lo que las narrativas fundadoras se ocupan de hacer localmente: transforma la discursividad histórica en una matriz estática, es decir, añade lo que Benjamin denominó dimension "mesiánica" a la experiencia histórica. Veamos cómo.

En el ya clásico, *Postmodernism or the Cultural Logic of Late Capitalism* (1991), Jameson explica la tensión temporal retroactiva dentro del fenómeno del *wrapping* arquitectónico como la solución espacial dada a la simbología histórica presente en la reforma de la casa de Frank Gehry de Santa Mónica. Éste último remodeló un edificio de principios de siglo "envolviendo" el edificio antiguo en otro de cristal y metal de diseño vanguardista. En un contexto distinto, la crítica Teresa Vilarós ha utilizado esta metáfora del mundo de la arquitectura para describir los procesos de borradura histórica que ella ve presentes en la producción cultural española posfranquista, más concretamente durante la transición, en su libro *El mono del desencanto* (1998). Para Jameson:

> wrapping can be seen as a reaction to the disintegration of that more traditional concept Hegel called "ground," which passed into humanistic thought in the form named "context", felt by its opponents to be basely "external" or "extrinsic," since it seemed to imply the double standard of two radically distinct sets of thoughts and procedures (one for the test, the other — generally imported from the outside, from history or sociology manuals— for the context in question), and, in addition, to be always redolent of some larger and even more intolerable conception of the social totality to come. (101)

Como estrategia historiográfica, el "wrapping" implica la legitimización de lo que Vilarós llama, "una reubicación espacial y temporal de las relaciones existentes entre la realidad presente y el pasado que queda 'envuelto' por ella" (173). Para esta autora, las respuestas artísticas que responden en forma de "wrapping" a los efectos socioculturales y políticos de la dictadura son, en su mayoría, negociaciones simbólicas cuyo objeto es eliminar los "monstruos" fantasmagóricos engendrados por el franquismo. De la misma manera, situando esta lógica historiográfica en el contexto vasco, emerge una lectura semejante de las negociaciones sociosimbólicas que el proyecto Guggenheim articula para las narrativas nacionalistas y la violencia política de ETA.

A un nivel hermenéutico, el *wrapping* implica que el marco temporal del pasado, el vector temporal envuelto, adquiere una materialidad museística. Lo viejo que se da cita dentro de lo nuevo, se congela en el tiempo adquiriendo el estatus de pieza de exhibición en el nuevo marco temporal. Sin embargo, al yuxtaponer el pasado con el vector de la contemporaneidad, se subraya asimismo el tipo de borradura histórica que el *wrapping* parece facilitar. Al pensar el *wrapping* como un fenómeno que encierra su propia contradicción —borra el pasado a medida que lo hace omnipresente— el pasado se convierte en elemento inextricable del presente. Así vemos que tanto en los proyectos de Gehry de Santa Mónica como en el diseño del museo bilbaíno, el *wrapping* dirige la mirada historiográfica hacia sí mismo. El pasado histórico de la casa de Santa Mónica se convierte en un elemento más del momento contemporáneo al coexistir yuxtapuesto al diseño vanguardista de metal y cristal. Además, dicho añadido experimentalista a la estructura original, revela el anclaje y diálogo ontológico que se establece con el pasado. En el caso del museo bilbaíno, por estar rodeado del pasado industrial de los antiguos astilleros, los edificios abandonados, y el entrante marítimo contaminado con residuos industriales, el edificio de titanio queda enmarcado forzosamente dentro del legado histórico circundante. Sin embargo, es el nacionalismo vasco de fines de milenio el que apropiándose de este modelo de arquitectura vanguardista borra el pasado de estas ruinas posindustriales eliminando de ellas la historia emigratoria o de movimientos obreros. Así consigue reformular la sociedad civil en una nación posmoderna que recupera los antiguos proyectos utópico-nacionales bajo el disfraz del consumo cultural.

Uno de los debates más importantes que hoy en día define los estudios culturales, es quizá repensar la esfera pública a través de las artes y la geografía. Parte del mundo intelectual vasco intenta articular estrategias para apuntalar lo local sobre un paradigma histórico mucho más discursivo y permeable que el ofrecido por el nacionalismo. El suyo es un intento por encontrar un locus político para una sociedad civil entendida en términos posutópicos, uno que privilegie la diferencia no identitaria y la convierta en garante del pluralismo. Este repensar lo nacional, o lo regional, en términos de la ciudad o de la esfera pública se precisa para George Yúdice, siguiendo a Gramsci, como "the ensemble of symbolic practices by means of which a discursive consensus is struck among the diverse sectors that constitute the socius and through which an image of the totality of that socius is projected" (1). Dado el pesimismo sobre los proyectos de emancipación política resultado de la globalización, ese "consenso discursivo" es quizá uno de los últimos marcos políticos, uno de los últimos paradigmas de futuro que pueden llamarse de "máximos políticos mínimos.[16] La política en esta coyuntura histórica exige enfrentarse a la dificultad de concertar nuevos significados políticos desde dentro de una lógica de consumo. Desde un punto de vista epistemológico, podría aventurarse que esta nueva praxis social emancipatoria estará compuesta de discursos originados en una racionalidad negativa, es decir, en no ser ya lo que eran, puesto que es imposible presentar la "Diferencia" sociopolítica como opción autosuficiente. Para la filósofa española,

Rosa María Rodríguez Magda, el objetivo consiste en reformular la pragmática política bajo un paradigma posutópico sin perder de vista los niveles de bienestar social o de profundización democrática que permitan responder mínimamente al problema político-filosófico planteado:

> Averiguar si es posible mantener las reglas epistemológicas del espacio social (definición de los agentes y el cambio), del conocimiento (interpretación y transformación de la realidad), de la ética (pervivencia de los valores y la dimensión moral), de la estética (criterios) [...] sin recurrir a una fundamentación fuerte. ¿Cuáles son las condiciones de posibilidad mínimas —necesarias y suficientes— para que funcionen dichas esferas? ¿Qué cantidad de verdad, sujeto, realidad, libertad, autonomía, justicia ... es imprescindible para garantizar el bienestar social, personal y el uso de la razón? ¿Qué fundamentación requiere esa *filosofía de supervivencia*? (13)

A su vez este paradigma posutópico responde a las tensiones existentes entre dos fenómenos económicos y políticos decisivos del momento presente: por una parte, el desarrollo de redes globales de consumo y, por otra, la desterritorialización de la nación y su sustitución por la diferencia local en todas sus variables —ciudades, sectores de consumo, etc.— dentro de estructuras políticoeconómicas supranacionales como la Unión Europea, la zona NAFTA, u otras. Este debilitamiento del paradigma nacional puede beneficiar a las culturas nacionales tradicionales como la española. Como señala Gonzalo Navajas, la facilidad con la que, por ejemplo, se ha diseminado y recibido la cultura española a escala internacional, ha sido posible gracias a que dicho proceso de desterritorialización ha borrado la nación asociada al franquismo.[17]

En el caso de las culturas españolas "periféricas," este debilitamiento de los espacios nacionales tradicionales ha favorecido el desarrollo y proyección de las mismas dentro y fuera de España. Este buen momento para la diferencia cultural y étnica lo entienden antropólogos como Joseba Zulaika o escritores como Bernardo Atxaga o Manuel Rivas, como el punto donde lo local se privilegia por cómo opera desde dentro de las estructuras y las redes globales de consumo y comunicación. Jean Franco lo explica así, "in the age of global flows and networks, the small scale and the local are the places of the greatest integrity" (citado en Moreiras 75). George Yúdice también encuentra en este proceso "a particular arrest of the process of consumption," es decir, un espacio que él define como "distance-towards-the-global".

Es quizás una obviedad señalar que el grado de profundización democrática de una sociedad se mide por la importancia dada a los diferentes interlocutores sociales. Sin embargo, esta afirmación resulta problemática cuando la diversidad social se fundamenta exclusivamente en el valor representativo de lo local, como si la afirmación de la diferencia cultural fuese en sí misma garantía de lo democrático. En lugar de pensar lo local en términos de espacios articulados en torno al nivel de participación en los mecanismos globales de consumo, creo que sería más útil conceptualizarlo como un momento de *negatividad aparente* en este paradigma global. Por una parte, a contracorriente de los procesos de globalización y de homogenización afianzados por el desarrollo del capitalismo tardío, lo local puede calmar el malestar generado al borrarse la diferencia. La localidad se convierte entonces en corrector del déficit democrático cuando somos menos. En este contexto, como Franco y Yúdice apuntan, lo local es un momento de desequilibrio, de resistencia, en términos ideológicos dentro del paradigma global, un momento donde la cadena de consumo se rompe, al menos en el sentido de enfrentarse a un "otro" que todavía tiene que negociar su integración en dicho proceso. Por otra parte, no se debe olvidar que las redes de consumo necesitan de la diferencia para articular los ritmos y procesos de un modelo de consumo ilimitadamente renovable, subrayándose así la fuente de valor de cambio de lo local. La izquierda debe evitar caer en lo que Alberto Moreiras llama, "(re)producing local difference for the sake of a merely regionally-diversified consumption of sameness" (61). Los pilares de una sociedad civil, o su análisis dentro de los estudios culturales, no deben basarse en "what our understanding of social processes gains once we include increasingly larger segments of the world's historical experiences but why we should want to include those experiences into our knowledge; that is, for what purpose" (61). Debemos preguntarnos por el valor de lo local como "narrativa de resistencia," por si éste posibilita proyectos políticos-pedagógicos facilitadores de un acceso mejor y más amplio a la comunicación democrática y participación social.[18]

En el contexto vasco, la discusión del valor de la diferencia se centra casi exclusivamente en cuestiones de identidad nacional y en la legitimación de la violencia para conseguir esa identidad. Generalmente, la discusión se enmarca dentro de un paradigma binario simplista que reduce el debate a dos opciones: o bien una mayor independencia política de España o una mayor integración en las redes estatales en la lucha contra el terrorismo. Cuando se secuestra la diferencia local y se transforma en una herramienta más para generar nuevas narrativas de autoritarismo político, aunque sean bajo forma "vasca," se ha completado el círculo y convertido la Diferencia en un asunto de Identidad. Como Jameson avisa:

> As you begin to watch Identity turn into Difference and Difference back into Identity, you grasp both as an inseparable Opposition, you learn that they must always be thought together. But after learning that, you find out that they are not in opposition, but rather, in some other sense, one and the same as each other. ("Notes" 76)

LA CIUDAD Y EL ARTE

Si la identidad vasca guggenheimniana se encuentra cómoda entre categorías identitarias antiguas, aunque sean aparentemente débiles, no quisiera concluir sin apuntar algunos ejemplos artísticos que sí intentan salir de los esquemas binarios de la diferencia. Para ello, es preciso estudiar cómo ciertos artistas, cineastas, y escritores vascos están replanteando los modelos "estatales" de identidad nacional con el objetivo de eliminar de esta ontología "vasca" una lógica reductora y simplista de la noción de "lugar". Quisiera describir en las páginas restantes esta tarea artística encaminada a desencadenar un tipo de pensamiento que no solamente autocuestiona su lugar de enunciación sino que también consigue imaginarios identitarios más ricos y complejos.

El proyecto escritural de Bernardo Atxaga, al transgredir tanto las fronteras literarias como las geográficas por ser un "periférico internacional," simboliza este nuevo proceso identitario y de transformación social. Escribiendo desde una comunidad minoritaria en euskera, pertenece a esa generación de escritores que han cuestionado el ordenamiento "nacional" de tanto la realidad española como la vasca. En su caso concreto, esto le ha exigido apartarse del discurso nacionalista hegemónico e incluso separarse de las mismas instituciones culturales vascas en los momentos en que éstas pretendían circunvalar la diversidad intelectual. En esta poética política del autor, lo vasco no queda reducido a un exotismo identitario dentro del marco español ni se convierte en una categoría fundacional para la creación de una patria vasca subyugada por el centralismo español. Atxaga traduce a términos estéticos el contexto sociopolítico para así explorar en sus textos los lenguajes patológicos, el inconsciente, y la transgresión de normas lingüísticas, literarias y sociales. Su prestigio internacional, la traducción de sus textos a más de veinte lenguas y el papel que ocupa dentro del mundo cultural "español" desde Euskadi—su novela *Obabakoak* fue la primera novela escrita en una lengua periférica que recibiera el prestigioso Premio Nacional de Literatura en 1988—han jugado un papel fundamental en la liberación de la lengua vasca de su instrumentalización política. Atxaga siempre se ha opuesto a que el espacio literario fuese un escenario de lealtades políticas. Este autor utiliza lo reconociblemente vasco—el paisaje, la lengua, su sonido, y los referentes políticos como el universo psíquico del terrorismo nacionalista de ETA—para discutir las mitologías culturales, las fronteras líquidas entre la ficción y la realidad y para enfatizar el papel que el proceso, la pausa, y el silencio juegan en la construcción de una "modernidad posmoderna" para la cultura vasca contemporánea.[19]

Luisa Etxenike, escritora donostiarra en lengua castellana, profesora y periodista, se fija, en cambio, en los silencios que necesitan ser escuchados para construir una sociedad civil vasca. Autora de cinco novelas, numerosos cuentos y periodista respetada, para Etxenike la política contracultural en el contexto vasco encuentra su voz en las instituciones culturales locales. La energía de su poética se origina en esa negociación constante entre los excesos del proyecto nacionalista y la borradura de la diferencia en Euskadi y así lo manifiestan sus novelas *Efectos secundarios* y *El mal más grave*. El énfasis de su obra se pone en la violencia, entendida como una epistemología cultural, como una violencia cultural que el discurso nacional ejerce sobre la marginalidad en términos de violencia doméstica, derechos de las parejas gay y lesbianas, el monolingüismo, o la reproducción y pedagogía de la violencia entre niños.

Los cineastas que trabajan desde esta geografía, ya sea desde el País Vasco mismo o muchas veces desde Madrid, se sienten ambivalentes a la hora de etiquetar su producción fílmica como algo "vasco". Muchos de ellos ni creen en la existencia de una poética generacional aplicable a la producción cinematográfica vasca ni atribuyen el grado de experimentalismo de este cine a una geografía concreta.[20] Sin embargo, sí puede decirse que tanto la primera generación de cineastas vascos como el movimiento llamado "nuevo cine vasco" de los años noventa, apoyan sus películas cultural y geográficamente en matrices socioculturales vascas bien complejas. La producción cinematográfica de Julio Medem, por ejemplo, se interesa por el conocer, en la narrativa masculina heroica, en los apuntalamientos socioculturales y sociopolíticos de la misma dando cuerpo a estas categorías a través de la experimentación fílmica formal. En su obra esto suele implicar un suceso traumático, un empleo muy determinado del color que transforma lo ordinario en excepcional, una banda sonora exquisitamente compuesta para cada película, una plantilla muy reducida de actores, y guiones "literarios" escritos por Medem mismo. Su primer largometraje, *Vacas* (1992), analiza las formas de conocimiento y el tipo de mirada que esconde la narrativa nacional al dibujar la crisis de la subjetividad heroica. *Vacas* se ocupa formalmente del conflicto sociopolítico y cultural asociado con la identidad nacional vasca al estructurarse cíclicamente —los mismos actores se repiten en tres marcos temporales distintos desde la última guerra carlista a la Guerra Civil— y romper con los parámetros psicológicos asociados con la técnica de plano contraplano. En la película, la mirada interior se forma en el ojo de la vaca, en la lente de la cámara del abuelo, en sus cuadros, y en los lazos amorosos que posibilitan lo extraordinario —normalmente expresado en términos de la locura— dentro del aislamiento del ambiente vasco de montaña.

Igualmente, el primer largometraje de Daniel Calparsoro, *Salto al vacío* (1995) analiza las complejidades sociopolíticas vascas pero en este caso centrándose en los efectos de la globalización sobre esta realidad sociocultural. La película retrata la decadencia urbana más descarnada al indagar metafóricamente en el basurero posindustrial, en los deshechos urbanos, escondidos por la arquitectura de espectáculo. Se plasman con gran angustia los pueblos reconvertidos y en fase de descomposición física y social del cinturón industrial bilbaíno —pueblos que llegaron a tener tasas de paro juvenil superiores al cuarenta por ciento, gravísimos índices de contaminación medioambiental, falta de zonas de recreo y de esparcimiento— y con altos niveles de violencia política y delictiva. La obra de Calparsoro es tanto un retrato sociológico y psicológico del tipo de subjetividades generadas en este ambiente como una estetización de la deshumanización urbana enmarcada bajo un paradigma hiperbólico de angustia existencial.[21]

La cinematografía de Arantxa Lazcano se interesa por la micropolítica lingüística y genealogía de la violencia. *Urte Ilunak* (*Los años oscuros*, 1994) estudia la construcción del yo nacionalista, de los modelos heroicos de subjetividad, y las implicaciones de dichas categorías para una sociedad civil. Al igual que Etxenike, esta directora examina la pedagogía y la reproducción de la violencia así como sus modelos de acercamiento a la realidad. Aquí se enfatiza el signo vasco de la lengua y el terrorismo de ETA. La película retrata las complejidades escondidas en el bilingüismo, como la belleza con la que los niños pueden vivir a caballo entre dos lenguas y dos mundos igualmente suyos. Se quiere desmitificar los elementos nacionales que la matriz sociocultural vasca esconde y destapar el "cadáver" que las narrativas nacionales ayudan a reanimar. *Urte Ilunak* repiensa las consecuencias del deseo nacionalista por una Euskadi monolingüe desde un punto de vista micropolítico. En la película se desentierra una arqueología del yo nacional para así denunciar las obsesiones nacionalistas y ofrecer una "desidentidad" más liberadora y permeable como alternativa terapéutica.

No quisiera olvidar el trabajo del cineasta Juanma Bajo Ulloa en *Airbag* (1997), una *road movie* de éxito comercial donde se ridiculizan los iconos nacionales vascos con sentido de humor; o el análisis social de los efectos de la violencia en la cultura urbana de Alex de la Iglesia en *Acción mutante* (1992) y en *El día de la bestia* (1995); o los estudios de la subjetividad terrorista en las películas *Andereta Yul* (1990) de Ana Diez, en *Días contados* (1997) de Imanol Uribe, y en la controvertida *Yoyes* (2000) de Helena Taberna.

Finalmente, las artes gráficas, la pintura y la escultura en el contexto vasco navegan entre "coreanos" y "maketos". Paco Aliseda, pintor, escultor, poeta visual, y artista multimedia ejemplifica la subjetividad "migrante" en el medio artístico visual desde un ser vasco-andaluz. El trabajo de pintores como Aliseda empujan la articulación xenofóbica y esencialista de identidad más allá del paradigma binario de exclusión, problematizando como consecuencia la definición étnica de la identidad vasca. Las palabras "coreano" y "maketo" hacen referencia a las actitudes xenofóbicas que despertaron la llegada de trabajadores inmigrantes de las zonas más empobrecidas de España a las ciudades y pueblos industriales del País Vasco a finales de los años 50 y primeros 60. El concepto de "coreano" es un insulto que marca el grado de otredad del ciudadano inmigrante. La interpretación pictórica de Aliseda del mundo rural vasco, del paisaje urbano, de sus iconos míticos, collages vanguardistas, y sus cuadros sobre el paisaje industrial —Aliseda es uno de los pocos artistas que ha pintado dentro del los Altos Hornos de Vizcaya— hacen de él un ejemplo del tipo de negociación cultural necesaria para articular la ciudad vasca democrática. Su trabajo conjuga el experimentalismo con la tradición en un diálogo incansable con otros artistas experimentales como José Luis Zumeta, el recientemente fallecido (2001) Vicente Ameztoy, Dora Salazar o Cristina Iglesias sobre lo que en Euskadi se denomina la guggenheinización de la cultura o el desplazamiento del experimentalismo por el arte como consumo elitista.

Notas

[1] Citado en *Strangers to Ourselves* de Julia Kristeva (1991): XI.
[2] La Constitución de 1978 otorga este estatus también a Catalunya, Galicia, y Andalucía.
[3] El tipo de configuración social propuesta por estos edificios y proyectos de renovación urbana no son tan interesantes como el modelo de libertades cívicas o de justicia social que de ellos se desprende. La democratización de la esfera pública de cualquier ciudad exige indudablemente incluir en ese diálogo a sus "minorías sociales" como los minusválidos, los ancianos, los parados, etc. Algunos estudios recientes donde se contempla la relación entre género y ciudad en el contexto español, son *Andamios para una nueva ciudad* (1997) de Teresa del Valle —de cuyo libro tomo prestado parte del título de mi ensayo—, *La ciudad compartida* (1998) de María Ángeles Durán, y los proyectos de la arquitecta catalana Ana Bofia. Emakunde —El Instituto Vasco de la Mujer— también titula el número de su revista de diciembre de 1999 *¿De quién son las ciudades?*.
[4] El Gobierno Vasco y el Ayuntamiento de Bilbao estaban en desacuerdo sobre la opción a seguir. Recuerde los intensos debates a raíz del proyecto de Centro Cultural de la Villa que el alcalde de aquél entonces, José María Gorordo (PNV), luchó tanto por conseguir para finalmente no recibir el apoyo económico del Gobierno Vasco previamente acordado. El proyecto de Gorordo quería transformar el edificio de la Alhóndiga —un antiguo almacén de vino en el centro de Bilbao— en un centro para las artes. Popularmente se conocía este proyecto como "el cubo de Gorordo," puesto que el edificio nuevo se pensó como un gran cubo de cristal construido encima de la actual estructura de 1909. Se comenzó a planificar el proyecto en 1988 y dos años más tarde se abandonó por razones políticas internas del Partido Nacionalista Vasco. El Cubo hubiera añadido unos cuatro mil metros cuadrados —aproximadamente unos cuarenta y tres mil pies cuadrados— de espacio cultural para la ciudad distribuidos en cuatro zonas centrales: una biblioteca, un museo de arte contemporáneo, un centro para las artes —con auditorio, salas de exposición, y talleres para artistas en residencia— y el Conservatorio de Música de Bilbao. El proyecto de Gorordo iba a transformar la experiencia museística pasiva en una mucho más interactiva. El fracaso del proyecto fue una de las razones principales de su dimisión como alcalde en diciembre de 1990 tras tres años en el cargo. Para más información sobre los actores políticos en torno al Cubo, ver su *La política de otra manera* (1993).
[5] Así declararía el expresidente del gobierno socialista Felipe González Márquez en la Real Academia de la Historia al analizar el papel de la monarquía en la transición española.
[6] Ningún momento cultural es homogéneo. Estudio esta problemática en relación a España y el posmodernismo de los años noventa, en "You Who Will Never Be Mine: Internal Exile, Civil Identity, and Ethical Epistemologies in Pilar Miró's *El pájaro de la felicidad*".

[7] Las tensiones entre los contextos políticos nacional y local también se observan en la distribución del voto electoral en el contexto político vasco entre los partidos estatales (el Partido Popular, PP, conservador; el Partido Socialista de Euskadi-Euskadiko Ezkerra, PSE-EE; y la coalición de izquierda dominada por el Partido Comunista, Izquierda Unida-Ezker Batua, IU) y los partidos nacionalistas vascos (el Partido Nacionalista Vasco, de la democracia cristiana, PNV, una rama segregada del mismo y más independentista, Euskal Alkartasuna/Fraternidad Vasca, EA, y la coalición izquierdista abertzale, Euskal Herritarrok/Ciudadanos Vascos). Se han dado diferentes coaliciones entre los partidos especialmente entre el PNV y el PSE, entre nacionalistas y socialistas. Así fue hasta octubre de 1998 cuando los tres partidos nacionalistas firmaron el Pacto de Lizarra junto con Izquierda Unida y los sindicatos nacionalistas. Este documento pretendía ser un acuerdo simbólico entre los diferentes partidos donde se reclamaba la necesidad de luchar por niveles de autogobierno más altos para Euskadi, entre ellos una resolución política sobre el derecho de autodeterminación. Si el derecho a la autodeterminación se materializase en un modelo federal de estado, ello exigiría una enmienda a la Constitución de 1978. El anuncio de una tregua por parte de ETA poco después de firmarse el documento de Lizarra junto con el triunfo nacionalista aplastante en las elecciones al Parlamento Vasco de marzo de 1999, dio lugar al primer gobierno de coalición nacionalista de Euskadi en 1999. Sin embargo, tras catorce meses de inactividad, ETA decidió romper la tregua justificándola en el fracaso del proceso de negociación con el gobierno del Partido Popular. Ello se tradujo en una crisis interna en el Gobierno Vasco. Tras la convocatoria de elecciones anticipadas al parlamento en mayo de 2001, y la victoria de nuevo del Partido Nacionalista Vasco—gobierna en minoría con coaliciones puntales con los demás partidos nacionalistas—la actividad terrorista se ha recrudecido. Desde el final de tregua ETA ha seguido asesinado y los grupos callejeros de presión cercanos al partido independentista más radical (EH), se han hecho responsables del ataque con bombas incendiarias a los domicilios particulares y sedes políticas de representantes tanto locales como nacionales del Partido Popular y Socialista del País Vasco. Cualquier miembro de la inteligentsia vasca que manifieste públicamente su desacuerdo con esta situación insostenible de violencia puede ser objeto de mira por parte de ETA. De aquí, los innumerables "exiliados" internos y las escoltas policiales a intelectuales, políticos y jueces. Es importante señalar la incidencia del fracaso de las políticas sociales de anteriores gobiernos vascos en la seducción por la violencia y el acoso a la disidencia por parte de los miembros de grupos radicales independentistas. No es descabellado pensar que la cohesión social tan rígida entre los miembros de estos grupos ha tenido que estar relacionada con una cultura del paro cuyas tasas en sus peores momentos llegó a afectar al cuarenta por ciento de la juventud vasca en las zonas económicas más deprimidas. Y también porque la violencia callejera se quiere presentarse a sí misma como modelo de contestación contracultural a la vida social hegemónica. Igualmente, la

coalición Euskal Herritarrok—antiguamente Herri Batasuna—quiso en su momento reformular las estructuras políticas del País Vasco con una Asamblea de Municipios donde supuestamente se atenderían las necesidades de los ciudadanos vascos de manera más directa. Como proyecto, esta asamblea de municipios tiene el atractivo de ofrecer a corto plazo una solución ideológica y práctica al tema de la soberanía. En el contexto de un mundo global, esta nueva estructura política permitiría eliminar la virtualidad que aqueja la sociedad civil. Sin embargo, el experimentalismo político de alternativas radicales ha excluido de manera forzosa a los no nacionalistas. La izquierda vasca más crítica no ha sido capaz todavía de articular un imaginario no nacionalista para los ciudadanos vascos dentro de su terreno ideológico "natural:" la identidad, la libertad democrática, y la soberanía entendida en términos federales. Es de destacar, el salto cualitativo vivido en la última campaña electoral con la participación pública de escritores como Bernardo Atxaga en la formulación de la retórica electoral de Izquierda Unida.

[8] Uno de los primeros geógrafos urbanos en plantear esta postura fue el profesor español Manuel Castells en su obra, *La Questione urbaine* (1973) traducido al inglés como *The Urban Question: A Marxist Approach* (1977).

[9] Cuando se le pregunta a Pujol si la identidad catalana está basada en una identidad racial, afirma con vehemencia—como cuando fue entrevistado por el historiador de arte Robert Hughes antes de los Juegos Olímpicos de Barcelona—una visión de la unidad catalana formada en rasgos culturales/ lingüísticos compartidos (su noción de lo étnico) y en estructuras políticas y económicas, no en la especificidad racial. Ver el estudio de Hughes en *Barcelona* (1992).

[10] A veces, el análisis de McNeill encaja demasiado bien en el modelo binario que él mismo constata en la política catalana. A veces también, confunde identidad cultural con esencialismo étnico. Sin duda, el modelo de Pujol es un modelo de conservadurismo cultural pero si se compara con otros grupos nacionalistas en España, el suyo es aún un paradigma ideológico muy distante al paradigma racial que, por ejemplo, algunos vascos nacionalistas todavía sustentan. Un estudio de los diferentes modelos es *Nacionalismos: el laberinto de la identidad* (1994) del filósofo catalán Xavier Rubert de Ventós.

[11] Una problemática que para muchos vascos podría haber resuelto de manera más efectiva el proyecto de Gorordo. Zulaika explica la integración de más sectores de la sociedad vasca en el Cubo así, "Una vida cultural cosmopolita y floreciente se convertía en estrategia fundamental para internacionalizar un centro urbano o así poder atraer capital extranjero y gente especializada. Pero no sólo los *yuppies*, decía inicialmente el discurso, también los parados, emigrantes, marginados, jóvenes podían integrarse en las nuevas actividades culturales" (127). Las políticas urbanas del Gobierno Vasco seguían otra dirección: la cultura no iba a ser el terreno natural de la protesta y la disidencia.

[12] A finales de los años ochenta y principios de los noventa, cuando tuvieron lugar las primeras conversaciones—el acuerdo final se firmó y la transacción económica se llevó a cabo en junio de 1992 en la Bolsa de Nueva York—

muchos vascos respondieron al museo como si fuese un "negativo" en términos ontológicos. Fue percibido como un simulacro de la identidad cultural vasca, en el sentido de ser un proyecto excesivamente comercial que tenía poco o nada que ver con la producción cultural, las necesidades, y los intereses de la mayoría de la sociedad vasca. A Jorge Oteiza, el escultor y esteta partícipe directo del proyecto de Gorordo, le parecía que el Guggenheim hacía poco por promover y desarrollar una vanguardia vasca artística. Llamó a la estrategia cultural del museo el proyecto "Euskodisney". Véase Zulaika: 278.

[13] La recaudación ha sobrepasado las proyecciones económicas más optimistas. En 1999, dos años después de su inauguración, el museo ya generaba suficiente dinero para cubrir el setenta y cinco por ciento de sus costes. La inversión inicial por parte de las instituciones vascas ascendió a $100.000.000, dinero dedicado a la construcción del edificio y a la franquicia. Solo en el año 2000, el número de visitantes generaba unos ingresos equivalentes a la inversión inicial. Las actividades del museo suponen el 0'55% del PIB vasco además de inyectar otros $600.000.000 anuales para la economía vasca. Existen más de 11.000 Amigos del Museo —una cifra tres veces superior a la del Prado— y cuenta con el apoyo económico de más de ciento treinta y tres empresas privadas. Ver Larrauri.

[14] Joseba Gabilondo utiliza el término posnacional para definir la nueva identidad española tras el fin de la territorialización moderna del espacio político a consecuencia de la emergencia de los nacionalismos periféricos. Es posnacional en un sentido temporal: el estado-nación nuevo se piensa ahora a través de otras naciones internas a él. Para ello, consulte su artículo "Travestismo y novela terrorista: deseo y masoquismo femenino en la literatura vasca posnacional" (1999). Jon Juaristi utiliza el término en el sentido habermasiano de superación de la narrativa nacional. Su formulación es un "más allá" del nacionalismo. Véase su "Posnacionalismo" (1994).

[15] De manera similar, el antropólogo vasco Mikel Azurmendi escribe en la introducción a *La herida patriótica: la cultura del nacionalismo vasco* (1998): "El consenso es el que fragua el *nosotros* como comunidad de intereses convergentes de los *yoes* individuales: el *yo*, planteándose como condición del valor da su asentimiento a algún *nosotros* desde el cual se sabrá protegido y tratado como igual. Se trata de un *nosotros* que, en sana práctica liberal, no debería cobrar valor absoluto, pues no es sino la forma contingente y circunstancial de que todos vean posible crearse a sí mismos según sus capacidades, meta que exige la protección de las libertades y la paz y prosperidad. Sin embargo, varias modalidades del consenso-nosotros han cobrado valor absoluto, superior al de los propios consensuantes. Por su importancia para estas ideas sobre el abertzalismo, me ocuparé del *nosotros* del nacionalismo y del que genera la tiranía de mayorías legítimas" (19). Para Azurmendi el nacionalismo vasco es una red cultural "herida:" "una tupida maraña de símbolos que compactan una identidad densa y una visión dualista de las cosas humanas, hasta de las más ordinarias, posibilitando un campo experiencial, desde lo estético y ético

hasta el sentido común, determinado por un sentimiento de pérdida-recuperación y por una inefable ansia de Estado *propio*. Una cultura generadora de deseos e intenciones siempre dolientes, a modo de herida siempre abierta, porque nos han robado lo que debimos ser y hemos perdido lo que debimos conseguir "(65).

[16] Jean Franco cuestiona la autosuficiencia de la esfera pública de Habermas en cuanto espacio ideal para una "racionalidad pública", y prefiere, en su lugar, pensar en un "espacio público". Para Franco, no se puede separar la esfera pública de los intereses sociopolíticos que la marcan y determinan. La tarea crítica no consistiría tanto en encontrar las condiciones ideales para la acción política como en configurar un paradigma más permeable, más débil si se quiere, para fundamentar el poder de transformación de un grupo social en las estrategias negociadores que es capaz de generar. A este respecto escribe Yúdice, "It is incumbent on intellectuals and critics, then, to come to understand how these phenomena are produced and not disdain them because they do not conform to an idealized critical discourse thought to be necessary for the conduct of society" (80).

[17] Sin menospreciar los efectos positivos de la llegada del contexto cultural español al debate cultural global sobre el tipo y la variedad de los interlocutores, sería preferible, en lugar de limitar la discusión al grado de visibilidad de la cultura española, centrarse en las consecuencias de que el acceso mismo a ese diálogo es el nuevo marcador de valor en el mundo cultural. Es esta permeabilidad —el ser por estar— la nueva condición de legitimidad de la producción cultural. La postura de Navajas está citada en Yúdice.

[18] Me refiero a los postulados feministas que conceptualizan la política como una pragmática cercana a lo cotidiano, como si fuese una especie de pedagogía de la comunicación, interacción, y transmisión de conocimiento y de poder.

[19] Véase la entrevista "Modulations of the Basque Voice: An Interview with Bernardo Atxaga".

[20] En 1976, durante las primeras "Jornadas sobre Cine Vasco" en el Festival de Cine de San Sebastián, se celebró una reunión de jóvenes artistas que más tarde se dio a conocer como la Asociación de Cineastas Vascos. Redactaron una declaración de principios a favor del desarrollo de "un cine vasco, hecho por los vascos, en euskera, sobre problemas vascos y, sobre todo, con estética vasca [véase *Secretos de la elocuencia: el cine de Montxo Armendáriz* (1998) de Jesús Angulo: 195]. A su pesar, la producción fílmica del País Vasco seguiría por otros caminos. Montxo Armendáriz, uno de los cineastas más destacados de aquella generación, fue acusado públicamente de negar la existencia de un cine vasco. Lo explica así: "Esto era en 1984, y lo que yo quería decir era que el cine vasco, como movimiento cinematográfico, no existía. Siempre he creído que en el cine vasco no había una unidad estética, ni unos principios programáticos a nivel de movimiento cinematográfico, como los hubo en el *Free Cinema* o en la *Novelle Vague*. La práctica demostraba que ni se rodaban películas en euskera ni había una unidad de intereses ideológicos en las historias que se hacían" (Angulo 197). Y en cuanto a la declaración de San Sebastián afirma, "Aquello formaba parte de unos ideales programáticos que

todos queríamos defender. La realidad nos ha demostrado que la estética vasca es algo muy personal que dependía de la formación cultural de cada uno, que el rodar en euskera dependía del dominio de la lengua de cada uno y eso creaba grandísimos problemas de infraestructura... Yo mantenía que el cine vasco, en todo caso, era aquél que hacíamos los vascos y que se producía en Euskadi" (Angulo 197). Otros cineastas importantes, también hijos e hijas de ese primer período posfranquista, incluyen a Néstor Basterretxea, Fernando Larruquert, Javier Aguirresarobe, Paco Avizanda, Mirentxu Loyarte, e Imanol Uribe. Un estudio donde sí se busca una estética común a la producción fílmica vasca, es el de Juan Miguel Gutiérrez Márquez *Sombras en la caverna. El tempo vasco en el cine* (1997). Dos de los pocos estudios sobre el cine vasco escritos desde la perspectiva de la crítica cultural son *Cine (in)surgente: textos fílmicos y contextos culturales de la España postfranquista* (2001) de Isolina Ballesteros y *El cine de El País Vasco de los años noventa* de Pilar Rodríguez (2002).

[21] Véase el artículo de Crumbaugh.

Bibliografía

Angulo, Jesús. *Secretos de la elocuencia: el cine de Montxo Armendáriz.* Donostia: Filmoteca Vasca, 1998.

Atxaga, Bernardo. "Globalización y fragmentación". *Egungo Mundaren Globalizazio eta Framentazio. Globalización y Fragmentación del Mundo.* Francisco Jarauta, ed. Donostia: Arteleku Cuadernos, 1996. 15-26.

____ "'Echo de menos la definición de un nuevo horizonte utópico'". *Elkarri* 50 (1999): 18-29.

____ *Obabakoak*. Barcelona: Ediciones B, 1989.

Azurmendi, Mikel. *La herida patriótica: la cultura del nacionalismo vasco.* Madrid: Taurus, 1998.

Bajo Ulloa, Juanma, dir. *Airbag*. Arsegace and Marea Films, 1997.

Ballesteros, Isolina. *Cine (in)surgente: textos fílmicos y contextos culturales de la España postfranquista.* Madrid: Fundamentos, 2001.

Calparsoro, Daniel, dir. *Salto al vacío*. Yumping Film Production, 1995.

Castells, Manuel. *La Questione urbaine*. Paris: Maspero, 1973.

____ *The Urban Question: A Marxist Approach*. Alan Sheridan, traductor. London: Edward Arnold, 1977.

Crumbaugh, Justin. "An Aesthetic of Industrial Ruins in Bilbao: Daniel Calparsoro's *Salto al vacío* and the Guggenheim Museum Bilbao". *International Journal of Iberian Studies* 14/1 (2001): 40-50.

Diez, Ana, dir. *Ander eta Yul*. Igeldo and ETB, 1990.

Durán. María Ángeles. *La ciudad compartida*. Madrid: Consejo de Investigaciones Científicas, 1998.

Emakunde: Instituto Vasco de la Mujer. *Emakunde: ¿De quién son las ciudades?* 37 (1999).

Etxenike, Luisa. *Efectos secundarios.* Vitoria-Gasteiz: Bassarai, 1996.

───── *El mal más grave.* Vitoria-Gasteiz: Bassarai, 1997.

Gabilondo, Joseba. "Travestismo y novela terrorista: deseo y masoquismo femenino en la literatura vasca postnacional". *El Hispanismo en los Estados Unidos. Discursos críticos/prácticas textuales.,* José M. del Pino y Francisco La Rubia Prado, eds. Madrid: Visor, 1999. 231-254.

García Canclini, Néstor. *Consumidores y ciudadanos.* México, DF: Grijalbo, 1995.

Gorordo, José María. *La política de otra manera.* Bilbao: J.M. Gorordo, 1993.

Gutiérrez Márquez, Juan Miguel. *Sombras en la caverna: el tempo vasco en el cine.* Donostia: Eusko Ikaskuntza, 1997.

Hughes, Robert. *Barcelona.* New York: Knopf, 1992.

Iglesia, Alex de la, dir. *Acción mutante.* El Deseo and Ciby 2000, 1992.

───── *El día de la bestia.* Sogetel, 1995.

Jameson, Frederic. *Postmodernism or the Cultural Logic of Late Capitalism.* Durham: Duke University Press, 1991.

───── "Notes on Globalization as a Philosophical Issue". *The Cultures of Globalization.* Frederic Jameson y Masao Miyoshi, eds. Durham: Duke University Press, 1998. 54-77.

Juaristi, Jon. "Posnacionalismo". *Auto de terminación: raza, nación y violencia en el País Vasco.* Aranzadi, Juan, Jon Juaristi, y Patxo Unzueta. Madrid: El País/Aguilar, 1994. 97-113.

Kristeva, Julia. *Strangers to Ourselves.* Leon S. Roudiez, trad. New York: Columbia University Press, 1991.

Lazcano, Arantxa, dir. *Urte Ilunak.* José María Lara and Euskal Media, 1994.

Larrauri, Eva. "El Guggenheim presentará un plan estratégico para cuatro años". *El País Digital* 30 March 2000.

Martín, Annabel. "You Who Will Never Be Mine: Internal Exile, Civil Identity, and Ethical Epistemologies in Pilar Miró's *El pájaro de la felicidad*". *Revista Hispánica Moderna* 53 (2000): 511-529.

───── "Modulations of the Basque Voice: An Interview with Bernardo Atxaga". *Journal of Spanish Cultural Studies* 1/2 (2000): 193-204.

Medem, Julio, dir. *Vacas.* Sogetel, 1992.

Moreiras, Alberto. "A Storm Blowing From Paradise: Negative Globality and Latin American Cultural Studies". *Siglo XX/Twentieth Century* 14 (1996): 59-83.

Rubert de Ventós, Xavier. *Nacionalismos: el laberinto de la identidad.* Madrid: Espasa Calpe, 1994.

Rodríguez, Pilar. *El cine de El País Vasco en los años noventa.* San Sebastián: Filmoteca Vasca, 2002.

Rodríguez Magda, Rosa María. *El modelo Frankenstein: de la diferencia a la cultura post.* Madrid: Tecnos, 1997.

Said, Edward. *After the Last Sky.* London: Faber, 1986.

Taberna Ayerra, Helena, dir. *Yoyes.* Eurimage, 2000.

Uribe, Imanol, dir. *Días contados.* Ariane Films, 1997.

Valle, Teresa del. *Andamios para una nueva ciudad.* Madrid: Cátedra, 1997.

Vilarós, Teresa. *El mono del desencanto español: una crítica cultural de la transición española (1973-1993).* Madrid: Siglo XXI, 1998.

Yúdice, George. "Cultural Studies and Civil Society". (1994). Online. *Critique of Latinamericanism.* Internet: www.nyu.edu/pages/projects/IACSN/Default.htm

Zallo, Ramón. *Euskadi o la Segunda Transición: nación, cultura, ideologías y paz en un cambio de época.* Donostia: Erein, 1997.

Zulaika, Joseba. *Crónica de una seducción: El Museo Guggenheim Bilbao.* Madrid: Nerea, 1997.

www.ingramcontent.com/pod-product-compliance
Lightning Source LLC
Chambersburg PA
CBHW071354300426
44114CB00016B/2061